I0392423

FALLOS JUDICIALES QUE VIOLAN DERECHOS HUMANOS EN ECUADOR

SEIS ESTUDIOS DE CASO

Abogados:
Daniela Salazar Marín
Jaime Vintimilla Saldaña
Jorge Zavala Egas
Fabricio Rubianes Morales
Carlos Manosalvas Silva
Rafael Paredes Corral
Sebastián González
Pier Pigozzi

Presentación por el Profesor Douglass Cassel

ISBN: 978-1539199113

Design: Kiko Arocha
www.alexlib.com

Fondo Editorial
Interamercian Institute for Democracy
2100 Coral Way. Ste. 500
Miami, FL 33145
U.S.A.
Tel: (786) 507-5214
Fax: (786) 507-5218
www.intdemocratic.org
iid@intdemocratic.org

ÍNDICE

Introducción. La razón de estos estudios de caso
Armando Valladares .7

Prólogo
Dr. Björn Arp 9

Presentación: represión judicializada en el Ecuador
Prof. Douglass Cassel. 14

1. El Poder Judicial como herramienta de censura
Daniela Salazar Marín. 22

2. El Poder Judicial para reprimir la libre asociación y protesta social
Jaime Vintimilla Saldaña. 40

3. El poder judicial para expropiar y controlar medios de comunicación
Jorge Zavala Egas 65

4. El Poder Judicial y la persecución política
Fabricio Rubianes Morales y Carlos Manosalvas Silva 84

5. El Poder Judicial contra movimientos indígenas
Rafael Paredes Corral 101

6. El poder judicial para perseguir estudiantes
Sebastián González y Pier Pigozzi 121

Anexos 133

Perfil profesional de quienes contribuyeron a la introducción, prólogo y presentación de la investigación 451

Forum "The Role of the Judiciary in the Violation of Human Rights in Ecuador". 454

INTRODUCCIÓN

LA RAZÓN DE ESTOS ESTUDIOS DE CASO

Las denuncias recurrentes contra fallos judiciales en que violan los derechos humanos en los estados del denominado socialismo del siglo XXI (Cuba, Venezuela, Ecuador, Bolivia y Nicaragua), los reiterados reclamos ciudadanos y de prensa en sentido de haberse judicializado la represión y criminalizado la política, ha conformado una grave crisis respecto a la independencia de los sistemas de justicia de estados que se esfuerzan para continuar presentándose como democracia.

De acuerdo al artículo tercero de la Carta Democrática Interamericana, el "respeto a los derechos humanos y libertades fundamentales", el ejercicio del poder "con sujeción al estado de derecho" y la "división e independencia de los órganos del poder público" son —entre otros— elementos esenciales de la democracia. La ausencia de tales elementos hace inexistente la democracia y presenta figuras de autoritarismo y dictadura, de donde resulta importante la verificación científica de casos que representen la violación o desaparición de los elementos de la democracia.

En este marco, el Interamerican Institute for Democracy y el Interamerican Bar Association, como centros de pensamiento que tienen entre sus objetivos la defensa de los derechos humanos, de las libertades fundamentales, del estado de derecho, de la democracia y de la justicia, se han propuesto realizar "estudios de caso" de fallos judiciales que puedan violar en su contenido y decisiones los derechos humanos. No son análisis políticos, son estudios de casos académicos de contenido estrictamente jurídico que examinan con rigor científico procesos, expedientes y resoluciones judiciales concretas, a la luz de los derechos humanos consagrados por la Declaración Universal de los Derechos Humanos que está reflejada en todos los textos constitucionales de los Estados objeto de estudio.

Este primer trabajo es sobre los "Fallos judiciales que violan los derechos humanos en Ecuador", y están en curso similares estudios sobre fallos judiciales en Cuba, Venezuela, Bolivia y Nicaragua. Se trata de un esfuerzo para poner en el terreno de la evidencia científica lo que hasta ahora han sido denuncias de las víctimas, de la prensa, de análisis y de debate político.

Es un esfuerzo para permitir se conozcan algunas de las víctimas de la violación de derechos humanos por jueces que en lugar de protegerlos los vulneran. Son trabajos realizados por profesionales independientes que con su experticia jurídica contribuyen a buscar el restablecimiento del "estado de derecho" y de la "independencia judicial" en países -que como Ecuador en este caso- han convertido la justicia en un mecanismo sistemático de violación de los derechos humanos.

El conocimiento de casos y la difusión de las conclusiones que los expertos presentan en estos estudios, son una efectiva contribución a la defensa de los derechos humanos, señalando a los gobiernos que al margen de la democracia utilizan la justicia con fines de presión o represión política.

Septiembre 2016
Armando Valladares
Comité de Derechos Humanos

Interamerican Institute for Democracy

Prólogo

Este libro compila seis estudios de casos de violaciones de los derechos humanos en Ecuador cuyo denominador común—tal como sugiere el título—es la cuestión de las decisiones judiciales que violan los derechos humanos en Ecuador.

En una primera lectura, este título parece contradictorio en sus propios términos, porque tradicionalmente en América Latina las víctimas sufrieron abusos de los derechos humanos de manos de la policía, las fuerzas armadas y otras agencias gubernamentales, pero no directamente de la judicatura. Las víctimas a veces reclamaron sus derechos humanos ante los tribunales de justicia, pero cuando las violaciones de los derechos humanos tenían motivos políticos, muchos países les denegaron el acceso a los tribunales. Algunas de estas víctimas presentaron sus casos a las instituciones y mecanismos internacionales de derechos humanos para obtener una reparación.

Sin embargo, ha surgido una "nueva generación" de violaciones de los derechos humanos, que es el objeto de la presente obra. Estas nuevas violaciones se producen esencialmente dentro de los aparatos judiciales de los Estados. Los gobiernos o autoridades que desean causar daños a una persona formulan "cualquier" tipo de acción judicial en complicidad con fiscales y jueces a su servicio. La mayoría de estas acciones son de carácter criminal, aunque en ocasiones se usan también procedimientos administrativos. Una vez iniciado el procedimiento, la ineficacia y la falta de independencia de las estructuras judiciales en algunos países de América Latina destruyen la vida y la dignidad de sus víctimas. Los tribunales de justicia se han transformado así en cómplices de gobernantes abusivos y autoridades públicas corruptas.

Los abusos procesales cometidos por el poder judicial se producen por medio de la falta de evaluación equilibrada y razonada de la prueba, la falta de investigación relevante e independiente de los hechos, la extensión ad eaternum de los procedimientos judiciales, la remoción forzosa de aquellos jueces que no muestran parcialidad en contra de la víctima, la imposición de "medidas cautelares" para embargar todos los bienes de la víctima en la fase de instrucción del procedimiento a fin de evitar que pueda pagar la representación legal de su elección, etc. Este nuevo tipo de violaciones de los derechos humanos es más sofisticado que las medidas violentas que adoptaron los líderes autocráticos de generaciones anteriores, que secuestraron a sus víctimas, las torturaron y las ejecutaron sumariamente. El resultado, sin embargo, es similar: las personas que caen víctimas de sistemas judiciales opresivos son excluidas de la sociedad y de la vida política. No pueden tomar parte en ningún proceso político democrático. Además, en países como Ecuador, las frágiles estructuras parlamentarias y amplios poderes presidenciales han permitido que se adoptaran leyes que crean procedimientos cuasi-judiciales que operan en paralelo a la justicia ordinaria, y que son usados para violar los derechos humanos. Por ejemplo, la Ley ecuatoriana de Comunicación de 2013 creó tales procedimientos para supuestos casos de injuria o calumnia contra autoridades públicas, que ya han causado mucho daño a la libertad de expresión en este país.

En la actualidad, muchas víctimas de violaciones de los derechos humanos tienen el derecho de acceder a mecanismos internacionales de protección de los derechos humanos. Si nos centramos en el caso de Ecuador, las víctimas pueden elegir entre un amplio abanico de instituciones de derechos humanos, esencialmente las de las Naciones Unidas y las del Sistema Interamericano de Derechos Humanos. En las Naciones Unidas, las víctimas pueden someter sus comunicaciones individuales al Comité de Derechos Humanos por violaciones de los derechos civiles y políticos clásicos recogidos en el Pacto Internacional de Derechos Civiles y Políticos. De forma alternativa, pueden someter sus reclamaciones al Comité contra la Tortura, o los Comités sobre Desapariciones Forzadas, sobre la Eliminación de Todas las Formas de Discriminación contra la Mujer, sobre la Eliminación de Todas las Formas de Discriminación Racial, sobre Derechos Económicos, Sociales y Culturales, y sobre los Derechos de las Personas con Discapacidad.

Si la víctima optara por presentar su caso al Sistema Interamericano de Derechos Humanos, sometería su caso a la Comisión Interamericana de Derechos Humanos. Con independencia del mecanismo concreto que la víctima eligiera, la resolución final será vinculante para el Estado como emanación de la obligatoriedad del respectivo tratado en que se fundamenta. Sin embargo, esta resolución no tendrá la misma fuerza ejecutoria de una sentencia judicial internacional. Solo las sentencias de la Corte Interamericana de Derechos Humanos tienen esta naturaleza. En la práctica, sin embargo, la Comisión Interamericana de Derechos Humanos somete solo un número muy limitado de casos a la Corte.

Estos mecanismos internacionales tienen el poder de declarar la responsabilidad internacional de los Estados, así como las consecuencias de esta responsabilidad. Estas consecuencias pueden incluir la obligación de reparar los daños causados por las violaciones a los derechos humanos a través del pago de una compensación u otras medidas. Por ejemplo, los órganos del sistema interamericano de derechos humanos han ordenado a los Estados que reinstauren a jueces destituidos como medidas de represión, y de excarcelar a personas detenidas injustamente. En la práctica, además, las resoluciones sobre casos individuales de derechos humanos constituyen un importante reconocimiento de un ilícito cometido por el Estado en la persona de la víctima y sirve para rehabilitar la dignidad de la víctima.

Al margen de la importancia legal o simbólica de estos mecanismos, éstos no siempre son una solución eficiente para los problemas en los Estados miembros. Pueden enumerarse al menos cuatro factores que obstaculizan su plena eficacia. Primero, los mecanismos internacionales de derechos humanos se componen de personas nombradas por los propios Estados miembros del sistema. Estos son los mismos Estados contra los que las víctimas presentan sus casos ante el respectivo mecanismo. Segundo, las ONGs internacionales han permeado cada vez más los mecanismos internacionales, y persiguen a menudo sus propias agendas más allá de los objetivos de los mecanismos independientes e internacionales. Tercero, los Estados generalmente son los que financian esos mecanismos, y por tanto pueden aumentar o reducir su eficacia con mayores o menores aportaciones económicas a su presupuesto. Por ejemplo, en América Latina, la reducción de las contribuciones al presupuesto del Sistema Interamericano ha permitido reducir su eficacia. En cuarto y último lugar, los mecanismos internacionales de derechos humanos dependen del cumplimiento voluntario y espontáneo de sus resoluciones por parte de los Estados miembros. En muchas ocasiones, los Estados no cumplen, o solo cumplen parcialmente, las resoluciones de esos mecanismos.

Las víctimas de violaciones de los derechos humanos perciben estas particularidades estructurales de los mecanismos internacionales cuando litigan sus casos ante ellos. Dichas particularidades también explican por qué el verdadero cambio en los sistemas judiciales en América Latina debe venir desde dentro de los países afectados.

El presente libro es un primer intento de poner al descubierto los problemas del sistema judicial en Ecuador, y sugiere algunas soluciones eficaces para contener los abusos judiciales. Espero que este libro genere la conciencia sobre los riesgos que conlleva la usurpación de los tribunales de justicia por los gobiernos, y animo a los autores a continuar denunciando en el plano internacional estas violaciones cometidas por la judicatura.

Dr. Björn Arp
Federación Interamericana de Abogados
Washington, D.C.
10 de septiembre de 2016

Presentación: represión judicializada en el Ecuador

Sin pesos y contrapesos, la democracia ni funciona ni se mantiene. Esta es la lección de la historia. En ausencia de contrapesos eficaces al poder del ejecutivo, la democracia tiende a caer en el autoritarismo, y el autoritarismo tiende a endurecerse en la dictadura.

Lamentablemente, algunos gobiernos de la izquierda en nuestro hemisferio suelen buscar sus fines - o sean buenos (beneficiar a los pobres) o malos (consolidar a un caudillo) - a costa de los contrapesos esenciales para la democracia. Entre los contrapesos más golpeados se encuentran los poderes judiciales independientes, los medios de comunicación críticos, los opositores políticos y los movimientos sociales.

El Presidente Rafael Correa del Ecuador - presumiendo su compromiso con el bienestar de su pueblo - parece no valorar el rol imprescindible de los contrapesos. Por cierto, el Ecuador de su presidencia cuenta con elementos importantes de la democracia. Por ejemplo, el informe del Departamento de Estado de los EE.UU. sobre derechos humanos para 2015 reconoce que el Presidente Correa ganó la reelección en 2013 en elecciones que eran "generalmente libres y equitativos." También reconoce el informe que las autoridades civiles del Ecuador mantienen control efectivo sobre las fuerzas de seguridad.

Sin embargo, según el informe, "Los principales abusos de los derechos humanos eran la falta de independencia en el sector judicial" y "las restricciones de las libertades de expresión, prensa, asamblea y asociación" (además de la corrupción). Precisa el informe que los jueces decidieron casos "en base de la influencia de los medios o de presiones políticas o económicas en casos donde el gobierno expresó interés." Agrega que, de acuerdo con los abogados de derechos humanos, "el gobierno también ordenó a los jueces denegar todo recurso de amparo que argumenta que el gobierno había violado a los derechos constitucionales de un individuo a la libertad de movimiento, al debido proceso de ley, y al trato igual ante la ley."

Estas apreciaciones del Departamento de Estado sin duda serían rechazadas por el Presidente Correa, con el argumento de que el imperialismo yanqui no merece credibilidad. Pero conclusiones similares también se leen en los informes de organizaciones y expertos independientes. Un ejemplo serio y creíble es el informe, Independencia judicial en la reforma de la justicia ecuatoriana, de 2014, patrocinado por tres organizaciones prestigiosas de la sociedad civil: la Fundación para el Debido Proceso, con sede en Washington; DeJusticia, de Colombia; y el Instituto de Defensa Legal, del Perú. El autor del informe es el peruano Luis Pásara, conocido experto y académico en materia de la independencia judicial. Según las tres organizaciones, de las evidencias en el informe, "se constata con claridad el deplorable uso del sistema judicial, específicamente el sistema penal, como instrumento al servicio de intereses gubernamentales, en contravía del respeto a la independencia judicial, y con altos costos para la institucionalidad democrática."

El informe Pásara analiza unos doce casos judiciales de relevancia social o política en el Ecuador, procesados después de la reforma judicial del año 2011, así como unas 42 resoluciones dictadas por el Consejo de la Judicatura en otros tantos procesos durante el mismo período. Concluye el autor que "actualmente existe en Ecuador una utilización política de la justicia que compromete seriamen¬te la independencia judicial."

Conclusiones similares se fundamentan en el informe actual, El uso del poder judicial para vulnerar los derechos humanos en el Ecuador (2016), patrocinado por el Interamerican Institute for Democracy y la Federación Interamericana de Abogados. El informe ofrece estudios de seis casos de procesos penales que, según las organizaciones patrocinadoras, fueron utilizados por las autoridades ecuatorianas para "acosar, intimidar, perseguir, silenciar y enjuiciar penalmente a: estudiantes, indígenas, denunciantes de la corrupción, empresarios y disidentes políticos."

Los seis casos se resumen por los distintos autores en el texto del informe. Por lo tanto, no pretendo aquí resumir, ni los casos, ni todas las violaciones del debido proceso. Basta citar solamente los titulares de algunas violaciones, para ilustrar los excesos que parecen haber sido cometidos.

Los Casos

En el caso de los Diez de Luluncoto, diez jóvenes fueron detenidos durante una reunión que, según ellos, tenía como objeto planificar su participación en una marcha indígena para el Agua, la Vida y la Dignidad de los Pueblos. Los fiscales alegaron otro motivo: una tentativa de organización terrorista. Sin embargo, al detener a los estudiantes, los fiscales no contaban con una acusación penal específica. Peor aún, a pesar de la aparente ausencia de pruebas individualizadas en contra de la mayoría de los jóvenes, se ordenó la detención preventiva de todos: una por tres meses, siete por nueve meses, y dos por un año. Luego el proceso penal duró unos cuatro años. Al fin la Corte Nacional de Justicia declaró la extinción de la pena. ¿Si realmente existían pruebas de participación de los jóvenes en el terrorismo, es creíble este resultado?

El caso de Sebastián Cevallos se trata de un opositor político quien, en una serie de tuits, divulgó una lista de parientes de un alto funcionario público, quienes ocupaban cargos públicos. Uno de los tuits dijo que Paula Rodas, funcionaria pública y sobrina del alto funcionario, estaba en su cargo público, "efectivamente, [el tío] es el ministro de trabajo de su familia."

La implicación era que ella ganó su cargo, gracias al apoyo político de su tío. Pero ella respondió que, de hecho, ganó un concurso de méritos y oposición para lograr el cargo. Ella denunció al tuitero por el delito penal de proferir "expresiones en descrédito o deshonra en contra de otra." El tuitero fue condenado, multado, y penado con 15 días de prisión.

No obstante, una vez confirmada la sentencia en apelación, la Sra. Rodas perdonó al tuitero y solicitó la remisión penal. Para evitar la prisión, el tuitero aceptó. La corte lo aprobó.

Tanto el proceso como el precedente son preocupantes. Se podría haber respondido al tuitero con una denegación pública, o con una demanda de retirar o aclarar el tuit, o, en el peor de los casos, con una demanda civil. Procesar penalmente por un tuit que implica algo negativo pero equivocado sobre una funcionaria pública es desproporcionada y amenazante a la libertad de expresión.

Por ejemplo, el Principio 11 de la Declaración de Principios sobre Libertad de Expresión, aprobada por la Comisión Interamericana de Derechos Humanos, declara que, "Los funcionarios públicos están sujetos a un mayor escrutinio por parte de la sociedad. Las leyes que penalizan la expresión ofensiva dirigida a funcionarios públicos generalmente conocidas como 'leyes de desacato' atentan contra la libertad de expresión y el derecho a la información."

En este caso se utilizó otra ley para penalizar la crítica, pero atentaba igualmente contra la libertad de expresión. El efecto de tal penalización puede intimidar a quienes se atreven a criticar a los funcionarios públicos en el internet.

Otro disidente político, el Sr. Francisco Daniel Endara Daza, fue condenado a 18 meses por el delito de "paralización se servicios públicos." En ausencia de evidencias de su participación directa en actos dañosos de la propiedad de Ecuador TV, el 10 de septiembre de 2010, cuando hubo una especie de motín policíaca en contra del Presidente Correa, el Sr. Endara fue condenado por "aplaudir" las actividades de los manifestantes. La inaceptabilidad de la condena, así como de la pena, habla por sí mismo.

En otro caso de "paralización de servicios públicos," el caso de los 29 de Saraguro, un grupo indígena bloqueó a la carretera Panamericana. Dos de los manifestantes fueron penados con cuatro años de prisión. La desproporcionalidad de la pena es obvia.

El caso de la incautación de los medios de televisión TC y Gamavisión se justificó por los procesos penales llevados en contra de los dueños efectivos de las empresas mediáticas. En un inicio, tanto la Fiscal General como la Corte Suprema absolvieron a los dueños. En respuesta, el Presidente Correa, así como varios Asambleístas de su partido, declararon públicamente su inconformidad y pidieron la destitución y sanción de los jueces. Los nuevos jueces, amigos del corriente político de Correa, sentenciaron a los dueños a ocho años de prisión.

Al revisar el caso, el Comité de Derechos Humanos de las Naciones Unidas condenó la incautación de los medios de televisión, por violar al debido proceso. Sin embargo, a pesar del voto disidente de su miembro Yuval Sheny, la mayoría no consideraba que las declaraciones públicas del Presidente Correa sobre el caso constituían injerencia indebida con la independencia judicial. Con todo respeto, creo que el Dr. Sheny, y no la mayoría, tenía la razón. En el Ecuador, los jueces hacen caso a las declaraciones públicas del Presidente Correa.

Esta realidad se demuestra con igual claridad en el sexto caso, el de los estudiantes del Colegio Central Técnico. Doce estudiantes de dicho Colegio se encontraron entre 600 estudiantes, manifestándose en contra del cambio del nombre del Colegio, propuesto por el Ministerio de Educación. El Fiscal del caso decidió no acusar a los 12 estudiantes, porque no existían los suficientes elementos probatorios del delito que se les imputaba; decisión que fue compartida por la jueza.

Dos días más tarde, el Presidente Correa criticó la actuación del fiscal y la jueza. Insistió que los operadores de justicia se acobardaron a fallar en contra de los estudiantes por la presión de los medios de comunicación, y que los sucesos no fueron una simple protesta social, sino actos criminales y que mientras sea Presidente no va a permitir esta clase de comportamientos de "muchachos desubicados."

Dos días más tarde, el Fiscal Provincial revocó el dictamen absolutorio y llamó a juicio a los doce estudiantes. Luego se los condenaron por rebelión.

Es decir, por sus declaraciones públicas, en este y en otros casos penales de interés político, el Presidente Correa se ha convertido efectivamente en el tribunal máximo de apelación en el Ecuador.

Una Nota Aclaratoria

Para fines de analizar las violaciones del debido proceso, no es ni necesario, ni siquiera pertinente, opinar sobre la inocencia o culpabilidad de los procesados. Por ejemplo, la incautación de los medios de televisión TC y Gamavisión se justificó por los procesos penales en contra de los dueños. Hay acusaciones de corrupción en contra de los dueños, sobre las cuales no estoy lo suficiente informado para opinar. No obstante, para los fines de este informe, no importa: aún en el supuesto de la culpabilidad de los procesados —quienes gozan de la presunción de inocencia— no se justifican las violaciones del derecho a un juicio justo.

Dos Caveats

Los estudios en el informe actual sí parecen demostrar la vulneración de la independencia judicial y el uso politizado de los procesos penales. Sin embargo, vale mencionar dos caveats. El primero es que varios de los autores de los estudios son los abogados defensores de los procesados. Este hecho disminuye la apariencia, y posiblemente la realidad, de la objetividad de los estudios. Sin embargo, aún con esta limitación, los informes presentan evidencias que son prima facie convincentes de irregularidades en los procesos (como se relató arriba). Además, hay que evaluar estos informes en el contexto más amplio de otros informes, elaborados por diversas organizaciones, también críticas de la falta de independencia judicial en el Ecuador en casos de interés al gobierno.

El segundo caveat es la ausencia en el informe de la respuesta del Estado. A juicio de quien escribe, es preferible que un informe sobre violaciones de los derechos humanos en un país, de ser factible, invite a las observaciones del Estado y las incluya, cuando menos en forma resumida, en el informe.

A pesar de estos caveats, el informe actual es un aporte valioso al debate público sobre la politización de la justicia ecuatoriana.

Conclusión

Los seis casos en el informe deben ser preocupantes para toda persona comprometida con la independencia judicial y la justicia despolitizada en el Ecuador. Ojalá que el informe se lea, se pondere y se debata en Quito.

Douglass Cassel
Universidad de Notre Dame
Septiembre de 2016

1
El Poder Judicial como herramienta de censura

Daniela Salazar Marín[1]

1. Resumen ejecutivo

Este texto analiza el proceso penal al que fue sometido Sebastián Cevallos, un joven tuitero en Ecuador, luego de difundir información sobre presuntos casos de nepotismo en el gobierno y opinar al respecto. A pesar de que las informaciones y opiniones difundidas constituyen discursos especialmente protegidos por el derecho a la libertad de expresión, que como tales merecen una máxima circulación en una sociedad democrática, el juez condenó a Cevallos a una pena de prisión. La sola iniciación del proceso penal contra el tuitero tuvo un *chilling effect* en otros miembros de la sociedad que utilizan redes sociales como el único espacio para expresar libremente opiniones e ideas que cuestionen las acciones y políticas del actual gobierno.

2. Introducción

Analizar un fallo a través del cual sea posible demostrar cómo a través del poder judicial se vulneran derechos humanos en Ecuador no es difícil, lo realmente complicado es escoger -entre tantas sentencias- aquella que mejor evidencie la manera en la que en nuestro país se utiliza la justicia para silenciar voces críticas. Algunos casos

1. Abogada por la Universidad San Francisco de Quito. Ll.M. por Columbia University. Profesora del Colegio de Jurisprudencia de la Universidad San Francisco de Quito.

sobre criminalización de la protesta en Ecuador han tenido ya repercusiones internacionales. De ahí que opté por analizar un caso que no ha tenido mayor visibilidad, pero que en mi opinión habla por sí solo sobre el estado de la justicia en Ecuador. Se trata del proceso penal[2] instaurado contra Rodrigo Sebastián Cevallos Vivar por publicar tuits denunciando supuestos actos de nepotismo en el gobierno del presidente Correa. La sentencia no sólo privilegia el derecho a la honra de una funcionaria pública por sobre el derecho de Sebastián Cevallos a expresarse libremente y el derecho de sus seguidores a recibir las informaciones y opiniones que Sebastián publicó a través de su cuenta de Twitter, la sentencia envía un contundente mensaje a la sociedad ecuatoriana: puedes ir preso por un tuit, si al gobierno no le gusta lo que publicas.

El objetivo de este artículo es analizar el fallo judicial y su pobre motivación con miras a demostrar cómo, ante la imposibilidad de regular el internet, el gobierno ha utilizado a la justicia para generar un efecto inhibitorio en el derecho a buscar, recibir, expresar y difundir a través de internet informaciones e ideas que resulten incómodas para el actual gobierno.

3. Contexto y hechos del caso

Desde que entró en vigencia la Ley Orgánica de Comunicación en Ecuador[3], los medios de comunicación tradicionales se han visto sometidos a un sistema de control

2. Unidad Judicial Penal de Cuenca. Proceso No. 01283-2015-04771. Paula Francisca Rodas Espinoza vs. Rodrigo Sebastián Cevallos Vivar. Juez: Cayetano Alfredo Serrano Rodríguez.
3. Ley Orgánica de Comunicación (Ecuador). Registro Oficial No 22, publicado el 25 de junio de 2013.

incompatible con el derecho a la libertad de expresión. La censura impuesta por la Superintedencia de Comunicación e Información a través de sus constantes sanciones a los medios de comunicación, sumada a la autocensura de los medios que como cuestión de supervivencia prefieren no informar sobre asuntos que incomodan al gobierno, han tenido como resultado que gran parte de la discusión sobre asuntos de interés público se traslade al Internet. Los medios digitales y las redes sociales se han convertido en un espacio imprescindible para la denuncia de actos de corrupción y violaciones a derechos humanos en Ecuador. Si bien las opiniones e informaciones que difundimos a través de Internet no han podido ser sometidas a la mordaza de la Superintendencia de Comunicación, el afán del gobierno por censurar toda expresión contraria al régimen le ha llevado a aplicar el derecho penal para sancionar tales expresiones.

Rodrigo Sebastián Cevallos Vivar es un joven dirigente político. Se desempeña como subdirector del movimiento de izquierda Unidad Popular, y en julio de 2015 publicó una serie de tuits en los que demostró que alrededor de veinte familiares del entonces Ministro de Trabajo, Carlos Marx Carrasco, ocupaban también cargos públicos. A través de su cuenta @sebastcevallos denunció, entre otros, que las hijas del entonces Ministro, Gabriela y Silvia Carrasco, ocupaban cargos públicos como asesora ministerial y directora administrativa en una empresa pública que gestiona proyectos hidroeléctricos, respectivamente.

Como parte de esta denuncia sobre posible nepotismo por parte del entonces Ministro de Trabajo, escribió un tuit que literalmente señala: "Paula Rodas, sobrina de Carlos Marx Carrasco, está en el INPC-Regional 6, efectivamente, es el ministro de trabajo de su familia". Ese tuit, que no contiene expresiones no protegidas por el derecho a la libertad de expresión, tales como apologías del odio o incitaciones a la violencia, fue suficiente para que un juez lo condene a prisión.

Condenado a prisión a pesar de que la Arquitecta Paula Rodas en efecto es servidora pública, trabaja para el Instituto Nacional de Patrimonio Cultural (INPC) desde julio de 2008, y sólo seis años después ganó un concurso de méritos y oposición. Condenado a prisión a pesar también de que en el proceso quedó probado que Carlos Marx Carrasco, ex Director del SRI y ex Ministro de Trabajo, es tío político de Paula Rodas.

Durante la audiencia, el tuitero se ratificó en el contenido de lo que expresó en su tuit, pues no se trataba de hechos falsos. Basta descomponer el tuit para evidenciar que contiene dos hechos verdaderos que hacen referencia al cargo público de la denunciante y a su parentesco con Carlos Marx Carrasco, así como una opinión, que como tal no puede ser sometida a un test de veracidad, menos aún ser objeto de sanción penal. A pesar de lo anterior, fue condenado.

4. El proceso penal contra Sebastián Cevallos:

El delito de Sebastián, en palabras del abogado de la denunciante, consistió en:

> "publicar los twitter y retwitter, transmitiendo a la colectividad que Paula Francisca Rodas Espinoza es sobrina de Carlos Marx Carrasco y que se encuentra laborando en el sector público, cuando en la realidad de los hechos, Paula Francisca Rodas Espinoza, viene

> laborando desde el año 2008, como Técnica en el Decreto de emergencia, en el Instituto Nacional de Patrimonio Cultural, y labora hasta la presente fecha, habiendo sido participante y ganadora del concurso de oposición y méritos, sin que nada tenga que ver Carlos Marx Carrasco, su tío político"[4].

Así, a juicio de la parte denunciante, la única verdad admisible es que el cargo de esta funcionaria corresponde a sus méritos y su tío no tuvo nada que ver. Una aclaración a través de otra cuenta de Twitter, incluso oficial, hubiese sido suficiente para rectificar la información, si en efecto era falsa. Pero poner en duda lo que la sobrina del Ministro considera una verdad incuestionable fue suficiente para que la funcionaria pública haya pedido que al autor del tuit "se le imponga el máximo de la pena establecida en el Artículo 396" del Código Orgánico Integral Penal, que dispone:

> "Art. 396.- Contravenciones de cuarta clase.- Será sancionada con pena privativa de libertad de quince a treinta días: 1. La persona que, por cualquier medio, profiera expresiones en descrédito o deshonra en contra de otra. [...]"[5].

La funcionaria, su abogado y, lo que es más grave, el juez, olvidaron que los ciudadanos tenemos no sólo el derecho sino la obligación de controlar la gestión pública,

4. Extraído del proceso No. 01283-2015-04771 (los errores corresponden al original).
5. Código Orgánico Integral Penal (Ecuador). Registro Oficial Suplemento 180, publicado el 10 de febrero de 2014.

lo que incluye nuestro derecho a estar informados sobre los grados de parentesco que vinculan a los funcionarios públicos así como sobre las razones por las que con fondos públicos se realizan contrataciones y se pagan salarios. Les guste o no, están sometidos a nuestro escrutinio.

Cabe señalar que la demanda no se limita a ese tuit sino que pretende responsabilizar a Carrasco por los retuits de su cuenta. Según el abogado que representó a Paula Rodas, un retuit "no es más que responder con voluntad y conciencia y por acto propio"[6]. En opinión de tal abogado, "queda probado, no solamente que son de su autoría y redacción y de mecanismo de hecho o acto propio del agente, los twitts y los retwitts" [7]. A pesar de que la ignorancia sobre el funcionamiento del internet y de la red social Twitter son evidentes, lograron persuadir al juez.

La defensa procuró explicar al juez que se pretendía juzgar a Sebastián tanto por tuits que no hacían referencia a la sobrina en cuestión, así como por opiniones de terceras personas sobre las cuales Sebastián no tuvo control. A pesar de los esfuerzos de la defensa, el juez valoró en la prueba que sirvió para condenar a Cevallos no sólo sus tuits sino también once retuits.

Comentario aparte merece la manera en la que el abogado utilizó la condición de mujer de la funcionaria para defenderla. Como si las mujeres y los hombres tuviésemos un derecho a la honra diferenciado, la parte denunciante alegó que el tuit merece ser castigado porque "empaña la reputación de una mujer que se encuentra en

6. Extraído del proceso No. 01283-2015-04771.
7. Extraído del proceso No. 01283-2015-04771 (los errores corresponden al original).

estado de gestación, de una dama cuencana y de una profesional que ha sabido trabajar y ganarse las cosas con su propio esfuerzo". Además porque no merece esta deshonra "cualquiera que venga de una cuna decente, como su defendida, que no se ha ganado el título de Arquitecta, de regalo o sorteo, sino que, se ha ganado con su tesonero esfuerzo, que ha llevado una familia adelante y que ha llevado una vida digna [...]". En resumen, el abogado de la denunciante "solicita que se haga justicia a favor de una dama, quien no merecía semejante deshonra". El nivel de argumentación jurídica es tan pobre, que me exime del deber de analizarlo.

En la audiencia, el tuitero explicó con claridad que Paula Rodas es una funcionaria pública y que como tal está sometida al escrutinio ciudadano. Además, su defensa realizó una brillante exposición del contenido y alcance del derecho a la libertad de expresión y su desarrollo en la jurisprudencia constitucional e interamericana.

Con base en los estándares interamericanos según los cuales el deber del Estado de no interferir con el derecho de acceso a la información de todo tipo, se extiende a la circulación de información, ideas y expresiones que puedan o no contar con el beneplácito personal de quienes representan la autoridad estatal en un momento dado[8], la defensa fundamentó que la

> "libertad de expresión debe garantizarse no sólo en cuanto a la difusión de ideas, informaciones recibidas

8. CIDH. Alegatos ante la Corte Interamericana en el caso "La Ultima Tentación de Cristo" (Olmedo Bustos y otros) Vs. Chile. Transcritos en: Corte I.D.H., Caso "La Última Tentación de Cristo" (Olmedo Bustos y otros) Vs. Chile. Sentencia de 5 de febrero de 2001. Serie C No. 73, párr. 61. c)

> favorablemente, consideradas [in]ofensivas o indiferentes, sino también, en cuanto a las que ofenden, chocan, inquietan, resultan ingratas o perturban al Estado, o a cualquier sector de la población, así lo exige el pluralismo, la tolerancia y el espíritu de apertura , sin los cuales, no existe una sociedad democrática" [9].

La defensa de Cevallos explicó también de manera impecable la doctrina de los discursos protegidos según la cual existen expresiones (a las que se denomina discursos, independientemente de su formato) que se encuentran especialmente protegidas por el derecho a la libertad de expresión, entre ellas el discurso político y sobre asuntos de interés público. Según ha establecido la Corte Interamericana:

> "las expresiones, informaciones y opiniones atinentes a asuntos de interés público, al Estado y sus instituciones, gozan de mayor protección bajo la Convención Americana, lo cual implica que el Estado debe abstenerse con mayor rigor de establecer limitaciones a estas formas de expresión, y que las entidades y funcionarios que conforman el Estado, así como quienes aspiran a ocupar cargos públicos, en razón de la naturaleza pública de las funciones que cumplen, deben tener un mayor umbral de tolerancia ante la crítica"[10].

9. Extraído del proceso No. 01283-2015-04771.
10. Corte I.D.H., Caso Palamara Iribarne Vs. Chile. Sentencia de 22 de noviembre de 2005. Serie C No. 135, párr. 83; Corte I.D.H., Caso Herrera Ulloa Vs. Costa Rica. Sentencia de 2 de julio de 2004. Serie C No. 107, párr. 125; CIDH. Alegatos ante la Corte Interamericana en el caso Herrera Ulloa Vs. Costa Rica. Transcritos en: Corte I.D.H., Caso Herrera Ulloa Vs. Costa Rica. Sentencia de 2 de julio de 2004. Serie C No. 107, párr. 101.2.c).

Al respecto, la defensa de Cevallos expuso que:

> "los funcionarios públicos y quienes aspiran a serlo en una sociedad democrática, tienen un umbral distinto de protección que les exponen en mayor grado al escrutinio y a la crítica del público, lo cual se justifica por el carácter de interés general, dado que las expresiones e informaciones atinentes a los funcionarios públicos, a particulares involucrados voluntariamente en asuntos públicos y a candidatos a ocupar cargos públicos gozan de un mayor grado de protección, el Estado debe de abstenerse en mayor grado de imponer limitaciones a estas formas, en este caso, de discurso. [...]"[11].

De manera contundente la defensa explicó que no sólo tenía el tuitero derecho al escrutinio público de esta funcionaria pública, sino que la colectividad tiene derecho a conocer si varios funcionarios públicos son familiares de un Ministro, y a sacar sus propias conclusiones. Lo anterior, con fundamento en la reiterada jurisprudencia de la Corte Interamericana según la cual la libertad de expresión se caracteriza por ser un derecho con dos dimensiones: una dimensión individual, consistente en el derecho de cada persona a expresar los propios pensamientos, ideas e informaciones; y una dimensión colectiva o social, consistente en el derecho de la sociedad a procurar y recibir cualquier información, a conocer los pensamientos, ideas e informaciones ajenos y a estar bien informada[12].

---

11. Extraído del proceso No. 01283-2015-04771.

12. Corte I.D.H., Caso Kimel Vs. Argentina. Fondo, Reparaciones y Costas. Sentencia de 2 de mayo de 2008 Serie C No. 177, párr. 53; Corte I.D.H., Caso Claude Reyes y otros. Sentencia de 19 de septiembre de 2006. Serie C No. 151, párr. 75; Corte I.D.H., Caso Herrera Ulloa. Sen-

A pesar de esta categórica defensa, el juez demostró una capacidad de comprensión muy limitada. Frente a la doctrina de los discursos protegidos, el juez resolvió que "Cevallos Vivar, en ninguna de las formas expresadas a través de su cuenta de twitter, ha hecho manifestaciones del tipo 'discurso'"[13]. El juez, llamado a resolver un conflicto entre los derechos a la honra y a la libertad de expresión, evidentemente no alcanza a comprender la diferencia entre ambos derechos. Tal es así que llega a afirmar que "la afectación del derecho a la libertad de expresión, para este juez, está dada, al afectar el honor y la dignidad de Paula Rodas, cuando se indica que ha ingresado al sector público gracias a su tío político Carlos Marx Carrasco" [14].

La sentencia emitida el 11 de diciembre de 2015 por el juez Cayetano Alfredo Serrano Rodríguez resolvió:

> "conforme a las reglas del Artículo 455 del Código Orgánico Integral Penal, con las pruebas actuadas, sea podido determinar la materialidad de la infracción, así como, la responsabilidad del procesado y su nexo causal. Materialidad de la infracción con los impresos de la red twitter, certificados por el Dr. Homero Moscoso Jaramillo, Notario Octavo del Cantón Cuenca, y la responsabilidad, por cuanto el propio Rodrigo Sebastián Cevallos Vivar, ha reconocido, en su testimonio, libre, voluntario y sin juramento, que para la realización de los diferentes twitters, lo hace en base a la informa-

tencia del 2 de julio de 2004, Serie C No. 107, párr. 108; Corte I.D.H., Caso Ivcher Bronstein Vs. Perú. Sentencia de 6 de febrero de 2001. Serie C No. 74, párr. 146; Corte I.D.H., Caso Ricardo Canese Vs. Paraguay. Sentencia del 31 de agosto de 2004, Serie C No. 111, párr. 77.

13. Extraído del proceso No. 01283-2015-04771.

14. Extraído del proceso No. 01283-2015-04771.

ción obtenida en función del interés nacional, y de los problemas sociales, económicos y políticos por los que atraviesa el país, y por el hecho de denunciar actos de corrupción de los funcionarios de gobierno, utilizando la red twitter de @sebastcevallos, por lo que la conducta de Rodrigo Sebastián Cevallos Vivar, se subsume en el acto típico, antijurídico y culposo del Articulo 396, en su Numeral 1. En la forma determinada en los Artículos 25, 29 y 34 del Código Orgánico Integral Penal.- Por lo analizado, esta Autoridad ADMINISTRANDO JUSTICIA EN NOMBRE DEL PUEBLO SOBERANO DEL ECUADOR, POR AUTORIDAD DE LA CONSTITUCION Y LAS LEYES DE LA REPUBLICA", declara la culpabilidad del ciudadano: RODRIGO SEBASTIAN CEVALLOS VIVAR, de nacionalidad ecuatoriana, portador de la cedula de ciudadanía No. 0702038571, de la edad de 33 años, de estado civil soltero, de profesión Abogado, domiciliado en la Calle Rafael Sojos y Rafael Fajardo S/N, de esta Ciudad de Cuenca, de ser el autor y el responsable de la contravención penal, tipificada y sancionada en el Numeral 1, del Articulo 396, del Código Orgánico Integral Penal, esto es, por cuanto a través de la red twitter ha dado a conocer a la sociedad, que Paula Francisca Rodas Espinoza, ha ingresado al Instituto Nacional de Patrimonio Cultural, gracias a los favores de su tío político, en ese entonces ministro del trabajo Carlos Marx Carrasco, cuando en la realidad y en forma documentada Paula Rodas ha demostrado haber ingresado a dicha institución al haber ganado un concurso público de méritos y oposición, por lo que, se le impone la pena privativa de libertad de quince días (15 d.), que lo cumplirá en Centro de Rehabilitación

> Social Regional Sierra Centro Sur-Turi, de esta Ciudad de Cuenca, pata lo cual se girará la respectiva boleta constitucional que legalice su encarcelamiento, así mismo, conforme lo dispone el Numeral 1, del Artículo 70 del Código Orgánico Integral Penal, se le impone una multa del veinte y cinco por ciento (25 %), de un Salario Básico Unificado del Trabajador en General" [15].

Fue así como Rodrigo Sebastián Cevallos Vivar fue condenado a quince días de prisión con base en tuits que cualquiera de nosotros podríamos haber escrito, si contábamos con información sobre alrededor de veinte funcionarios públicos que tienen relación de parentesco con el Ministro de Trabajo. Cuestionar las razones por las que tantos funcionarios son parientes de un Ministro es absolutamente legítimo y la sociedad tiene derecho a conocer esta información, que por cierto es pública, tanto como los afectados tienen derecho a rectificarla, si fuera falsa. Pero no había nada que rectificar, lo importante era aplicar el poder punitivo del Estado para castigar a quien se atrevió a cuestionar las razones por las que tantos parientes de un Ministro tienen cargos públicos.

La defensa de Cevallos apeló la decisión. No obstante, el 1 de abril de 2016 la sentencia condenatoria fue confirmada por la Sala Penal de la Corte Penal de Justicia del Azuay[16]. A pesar de que la condena se limitó a quince días de prisión y una multa, lo realmente aterrador resulta el uso del derecho penal, la herramienta punitiva

15. Extraído del proceso No. 01283-2015-04771 (los errores corresponden al original).
16. Corte Provincial del Azuay. Sala Penal. Juicio Especial No. 01283201504771 seguido por RODAS ESPINOZA PAULA FRANCISCA en contra de CEVALLOS VIVAR RODRIGO SEBASTIAN.

más severa con la que cuenta el Estado, para sancionar expresiones legítimas y protegidas por el derecho a la libertad de expresión. La existencia de esta sentencia sería un escándalo internacional si no fuera por lo que sucedió a continuación.

Como si la sentencia en sí misma no evidenciara el uso abusivo del derecho penal para silenciar a opositores resulta que, una vez confirmada en apelación la sentencia, y antes de que se ejecute, la ciudadana Paula Francisca Rojas Espinoza, accionante, presentó un escrito expresando su decisión de perdonar a Sebastián Cevallos y solicitando la remisión penal a favor del acusado y desistiendo expresamente de la acción iniciada contra el tuitero. En Ecuador, la figura de la remisión está dispuesta en el Artículo 416 numeral 2 del Código Orgánico Integral Penal:

> "Art. 416.- Extinción del ejercicio de la acción penal.- El ejercicio de la acción penal se extinguirá por:
>
> [...]
> 2. Remisión o renuncia libre y voluntaria de la victima, desistimiento o transacción, en los delitos que procede el ejercicio privado de la acción.

[...]"[17].

Como era de esperarse, la posibilidad de no ser privado de su libertad, trajo un enorme alivio para el joven Sebastián Cevallos, quien no tuvo más opción que expresar su acuerdo con la decisión de la accionante de perdonarlo por un delito que no es tal. En consecuencia, el 7 de abril

17. Código Orgánico Integral Penal (Ecuador). Registro Oficial Suplemento 180, publicado el 10 de febrero de 2014.

de 2016 la Corte aceptó la petición y declaró extinguida la acción en causa contra Cevallos. Resuelto así el caso, Sebastián Cevallos queda impedido de acudir a instancias internacionales para hacer valer su derecho a la libertad de expresión y nuestro derecho al acceso a la información.

5. Conclusiones

A pesar de que el caso se haya resuelto con un "perdón", la sola apertura del proceso penal tiene un efecto inhibitorio en el ejercicio del derecho a la libertad de expresión por parte de otros ciudadanos. Muchos se cuestionarán si enviar un tuit que pueda resultar incómodo a un funcionario público vale la pena perder la libertad, con todas las consecuencias que un pasado judicial conlleva para la vida de una persona.

El caso resulta particularmente indignante porque, como ha enfatizado la Comisión Interamericana de Derechos Humanos:

> "El funcionamiento de la democracia exige el mayor nivel posible de discusión publica sobre el funcionamiento de la sociedad y del Estado en todos sus aspectos, esto es, sobre los asuntos de interés público. En un sistema democrático y pluralista, las acciones y omisiones del Estado y de sus funcionarios deben sujetarse a un escrutinio riguroso, no sólo por los órganos internos de control, sino también por la prensa y la opinión publica. La gestión pública y los asuntos de interés común deben ser objeto de control por la sociedad en su conjunto. El control democrático de la gestión publica, a través de la opinión pública, fomenta la transparencia de las actividades del Estado y la responsabilidad de

> los funcionarios públicos sobre sus actuaciones, y es un medio para lograr el máximo nivel de participación ciudadana. De allí que el adecuado desenvolvimiento de la democracia requiera la mayor circulación de informes, opiniones e ideas sobre asuntos de interés público"[18].

Antes de restringir el derecho a la libertad de expresión a través del uso del derecho penal, los jueces que conocieron el caso de Sebastián Cevallos debieron realizar un test de estricta proporcionalidad. Así, los jueces debieron preguntarse si realmente era indispensable aplicar el derecho penal o si existía una alternativa menos gravosa para la libertad de expresión. Evidentemente existía una alternativa, un tuit o hasta un comunicado de prensa difundido a través de los múltiples medios bajo el poder del Estado hubiese bastado para rectificar la información, si era falsa. En cuanto a las opiniones que se derivan de tal información, no son susceptibles de medida de rectificación alguna. Los jueces debieron también preguntarse si la pena de prisión y los daños que tal pena provocan en Sebastián son proporcionales al supuesto daño a la funcionaria pública. El derecho penal debe ser aplicado como último recurso, y no como medida para enviar un mensaje al resto de la sociedad. No estamos hablando de expre-

18. CIDH. Marco Jurídico Interamericano sobre el Derecho a la Libertad de Expresión, OEA/Ser.L/V/II CIDH/RELE/INF. 2/09. 30 diciembre 2009, párrafo 33. Citando a: Corte I.D.H., Caso Kimel Vs. Argentina. Sentencia de 2 de mayo de 2008. Serie C No. 177, párrs. 57 y 87; Corte I.D.H., Caso Claude Reyes y otros Vs. Chile. Sentencia de 19 de septiembre de 2006. Serie C No. 151, párrs. 84, 86 y 87; Corte I.D.H., Caso Palamara Iribarne Vs. Chile. Sentencia de 22 de noviembre de 2005. Serie C No. 135, párr. 83; Corte I.D.H., Caso Herrera Ulloa Vs. Costa Rica. Sentencia de 2 de julio de 2004. Serie C No. 107, párr. 127.

siones violentas o que induzcan a la violencia, estamos ante discursos especialmente protegidos por el derecho a la libertad de expresión, al tratarse de información sobre asuntos de interés público.

El abogado de Paula Rodas no pudo demostrar un daño a la funcionaria, pero pudo convencer al juez de que una expresión que resulte en descrédito de otra persona "requiere una sanción ejemplarizadora". Lo que se buscó a través de este proceso penal, entonces, es enviar un claro mensaje a la sociedad: si criticas la gestión del gobierno puedes ir preso; si te vas a referir a un funcionario público, más vale que aclares que ganó un concurso público, tiene manos limpias y corazones ardientes. Enviar un mensaje ejemplificador para generar temor en la sociedad no es un objetivo legítimo capaz de justificar una pena como la aplicada a Sebastián.

Si se difunde esta sentencia, es posible que el efecto no sea el que espera el gobierno. La sentencia es otra evidencia más de cómo se utiliza el derecho penal para perseguir a los que denuncian actos de corrupción, al tiempo que quienes cometen tales actos continúan impunes. Mientras el gobierno usa como arma el derecho penal para silenciar a los ciudadanos que ejercen su deber y derecho de participar del control social de la gestión pública, a nosotros nos quedan las redes sociales y los medios digitales, trinchera desde la cual podemos acceder a información y opinión sobre los abusos del gobierno que la Fiscalía se niega a investigar y que los medios tradicionales temen publicar. Esa es mi motivación para escribir este texto, pues como ha señalado la Corte IDH:

"En una sociedad democrática, dada la importancia del control de la gestión pública a través de la opinión, hay un margen reducido a cualquier restricción del debate político o de cuestiones de interés público"[19].

6. Bibliografía

CIDH. Alegatos ante la Corte Interamericana en el caso "La Ultima Tentación de Cristo" (Olmedo Bustos y otros) Vs. Chile. Transcritos en: Corte I.D.H., Caso "La Última Tentación de Cristo" (Olmedo Bustos y otros) Vs. Chile. Sentencia de 5 de febrero de 2001. Serie C No. 73, párr. 61. c).

CIDH. Alegatos ante la Corte Interamericana en el caso Herrera Ulloa Vs. Costa Rica. Transcritos en: Corte I.D.H., Caso Herrera Ulloa Vs. Costa Rica. Sentencia de 2 de julio de 2004. Serie C No. 107, párr. 101.2.c).

CIDH. Informe Anual 1994. Capítulo V: Informe sobre la Compatibilidad entre las Leyes de Desacato y la Convención Americana sobre Derechos Humanos. Título III. OEA/Ser. L/V/II.88. doc. 9 rev. 17 de febrero de 1995.

CIDH. *Marco Jurídico Interamericano sobre el Derecho a la Libertad de Expresión*, OEA/Ser.L/V/II CIDH/RELE/INF. 2/09. 30 diciembre 2009.

Código Orgánico Integral Penal (Ecuador). Registro Oficial Suplemento 180, publicado el 10 de febrero de 2014.

Corte I.D.H. Caso Kimel Vs. Argentina. Sentencia de 2 de mayo de 2008. Serie C No. 177.

Corte I.D.H. Caso Claude Reyes y otros Vs. Chile. Sentencia de 19 de septiembre de 2006. Serie C No. 151.

Corte I.D.H. Caso Palamara Iribarne Vs. Chile. Sentencia de 22 de noviembre de 2005. Serie C No. 135.

Corte I.D.H. Caso Herrera Ulloa Vs. Costa Rica. Sentencia de 2 de julio de 2004. Serie C No. 107.

---

19. Corte I.D.H., Caso Herrera Ulloa Vs. Costa Rica. Sentencia de 2 de julio de 2004. Serie C No. 107, párr. 127; Corte I.D.H., Caso Ivcher Bronstein Vs. Perú. Sentencia de 6 de febrero de 2001. Serie C No. 74, párr. 155.; CIDH. Informe Anual 1994. Capítulo V: Informe sobre la Compatibilidad entre las Leyes de Desacato y la Convención Americana sobre Derechos Humanos. Título III. OEA/Ser. L/V/II.88. doc. 9 rev. 17 de febrero de 1995.

Corte I.D.H. Caso Ivcher Bronstein Vs. Perú. Sentencia de 6 de febrero de 2001. Serie C No. 74.

Corte Provincial del Azuay. Sala Penal. Juicio Especial No. 01283201504771 seguido por RODAS ESPINOZA PAULA FRANCISCA en contra de CEVALLOS VIVAR RODRIGO SEBASTIAN.

Ley Orgánica de Comunicación (Ecuador). Registro Oficial No 22, publicado el 25 de junio de 2013.

Unidad Judicial Penal de Cuenca. Proceso No. 01283-2015-04771. Paula Francisca Rodas Espinoza vs. Rodrigo Sebastián Cevallos Vivar. Juez: Cayetano Alfredo Serrano Rodríguez.

2
El Poder Judicial para reprimir la libre asociación y protesta social

Jaime Vintimilla Saldaña[20]

1. Resumen Ejecutivo

El 3 de marzo de 2012, por presunto delito de terrorismo, se detuvo a diez jóvenes en el sector denominado Luluncoto, ubicado en el sur de Quito. La audiencia de calificación de flagrancia se realizó el 4 de marzo. Previo dictamen acusatorio, se dictó auto de llamamiento a juicio sobre la base del artículo 160 del Código Penal. El 7 de marzo de 2013, el Tercer Tribunal Penal declaró culpables de terrorismo a los diez jóvenes en el grado de tentativa, imponiendo la condena de un año, notificando la decisión escrita el 15 de mayo de 2013. El 24 de diciembre de 2013, la Corte Provincial de Pichincha, rechazó el recurso de apelación ratificando la sentencia de primera instancia. Por último, el 7 de junio de 2016, la Corte Nacional de Justicia notificó la sentencia mediante la cual resolvió aplicar el principio de favorabilidad, en especial fundamentándose en el hecho que la ley posterior es más favorable.

---

20. Abogado y Doctor en Jurisprudencia por la Pontificia Universidad Católica del Ecuador, Diplomado Superior en Manejo Internacional de Conflictos por la Universidad Técnica Federico Santa María y UDLA, Máster en Derecho, Empresa y Justicia por la Universitat de Valencia, España. Docente en la Universidad San Francisco de Quito y profesor de postgrado en la Universidad Alcalá de Henares y Universidad Andina Simón Bolívar. Articulista del diario La Hora. Autor de más de 25 artículos y dos libros sobre Derecho Constitucional, Derecho Financiero, Arbitraje, Mediación, Justicia indígena, Historia y Genealogía tanto en Ecuador como en el extranjero.

2. Introducción

El objetivo de estudio del caso denominado los "10 de Luluncoto" busca evidenciar las graves violaciones a los derechos humanos que se dieron durante la sustanciación del proceso ante distintas instancias judiciales, siendo lo más relevante el abuso de las diversas medidas cautelares así como la transgresión al principio de la doctrina penal de congruencia a través de la deformada interpretación y aplicación del también principio iura novit curia, todo lo cual nos conduce por el oscuro camino del Derecho Penal del Enemigo.

2. Contexto y hechos del caso

En noviembre de 2011 explotaron tres bombas panfletarias en Quito, Guayaquil y Cuenca, estas detonaciones fueron relacionadas con el Grupo de Combatientes Populares. El 3 de marzo de 2012 se realizó el operativo denominado "Sol Rojo", que inició con el allanamiento de un departamento ubicado en el barrio Luluncoto, sur de la ciudad de Quito, a fin de detener a diez jóvenes que se encontraban reunidos para decidir su participación en la marcha anunciada por el movimiento indígena en defensa del agua, la dignidad y la vida y en contra de la minería, que debía arribar a Quito el 22 de marzo de 2012.

3. El proceso

Los diez de Luluncoto pasarán a la historia pero no como aquel caso que se ganó en última instancia sino como aquel que condenó a diez inocentes para aplausos y conformidad de los entes gubernamentales sedientos de

¿justicia? Sin duda alguna, el caso será recordado como una de las muestras del gran fracaso del sistema judicial[21].

De todas formas, resulta importante destacar algunos aspectos de la administración de justicia presentes a lo largo de la realidad histórica nacional, a saber:

a) Desde la fundación misma de la república, el Ejecutivo, de varias maneras, ha mantenido injerencias sobre la Función Judicial.
b) Ha existido un divorcio entre la norma vigente y su aplicación. La Constitución de Montecristi, a pesar de ser nominalmente garantista, en la práctica, de manera desafortunada, ha sido objeto de frecuentes inadvertencias y vulneraciones, llegando inclusive a esgrimirse que al defender un hipergarantismo, la Carta Magna debería ser necesariamente reformada.
c) A pesar de los cambios de paradigmas normativos penales, el abuso de la prisión preventiva ha sido la conducta recurrente.[22]
d) Hay que diferenciar casos donde existen intereses políticos en juego de aquellos que no lo tienen, pues dicha diferencia marca los niveles de intervención del Ejecutivo que suelen ser muy acentuados sobre todo en los primeros.

En este contexto, se pretende estudiar un caso donde operadores judiciales omiten la defensa de algunos dere-

21. Gkillcity.com. (2016). Los 10 de Luluncoto: Ni verdad, ni justicia. En [http://gkillcity.com/articulos/el-mirador-politico/los-10-luluncoto-ni-verdad-ni-justicia]. 13 de junio.
22. Vintimilla Saldaña, Jaime. (2013). "Informe Ecuador". En Independencia judicial insuficiente, prisión preventiva deformada. Los casos de Argentina, Colombia, Ecuador y Perú. Washington D. C., DPLF.

chos constitucionales de los acusados y producen un impacto de amedrentamiento en estudiantes y profesionales que se mostraron contrarios a las políticas oficialistas; infortunadamente y de forma por demás paradójica, la vulneración toma cuerpo dentro de un régimen constitucional denominado Estado de derechos y justicia.

a) Hechos

La noche del 3 de marzo de 2012, un grupo de 10 jóvenes[23] se reunieron en un departamento ubicado en Luluncoto, un barrio localizado en el suroriente de Quito. Todos los jóvenes son estudiantes o profesionales que han cursado sus carreras en universidades estatales y además han te-

23. Los jóvenes son: Ana Cristina Campaña Sandoval de 23 años, Fadua Elizabeth Tapia Jarrín de 18 años, Jescenia Abigail Heras Bermeo de 28 años, Cristhián Royce Gómez Romero de 25 años, Pablo Andrés Castro Cangas de 24 años, Luis Santiago Gallegos Valarezo de 30 años, Víctor Hugo Vinueza, Luis Marcelo Merchán Mosquera de 23 años, Víctor Héctor Estupiñán Prado de 27 años y César Zambrano Farías de 18 años. Revista Vanguardia. (2012). *Las ideas tras las rejas*. 26 de noviembre a 2 de diciembre. De las 10 personas investigadas, siete son hombres y tres mujeres. Los primeros permanecieron en el CDP y las dos mujeres, en la prisión de El Inca. Únicamente Fadua, por su estado de gravidez, permaneció apenas 12 horas en la PJ y se le ordenó arresto domiciliario. Conforme información de amnistía internacional las diez personas fueron detenidas sin orden de detención y sin estar cometiendo delito flagrante cuando se encontraban reunidos. Todos ellos han sido acusados del delito de actos de terrorismo bajo el artículo 160 del Código Penal y se estuvieron detenidos hasta el juicio y condena, a excepción de Fadua Elizabeth Tapia Jarrín que se quedó bajo arresto domiciliario por encontrarse embarazada en el momento de su detención. En definitiva, a estas personas se les acusa de cometer el delito de terrorismo organizado tipificado en el Código Penal, pues presuntamente son responsables de las bombas panfletarias que estallaron en Quito, Cuenca y Guayaquil el 17 de Noviembre y el 19 Diciembre de 2011 en rechazo a la visita del Presidente colombiano Juan Manuel Santos. La Fiscalía además los acusa de planificar nuevos actos terroristas que iban a desarrollarse en la Marcha Nacional impulsada por la CONAIE, del 8 al 22 de Marzo de 2012.

nido una cierta trayectoria de liderazgo[24]. Conforme al testimonio de Fadua Tapia el día de la detención, se reunieron "solo para estudiar la Constitución" así como para discutir varios problemas del país. No obstante, existen inevitablemente dos lecturas de la reunión. La una proviene de las propias personas reunidas y acusadas en tanto que la otra, de la policía, del Ministerio del Interior y de los servidores judiciales.[25]

Aquella noche gracias al operativo policial denominado "Sol Rojo" se relacionó a los jóvenes con el Grupo de los Combatientes Populares[26] que buscaba desestabilizar al régimen, produciéndose la detención en un momento especial, ya que el movimiento indígena anunciaba la marcha desde la Amazonia en defensa del agua, la dignidad y la vida en contra de la minería que saldría el 8 y llegaría a Quito el 22 de marzo de 2012. En este sentido, tanto miembros del GIR (Grupo de Intervención y Rescate) como de ULCO (Unidad de Lucha contra el Crimen

---

24. Pablo Castro fue presidente de la FESE (Federación de Estudiantes Secundarios del Ecuador), Luis Merchán secretario provincial de esa misma organización en Guayas; Cristina Campaña fue candidata a la presidencia de la FEUE-Quito y abanderada de su colegio, Víctor Vinueza fue vicepresidente de la asociación de empleados de la facultad de Filosofía de la Universidad Central, etc. El Comercio. (2012). Panfletos son pruebas contra "los 10 de Luluncoto", acusados por terrorismo. En: [http://www.elcomercio.com.ec/seguridad/polemica-panfletos-acusacion-terrorismo_0_822517923.html], 5 de diciembre.
25. Avila, Ramiro. (2013). Los Diez de Luluncoto, ¿terroristas? En [http://repositorio.uasb.edu.ec/bitstream/10644/4110/1/Avila%20Santamaria,%20R-Los%20diez.pdf]. Página 28.
26. Las pistas policiales conducen la investigación hacia el Grupo de Combatientes Populares (GCP), organización surgida a fines de los 80 - inicios de los 90. Su página en twitter habla de la "Lucha armada como la única vía". En youtube, un vídeo promocional la define como "Una organización político militar que conspira contra la sociedad capitalista". Revista Vistazo (2012). Todos hablan de revolución. En: [http://www.vistazo.com/impresa/pais/?id=5148]

Organizado) allanaron el lugar y acusaron además a los jóvenes de planear la explosión de bombas planfletarias. Al respecto, cabe aclarar que la policía, sin conocimiento de la fiscalía, había iniciado ya una investigación de las actividades de Royce Gómez, incluso previa a la detención de los acusados, aspecto que vulnera lo dispuesto en el art. 76.4 de la Constitución y que invalida la detención, el allanamiento y la incautación de bienes de los miembros del grupo.[27]

En audiencia de 25 de julio de 2012 desarrollada en el juzgado décimo de garantías penales de Pichincha, el fiscal José Jaramillo acusó a los 10 de Luluncoto por supuesto delito de terrorismo, pues en el departamento donde fueron detenidos se hallaron hojas con escritos sobre "llamadas (para alertar) de explosivos", bombas planfletarias y papeles en donde se menciona al denominado Grupo de Combatientes Populares (GCP). También "imágenes, logotipos y textos de corte ideológico" similares a los que aparecieron tras las explosiones de las bombas[28]. En otras palabras, el auto de llamamiento a juicio adolece de una verdadera investigación y mucho menos existen pruebas fehacientes, pues el juez, entre otras incongruencias, explica que todo lo incautado es "relevante", ya que existen documentos que "contienen consignas políticas del gru-

27. Avila, Ramiro. (2013). Página 30.

28. Celulares, unidades USB, cosméticos, espejos, monedas de un centavo, billetes de 20 dólares, un pasaje de Flota Imbabura, un cuaderno con la frase "construyendo un Ecuador libre de corrupción", entre otras pertenencias personales, figuran como evidencias del "posible delito de terrorismo". Así consta en el parte firmado por miembros de la ULCO fechado, de forma equivocada, con 3 de marzo de 2011. Conforme lo describe Cristina Campaña un pañuelo sandinista y el uniforme de bastonera de su colegio, ambos de color rojo, fueron evidencias para la policía y la fiscalía dentro del operativo Sol Rojo.

po de combatientes populares". Un argumento por demás baladí y que sirve para llamar a juicio por el art. 160 del Código Penal y que tiene una pena de hasta 8 años de reclusión.[29]

Por ello, "la Fiscalía -dice Vladimir Andocilla, abogado del colectivo por la libertad de los jóvenes- sostiene su acusación sobre la base de 62 versiones de policías. Es un caso inédito. Son las versiones de las fuerzas del orden las que priman sobre la presunción de inocencia de los chicos y sobre la demostración de alguna prueba material"[30]. La consecuencia fue que la fiscalía relacionó las supuestas evidencias recogidas en el condominio con seis estallidos registrados entre el 17 y el 22 de noviembre de 2011.

Además, la policía sostiene que en las tres explosiones ocurridas el 19 de noviembre de ese año se recuperaron dos escritos. Uno de esos papeles tiene mensajes contra la visita al Ecuador del presidente colombiano Juan Manuel Santos y un dibujo de este mandatario rodeado de cráneos.

Según la fiscalía, una imagen similar encontraron en un blog de Royce Gómez, quien también fue detenido en el acto. Así uno de los elementos de la vinculación es un mensaje en el perfil de *Facebook* de Gómez, odontólogo guayaquileño que desarrollaba acción social en el Guasmo. El profesional manifestaba su descontento por lo que él consideraba como prácticas populistas en la gestión de Rafael Correa. La revista Vanguardia constató esta realidad gracias a un sargento de la policía judicial que

29. Avila, Ramiro. (2013). Páginas 34 y 35.
30. Revista Vanguardia. (2012). *Las ideas tras las rejas*. 26 de noviembre a 2 de diciembre. Página 15.

habría creado un perfil apócrifo en aquella red social para hacer un seguimiento de las opiniones del joven dentista.

Los uniformados elaboraron presentaciones y allí se refieren, por ejemplo, a la estructura del GCP, a los comandos provinciales y cantonales. Hablan de la misión de este grupo: "toma del poder del Estado mediante la insurgencia y la lucha armada".

Un informe sobre este caso de las Organizaciones de Defensa de Derechos Humanos CEDHU, INREDH y Clínica Ambiental, llega a la conclusión de que existen violaciones a los Derechos Humanos así como impactos psicológicos y sociales, entre los que destacan

Se han registrado consecutivas violaciones a los derechos humanos principalmente el derecho a la integridad física y psicológica al momento de la detención y durante el encierro, como son agresiones físicas y verbales, incomunicación, negación de información, negación de la salud, entre otras.

La condición carcelaria afecta de manera general a su población, tiene un grave problema de hacinamiento, lo que permite la proliferación de enfermedades virales sin la atención adecuada. Contrario de ofrecerles atención médica, se les encierra en el calabozo para evitar los contagios, tampoco se proporciona la medicación requerida. Esto deviene en tratos crueles y degradantes, además de la negación del derecho a la salud.

Durante la detención también se evidenciaron violaciones contra una persona de atención prioritaria como es el embarazo, quien notificó de su estado y aun así fue agredida y negada la atención médica por un prolongado tiempo.

Con respecto al derecho a la defensa también se vio vulnerado durante el cambio del lugar para la audiencia de formulación de cargos.

Así mismo, tanto para las personas detenidas y sus familias se vulneraron los derechos a la intimidad, a la honra, la imagen y el buen nombre. Se expusieron sus rostros en medios de comunicación masiva afirmando que se trataba de "terroristas", sin considerar la presunción de inocencia como principio rector.

La integridad física y psicológica de las familias de los y las detenidas fue violentada durante el allanamiento en sus hogares, ya que se les impidió acceder a su medicación, atender a niños/as y ancianos/ as presentes en el momento...[31], pues en la madrugada del 26 de abril de 2012 y en distintas ciudades, varios piquetes de élite de la policía irrumpieron en casas de los familiares de los 10 jóvenes privados de su libertad en busca de medios de pruebas.

b. Proceso penal en contra de los Diez de Luluncoto y prisión preventiva

Las piezas procesales de este caso son:

El 4 de marzo de 2012 se ordena la prisión preventiva de los diez acusados "ya que su gran mayoría no han justificadamente el arraigo", demostrando que la prisión preventiva no es una medida de última *ratio*.

El 27 de marzo de 2012, la Corte Provincial resolvió la apelación de la prisión preventiva y sostuvo que no puede analizar los indicios y sugiere que la libertad de

31. CEDHU, INREDH y Clínica Ambiental, Informe Psicosocial y de Derechos Humanos, Caso 10 detenidos en Luluncoto, Operativo Sol Rojo, 2012.

las personas acusadas "alteraría el descubrimiento de la verdad fáctica y jurídica que comporta el debido proceso" y consideró impertinente sustituir la medida.[32]

Mediante sentencia de 15 de mayo de 2013, el tercer tribunal de garantías penales de Pichincha, declaró a las diez personas acusadas como autores responsables del delito de terrorismo en grado de tentativa. Le impuso a cada uno la pena modificada de un año de prisión correccional y el pago de una multa por la cantidad de US $ 1.767 dólares de los Estados Unidos de América.

El 24 de diciembre de 2013 la sala especializada de lo penal de la Corte Provincial de Justicia de Pichincha desecha los recursos de nulidad y apelación propuestos por los acusados, ratificando la sentencia subida en grado en todas sus partes.

Los condenados presentaron recurso de casación para ante la sala de lo penal de la Corte Nacional de Justicia, recurso extraordinario que fue concedido el día 21 de enero de 2014.

La sala especializada de lo penal, penal militar, penal policial y tránsito de la Corte Nacional de Justicia convocó a audiencia para fundamentación de recurso de casación durante la primera semana de marzo del año 2016, suspendiendo la audiencia para leer la parte resolutiva el día martes 7 de junio de 2016.

El 14 de junio de 2016 dicha sala emitió el voto de mayoría de dos jueces nacionales mediante el cual resuelve declarar "que en el caso en concreto ha operado el principio de favorabilidad" y que en consecuencia "se declara la extinción de la pena acorde a lo manifestado en

32. Avila, Ramiro. (2013). Página 33.

el art. 72.2 del Código Orgánico Integral Penal y recién "se levantan las medidas cautelares de carácter personal y real que pesan sobre los sentenciados", cuya ejecución estará a cargo del tribunal *a quo* o juez de primera instancia.[33]

Por último, se dicta un voto salvado en el sentido de declarar "la nulidad constitucional de la sentencia dictada por la Sala Penal, de la Corte Provincial de Justicia, de fecha 24 de diciembre de 2013" por ser inmotivada.[34]

c) Facetas irregulares durante la sustanciación del proceso en sus dos instancias y recurso extraordinario

A más de la evidente politización del manejo del caso, un aspecto transversal que resulta necesario destacar es la falta de prueba, pues la aceptación por parte de los juzgadores de pruebas que no fueron actuadas conforme a normas constitucionales, convencionales y legales, convierten a las decisiones en inoportunas e inconstitucionales, pues si bien los sentenciados recuperaron la libertad una vez que se dictó la sentencia de primera instancia en razón de que la prisión preventiva excedió el tiempo de la condena, se les impuso además medidas alternativas has-

33. La mayoría de la sala de la Corte Nacional de Justicia aplicó el principio de favorabilidad en razón de que el delito del cual se los acusaba a los Diez de Luluncoto no se encuentra tipificado en el Código Orgánico Integral Penal, publicado en el Registro Oficial Suplemento No. 180 de 10 de febrero de 2014, vigente desde el 10 de agosto del mismo año. Sin embargo, no es comprensible el tiempo invertido por el órgano de control de legalidad para dictar una resolución sobre la base de una norma aplicable desde agosto de 2014.

34. Las decisiones adoptadas por los jueces del Tribunal Penal, de la Corte Provincial de Justicia y de la Corte Nacional de Justicia han sido comunicadas a las partes procesales en dos momentos: en primera instancia se lo hizo de forma verbal, para luego muy posteriormente notificar cada sentencia por escrito.

ta que se sustancien la apelación y la casación, debiendo presentarse ante la autoridad competente.

Durante las distintas etapas del proceso se ha evidenciado una serie de prórrogas y demoras que han afectado a los acusados. Entre las más destacadas se encuentran el hecho que se hayan suscitado dos audiencias preparatorias a juicio fallidas por falta de fiscal, recursos de nulidad, revisión y cambio de medidas cautelares desechados, una huelga de hambre y una audiencia de juzgamiento postergada por la inasistencia de uno de los tres jueces del tribunal tercero de garantías penales[35].

La audiencia de juicio fijada para el 10 de diciembre de 2012 no se llevó a cabo, pues uno de los Jueces súbitamente enfermó.

Por ello, en un comunicado abierto al público de 16 de enero de 2013, la Comisión Ecuménica de Derechos Humanos (CEDHU) solicitó a la fiscalía y a otros operadores judiciales y servidores públicos por el respeto de los derechos humanos de los procesados[36]. Entre las peticiones destacan dos, a saber:

---

35. http://m.paisenvivo.com.ec/ver.php?cod=18497.

36. Al conocer las irregularidades del proceso, organizaciones de Derechos Humanos realizaron el informe: "Ocaso de la Justicia el Caso Sol Rojo, 10 de Luluncoto Informe Psicosocial y de Derechos Humanos", donde se evidencian violaciones a los derechos humanos de los detenidos y detenidas, y de sus familiares, en los allanamientos realizados a sus hogares. Entre las observaciones destacan que la audiencia de Juzgamiento que debía realizarse el 10 de diciembre, se suspendió por ausencia de uno de los integrantes del Tribunal Tercero, quien a último momento, habría solicitado permiso por enfermedad. La enfermedad le duró un día, ya que al siguiente día asistió con normalidad. Las detenidas en la Cárcel de Mujeres, al igual que los siete compañeros detenidos en el Centro de Detención provisional de Pichincha, iniciaron una huelga de hambre el 7 de diciembre, para protestar por el proceso seguido en su contra y la lentitud del sistema judicial que, al no tener pruebas contundentes que los involucren en el delito del que se los

Al Fiscal Galo Chiriboga y al Consejo de la Judicatura que vigilen la actuación de los jueces y fiscales a cargo del caso, pues la serie de audiencias fallidas, los permisos o excusas de los jueces pueden configurar un caso de denegación de justicia y violación de derechos humanos.

Solicitan al ministro José Serrano, que se abstenga de intervenir en el caso, ya que sus declaraciones van en contra de la independencia de la justicia y del criterio básico de inocencia de una persona hasta que se demuestre lo contrario[37].

Por otro lado, sobre la constitucionalidad del procedimiento, solicitan que se declare la nulidad del proceso, porque en su sustanciación "se ha violado el trámite previsto en la ley, influyendo en la decisión de la causa y afectando toda su validez, desde el 3 de marzo de 2012, en que se produjo, por parte de la Policía y al mando de la Fiscalía, el primer e ilegal allanamiento al

---

acusa, se ha optado por dilatar el proceso. Siete hombres de los 10 detenidos salieron en libertad el 21 de diciembre, dos días después de la audiencia de hábeas corpus, mientras que a Ana Cristina y a Abigail se les negó este recurso, esto a pesar que es el mismo proceso para los 10. La decisión ha sido apelada ante la Corte Nacional de Justicia, pero la justicia parece retrasar la petición. Ana Cristina Campaña y Abigail Heras se mantuvieron en huelga de hambre, cumpliendo 30 días de esta acción de protesta en la Cárcel de Mujeres de El Inca, en Quito; su estado de salud se ha deteriorado considerablemente y ya, en la noche del 27 de diciembre, Abigail sufrió desmayos y tienen problemas musculares que impiden su movilidad. Se han realizado diversos pedidos para que médicos externos puedan ingresar a las Cárcel de Mujeres de El Inca, para revisar permanentemente las condiciones de salud de las detenidas, pero estas peticiones no han sido atendidas con la urgencia que exige el caso. http://www.inredh.org/index.php?option=com_content&view=article&id=549.

37. Ministerio del interior (2012). *El gobierno previene atentados terroristas, no esperan que ocurran para actuar*. En [http://www.ministeriointerior.gob.ec/author/interior/page/42/] 12 de diciembre. Las autoridades del ministerio hablaban que el objetivo de los miembros del GCP era "tomarse el poder mediante las armas" (4 de marzo de 2012).

sitio en que se encontraban pacíficamente reunidos los 10 jóvenes, hoy procesados".

Alegaron también que se les mantuvo siete horas detenidos sin fórmula de juicio y que luego se realizó la audiencia de formulación de cargos (4 de marzo de 2012), en la que, sin motivación legal alguna, se da inicio a la instrucción fiscal y se expide un pedido de prisión preventiva por parte del Juez vigésimo segundo de garantías penales.[38]

Expusieron que durante la audiencia preparatoria de juicio, el fiscal de la causa no se refirió a cada procesado, no describió los supuestos actos en los que participaron, como ordena el Código Adjetivo Penal, cuestiones, todas ellas, "que configuran un atentado al debido proceso y a principios, garantías y derechos constitucionales fundamentales como la legalidad, la libertad, presunción de inocencia, entre otros".

Por último, debe indicarse que previamente el día 19 de diciembre de 2012, la primera sala laboral de la Corte provincial de Pichincha concedió el Hábeas Corpus a los 7 hombres implicados en el caso, pero la resolución no alcanzó ni a Abigail Heras ni a Cristina Campaña quienes continuaron en prisión hasta la fecha de la sentencia condenatoria.

Sobre la sentencia debe decirse que el tribunal tercero de garantías penales declaró como culpables de "tentativa de subversión" a los diez jóvenes acusados por la Fiscalía

38. No se debe olvidar que la fiscalía solicitó la aplicación de la prisión preventiva, pues consideró que las 10 personas no justificaron arraigo social de manera suficiente. Además se trataba de un delito sancionado con pena de reclusión y si estuvieren libres, constituyen un peligro para la sociedad. Esta posición fue aceptada por el juez y ordenó la prisión preventiva, aunque como hubo mayores violaciones en el arresto.

de preparar actos contra la seguridad del Estado, aunque los jóvenes fueron detenidos el 3 de marzo de 2012.

Ramiro García, uno de los abogados de la defensa, aseguró que los jueces cambiaron a última hora la figura para sentenciarlos porque la Fiscalía nunca pudo probar sus acusaciones. Y dijo que la condena es utilizada por el Estado como pedagogía social[39].

Lo cierto es que siete personas estuvieron privadas de libertad durante diez meses, mientras que otras dos casi un año, donde la prisión preventiva fue una especie de sentencia anticipada.

Ya en el recurso extraordinario de casación, se advierte que la Corte Nacional de Justicia no se pronuncia sobre el tema de fondo, por decirlo de alguna manera, fue más cómodo aplicar la favorabilidad, sin entrar al debate de la inocencia o culpabilidad de los acusados.

Por otro lado, llama profundamente la atención que durante la revisión de la normativa específica no existan términos o plazos específicos para la suspensión y reinstalación de una audiencia en el caso de un recurso de casación, aspecto que se presta para este tipo de excesos o demoras en el tiempo que claramente atentan contra varios derechos humanos consagrados tanto en la Constitución de la República cuanto en varios instrumentos internacionales de los cuales el Ecuador es suscriptor.

En lo atinente a la doctrina penal utilizada se advierte que el caso constituye un claro ejemplo de la aplicación de la teoría doctrinaria del Derecho Penal del Enemigo,

39. Diario Hoy. 10 de Luluncoto. El Tribunal cambió la figura de la acusación. La defensa apelará. En [http://www.hoy.com.ec/noticias-ecuador/10-de-luluncoto-el-tribunal-cambio-la-figura-de-la-acusacion-la-defensa-apelara-575248.html]. 27 de febrero.

y que en la actualidad se utiliza el Derecho Penal como un sistema para disciplinar o domesticar a la sociedad, especialmente a todas aquellas personas que no piensan de determinada manera.

Se habla de que los bombas panfletarias que presuntamente habrían elaborado y colocado los condenados habrían generado una escalada de violencia que causó alarma en la población. Desde este punto de vista, la forma como se realizaron las distintas ruedas de prensa organizadas por las autoridades para informar sobre los allanamientos y detenciones, tenía por objetivo construir un sentimiento de inseguridad en la población en función del temor al otro que, este caso, serían los 10 acusados. Es decir, a través de las diversas noticias oficiales no solo que de manera indirecta se presionaba a los jueces, sino que se jugó con el concepto del sentimiento de temor, presentando como enemigo de la sociedad a los procesados.

El manejo jurídico y mediático de este caso nos llama a una profunda reflexión sobre el peligro que constituye para una sociedad democrática el desequilibrio de las funciones del estado y en particular los riesgos generados por la desprotección sistemática de derechos humanos cuando no existe independencia judicial.

d. ¿Qué derechos humanos han sido violentados en este procedimiento arbitrario y por qué?

A lo largo de más de cuatro años que ha durado este proceso se han vulnerado derechos humanos consagrados en la Constitución de la República, la Declaración Universal de Derechos Humanos y la Declaración Americana de Derechos Humanos.

Adicionalmente se han vulnerado principios doctrinarios tales como el de congruencia,[40] toda vez que la instrucción y la audiencia de juzgamiento giraron en derredor de un tipo penal, aunque sorpresivamente el Tribunal Penal condenó a los acusados sobre la base de otro tipo, apartándose así de la acusación.[41]

Frente a la evidente falta de independencia judicial mostrada por la constante presión política de servidores públicos ejercida hacia los jueces, se advierte un flagrante atentado al artículo 168.1 de la Constitución referido al hecho cierto que "los órganos de la Función Judicial gozarán de independencia interna y externa".

El derecho al debido proceso (artículo 76 de la Constitución) ha sido conculcado y en especial las siguientes garantías:

a) La presunción de inocencia (artículo76.2 CE).

40. "Esta facultad, consecuente con el principio iura novit curia, debe ser entendida e interpretada en armonía con el principio de congruencia y el derecho de defensa. La necesaria congruencia entre la acusación y la eventual sentencia justifica la suspensión del debate y el nuevo interrogatorio del acusado, cuando se pretende cambiar la base fáctica de la acusación. Si esto ocurre irregularmente, se lesiona el derecho a la defensa, en la medida en que el imputado no ha podido ejercerlo sobre todos los hechos que serán materia de la sentencia". CIDH, sentencia Ramírez vs Guatemala.

41. "La reglamentación rigurosa del derecho a ser oído, que hemos estudiado, no tendría sentido si no se previera, también, que la sentencia *sólo,* se debe expedir sobre el hecho y las circunstancias que contiene, la acusación, que han sido intimadas al acusado y, por consiguiente, sobre aquellos elementos de la imputación acerca de los cuales él ha tenido oportunidad de ser oído; ello implica vedar que el fallo se extienda a hechos o circunstancias no contenidos en el proceso que garantiza el derecho de audiencia (*ne est iudex ultra petita).* La regla se expresa como el *principio de correlación entre la acusación y la sentencia".* Julio Maier, Derecho Procesal Penal, Tomo I, Editores del Puerto, Buenos Aires 204, Página 568.

b) Pruebas debida y jurídicamente actuadas (artículo 76.4 CE).

c) El derecho de las personas a la defensa, en especial las garantías 7.a Proscripción de la privación del derecho a la defensa, 7.b contar con el tiempo y con los medios para adecuada defensa, 7.c ser escuchado en el momento oportuno y en igualdad de condiciones, 7.h presentar pruebas y contradecir las que se presenten en su contra de manera verbal o escrita, 7.k ser juzgado por un juez independiente, imparcial y competente y 7.l las resoluciones de los poderes públicos deberán ser motivadas.

De igual modo, se violentaron garantías mínimas del artículo 77 de la Carta Magna que protegen a las personas privadas de libertad, así:

El artículo 77.1 explica que la privación de la libertad no será la regla general, salvo delito flagrante, pero en el caso *in comento* las personas acusadas no estaban cometiendo ninguna infracción al momento de su privación de la libertad, pues se trataba de una reunión de jóvenes.

El 77.3, ya que no se dio a conocer el motivo de la detención.

El 77.11, pues no se aplicaron medidas cautelares alternativas, procediéndose a dictar prisión preventiva.

Por último, se irrespetó el artículo 82 de la Constitución de la República relativo a la seguridad jurídica.

Los principios de la Declaración Universal de Derechos humanos vulnerados fueron:

Art. 3. Derecho a la libertad.

Art. 8. Recursos efectivos / Tribunales nacionales competentes.

Art. 9. Nadie puede ser detenido arbitrariamente.

Art.- 11. Presunción inocencia.

Art. 12. Injerencias vida privada.

Art. 18. Libertad de pensamiento.

Art.- 20. Libertad de reunión o asociación pacífica.

Los derechos vulnerados de la Declaración Interamericana son:

Art.- 8. Garantías judiciales.

Art.- 9. Principio de legalidad.

Art.- 12. Libertad de conciencia.

Art.- 13. Libertad de pensamiento.

Art.- 15. Derecho a la reunión.

Art. 25. Protección judicial.

Otros principios vulnerados aparecen consagrados en el Código Orgánico de la Función Judicial, a saber:

El principio de supremacía constitucional, principio de aplicación inmediata de la norma constitucional, principio integral de la norma constitucional, principio de legalidad, jurisdicción y competencia, principio de independencia, principio de imparcialidad, principio de responsabilidad, principio de celeridad, principio de tutela judicial efectiva de los derechos, principio de seguridad jurídica, principio de verdad procesal, principio de obligatoriedad de administración de justicia, principio de interpretación de las normas procesales.

e. ¿Cuál es la naturaleza del Estado de Derecho en el Ecuador de acuerdo a la Constitución vigente?

El Ecuador a partir de la vigencia de la Constitución de la República elaborada por la Asamblea Constituyente de Montecristi, aprobada en referéndum el día 28 de septiembre de 2008 y publicada en Registro Oficial No. 449

de 20 de octubre del mismo año, pasó de ser un Estado de Derecho a un Estado Constitucional de derechos y justicia.

En este sentido, el artículo 1 de la Constitución vigente determina que el Ecuador es un Estado constitucional de derechos y justicia, social, democrático, soberano, independiente, unitario, intercultural, plurinacional y laico. Es decir, este nuevo modelo estatal se concentra en la defensa de los derechos y garantías de las personas y colectividades, pues en un marco de pluralismo jurídico reconoce como sujetos de derecho a las personas, comunidades, pueblos, nacionalidades y colectivos y los reconoce como titulares de los derechos garantizados en la Constitución y en los instrumentos internacionales.

Sobre la base de las modificaciones normativas e institucionales que Ecuador ha sufrido incesantemente durante los últimos años, cualquier análisis socio jurídico de su realidad necesariamente debe partir de lo que la Constitución vigente dispone, en especial en lo atinente a los derechos constitucionales imperantes.

En este sentido, existe un nuevo catálogo de derechos elaborado por razones eminentemente de organización y comprensión[42]. La clasificación comprende siete tipos de derechos y entre ellos los de nuestro interés son aquellos derechos de libertad y los de protección.

Los derechos de libertad son los conocidos como derechos civiles y entre ellos se encuentran, entre otros, la igualdad formal, la igualdad real o material, la no discriminación así como el derecho a dirigir quejas y peticiones individuales y colectivas a las autoridades y recibir res-

42. Ramiro ÁVILA SANTAMARÍA, Los derechos y sus garantías. Ensayos críticos, 2012, p. 99.

puestas motivadas. En este sentido, conforme el artículo 11.2 CE todas las personas son iguales y gozarán de los mismos derechos, deberes y oportunidades y nadie podrá ser discriminado por ninguna razón.

En concordancia con lo anterior, los derechos de protección son aquellos que permiten que todos los demás derechos se ejerzan sin rémoras u obstáculos ilegítimos. Entre ellos se encuentran el derecho al acceso gratuito a la justicia, el derecho a la tutela efectiva, el derecho al debido proceso, el derecho a protección especial de las víctimas de violaciones a derechos, la imprescriptibilidad de los delitos considerados a nivel internacional como graves e imperdonables, la protección especial a las víctimas de violencia familiar, crímenes de odio, delitos cometidos contra niños, niñas y adolescentes, personas con discapacidad, personas adultas mayores y el derecho a la seguridad jurídica[43].

Por último, el artículo 70 CE obliga al Estado a incorporar el enfoque de género en planes y programas que serán de aplicación obligatoria en el sector público y buscarán alcanzar la igualdad entre mujeres y hombres.

Estos antecedentes son cruciales para comprender la situación nacional de la independencia judicial y el acceso a la justicia específicamente de ciudadanos privados de libertad por disidencia política y protesta social, donde se desconoce los logros constitucionales de la limitación del poder del Estado, la defensa de los Derechos Humanos, la supremacía constitucional y el reconocimiento de varios sujetos del derecho como los colectivos o grupos.

43. RAMIRO AVILA SANTAMARÍA, OP. CIT., 2012, P.108.

f. ¿Qué papel ha jugado el "Garantismo Constitucional" de la Constitución de Montecristi para proteger derechos humanos ratificados por el Ecuador?

Infortunadamente, en detrimento de la Constitución imperante, Ecuador vive un garantismo constitucional nominalista o teórico que no se compadece con los enunciados de su vigencia que busca limitar el poder y defender los derechos de los ciudadanos frente a la arbitrariedad del Estado.

Bajo estas circunstancias se advierte que los jueces tienen una tendencia para fallar gracias a la mera aplicación formal de normas sobre la base de un método subsuntivo clásico, pues no comparten mucho tiempo para estudiar y al no ser profesores de derecho, su mecánica de decisión no ha salido del molde legalista, más aún cuando uno de los aspectos claves de su evaluación para ser considerada positiva es precisamente mostrar un alto porcentaje de casos resueltos o altos niveles de despacho[44] sin importar que en casos como el del estudio tengan actuaciones arbitrarias.

En definitiva, muchas veces y en este caso no es la excepción, se falla sin aplicar todas las fuentes del derecho y en otras ocasiones se siguen instrucciones o disposiciones que emanan de la autoridad administrativa, sin dejar de lado la existencia de órdenes no publicitadas.

g. ¿Cuáles son las consecuencias de haber violado el equilibrio de poder en una nación que se identifica como democrática?

Existe la percepción de que en los casos donde existen intereses del gobierno hay una cierta presión ejercida por

44. CONSEJO DE LA JUDICATURA, Discurso del Dr. Gustavo Jalkh en la rendición de cuentas frente a la Asamblea Nacional, 2015. Disponible en internet.

las otras funciones del Estado, en especial del Ejecutivo, en contra de los operadores judiciales y su sistema de carreras de la Función Judicial.

En esta línea, el Ecuador afronta graves consecuencias por la violación del equilibrio del poder, ya que en la actualidad se ha agravado la concentración del poder, ha operado un debilitamiento de la democracia, la justicia se ha politizado con la consecuencia del desvanecimiento de los principios fundamentales de independencia e imparcialidad que, a su vez, han generado una suerte de indefensión ciudadana.

En el caso estudiado se advierte la presión a los operadores judiciales por parte de servidores públicos y del mismo Presidente así como se observa la escasa aplicación de las reglas jurídicas que permiten la defensa en igualdad de condiciones y a la luz de la Constitución de los acusados.

h. ¿No obstante, ¿cómo se violan los derechos humanos al utilizar el poder judicial para silenciar, intimidar y perseguir a sus ciudadanos?

Las formas más recurrentes de violación de derechos a través de la función judicial operan por intermedio de jueces que carecen de independencia o imparcialidad, ya que vulneran los principios de administración de justicia, no respetan el debido proceso y manipulan las actuaciones procesales generando desproporcionalidad en las sanciones.

Bien se podría decir que nos encontramos en la era del derecho penal del enemigo, así lo evidencia el caso, ya que la detención operó para prevenir un posible acto terrorista que podría ocurrir en una marcha de protesta posterior, se vulneró de manera reiterada el debido proceso, en especial el derecho a la defensa y finalmente las penas fueron desproporcionadas.[45]

El derecho penal del enemigo se aplica fundamentalmente en casos de terrorismo, sin embargo, el problema mayor surge cuando se traslada el tema de la planificación a cualquier delito, peor aún en el caso que nos ocupa, donde no se llegó ni a la planificación del delito, aunque de todas formas se emitió resolución condenatoria por tentativa.

i. ¿Qué recursos y opciones tienen las víctimas de este uso indebido del Derecho?

Al existir violaciones a los derechos humanos acompañadas de tortura y arresto ilegal es factible acudir a los sistemas de protección de derechos humanos, ya sea interamericano, ya sea universal.

De todas formas, la falta de juzgamiento por un juez imparcial o independiente puede traer como consecuencia que los afectados presenten el caso al SIDH por tratarse de una sentencia simulada o fraudulenta.[46]

45. Para Manuel Canció Meliá, "según Jakobs, el Derecho Penal del Enemigo se caracteriza por tres elementos: en primer lugar, se constata un amplio adelantamiento de la punibilidad, es decir, que en este ámbito, la perspectiva del ordenamiento jurídico-penal es prospectiva (punto referencial: el hecho futuro), en lugar de - como es lo habitual - retrospectiva (punto de referencia: el hecho cometido). En segundo lugar, las penas previstas son desproporcionadamente altas: especialmente la anticipación de la barrera de la punición no es tenida en cuenta para reducir en correspondencia la pena amenazada. En tercer lugar, determinadas garantías procesales son relativizadas o incluso suprimidas."Günther Jakobs, Manuel Cancio Meliá, Derecho Penal del Enemigo, Thompson Civitas, Cuadernos Civitas, España 2003, páginas 79, 80 y 81.

46. "El desarrollo de la legislación y de la jurisprudencia internacionales ha permitido el examen de la llamada cosa juzgada fraudulenta

5. Conclusiones

El presente caso nos permite observar un claro desequilibrio entre los distintos poderes del Estado, así como la falta de independencia judicial tanto interna cuanto externa. Sobre la ausencia de independencia externa, se aprecia una fuerte influencia e intromisión desde el Ejecutivo hacia las distintas instituciones relacionadas con la administración de justicia, presión que se ejerce a través de una especie de figura de superhéroe, pues se aprecia un juego mediático del caso, así como la generación de un enemigo concreto que se debe combatir con cualquier medio en beneficio de la seguridad nacional.

Amparándose en deformadas y antojadizas interpretaciones y sobre la base de las premisas anteriores se advierte una vulneración de varios derechos fundamentales, donde el debido proceso es el más inobservado, ya que muestra el retorno a la máxima del autoritarismo "el Estado soy yo".

---

que resulta de un juicio en el que no se han respetado las reglas del debido proceso, o cuando los jueces no obraron con independencia e imparcialidad". http://www.corteidh.or.cr/docs/casos/articulos/seriec_117_esp.pdf

3
EL PODER JUDICIAL PARA EXPROPIAR Y CONTROLAR MEDIOS DE COMUNICACIÓN

Jorge Zavala Egas[47]

1. Resumen Ejecutivo

Este artículo denuncia la falta de independencia judicial en la realidad del Ecuador y para demostrar el hecho hemos tomado como ejemplo el proceso penal que se siguió contra los hermanos Isaías y otros, el mismo que sirvió para justificar la posterior incautación de los medios de comunicación TC y GAMAVISIÓN, proceso mediante el cual el Estado violó, en forma chapucera y desenfadada, el derecho a la tutela judicial efectiva sin indefensión y no respetó las garantías mínimas exigidas por las convenciones internacionales de derechos humanos[48], ni tampoco

47. Profesor de postgrado de las Universidades Católica de Guayaquil y de Cuenca, así como de la Universidad de Especialidades Espíritu Santo de Guayaquil y San Gregorio de Portoviejo.

48. Pacto Internacional de Derechos Civiles y Políticos (PIDCP): "Art.14.1 Todas las personas son iguales ante los tribunales y cortes de justicia. Toda persona tendrá derecho a ser oída públicamente y con las debidas garantías por un tribunal competente, independiente e imparcial, establecido por la ley, en la substanciación de cualquier acusación de carácter penal formulada contra ella o para la determinación de sus derechos u obligaciones de carácter civil. La prensa y el público podrán ser excluidos de la totalidad o parte de los juicios por consideraciones de moral, orden público o seguridad nacional en una sociedad democrática, o cuando lo exija el interés de la vida privada de las partes o, en la medida estrictamente necesaria en opinión del tribunal, cuando por circunstancias especiales del asunto la publicidad pudiera perjudicar a los intereses de la justicia; pero todas las sentencias en

por las normas protectoras de derechos constitucionales[49] a un debido proceso para la determinación de la responsabilidad penal atribuida a los procesados. Esto es, el tema se enfoca hacia la vulneración de derechos humanos mediante acto de concupiscencia política del Estado -por ello repudiable- ejecutado con la proterva finalidad de apropiarse de medios de comunicación privados y con el concurso de los jueces que, a pesar que tenían la competencia, en razón de la materia, para impedir la violación del derecho convencional y constitucional a un debido proceso penal contra las víctimas.

2. Los hechos: a la caza de dos canales de televisión con señal nacional

La confiscación de los medios de comunicación TC y GAMAVISIÓN, de propiedad de la familia Isaías era una misión política que tenía como finalidad su apropiación por parte del Gobierno Nacional del Ecuador, logrando así incrementar su control sobre los medios de comunicación privados, lo que era y es parte sustancial de la estrategia para el ejercicio del poder de todos los adherentes a la doctrina estatista del Socialismo del Siglo XXI.

El Gobierno del Presidente Correa decidió las condenas de los ex administradores de Filanbanco S.A. (entre

materia penal o contenciosa será pública, excepto en los casos en que el interés de menores de edad exija lo contrario, o en las acusaciones referentes a pleitos matrimoniales o a la tutela de menores".

49. Art. 75.- Toda persona tiene derecho al acceso gratuito a la justicia y a la tutela efectiva, imparcial y expedita de sus derechos e intereses, con sujeción a los principios de inmediación y celeridad; en ningún caso quedará en indefensión. El incumplimiento de las resoluciones judiciales será sancionado por la ley.

Art. 76.- En todo proceso en el que se determinen derechos y obligaciones de cualquier orden, se asegurará el derecho al debido proceso que incluirá las siguientes garantías básicas (...).

los que estaban los procesados), por la comisión del delito de peculado, ordenando a los jueces competentes que procedan a elaborar las sentencias necesarias para dicho efecto. El peculado fue el tipo de delito seleccionado por tres razones conexas: a) estaba declarado imprescriptible; b) podía ser juzgado y sentenciado en ausencia de los procesados y, finalmente, c) porque permitía sustentar el requerimiento de extradición al Gobierno de los EEUU de los hermanos Isaías, pues, es uno de los ilícitos que está previsto en el Tratado vigente, suscrito entre este país con Ecuador y de esta manera respaldar con una acción concreta su discurso político contra la clase empresarial del país, esto es, los "ricos".

3. La perversión política del Derecho

La orden del Gobierno estaba dada y debía ejecutarse correspondiendo a los jueces, mediante sentencias, forjar el resultado simulando, en vista de la inexistencia de conducta alguna constitutiva de abuso, distracción o apropiación de fondos públicos o privados, razonamientos probatorios sobre la existencia de tales actos punibles y, además, justificando con alguna argucia que personas particulares sean sujetos activos de un tipo de delito que tenía, al año 1998, como tales, en forma exclusiva a individuos que ostentaren la calidad de funcionarios o servidores públicos. Es decir, los jueces debían decidir que la interpretación de las palabras utilizadas por la ley penal, al referirse al peculado, abarcaba a personas cuya actividad era regulada por el derecho privado, única manera de condenar a los hermanos Isaías y otros como autores del delito de peculado, pues, éstos no fueron, entre septiembre y diciembre de 1998 servidores públicos.

Para cumplir ese fin, los jueces de la Sentencia, procedieron a vulnerar el principio de legalidad y el subprincipio de tipicidad penal de la siguiente forma:

a) Falseando la calidad exigida por el tipo a los sujetos activos del delito de peculado

Para adecuar la conducta de los hermanos Isaías al tipo del delito de peculado[50] el razonamiento lógico-deductivo utilizado en la Sentencia de casación construyó como premisa el siguiente enunciado en la página 15:

> "(...), cierto es que, en principio, sólo los funcionarios públicos pueden tener participación en un delito de peculado; más sin embargo (...) por mandato constitucional y acorde al artículo 257, y sus reformas, también son responsables por este delito, las demás personas que participaron en su cometimiento, aun cuando no tengan las calidades antes señaladas, y precisamente entre éstas, se encuentran las determinadas en el inciso tercero cuando se refiere a los servidores de los bancos estatales y privados (...)"51.

---

50. El tipo penal vigente en el año 1998, en el período de ocurrencia de los hechos imputados a los Isaías, asumido también en la Sentencia decía: "Serán reprimidos (...) los servidores de los organismos y entidades del sector público y toda persona encargada de un servicio público, que, en beneficio propio o de terceros, hubiere abusado de dineros públicos o privados, de efectos que los representen, piezas, títulos, documentos o efectos mobiliarios que estuvieren en su poder en virtud o razón de su cargo, ya consista el abuso en desfalco, disposición arbitraria o cualquier otra forma semejante (...). (Inciso segundo) Están comprendidos en esta disposición los servidores que maneje fondos del Instituto Ecuatoriano de Seguridad Social o de los bancos estatales y privados (...)". El inciso segundo fue agregado mediante DS 1429, R.O. 337 de 6 de mayo de 1977.

51. El subrayado es propio.

La premisa es falsa y se la evidencia, precisamente, demostrando la falsedad de los dos argumentos con los que se sostiene.

a.1) Primer argumento falso

En efecto, ninguna norma vigente en la Constitución 1998 o en la de 2008, determinó que sean elementos del tipo penal de peculado, como sujetos activos, personas que carezcan de la calidad de funcionarios públicos ni tampoco las incluía el inciso segundo (no tercero como enuncia, producto de un tipeo defectuoso, la Sentencia) del artículo 257 del Código Penal, que tuvo vigencia durante el lapso en que acontecieron los hechos imputados.

Las dos disposiciones constitucionales, tanto la de 1998, como la de 2008, se refieren a la responsabilidad de los miembros del sector público y someten a todos los servidores de este sector *"a las sanciones establecidas por los delitos de peculado, cohecho, concusión y enriquecimiento ilícito"*, pues, son los servidores del sector público los únicos que están determinados como sujetos activos, en calidad de autores, de los tipos de delitos mencionados y descritos en el Código Penal. Los mismos textos constitucionales, a continuación, determinan la *"imprescriptibilidad"* de *"la acción para perseguirlos y las penas correspondientes"* y, finalmente, imponen su juzgamiento *"incluso en ausencia de las personas acusadas"*. Es decir, tres normas reguladoras de las "sanciones", de la "imprescriptibilidad" y del "juzgamiento en ausencia", cuyos destinatarios son las personas que teniendo la calidad de servidores públicos pueden ser sujetos activos como autores de esos delitos, pero que *"también se aplicarán a quienes participen en estos delitos, aun cuando no tengan las calidades antes señaladas"*. Luego, las personas que no sean servidores públicos y, por tanto, que no pueden ser "autores" de tales tipos penales, pero que "*participen en estos delitos*" —lo que sólo puede suceder como "cómplices", se les aplicarán las "sanciones" previstas para el peculado, la "imprescriptibilidad" de las acciones y la pena correspondiente, así como podrán "ser juzgadas en ausencia"; pero las normas constitucionales no determinan, ni como resultado de una interpretación delirante, que personas carentes de la calidad de servidores públicos puedan ser declaradas autoras de los delitos enunciados, entre los que consta el peculado.

Queda así demostrada la falsedad de la primera razón que apoya la premisa de la que parte la argumentación del ejecutivo, filtrada a través de los jueces, en la sentencia condenatoria.

a.2) Segundo argumentos falso

La segunda razón que apoya la premisa de la Sentencia es que en el inciso segundo del artículo 257 del Código Penal, se encuentran inmersos como sujetos activos del delito de peculado "*los servidores que manejen fondos*[52] *del Instituto Ecuatoriano de Seguridad Social o de los "bancos estatales y privados*". Se trata, claramente dicho, de los mismos servidores públicos que, por cualquier razón, operen con fondos del IESS o de las instituciones financieras, públicas o privadas del país. Expresamente se refiere a los mismos "*servidores*" del sector público, pero que gestionen fondos de la seguridad social y de la banca por cualquier encargo, delegación o mandato, sin que lo hagan "*en función o razón de su cargo*". Servidores públicos

52. El subrayado no consta en el original.

éstos que manejan los mismos fondos, pero no *"no en función o razón de su cargo"*, a los cuales era necesario enunciar particularizadamente en un subtipo derivado porque no estaban comprendidos en el inciso primero, pues, repetimos, cometen la conducta típica no *"en función o razón de su cargo"*, sino al ejercer funciones distintas a las que son propias de su función o cargo. Por ejemplo, un abogado de carrera en la Superintendencia de Bancos que es designado como interventor o liquidador en la banca privada provisionalmente, no es *en función o razón* de su cargo -que es la función o el cargo de abogado- que ejecuta las conductas que son adecuados al tipo penal de peculado. Por tal circunstancia este comportamiento no se subsume en el inciso primero, sino en el segundo y que fue creado, precisamente, para comprender estos casos que de otro modo, quedarían impunes como delito de peculado.

Lo que resulta visible es que no hay manera correcta de justificar una decisión de atribuir como significado del texto del tipo penal vigente en 1998, la inclusión a título de autoras" de peculado" de personas que no tenían, al momento de actuar las conductas imputadas, la calidad de funcionarios públicos. No la hay porque se trata de un delito especial, que protege como bien jurídico, la actividad eficiente de la administración pública en la prestación de los servicios públicos a los ciudadanos y que estas conductas abusivas de fondos de los vinculados a esta gestión impiden o entorpecen y las persona particulares están desvinculadas, en forma general, de la actividad administrativa. Si éstas llegaren a participar en los comportamientos delictivos, en conjunto con los funcionarios públicos, será a título de autoras de delitos que se configuran con una conducta homogénea al peculado, como el hurto; o como cómplices, pero jamás como "autoras" del tipo de peculado.

Queda así demostrada la falsedad de la primera razón que apoya la premisa de la que parte la argumentación del ejecutivo, filtrada a través de los jueces, en la sentencia condenatoria.

Es irrefutable que los jueces vulneraron la garantía del derecho al debido proceso que configura el principio de legalidad y subprincipio de tipicidad que reconoce nuestra Constitución en el numeral 3 del artículo 76 CRE[53], dado que los jueces calificaron como sujetos activos del delito de peculado a personas que no reúnen los requisitos que describe el tipo contenido en el artículo 257 del Código Penal vigente a la fecha de la comisión de las conductas acusadas.

b) Subsumiendo irracionalmente la modalidad de la conducta atípica "malversación", suprimida por el legislador desde 1978, al tipo de peculado.

Como no hubo prueba alguna de abuso, distracción o apropiación de los fondos públicos o privados que gestionaron los administradores de Filanbanco, ni por parte de los hermanos Isaías ni de ningún otro funcionario o empleado, la operación judicial que debían ejecutar los jueces de la Sentencia, para poder declarar la comisión

53. Art. 76.- En todo proceso en el que se determinen derechos y obligaciones de cualquier orden, se asegurará el derecho al debido proceso que incluirá las siguientes garantías básicas: 3. Nadie podrá ser juzgado ni sancionado por un acto u omisión que, al momento de cometerse, no esté tipificado en la ley como infracción penal, administrativa o de otra naturaleza; ni se le aplicará una sanción no prevista por la Constitución o la ley. Sólo se podrá juzgar a una persona ante un juez o autoridad competente y con observancia del trámite propio de cada procedimiento.

del delito de peculado, exigía mucha imaginación y así fue que, los obedientes jueces, inventaron de manera absurda y grotesca: que las conductas atribuidas a los hermanos Isaías se subsumen en el "abuso" que describe el legislador como tipo penal de peculado, según los jueces de instancia, también para criterio de los jueces de casación, en la modalidad de "malversación". En la instancia, los jueces, sabiendo que debían cumplir con el ejecutivo para salvar sus puestos, decidieron ocultar y desconocer que la conducta de "malversación" había sido objeto de eliminación por parte del legislador en 1978[54], pero como esto resultaba una falacia evidente, los jueces de casación debieron incluirla de alguna forma y, para este efecto, deciden un proceso interpretativo que pasará a los anales de la irracionalidad y el absurdo judicial. En efecto, en la Sentencia de segunda instancia, como premisa, se afirma que los procesados:

> "(...) incumpliendo así con las disposiciones contenidas en los numerales 2, 6 y 7 del "Programa de Estabilización"; y de esta forma, abusaron de fondos públicos, esto es, de los préstamos de liquidez otorgados por el Banco Central del Ecuador, en la modalidad de malversación, en beneficio propio, subsumiendo su conducta al delito de peculado tipificado y sancionados en los incisos primero y segundo del artículo 257 del Código Penal (...)".

54. R.O. No. 621, 4 de julio de 1978.

Los Jueces de instancia no quisieron darse por enterados que el legislador había eliminado la malversación como modalidad típica del delito de peculado.

Los jueces de casación debían corregir este forma grotesca de condenar a los procesados y haciéndolo, igualmente de manera falaz, pero con un razonamiento más persuasivo. Para concretar esta falsedad el primer paso de los jueces fue afirmar que la derogación expresa que había hecho el legislador en 1978, de la "malversación" como modalidad de conducta típica, no fue de un elemento o expresión descriptiva que contenía la "malversación" enunciada como "concepto" de la conducta típica, sino de la "*palabra*" que expresaba ese concepto, pero no eliminó éste (malversación) que siguió vigente como conducta prohibida contenida en la "*palabra abuso*". De lo que quieren convencer los jueces es: a) que la conducta "malversación" de fondos se enunciaba en el tipo penal con dos palabras: "*malversación*" y "*abuso*"; b) que el legislador eliminó la primera "palabra", pero no la segunda que abarca el concepto "malversación", pues éste siempre constituye un "abuso" y, c) que, por lo tanto, la malversación siempre estuvo y nunca cesó de estar comprendida como conducta típica del delito de peculado. El fallo de casación, corrigiendo el de instancia, afirma que los hermanos Isaías cometieron entre septiembre y diciembre de 1998, el delito de peculado bancario bajo la modalidad de "malversación" que había sido suprimida, vía derogación legislativa, como "palabra", pero no como concepto de una conducta determinada que estuvo siempre comprendida en el verbo "*abusar*".

Con esta irracionalidad convertida en operación interpretativa los jueces de la Sentencia decidieron que los hermanos Isaías, al incumplir las normas del "Programa de Estabilización" en el uso de los fondos provenientes de los créditos otorgados por el Banco Central a Filanbanco, si bien no se apropiaron de ellos, los "malversaron"; y si bien, tampoco hubo merma de recursos para la administración del banco ni perjuicio a la institución estatal prestataria de los fondos, existió, sin embargo "abuso" típico en la "malversación" cometida.

Como se habrá visto el malabar interpretativo es, desde el punto de vista del conocimiento científico o jurídico inadmisible, ya que cuando el legislador suprimió la palabra "malversación", -lo cual es admitido expresamente por los jueces de casación- eliminó el símbolo o la expresión verbal con el que se identificaba el "concepto" de la conducta "malversación". Si el legislador suprimió la palabra "malversación" fue para desaparecer el concepto "malversación" y junto a éste eliminar la conducta del contexto en que se encontraba. Luego, la "malversación" dejó de existir como modalidad de abuso típico, esto es, como elemento del tipo de peculado. Claro que subsistió el abuso como conducta típica, pero sólo en las modalidades exactamente determinadas por el legislador, entre las cuales ya no constaba la malversación. En definitiva, la conducta de abusar en la modalidad de malversación, definida como la aplicación de fondos a fines distintos de los previstos en el presupuesto respectivo, dejó de ser una modalidad de acto prevista en el tipo penal de peculado. Por lo que resulta arbitrario, por irracional, afirmar que la entidad conceptual "malversación" siguió existiendo, a pesar de la supresión de la palabra y del concepto específico de ella, ya que según los malabaristas exegéticos quedó representada por la expresión verbal genérica "abusar" que la acogía en forma implícita. Sin más, los jueces incluyeron, contra la voluntad expresa del legislador la malversación, mediante una operación analógica expresamente prohibida por la Constitución y la ley, o sea, como malversar es una forma de abusar y el núcleo del tipo es este verbo, toda modalidad de abuso, aunque no expresada por el legislador, esta comprendida en tl tipo.

Lo hecho es tan incoherente como afirmar que si del contexto de un tipo penal que estaba descrito, verbigracia, como "acto que consista en recibir o entregar", el legislador elimina la palabra "entregar" y el intérprete asevere que, a pesar de la supresión, quedó vigente la conducta "entregar" implícita en la palabra "acto" que no ha sido suprimida. A todas luces salta la irracionalidad en ambos casos, ya que la voluntad expresa del legislador ha sido que no constituya elemento típico de los delitos, en el primer caso, el "abuso" consistente en el modo del comportamiento constitutivo de "malversación" y, en el ejemplo propuesto, el "acto" concretado en la modalidad de "entregar". En otras palabras: la "malversación" había dejado de ser una modalidad de conducta típica de peculado desde el mes de julio de 1978, sin embargo los jueces la dieron como existente en forma implícita.

En conclusión, los jueces de la Sentencia vulneraron la garantía que otorga el principio de legalidad y el subprincipio de tipicidad e incluyeron, en forma arbitraria e irracional, en la figura legal del delito de peculado la conducta consistente en malversación, misma que había sido expresamente suprimida años atrás, con el único objeto de adecuar los comportamientos imputados a los hermanos Isaías, condenarlos y mantener los medios de comunicación incautados en poder y al servicio del Ejecutivo.

4. La impúdica actuación de la Corte Constitucional subordinada al ejecutivo

Habiendo concurrido los hermanos Isaías a denunciar la vulneración al derecho constitucional del debido proceso, a través de las respectivas acciones extraordinarias de protección, en su fase de admisión los Jueces de la respectiva Sala decidieron que como, supuestamente, sólo se denunciaba falta de aplicación o errónea aplicación de la ley:

> "INADMITE, a trámite las demandas de acción extraordinaria de protección (...) y dispone el archivo de la causa"[55].

Se evidencia la falacia de la Corte, producto de su relación de obediencia con respecto al ejecutivo, sólo haciendo notar que, en materia penal, si los jueces al dictar sentencia condenan a los procesados apreciando la prueba y aplicando la ley en forma arbitraria, con error manifiesto equivalente a denegación de justicia, se vulnera el derecho a un proceso justo que respete las garantías de la presunción de inocencia, legalidad, tipicidad y de defensa que comprende el que se prueba la verdad de los hechos que es, precisamente, el objeto de la acción extraordinaria de protección en el Ecuador (Arts.94 y 437 CRE) y que es obligación de la Corte sustanciar y resolver.

55. Auto de 17 de septiembre de 2015 (Caso No. 0221-15-EP).

5. El Comité de Derechos Humanos de la ONU y la vulneración al derecho al debido proceso

En el caso "*Hermanos Isaías c/ Ecuador*", el Comité resolvió su incompetencia para conocer sobre el fondo del tema, pero señaló el camino para invalidar la injusta condena. La explicación es que en el reciente caso identificado con la Comunicación N° 2244/2013)[56*], el Comité de Derechos Humanos de la ONU, en varios pasajes se declara sin competencia para variar los hechos y la calificación jurídica realizadas por los jueces y que fueron objeto del proceso penal seguido por el ejecutivo, a través de su poder judicial, contra los hermanos Isaías en el Ecuador, pero señala en forma expresa que ese obstáculo para realizar el juzgamiento, a la luz del derecho al debido proceso reconocido en el artículo 14.1 del Pacto Internacional de Derechos Civiles y Políticos no existe, en caso que se demuestre que hubo arbitrariedad judicial. Dice en su Dictamen de 30 de marzo del 2016:

> " 7.14 El Comité recuerda su jurisprudencia con arreglo a la cual incumbe a los tribunales de los Estados partes evaluar los hechos y las pruebas en cada caso particular, o la aplicación de la legislación interna, a menos que se demuestre que esa evaluación o aplicación fue claramente arbitraria o equivalió a error manifiesto o denegación de justicia".

Se trata del reconocimiento internacional que ninguna vía de hecho judicial en la apreciación de la prueba o en la aplicación de la ley deja de ser considerada como

56. Adoptado por el Comité en su 116° período de sesiones (7-31 de marzo de 2016).

vulneradora del derecho al debido proceso, tal como nuestra Constitución lo consagra en el numeral 1 del Art. 76.

6. Conclusiones

La falta de independencia judicial, producto de la injerencia del poder ejecutivo, determinó la sentencia penal contra los ex administradores de Filanbanco S.A., vulnerando el recurso efectivo ante tribunales nacionales competentes; en condiciones de igualdad, ser oídos públicamente y con justicia por un tribunal imparcial y la presunción de inocencia, derechos fundamentales que al igual que el debido proceso son convencional y constitucionalmente reconocidos. Específicamente se vulnera la garantía del principio de legalidad y subprincipio de tipicidad que imponen los convenios internacionales de derechos humanos y la Constitución de la República del Ecuador, pues:

1. La Constitución del Ecuador y las convenciones internacionales de derechos humanos disponen que en los procedimientos judiciales deberán sustentarse las garantías necesarias y que se apliquen las condiciones de igualdad, independencia e imparcialidad[57]. El caso de estudio se ha caracterizado por: la intervención de otros poderes del Estado, leyes exclusivas y la aplicación retroactiva de la ley. Cuando la entonces Corte Suprema declaró que los defendidos no podían ser procesados por peculado, y se pronunció acogiendo el Dictamen de

57. Declaración Universal de los Derechos Humanos, Res. A(III), art 10, O.N.U. Doc. A/RES/217(III) (1948). Véase también convención Americana de Derechos Humanos (artículo 8) y el Pacto Internacional de Derechos Civiles y Políticos (artículo 14).

la Fiscal Mariana Yépez, el caso estaba jurídicamente finalizado, pero el propio Presidente de la República, así como varios Asambleístas de su partido declararon públicamente su inconformidad y pidieron la destitución y sanción de los jueces. De esta manera jugando un papel fiscalizador de los órganos de administración de justicia, buscando controlar e incidir en instancias que su naturaleza misma exige total independencia. Error que permite claramente demostrar ante tribunales internacionales e imparciales la falta de plena igualdad y la intromisión arbitraria del Poder Ejecutivo[58]. Lo que incide negativamente no solo en el ejercicio de los derechos humanos de las personas sometidas en éste procedimiento, sino que también afectan a la sociedad en su conjunto, al no existir un sistema de pesos y contrapesos, propios de una democracia.

2. El derecho que toda persona tiene a un recurso efectivo ante tribunales nacionales competentes ha sido violado[59]. Los jueces del caso, fueron favorecidos para llegar al cargo, con hasta 10 puntos[60]. Es el caso de Paúl

58. "La independencia supone que los operadores judiciales resolverán los asuntos que conozcan con imparcialidad, basándose en los hechos y en consonancia con el derecho, sin restricción alguna y sin influencias, alicientes, presiones, amenazas o intromisiones indebidas, sean directas o indirectas, de cualquiera sectores o por cualquier motivo". *Principios Básicos relativos a la independencia de la Judicatura, adoptados por la Asamblea General de las Naciones Unidas en 1985. Adoptados mediante las resoluciones 40/32 del 29 de noviembre de 1985 y 40/146 del 13 de diciembre de 1985.*
59. Declaración Universal de los Derechos Humanos, Res. A (III), art 8, O.N.U. Doc. A/RES/217(III) (1948). Véase también: Convención Americana sobre Derechos Humanos (San José de Costa Rica) (1969) art 8(1).
60. Informe final de la veeduría internacional para la elección de la nueva Corte Nacional de Justicia.

Iñiguez y Wilson Merino quienes fallaron por $40 millones de dólares para compensar la honra de Rafael Correa[61] y sentenciaron a los hermanos Isaías a 8 años de prisión. Iñiguez Ríos ha sido denunciado por su coideario Marco Tapia, de ser uno de los jueces que maneja casos especiales para le oficialismo, quien además ha sido asesor del asambleísta de Alianza Pais Vethowen Chica y candidato a la alcaldía por el Correísmo. Éste fue el tribunal[62] que condenó y desechó los recursos de apelación interpuestos por los hermanos Isaías. De manera nefasta también cambiaron el fallo de peculado por el de malversación de fondos. Por lo tanto, no puede haber recurso efectivo, al haberse sustanciado el proceso por jueces incompetentes carentes de autonomía, carácter y aptitud para ejercer dicha magistratura (*character and fitness*).

3. Se ha vulnerado la presunción de inocencia[63]. Las pruebas y hechos demuestran la inocencia de los hermanos Isaías, la fiscalía no ha podido presentar pruebas de cargo o culpabilidad, en la que se demuestre que Roberto o William Isaías abusaron en beneficio propio o de terceros de los fondos de Filanbanco y/o del Banco Central del Ecuador. La Corte IDH exige que una perso-

61. La aplicación del fallo en contra del diario El Universo fue detenida por intervención de la CIDH, por vulnerar los derechos elementales de los acusados.
62. Al que se le suman la participación de Ximena Vintimilla, Johnny Ayluardo, Jorge Maximiliano Blum y Lucy Blancio.
63. Declaración Universal de los Derechos Humanos, Res. A (III), art 11(2), O.N.U. Doc. A/RES/217(III) (1948), ver también: Convención Americana sobre Derechos Humanos de 22 de noviembre de 1969 (artículo 8.2) y Pacto Internacional de Derechos Civiles y Políticos de 19 de diciembre de 1966 (artículo 14.2).

na no puede ser condenada mientras no exista prueba de responsabilidad penal[64]. Por otro lado de forma sistemática, la fiscalía también ha impedido a los procesado exhibir todas las pruebas de descargo, impidiendo la presentación de evidencia, argumentos y documentos determinantes que demuestras su inocencia, no obstante faltando a lo establecido por estándares internacionales y su obligación de probar la culpabilidad de los imputados a través de pruebas lícitas y materiales.

4. Los hermanos Isaías no ostentaron, durante el período de comisión de las supuestas infracciones, la calidad de funcionarios o servidores públicos que necesariamente debían poseer los imputados como autores del delito de peculado, pero los jueces decidieron en forma injustificada y contraria al texto de la ley afirmar que no era así.

5. Como no existió prueba de apropiación de fondos públicos o privados manejados por parte de los hermanos Isaías, se urdió la tesis de la malversación como conducta típica de peculado, primero, ocultando los jueces de instancia su eliminación normativa acaecida desde julio de 1978 y, segundo, afirmando los jueces de casación la efectiva supresión de la malversación desde esa fecha, pero aclarando que, sin embargo, no sucedió

64. Si obra contra ella prueba incompleta o insuficiente, no será procedente condenarla, sino absolverla. Además sobre el tema de la demostración fehaciente de culpabilidad como requisito indispensable para la sanción penal y que el acusado no debe demostrar que no ha cometido el delito que se le atribuye ya que el *onus probandi* corresponde a quien acusa. *Ver casos: Corte IDH, Caso Cantoral Benavides vs. Perú (fondo). Sentencia de 18 de agosto de 2000, párrs. 118- 128 y Corte IDH, Caso López Mendoza vs. Venezuela, op. cit., p. 27.*

su desaparición porque siguió implícitamente vigente como contenido del concepto "abusar" que es el núcleo de tipo penal de peculado.

6. La Corte Constitucional del Ecuador, en acto de sumisión política, consideró que la denuncia de los procesados al haber sido condenados por indebida aplicación de la ley que contiene el tipo penal al que se adecuó la conducta juzgada, es cuestión de mera de legalidad y, en consecuencia, no es vulneración de la garantía del principio de tipicidad ni del derecho constitucional al debido proceso.

7. Como hemos demostrado, en el proceso penal seguido contra los Isaías, el gobierno nacional, para alcanzar la finalidad política de apropiarse de los medios de comunicación que eran de su propiedad, primero, ordenó su prisión para obligarlos a buscar protección en el extranjero, al mismo tiempo que ordenaba su enjuiciamiento para que los jueces realizaran en sentencia una evaluación de los hechos y una aplicación de la ley arbitraria, equivalente a error manifiesto y denegación de justicia.

4
El Poder Judicial y la persecución política

Fabricio Rubianes Morales[65]
Carlos Manosalvas Silva[66]
(Abogados Litigantes)

1. Resumen Ejecutivo

El presente análisis pretende establecer las graves vulneraciones a los derechos fundamentales cometidas en el juzgamiento a ciertos ciudadanos ecuatorianos, que piensan de manera diferente al Gobierno de turno y especialmente del señor Ing. Francisco Daniel Endara Daza, a quien por haber presuntamente aplaudido dentro de una protesta social, ocurrida el 30 de septiembre del 2010 (en adelante 30S), en las inmediaciones de las instalaciones de Ecuador TV (ECTV), fue condenado a cuatro años de prisión y al pago de una multa. Pena que luego de los correspondientes recursos, y luego de cinco años de litigio, pasó de "co-autor" a "cómplice por aplaudir" en el delito de "sabotaje y terrorismo" para finalmente ser condenado por la Corte Nacional de Justicia del Ecuador a una pena privativa de libertad de die-

65. Doctor en Jurisprudencia por la Universidad Internacional del, Magister en Docencia Universitaria y Administración Educativa, Candidato a Magister en Derecho Penal y Procesal Penal por la Universidad Central del Ecuador, Docente de la Universidad Central del Ecuador
66. Abogado por la Universidad Central del Ecuador, Magister en Negociación Internacional y Comercio Exterior, Magister en Derecho Ambiental Internacional.

ciocho meses, en calidad de coautor de "paralización de servicios públicos"[67], delito diferente[68] del cual fue procesado en un inicio.

2. Introducción

El presente análisis trata sobre la sentencia dictada en contra de Francisco Daniel Endara Daza[69], quien fue víctima de la vulneración de los derechos humanos en el Ecuador. Esta resolución vulnera el debido proceso, a más del derecho a la libertad de expresión que todo ciudadano alrededor del mundo goza y tiene[70].

El objetivo principal en este análisis es poner en evidencia cómo se ha dictado una sentencia que no procede, en contra de un ciudadano ecuatoriano, tratando de adaptar la conducta de un tipo penal, para poder establecer una responsabilidad. En este caso, el delito de sabotaje no puede establecerse por un aplauso y peor determinar que existió coautoría por parte de Francisco Endara Daza.

3. Contexto y narración de los hechos del caso

El proceso se inicia de oficio, por parte de la Fiscalía General del Estado, por los hechos suscitados el 30S, en cir-

67. Se usó el tipo penal de sancionado en el Art. 346 del Código Orgánico Integral Penal (COIP). Registro Oficial S 180, 10 de febrero del 2014 (Ecuador)
68. Código Integral Penal (Ecuador). Disponible en: http://www.justicia.gob.ec/wp-content/uploads/2014/05/código_orgánico_integral_penal_-_coip_ed._sdn-mjdhc.pdf (Descargar pdf). (2014)
69. Sentencia dictada por la Sala Especializada de lo Penal, Penal Militar, Penal Policial y Tránsito de la Corte Nacional de Justicia del Ecuador, en el caso No. 17721-2014-1123, incoado por el Estado ecuatoriano a través de la Fiscalía General, por el tipo penal de SABOTAJE, en contra de Francisco Endara Daza y otros.
70. Juicio No. 69-2013, sustanciado en el Tribunal Segundo de Garantías Penales

cunstancias en que un grupo numeroso de personas se reúnen en las afueras de las instalaciones de la Empresa Pública de Televisión y Radio del Ecuador, RTV Ecuador (ECTV).

Estas personas reclamaba por libertad de expresión, un derecho que se había vulnerado aquel día, pues todas las señales de radio y televisión fueron tomadas por el canal ECTV por orden del gobierno, para transmitir propaganda a favor del mismo, poniendo en un estado de desinformación a la ciudadanía ecuatoriana sobre los hechos que ocurrían aquel día.

Según Fiscalía[71], este grupo numeroso que se acercó a ECTV, constaba de cerca de doscientas personas, ingresa de manera violenta a las instalaciones, interrumpiendo de esta manera la transmisión y producción del canal público. De todo ese grupo que señala fiscalía, solamente fueron procesadas, aquellas personas que tenían alguna participación de crítica al gobierno de Rafael Correa.

Desde el inicio, se evidenció una clara persecución en contra de Francisco Endara a quien la fiscalía lo acusó de "autor por omisión" con el fin notorio de vincularlo al proceso penal. Posteriormente, sin ningún elemento de convición el Juez Quinto de Garantías Penales de Pichincha, Dr. Raúl Martínez Muñoz, dicta auto de llamamiento a juicio[72] por el tipo penal de Sabotaje, el cual se encuentra tipificado en el Art. 158 del Código Penal[73], en contra de Francisco Endara y otros, considerados como los presun-

---

71. Juicio No. 17721-2014-1123.
72. Auto de llamamiento a juicio se dictó el 26 de agosto de 2011, a las 09h00, en la ciudad de Quito Ecuador.
73. Publicado en el Registro Oficial Suplemento 147 de 22-ene-1971

tos autores del delito de sabotaje y terrorismo a las instalaciones del canal del estado ECTV.[74]

El juez Quinto de Garantías Penales de Pichincha, suspende el inicio de la etapa de juicio[75] en contra de los procesados de los que se desconocía su paradero, hasta que sean detenidos o se presenten voluntariamente a juicio; así como también niega la sustitución de la medida cautelar dictada en contra de cuatro de los procesados por no haber justificado su arraigo, esto es el social, familiar y laboral.

El auto de llamamiento a juicio fue objeto de recursos de nulidad, los cuales fueron rechazados por los jueces de alzada, esto es, la Sala de lo Penal de la Corte Provincial de Pichincha[76], puesto que indicaron que no existía nulidad alguna y cualquier alegación debía sustanciarse en la instancia pertinente, ante un Tribunal Penal correspondiente."[77]

El 8 de marzo del 2014, a las 13h53, el Tribunal Segundo de Garantías Penales de Pichincha[78], dicta sentencia

---

74. Código Penal de Ecuador. http://www.oas.org/juridico/mla/sp/ecu/sp_ecu-int-text-cp.pdf (Descargar pdf). (22, Enero 1971)
75. En dicho auto, de conformidad con lo dispuesto en el Art. 233 del Código de Procedimiento Penal (CPP) Registro Oficial Suplemento No. 360 de 13 de enero del 2000, suspende por mandato legal, l.
76. Sala de lo Penal de la Corte Provincial, compuesta por los jueces Dra. Anacélida Burbano Játiva, Jueza Presidenta; Dr. Patricio Sánchez Viteri, Juez Provincial Encargado y Dr. Jorge Andrade Lara, Juez Provincial Encargado, quienes mediante sentencia de 15 de mayo de 2013, de las 11h01, resolvieron rechazar dicho recurso de nulidad planteados por los acusados."...ya que en la etapa de juicio, se deberá demostrar tanto la materialidad de la infracción como la responsabilidad de los procesados.
77. http://consultas.funcionjudicial.gob.ec/informacionjudicial/public/informacion.jsf
78. El Tribunal Segundo de Garantías Penales de Pichicha, estaba compuesto por los jueces Dra. Miriam Escobar Pérez, Presidenta; Abg. Fer-

condenatoria en contra de Francisco Daniel Endara Daza, y otros, declarándoles culpables del delito de sabotaje[79], imponiéndoles una pena privativa de libertad de:

> "OCHO AÑOS DE RECLUSION MAYOR ORDINARIA, a cada uno de ellos; pena que de conformidad con el Art. 29 numerales 6 y 7 en concordancia con el Art. 72 del Código Penal, se modifica por la pena de CUATRO AÑOS DE RECLUSION MAYOR ORDINARIA".

Además, se les condena al pago de la multa de USD $ 87 y al pago de USD $5.000, en partes iguales a cada uno de los sentenciados, correspondientes a la reparación del daño integral del daño causado.[80]

Dicha sentencia, es objeto del Recurso de Apelación por parte de todos y cada uno de los procesados, estableciéndose la competencia en la Sala Penal de la Corte Provincial de Pichincha[81], quienes desechan el recurso de apelación propuesto por los recurrentes y en su parte principal señala:

> "...En cuanto al acusado Francisco Endara Raza, este Tribunal de Alzada concluye que el acusado Fernando Endara participó en el injusto penal, en el grado de

nando Burbano Dávalos, Juez Encargado y Dr. Hugo Horacio Aulestia Aulestia, Juez Encargado.

79. Tipificado en el Art. 158 del Código Penal (CP), en concordancia con el Art. 42 ibídem

80. http://consultas.funcionjudicial.gob.ec/informacionjudicial/public/informacion.jsf (Consulta online de una persona acusada colocando sus nombres y apellidos)

81. La Sala de la Corte Provincial de Justicia de Pichincha estaba compuesta por los jueces Dr. Luis Emilio Veintimilla Ortega, Dr. Wilson Lema Lema y Dr. Marco Rodríguez Ruíz, Sentencia con fecha Quito, jueves 29 de mayo del 2014, a las 09h43.

cómplice, pues de la prueba de cargo actuada en la audiencia de juicio, se coligió de manera inobjetable que el día del hecho punible, el apelante Fernando Endara entró al edificio en el que funciona el canal de televisión estatal ECUADOR TV; estuvo entre las personas que rompieron la puerta de vidrio, aunque en ningún momento se le ve destruyendo bien alguno -esto último inclusive lo señaló expresamente el Dr. Gustavo Benítez, Fiscal de la causa, en el momento en que uso del principio de contradicción en la audiencia de fundamentación del recurso de apelación-; impidió el paso de una cámara de televisión, así como también de personas que estaban en las afueras de las instalaciones del canal; aplaudió, en señal equívoca de aprobar la protesta; y, en alguna fotografía, aparece junto al procesado Pablo Guerrero, todos estos, actos anteriores y simultáneos, con los que de manera indirecta y secundaria cooperó a la ejecución del acto punible, en los términos del artículo 43 del Código Penal; se modifica su grado de participación de autor a cómplice razón por la cual también se modifica la pena de cuatro años de reclusión mayor ordinaria a dos años de prisión correccional."[82] (El error en el apellido -escriben Raza, no Daza- es propio del original)[83].

82. http://consultas.funcionjudicial.gob.ec/informacionjudicial/public/informacion.jsf (Consulta online de una persona acusada colocando sus nombres y apellidos)
83. A lo largo del proceso se evidenció en varias ocasiones el cambio de nombre de Francisco Endara, unas veces lo llaman Víctor Hugo Endara; otras, Fabricio; otras, Fernando Endara, demostrando la falta de prolijidad de los operadores de justicia en este caso, así como la prueba de que no tienen conocimiento claro de quién es el acusado.

La sentencia dictada por la Sala de lo Penal de la Corte Provincial de Pichincha, es objeto del Recurso de Casación por parte de Francisco Daniel Endara Daza y otros recayendo su competencia en la Sala Especializada de lo Penal, Penal Militar, Penal Policial y Tránsito de la Corte Nacional de Justicia del Ecuador[84], quien resuelven[85]:

Declarar improcedentes los recursos de casación interpuestos por los acusados Francisco Daniel Endara Daza y otros[86].

Los jueces de la Corte Nacional indican que han aplicado el principio de favorabilidad[87], y alegan que: "en concordancia con los Instrumentos Internacionales de derechos Humanos, este Tribunal de Casación, reforma la sentencia subida en grado" y declara a Francisco Daniel Endara Daza, y otros, como coautores del delito de "paralización de servicios públicos"[88], por lo que se les impone a cada uno pena privativa de libertad de dieciocho meses.[89]

---

84. La Sala especializada de lo Penal, Penal Militar, Penal Policial y Tránsito de la Corte Nacional de Justicia del Ecuador, en el caso signado con el No. 17721-2014-1123, estaba compuesta por los jueces: Dr. Miguel Jurado Fabára, Juez Nacional Ponente, Dr. Vicente Robalino Villafuerte (+), Juez Nacional y Dr. Edgar Flores Mier, Conjuez Nacional.
85. Los jueces de La Sala especializada de lo Penal, Penal Militar, Penal Policial y Tránsito de la Corte Nacional de Justicia del Ecuador, dictan sentencia el lunes 23 de noviembre de 2015, a las 13h15.
86. A más de Francisco Endara Daza, los otros acusados son: Víctor Hugo Erazo Rodríguez, Patricio Tonny Fajardo Larrea, Marcelo Max Marín Guzmán y Galo Efrén Monteverde Castro
87. Principio de Favorabilidad previsto en la Constitución de la República, específicamente en el art. 76.5 y 5.2 y 16.2 del Código Orgánico Integral Penal
88. Delito tipificado y sancionado en el art. 346 del Código Orgánico Integral Penal.
89. http://consultas.funcionjudicial.gob.ec/informacionjudicial/public/informacion.jsf (Consulta online de una persona acusada colo-

De esta sentencia, dictada por la Sala Especializada de lo Penal de la Corte Nacional, en Agosto 2016 Francisco Daniel Endara Daza, presentó la correspondiente Acción Extraordinaria de Protección[90], misma que es inadmitida, es decir ni si quiera se aceptó tramitarla[91].

4. Sentencias dictada en contra de Francisco Endara Daza

Dentro del proceso anterior al Recurso de Casación, varios de los jueces que intervinieron lo hacían en condición de encargados, quienes, pretendiendo lograr una posible estabilidad en el cargo, no fallaron conforme a derecho, mientras que los jueces titulares, por un temor reverencial al Gobierno, prefirieron no contradecir las protervas intenciones del régimen, puesto que les podía costar su eliminación del rol de la Función Judicial, a través de la aplicación de la respectiva sanción, escudándose las autoridades de disciplina del Consejo de la Judicatura, en la famosa institución del error inexcusable[92]; motivos más que suficientes para tener una sentencia contraria a dere-

---

cando sus nombres y apellidos)

90. Ley orgánica de Garantías Jurisdiccionales y Control Constitucional. http://www.oas.org/juridico/PDFs/mesicic4_ecu_org2.pdf (Descargar pdf). (22 de octubre 2009)

91. Caso No. 0018-16-EP. La Acción extraordinaria de protección se interpuso en base al Art. 94 de la Constitución de la República (Const) Registro Oficial No. 449 de 20 de Octubre de 2008 (Ecuador) y Art. 58 y ss. de la Ley Orgánica de Garantías Jurisdiccionales y Control Constitucional (LOGJCC), el cual fue publicado en el Registro Oficial Suplemento 52, el 22 de octubre de 2009.

92. Todo administrador de justicia ecuatoriano puede ser denunciado por cometer errores que son calificados como inexcusables, específicamente cuando se vulnere normativa constitucional y el debido proceso en cualquier proceso judicial. El problema es que el "error inexcusable" puede usarse de manera ambigua y de manera subjetiva.

cho y evidentemente alejada de la realidad de los hechos sucedidos y sancionados.

Existieron flagrantes vulneraciones dadas al debido proceso. Una de ellas fue que jamás se hizo el reconocimiento de los presuntos sospechosos[93] (hoy condenados)[94]. No existe en ninguna parte del expediente la respectiva acta mediante la cual se dé razón alguna de que se practicó la respectiva diligencia de identificación de los procesados.

Pero son los propios testigos quienes manifestaron que no vieron presencialmente a Francisco Endara Daza en el interior del canal ECTV. Así mismo, ningún testigo pudo identificar a Francisco Endara realizando algún acto de destrucción en el canal ECTV. Los testigos señalaron que a Francisco Endara, solo lo habían reconocido en los videos presentados, que la actitud de Endara era tranquila y que su nombre les dio la fiscalía, vulnerando todo principio de independencia, imparcialidad y presunción de inocencia[95]. Esto fue evidente cuando se llevó acabo la

---

93. Conforme lo mandan los Arts. 80 y 216.7 del Código Procesal Penal (CPP) y Art. 74.6 de la Constitución (Const).

94. El reconocimiento de personas sospechosas sometidas a un proceso penal, según la legislación penal vigente a la fecha de los hechos (30/10/2010), consistía en realizar dicha diligencia en presencia del abogado de la defensa, ante el Juez de Garantías Penales, el secretario y el agraviado y con la utilización de la cámara de Gesell, donde el sospechoso es presentado en compañía de diez personas más, lo más análogamente vestidos. Practicado el acto de identificación se debía sentar el acta correspondiente con la firma del juez, el secretario y el identificante.

95. Vulneración al artículo 14.2 de Pacto International de Derechos Civiles y Políticos. "2. Toda persona acusada de un delito tiene derecho a que se presuma su inocencia mientras no se pruebe su culpabilidad conforme a la ley."

Ver casos: Comisión I.D.H, Caso Martín de Mejía, pp. 211-212 (1996); y, Corte I.D.H Caso Loayza Tamayo vs Perú. Sentencia de 17 de septiembre de 1997.

audiencia de juicio en el Tribunal Segundo de Garantías Penales, confirmado por la Sala de lo Penal de la Corte Provincial en donde todos los testigos (empleados y funcionarios de Ecuador TV) manifestaron que reconocieron a los hoy sentenciados en videos presentados en las respectiva audiencia como prueba; vulnerando el debido proceso contemplado en el artículo 76 numeral 7 de la Constitución de la República del Ecuador[96].

Ninguno de los testigos observó directamente a Francisco Daniel Endara Daza, reunido en la Av. De los Shyris, en la Av. Eloy Alfaro, en la Av. República y mucho menos en las instalaciones de Ecuador TV, por lo que no existe ninguna prueba de concierto para delinquir.

5. Vulneraciones Constitucionales realizadas en las sentencias en contra de Francisco Endara Daza

La Sala Especializada de lo Penal de la Corte Nacional de Justicia, en su fallo[97], después de cinco años de litigio, vulnera la garantía constitucional del debido proceso, ya que en su resolución, en el acápite 7.2.7., según el Principio de Favorabilidad (contemplado en el Código Orgánico Integral Penal) y su aplicación en materia penal, cambian el tipo penal de SABOTAJE (Art. 158 CP) por el de PARALIZACIÓN DE UN SERVICIO PUBLICO (Art. 346 del COIP), manifestando antojadizamente que la conducta sigue siendo punible; cuando los elementos objetivos y subjetivos de los tipos penales señalados son completamente diferentes, y más aún, los verbos rectores de cada uno.[98]

96. Constitución de la República del Ecuador. (El Art. 76 numeral 7).

97. Sentencia dictada por la Sala Especializada de lo Penal de la Corte Nacional de Justicia, el 23 de noviembre del 2015, de las 13h15.

98. Los verbos rectores según el Art. 158 del Código Penal ecuatoriano son: destruir, deteriorar, inutilizar, interrumpir, paralizar.

Los elementos objetivos del tipo penal establecidos en la paralización de un servicio público[99], no contemplan el causar alarma social, ni tienen los mismos verbos rectores que los del Sabotaje, por lo que se trasgredió la norma, vulnerando el principio de legalidad y la seguridad jurídica que debe amparar a toda legislación.

Cabe anotar que es obligación de las autoridades judiciales, durante un proceso penal de comparar los hechos con el delito específico tipificado en la ley. Este caso no coincide, ni cercanamente, la sola presencia de Francisco Endara Daza en el canal ECTV, con el delito que se le acusa. Al respecto de comparar la conducta de una persona con un delito tipificado en la ley, la CIDH indica que "corresponde al juez penal, al aplicar la ley penal, atenerse estrictamente a lo dispuesto por ésta y observar la mayor rigurosidad al adecuar la conducta de la persona incriminada al tipo penal, de forma tal que no incurra en la penalización de actos no punibles en el ordenamiento jurídico"[100].

El Art. 76 de la Carta Magna, claramente habla del Debido Proceso que debe tener todo procedimiento y mucho más el penal, en virtud de que se encuentra en juego el bien jurídico más preciado del ser humano: la libertad.

Libertad que se encuentra contemplada no solo en la Constitución de la República, sino también en los tratados y convenios internacionales como el Pacto Internacional de Derechos Civiles y Políticos[101]; Declaración

99. Art. 346 del COIP

100. Corte I.D.H, Caso García Asto y Ramírez Rojas vs Perú. Sentencia de 25 de noviembre de 2005. De igual forma se ha pronunciado en los casos: Caso Fermín Ramírez, supra nota 166, párr. 90; y, Caso De la Cruz Flores, supra nota 4, párr. 82.

101. Art. 19: "...nadie podrá ser molestada a causa de sus opiniones; toda persona tiene derecho a la libertad de expresión..."

Universal de los Derechos del Hombre[102]; Convención Americana sobre Derechos Humanos "Pacto San José de Costa Rica[103]; libertad que se vio vulnerada por la Administración de Justicia del Estado ecuatoriano, al condenar a Francisco Endara Daza, a 18 meses de privación de libertad y al pago de una "reparación integral", por pensar de manera diferente al gobierno de turno, por posar junto a uno de los procesados con mayor tinte político, y lo más de vanguardia de nuestra Justicia, por "aplaudir".

Siendo claras las vulneraciones al debido proceso establecidas en el artículo 76 de la Constitución (una persona es vinculada a un proceso penal forzando la ley al acusarle de "autor por omisión"; condenado sin ninguna prueba mas que por el simple hecho de estar presente en un determinado lugar y hora en una manifestación contraria al gobierno de turno porque pedía libertad de expresión; luego, modificando al sentencia para condenarlo como cómplice por "aplaudir"; y finalmente condenado como autor por un delito diferente al establecido al inicio) se presenta la Acción Extraordinaria de Protección, la misma que ni fue inadmitida a trámite. Esta clara persecución judicial pone en evidencia el interés político del gobierno de turno de usar la justicia para perseguir y acallar críticos, violando el artículo 14.1 y 26 del Pacto International de Derechos Civiles y Políticos[104].

---

102. Art. 19: "... Todo individuo tiene derecho a la libertad de opinión y de expresión..."

103. Art.13.1: "...Toda persona tiene derecho a la libertad de pensamiento y de expresión..."

104. Art. 14. "Todas las personas son iguales ante los tribunales y cortes de justicia. Toda persona tendrá derecho a ser oída públicamente y con las debidas garantías por un tribunal competente, independiente e imparcial, establecido por la ley, en la substanciación de cualquier acu-

6. Aspectos fundamentales de la supuesta responsabilidad penal:

Con respecto a los elementos objetivos del tipo penal acusado, contemplados en el Art. 158 del Código Penal, éstos jamás se configuraron en el comportamiento del compareciente, pues los verbos rectores destruir, deteriorar, inutilizar, interrumpir, paralizar, jamás fueron actuados o ejecutados por Francisco Daniel Endara Daza, pues su conducta nunca se subsumió bajo estas acciones.

Estas conductas tienen como objetivo "las instalaciones de radio, teléfono, telégrafo, televisión o cualquier otro sistema de transmisión"[105], mismas que al decir del señor gerente de ECTV: "Gracias a Dios, jamás se interrumpió la señal de ECTV" ·

Los verbos rectores detallados y el objeto establecido tiene un fin o resultado, que es el de producir alarma colectiva[106].

Lo que sí está claro, es que a Francisco Daniel Endara Daza, en ninguna etapa del juicio se comprobó que participara en:

---

sación de carácter penal formulada contra ella o para la determinación de sus derechos u obligaciones de carácter civil."

Art. 26. "Todas las personas son iguales ante la ley y tienen derecho sin discriminación a igual protección de la ley. A este respecto, la ley prohibirá toda discriminación y garantizará a todas las personas protección igual y efectiva contra cualquier discriminación por motivos de raza, color, sexo, idioma, religión, opiniones políticas o de cualquier índole, origen nacional o social, posición económica, nacimiento o cualquier otra condición social".

105. Art. 158 Código Penal.

106. Esta alarma colectiva, ya se produjo desde la mañana, a las 07h30, y no como producto de los hechos fácticos ocurridos en las instalaciones de ECTV, el 30S. Breve Cronología de los acontecimientos Ocurridos en Quito el 30 de septiembre de 2010..

- Los daños ocasionados a la puerta de hierro exterior del canal ECTV;
- La rotura de la mampara y puerta de vidrio;
- La rotura de las ventanas;
- El deterioro y rotura de los cables de CNT, ni de los racks; en la rotura de la mampara fija (la misma que es rota por un puntapié por un ciudadano claramente visible, pero difícil de ser identificado por la Fiscalía y mucho menos por el Acusador Particular y mucho menos por miembros de la Policía Judicial, por lo que claramente se denota la existencia de persecución política en el presente caso, y la sumisión de la Justicia al poder de turno.

También es importante recalcar que según consta en el mismo proceso, Francisco Daniel Endara Daza, no agredió a ninguna persona, ni a ningún testigo presencial y mucho menos referencial, y peor aún al Acusador Particular, más bien fue un pacificador como se reconoce en la sentencia de segunda instancia.

En ningún momento se pudo comprobar que Francisco Daniel Endara Daza, gritase consigna alguna, ni en favor ni en contra del régimen, ni en contra de la Empresa Pública ECTV.

Jamás estuvo, Francisco Daniel Endara Daza, en el set de noticias ni en el control master del mencionado canal.

El único "pecado" de Francisco Daniel Endara Daza, según la Fiscalía, la Acusación Particular y la Policía Judicial, es haber aplaudido (situación que tampoco se demostró en el juicio) como cientos de personas que se encontraban en las afueras de las instalaciones de ECTV pidiendo libertad de expresión. Cabe preguntarse ¿por qué solo trece personas son acusadas cuando existían al menos unas doscientas personas en las afueras de ECTV.? ¿Aplaudir es delito?

Ni remotamente se cumple en el expediente el nexo causal que haga presumir que, Francisco Daniel Endara Daza, sea responsable del supuesto sabotaje, tipificado en el artículo 158 del Código Penal.

La Doctrina y la Jurisprudencia, establecen que para que exista tanto la materialidad como la responsabilidad en este tipo de delitos, debe el acusado o procesado haber actuado con dolo, hecho que jamás fue demostrado por la Fiscalía y mucho menos por el acusador particular.

La actuación de los jueces de la Sala Especializada de lo penal de la Corte Nacional de Justicia[107], muestra su falta de conocimiento por decir lo menos, la norma contenida en el Art. 25.1 de la Convención Americana sobre Derechos Humanos.[108]

De igual forma y sin mayores argumentos o con total desconocimiento dejaron de aplicar la Resolución Obligatoria de la Corte Constitucional, para el periodo de transición, respecto del derecho a la tutela judicial efectiva, esto es que todo juez tiene la obligación de tutelar las garantías y derechos de toda persona en un proceso judicial.[109]

107. Conformada por: Dr. Miguel Antonio Jurado Fabára; Dr. Vicente Robalino Villafuerte (+); y, Dra. Zulema Pachacama Nieto.

108. Art. 25.1 de la Convención Americana sobre los Derechos Humanos, publicado en el R.O. No. 801, de 6 de agosto de 10984: "Protección Judicial.- Toda persona tiene derecho a un recurso sencillo y rápido o cualquier otro recurso efectivo ante los jueces o tribunales competentes, que la ampare contra actos que vulneren sus derechos fundamentales reconocidos por la Constitución, la ley o la presente Convención, aun cuando tal vulneración sea cometida por personas que actúen en ejercicio de sus funciones oficiales."

109. Registro Oficial No. 159 de 26 de marzo de 2010 que contiene lo resuelto en el caso 0041-09-EP.

7. Conclusiones

El caso de Francisco Endara Daza evidencia claramente el abuso del sistema judicial por parte del gobierno para perseguir opositores o críticos. Francisco Endara D. se venía desenvolviendo en ámbitos académicos y de opinión antes del 30S con opiniones críticas respecto al manejo de los Derechos Humanos, lo económico y político en Ecuador. El 30S simplemente fue usado como una excusa del gobierno para perseguir críticos, usando la vía judicial. Esto se evidencia en el caso analizado pues es claro desde el inicio del proceso, como creativa y forzadamente se abusó de figuras jurídicas para procesar a Francisco Endara D.

La persecución se evidenció desde el inicio por el hecho de que se lo acusó como "autor por omisión" [110]. Luego, se lo condenó en primera instancia como autor de un delito de sabotaje, del que no existía ni una sola prueba en su contra. Se continuó con la persecución en segunda instancia, en donde, a pesar de que los jueces reconocieron que "su rol no correspondía ni al autor ni al agitador" se evidencia la presión existente sobre ellos al tener que condenar a Francisco Endara, por haber aplaudido.

Es así, que en este caso se vulneró al respecto toda normativa tanto nacional como internacional y de Derechos Humanos respecto a un juicio justo, jueces imparciales, proporcionalidad de la pena y principio de la inocencia.

110. Sólo se puede declarar autor por omisión a una persona que tiene una obligación jurídica de detener un delito. "En el caso de Francisco Daniel Endara -quien en los videos ofrecidos como prueba por la fiscalía aparece ingresando con tranquilidad al canal cuando la puerta ya había sido rota- la autoría "por omisión", que el artículo 12 del Código Penal dispone para quien no impide un acontecimiento cuando tiene la obligación jurídica de impedirlo, la acusación fiscal resulta incomprensible." Luis Pásara DPLF. Independencia judicial en la reforma a la justicia ecuatoriana. dplf.org/sites/default/files/indjud_ecuador_informe_esp.pdf (Descargar pdf). Página 10. (Julio 2014)

En el presente proceso fue evidente la falta de proporcionalidad respecto a la supuesta conducta punitiva y la pena otorgada (un aplauso corresponde a dos años de cárcel?). Mas bien, se observa que existió un despojo e irrespeto a los derechos fundamentales de una persona por el simple hecho de haber estado presente en las cercanías de un lugar donde ocurrieron actos de repudio al gobierno. Esto indica que el Estado se tomó el rol de expropiar derechos fundamentales de un ciudadano, lo cual es impensable en una sociedad que se precie de respetar los derechos de las personas[111].

111. FERRAJOLI, L. Principia iuris. Teoría del derecho y de la democracia. 1. Teoría del derecho, op. cit., 2011, p. 720.

5
El Poder Judicial contra movimientos indígenas.

Un caso ejemplificativo: los 29 de Saraguro

Rafael Paredes Corral[112]

1. Resumen ejecutivo

El presente análisis expone el caso "Los 29 de Saraguro", que muestra las anomalías en el proceso judicial. A raíz de las protestas respecto de varios puntos en contra del Gobierno Nacional, un grupo de personas de la comunidad indígena Saraguro, fue excesivamente reprimido y 31 miembros de su comunidad eventualmente detenidos. Estos ciudadanos fueron procesados donde recibieron una desproporcional sentencia condenatoria de 4 años de prisión por el delito de paralización de un servicio público. Este caso demuestra la persecución que enfrentan los líderes sociales e indígenas a quienes se les ha invalidando su derecho de reunión, el derecho de manifestación, el derecho a la resistencia y el derecho al debido proceso, recurriendo al uso desmedido de la fuerza pública y la criminalización de la protesta social.

112. Abogado por la Universidad San Francisco de Quito. LLM. por University College London. Bachelor of Arts Ciencias Políticas y Desarrollo Internacional Saint Mary's University (Canadá).

2. Introducción

La relación del Gobierno central del Ecuador con la sociedad civil ha sido altamente confrontativa. El conflicto creyó resolverse por medio del control, de la vía legal, y de todas las entidades u organizaciones existentes en el territorio. Para el efecto, el Ejecutivo expidió el Decreto Ejecutivo 16 de 4 de junio de 2013[113]. A lo que se sumó el use excesivo de la fuerza pública. Luego intentó algún tipo de aproximación conciliatoria[114].

En este contexto, ha sido particularmente conflictiva la relación entre el Gobierno central (en adelante el Gobierno) y el movimiento indígena. A menudo varias comunidades indígenas han efectuado sus protestas públicamente, como es el caso que se analiza en este trabajo. Esta confrontación se ha expresado, entre otras, en el ámbito judicial penal, donde se han iniciado querellas hacia quienes, en las calles, se han manifestado contra el Gobierno.

Los procesos judiciales penales que se han iniciado en contra de manifestantes y líderes sociales, se los ha utilizado como un medio de intimidación, que busca disuadir futuras protestas. Los procesos penales, en este contexto, se convirtieron en un mecanismo de castigo a quienes se han expresado públicamente en contra del Gobierno. Son una forma de sanción antes de que se emita una sentencia. Los imputados, a través de este formato, son

113. Decreto Ejecutivo 16 (Ecuador). Registro Oficial Suplemento 19, publicado el 20 de junio de 2013.

114. Durante los diálogos nacionales promovidos a raíz de las protestas por las propuestas de leyes de herencia y de plusvalía, el Gobierno central buscó una fórmula de reconciliación con la sociedad civil, a través de una reforma a dicha normativa que se produjo mediante la expedición del Decreto Ejecutivo 739 de 3 de agosto de 2015, publicado en el Registro Oficial 570, de 21 de agosto de 2015.

considerados delincuentes peligrosos, lo cual se corrobora en la forma en que se solicita medidas, como la prisión preventiva, por parte de la Fiscalía General del Estado (en adelante, Fiscalía).

Un esquema como el descrito aconteció en el caso que se analiza. Un grupo de personas de la comunidad indígena Saraguro participó en una manifestación, en agosto de 2015, en la vía Panamericana. De acuerdo a las versiones a las que se ha tenido acceso, 31 miembros de esta comunidad fueron, con uso excesivo de fuerza, violentamente detenidos por la Policía Nacional (en adelante, Policía). El Agente Fiscal de Loja con sede en el Cantón Saraguro (en adelante, Agente Fiscal) los acusó de paralizar un servicio público[115], infracción señalada en el Código Orgánico Integral Penal (en adelante, COIP), que prevé una sanción de entre 1 y 3 años de privación de la libertad[116]. Después

115. Unidad Judicial Multicompetente con sede en el Cantón Saraguro Provincia de Loja; proceso No. 11313-2015-00435, por la infracción de Paralización de un Servicio Público. Ofendidos: Torres Saldaña Diego José, Dr. Miguel Ángel Condolo Poma, Fiscal; Acusados: Macas Ambuludi Atahualpa Yupanky Lima Medina Julio Aurelio; Cartuche Quizhpe José Manuel Sarango Quizhpe Julio Aurelio; Lozano Gualán Julio Cesar; Tene González Manuel Asunción; Lozano Gualán Jaime Rodrigo; Ortega Cango Ángel Benigno; Zhunaula Sarango Asunción; Angamarca Morocho Servio Amable; Suquilanda Guamán Cesar Martin; Macas Minga Néstor Oswaldo; Lozano Gualán José Lino; Lozano Quizhpe Fausto Enrique; Medina Puglla Digner Patricio; Sarango Cango Abel; Andrade Zhingre Marco Vinicio; Medina Quizhpe Ángel Polivio; Contento Contento Sisa Pacari; Lozano Guamán Sisa Carmen; Cango Medina Teresa De Jesés; Lozano Gualán Rosa Mercedes; Medina Lozano Natividad María; Monteros Paguay Karina Fernanda; Minga Gueledel Tania Mariana; Minga Minga Carmen Delfina; Lozano Quizhpe María Luisa; Medina Cartuche Carmen Rosaura; Lozano Contento Laura Albertina; Tene Guaillas Luz Macrina. Juez: Ab. Alex Damián Torres Robalino.

116. Código Orgánico Integral Penal (Ecuador), Registro Oficial Suplemento 180, art 346, publicado el 10 de febrero de 2014: "La persona que impida, entorpezca o paralice la normal prestación de un servicio público o se resista

de casi un año de iniciado el juicio penal, 29 procesados comparecieron en dos grupos ante un juez de primera instancia. El juez de la Unidad Judicial Multicompetente, con sede en el Cantón Saraguro (en adelante, Juez), llamó a juicio a 22 integrantes de este grupo de la comunidad Saraguro.

El primer grupo ha procedido a etapa de juicio ante el Tribunal de Garantías Penales de Loja (en adelante, Tribunal), mientras el segundo grupo espera la Audiencia Evaluatoria y Preparatoria de Juicio ante el Juez. Del primer grupo, con excepción de dos, todos han sido declarados inocentes. Los dos procesados recibieron sentencia condenatoria de 4 años de prisión, quedando a su disposición el Recurso de Casación ante la Corte Nacional de Justicia (en adelante, Corte Nacional). Este recurso permite solamente argumentar errores en la aplicación del Derecho, más no una revisión de los hechos.

En el transcurso de un año aproximadamente, el proceso ha sido impulsado por instancias del Gobierno. En diligencias en las que se puede observar un interés poco sano en busca de una sanción ejemplar.

3. (Ab)Uso de la Medida Cautelar, la Prisión Preventiva

La vulneración al debido proceso se puede advertir, en primer lugar, en la resolución de prisión preventiva a los 29 procesados por parte del Juez en la Audiencia de Calificación de Flagrancia[117]. En el auto de prisión preventiva

violentamente al restablecimiento del mismo; o, se tome por fuerza un edificio o instalación pública, será sancionada con pena privativa de libertad de uno a tres años."

117. El Juez ordenó la prisión preventiva en audiencia de calificación de flagrancia realizada el día 17 de agosto de 2015, en la cual avoca

no aparece una indicación de haberse considerado formas diferentes de garantizar la presencia en juicio. Es preciso tener presente que la prisión preventiva, por disposición constitucional, es una medida excepcional[118]. Adicionalmente, al momento de la Audiencia de Flagrancia no se conoce si, de ser sancionados, la pena sobrepase el año, como lo manda la Ley.

De otra parte, se puede notar también que no existe motivación, justificación de hechos y exposición de Derecho, de modo tal que se cumpla con los requisitos para un encarcelamiento y, de esta forma, se asegure la presencia de los procesados en el juicio. La mayoría de los detenidos reside con sus familias en Saraguro, y laboran en los alrededores, lo que hace improbable su no concurrencia al llamado judicial (arraigo social, laboral y familiar de cada uno de los procesados). La decisión denota una intención especial del Juez en cumplir con las expectativas de la Fiscalía y Policía.

El auto de prisión preventiva fue apelado ante la Sala Especializada de lo Penal de la Corte Provincial

---

conocimiento de la causa como competente en el cantón Saraguro. Extraído del proceso seguido ante la Unidad Judicial Multicompetente con sede en el Cantón Saraguro Provincia de Loja; proceso No. 11313-2015-00435, por la infracción de Paralización de un Servicio Público.

118. Constitución Política de la República de Ecuador [Const]. Art 77, numeral 1. Octubre 20, 2008 (Ecuador), dispone: "La privación de la libertad se aplicará excepcionalmente cuando sea necesaria para garantizar la comparecencia en el proceso, o para asegurar el cumplimiento de la pena; procederá por orden escrita de jueza o juez competente, en los casos, por el tiempo y con las formalidades establecidas en la ley. Se exceptúan los delitos flagrantes, en cuyo caso no podrá mantenerse a la persona detenida sin fórmula de juicio por más de veinticuatro horas. La jueza o juez siempre podrá ordenar medidas cautelares distintas a la prisión preventiva."

de Justicia de Loja (en adelante, Corte Provincial)[119]. La Corte Provincial determinó que el Juez no motivó su decisión[120]. No obstante, ésta dispuso la devolución del auto para su motivación, sin anular el proceso penal, al considerar que es posible convalidar el error, para lo cual exhibe jurisprudencia[121]. De esta forma, en cierta manera, la Corte Provincial valida lo realizado por el Juez al permitir que se continúe con el proceso penal, a

119. La apelación a dicha medida cautelar por los procesados, argumenta falta de motivación. Se realiza en la Audiencia de Calificación de Flagrancia y el Juez la concede el 20 de agosto de 2015, e indica que, mientras la Corte lo analiza no se suspende, de acuerdo a la Ley. El Juez indica en su providencia que: "no se suspenderá la medida de prisión preventiva dictada por cuanto el artículo 520 numeral 6 del Código Orgánico Integral Penal lo prohíbe expresamente". Extraído del proceso seguido ante la Unidad Judicial Multicompetente con sede en el Cantón Saraguro Provincia de Loja; proceso No. 11313-2015-00435, por la infracción de Paralización de un Servicio Público.

120. De acuerdo a la Resolución Nro. 435-2015 de 4 de septiembre de 2015, la Sala Penal de la Corte Provincial dispuso: "Que, en el presente caso, no existe motivación alguna sobre el cumplimiento de los requisitos previstos para la procedencia de la prisión preventiva, más concretamente los previstos en los numerales 1, 2 y 3 del Art. 534 del COIP; C).- Que, sobre el primer requisito, esto es sobre elementos de convicción sobre un delito de acción pública, el Juez habla de manera muy general al respecto, dado que ni siquiera indica las circunstancias del lugar, modo y tiempo en que habrían ocurrido los hechos. Lo mismo dice ocurre con el requisito segundo, es decir sobre que los procesados son autores o cómplices del presunto delito, toda vez que el Juez señala que hay versiones y un parte informativo sobre el particular, sin indicar quién declara y qué declara, como tampoco indica cuáles son los actos que se atribuyen a todos y cada uno de los recurrentes, como debe ser si se considera que la Ley habla de elementos de convicción claros y precisos."

121. La resolución de la Corte Provincial, solicitando al Juez que motive el auto de prisión preventiva, se dicta el 4 de septiembre de 2015, para lo cual los procesados estuvieron 19 días detenidos. Extraído del proceso seguido ante la Unidad Judicial Multicompetente con sede en el Cantón Saraguro Provincia de Loja. Proceso No. 11313-2015-00435, por la infracción de Paralización de un Servicio Público.

pesar de no haberse realizado acorde a lo que manda la Constitución.

La Corte de apelación, de este modo, tomó con extrema ligereza la decisión de un juez de primera instancia que privó de la libertad a ciudadanos, así sea de forma preliminar y preventiva, para salvaguardar la integridad de su decisión. Un contrasentido en lógica y también un acto inconstitucional[122].

Los procesados solicitaron al Juez la sustitución de la prisión preventiva. Éste decidió analizar el pedido únicamente después de que la Corte Provincial resuelva la apelación a la prisión preventiva. Luego, dando un paso atrás, el Juez convocó a una audiencia para conocer este pedido, en función del artículo 75 de la Constitución[123]. En la audiencia realizada el 31 de agosto de 2015, el Juez revisó su decisión, y sustituyó la medida de prisión preventiva por otras, en razón de verificarse el arraigo y que el delito por el que se acusa tiene una pena menor a 5 años[124].

4. Primera Instancia

Las diligencias continuaron y se dio los pasos necesarios en el proceso principal. No obstante, en el proceso se hizo presente la participación de las autoridades del Gobier-

122. Cabe recordar que una acción u omisión de autoridad regresiva de derechos se considera contrario a la constitución (Artículo 11, numeral 8, inciso segundo).

123. La Constitución de la República, , art 75. *Supra* ver nota 7, dispone: "Toda persona tiene derecho al acceso gratuito a la justicia y a la tutela efectiva, imparcial y expedita de sus derechos e intereses, con sujeción a los principios de inmediación y celeridad; en ningún caso quedará en indefensión. El incumplimiento de las resoluciones judiciales será sancionado por la ley".

124. Se sustituyó la medida a todos, con excepción de uno, por encontrarse incongruencias en sus documentos de justificación de arraigo.

no cuando el Coordinador Jurídico del Ministerio del Interior y el Director Nacional de Asesoría Jurídica de la Policía Nacional presentaron en contra de los procesados una acusación particular. En el primero, recayó el cargo de procurador común. Como acusadores particulares, el Ministerio del Interior y la Policía Nacional recibieron las notificaciones de los actos procesales. Así, el Gobierno estuvo al tanto del desarrollo del caso y pudo participar activamente en el proceso.

El Juez convocó a una Audiencia Evaluatoria y Preparatoria del Juicio de los procesados (en adelante, primera audiencia), que se realizó el 26 de noviembre de 2015, a la cual comparecieron, además de los acusadores particulares, la Procuraduría General del Estado.

En la primera audiencia el Agente Fiscal acusó a diez de los procesados por el delito de paralización de un servicio público. El Juez, por su parte, decidió en dicha audiencia el auto de llamamiento a juicio de éstos en grado de autores. En su escueta resolución, el Juez se limitó a coincidir con el Agente Fiscal, citó a dos autores por su doctrina, y concluyó el grado de participación de coautoría para los procesados. El Juez puso en conocimiento del Tribunal de Garantías Penales de Loja el Auto de Llamamiento a Juicio respecto a este grupo de procesados.

En la misma audiencia, el Agente Fiscal emitió un dictamen abstentivo de 21 procesados. Seguidamente, de forma sorpresiva, el Fiscal Provincial de Loja revocó el dictamen abstentivo del Agente Fiscal de Loja con sede en el Cantón Saraguro[125].

125. El Código Orgánico Integral Penal (COIP), art 600, inciso final. Supra, ver nota 5. Dispone que en caso "la o el fiscal resuelve emitir un dictamen acusatorio para unos y abstentivo para otros procesados,

Ante la revocatoria del dictamen abstentivo del Agente Fiscal por parte del Fiscal Provincial, se realizó una nueva audiencia preparatoria de juicio, realizada entre el 20 y 23 de mayo de 2016, para 19 procesados (habiéndose ratificado la abstención sobre 2 procesados). Por lo tanto, continuó en pie la acusación de 19 procesados más ante el Juez.

En esta audiencia, con idéntica resolución, citando las mismas normas y doctrinas, el Juez determinó auto de llamamiento a juicio en grado de autores a 12 procesados, y el auto de sobreseimiento de 7 procesados. Nuevamente, el Juez pone en conocimiento del Tribunal de Garantías Penales de Loja el Auto de Llamamiento a Juicio sobre este segundo grupo de procesados.

5. Segunda Instancia

El Tribunal de Garantías Penales de Loja avocó conocimiento del proceso el 12 de enero de 2016, notificando también al acusador particular Coordinador General Jurídico del Ministerio del Interior[126]. Éste, presenta anunciamiento de pruebas, solicitando la presencia de más de 10 testigos en la Audiencia de Juicio a realizarse. Más aún,

---

con respecto a la abstención, deberá elevar a consulta de acuerdo con lo establecido en el presente artículo. Y sobre los que se resuelva acusar, solicitará a la o al juzgador señale día y hora para la audiencia de evaluación y preparatoria de juicio." En el proceso que se analiza, el Agente Fiscal a cargo del caso solicita al Juez remitir el dictamen abstentivo (Extraído del proceso seguido ante la Unidad Judicial Multicompetente con sede en el Cantón Saraguro Provincia de Loja. Proceso No. 11313-2015-00435, por la infracción de Paralización de un Servicio Público) al Agente Fiscal superior para que la ratifique o revoque en un plazo de 30 días, lo cual lo realiza mediante Auto General de 10 de diciembre de 2015.

126. El Tribunal avocó conocimiento luego del sorteo realizado el 8 del mismo mes.

en esta etapa, la intervención del acusador particular se incrementó al punto de presentar un improcedente "alegato anticipado", a decir del Tribunal, previo a la referida audiencia[127].

También el acusador particular designó y autorizó a tres abogados que lo representen en el proceso y en la audiencia de juzgamiento. Adicionalmente, a pedido de una parte procesal (se puede inferir del expediente que solicita la Fiscalía) el Tribunal convocó a la Gobernadora de la Provincia de Loja, representante del Ejecutivo en la Provincia, a fin de que participe en la audiencia de juzgamiento.

En total, 22 procesados pasan a la etapa de juicio ante el Tribunal, el cual convocó a Audiencia de Juicio de 10 acusados del primer grupo, y finalizó el 30 de mayo de 2016[128]. En ésta audiencia el Tribunal declaró culpables a 2, e inocentes a 8 procesados. Se encuentra pendiente la convocatoria a audiencia de juzgamiento de los restantes 12 procesados.

---

127. El Tribunal indicó que "En relación al alegato anticipado que por escrito presenta el Dr. Diego José Torres Saldaña, por estar alejado al trámite procesal que corresponde en esta causa y contravenir el principio acusatorio adversarial, que incluye el principio de oralidad y contradicción, no se lo atiende." Substraído del proceso seguido en el Tribunal de Garantías Penales con sede en el Cantón Loja Provincia de Loja. Proceso No. 11313-2015-00435, por la infracción de Paralización de un Servicio Público. Ofendidos: Dr. Miguel Angel Condolo Poma, Fiscal; Torres Saldaña Diego José, Coordinador Jurídico del Ministerio del Interior. Acusados: Lozano Quizhpe Maria Luisa; Monteros Paguay Karina Fernanda; Medina Quizhpe Ángel Polivio; Zhunaula Sarango Asunción; Sarango Quizhpe Julio Aurelio; Cartuche Quizhpe José Manuel; Lima Medina Julio Aurelio; Macas Ambuludi Atahualpa Yupanky; Angamarca Morocho Servio Amable; Japón Gualán Delfín Reinaldo.

128. El Tribunal convocó la Audiencia entre el 21 de marzo y el 8 de abril y luego modifica la convocatoria a dos momentos, de 11 a 13 de mayo y de 25 de mayo a 11 de junio de 2016.

6. Uso Excesivo y Desproporcional de la Fuerza

A pesar de que se conocía de antemano que la protesta tenía un cariz político, no obstante, por parte del Gobierno y su representación en la Provincia, no se abordó la cuestión de esta forma. Se manejó como un conflicto, y se acometió como una batalla que debía ser enfrentada por la Policía y el Ejército, los cuales arremetieron con fuerza y dureza en contra de miembros de una comunidad que protestaba en ejercicio de sus derechos de reunión, manifestación y resistencia. En esta línea, se nota también una clara orden superior que mandó abrir la vía lo más rápido posible, lo cual condujo a una utilización inmediata de la fuerza, sin oportunidad de diálogo.

La Policía, para cumplir las órdenes, empleó medios excesivos para lograr su objetivo. De este modo procedieron a desalojar la vía en la cual los manifestantes se habían convocado para protestar. Con ninguna intención de diálogo, procedieron a utilizar la fuerza de inmediato.

Si el propósito hubiese sido simplemente el retiro de los manifestantes, los medios pudieron ser otros. Incluso podrían intermediar a través de autoridades facultadas de poder de decisión.

En el operativo intervino el Ejército, cuya sola presencia constituye un mecanismo de intimidación. Los soldados, al igual que los policías, apabullaron con su atuendo, garrote, escudo, y bombas lacrimógenas. Por sus efectos nocivos, el uso de éste y otro tipo de gases debió limitarse como último recurso. La utilización de estos artefactos vició la cordura y eficiencia con la que procedió la fuerza del orden.

De acuerdo a la versión de los hechos expuestos en el proceso, en el momento en que se produjo la detención de los integrantes del grupo de la comunidad de Saraguro, los policías y militares emplearon de manera desproporcionada el uso de su fuerza. La utilización exagerada, no solamente se produjo por el uso de sus armas sino también por el gran número de personal desplegado a lo largo de la vía.

Los elementos de la fuerza pública persiguieron a los manifestantes hasta las laderas colindantes. En algunos casos ingresaron a domicilios y terrenos sin ninguna consideración a la propiedad privada ni a la intimidad personal de las familias que ahí residen.

El uso excesivo de la fuerza se observa igualmente al instante de ejecutar las detenciones. No se justifica el amontonamiento sobre aquellas personas ya rendidas por la asfixia del gas que se había esparcido en la vía. Los manifestantes eran campesinos, llevaban su vestimenta de diario. Si es que un grupo de manifestantes tuvo y utilizó palos y piedras, esto no justifica el uso exagerado de bombas de gas.

El número de ciudadanos de la comunidad Saraguro que se encontraba en la vía era reducido -incluso algunos simplemente transitaban por el lugar- y los apresaron en un cuello de botella que se formó al final de un descenso en la carretera.

En muchos casos las detenciones se realizaron al azar. Seguramente, por esta razón, a excepción de 2, se reconoció la inocencia de los integrantes del primer grupo de procesados ante el Tribunal de Garantías Penales de Loja. Al respecto, cabe recordar que en un inicio el Agente Fiscal se abstuvo de acusar al segundo grupo que luego fue acusado por el Fiscal Provincial.

7. Excesiva Pena para el Delito Cometido, como Mecanismo de Amedrentamiento

El delito del cual se acusa a los procesados se sanciona con una pena privativa de libertad de entre 1 y 3 años[129]. Como se ha descrito anteriormente, este delito se configura en la paralización de un servicio público. En estricto sentido, con relación al caso analizado, la tipología del delito debe cumplir con todos sus elementos: impedir, entorpecer o paralizar, un servicio público; o, resistir su restablecimiento. Además, se debe identificar una acción, típica, antijurídica y culpable. Los procesados no impidieron, entorpecieron o paralizaron un servicio público, por lo tanto, no hay acción. El tipo penal no se ajusta a las acciones de los procesados, pues estos salieron a protestar no a paralizar un servicio público. Las acciones no fueron antijurídicas puesto que los procesados ejercían sus derechos constitucionales de reunión, manifestación, y resistencia.

La sanción del delito es desproporcionada con otros tipificados en la Ley penal, se identifica que éste existe como tal con el propósito en sí de reprimir la manifestación pública.

129. El Código Orgánico Integral Penal (COIP), *supra* ver nota 5. art 346, sanciona la paralización de un servicio público: "La persona que impida, entorpezca o paralice la normal prestación de un servicio público o se resista violentamente al restablecimiento del mismo; o, se tome por fuerza un edificio o instalación pública, será sancionada con pena privativa de libertad de uno a tres años."

8. Contraposición de Derechos Constitucionales y el Derecho Penal

La Constitución de la República establece el principio de progresividad de los derechos, lo cual implica que su aplicación se debe realizar en beneficio del sujeto. Cuando se sobreponen dos normas, un juzgador (juez, tribunal o corte), deberá buscar siempre hacer primar la garantía de los derechos.

En el caso bajo análisis, se aplicó los derechos de forma regresiva, y no progresiva. Se acusó penalmente a 29 ciudadanos quienes participaban en una protesta que, de acuerdo a la Fiscalía y a la Policía, incurrieron en la prohibición constitucional de paralizar un servicio público, en este caso la transportación pública. Esta prohibición se traduce, según el Código Integral Penal (COIP), en un delito de paralización de un servicio público, que se sanciona con uno a tres años de privación de libertad.

Al mismo tiempo, existe el derecho constitucional del Buen Vivir, que conforme a la Constitución consiste en el ejercicio de asociarse, reunirse, y manifestarse en forma libre y voluntaria (Artículo 66, numeral 13). Además, la Constitución reconoce el derecho a la resistencia de individuos o colectivos, frente a vulneraciones realizadas o posibles, por parte del poder público (Artículo 98)[130].

Es una cuestión de lógica que estos derechos se sobreponen en su forma y fondo a la acusación realizada por las autoridades, puesto que así lo garantiza la Constitución. De no poder manifestarse públicamente, cómo

130. El derecho a la resistencia reconocido en el Artículo 98 de la Constitución incluye a acciones u omisiones de las personas naturales o jurídicas no estatales que vulneren o puedan vulnerar derecho constitucionales, y también para demandar el reconocimiento de nuevos derechos.

podrían ejercerse los derechos antes referidos. Al sobreponer la prohibición de paralizar la transportación pública, al derecho de reunión y manifestación, y el derecho a la resistencia, se estaría negando su aplicación y, por tanto, resultarían inefectivos.

La Constitución dispone que la aplicación de los derechos se realice de forma progresiva, e indica que su desarrollo se lo formalizará por medio de normas, políticas públicas y decisiones judiciales (Artículo 11, numeral 8). Más aún, se indica que el Estado tiene como obligación principal el respeto a los derechos que se garantizan en la Constitución[131].

En el caso que se analiza y otros de similar connotación, el análisis aplicado por las autoridades judiciales deberá sustentarse bajo los argumentos antes esgrimidos. Al hacer justicia, no se deberá obviar estos preceptos en toda instancia.

Lo anterior implica la necesidad de que a través de la aplicación del derecho constitucional, se evite la confrontación de derechos, como por ejemplo, en este caso, entre el derecho de reunión para manifestar y el derecho a la transportación pública, teniendo en cuenta la primacía e importancia del primero.

9. Derecho Internacional

Es preciso remitirse no solo a los principios constitucionales antes referidos, sino también a aquellas disposiciones previstas en el Derecho Internacional. Principalmente,

131. Incluso, se determina que al ser reformada o revocada una sentencia condenatoria el Estado deberá reparar a quien sufrió a su causa, responsabilizándose y repitiendo en contra del servidor judicial que lo hubiese expedido (Artículo 11, numeral 9, inciso quinto).

deberá considerarse el derecho de reunión, el derecho de manifestación, el derecho a la resistencia y el derecho al debido proceso. Estos derechos están inmersos en principios acerca de los cuales se han referido varias instancias internacionales.

La Organización Internacional del Trabajo (OIT), a través de su Comité de Libertad Sindical, ha indicado que "Nadie debe ser detenido por el mero hecho de haber participado en una manifestación, a menos que el orden público sea seriamente amenazado"[132]. Por su parte, de forma coincidente, la Comisión Interamericana de Derechos Humanos (CIDH) ha señalado que "la detención de participantes en manifestaciones que se desarrollan en forma pacífica atenta contra la libertad de reunión, aun cuando la privación de libertad no dure más que algunas horas y no resulten en una acusación penal"[133]. Por lo tanto, se ratifica la imposibilidad de reprimir el derecho de reunión, el derecho de manifestación, y el derecho a la resistencia.

[illegible]

De indispensable consideración para el caso en análisis es el principio de independencia[135]. La independencia supone que las autoridades judiciales estén ausentes de "influencias, alicientes, presiones, amenazas o intromisiones indebidas, sean directas o indirectas, de cualesquiera sec-

132. Comité de Libertad Sindical, La Libertad Sindical, párr. 130 (1996).
133. CIDH, *Informe Anual* 1979 - 1980, pp. 105 - 107 (Chile).
134. Declaración Universal de los Derechos Humanos, Res. A(III), art 10, O.N.U. Doc. A/RES/217(III) (1948) y, Artículo 8 de la Convención Americana sobre Derechos Humanos.
135. El principio de independencia es diferente en su concepción al de imparcialidad. De acuerdo a la CIDH, "La imparcialidad supone que el juez no tiene opiniones preconcebidas sobre el caso sub-judice y, en particular, no presume la culpabilidad del acusado." CIDH, caso Martín de Mejía c. Perú, p. 209 (1996).

tores o por cualquier motivo"[136]. Esto implica el derecho a ser atendidos por autoridades competentes, independientes, e imparciales.

El principio de independencia es aplicable también a la labor de la Fiscalía, que deberá actuar siempre sin injerencias, intimidación, trabas ni hostigamiento. La Corte Interamericana de Derechos Humanos (en adelante, Corte IDH) confirma la aplicabilidad a las etapas preliminares de un proceso penal, los principios de debido proceso, incluyendo independencia e imparcialidad y presunción de inocencia[137]. En el caso en referencia, se observa un particular interés en mantener la acusación al haber revocado el Fiscal Provincial el auto de absolución de la mayoría de procesados del Agente Fiscal.

En el ejercicio de las autoridades judiciales, durante el proceso penal y al impartir justicia, debe haber el cuidado necesario de equiparar los hechos con el delito tipificado en la Ley.

En el caso que nos atañe no fueron coincidentes las acciones de los procesados durante la manifestación, con el delito del cual la Fiscalía los acusó. Al respecto se ha pronunciado la Corte IDH al determinar que "corresponde al juez penal, al aplicar la ley penal, atenerse estrictamente a lo dispuesto por ésta y observar la mayor rigu-

---

136. Principios Básicos relativos a la independencia de la judicatura, aprobados en la Asamblea General de las Naciones Unidas en 1985. Adoptados por el Séptimo Congreso de las Naciones Unidas sobre prevención del delito y tratamiento del delincuentes, celebrado en Milán del 26 de agosto al 6 de septiembre de 1985, y aprobados por la Asamblea General en sus resoluciones 40/32 del 29 de noviembre de 1985 y 40/146 del 13 de diciembre de 1985.

137. Ver casos: Comisión I.D.H, Caso Martín de Mejía, pp. 211-212 (1996); y, Corte I.D.H Caso Loayza Tamayo vs Perú. Sentencia de 17 de septiembre de 1997. (Fondo).

rosidad en el adecuamiento de la conducta de la persona incriminada al tipo penal, de forma tal que no incurra en la penalización de actos no punibles en el ordenamiento jurídico"[138]. En este accionar, se violentó el debido proceso, afectando el derecho a ser juzgado de forma imparcial, en base a los hechos expuestos en el proceso.

En igual sentido, ha de considerarse el principio de congruencia, por el cual debe existir coherencia entre los hechos por los que acusa la Fiscalía, la defensa que realiza el procesado, las pruebas, y el análisis y decisión del juzgador. La jurisprudencia de la Corte Nacional de Justicia se ha pronunciado a favor de este principio esgrimiendo su valor a favor del derecho de defensa, y la estructura lógica del proceso[139].

Así también, se identificó en el caso analizado una ausencia en las decisiones de las autoridades judiciales de la indispensable motivación requerida, en particular en la débil acusación de la Fiscalía, y en la escueta decisión del Juez de llamamiento a juicio. El derecho constitucio-

---

138. Corte I.D.H Caso García Asto y Ramírez Rojas vs Perú. Sentencia de 25 de noviembre de 2005. De igual forma se ha pronunciado en los casos: Caso Fermín Ramírez, supra nota 166, párr. 90; y, Caso De la Cruz Flores, supra nota 4, párr. 82.

139. Tribunal de la Sala Penal de la Corte Nacional de Justicia. Gaceta Judicial, Serie 18, Gaceta Judicial #13, 1 de agosto de 2013. "En el nuevo ordenamiento jurídico, en el que nos encontramos, tiene importancia el principio de congruencia, esto es, que debe existir consonancia entre el pliego de cargos y la sentencia, a fin de garantizar el derecho de defensa, la lealtad procesal y también la estructura jurídica y lógica del proceso, ya que un acusado sólo puede ser condenado o absuelto por los cargos por los cuales fue llamado a responder. Debe existir congruencia entre el reproche final que se le hace al imputado y los hechos concretos que motivaron la acusación, sin introducir hechos nuevos sobre los cuales no haya podido defenderse el procesado. En definitiva no se puede condenar por un tipo penal distinto, salvo que se trate de figuras homogéneas o símiles, y sea el mismo bien jurídico protegido".

nal ecuatoriano se refiere a tres requisitos para su verificación: razonabilidad, lógica, y comprensibilidad[140]. La decisión del Juez erró en todos: no aplicó los principios constitucionales de progresividad de los derechos y de favorabilidad; señaló que los procesados paralizaron un servicio público cuando ejercían su derecho a reunión, manifestación, y resistencia; y, la redacción se limita a una transcripción de versiones con un ínfimo análisis de correlación de hechos y derecho.

10. Conclusión: Consecuencias para la Democracia y la Seguridad Jurídica en el Ecuador

La Constitución ecuatoriana reconoce el derecho a la seguridad jurídica, lo cual implica la existencia de normas previas, claras, públicas y aplicadas por autoridades competentes. Esta es una característica de un Estado de derechos. Un aspecto esencial en este sentido es la presencia perceptible de una clara división de funciones y respeto a las competencias.

El Ecuador debe consolidar principios antiguos de una democracia republicana, en la cual sus ciudadanos ejerzan de manera eficaz sus derechos. Para el efecto se debe contar con un orden jurídico e institucional que otorgue plenas garantías prácticas para la aplicación de una independencia absoluta, esto es, respetuosa y reconocida, de la función judicial.

Es indispensable desechar la utilización maliciosa de figuras o instituciones penales como medios de intimida-

140. La razonabilidad radica en que la decisión judicial se fundamente en principios constitucionales, legales y decisiones jurisprudenciales; la lógica se debe a la coherencia entre el análisis, las inferencias, y las decisiones; y la comprensibilidad se refiere a que su redacción sea adecuada para su libre comprensión.

ción social, generalmente con fines políticos y con la idea de sentar precedentes que den muestras de la capacidad del poder.

En el caso analizado se observa la falta de respeto y, aún, ausencia del principio de autonomía de la justicia debido a la influencia de autoridades de todo nivel en las decisiones judiciales. Dicha situación deja pocas opciones para aquellos que buscan en los fiscales, jueces, tribunales, y cortes, una autoridad que decida en base exclusivamente al Derecho y no para satisfacer intereses de terceros. En el caso se nota una intencionalidad de imponer una decisión que ejemplifique, a costa de un sistema judicial que ofrezca al ciudadano confianza.

6
EL PODER JUDICIAL PARA PERSEGUIR ESTUDIANTES

Sebastián González[141]
Pier Pigozzi[142]

1. Resumen Ejecutivo:

El artículo expone la falta de independencia judicial en el Ecuador, la persecución de la oposición real o percibida, y la criminalización de la protesta social a partir del estudio de un caso que denominaremos "estudiantes del Colegio Central Técnico". Se trata de un caso más en el que el Presidente de la República, Rafael Correa, hizo declaraciones durante el "enlace ciudadano" criticando la actuación de los operadores de justicia que no encontraron responsabilidad penal de doce estudiantes que participaron en una protesta contra la decisión del Ministerio de Educación de cambiar el nombre de su colegio. Luego de la intervención presidencial, lo que era una protesta estudiantil, se convirtió en delito de rebelión, el dictamen fiscal absolutorio fue revocado y se instauró un proceso penal completamente parcializado y violatorio de varios derechos y garantías fundamentales de los estudiantes. Este caso demuestra que el gobierno está dispuesto a perseguir ju-

141. Abogado por la Pontificia Universidad Católica del Ecuador (2007) y Especialista en Derecho Constitucional y Electoral por la Universidad Externado de Colombia (2011).
142. Abogado por la Pontificia Universidad Católica del Ecuador (2007), LL.M. (2010) y candidato a J.S.D. por Notre Dame School of Law. Profesor de jurisprudencia de la Universidad San Francisco de Quito.

dicialmente no solamente para amedrentar a opositores políticos de alto perfil, sino que se trata de armas que utiliza contra cualquier ciudadano, incluso en los casos más aleatorios, como cuando se trata de "muchachos desubicados" y desconocidos en la esfera pública de la política nacional y sin importar que existan dictámenes fiscales o resoluciones judiciales que hayan determinado la inocencia de los perseguidos por el gobierno.

2. El caso de los estudiantes del Colegio Central Técnico

Doce estudiantes mayores de edad del colegio Central Técnico de Quito, fueron detenidos por la Policía Nacional el día 22 de febrero de 2013, mientras se encontraban protestando junto a otros seiscientos estudiantes por la decisión del Ministerio de Educación de cambiar el nombre del colegio a Unidad Educativa Temporal Central Técnico. La detención se realizó en base a un parte policial donde no se llegó a individualizar a los estudiantes que causaron destrozos a la propiedad pública y privada; y, tampoco se identificó a los supuestos agresores de los policías[143].

Tras los sucesos, la Viceministra de Gestión Educativa, Mónica Franco, en una entrevista declaró que los estudiantes que protestaban habían sido manipulados por "fuerzas extrañas" y que el propósito era desestabilizar

143. *Ver*, Acta de la audiencia preparatoria del juicio y de sustanciación del dictamen fiscal, causa 2013-0508, 28 de marzo de 2013, Fiscal a cargo Dr. Bormman Peñaherrera: El Fiscal señaló que "... *el parte policial suscrito por miembros de la fuerza pública es demasiado escueto (...) en el parte policial, capítulo de las evidencias no existe una sola arma de fuego (...) no hubo ningún antecedente para la destrucción de bienes públicos, privados y policiales...*"

al gobierno[144]. En la audiencia de formulación de cargos, se solicitó la prisión preventiva de los estudiantes y el enjuiciamiento por el delito de rebelión. De acuerdo a las normas procesales penales, el 28 de marzo de 2013, se realizó la audiencia preparatoria del juicio, donde el Fiscal designado decidió no acusar a los 12 estudiantes porque no existían los suficientes elementos probatorios del delito que se les imputaba145; decisión que fue compartida por la Jueza de la Unidad Judicial de Garantías Penales.[146]

Sin embargo, dos días más tarde, el Presidente de la República, Rafael Correa Delgado, en su enlace ciudadano número 315[147] se refirió al caso y criticó de forma abierta la actuación del fiscal y la jueza.[148] Durante su intervención asumió la función de tribunal de alzada con

---

144. *Ver,* Video de la entrevista
https://www.youtube.com/watch?v=CWP4gnvxVEI, en el minuto 1:29 de la grabación.

145. *Ver,* Acta de la audiencia preparatoria del juicio y de sustanciación del dictamen fiscal, causa 2013-0508, el Fiscal Peñaherrera señaló que "*... en base a los videos no se puede apreciar a ninguno de los doce detenidos realizando actos de rebelión, que tampoco existe ningún antecedente para la destrucción de bienes públicos, privados y policiales; y, que ninguno de los estudiantes portaba armas de fuego (...) existe suficientes elementos para que la Fiscalía se abstenga de acusar*"

146. *Ver,* Acta de la audiencia del juicio y de sustanciación del dictamen fiscal, causa 2013-0508, la jueza anuncia de manera verbal que "*...se dicta auto de sobreseimiento provisional del proceso y sobreseimiento definitivo de los procesados ...*"

147. Los enlaces ciudadanos son el mecanismo implementado por el Gobierno para rendir cuentas de la gestión semanal al pueblo ecuatoriano y están disponibles en la página oficial en internet en http://enlaceciudadano.gob.ec

148. El Presidente de la República manifestó "*... el Fiscal dice que no hay culpables, pasen el video, ósea eran robots, todos estos muchachos malcriados eran robots (...) sepan asignar responsabilidades, aquí el culpable no es el Presidente (...) esto no es protesta social señores, estos son criminales (...);* asimismo sostuvo "*respetamos mucho la decisión de la señora Juez y del Fiscal, pero no la compartimos en absoluto. Creemos que se han dejado presionar por la prensa...*" video disponible en:

una valoración incriminatoria de los videos y las fotos tomadas el día de la protesta estudiantil[149]. Insistió en reiteradas ocasiones que los operadores de justicia se acobardaron a fallar en contra de los estudiantes por la presión de los medios de comunicación, y que los sucesos en el Colegio Central Técnico no fueron una simple protesta social, que lo ocurrido fue perpetrado por criminales y que mientras sea Presidente no va a permitir esta clase de comportamientos de "muchachos desubicados"[150].

Frente a tales declaraciones, dos días más tarde, el Fiscal Provincial de Pichincha, decidió revocar el dictamen absolutorio y llamó a juicio a los doce estudiantes[151] en virtud de una resolución carente de la motivación debida152. El día 4 de septiembre de 2013 se condenó en

---

"https://www.youtube.com/watch?feature=player_embedded&v=hwZGqDVqg5M, desde las *2:32:35 hasta las 2:36:17* de la grabación.

149. El Presidente manifestó "señor Fiscal yo le mando los videos para que no le quede duda quienes tiraban piedras (...) esto se apelará porque los mayores de edad deben ser sancionados (...) no puede ser que se los sobresea totalmente (...) Ojalá los fiscales y jueces no se vuelvan a amilanar, aquí se han amilanado ante tanta presión pública, https://www.youtube.com/watch?feature=player_embedded&v=hwZGqDVqg5M, desde las 2:34:24 hasta las 2:35:34 de la grabación.

150. Video disponible en: https://www.youtube.com/watch?feature=player_embedded&v=hwZGqDVqg5M, (2:33:06)

151. De acuerdo a la normativa penal vigente a la época, el artículo 226 del Código de Procedimiento Penal, disponía que por tratarse de un delito contra la Administración Pública, en caso de que el fiscal se abstenga de acusar se debe en forma obligatoria y motivada elevar en consulta al Fiscal superior. Sin embargo, el Fiscal superior no esperó que el proceso suba en consulta sino que decidió revocar de oficio la resolución del fiscal inferior, según consta en el auto de proceso 2013-0508.

152. Resolución Nro. (está pendiente de incluir, estamos solicitando a la Fiscalía por escrito, nos negaron el acceso al expediente).

calidad de autores del delito de rebelión a los doce estudiantes del Colegio Central Técnico;[153] condena que fue ratificada por la Sala de lo Penal de la Corte Provincial de Justicia de Pichincha y por la Sala de lo Penal, Penal Militar, Penal Policial y Tránsito de la Corte Nacional de Justicia que negaron el recurso de apelación y casación respectivamente.[154]

El caso de los estudiantes del Central Técnico marcó el inicio de una práctica reiterativa del gobierno de criminalizar a estudiantes que salen a las calles a protestar, acusándolos de ser desestabilizadores del régimen y de responder a intereses de ciertos dirigentes políticos[155]. También demuestra este caso la forma en que el Presidente de la República incide en las decisiones de la Función Judicial con anuencia y complicidad del Consejo de la Judicatura[156].

---

153. Sentencia de 12 junio de 2013, Dr. Nelson de la Cadena Galarza, Juez de la Unidad de Garantías Penales de Pichincha, quien en la parte pertinente del fallo sostiene "... *se desprenden presunciones graves y fundadas sobre la existencia del delito y sobre la participación de los procesados en calidad de autores por el delito de rebelión...*"

154. Sentencia de 8 de mayo de 2014, suscrita por los Conjueces Nacionales Alejandro Arteaga García y Richard Villagómez Cabezas.

155. La Comisión Ecuménica de Derechos Humanos mediante nota de prensa de 26 de septiembre de 2014, expresa su preocupación por la situación de varios estudiantes del Colegio Mejía detenidos por supuesto de delito de daño a bien ajeno, además, recalca la falta de motivación en las decisiones tomadas por Juez y Fiscal. Otra nota habla acerca de la detención arbitraria de un grupo de estudiantes del Colegio Montúfar, detenidos el 15 de febrero de 2016, sin que se haya individualizado la participación de los detenidos, disponible en:
http://www.cedhu.org/index.php?option=com_content&view=article&id=430:2016-02-24-01-25-28&catid=24:noticias-anteriores

156. Gustavo Jalk, Presidente del Consejo de la Judicatura sostuvo que "... todo el mundo opina en general sobre la Función Judicial..." Frente a la pregunta puntual de los estudiantes del Central Técnico sostuvo

3. Intromisión del poder político ecuatoriano en las decisiones de los órganos judiciales

En principio, uno de los principales ejes del plan de gobierno del Presidente Correa era la restructuración de la función judicial[157]. La entrada en vigencia de la nueva Constitución, aprobada en 2008[158] y el proceso de referéndum y consulta popular de mayo de 2011, que pretendía darle a la justicia una nuevo y reforzado Consejo de la Judicatura, suponían el mayor cambio en la función judicial de nuestro país, bajo la premisa de que en lo sucesivo, tendríamos la justicia más independiente e imparcial de todos los tiempos.

Pero en la práctica sucedió lo contrario, las reformas promovieron intromisiones del Poder Ejecutivo más constantes e incluso más escandalosas. La sumisión del Poder Judicial al Ejecutivo, en la praxis ha operado y opera en dos órdenes: uno externo, que se materializa con presiones de distinta naturaleza ejercida por las diferentes esferas de poder, como lo demuestra el caso en estudio, que

---

que a su opinión no hubo interferencia de la Función Ejecutiva sobre el Judicial , disponible en
https://www.youtube.com/watch?v=TfUgzBLiU_8 (0:58)

157. En varias intervenciones públicas el Presidente de la República insistió en la necesidad de cambiar el sistema de justicia e incluso sostuvo que meterá las manos en la justicia, ver enlace ciudadano No. 203 de 8 de enero de 2011, minuto 88:00, disponible en http://www.ecuadortv.ec/programasecuadortv.php?c=1314

158. La independencia judicial constituye uno de los principios fundamentales para la Constitución que en su artículo 168.1 establece que "La administración de justicia, en el cumplimiento de sus deberes y en el ejercicio de sus atribuciones, aplicará los siguientes principios: 1. Lo órganos de la Función Judicial gozarán de independencia interna y externa. Toda violación a este principio conllevará responsabilidad administrativa, civil y penal de acuerdo con la ley…" Así también, para el caso del Consejo de la Judicatura, la Constitución en su artículo 178 le otorga la función de dirección de la administración de justicia.

a través del enlace ciudadano el máximo representante del Poder Ejecutivo criticó la actuación del fiscal y jueza, casi que ridiculizándolos, y les hizo saber que la decisión sería modificada. Otro de orden interno, por los excesivos controles disciplinarios a los que están expuestos jueces y fiscales que se traduce en la sanción y hasta destitución de los operadores judiciales que no ajustan sus fallos a los pareceres y caprichos del gobierno.

El año 2013 estuvo marcado por una serie de casos en los que se cometieron abusos similares contra asambleístas, asesores, dirigentes de partidos políticos, y dirigentes indígenas.[159] En el caso de los doce estudiantes del Colegio Central Técnico, el Presidente adoptó la más clara figura de un fiscalizador de las decisiones judiciales, persiguiendo a doce estudiantes mediante el uso indiscriminado del sistema penal para acallar sus reclamos y dejar sentado un claro precedente: toda protesta, incluso la de estudiantes, puede ser sancionada con la detención y el procesamiento por el delito de rebelión[160] bajo la justificación arbitraria de que crean caos y desestabilizan al Gobierno. Los derechos humanos de los estudiantes a la libertad de asociación, protesta y libertad de expresión se vieron seriamente restringidos por el ejercicio abusivo del poder político que controla, supervisa e incide direc-

159. Para mayor detalle, ver Santiago Basabe Serrano y Julián Martínez, Ecuador: cada vez menos democracia, cada vez más autoritarismo... con elecciones, 34 Revista de Ciencia Política 145 (2014), pp. 155-156.

160. El delito de rebelión según la legislación penal vigente es: art. 336.- "la persona que se alce o realice acciones violentas que tengan por objeto el desconocimiento de la Constitución de la República o el derrocamiento del gobierno legítimamente constituido, sin que ello afecte el legítimo derecho a la resistencia, será sancionada con pena privativa de libertad de cinco a siete años (...)"

tamente en las decisiones de los órganos de administración de justicia.

4. La falta de independencia judicial y su consecuente violación de derechos humanos

A criterio de la Comisión Interamericana de Derechos Humanos (CIDH), "... la independencia de todo órgano que realice funciones de carácter jurisdiccional es un presupuesto indispensable para el cumplimiento de las normas del debido proceso en tanto derecho humano ..."[161]. En consonancia con el criterio de la CIDH, podemos afirmar que en un verdadero Estado democrático, la independencia judicial asegura el efectivo goce del derecho de acceso a la justicia, generando confianza en la ciudadanía que cualquier ejercicio arbitrario del poder será revisado por los órganos de administración de justicia.

Por el contrario, la ausencia de esta garantía traducida en una dependencia casi absoluta del Poder Judicial al Ejecutivo, propicia un clima de irrespeto a los derechos humanos, generando desconfianza e incluso temor en la ciudadanía a la hora de reclamar sus derechos ante los tribunales judiciales. El Comité de Naciones Unidas ha sido categórico en señalar que "[t]oda situación en que las funciones y competencias del poder judicial y del poder ejecutivo no sean claramente distinguibles o en las que este último pueda controlar o dirigir al primero es incompatible con el concepto de tribunal independiente"[162]. Un tribunal independiente constituye uno de los principales objetivos

161. CIDH, *Garantías para la independencia de las y los operadores de justicia,* Hacia el fortalecimiento del acceso a la justicia y el estado de derecho en las Américas, OEA/Ser.L/V/II, diciembre 2003, párr. 30

162. Naciones Unidas, Comité de Derechos Humanos, Observación General No. 32, CCPR/C/GC/32, agosto 2007, párr. 19.

del principio de separación de los poderes y constituye uno de los pilares fundamentales del debido proceso[163].

Como se ha documentado en los últimos años en el Ecuador,[164] el poder político constantemente ha interferido en las cortes, llegando incluso a legitimarse "la metida de manos en la justicia" en palabras del propio Presidente Correa, quien a pretexto de corregir y enderezar fallos judiciales que son incompatibles con los principios de la revolución ciudadana,[165] se convierte en fiscal y juez a través de órdenes dictadas en discursos públicos, sin la menor garantía de legalidad, y sin que los derechos fundamentales de ninguna persona constituyan límites efectivos a su poder.

En el caso que se analiza y en los casos sucesivos de protestas estudiantiles, los estudiantes salieron a las calles a protestar ejerciendo plenamente su derecho a la libertad de expresión y reunión reconocidos constitucionalmente (artículo 66 numerales 6 y 13 respectivamente)[166]. Ambos

163. Corte IDH, Caso Tribunal Constitucional vs. Perú; Fondo, Reparaciones y Costas; Sentencia de 31 de enero de 2001; Serie C No. 71; párr. 73 y 75.

164. Por ejemplo, en el Informe Final de la Veeduría Internacional a la Reforma de la Justicia en el Ecuador de 2012, una de las recomendaciones fue que se debe "... [d]ebe garantizar el respeto y no injerencia de los demás poderes del Estado en la Función Judicial. La división de poderes no debe ser sólo una teoría sino una realidad insoslayable ..." Así también, otro estudio puso de manifiesto "... el patrón establecido en el país en que cada vez que los gobernantes requirieron de ciertas decisiones judiciales que los jueces no estaban dispuestos a pronunciar, se dispuso el despojo de sus cargos..." *en* Pásara Luis, Independencia judicial en la reforma de la justicia ecuatoriana, Fundación para el debido proceso, 2014, pág. 92.

165. Ibíd., Independencia judicial en la reforma de la justicia ecuatoriana, el estudio advierte que "[l]as manifestaciones públicas de las autoridades políticas respecto al desempeño de los jueces sugieren que el problema que enfrenta la independencia judicial en Ecuador no es un asunto jurídico sino político..." pág. 94

166. La Comisión Interamericana de Derechos Humanos sostiene que *"... el derecho a manifestarse está protegido por el derecho a la libertad de*

derechos fueron violentados, en primer lugar, por la fuerza pública que los detuvo sin verdadera justificación, sino para someterlos a procesos penales que tampoco contarían con las garantías del debido proceso, ni siquiera con la garantía básica de ser escuchados por un juzgador independiente e imparcial. Además, los nombres de los estudiantes quedaron expuestos a la opinión pública por cuanto el caso adquirió notoriedad y la dignidad y honra de los estudiantes y sus familiares se vio denigrada.

Hechos que a todas luces violan los derechos humanos establecidos en la Convención Americana a ser juzgado por un tribunal o juez imparcial (artículo 8.1), el derecho a contar con un recurso adecuado y eficaz para el amparo de los derechos fundamentales (artículo 25), el derecho a la libertad personal y a la seguridad (artículo 7.1), derecho a la libertad de pensamiento y expresión (artículo 13.1), derecho de reunión (artículo 15), derecho a la honra y dignidad (artículo 11).

Estas violaciones derivadas de la intromisión del poder ejecutivo en las decisiones judiciales, no sólo que inciden negativamente en el ejercicio de los derechos humanos de las personas sometidas a un proceso judicial, sino que tienen el efecto de amedrentar a la sociedad en su conjunto, toda vez que no existe un efectivo sistema de pesos y contrapesos propios de una democracia que sirvan de defensa contra actos de persecución política del gobierno de turno. El rol de los jueces en un sistema democrático, como lo ha señalado la CIDH, debe ser de "...

---

expresión como por el derecho a la libre reunión...". Véase, CIDH, Informe Anual de la Relatoría Especial para la Libertad de Expresión 2005, Cap. V: Las Manifestaciones Públicas como Ejercicio de la Libertad de Opinión y la Libertad de Reunión, 27/2/2006, párr. 6.

controladores de la convencionalidad, constitucionalidad y legalidad de los actos de otros poderes del Estado y funcionarios del Estado en general"[167].

5. Conclusiones:

El caso de los estudiantes del Central Técnico demuestra la práctica constante del Gobierno del Presidente Correa de interferir en las decisiones judiciales por medio del discurso oficial. Este mecanismo de intimidación lo ejerce no solamente sobre jueces, sino también sobre fiscales con la complicidad del Consejo de la Judicatura.

El derecho constitucional a la libertad de pensamiento y expresión de los estudiantes se ha limitado drásticamente. Bajo la hipótesis gubernamental de que toda protesta estudiantil persigue un fin político y desestabilizador del régimen, se recurre a la fuerza pública para detener y criminalizar indiscriminadamente a cualquier estudiante que se encuentre en medio de las protestas. Este caso demuestra que a partir de un parte policial subjetivo, incompleto, y que no individualiza los presuntos responsables, es suficiente para privar de la libertad a cualquiera y someterlo a procesos penales sin las debidas garantías procesales de imparcialidad e independencia de la administración de justicia.

La garantía de independencia judicial reconocida en la Constitución en la praxis no existe. Son muchos los casos de jueces y fiscales sancionados por no cumplir las órdenes que vienen desde el Ejecutivo como ha sido evidenciado en varios estudios y en el Informe Final de la Veeduría Internacional a la Reforma de la Justicia en Ecuador. La

167. Op. Cit., Garantías para la independencia de las y los operadores de justicia, párr. 16.

falta de independencia judicial en el Ecuador con la consecuente persecución a los estudiantes, la sanción a jueces y fiscales, la criminalización de la protesta social y la violación a los derechos humanos dentro los procesos penales, contradice uno de los principales postulados de un sistema democrático: la separación de poderes.

Con este caso se dio inicio a la persecución sistemática de estudiantes que participan en protestas, pero este patrón no es el único caso en el que el gobierno actual ha demostrado su disposición a la persecución judicial de opositores y a la criminalización de la protesta. Lo alarmante de este caso de persecución judicial es que no se trata de candidatos de la oposición, o de legisladores cuyos actos tengan el potencial de restar el poder hasta ahora absoluto del gobierno de Rafael Correa.[168] En este caso la persecución del gobierno alcanza a ciudadanos que no tienen poder político, ni económico para generar ningún impacto real contra el régimen. La protesta de seiscientos estudiantes era sobre algo tan íntimo (y trivial para la vida política de un país) como el nombre de su colegio. Antes de este caso estaba claro que el abuso del poder político en el gobierno de Rafael Correa no conoce ningún límite en la constitución, ni mucho menos en la ley. Después de este caso sabemos que la represión del gobierno tampoco conoce límites en la relevancia de la protesta, ni en la edad de los presuntos opositores, ni en el impacto que el decir o hacer de un disidente pueda tener en la vida nacional. El gobierno del Ecuador está dispuesto a perseguir a todos y por cualquier razón, o sin razón, e incluso a los más débiles.

168. Como sucedía en casos anteriores de persecución, como los que relatan Santiago Basabe y Julián Martínez, op. cit. nota 19.

Anexos de los casos:

1. El Poder Judicial como herramienta

Anexo 1, página 134

2. El Poder Judicial para reprimir la libre asociación y protesta social

Anexo 2, página 164

3. El poder judicial para expropiar y controlar medios de comunicación

Anexo 3 230

Anexo 4 292

4. El Poder Judicial y la persecución política

Anexo 5 310

Anexo 6 333

5. El Poder Judicial contra movimientos indígenas

Anexo 8 348

6. El poder judicial para perseguir estudiantes

Anexo 9 433

Anexo 1. (Para el caso 1)

NÚMERO DE PROCESO:	01283-2015-04771
JUDICATURA:	UNIDAD JUDICIAL PENAL CUENCA
No. DE INGRESO:	1
ACCION(es)/DELITO(s):	396 CONTRAVENCIONES DE CUARTA CLASE, INC.1, NUM. 1
JUEZ:	SERRANO RODRIGUEZ CAYETANO ALFREDO
ACTOR(es)/OFENDIDO(s):	RODAS ESPINOZA PAULA FRANCISCA
DEMANDADO(s)/PROCESADO(s):	CEVALLOS VIVAR RODRIGO SEBASTIAN

JUZGADO "M" DE LA UNIDAD JUDICIAL PENAL DE CUENCA.- 0128300Proceso No. 01283-2015-04771 Cuenca, 11 de Diciembre del 2015.- Las 09H00.- VISTOS: Llevada a cabo la respectiva audiencia dentro de la presente causa, en el día y hora señalados, conforme a lo dispuesto en los Artículos 641 y 642 del Código Orgánico Integral Penal, el Juzgado "M" de la Unidad Judicial Penal de Cuenca, integrado por el Dr. Alfredo Serrano Rodríguez, en calidad de Juez; La Dra. Malene Polo Hernández, Secretaria; con la presencia de la denunciante, Arquitecta, Paula Francisca Rodas Espinoza, con su Abogado Defensor, Dr. Cristóbal Medina; Aguirre; y, del denunciado Rodrigo Sebastián Cevallos Vivar, en junta de sus Abogados Defensores, Dres. José Maza; Daniel Carbo; y, Vicente Solano.- Habiéndose notificado en forma oral la resolución tomada en audiencia, en los términos del Artículo 619 del Código Orgánico Integral Penal, se procede a reducir a escrito en los términos del Artículo 621, Ibídem, y, para hacerlo, se hacen las siguientes consideraciones: PRIMERA: COMPETENCIA: Conforme lo dispone el Numeral 2, del Artículo 3, de la Resolución No. 176-2014, emitida por el Pleno del Consejo Nacional de la Judicatura, en relación con lo dispuesto en el Numeral 2, del Artículo 231, del Código Orgánico de la Función Judicial y de los Artículos 641; y, 642, del Código Orgánico Integral Penal, este Juez es competente para conocer, tramitar y resolver este tipo de procedimientos.- SEGUNDA: VALIDEZ PROCESAL: Conforme lo disponen los Artículos 11, 75, 76, 77, 82, 168.6 y 169 de la Constitución de la Republica; los Artículo 453, 454, 455, 641 y 642, del Código Orgánico Integral Penal, así como, del Artículo 8 de la Convención Americana sobre Derechos Humanaos o Pacto de San José, este Juez, considera que el presente proceso se ha tramitado en cumplimiento de los principios y garantías constitucionales del debido proceso, sin que se vulneren derechos y garantías de las partes procesales, ni se haya dejado en indefensión, en consecuencia, no habiéndose omitido solemnidades sustanciales que pudieran afectar la validez procesal, en forma expresa se declara válido todo lo actuado.- TERCERA: INTERVENCION DE LA DENUNCIANTE: El Sr. Dr. Cristóbal Medina Aguirre, en representación de la denunciante, Arq. Paula Francisca Rodas Espinoza, de nacionalidad ecuatoriana, portadora de la cedula de ciudadanía, No. 0104427851, de la edad de 31, años de edad, de estado civil casada, de ocupación empleada pública y domiciliada en esta ciudad de cuenca, en su intervención, indica que: Que en los días 21, 22 y 23 de Julio del año 2015, el Señor Rodrigo Sebastián Cevallos Vivar, a través de las redes sociales, en su cuenta de twitter, registrada con el nombre de @sebastcevallos, ha procedido a proferir expresiones en descrédito y deshonra de su defendida Arquitecta, Paula Francisca Rodas Espinoza, al haber pronunciado en forma falaz, dolosa y con el ánimo de irrogar daño, en la siguiente forma: Que el día 21 de Julio del 2015, a las 08H15, en su cuenta de twitter, señala: hoy 10H00 rueda de prensa para denunciar actos de corrupción de un alto funcionario de alianza país, seguimos sin miedo al paro del pueblo. Así mismo, el día 22 de Julio del 2015, a las 5H59, dice: Nepotismo, trato de favor hacia familiares o amigos, a los que se otorgan cargos o empleos por el mero hecho de serlo. El día 22 de Julio del 2015, a las 06H30, señala: Y la lista continúa, Ustedes creen que Carlos Marx Carrasco tiene calidad moral para dialogar con los trabajadores, maestros, jóvenes, campesinos; El día 22 de Julio del 2015, a las 11H06, dice: Y, adivinen quién es el presidente de la comisión de ética de @35país, respuesta, Carlos Marx Carrasco, manos limpias; el día 22 de Julio del 2015, a las 03:00 pm. Indica: Paula Rodas, sobrina de Carlos Marx Carrasco, está en el INPC-Regional 6, efectivamente, es el ministro del trabajo de su familia, debiendo tenerse en cuenta que consta la imagen de su defendida y de la de su tierno hijo, imagen que no ha sido autorizada y que se ha tomado de la red twitter, así mismo, indica que: está en el INPC-Regional 6, efectivamente es el ministro del trabajo de su familia; El día 22 de Julio del 2015, retwittea, Elsi Castello, indicando que: cambiaré mi apellido por Carrasco a ver si me dan trabajo en algún ministerio; el 22 de Julio 2015, Sebastián Cevallos Subdirector de UP denuncia a Carlos Marx Carraco, de nepotismo, al haber vinculado a una gran; el 22 de Julio Martín Pallares, indica: En el TC de Sebastián Cevallos, hay unos lindos datos sobre cómo la familia de Carlos Marx Carrasco se ha colocado en cargos públicos; El día 23 de Julio del 2015, Morgana, indica: Se necesitó de un organigrama para graficar las relaciones laborales del clan Carlos Marx Carraco y el Estado, se aprecia una fotografía de Carlos Marx Carrasco, y el nombre de su defendida; El día 23 de Julio del 2015, Radio Quito indica, Entrevista a Sebastián Cevallos, Sub Director Nacional de Unión Popular, nepotismo en algunas instituciones del. Que la expresiones de Rodrigo Sebastián Cevallos, han causado descrédito y deshonra en Paula Francisca Rodas Espinoza, al publicar en los twitter y retwitter, transmitiendo a la colectividad, que Paula Francisca Rodas Espinoza es sobrina de Carlos Marx Carrasco y que se encuentra laborando en el sector público, cuando en la realidad de los hechos, Paula Francisca Rodas Espinoza, viene laborando desde el año 2008, como Técnica en el Decreto de emergencia, en el Instituto Nacional de Patrimonio Cultural, y labora hasta la presente fecha, habiendo sido participante y ganadora del concurso de oposición y méritos, sin que nada tenga que ver Carlos Marx Carrasco, su tío político. Que de este modo se empaña la reputación de una mujer que se encuentra en estado de gestación, de una dama cuencana y de una profesional que ha sabido trabajar y ganarse las cosas con su propio esfuerzo, que actualmente se encuentra laborando en el sector público, con nombramiento definitivo y en un concurso de oposición y méritos. Que Rodrigo Sebastián Cevallos Vivar, ha proferido expresiones en descrédito de Paula Francisca Rodas Espinoza, que van en la deshonra de su defendida, que al medio utilizado es la red twitter, que ha de probar sus asertos, por lo que, la conducta por la cual acusa es de una contravención de cuarta clase tipificada u sancionada en el Artículo 396, Numeral 1, del Código Orgánico Integral Penal, que dispone: "La persona que por cualquier medio, profiera expresiones en descrédito o deshonra en contra de otra, será sancionada con una pena privativa de libertad de quince a treinta días.", por lo que formaliza la acusación y reclama la reparación integral a la víctima, se le imponga el máximo de la pena establecida en el Artículo 396, del código <orgánico Integral Vigente.- CUARTA: INTERVENCION DEL DENUNCIADO: El Sr. Dr. José Maza, en representación del Sr. Dr. Sebastián Cevallos Vivar, indica: Que efectivamente Rodrigo Sebastián Cevallos Vivar, en su cuenta de twitter, manifestó que Paula Rodas, es sobrina de Carlos Marx Carraco, que está en el INPC Regional 6. Que efectivamente es el ministro del trabajo y de su familia. Que este twitter es dado el día 22 de Julio del 2015, a las 3:00 pm, y que se encuentra a fojas 3. Que de los otros twitter, no hay destinatario individualizado concreto, que se encuentran en fojas 1, 2, 4, 5, y 6, que son opiniones o criterios de terceras persona sobre las cuales el señor no tiene el poder sobre natural, para impedir o decirles que digan algo en contra de ellos. Que expresamente es un hecho determinado, que Sebastián Cevallos, no se responsabiliza por expresiones de estos

ciudadanos qye vendría a ser terceras personas. Que, de ser afectado el señor Carlos Marx Carrasco, debía ser él quien presente las acciones legales y constitucionales y no que la denunciante se apropie del derecho de terceras personas para hacerlos derechos propios suyos y poder así mismo, ejercer alguna acción, para ello, sin tener ninguna autorización ni poder especial para ejercer el mismo. Que, la denuncia debía contener exclusivamente que el hecho del 22 de Julio del 2015, a las 3:00 pm. Que, ese hecho que ha hecho referencia, sobre la cual, en esta audiencia de juzgamiento, de debe establecer si hay injuria o afectación de un bien jurídico al derecho o al honor. Que lo dicho por Rodrigo Sebastián Cevallos Vivar, es de conocimiento público, por la ciudadanía cuencana y ciudadanía azuaya, hechos públicos para lo cual recojo lo dicho por la propia denunciante, que se encuentran a fojas 7, en donde se hace constar el cargo, el tipo y el período que ha desempeñado, indicando el cargo, como es el de Técnico en el Decreto de Emergencia, de la Unidad de Memoria Técnica, que el tipo de contrato es de obra cierta y el período del 21 de Julio del 2008, hasta el 22 de enero del 2009, terminando en el cargo de Arquitecta Regional, con Nombramiento definitivo, ganadora del concurso de oposición y méritos, en el período del 01 de Diciembre del 2014, hasta la presente fecha. Que estas son las expresiones que ha dicho el señor Rodrigo Sebastián Cevallos Vivar, es decir, expresiones que son de conocimiento público, expresiones que le garantizan a él, porque él tiene un derecho constitucional que es la libertad de expresión y en ella mismo el derecho a la crítica. No creo que se quiera aquí judicializar o se quiera penalizar el criterio y la opinión de un ciudadano frente a una ciudadana que evidentemente es del sector público, que ella mismo lo ha ratificado, que nadie lo ha negado, que es esto lo que se debatirá en esta audiencia, tanto con doctrina, jurisprudencia y en base a los principios y garantías constitucionales. Que niega los otros twitters.- QUINTA: PRUEBAS DE LA DENUNCIANTE: Como pruebas actuadas por la denunciante o querellante consisten en: PRUEBA DOCUMENTAL: 1) Certificación de Correo electrónico No. 20150101008D02281, obtenida al amparo del Numeral Quinto, del Artículo 18, de la Ley Notarial, realizada por el Sr. Dr. Raúl Homero Moscoso Jaramillo, Notario Octavo del Cantón Cuenca, en el cual certifica la materialización electrónica de los twitter y retwitters, existentes en la cuenta @sebastcevallos y diligencia que se realiza el día 29 de Julio del año 2015, constante en doce fojas útiles con la respectiva acta de materialización; 2) Certificado otorgado por la Arquitecta, Mónica Quezada Jara, Directora Regional 6, del Instituto Nacional de Patrimonio Cultural, que certifica que la Arquitecta Paula Francisca Rodas Espinoza, portadora de la cédula de ciudanía No. 0104427851, ha prestado y presta los servicios en el Instituto Nacional de Patrimonio Cultural, conforme se enlista: .- Técnico en el Decreto de Emergencia Unidad de Memoria Técnica, bajo la modalidad de contrato de obra cierta, período del 21 de Julio del 2008, al 22 de enero del 2009; .- Técnico en el Decreto de Emergencia Unidad de Memoria Técnica, bajo la modalidad de contrato de obra cierta, en el período del 21 de Julio del 2008, al 22 de enero del 2009; .- Revisión y Filtración de fichas de segunda etapa, Decreto de Emergencia Inventario de Bienes Inmuebles, bajo la modalidad de contrato de obra cierta, en el período del 11 de Marzo del 2009 al 30 de Abril del 2009; .- Consulta del proyecto elaboración del expediente técnico para la declaración de Quingeo como patrimonio del Ecuador, en el periodo Junio a Agosto del 2009, documento que habilitó la declaratoria de Quingeo como Patrimonio del Ecuador en Septiembre del 2009; .- Arquitecta Regional, bajo la modalidad de contrato de servicio ocasionales, en el período del 23 de Septiembre del 2009, al 31 de Diciembre del 2012; .- Arquitecta Regional bajo la modalidad de nombramiento provisional, período del 1 de Enero del 2013, al 31 de Agosto del 2014; y, .- Arquitecta Restauradora Regional, bajo la modalidad de nombramiento, otorgado por ser declarada ganadora del concurso de méritos y oposición, en el período del 1 de Septiembre del 2014, hasta la presente fecha (06 de Noviembre del 2015); 3.- Contratos que han vinculado a la Arquitecta, Paula Rodas, en sus actividades en el servicio público: .- Contrato Celebrado en Agosto del 2008, en el 2009: .- Contratos de Asesoría y prestación de servicios ocasionales; .- Acta final de declaratoria de ganadora de la Arquitecta Paula Francisca Rodas Espinoza, de fecha 06 de Noviembre del 2015, en el concurso de méritos y oposición para el puesto de Arquitecto Restaurador Regional - Cuenca, de fecha 01 de Agosto del 2014, en la cual se declara ganadora con un puntaje de 85.99 sobre 100; .- Certificados del Ministerio de Relaciones Laborales, constan los nombramientos conferidos en el sector público a la Arquitecta, Paula Rodas Espinoza; .- Hoja de vida de la Arquitecta Paula Francisca Rodas Espinoza; .- Que, con la materialización electrónica, en la que consta en los twitter, con un documento de carácter público, asistido por la fe pública, y que con el avance del Código Orgánico de la Función Judicial, se ha podido determinar el materializar los documentos electrónicos que se encuentran en el ciberespacio, como son las redes sociales, o de la naturaleza que fueren, que con el documento de orden público, prueba que en la cuenta @sebastcevallos y que además consta con la fotografía del ciudadano Cevallos Vivar, ha mantenido en su cuenta y ha twitteado y retwitteado los siguientes textos: "hoy 10H00 rueda de prensa para denunciar actos de corrupción de un alto funcionario de alianza país; El nepotismo, trato de favor hacia familiares o amigos, a los que se otorgan cargos o empleos por el mero hecho de serlo; Y la lista continúa, Ustedes creen que Carlos Marx Carrasco tiene calidad moral para dialogar con los trabajadores, maestros, jóvenes, campesinos; Y, adivinen quién es el presidente de la comisión de ética de @35país, respuesta, Carlos Marx Carrasco, manos limpias; De Sebastián Cevallos, habiendo utilizado en forma ilegal la imagen de la Arquitecta, Paula Francisca Rodas Espinoza, así como, la inmiscuir la foto en la que se encuentra con su tierno hijo, sin ningún desparpajo indica, Paula Rodas, sobrina de Carlos Marx Carrasco, está en el INPC-Regional 6, efectivamente, es el ministro que da trabajo de su familia. Así mismo, con el animus injuriandi, twitter: Paula Rodas, sobrina de Carlos Marx C., está en el INPC-Regional 6, efectivamente, es el ministro que da trabajo de su familia. Que se retwittea, que no es más que responder con voluntad y conciencia y por acto propio, como el retwitter de Elsie Castello, que indica que cambiaré mi apellido por Carrasco, a ver si me dan trabajo en algún ministerio. Otro retwitter, de Martín Pallares, que indica en el TC de Sebastián Cevallos, hay unos lindos datos sobre cómo la familia de Carlos Marx Carrasco se ha colocado en cargos públicos. Así mismo, se retwittea, por acto de voluntad propia, Morgana, dice: Se necesitó de un organigrama para graficar las relaciones laborales del clan Carlos Marx Carraco y el Estado, y en la que se le coloca a la Arquitecta Paula Rodas en el INPC, como los supuestos beneficiarios de las conductas narradas. En el de Radio Quito, se dice, Entrevista a Sebastián Cevallos, Sub Director Nacional de Unión Popular, nepotismo en algunas instituciones del Estado. Dejo así probado con fechas, horas y con fe pública, con documento público e incontrastable, realizado por el Señor Notario. Así mismo, al certificado que ya fuera leído conferido por la Arquitecta Mónica Quezada Jara, Directora de la Regional 6, del Instituto Nacional de Patrimonio Cultural, de fecha 6 de Noviembre del 2015, donde consta todo el historial con que justifica, que la Arquitecta Paula Francisca Rodas Espinoza, es ganadora del con curso de oposición y méritos y que se ha desempeñado en el sector público brillantemente por acto propio, por mérito propio, no pudiendo ser ensombrecida su honra en la forma que se lo hace. De la misma forma, hace entrega de las acciones de personal, nombramiento y contratos de los que datan su relación con el Estado Ecuatoriano, su actividad dentro del Instituto Nacional de Patrimonio Cultural, y, los documentos que puedan servir de hoja de vida.- Una vez que se ha dejado justificada y probada el hecho, la materialidad y la responsabilidad, con prueba documental, la que solicita se tenga por judicializada.- SEXTA: PRUEBA DEL DENUNCIADO: A) DOCUMENTAL: Como prueba documental Rodrigo Sebastián Cevallos Vivar, presenta la siguiente: Antecedentes Penales, de los diferentes juzgados y tribunales penales del Azuay; B) PRUEBA TESTIMONIAL: 1) NIDIA MARIA SOLIZ CARRION, de nacionalidad ecuatoriana, portadora de la cédula de ciudadanía No. 0101559730, de la edad de 55 años, de estado civil viuda, de ocupación empleada pública, domiciliada en la Calle Sucre 13-45, de esta ciudad de Cuenca, quien juramentada en forma legal y advertida de las penas de perjurio, como testigo de buena conducta, en lo principal indica: Que conoce al Seño Rodrigo Sebastián Cevallos, desde que ha sido estudiante universitario, mucho tiempo, que ha compartido actividades dentro de la Universidad. Que como parte de los movimientos sociales, ha compartido diferentes espacios, que por ello puede decir que conoce tanto a él como a su familia. Que le conoce como persona, de manera cercana, así como en las representaciones diversas, como dirigente estudiantil, como líder juvenil, como líder político, en las diferentes expresiones de la vida cotidiana, siempre le ha visto en la condición de una persona honorable, persona que es responsable de sus actos, muy respetuoso de lo que constituye los derechos y la dignidad de las personas. Que actualmente pertenece a la organización política Unidad Popular.- A las repreguntas formuladas por el Abogado de Paula Francisca Rodas Espinoza, indica que: Es coideario del señor Sebastián Cevallos, que sí ha sido coidearia política con Sebastián Cevallos, desde la militancia del extinto partido político MPD, pero que con anterioridad también. Que dentro del Movimiento Unidad Popular, realiza las actividades públicas de Dirigente, ha ejercido la vocería del movimiento, también es organizador y líder de los sectores sociales. Que no tiene contacto con Sebastián Cevallos a través de la red twitter. Que, conoce a la familia de Sebastián Cevallos, que no tiene una amistad estrecha a pesar de haber estado en algunas actividades. Que es público y notorio, la actividad que realiza Sebastián, en su calidad de dirigente político local, que ejerce funciones de dirección en movimientos políticos y sociales, la vocería de los movimientos, aspectos organizativos, formativo, en la expresión pública y en la defensa de los derechos constitucionales y humanos que involucras los derechos civiles y políticos que todo ciudadano tiene Que se tiene posicionamientos frente a las políticas nacionales, como es la coyuntura nacional en los aspectos económicos, sociales, en la promoción de derechos de la población, en los diferentes sectores que se pueden ver afectados por una u otra situación de política nacional o internacional, que son funciones que tiene en el ámbito de un líder político: 2) JORGE ENRIQUE SEGUNDO MORALES ALVAREZ, de nacionalidad ecuatoriana, portador de la cédula de ciudadanía No. 0100725597, de la edad de 69 años, de estado civil casado, de profesión Abogado y Profesor Universitario, domiciliado en la Calle Max Uhle 7-100, de esta ciudad de Cuenca, quien juramentado en forma legal y advertido de las penas de perjurio, como testigo de buena conducta, en lo principal indica: Que como profesor universitario da testimonio de que conoce a Sebastián Cevallos, en primer lugar, como ex-alumno suyo y que, como estudiante, se ha distinguido por su dedicación honesta a la defensa de los intereses de los estudiantes universitarios; y que, ahora, como Abogado que es y profesor universitario, conoce a Sebastián Cevallos, como una persona como dirigente político que se ha distinguido por su conducta honesta, intachable, y por su firme defensa de los intereses de los ciudadanos, que en todas las intervenciones en las que ha escuchado a Sebastián Cevallos, sea en actos público o a través de medios de comunicación, confirma su testimonio de que, además de su conducta honesta, se ha distinguido por la defensa firme de los intereses nacionales, que ninguna intervención ha podido constatar, que Sebastián Cevallos haya tenido la intención o ánimo de injuriar u ofender a alguien, que su ánimo ha sido siempre el de alertare a la ciudadanía sobre los problemas que aquejan a la sociedad, que es lo que testimonia en honor a la verdad. Sobre las repreguntas realizadas por la defensa de Paula Francisca Rodas Espinoza, indica: Que las fechas no puede indicar, que ha escuchado a Sebastián Cevallos, en algunas entrevistas como en Radio Ondas Azuayas, como en el caso de los Diez de Luloncoto, haciendo una defensa firme en contra de los atropellos de que son víctimas quienes protestan o desobedecen las políticas emanadas, del poder público. Le ha escuchado en otras oportunidades, cuando en Ondas Azuayas, son precisare fecha, hace unos cuatro o cinco meses, habló ampliamente sobre algunos contratos celebrados por el Estado y que perjudicaban los intereses del mismo, como es el caso de materia de tributos y en materia petrolera. Que, se desempeñaba con amplios conocimientos y que en ninguna de estas entrevistas, ha escuchado que se dirigiera en términos ofensivos o injuriosos contra ninguna autoridad pública; 3.- TESTIMONIO DE RODRIGO SEBASTIAN CEVALLOS VIVAR, de nacionalidad ecuatoriana, portador de la cédula de ciudadanía No. 0702038571, de la edad de 33 años, de estado civil soltero, de profesión Abogado, domiciliado en la Calle Rafael Sojos y Rafael Fajardo S/N, de esta Ciudad de Cuenca, quien en forma libre, voluntaria y sin juramento indica que: Lo que nosotros hemos hecho es, no solamente en estos meses, en estos días y en estas semanas, hacer uso de las libertades públicas, de la libertad de expresión y de la opinión política, derechos plasmados en la Constitución y en los convenios internacionales, a propósito de hacer profundas reflexiones, con respecto a lo que viene pasando en el país, desde una óptica evidentemente de izquierda y desde una óptica que nosotros decimos, de explotados y de quienes han sido sojuzgados por las clases que han dominado el país y que hoy dominan el país, que nosotros hemos denominados y nos ratificamos una y mil veces como la casta política económica y social que hoy gobierna el país, esa casta que hoy tiene muchísimos de miles y millones de beneficios, esa casta que hoy, a propósito de la explotación de los trabajadores, de la explotación de la naturaleza, de la explotación de los sectores indígenas, comerciantes, han hecho que este país sea nuevamente dependiente y transcurra una nuevamente una crisis política. Seguramente para algunos, lo que estoy diciendo será motivo para declararme un apersona que obliga al pánico financiero, por hablar de que vivimos una crisis económica, sin embargo, y aunque les duela, quienes escuchan las palabras de quienes estamos de los explotados ya nombre de los que no tiene voz, aunque les duela y vamos a levantar la voz una y mil veces, aunque pretendan llevarnos a la cárcel vamos a levantar la voz para decir que en el Ecuador existe una nueva casta política, económica, de la cual muchos y algunos de los que están aquí son parte, que han llevado al país a un colapso económico, que han llevado al país a que lo obreros nuevamente tengan que pagar esa crisis, y que han llevado al país a que nuevamente la madre tierra y la Pachamama, sean los que tenga que engordar los bolsillo de algunos, a nombre de ellos estamos aquí, hablamos y seguiremos hablando hasta el fin de nuestros días, sin ninguna vacilación y sin ningún temor, como han dicho los testigos de buena fe, desde que estuvimos en la Universidad de Cuenca, desde que estuvimos en el Colegio Nacional Experimental Benigno Malo, y fuera de las universidades públicas de nuestro país, hemos ejercido este derecho a decir lo que pensamos, hemos ejercido el derecho a luchar y a resistir, hemos ejercido el derecho a pelear en las calles, en los tribunales, a pelear en las barricadas por su puesto, a nombre y mano a mano y codo a codo, con los pueblos de nuestro país, y eso no lo vamos a dejar de hacer. Seguramente para muchos amedrentarán estar aquí en un juzgado, siendo la parte demandada, para nosotros no, para nosotros esta es una medalla de honor, porque tiene que ver con que entendemos que en el sistema en que vivimos muchas de las instituciones públicas que existen, están correlacionadas o en directa conexión con los grandes grupos económicos y políticos que dirigen el país, nosotros hemos hecho muchas denuncias, y con respecto a esta nos ratificamos, sentados aquí, y fuera de este juzgado, que implica, el hecho de presentar a la opinión pública, una reflexión, con respecto a varios ciudadanos, que tienen relación familiar con uno de los representantes máximos del Estado y del gobierno nacional. Nosotros no tenemos nada contra persona alguna, y no soslayamos a persona alguna, no menospreciamos, al contrario reconocemos el poder y la capacidad que tienen todos los ciudadanos y ciudadanas de este país, reconocemos y respetamos como los que más a la mujer ecuatoriana que es parte de las clases explotadas de nuestro país, lo respetamos, de hecho declaramos nuestra condición de feministas en este juzgado, no tenemos nada que en contra de la señora Paula Francisca Rodas, simplemente hemos hecho una reflexión, y es una reflexión con respecto a que lo que nosotros entendemos, como las castas política, hoy, la nueva casta política está en el poder, no hemos injuriado, ni hemos faltado a la verdad, porque hemos dicho lo que se expresa en la denuncia, Primero que, la señora es familiar del Economista Marx Carrasco, que entiendo esa no es injuria, dependiendo como se lo mire. Que hemos dicho la verdad que es familiar, la verdad porque trabaja, como hemos narrado en el twitter al cual se hace referencia en la Institución a la cual decimos, y hemos dicho labora la señora. Esta es la reflexión a la cual hemos hecho, nada más allá, ni más ni menos, sin embargo, en este testimonio libre y voluntario queremos apelar a lo que nosotros entendemos son los derechos que tenemos todos los ciudadanos y ciudadanas a expresar nuestros criterios, nuestra posición política incluso, nuestra ideología política y nuestras reflexiones políticas, elementos que están planteados en la Constitución, en la Convención Interamericana de Derechos Humanos, en la Declaración Universal de Derechos Humanos, y a este derecho es al que nos acogemos. Tenemos muchísimas cosas más que decir, no las vamos a dejar de decir, sin ningún miedo, porque las reflexiones, lo que nosotros entendemos es la injusticia en la que vive el país, merece reflexiones políticas profundas, pero sobre todo merece, levantar la voz, para decirlas. Recorriendo uno de las grandes líderes de la humanidad, nosotros venimos acá con la frente en alto, para decir como dijo aquel líder, la historia nos absolverá.- Ante las repreguntas realizadas por la Defensa de Paula Francisca Rodas Espinoza, indica: Que se ratifica en lo que ha dicho el día 22 de Julio, sobre la que se procesa en esta causa, sobre todo la que se especifica el día 22 de Julio del 2015, a las 3:00 p.m. refiriéndose a la publicación en la red twitter. Que sí es correcto el hecho de haber publicado en la red twitter la fotografía de Paula Francisca Rodas Espinoza, con la de su tierno hijo. Que desde su punto de vista, al ser, Paula Francisca Rodas Espinoza, una funcionaria pública, está en el derecho de todos los ecuatorianos incluso el hecho de juzgar sus actuaciones como tal, por lo tanto, nosotros creímos conveniente la posibilidad el de demostrar a la persona del cual hablamos y del cual en este caso escribimos en la red social. Que esa fotografía la ha obtenido porque al parecer le han pasado. La persona que nos pasó, es la que nos ayudó con la denuncia y nos pidió que no diéramos su nombre. Que, nosotros tenemos claro el concepto de lo que es una red social, como una red de apoyo, para las expresiones de libertad de expresión. Que lo que entiende por twittear y retwittear, no es más que la utilización de un instrumento, para la política en favor de los sectores sociales y populares, una respuesta técnica no la puede dar. Que no recuerda cuántos twitter ha mandado, pudiendo ser decenas o centenas. Que el procedimiento para enviar un twitter es, en primer lugar hacer un análisis de lo que pasa con la gente más pobre y al cual desde nuestra mirada, el gobierno de alianza país ha dejado en la indefensión para publicarlo, demostrarlo y desenmascarar al régimen. Que lo que se hace para poder mandar un mensaje es hacer una reflexión profunda de los problemas que tiene el país, los problemas que desde la visión ideológica, alianza país ha representado para el pueblo ecuatoriano o en contra del pueblo ecuatoriano, esas reflexiones profundas son publicadas no solamente en twitter, sino en varias otras formas, como bien se ha dicho aquí.- SEPTIMA: DEBATES: A) PAULA FRANCISCA RODAS ESPINOSA: Representada por el Sr. Dr. Cristóbal Medina Aguirre, en lo principal indica que: Que para iniciar en informe en derecho da lectura del Artículo 396, Numeral I, del Código Orgánico Integral Penal, por el cual ha sido acusado: "Art. 396: Contravención de Cuarta clase: Será sancionado con pena privativa de libertad de quince a treinta días: ... 1. La persona que, por cualquier medio, profiera expresiones en descrédito o deshonra en contra de otra.". Al Analizar la forma típica positiva en la norma que acaba de leer. Cualquier persona, por cualquier medio, no está definido que sea por un medio físico, electrónico, por escrito, verbal; Por cualquier medio, profiera expresiones en descrédito o deshonra de otra, será sancionado en la forma como manda la norma. Que, para juzgar a una persona, como indican los tratadistas, la cual está asistida por el estado de inocencia, es necesario determinar tres elementos fundamentales que constituyen el mecanismo para el establecimiento de una responsabilidad. Que no es más que la existencia de la materialidad de la infracción y la responsabilidad del procesado, unidas por un nexo causal probatorio, que lleve a una conclusión lógica razonable, legítima sustentada en la sana critica a que el Juzgador pueda imponer una sanción. Que en la especia se ha demostrado, algo que ha llamado la atención, el estar frente a una contraventor confeso, porque en su declaración rendida en forma voluntaria, clara, libre, ha reconocido que con conciencia y voluntad, y que a su decir, en ánimo político, ha reconocido la existencia de los twits y retwits, que menoscaban la honra de su defendida. La materialidad de la infracción se encuentra probada, por los siguientes elementos probatorios: 1) por el reconocimiento expreso del Señor Sebastián Cevallos Vivar; 2) documento de materialización electrónica, realizada por el Sr. Dr. Raúl Homero Moscoso Jaramillo, Notario Público, Octavo del Cantón Cuenca, prueba que le da valor el Artículo 18, de la Ley Notarial, en su reforma, en el cual los fenómenos existentes en el cyber espacio, han sido materializados, asistidos por la fe pública. Que la materialidad de la infracción, queda demostrada por un documento de orden público, y que por lo tanto es irrefutable. Sumado a ello, que la materialidad abona en el reconocimiento expreso del confeso contraventor, Cevallos Vivar. Que queda probado, no solamente que son de su autoría y redacción y de mecanismo de hecho o acto propio del agente, los twitts y los retwitts. Que cuanto uno ingresa a una red twitter, uno redacta el twitter, pudiendo hacer una actividad adicional como es el retwittear, lo que otras personas han escrito, difundiendo en franca acción difamatoria. Que todo en conjunto lleva a la diáfana conclusión de que la Arquitecta Paula Francisca Rodas Espinoza, es la destinataria, sin duda alguna, de expresiones en descrédito o deshonra. Quien en sano juicio podría pensar que estas expresiones no son en deshonra de una mujer, quien estaría conforme y quien sentiría su honra limpia, después de que digan en medios de difusión amplia, como la red twitter, que está trabajando gracias a una actividad nepótica, del Economista Carlos Marx Carrasco, cuando se imputa, una conducta o algo deshonroso, más aún, cuando se impute un delito como el tráfico de influencias o el nepotismo, el Economista Carrasco, tendrá todos los mecanismos y judicializará si él cree conveniente, que aquí está únicamente en la defensa de la destinataria de esas expresiones, es decir, que la Arquitecta, Paula Francisca Rodas Espinoza, para toda persona en sano y entero juicio que lea esos twitts, está en el cargo del Instituto Nacional de Patrimonio Cultural, gracias al favor nepótico del Señor Ministro, Carlos Marx Carrasco. Cualquiera que venga de una cuna decente, como su defendida, que no se ha ganado el título de Arquitecta, de regalo en un sorteo, sino que, se ha ganado con su tesonero esfuerzo, que ha llevado una familia adelante y que ha llevado una vida digna, en el servicio público y una carrera en el servicio público y que ha ganado un concurso de oposición y méritos no puede ser menoscabada y quedar entre dicho que su permanencia en el Instituto Nacional de Patrimonio Cultural, no reporta sino al favor del Ministro, el cual es su tío político. Que, nadie podrá considerar honroso estar en un cargo público por la ventana, cuando se ha entrado por la puerta grande, con merecimientos, y concurso de oposición y merecimientos. Que esa y no otra es la expresión injuriosa. Que el Sr. Dr. Rodríguez Moruro, tratadista brasileño, citado por Edgardo Alerto Donna, quien hace una acotación doctrinaria, tomada en cuenta por los Tribunales de Justicia del Azuay y por la Corte Nacional de Justicia de la República del Ecuador, en su libro de Derecho Penal, Parte Especial Tomo 1, manifiesta, que en la imputación que constituye injuriosa, se exige que la imputación sea dirigida contra de persona en circunstancias determinadas, que en doctrina se conoce como una expresión injuriosa de carácter oblicuo, la que se da de dos maneras, la primera en circunstancias en relación con el sujeto, para lo cual cita la resolución dictada por la Sala de la Corte Provincial de Justicia del Azuay y ratificada por la Corte de Justicia del Azuay, en un juicio seguido por Paúl Iñiguez, ex Juez Nacional, en contra del Alcalde de Gualaceo, Marco Tapia Jara, donde se hacían expresiones en descrédito del Dr. Iñiguez, pero que en ningún momento se han determinado el nombre del Sr. Dr. Iñiguez. El otro caso, que reconoce la injuria oblicua, es la que se encuentra sub juris, en el caso que se determina que es Paula Francisca Rodas Espinoza, en el cual no solamente que se le determina quién es, sino que se le dice que es sobrina del ministro, y se le dice que es por un acto nepótico, y se retwittea por voluntad propia, por acto consiente, voluntario y doloso, se lo replica haciendo un organigrama de funcionarios beneficiarios de estas conductas que se imputa a alguien que ya sabrá tomar las medidas del caso. Que el cambio que ha constituido la injuria, en la norma en Ecuador. La injuria era de carácter calumniosa, la no calumniosa leve y la no calumniosa grave, que todas tenían la categoría delictual, pero en el cambio normativo, con el Código Orgánico Integral Penal, generalizaron las formas de conductas ya sean leves o graves, son que constituyan delito sino contravención de policía en forma abierta, en un tipo penal abierto, en el cual engloba que por cualquier medio, no interesa el medio, profiera cualquiera forma de expresión que resulte en descredito o deshonra de otra persona, como lo ha hecho Sebastián Cevallos, requiere una sanción ejemplarizadora, por parte de la ley penal ecuatoriana. Algo fundamental, es el hecho de que está obligado a la prueba y a la verdad de sus asertos, que está probando con documentos público, toda la carrera en el sector público, de Paula Francisca Rodas Espinoza, desde el año de 2008, una carrera impecable, intachable y las pruebas de ser concursante y ganadora de un concurso de oposición y méritos para cuando las expresiones proferidas por Sebastián Cevallos.

quien es Abogado, si bien las leyes se presumen conocidas por los ciudadanos, más por los Abogados, los hombres de derecho, los doctos, por los que conocen la ley, por ello, pensar que las expresiones confesas dadas por Sebastián Cevallos, que no constituyan una forma cargada de dolo, una forma desbordante de actitud injuriosa, con un solo fin, de hacer política, a costa de la honra de las personas, libertad de expresión no es sinónimo de libertad de injurias ni dañar la honra de las personas, el Señor Sebastián Cevallos Vivar, tiene algún hecho que deba denunciarlo, debe concurrir a Fiscalía General del Estado y denunciarlo, no escudarse en las redes sociales, para crear estos daños, en contra de mujeres de bien, eso no es libertad de expresión. Hoy leía un twitter, que decía twittear o retwitterar, no es delito, cómo ha de ser delito, twittear o retwittear; pero lo que sí es delito o contravención, es utilizar la red twitter para twittear o retwittear e injuriar la honra de las personas, eso es lo que se ha hecho y lo que no se debe hacer, e allí la transgresión penal, demostrado queda la materialidad y la responsabilidad de Sebastián Cevallos Vivar, en la contravención de policía que judicializamos. Usted tiene Señor Juez, analizar las pruebas, a la luz de la sana crítica, y dar la respuesta a la sociedad, sin miedo ni temores, como lo hace, por hombre de bien, por lo que hará justicia.- B) RODIGO SEBASTIAN CEVALLO VIVAR: Quien por intermedio de sui abogado Defensor Sr. Dr. José Maza Gonza, en lo principal indica: Que, como dice la defensa, a confesión de parte relevo de prueba, eso en materia civil, pero aquí estamos en una audiencia de juicio en un caso contravencional. El Artículo 396, Numeral 1, del Código Orgánico Integral Penal, dispone: "Art. 396: Contravención de Cuarta clase: Será sancionado con pena privativa de libertad de quince a treinta días: ... 1. La persona que, por cualquier medio, profiera expresiones en descrédito o deshonra en contra de otra.". Que, aquí hay que analizar el juicio de tipicidad, que consiste en saber si el Señor Cevallos, adecua o no su comportamiento o conducta actual, como lo ha redactado el legislador, creador de leyes. Que ese es el primer elemento, y eso es, injusto o justo, es decir, lo que habla el Señor abogado, si eso la cuestión material; y, por segunda parte, el elemento objetivo, a ver si eso es objeto de reproche, si es o no es objeto de reproche, si ese acto constituye lesividad, para la privacidad, para la vida de la señora aquí presente. Se debe partir de la denuncia porque es en la denuncia donde se determinan los hechos, para luego adecuarlo a la cuestión de derecho. Si la denuncia presentada, se adecúa o no al tipo penal, primero para ver si es un acto injusto, y luego para ver si existe o no reproche colectivo. Aquí se está empezando por el último, reproche, confesión de parte relevo de prueba, sentencia. Siendo coherente con la teoría del caso, al haber indicado que el Señor Rodrigo Sebastián, reconoce, lo que se dice un acto libre y voluntario, que utilizó un twitter, y qué twitter utilizó, el twitter 22 de Julio del 2015, 3:00 p.m., y qué es lo que se escribió en dicho twitter, para buscar el juicio de tipicidad, se escribe exactamente esto: "Paila Rodas, sobrina de Carlos Marx Carrasco, está en la INPC, regional 6, efectivamente, es el ministro del trabajo de su familia". Esto Señor Juez, tiene Usted, la obligación con la patria de hacer el juicio de tipicidad, para ver se esas expresiones dadas por este ciudadano, se ajustan o no se ajustan. Algo más, en la denuncia se quiere forzar el comportamiento del Señor Cevallos, se quiere ajustar al 396, Numeral 1, de twitters indeterminados, no concretizados, dirigidos a terceras personas, y comentarios de terceras personas, que tienen un día, una fecha y una hora, lo que se conoce en el derecho penal, para que proceda un delito o una contravención, "dónde, cómo y cuándo". Dónde, Ciudad de Cuenca, lugar, cuándo se lo hizo; pero pretender, en las cuestiones fácticas, determinar otros twitters, en otra hora, y en otras circunstancias y querer aquello irlo relacionando y armar una cadena para irlo relacionando, y poder así forzar el juicio de tipicidad, es lo que quieren hacer. Si Usted ve, a fojas 1, a fojas 4, 5, 6 y 7, son acciones dirigidas a personas indeterminadas, al Sr. Carlos Marx Carrasco, a él se refieren; y, si se fija a fojas 2, solo es este twitter, es el único que hace referencia y sobre el cual debía haberse presentado la denuncia, porque caso contrario se estaría afectando el derecho a la defensa, porque hay fechas indeterminadas, son de personas sujetos aparte, aquí la señora no ha presentado un poder especial, una autorización para que digan que ella obra en beneficio de los derechos de esa persona que son titulares de derecho. Al hacer ese análisis, para la defensa, no existe juicio de tipicidad, lo que ha dicho el Señor Cevallos, no se ajusta al 396, Numeral 1, además, no es de quedarse con la escuela clásica, del nexo de causalidad, "acto, relación causal, resultado". En estos casos, es de aplicar y utilizar la teoría de Hans Welsel, del derecho penal parte general, hay que ver el resultado, cuál era el acto del Señor Cevallos, cuál era la finalidad, de escribir en su cuenta twitter, era mancillar el nombre de la Señora?, o simplemente era dar a conocer un hecho, pero no cualquier hecho, un hecho de conocimiento público en la Ciudad de Cuenca, Provincia del Azuay, y Nacional, que la señora es sobrina de Carlos Marx Carrasco, es un hecho conocido o es un hecho desconocido. Lo que tiene que analizar Señor Juez, son las otras palabras puestas allí. Lo que dice Hans Welsel, es en base a que si ese acto buscaba una finalidad para que pueda ser objeto de reproche, y ese acto no ha buscado una finalidad para ser objeto de reproche, porque, bajo el principio de prueba de comunidad, me tomo la prueba de la defensa presentada en esta audiencia de juzgamiento, esto es, la misma prueba que presenta, en la denuncia a fojas 7, en la denuncia ella mismo manifiesta un acto libre y voluntario, que dice ella: Cargo, Tipo de contrato, y, Período. Cargo: Técnico en el Decreto de Emergencia - Unidad de Memoria Técnica; Tipo de Contrato: Contrato de Obra Cierta; y, Período: del 21 de Julio del 2008 al 22 de Enero del 2009; y, la última nombramiento definitivo, ganadora de concurso de oposición y méritos. Si a fojas 2, el Señor Sebastián, ha dicho que ha entrado por nepotismo, ha dicho haber existido tráfico de influencias, en las palabras expresadas, Paula Rodas es sobrina, efectivamente es el ministro del trabajo de su familia. Cuándo ha dicho el señor eso?, cuándo le ha dicho a la señora eso?, nepotismo, tráfico de influencia. Estas expresiones son las que se deben analizar Señor Juez, al momento de dictar una sentencia, pero no tomarse los otros twitters, que son de terceras personas indeterminadas, y hacer parecer que es un solo acto. Si no se puede probar este juicio de tipicidad, obviamente mucho más sería analizar el elemento subjetivo de que si existió dolo o no existió dolo, o si es que es reprochable, y que sea objeto de una responsabilidad penal. No se puede llegar a analizar esa situación, por cuanto la conducta del Señor no se ajusta. La Constitución de la República, en su Artículo 66, Numeral 6, dice: El derecho a opinar y expresar su pensamiento libremente y en todas las formas y manifestaciones; en todas sus formas y manifestaciones. El utilizó un medio propio para expresar algo que es de conocimiento público, dónde está la contravención. A, que le han dicho que es sobrina, es algo verdad, es sobrina o no es sobrina del ministro. Que eso no le haya gustado, eso es otra cosa, pero aquí no se puede venir a decir que esos hechos son de justicia penal, porque aquí lo que se va a juzgar es la libertad de un ciudadano, o acaso se pretende crear enemigos, sabemos que es inocente, pero como es enemigo y le estorba a un "x" poder, tenemos que neutralizarlo y tenemos que sacarlo del medio social, no creo que eso sea la finalidad de este juicio, inocente pero lo creamos como enemigo. Tenemos la Declaración Universal de Derechos Humanos, 10 de Diciembre de 1948, todo individuo tiene derecho a la libertad, y opinión, y expresión, haciendo hincapié en que, es un hecho sumamente importante, se pasó de un gobierno autoritario, de un gobierno despótico, como es el gobierno nazi, donde todo el poder ejecutivo controlaba administración de justicia, etc., por ello se firma esa declaración, ese es el antecedente inmediato, como diría en la revolución francesa en 1879, se quita todo el poder al monarca, para dárselo a los ciudadanos, son antecedentes de hecho que tienen una historia trágica, por eso se firma la Declaración, porque los ciudadanos se la ganaron el derecho a la libertad. Tenemos el Pacto Internacional de Derechos Civiles y Políticos, que dice exactamente lo mismo en el Artículo 18, Toda persona tiene derecho a la libertad de pensamiento, el mismo Artículo, Artículo 19, Nadie podrá ser molestado por causa de sus opiniones. Toda persona tiene derecho a la libertad de expresión. Algo que es más cercano a nosotros, la Convención Americana de Sobre Derechos Humanos, también expresó lo mismo, recogió todas estas expresiones y dice exactamente: Que toda persona tiene derecho, a la libertad de pensamiento y a la libertad de expresión. Ahora, el límite es otra cosa, el límite es lo que he manifestado sobre el juicio de tipicidad. Haré referencia a una doctrina y a una jurisprudencia, que es nueva, y que es el derecho frente a la protesta, de un autor argentino, de Roberto Gargarella, es de última data, que la Universidad Andina de Quito, les enseña eso a sus estudiantes. Puede haber una protesta, siendo ésta individual o colectiva en grupo, eso no es el problema. Cuál es la concepción del Juez, no constitucional, sino más allá, el Juez constitucional, cuál es su concepción, cuestión y cuál es el comportamiento del Juez de Garantías Penales, ante una libertad de expresión, derecho a la crítica; y, la otra, el derecho al honor. Sobre el derecho a la crítica, esta Autor dice: "que los Jueces de Garantías Penales deben tener una posición, Una, cómo definen ellos a la democracia, que sea comprendida por el Juez de Garantías Penales, desde el punto de vista restringe, limita, elitista, y bajo el principio de la desconfianza; o, la Otra expresión, una democracia amplia, inclusiva y bajo el principio de que, de la confianza. Un caso que se dio en la Argentina, es el caso de una Dirigente Política, el caso Shebrin, este Autor dice, qué hicieron las Cortes, simplemente se fueron por la primera, entendieron a la democracia restringida, limitada y elitista, que ya no le interesa la democracia participativa, o representativa, simplemente, cuando un ciudadano sale a las calles y reclama algo, este Autor dice, y qué han dicho los Jueces en este caso, simplemente lo hacen porque hay sedición, y que ese ciudadano y ese grupo de personas, no representan efectivamente a la mayoría, porque ya lo hicieron en el sufragio, es decir, reducen evidentemente la democracia solo al sufragio, eso lo hicieron y está allí. En esta audiencia de juicio, Usted, Señor Juez, por cuál de las dos democracias va a entender, si es por esa democracia elitista, limitada y restringida, o por la democracia amplia, inclusiva, bajo el principio de confianza, porque si se va por la primera, cuál será el mensaje que se da a la sociedad?, con el poder político, con el poder público, no tienes que meterte, ve, aquí tienes una sentencia condenatoria. A caso los Jueces no pueden defender a las minorías. Otro punto Señor Juez, aquí el conflicto no es, horizontal, entre ciudadanos del mismo nivel, entre particulares, la injuria no es eso. Aquí el conflicto es vertical, estamos hablando del poder ejecutivo o de un ala de ese poder ejecutivo, frente a un ciudadano que no ocupa cualquier cargo, no tiene cargo, no es parte de ese poder. Entonces Señor Juez, cuál va a ser su posición y a qué democracia Usted, se va a referir. Una sentencia que habla el mismo Autor, es una jurisprudencia y es de antaño, en las manifestaciones de Martin Luther King, y es acogida por el País de Argentina, la Corte de Estados Unidos dijo: hubieron manifestaciones en favor de Martin Luther King, por uno o varias personas, eso es irrelevante; un grupo de personas se fue la New York Times, a presentar una denuncia, y habían dicho que el Jefe de Policía "tal", había actuado de manera abusiva, y que se habían dado tantos heridos. Cuál era el problema?, no eran los heridos, habían dicho que eran diez, cuando en realizada era cinco, a lo que el Jefe de la Policía, había presentado una demanda millonaria al New York Times, porque le había afectado el derecho al honor, siendo ese el argumento, a lo que el Juez resolvió, evidentemente puede o no haber una afectación al derecho al honor, pero el objetivo de custodiar a la resistencia es un debate público porque el poder público es robusto, desinhibido e ilimitado. Que esta sentencia es de vanguardia y es reconocida a nivel mundial, y luego este Juez dice: que a las minorías no hay que limitarles el derecho, entre ellas el derecho a la libertad de expresión, hay que robustecerlos porque no tiene los mecanismos como sí tiene el gobierno, como lo tiene el poder político, para expresar lo que ellos piensan, que hay que analizar la cuestión social y económica, mas no limitar esos derechos. Que estas dos sentencias son de vanguardia, son las que se deben analizar en este juicio, por cuál de las dos democracias se va, la que restringe o la democracia amplia, que le permita a este ciudadano expresar su pensamiento y criticar obviamente a un ala o a una parte del gobierno, porque caso contrario se va a deslegitimar el derecho penal, porque que una de las funciones para que sea legítimo es, que se respeten y garanticen los derechos y principios constitucionales y que se respeten los bienes jurídicos, caso contrario se va a tener un derecho penal deslegitimado, control social, tener que decir a los ciudadanos cómo tienen que comportarse, no pueden opinar, no pueden criticar al sector público, o simbólico, le decimos a la ciudadanía, peor si son políticos; opero al sector político no le interesa cualquier ciudadano, le interesa alguien que tenga influencias, en este caso, un actor político simbólico porqué, porque hay amenaza. Si te portas así, estás amenazado. tenemos sentencias. no es una forma de neutralizar la libertad de expresión. Lo que ha dicho la defensa es que tiene una sentencia, pero eso no es un presente jurisprudencial, son otros los elementos de tiempo y lugar, son otros los actores, son otros hechos, no es un presente jurisprudencial obligatorio para que se tenga que resolver así, porque los hechos son diferentes. Tómese en consideración que los principios, como dice Ramiro Avila, que lo cita Alexis, los principios son normas jurídicas, y lo que se encuentra en la Constitución, libertad de expresión, y lo que se encuentra en los tratados internacionales, son de aplicación directa e inmediata, esos son derechos son inalienables, son propios, no los puede disponer, se interrelacionan con ellos mismos, no se puede decir que más importante es la vida, y que más importante es la libertad, no, son integrales esos derechos, libertad - vida, integran, la persona se integra con esos derechos, con esos principios, y esos principios son derechos se materializan.- Interviene el Sr. Dr. Vicente Solano, quien indica: que lo que se está discutiendo es el derecho a la libertad a la libertad. Que la Corte Interamericana de Derechos Humanos y la Comisión de Derechos Humanos, ha establecido algunos parámetros para medir la libertad de expresión. Primero, que tiene una doble dimensión, sea tanto individual como colectiva; individual, que la tenemos cada de los que estamos aquí, pero no es la interesa en este caso, sino es la dimensión colectiva o social, que es básicamente el derecho que tienen la sociedad a recibir cualquier tipo de información, a conocer los pensamientos, ideas, información, ajenos en este caso, y que estén bien infirmado la sociedad. Teniendo en cuenta esta dimensión colectiva, es necesario, establecer que nuestro defendido, Rodrigo Sebastián Cevallos Vivar, lo único que está haciendo, es ejercer justamente esa dimensión colectiva del derecho a la libertad de expresión y en este caso amparado en la Constitución de la República del Ecuador, en el Artículo 66, Numeral 6, y Artículo 18 que dice, Todas las personas, en forma individual o colectiva, tienen derecho a: 1. Buscar, recibir, intercambiar, producir y difundir información veraz, verificada, oportuna, contextualizada, plural, sin censura previa acerca de los hechos, acontecimientos y procesos de interés general, y con responsabilidad ulterior. 2. Acceder libremente a la información generada en entidades públicas, o en las privadas que manejen fondos del Estado o realicen funciones públicas. No existirá reserva de información excepto en los casos expresamente establecidos en la ley. En caso de violación a los derechos humanos, ninguna entidad pública negará la información.". Desde esa perspectiva es entonces importante, que es un derecho constitucional que tenemos las y los ecuatorianos a estar bien informados, tener una información que, como en este caso, una información totalmente veraz, y verificada que era, el tema de que la señorita Paula Francisca, es en este caso, sobrina del ex-ministro Marx Carrasco. Desde esa perspectiva, es importante también recordar que hay estándares internaciones que tratan sobre la libertad de expresión. Primero, el Artículo 424, de la Constitución reconoce, la aplicación de los derechos que sean más favorables, en este caso, dentro del ordenamiento jurídico ecuatoriano, por parte de la instrumentos internacionales de derechos humanos, por lo tanto, establecemos que los estándares internacionales también aplican para el Ecuador, al ser signatario de la Convención Americana de Derechos Humanos, en este caso, las sentencias de la Corte Interamericana de Derechos Humanos, también se convierten en estándares sobre la libertad de expresión, desde esa perspectiva, la propia Corte Interamericana, ha hablado sobre el tema de la protección de los discursos de la libertad de expresión y habla en este caso primero, de que se debe buscar, recibir y difundir información y opiniones libremente, así como, el derecho al comunicado, opiniones, sobre cualquier medio informa puede ser por Facebook, twitter, o cualquier tipo de medio, y dice además el derecho a la difusión del pensamiento, la información, las ideas, y opiniones por cualquier medios apropiados. Cuáles son los discursos que protege en este caso las sentencias de la Corte Interamericana de Derechos Humanos, y dice: Los tipo de discursos protegidos según su contenido, son por ejemplo, inclusive, tipo de expresiones incluidos los discursos ofensivos, chocantes o hasta perturbadores, y dice, de particular importancia es la regla según la cual, libertad de expresión debe garantizarse no solo en cuanto a la difusión de ideas, informaciones recibidas favorablemente consideradas ofensivas o indiferentes, sino también, en cuanto a las que ofenden, chocan, inquietan, resultan ingratas o perturban al Estado, o a cualquier sector de la población, así lo exige el pluralismo, la tolerancia y el espíritu de apertura, sin los cuales, no existe una sociedad democrática. Pero cuáles son entonces los discursos especialmente protegidos, y hablan al menos de tres discursos: El primero, el discursos político y sobre asuntos de interés público; El segundo, el discurso sobre funcionarios públicos, en el ejercicio de sus funciones y sobre candidatos a ocupar cargos públicos; y, El tercero, el discurso que configuran elemento de identidad o dignidad personal de quien se expresa. El primero, el discurso político y de interés público, se ha expresado la Corte Interamericana, es necesario en este sentido, de que el derecho del individuo y de toda la comunidad, a participar en debates activos, firmes y desafiantes respecto a todos los aspectos vinculados al funcionamiento normal y armónico de toda la sociedad, ha señalado que en el debate sobre asuntos de interés público se protege tanto la emisión de expresiones inofensivas y bien recibidas por la opinión pública, como aquellas que chocan, irritan o inquietan a los funcionarios públicos, a los candidatos a ejercer cargos públicos, o a un sector cualquiera de la población, en consecuencia, las expresiones e informaciones, opiniones atinentes a asuntos de interés público, al Estado y a sus instituciones gozan de mayor protección bajo la Convención Americana. El segundo, es el que más nos compete, es el discurso sobre los funcionarios públicos en ejercicio de sus funciones y sobre candidatos a ocupar cargos públicos, cito: en este sentido los funcionarios públicos y quienes aspiran a hacerlo en una sociedad democrática, tienen un umbral distinto de protección que les exponen en mayor grado al escrutinio y a la crítica del público, lo cual se justifica por el carácter del interés general, dado que las expresiones e informaciones atinentes a los funcionarios públicos, a particulares involucrados voluntariamente en asuntos públicos y a candidatos a ocupar cargos públicos gozan de un mayor grado de protección, el Estado debe de abstenerse en mayor grado de imponer limitaciones a estas formas, en este caso, de discurso. En ese sentido existen casos que demuestran justamente este tipo de violación del derecho a la libertad de expresión. Por ejemplo, el Caso Herrero Ulloa - Costa Rica, en el cual, se había dado una publicación de un diario local, afirmando en este caso a la prensa europea que comprometían seriamente la reputación de un alto funcionario público costaricense, destacado en Bélgica, tales publicaciones se referían básicamente a la supuesta comisión de delitos graves por parte del entonces representante diplomático de Costa Rica, ante la Organización Internacional de la Energía Atómica, en el marco de un supuesto pago de comisiones ilegales, la Corte Interamericana, resaltando que en relación con las limitaciones admisibles a la libertad de expresión, siempre debe de distinguirse las expresiones referidas a personas públicas que se aluden a personas particulares explicó: es lógico y apropiado que las expresiones concernientes a funcionarios públicos y otras personas que ejercen funciones de naturaleza pública deben gozar en los términos del Artículo 13.2 de la Convención Americana, de un margen de apertura a un debate amplio, respecto de asuntos de interés público, el cual es esencial para el funcionamiento de un sistema verdaderamente democrático. El siguiente caso es el de Kimel - Argentina, que habla de una crítica que se le hizo a un Juez, que había sido "condescendiente" con la dictadura y paralizó la investigación de crímenes de lesa humanidad en Argentina. En este caso, la crítica hecha por Kimel, se formuló sobre temas de interés público en el momento en el que el Juez, estaba ejerciendo en su cargo: la Corte dijo, el control democrático a través de la opinión pública fomenta la transparencia de las actividades estatales y promueve la responsabilidad de los funcionarios sobre su gestión pública, por lo cual, éstos deben mostrar mayor tolerancia frente a afirmaciones y apreciaciones vertidas por los ciudadanos en el ejercicio de dicho control democrático, puesto que tales son las demandas del pluralismo propio de una sociedad democrática que requiere la mayor circulación de informes y opiniones sobre asuntos de interés público incluso aquellos que chocan, irritan o inquietan a los funcionarios públicos o a un sector cualquiera de la población; y, El caso Tristán Donoso, en el cual, el Abogado, fue condenado por el delito de calumnia, debido a las acusaciones que hizo en contra del Procurador General de la Nación, en una rueda de prensa. La Corte con posterioridad dijo que, las expresiones concernientes a la idoneidad de una persona, para el desempeño de un cargo público, y a los actos realizados por funcionario público en el desempeño de sus labores, gozan de mayor protección para que se propicie el debate democrático, así mismo, indicó que un una sociedad democrática, los funcionarios públicos están más expuestos al escrutinio y a la crítica del público. Este diferente umbral de protección se explica porque se han expuesto voluntariamente a un escrutinio más exigente, sus actividades salen del dominio de la esfera privada para insertarse en la esfera del debate público. Entonces, la propia sentencia de la Ley Orgánica de Comunicación, sentencia de orden constitucional, 00314-SINCC, caso No. 001413-IN y acumulados, habla justamente del interés general, que es lo que debe prevalecer aquí sobre el interés general sobre el de los particulares, y habla justamente del interés general. Entonces, el interés general constituye un concepto cuya aplicación y delimitación se va efectuando en función de los objetivos de una sociedad y de conformidad a los asuntos sometidos a conocimiento de la autoridad, quien lo configura a través de las decisiones jurídicas que adopta frente al fenómeno fáctico, que es sometido a su conocimiento en aplicación de la normativa correspondiente y dado que la Constitución de la República, es la máxima manifestación del pacto social, los asuntos de interés general deben sustentarse en los valores, principios y normas, que en ella han sido consagrados, en el caso ecuatoriano, debe estar enmarcado en la protección de los derechos y en la consecución del Sumak Kawsay, o buen vivir, y al elemento transversal del ordenamiento jurídico de la estructura social ecuatoriana. Es necesario entonces entender que el escrutinio público a los funcionarios públicos es indiferente, en este caso, a la esfera privada que podemos tener cualquiera de las personas que estanos fuera del caso de las funciones públicas. Que la libertad de expresión, en este caso, tiene una doble connotación, individual y colectiva, colectiva la cual fue ejercida por mi defendido Rodrigo Sebastián Cevallos Vivar, en la cual en este caso le permitía a los ecuatorianos y ecuatorianas ejercer su derecho, primero a la participación ciudadana, de saber que en este caso, que algunos funcionarios públicos, son familiares de un ministro, lo cual garantiza el Artículo 95 de la Constitución de la República del Ecuador, pero así mismo, es necesario plantear que ejerciendo el 61, Numeral 2, que es participar, dentro de los asuntos de interés público, lo hizo también mi defendido, para qué, para garantizar tal vez su derecho de participación, como el 61, Numeral 5, que habla de fiscalización de los actos del poder público, con lo cual se puede ver, es lo que ha hecho mi defendido únicamente, expresar de forma veraz, un hecho verificada, hechos que en este caso incluso, han sido asentidos, en este caso por la propia querellante. Po lo tanto, sin mayor análisis de la jurisprudencia y de los estándares internacionales, como decía, nos cubre igualmente, de nuestra Constitución en el Artículo 424, creeríamos entonces que se declare la inocencia de Rodrigo Sebastián Cevallos Vivar.- OCTAVA: REPLICAS: A) PAULA FRANCISCA RODAS ESPINOZA: Indica de que la defensa pretende que se rompa el principio de integridad de la prueba, al pretender que se analice únicamente un twitter, y no todos que han sido presentados en forma legal, en la mecanización de los twitter y retwitters. Que quien ha puesto en la red twitter y ha retwitteado, es Rodrigo Sebastián Cevallos, como así lo ha reconocido, al hacerlo con voluntad y conciencia. Solicita que se haga justicia en favor de una dama, quien no merecía semejante deshonra.- B) RODRIGO SEBASTIAN CEVALLOS VIVAR: Que no se quiere que esta audiencia selo haga en base a la libertad de expresión y a la democracia. La pena es de coyuntura política, hecha por la asamblea. Que no existe juicio de tipicidad, y por ello no se ajusta la conducta del defendido en el 396, Numeral 1. Que la señora es funcionaria pública y es sobrina de Carlos Marx Carrasco, eso es la verdad. Para que una sentencia sea legítima deben cumplirse por lo menos diez principios, o teoremas: acto, tipicidad, principio de legalidad, lesividad, etc., que pueden integrarse otros principios, según Ferrajoli. Las alegaciones se han hecho en base a principios constitucionales y de tratados internacionales, termina solicitando se confirme el estado de inocencia de Rodrigo Sebastián Cevallos Vivar. Que su defendido ha hecho uso del derecho legítimo del derecho a la información y libertad de expresión.- NOVENA: ANALISIS DE PRUEBA: Las pruebas actuadas en el presente proceso, han sido llevadas a cabo balo los principios constitucionales y legales del debido proceso, puestas consideración de los sujetos procesales por los principios de inmediación, concentración y sobre todo el principio de contradicción, las mismas que han sido debatidas ampliamente y analizadas por los propios sujetos procesales. Así, la defensa de Paula Francisca Rodas Espinoza, indica que se ha vulnerado el derecho a la honra y a la dignidad, al haberse difundido, vía red twitter, las imágenes de Paula Francisca Rodas Espinoza y su hijo, red twitter que es del ciudadano Rodrigo Sebastián Cevallos Vivar, esto es, "@sebastcevallos", y a través de la cual, se ha indicado que Paula Francisca Rodas Espinoza, siendo sobrina del Ministro del Trabajo, Carlos Marx Carrasco, ha logrado ingresar a laborar en el Instituto Nacional de Patrimonio Cultural (INPC), existiendo "nepotismo", así como, el hecho de que, a través de un organigrama, se ha determinado el número de personas, familiares de Carlos Marx Carrasco, que han ingresado a diferentes instituciones estatales a laborar, por considerar que éste, Marx Carrasco, es el ministro del trabajo de su familia. Para demostrar lo indicado por la defensa de Paula Francisca Rodas Espinoza, como prueba documental, ha presentado la digitalización o materialización de los diferentes twitters, en base a lo dispuesto en el Numeral 5, del Artículo 18, de la Ley Notarial reformado, el mismo que se ha realizado en formato PDF, ante el Sr. Dr. Raúl Homero Moscoso Jaramillo, Notario Octavo Público del Cantón Cuenca, documentos en los cuales se puede apreciar la lectura de los diferentes twitters, en la cuenta @sebastcevallos, lecturas que se refieren a diferentes días en que se han publicado, así como, en alguno de los casos, han sido respondidos por diferentes personas, twitters en los que se lee: 1) Día 21 de Julio del 2015, a las 05:15: "hoy 10am rueda de prensa para denunciar actos de corrupción de un alto funcionario de alianza país. Seguimos sin miedo; 2) Día 22 de Julio del 2015 05:59: Nepotismo, trato de favor hacia familiares o amigos, a los que se otorgan cargos o empleos públicos, por el mero hecho de serlo; 3) Día 22 de Julio del 2015, 6:30: Y la lista continúa, Uds creen que Carlos Marx Carrasco, tiene la calidad moral para dialogar con los trabajadores, maestros, jóvenes, campesinos; 4) Día 22 de Julio del 2015 11:06: Y, adivinen quién es el presidente de la comisión de ética de @35país?, Carlos Marx Carrasco, manos limpias; 5) Día 22 de Julio del 2015 03:00: Paula Rodas, sobrina de Carlos Marx Carrasco; 6) Día 22 de Julio del 2015 03:00: está en el INPC-Regional 6, efectivamente, es el ministro que da trabajo de su familia; Está en el INPC-Regional 6, efectivamente, es el ministro del trabajo de su familia; 7) Día 22 de Julio del 2015 13:03: cambiaré mi apellido por Carrasco, haber si me dan trabajo en algún ministerio; 8) Día 22 de Julio del 2015 14:52: Sebastián Cevallos, Subdirector de UP. Denuncia a Carlos Marx Carrasco de nepotismo, al haber vinculado a una gran; 9) Día 22 de

Julio del 2015, a las 17:30: En el TL de Sebastián Cevallos, hay unos lindos datos sobre cómo la familia de Carlos Marx Carrasco, se ha colocado en cargos públicos; 10) Día 23 de Julio del 2015, 04:04 pm: Se necesitó de un organigrama para graficar las relaciones laborales del clan Carlos Marx Carraco, y el Estado; y, 11) Día 23 de Julio del 2015, 06h51 pm: Entrevista a Sebastián Cevallos, Sub Director Nacional de Unión Popular, nepotismo en algunas instituciones del.". La defensa de Paula Francisca rodas Espinoza, ha indicado que los twitters referentes al día 22 de Julio del 2015, son las que, con la cuales, se ha vulnerado el derecho a la horna y a la dignidad, por parte de Rodrigo Sebastián Cevallos Vivar. Así miso, con la documentación y certificación referente al Acta Final y Declaratoria de Ganador/a del Concurso de Méritos y Oposición para el Puesto de Arquitecto Restaurador Regional - Cuenca, de fecha 01 de Agosto del 2014, del Instituto Nacional de Patrimonio Cultural, en la que se indica que Paula Francisca Rodas Espinoza, con un puntaje de 85.99/100 le declaran ganadora de dicho concurso emitiendo el respectivo informe favorable.- La defensa del Rodrigo Sebastián Cevallos Vivar, ha presentado como prueba documental, la digitalización y materialización de los antecedentes penales, realizado en base al Numeral 5, del Artículo 18 de la Ley Notarial reformada, hecha ante la Notaria Pública Quinta, Dra. Consuelo Carrasco Piedra. Así mismo, ha presentado testigos de buena conducta, en las personas de Nidia Soliz y Jorge Morales, quienes dan a conocer que Sebastián Cevallos, es una persona que le conocer de tiempo atrás y que su actividad es la de defender los derechos de las personas necesitadas, que lo hace a través de los diferentes medios de comunicación.- La infracción por la cual se ha dado inicio al presente proceso, es por la Contravención Penal, tipificada y sancionada en el Numeral 1, del Artículo 396, del Código Orgánico Integral Penal, en la que Paula Francisca Rodas Espinoza, acusa a Rodrigo Sebastián Cevallos Vivar, de que sea el autor de las injurias, por cuanto a través de las redes sociales (cualquier medio), ha atentado su honor y dignidad, al dar a conocer al público que gracias a su tío político, Carlos Marx Carrasco, ha ingresado al Instituto Nacional de Patrimonio Cultural, a través de la figura de nepotismo. Por su parte, la Defensa de Rodrigo Sebastián Cevallos Vivar, indica que la actuación de su defendido se encasilla y enmarca en principios constitucionales y de tratados internacionales como es el derecho a la libertad de expresión y el acceso a la información pública, por ello la conducta de Rodrigo Sebastián Cevallos Vivar, no se la puede encasillar en el tipo penal del Numeral 1, Artículo 396, del Código Orgánico Integral Penal, al no existir juicio de reproche ni vulneración de derechos en contra de Paula Francisca Rodas Espinoza.-

DECIMA: A fin de poder determinar, por parte de este Juez, si la conducta de Rodrigo Sebastián Cevallos Vivar, se encasilla o no el norma legal antes invocada, se debe tener en cuenta que, sobre la autoría, Edgar Alberto Donna, en su libro "La autoría y la Participación Criminal", de la Rubinzal - Culzoni Editores, del año 2005, página 41, indica: "Autor directo o individual es quien ejecuta por sí mismo la acción típica, aquel cuya conducta es subsumible, sin más, en el tipo de la parte especial; "el que realiza el hecho por sí solo, o, como se ha dicho, quien ejecuta una soberanía de confirmación por actuación corporal. ...(sic)... Se trata, en fin, de supuestos en que la persona realiza la ejecución de propia mano, sin necesidad de otras personas. Como bien se ha afirmado, en estos casos el dominio de la acción es indudable, en tanto el sujeto haya actuado con dolo y se den los elementos del tipo". Para el caso presente, el tipo penal de la contravención penal, del Numeral 1, del Artículo 396, del Código Orgánico Integral Penal dispone: "Art. 396: Contravenciones de cuarta clase.- Será sancionada con pena privativa de libertad de quince a treinta días: 1. La persona que, por cualquier medio, profiera expresiones en descrédito o deshonra en contra de otra. Esta contravención no será punible si las expresiones son recíprocas en el mismo acto.". Pues, la persona que por cualquier medio, reza la norma, profiera expresiones en descrédito o deshonra en contra de otra; Paula Rodas, ha indicado que su honor y dignidad se han visto afectadas por los comentarios vertidos por Rodrigo Sebastián Cevallos Vivar, persona que a través de las redes sociales ha indicado que ésta, Paula Rodas, gracias a su tío político, ingresó al sector público, no así, en base de un concurso público de oposición y méritos.- Es necesario recalcar que, como bien dice la defensa de Cevallos, la Constitución de la República, en su Artículo 66, dispone que se reconoce y garantizará a las personas, y en el Numeral 6, El derecho a opinar y expresar su pensamiento libremente y en todas sus formas y manifestaciones, garantía constitucional que está garantizada, así mismo, en el Artículo 13 de la Convención Americana Sobre Derechos Humanos o Pacto de San José, pero al mismo tiempo, la misma Constitución de la República, en el Artículo 66, Numeral 18, como garantías constitucional también dispone que, el derecho al honor y al buen nombre. La ley protegerá la imagen y la voz de la persona, principio, así mismo, garantizado en el Artículo 11, de la Convención Americana Sobre Derechos Humanos. Al respecto la defensa de Cevallos se ha referido a varias sentencias dictadas por la Corte Interamericana de Derechos Humanos, en el sentido de que la libertad de expresión no puede ser criminalizada, cuando se trata de discursos político y sobre asuntos de interés público;

discursos sobre funcionarios públicos, en el ejercicio de sus funciones y sobre candidatos a ocupar cargos públicos; y, en discursos que configuran elemento de identidad o dignidad personal de quien se expresa, sin embargo Cevallos vivar, en ninguna de las formas expresadas a través de su cuenta de twitter, ha hecho manifestaciones del tipo "discurso", por el contrario, son comentarios alusivos, concretamente en contra de Paula Francisca Rodas Espinoza, más aún, cuando en uno de los cometarios, se publica una fotografía de Rodas Espinoza con su hijo menor de edad, fotografía que, en los términos del Numeral 2, del Artículo 2, de la Declaración Sobre Derechos del Niño, se encuentra prohibida, relacionados con los Artículos 11 del Código de la Niñez y Adolescencia, así como, de los Artículos 44 y 45 y Numeral 7, del Artículo 46de la Constitución de la República. No se ha justificado, ni se ha podido demostrar con las pruebas actuadas, que Rodrigo Sebastián Cevallos Vivar, haya realizado los comentarios en discursos políticos, ni en contra de políticos o candidatos para que los mismos sean eximidos de responsabilidad penal.- DECIMA PRIMERA: El tratadista Efraín Pérez Casaverde, en su obra Manuel de Derecho Constitucional, de Edotores Asrus, Lima 2013, página 747, referente al derecho a la Información Pública, indica: "El derecho a la información pública está protegida por la Convención Americana sobre Derechos Humanos. Así, el Artículo 13.1, establece: que el derecho a la libertad de pensamiento y expresión incluye la libertad de buscar, recibir y difundir informaciones e ideas de toda índole, son consideración de fronteras, ya sea oralmente, por escrito, o en forma impresa o artística, o por cualquier otro procedimiento de su elección. Este derecho fundamental indica el ejercicio de un medio de control de la administración pública que goza rodo ciudadano en la obtención de la información pública, que involucra interés general; el derecho de información puede presentar dos vertientes: una el derecho de comunicar la información en los medios pertinentes; y por otra parte, el derecho de recibir información veraz en óptimas condiciones de tiempo y oportunidad; pero no es toda información, sino aquella que presente la relevancia jurídica para el peticionante. ...(sic)... El derecho a la información pública, no puede colisionar con el derecho a la intimidad personal, este último encuentra mayor razón de ser protegido por la dignidad de la persona humana, a fin de que información no sea utilizada en perjuicio del titular del derecho, como acertadamente sostiene el profesor de informática para juristas de la Universidad Pontificia Comillas de Madrid, Miguel Davara Rodríguez (...) la protección de datos es la protección jurídica de las personas en lo que concierne al tratamiento de sus datos de carácter personal , es el amparo debido a los ciudadanos contra la posible utilización de terceros en forma no autorizada de sus datos personales susceptibles de tratamiento para confeccionar información que identificable con él, afecte su entorno personal y social o profesional, en los límites de su intimidad, el manejo de esos datos afecta directamente a un derecho fundamental de elevado contenido. El conflicto entre la libertad de información y de tratamiento de datos junto a la libertad de expresión es uno de los grandes temas de nuestro tiempo que está generando múltiples estudios y provocando grandes y graves discrepancias doctrinarias. Los datos de las personas en principio por su naturaleza corresponden al propio sujeto de derecho; en tal sentido esta reserva de información se sustenta en el derecho que pudiera afectar la imagen, honra y reputación de la persona". En consecuencia, es evidente que al entrar en conflictos derechos consagrados en la Constitución de la República y Tratados Internaciones, como el derecho a la libertad de expresión y el derecho a la honra, derechos y principios que son de igual jerarquía, inalienables, irrenunciables, indivisibles interdependientes, como lo consagra el Numeral 6, del Artículo 11, de la Constitución de la República, sin embargo, cómo determinar, cuál principio o derecho ha sido afectado o no, en el presente caso, se debe aplicar las normas de interpretación constitucional consagrada en el Artículo 3, de la Ley Orgánica de Garantías Jurisdiccionales y Control Constitucional, en su Numeral 2, Principio de Proporcionalidad y del Numeral 3, Principio de Ponderación. El derecho a la libertad de expresión, no está siendo afectada en tanto y en cuanto, como ha dicho la defensa de Cevallos Vivar, al indicar que Paula Francisca Rodas Espinoza, es sobrina del ex-ministro del trabajo, Carlos Marx Carrasco, como es verdad que Carlos Marx Carraco, era Ministro del Trabajo, en esa época, la afectación del derecho a la libertad de expresión, para este Juez, está dada, al afectar el honor y la dignidad de Paula Rodas, cuando se indica que ha ingresado al sector público gracias a su tío político Carlos Marx Carrasco. Por otra parte, el derecho a la honra, mientras no afecte la dignidad de una persona como ser humano y titular de derechos, no constituye infracción penal, pero, al afectar, por cualquier medio, el honor y dignidad de un ser humano por el mero hecho de ser persona, incurre en el tipo penal de la injuria.- DECIMA SEGUNDA: Francisco Muños Conde, en su obra Derecho Penal, Parte Especial, 18ª Edición, de la Editora Tirant Lo Blanch, del año 2012, al referirse sobre la injuria, en la página 287, indica: "Dice el Art. 208.1 Injuria es la acción y expresión que lesionan la dignidad de otra persona, menoscabando su fama o atentando contra su propia estimación.". Entrando a analizar el tipo objetivo y tipo subjetivo de la injuria, refiriéndose en los siguientes términos: "Tipo Objetivo: Como ya se ha dicho en la introducción de este capítulo, el concepto de honor se caracteriza por constituir una parte fundamental de la dignidad humana que se basa en la fama y en la propia estimación, conceptos eminentemente relativos que dan una gran indeterminación al concepto mismo del honor. Justamente por eso, la lesión de la dignidad y de los ingredientes que la sustenta admite muchas graduaciones y matizaciones, que inciden en la determinación de lo que debe entenderse por injuria. La acción constitutiva de injuria es normalmente una "expresión", consistente tanto en imputar hechos falsos, como en formular juicios de valor, que puede realizarse tanto verbalmente como por escrito, o de un modo simbólico por caricaturas, emblemas etc. Pero también caben otras formas de lesión a la dignidad: por ejemplo una actitud omisiva puede considerarse injuriosa en determinadas circunstancias. ...". En lo referente, por su parte al tipo subjetivo, Francisco Muñoz Conde, se refiere en los siguientes términos: "Es necesario que se tenga conciencia del carácter injurioso de la acción y voluntad, pese a ello, de realizarla. Es avoluntad se puede entender como una intención específica de injuriar, el llamado "animus injuriandi". No basta, pues, que con la expresión sea objetivamente injuriosa y el sujeto lo sepa, sino que se requiere un ánimo especial de injuriar. Esta intención específica es un elemento subjetivo del injusto distinto al dolo y que trasciende a él. Su exigencia se desprende dela propia naturaleza del delito. En el fondo la injuria no es más que una incitación al rechazo social de una persona, o un desprecio o vejación de la misma, lo que solo puede realizarse intencionalmente. Así, acciones objetivamente injuriosas, pero realizadas sin ánimo de injuriar, sino de bromear, criticar o narrar, etc., no son delitos de injurias. Este elemento subjetivo se deduce a veces del propio contexto, pero otras veces puede quedar confundido o solaparse con otros propósitos o ánimos (informativo, de crítica, etc.), que dificultan la prueba del mismo. En el caso que nos ocupa, Rodrigo Sebastián Cevallos Vivar, ha proferido expresiones con conciencia y voluntad, como así lo ha manifestado en forma expresa, en la respectiva audiencia, reconociendo el twitter del 22 de Julio del 2015, sin embargo, los twitters provienen de una sola cuenta que pertenece a Rodrigo Sebastián Cevallos Vivar, la cuenta conocida con el nombre de @sebastcevallos.- DECIMO TERCERA: conforme a las reglas del Artículo 455 del Código Orgánico Integral Penal, con las pruebas actuadas, sea podido determinar la materialidad de la infracción, así como, la responsabilidad del procesado y su nexo causal. Materialidad de la infracción con los impresos de la red twitter, certificados por el Dr. Homero Moscoso

Jaramillo, Notario Octavo del Cantón Cuenca, y la responsabilidad, por cuanto el propio Rodrigo Sebastián Cevallos Vivar, ha reconocido, en su testimonio, libre, voluntario y sin juramento, que para la realización de los diferentes twitters, lo hace en base a la información obtenida en función del interés nacional, y de los problemas sociales, económicos y políticos por los que atraviesa el país, y por el hecho de denunciar actos de corrupción de los funcionarios de gobierno, utilizando la red twitter de @sebastcevallos, por lo que la conducta de Rodrigo Sebastián Cevallos Vivar, se subsume en el acto típico, antijurídico y culposo del Artículo 396, en su Numeral 1. En la forma determinada en los Artículos 25, 29 y 34 del Código Orgánico Integral Penal.- Por lo analizado, esta Autoridad: "ADMINISTRANDO JUSTICIA EN NOMBRE DEL PUEBLO SOBERANO DEL ECUADOR, POR AUTORIDAD DE LA CONSTITUCION Y LAS LEYES DE LA REPUBLICA", declara la culpabilidad del ciudadano: RODRIGO SEBASTIAN CEVALLOS VIVAR, de nacionalidad ecuatoriana, portador de la cédula de ciudadanía No. 0702038571, de la edad de 33 años, de estado civil soltero, de profesión Abogado, domiciliado en la Calle Rafael Sojos y Rafael Fajardo S/N, de esta Ciudad de Cuenca, de ser el autor y el responsable de la contravención penal, tipificada y sancionada en el Numeral 1, del Artículo 396, del Código Orgánico Integral Penal, esto es, por cuanto a través de la red twitter ha dado a conocer a la sociedad, que Paula Francisca Rodas Espinoza, ha ingresado al Instituto Nacional de Patrimonio Cultural, gracias a los favores de su tío político, en ese entonces ministro del trabajo Carlos Marx Carrasco, cuando en la realidad y en forma documentada Paula Rodas ha demostrado haber ingresado a dicha institución al haber ganado un concurso público de méritos y oposición, por lo que, se le impone la pena privativa de libertad de quince días (15 d.), que lo cumplirá en Centro de Rehabilitación Social Regional Sierra Centro Sur-Turi, de esta Ciudad de Cuenca, pata lo cual se girará la respectiva boleta constitucional que legalice su encarcelamiento, así mismo, conforme lo dispone el Numeral 1, del Artículo 70 del Código Orgánico Integral Penal, se le impone una multa del veinte y cinco por ciento (25 %), de un Salario Básico Unificado del Trabajador en General.- La presente sentencia ha sido dictada en la forma que prescribe el Artículo 621 del Código Orgánico Integral Penal, haciendo constar las normas legales y constitucionales que fundamentan la misma como lo dispone el Literal l), Numeral 7. del Artículo 76, de la Constitución de la República.- No se dispone la reparación integral de la víctima en este delito por cuanto no se ha justificado como lo disponen los Artículo 77 y 78 del Código Orgánico Integral Penal en relación con el Artículo 78, de la Constitución de la República.- Cúmplase y Notifíquese.-

Anexo 2. (Para el caso 2)

JUSTICIA

Quito, 14 de junio de 2016.

SR. DEFENSORIA DEL PUEBLO

Casilla Nº 998

DENTRO DEL JUICIO PENAL Nº 292-2014-MN, QUE SIGUE ESTADO ECUATORIANO, EN CONTRA DE ANA CRISTINA CAMPAÑA SANDOVAL Y OTROS, POR EL DELITO DE TENTATIVA DE TERRORISMO; SE HA DICTADO LO QUE COPIO:

CORTE NACIONAL DE JUSTICIA
SALA ESPECIALIZADA DE LO PENAL, PENAL MILITAR, PENAL POLICIAL Y TRÁNSITO
CAUSA No. 0292-2014

RECURSO DE CASACIÓN
DELITO: TENTATIVA DE TERRORISMO

VOTO DE MAYORIA DE LOS JUECES NACIONALES, DOCTORES MIGUEL JURADO FABARA Y SYLVIA SÁNCHEZ INSUASTI

RECURRENTES:		
	Ana Cristina Campaña Sandoval	(sentenciada)
	Pablo Andrés Castro Cangas	(sentenciado)
	Héctor Javier Estupiñán Prado	(sentenciado)
	Luis Santiago Gallegos Valarezo	(sentenciado)
	Cristhian Royce Gómez Romero	(sentenciado)
	Jescenia Abigail Heras Bermeo	(sentenciada)
	Luis Alberto Merchán Mosquera	(sentenciado)
	Pablo Andrés Castro Cangas	(sentenciado)
	Ana Cristina Campaña Sandoval	(sentenciada)
	Fadua Elizabeth Tapia Jarrín	(sentenciada)
	César Enrique Zambrano Farías	(sentenciado)
	Víctor Hugo Vinueza Puente	(sentenciado)

Quito, 14 de junio de 2016, las 08h30

VISTOS:

1.- ANTECEDENTES

1.1. Mediante sentencia de 15 de mayo del 2013, el Tercer Tribunal de Garantías Penales de Pichincha, declaró a los señores Víctor Hugo Vinueza Puente, Ana Cristina Campaña Sandoval, Jescenia Abigail Heras Bermeo, Luis Alberto Merchán Mosquera, Luis Santiago Gallegos Valarezo, Héctor Javier Estupiñán Prado, César Enrique Zambrano Farías, Fadua Elizabeth Tapia Jarrín, Pablo Andrés Castro Cangas y Cristhian Royce Gómez Romero, autores responsable del delito de

Página | 2

1.2. Los sentenciados interponen recursos de nulidad y apelación del fallo del *a-quo* ante la Sala Especializada de lo Penal de la Corte Provincial de Justicia de Pichincha, que el 24 de diciembre de 2013, desecha la nulidad y apelación propuesta por los acusados ratificando la sentencia subida en grado en todas sus partes.

1.3. Los acusados inconformes con el fallo del *ad-quem*, interponen recursos de casación, para ante la Sala Especializada de lo Penal, Penal Militar, Penal Policial y Tránsito de la Corte Nacional de Justicia.

2.- RESEÑA FÁCTICA

Fue relatada de la siguiente manera por el ad-quem:

> *"Con fecha 30 de noviembre de 2011, la Fiscalía inicia la investigación correspondiente del caso Sol Rojo, y en la teoría del caso, se manifiesta que esta banda estaría operando a nivel nacional especialmente en Cuenca, Quito y Guayaquil, procediendo que bombas panfletarias explotaron en Guayaquil y en Azuay; posteriormente por medio de una denuncia a miembros de la policía se identifica al miembro de esta organización al señor Royce Gómez, se conoce que se reunían el tres de marzo del dos mil doce, en un lugar determinado, por lo que se montó el seguimiento y efectivamente se pudo constatar sobre la reunión, por lo tanto se solicitó la orden de allanamiento y detención; con la orden se allanó el domicilio y se encontró a varias personas que estaban presentes reunidos en el departamento y se los detuvo. Todas las evidencias fueron incautadas, entre ellas panfletos, documentos también se incautó celulares…". (sic)*

3.- JURISDICCIÓN Y COMPETENCIA

3.1 El Consejo de la Judicatura mediante Resolución No. 08-2015 de fecha 22 de enero de 2015, aprueba la integración de la Corte Nacional de Justicia, misma que ejerce jurisdicción a nivel nacional, de conformidad con el art. 182, último inciso, de la Constitución de la República del Ecuador y 172 del Código Orgánico de la Función Judicial.

3.2 La Sala de lo Penal, Penal Militar, Penal Policial y Tránsito de la Corte Nacional de Justicia, tiene competencia para conocer los recursos de casación, revisión y los demás que establezca la ley, en materia penal de conformidad con el art. 184.1 de la Constitución de la República del Ecuador; así como los arts. 8 y 9 de la Ley Orgánica Reformatoria del Código Orgánico de la Función Judicial, publicado en el Suplemento del Registro Oficial No. 38, de 17 de julio de 2013, que sustituyen a los arts. 183 y 186, de la misma ley; y, las resoluciones de la Corte Nacional de Justicia No. 01-2015 y 02-2015 de 25 de febrero de 2015.

Página | 3

3.3 El Tribunal está conformado por la señora doctora Zulema Pachacama Nieto, Conjueza Nacional Ponente, quien actúa en reemplazo del doctor Jorge Blum Carcelén, Juez Nacional, por licencia concedida según oficio No. 1243-SG-CNJ-MBZ de fecha 10 de septiembre de 2015, suscrito por el doctor Carlos Ramírez Romero, Presidente de la Corte Nacional de Justicia, señor doctor Miguel Jurado Fabara, Juez Nacional y señora doctora Sylvia Sánchez Insuasti, Jueza Nacional.

4.- TRÁMITE

De conformidad a la Disposición Transitoria Primera del Código Orgánico Integral Penal, publicado en el Registro Oficial No. 180 de 10 de febrero de 2014, corresponde aplicar las normas vigentes al tiempo del inicio del proceso, que para el caso, se examine, son las contenidas en el Código Penal y Código de Procedimiento Penal.

5.- VALIDEZ PROCESAL

Los recursos de casación, han sido tramitados en virtud de lo dispuesto en el art. 349 del Código Procesal Penal, en concordancia con lo estipulado en el art. 184 del Código Orgánico de la Función Judicial, y al no haberse advertido causal que pueda nulitar o afectar a los mismos, se declara su validez.

6.- FUNDAMENTACIÓN Y CONTESTACIÓN DE LOS RECURSOS DE CASACIÓN

Acorde con lo dispuesto en el art. 352 del Código de Procedimiento Penal, en concordancia con el art. 345 ejusdem, se llevó a cabo la audiencia oral, reservada y de contradictorio, en la que los sujetos procesales expresaron:

6.1 Síntesis de la fundamentación de los recurrentes Ana Cristina Campaña Sandoval y Víctor Hugo Vinueza Puente, a través de su abogado defensor Gonzalo Realpe Raza

a) Expresa que, interponen el recurso de casación en contra de la sentencia dictada por la Sala Penal de la Corte Provincial de Justicia de Pichincha, de fecha 24 de diciembre del 2013, a las 15h29, que ratifica la sentencia ilegal, violatoria a la Constitución y las normas nacionales e internacionales de Derechos Humanos, por lo que existe errónea aplicación del art. 160.1 del Código Penal en el fallo dictado por el Tercer Tribunal de Garantías Penales de Pichincha, de fecha 15 de mayo del 2013, a las 08h56 y ratificada por la Corte de Apelaciones;

b) Reseña que, el proceso tiene como antecedente, que diez jóvenes se reunieron con la finalidad de tratar sobre temas políticos y en ese momento de forma ilegal fueron detenidos, torturados sin orden judicial y fueron llevados a la Unidad de Flagrancia donde se inicia el juicio por tentativa de terrorismo ante el doctor Pablo Hernández, se legaliza de forma ilegal la detención de los 10 de Luluncoto y el Tercer Tribunal de

Página | 4

Garantías Penales de Pichincha dicta sentencia en la que establece que se ha demostrado que son autores del delito tipificado y sancionado en el art. 160.1 del Código Penal, el mismo que tiene dos tipos penales, el inciso primero indica una conducta sancionada con una pena de reclusión de 4 a 8 años y por otro lado, en el inciso segundo establece una pena de 16 a 25 años;

c) Dice que, los jueces del Tribunal Tercero de lo Penal han impuesto una pena indicando el art. 160.1 del Código Penal, sin determinar el inciso, en este artículo consta dos tipos penales diferentes, alegación que no fue tomada en cuenta dentro del recurso de apelación, por los Jueces de segunda instancia;

d) Indica que, la pena impuesta es injusta, los jueces deben aplicar la pena apegada a derecho, se le impone una condena de un año, porque a la fecha de emitir la sentencia cumplía un año de estar detenida de forma ilegal, por lo que existe errónea interpretación del art. 160.1 del Código Penal y una indebida aplicación del art. 16 del mismo cuerpo legal;

e) Explica que, se han violado Tratados y Convenios Internacionales, como la Declaración Universal de los Derechos Humanos, art. 1 y 8; el Pacto de San José de Costa Rica, art. 8, 19 y 25 la Convención Contra la Tortura y Tratos Crueles, art. 1; el Pacto Internacional de Derechos Civiles y Políticos, art. 18, 19 y 24 y la Convención Iberoamericana de Derechos de los Jóvenes, art. 21.

f) Sostiene que, se ha criminalizado la protesta social de estos diez jóvenes que no han cometido ningún delito, fueron detenidos en momentos en que en el país se preparaban marchas políticas en contra del gobierno nacional;

Por lo anterior, solicita se case la sentencia por cuanto han violado todas las Normas, Tratados y Convenios Internacionales de Derechos Humanos, y se ratifique el estado de inocencia del señor Víctor Hugo Vinueza Puente y Ana Cristina Campaña Sandoval y se levanten todas las medidas cautelares que pesan sobre ellos.

6.1.1 Contestación a la fundamentación del recurso de casación realizado por el doctor Marco Navas Arboleda en representación de Fiscalía General del Estado

i. Señala que, respecto de la violación del art. 160.1 del Código Penal, el art. 140 del Código Orgánico de la Función Judicial, así como la parte pertinente de la sentencia dictada por la Sala de lo Penal de la Corte Provincial de Justicia de Pichincha y el art. 280 del Código de Procedimiento Civil, la Fiscalía General del Estado presentó las pruebas de cargo y de descargo exhibidas por la contraparte, los jueces haciendo uso de las reglas de la sana crítica han dictado la correspondiente sentencia, los indiciados ha tenido un debido proceso y la seguridad jurídica conforme los art. 76 y 82 de la Constitución de la República.
ii. Expresa que, las pruebas fueron pedidas, ordenadas, judicializadas e incorporadas en el proceso, por lo que Fiscalía no está de acuerdo con lo manifestado por los recurrentes, ya que se han aplicado todos

los Pactos y Convenios Internacionales sobre Derechos Humanos suscritos por parte del Estado ecuatoriano.

Insta a que se declare improcedente el recurso de casación propuesto por los sentenciados.

Los sentenciados **Ana Cristina Campaña Sandoval y Víctor Hugo Vinueza Puente,** al ejercer su **derecho a la réplica** a través de su defensa técnica, manifestaron:

I. La Fiscalía no se ha referida absolutamente en nada respecto de la errónea interpretación del art. 160.1 del Código Penal, puesto que el tribunal de instancia en ningún momento ha referido que inciso se aplicó.
II. Dice que, es totalmente falso que se han aplicado los convenios y tratados internacionales de derechos humanos, por lo que ratifica su pedido.

6.2 Síntesis de la fundamentación de los recurrentes Jescenia Abigail Heras Bermeo y Fadua Elizabeth Tapia Jarrín, a través de su abogado defensor Gonzalo Proaño

a) Señala que, la Sala de lo Penal de la Corte Provincial de Justicia de Pichincha violenta de forma errónea en su interpretación el art. 160.1 y por indebida aplicación del art. 16 del Código Penal, por cuanto separa el primer inciso, no contextualiza el contenido en una sola;
b) Manifiesta que, el art. 76.3 de la Constitución de la República es muy categórica al referirse a las infracciones cometidas y que no consten en el Código Penal, no hay infracción, los 10 de Luluncoto no han cometido ningún delito, que la reunión del 3 de marzo del año 2012, se realizó haciendo uso de sus derechos que garantiza la Constitución de la República en sus art. 39, 66 y 96, en concordancia con el art. 13, 15, y 23 del Pacto de San José de Costa Rica, el Tribunal inobserva este derecho que trata sobre la libertad de expresión, libertad de asociación, derechos a actos o a reuniones políticas;
c) Explica que, son estudiantes, la una tenía 19 años de edad, en el lugar donde se efectuó la reunión solo encontraron libros y papeles de ideas revolucionarias, de tendencia izquierdista, y eso consta en la sentencia que se vincula con las bombas panfletarias, no encontraron ningún objeto para la fabricación de bombas panfletarias, y que las ideas y el diálogo no constituye delito, no hubo ni siquiera acto preparatorio;
d) Indica que, en cuanto a la violación del art. 16 del Código Penal, por indebida aplicación, la tentativa tiene faces, tales como asociación de ideas, actos preparatorios y la ejecución de la infracción, éstas fases no se ha cumplido, únicamente encontraron documentos, folletos, no hubo bombas panfletarias para que haya la fase de ejecución;
e) Precisa que, como no se encontró nada en esa reunión, 30 días después se realiza el allanamiento con la finalidad de encontrar evidencias, y solo encontraron documentos y laptops o computadoras portátiles, cuyo sistema ha sido vulnerado;
f) Enfatiza que, la Fiscalía ha señalado que había agresión y como resultado de la misma varios policías heridos, no se trataba de policías

Página | 6

de este país sino de la policía chilena y no ecuatoriana existiendo un montaje;

g) Menciona que, existe errónea interpretación e indebida aplicación de los art. 160.1 y 16 del Código Penal;

h) Dice que, como no existe ningún tipo de infracción se aplica el principio *iura novit curia*, como ventana de escape, al aplicar este principio se los deja en la indefensión, el proceso debió sustanciarse con base al principio de investigación, además este tipo de infracción se remonta al año 96 y se quiere involucrar a los 10 de Luluncoto;

i) Explica que, no se ha tomado en cuenta el art. 4 del Código Penal, que dice que en caso de duda favorece al procesado, el principio aplicado vulnera el principio *in dubio pro reo*. No existe el delito de tentativa de terrorismo. Fadua Tapia con 19 años de edad estaba embarazada y tiene arresto domiciliario, Abigail Eras ya cumplió el año de la pena que le impusieron y hasta la fecha no levantan las medidas cautelares.

Solicita que, con base a los argumentos expuestos se acepte el recurso planteado y se declare el estado de inocencia de sus defendidas.

6.2.1 Contestación por parte de Fiscalía a la fundamentación del recurso de casación realizado por los recurrentes

i. Señala que, todos los ciudadanos tenemos derecho a reunirnos, pero de forma lícita, la policía con anterioridad venía realizando un seguimiento, sobre grupos insurgentes llamado "Sol Rojo" y se encuentra con el grupo insurgente "GCP", "Grupo de Combatientes Populares" tenían comunicación con el grupo armado insurgente, que se iban a reunir el 3 de marzo del 2012;

ii. Dice que, en el lugar encontraron libros, documentos de extrema izquierda, tuvieron un debido proceso los acusados, la señorita Fadua Tapia cumplía años el día que le arrestaron, una vez que ha cumplido la pena ya no debe seguir asistiendo cada 8 días a los juzgados;

iii. Indica que, el art. 349 del Código de Procedimiento Penal, estipula que se debe demostrar cual es la violación de la ley, ya sea esta por contravención expresa de su texto, indebida aplicación o errónea interpretación;

iv. Precisa que, la defensa técnica debió indicar en qué medida ha incidido la violación del art. 160.1 del Código Penal, al dictar la correspondiente sentencia. En Guayaquil, Cuenca y Quito, explotaron bombas panfletarias y por esta razón realiza la investigación la policía;

v. Manifiesta que, por cuanto no ha sucedido la toma del Palacio de Gobierno, se ha les ha impuesto una pena atenuada en la sentencia, misma que esta está debidamente fundamentada y se aplica correctamente el art. 160.1 del Código Penal.

Finalmente, solicita se deseche el recurso de casación en los términos propuestos.

Las sentenciadas **Jescenia Abigail Heras Bermeo y Fadua Elizabeth Tapia Jarrin,** al ejercer su **derecho a la réplica** a través de su defensa técnica, manifestaron:

I. Fiscalía no ha explicado en qué medida se vulneró el art. 160.1 del Código Penal.
II. Dice que, de manera reiterativa ha explicado la manera como se ha vulnerado el artículo supra, por cuanto no se han encontrado objetos o armas para cometer un acto de ejecución terrorista, puesto que, con ideas no se puede cometer ni siquiera una tentativa.
III. Señala que, no se pudo atenuar la pena por cuanto ni siquiera existió tentativa.
IV. Precisa que, en el presente caso no se ha individualizado las responsabilidades de los procesados vulnerando los derechos constitucionales.

DERECHO DE ÚLTIMA PALABRA: Jescenia Abigail Heras Bermeo

"Señala que son inocentes del delito de tentativa de organización terrorista, que el 03 de marzo fueron violentado sus derechos, que nunca se demostró la orden de allanamiento ni una orden de detención, que estuvieron siete horas incomunicados, que ha sido una joven que ha participado en actividades estudiantiles, sociales y que en ese momento quería participar en la marcha en defensa del agua, la vida y la dignidad de los pueblos. Dice que viene de una zona de conflicto social ya que se está desarrollando proyectos mineros a los cuales se opone, que su oposición siempre ha sido enmarcada en la ley, jamás ha intentado atentar contra la seguridad interna del Estado, al contrario solo han ejercido sus derechos garantizados en la Constitución de la República y en los tratados internacionales de derechos humanos. Señala que en todo este tiempo ha sido privada de su libertad, que no ha podido recuperar dicha libertad ya que el Tercer Tribunal de Garantías Penales dispuso presentarse cada ocho días. Manifiesta que el pensar diferente no debe ser considerado como actos de terrorismo" (sic).

DERECHO DE ÚLTIMA PALABRA: Fadua Elizabeth Tapia Jarrin

"Manifiesta que al momento de la detención tenía 19 años de edad que se encontraba embarazada en estado de gestación de cuatro meses, que le avisó a la policía en el momento del allanamiento, que no demostró ningún orden de allanamiento, que hicieron caso omiso y violentaron los derechos humanos de una mujer embarazada, que fue tratada con el mismo trato inhumano que recibieron los demás compañeros, mantuvo siete horas de incomunicación y que por la desesperación solicitó un médico. Dice que, son luchadores, defensores sociales que en su caso actualmente es dirigente universitaria, que defiende los derechos de los compañeros estudiantes frente a los abusos de los profesores y autoridades. Dice que al momento de la detención se dictó arresto domiciliario lo que le afectó su estado de embarazo, que tuvo que ser llevada dos veces de emergencia al hospital Pablo Arturo Suárez con amenaza de aborto con la compañía policial que tenía, que no podía ir sola ni siquiera al baño, dice que una mujer en estado de embarazo lo que hace es proteger a su hijo y que es por eso que se encontraba en esa reunión, que buscaba defender los derechos de su hija, de los niños, de los pueblos, de los estudiantes y de los jueces y que pese a eso se le acusa de tentativa de terrorismo lo cual es ilógico. Manifiesta que la tentativa en ningún momento se lo puede enmarcar únicamente en el pensamiento y las ideas y finalmente solicita que se ratifique su estado de inocencia y que se acepte el recurso de casación" (sic).

Página | 8

CAUSA No. 0292-2014

6.3 Síntesis de la fundamentación de los recurrentes Luis Santiago Gallegos Valarezo, César Enrique Zambrano Farías y Héctor Javier Estupiñán Prado, a través de su abogado defensor Alex Bonifaz Montalvo

a) Informa que, los hechos fácticos constantes en los considerandos de la sentencia deben guardar relación con la parte resolutiva y la ley. El 3 de marzo del año 2012 el tecnólogo Héctor Estupiñán, que trabajaba en el Consejo de Participación Ciudadana por más de tres años en la ciudad de Esmeraldas; el ingeniero en riesgos de trabajo, Santiago Gallegos, que trabajaba en el Instituto Ecuatoriano de Seguridad Social de Ibarra y César Zambrano de 18 años de edad que terminaba su bachillerato en mecánica industrial en la ciudad de Esmeraldas. El ingeniero Santiago Gallegos estudiaba una maestría en la UTE, y al salir de clases por una invitación se dirigió al conjunto habitacional de Casales de Luluncoto, torre 6 departamento 256, mientras esperaba la llegada del resto de personas, en forma precipitada ingresó la policía sin ninguna orden judicial, allanó el departamento, estuvo incomunicado por más de 7 horas;

b) Señala que, sobre esos hechos la Fiscalía realizó una investigación y llegó a la conclusión de que éstos jóvenes han cometido actos de terrorismo tipificado en el art. 160 del Código Penal y el Tribunal se ampara en el principio *iura novit curia* y decide cambiar el tipo penal y sancionarlos conforme lo establecido en el art. 160.1 del cuerpo de leyes citado, esto es terrorismo organizado en el grado de tentativa;

c) Indica que, existe errónea interpretación de los art. 160 y 160.1 del Código Penal, ya que los elementos constitutivos del art. 160 y del 160.1, se evidencia una diferencia abismal; por los verbos rectores la defensa ya debatió en el tribunal, el artículo 160, por el que Fiscalía acusó fue por presuntos actos, mientras que los elementos constitutivos del art. 160.1 habla de terrorismo organizado, la existencia de organización guerrillera, pandillas, grupos terroristas con la finalidad de asaltar, secuestrar o atentar contra todos los bienes públicos y privados.

d) Precisa que, los hechos fácticos de la sentencia no concuerdan con el tipo penal, aplicado, el art. 315 del Código de Procedimiento Penal, establece que el Tribunal no puede dictar una sentencia si no está conforme a los hechos que Fiscalía acusó y de acuerdo al auto de llamamiento a juicio, por lo que existe una errónea interpretación del tribunal abalizado por la Corte Provincial;

e) Menciona que, el tribunal no tenía competencia para modificar la sentencia y el juez de apelación para sostener esta tesis se ampara en la sentencia sobre en el caso Fermín Ramírez vs Guatemala, dictada por la Corte Interamericana de Derechos Humanos, este fallo dice que hay que comunicar a los procesados sobre el cambio del tipo penal y esto no ocurrió;

f) Puntualiza que, en la sentencia los hechos fácticos no encajan, no se les puede acusar de tentativa ya que los 10 de Luluncoto no es un grupo terrorista, sino un grupo de jóvenes que se reunieron para cruzar ideas lo cual no constituye delito, al no existir el objeto material de la infracción no existe tentativa, no se les encontró con armas ni pólvora o con fines proselitistas; al producirse la indebida aplicación de los art.

Página | 9

CAUSA No. 0292-2014

16 y 46 del Código Penal, los Jueces de la Sala de lo Penal de la Corte Provincial de Justicia de Pichincha, debían aplicar el art. 66.3 de la Constitución de la República, toda vez que tenían derecho de reunirse como así lo dispone el art. 95 ejusdem;

g) Señala que, la errónea e indebida aplicación de las normas trae consigo la violación al principio de congruencia, ya que los hechos fácticos señalados en la sentencia del tribunal de apelación, no tiene ninguna relación con el tipo penal del art. 160.1 del Código Penal; puesto que, nunca tuvieron el propósito de fugarse del país y el hecho de estar presentes en esta audiencia, demuestra la intención de someterse a la ley.

Finalmente, solicita se case la sentencia, ratificando su estado de inocencia y se levante las medidas cautelares.

6.3.1 Contestación por parte de Fiscalía a la fundamentación del recurso de casación realizado por los recurrentes

i. Dice que, dentro de la presente audiencia ya se ha indicado lo referente a los art. 160 y 160.1 del Código Penal anterior, que se refieren a los delitos contra la seguridad del Estado;
ii. Manifiesta que, la sentencia condenatoria ha sido con base a las pruebas de cargo presentados por la Fiscalía y las pruebas de descargo presentado por la contraparte, las que se valoraron en la respectiva etapa de juicio;
iii. Puntualiza que, Fiscalía investigó por el art. 160 del Código Penal y luego se cambió por el art. 160.1 ibídem, sin que se modifiquen los hechos por lo que no se ha atentado a sus derechos, la pena es de 4 a 8 años y si hay fallecidos es de 16 a 26 años lo cual no ha sucedido;
iv. Con respecto a la pena menciona que, ha sido atenuada y se ha dictado la sentencia conforme a la investigación efectuada por la Fiscalía General del Estado de conformidad con el artículo 195 de la Constitución de la República;
v. Refiere que, la calificación jurídica puede ser modificada durante el proceso por el órgano acusador o por el juzgador, sin que atente contra el derecho a la defensa, cuando se mantiene sin variación los hechos;
vi. Señala que, se han referido a que no se encontró armas ni pólvora, pero si se encontró libros, panfletos, escritos de extrema izquierda, por lo que no estamos hablando de ir a misa, sino de atentar en contra la seguridad del Estado, por lo que no se ha violentado el debido proceso ni la seguridad jurídica de los procesados;

Solicita que se declare improcedente el recurso de casación planteado por los recurrentes.

DERECHO DE ÚLTIMA PALABRA: Luis Santiago Gallegos Valarezo

"Manifiesta que como seres humanos tenemos derecho de criterio sobre cualquier conocimiento humano, que al tener una apreciación ideológica o política cercana a la derecha, centro o izquierda no constituye un delito. El gobierno actual tiene como ministros a ex guerrilleros, que en los eventos se cantan canciones al Che

Página | 10

Guevara por el Presidente de la República, que el ex canciller Ricardo Patiño canta canciones del *Frente de Liberación Nacional*, que son organizaciones de extrema izquierda, que llegaron al poder por las armas. Señala que si se está basando a esa clase de actuaciones de la justicia referente a posibles delitos, la Fiscalía deberá actuar de hecho, dice que como ecuatorianos reclamamos nuestras ideas, que la reunión que se efectuó el 03 de marzo, era para evaluar los triunfos, las derrotas y las condiciones del actual gobierno. Manifiesta que la movilización social que se ha realizado por los setecientos criminalizados y los ochenta casos judicializados por este gobierno da cuenta de cuál es la posición real de este gobierno, se disfraza de izquierda, pero actúa como de derecha, que la realidad de este caso o hecho jurídico es político. Señala que mediante la policía obligaron a efectuar declaraciones que no constan en el proceso, que amenazaron con armas para decir que los documentos que puso la policía eran nuestros, que su compañero sufrió una agresión, que le sustrajeron una pieza dental que le arrojo al piso a una embarazada, que después de 7 horas de secuestro le permitieron una llamada telefónica, que la policía no sabía sus nombres, que les quitaron la cedula y después de 7 horas se introdujo una impresora y un computador y desde allí se creó la orden de allanamiento y captura, que solicitaron que muestre la orden de captura y que ese momento la Fiscal Diana Fernández les dice que se le acusa de 52 delitos. Dice que a pesar de tener lesiones físicas les tuvieron arrodillados 7 horas apuntado con fusiles, que llevaron encapuchados, que ya se sabe de casos anteriores juzgados y criminalizados y dice que este caso quedará en la historia de nuestro país de cómo actúa va actuar la justicia y como ha actuado anteriormente, que nos creyeron absolutamente culpables desde el momento que lo capturaron, que estudia una maestría, que trabaja en la función pública, que tuvieron 9 meses detenidos en las instalaciones del ex penal García Moreno en las peores condiciones. Dice que de esas condiciones en las que vivieron les han fortalecido ideológica, física y moralmente para soportar los acosos laborales y de seguimientos de la policía, que cuando pasa por la calle les señala de terrorista, que el Ministerio del Interior les señala con antecedentes penales, que tiene cuarto nivel de estudio no puede conseguir un trabajo y dice que ahora espera y anhela que la justicia sea independiente, que mediante una cadena nacional el actual Superintendente de Comunicaciones Carlos Ochoa, cuando se organizó una huelga de hambre en la cárcel, tomó imágenes de otros hechos con la finalidad de demostrar que no está haciendo tal sacrificio, que el presidente juzga a través de la sabatina, insulta a todos, solicita que la justicia sea independiente" [sic].

DERECHO DE ÚLTIMA PALABRA: César Enrique Zambrano Farías

"Manifiesta que su mayor preocupación es que en la vida pagan justos por pecadores, que los antecedentes dice que vieron las supuestas bombas panfletarias, que están detenidos 10 jóvenes profesionales, estudiantes que aportan día a día al desarrollo del país. Dice que no se le ha permitido a su favor una medida sustitutiva a la detención, que se presentó medidas sustitutivas para Santiago Gallegos y la Fiscal Diana Fernández creía que todo profesional es delincuente, que los profesionales también delinquen, que han demostrado su inocencia. Manifiesta que en cada audiencia se han presentado con todos los compañeros sin ninguna vergüenza, que no han cometido ningún delito, que el único delito es pensar diferente a este gobierno. Señala que en cada proceso se les ha negado la libertad, que desde el inicio el gobierno nacional conjuntamente con el Ministro del Interior José Serrano se les condenó a primeras horas de haber sido detenido. Se pregunta que donde está el derecho a la defensa, dice que en los primeros meses en que inicio el caso, el presidente Rafael Correa Delgado, se refería a los 10 de Luluncoto como terroristas y delincuentes, que están fichados en la función judicial así como frente a la sociedad como terroristas, que eso no les llena de orgullo que ni tampoco les agacha la cabeza, que el presente caso les ha dado fuerza para seguir luchando frente a irregularidades

CAUSA No. 0292-2014

de este gobierno. Dice que lo único pide en esta audiencia y frente a este Tribunal, es que se apegue a derecho y que no se haga las cosas por política." [sic].

DERECHO DE ÚLTIMA PALABRA: Héctor Javier Estupiñán Prado

"Manifiesta que se va a referir a tres puntos específicos: La primera en el ámbito jurídico dice que no es abogado, pero que no se necesita ser abogado para entender el presente caso, sino simplemente tener el sentido común, dice que en esta audiencia y en las anteriores en las que ha participado, la violación del derecho es evidente, dice no porque nosotros decimos, sino porque así lo hemos demostrado, por cuanto lo que está escrito en la ley no se ha cumplido. En segundo lugar, la tortura a la que fueron sometidos en la detención y tercero el secuestro y la detención, dice que fueron vejados, maltratados, que el Fiscala Jaramillo en una de las audiencias ha dicho que claro, la fuerza pública actúa de esa manera porque se supone que son delincuentes dice que fue despojado de una pieza dental por el golpe recibido por los miembros de la fuerza pública. Indica que la compañera Elizabeth Tapia fue brutalmente golpeada contra el suelo, reclamando ella en su estado gestación, que la compañera Jescenia Abigail Heras Bermeo al exigir la orden de detención y allanamiento fue brutalmente golpeada, que todo esto han demostrado en el proceso, que las diferentes instancias no ha tomado en cuenta y que lo ratificado por esas salas anteriores quede enlitada. En la parte política manifiesta que el país estuvo en un momento coyuntural muy grande, que se había anunciado marchas, que la presidencia de la república anunciaba protestos desestabilizadores, que la reunión de los 10 de Luluncoto fue legal, quien habla fue director del Consejo de Participación Ciudadana en la ciudad de Esmeraldas, que como ente del gobierno, servidor público, tenía todo el derecho de participar en la reunión, que participo solo 15 minutos, que apenas se estaban conociendo, que después de 7 horas de detención les lleva a flagrancia, que supuestamente había un seguimiento porque llevaron a flagrancia, que sigue insistiendo en el debido proceso. Dice que hoy se encuentra en un recurso de casación, que ha venido luchando no solo por sus derechos, sino de cientos de personas que también han sido judicializadas en este país, que cree que hay que llegar hasta las últimas instancias sea nacional e internacional. En la parte Social, señala que se hablado del tecnicismo, de la justicia, de la parte técnica, de los artículos 160, 260.1, el libro segundo, la libertad de reunión y la libertad de expresión, pero que la parte social no se ha tocado, la familia, el trabajo, los procesos de estudios que han iniciado, que se han perdido las maestrías, que ha perdido la oportunidad de graduarse de ingeniero en la Universidad de Esmeraldas, que no quiere pensar que el Tribunal incurra en los mismo errores que los Tribunales pasados incurrieron, que el grupo conocido como los 10 de Luluncoto, ahora son más de 16, que no se aplicado el principio In dubio pro reo, y que lo único que pide es que se apegue a derecho en la resolución que se tome, que confía en la veracidad de este Tribunal y que aplique la justicia como corresponde.." [sic].

6.4 Síntesis de la fundamentación de los recurrentes Cristhian Royce Gómez Romero y Luis Alberto Merchán Mosquera, a través de su abogado defensor Ciro Guzmán Aldaz

a) Impugnan la sentencia pronunciada el 24 de diciembre del 2013, las 15h29, por la Sala de lo Penal de la Corte Provincial de Justicia de Pichincha, ya que existe una indebida aplicación del art. 160.1 del Código Penal, que trajo como consecuencia la falta de aplicación de los art. 76.7, literales a, b, c y d de la Constitución de la República, y el art. 8. 1 y 2 literal b) de la Convención Americana de Derechos Humanos;

Página | 12

CAUSA No. 0292-2014

b) Indica que, los 10 jóvenes de Luluncoto fueron procesados penalmente después de haber sido detenidos en una reunión pacífica, sin armas, que lo que hacían es discutir dos cosas: el primero referente al documento llamado defiende la democracia y el segundo la eventual participación con el movimiento indígena en la marcha para la defensa del agua convocado para el 20 de marzo desde la ciudad de Zamora, fue una reunión amparada por los Tratados Internacionales de Derechos Humanos, el derecho a la libre organización, a la libre expresión consagrado en la Constitución de la República y en los Convenios y Tratados Internacionales,

c) Dice que, han sido sometidos a tratos crueles inhumanos, degradantes, violando el Convenio Contra la Tortura en el art. 1, que fueron obligados hacer sus necesidades biológicas con la puerta abierta del baño frente a decenas de policías y demás compañeros aprehendidos, se los tuvo de rodillas en los corredores, se los agredió en el momento de la detención que fue arbitraria e ilegítima; se ha abierto una indagación previa por el estallido de bombas panfletarias en Pichincha, Guayas, Azuay, sin llegar a determinar quien realizó estos actos;

d) Señala que, durante varios meses se ha defendido por el presunto delito contemplado en el art. 160 del Código Penal, que se refiere a actos de terrorismo, que la colocación de las bombas panfletarias considerados como actos de terrorismo, se ha tratado de establecer la verdad y probar que ellos jamás instalaron aquellas bombas porque no se encontraban en el lugar en donde estuvieron ubicadas las bombas, todo el proceso se ha desarrollado alrededor del art. 160 del Código Penal, y nunca se probó la responsabilidad de ellos porque no estuvieron en los sitios donde se cometieron los delitos, ya que ellos estuvieron en sus lugares de trabajo; Royce Gómez estaba en el consultorio odontológico lugar donde trabajaba y Luis Merchán en su lugar de trabajo, por lo que no se pudo adecuar la conducta al tipo penal acusado;

e) Denuncia que, se los sentencia por el art. 160.1 del Código Penal, sin que sus actuaciones se encasillen en esta normativa penal, y en la actualidad ya no existe esta conducta en el actual Código Orgánico integral Penal, por lo que se debe aplicar el principio de favorabilidad; al momento de pronunciar la sentencia se lo condena por el art. 160.1 del Código Penal, lo que resulta insólito que en la sentencia se hable de una organización terrorista; se ha motivado la sentencia en algo que el Fiscal no acusó, por lo que ellos no se defendieron de aquel delito;

f) Explica que, la investigación presentada por parte de la Fiscalía llegó al absurdo de decir que el jefe de combatientes populares era un señor que al momento de iniciar la indagación apenas tenía 3 años de edad; se reunieron por primera vez, el 3 de marzo las circunstancias de la infracción son determinantes para establecer la materialidad y la presunta responsabilidad de los procesados, la Fiscalía no tenía prueba del delito acusado, en esa circunstancia se recurre al art. 160.1 y como no pudieron probar la organización terrorista, se le ocurre al Tribunal de primera instancia y luego ratificada por la Sala de lo Penal de la Corte Provincial de Justicia de Pichincha, hablar de una tentativa de organización terrorista y le sentencia a una pena de 1 año de prisión, es decir un fallo sin motivación alguna como contempla el art. 76.7.l. a, b, c, de la Constitución de la República del Ecuador;

Página | 13

CAUSA No. 0292-2014

g) Menciona que, al haberles sentenciado por un tipo penal, por el cual no se les proceso, se ha violentado normas constitucionales, jamás comparecieron defendiéndose del art. 160.1., sino por el art. 160, tampoco se aplicó el art. 8.1 y 2 literal b] de la Convención Interamericana de Derechos Humanos, que se refiere al derecho a la defensa, a que toda persona inculpada de algún delito tiene derecho a que se presuma su inocencia, y referente a la comunicación previa y detallada de la acusación;

h) Expresa que, Fiscalía acusó de la colocación de las bombas panfletarias y su presunta responsabilidad y resulta que no son culpables, la Sala de lo Penal de la Corte Provincial de Justicia de Pichincha, para ratificar la sentencia de primera instancia tratando de dar sustento, invocó la sentencia de la Corte Interamericana en el caso Fermín Ramírez vs Guatemala, sentencia que dice que la calificación jurídica puede ser modificada durante el proceso, pero no al momento de pronunciar la sentencia, y al haberlo hecho en esas condiciones juzgándoles por el tipo penal distinto es colocarles en la indefensión, por lo que considera existe indebida aplicación del artículo 160.1. Código Penal;

i) Señala que, se invoca el principio *iura novit curia* con la finalidad de decir que el juez tiene la posibilidad de modificar la sentencia, lo que no puede estar por encima del principio *pro homine*; existiendo errónea interpretación del art. 16 del Código Penal, referente a la tentativa, que para motivar y justificar la sentencia, se hace un falso juicio de subsunción de los hechos dentro de la figura penal de la tentativa, el cual se da cuando se produce actos idóneos, conducentes de modo inequívoco a la realización de un delito, pero la sentencia no detalla cuales con los actos idóneos de organización terrorista;

j) Dice que, estuvieron reunidos el 3 de marzo en Luluncoto, vinieron de diversas provincias del país, la misma que se le configura en una organización terrorista, que tenían canciones del Che, documentos que hablaban en contra del gobierno, cuando en la actualidad la mayoría habla en contra del gobierno y no por eso todos son terroristas; toda vez que, en la computadora de Royce Gómez, se ha encontrado una imagen del panfleto que explotó y también se estableció que esa laptop no era de él, la serie del peritaje era de otra laptop así las cosas, no existe sustento para tal organización terrorista, no se pudo probar el nexo causal;

k) Arguye que, son jóvenes que tienen ideas políticas, sociales y discrepan con el poder, pero el tener esas ideas según la doctrina penal no constituye delito, a las personas no se les condena por lo que piensan, se los condena si los actos que hacen son antijurídicos; además los 10 de Luluncoto no causaron ninguna conmoción con esa reunión, lo que causó conmoción fue la forma como los detuvieron mediante la violación de los derechos humanos, no han cometido ningún delito; y así han probado durante el proceso; más aún que, la sentencia superficial y sin motivación.

Solicita, se case la sentencia en estricta observación de la ley y se les confirme el estado de inocencia.

Página | 14

CAUSA No. 0292-2014

6.4.1 Contestación por parte de Fiscalía a la fundamentación del recurso de casación realizado por los recurrentes

i. Señala que, lo referente al artículo 160.1 ya he contestado, sobre los fundamentos esgrimidos, del porque se cambió el tipo penal, la sentencia dictada obedece a la aplicación del artículo 160.1 del Código Penal, en concordancia con el artículo 16 y 46 ibídem;

ii. Respecto de que no se ha respetado al artículo 76.7 literales a, b, c y h de la Constitución del República, sí se ha respetado, así como el artículo 8.1.2 literal b) de la Convención Americana de Derechos Humanos;

iii. Dice que, hay un doble conforme de culpabilidad y cuesta creer que las dos instancias se hayan equivocado; respecto del principio de favorabilidad, la Fiscalía no tiene ningún inconveniente, si es factible la aplicación, en tanto que sea el único delito que se procesa a los sentenciados;

iv. Insiste en que, no se ha violentado el proceso al aplicarse el art. 160.1, que fueron los mismos hechos tomados en el proceso, tuvieron el derecho a la defensa por parte de los abogados de los sentenciados.

Solicita que sea rechazado el recurso de casación.

Los sentenciados **Cristhian Royce Gómez Romero y Luis Alberto Merchán Mosquera,** al ejercer su **derecho a la réplica** a través de su defensa técnica, manifestaron:

I. La sola afirmación de la Fiscalía indicando que se ha respetado el debido proceso y los derechos humanos no resuelven el problema, la violación está en el proceso, como el cambio del tipo penal y sus consecuencias lo que ha violentado la Constitución y los Derechos Humanos;

II. El doble conforme señalado por la Fiscalía, tampoco puede constituirse en un precedente, para obligar a la Sala Penal de la Corte Nacional de Justicia, a ratificar una sentencia injusta e ilegal;

Reitera en el pedido que se case la sentencia y se les ratifique el estado de inocencia.

DERECHO DE ÚLTIMA PALABRA: Luis Alberto Merchán Mosquera

"Manifiesta que el día 3 de marzo del 2012, el estado afecto sus derechos humanos, como el derecho a la libertad, el derecho a transitar libremente en el territorio ecuatoriano, el derecho a la participación política, a la participación democrática consagradas por las norma internacionales y la Constitución de la República. Indica que esta afectación por parte del estado se materializa, cuando la policía siendo las 4 de la tarde, interrumpe el departamento en el que se encontraban reunidos, tumbando la puerta, apuntado con el fusil, obligando a ponerse en posiciones denigrantes e inhumanas, arrodillando contra la pared, despojando de sus abrigos, dice que en su caso particular mientras le golpeaba le preguntaba por la cedula de ciudadanía debido que en el momento de la detención

Página | 15

no tenía su billetera. Indica que eso no tendría mayor importancia debido a que durante 7 horas la policía tenía plagiado en dicho departamento, que reunieron las cedulas, que imprimieron documentos dentro del departamento, que los agentes salían y entraban, que la Fiscal Diana Fernández y el señor Fiscal José Luis Jaramillo decían que sirvió para la explotación del departamento, que el departamento no era una mansión, sino un departamento pequeño de dos habitaciones, un baño y una sala, que las siete horas sirvió para fraguar la boleta de detención, que no encontraron ningún tipo de evidencias para solicitar prisión. Dice que desde que tenía 16 años participo a la dirigencia de la asociación estudiantil de su colegio, que ha tenido una posición concordante con lo que piensa. Manifiesta que el señor Fiscal José Luis Jaramillo, en la audiencia de llamamiento a juicio ha dicho que es de seudo izquierda y que en esta audiencia de casación el Fiscal ha señalado extrema izquierda, que esta condición no implica que sea terrorista, que haya cometido algún ilícito, que ha participado en los procesos electorales en el colegio, Universidad, y que ha participado en un encuentro nacional con Pablo Castro, presidente nacional de la FESE, que era coordinador nacional, que estuvo reunido más de 3 días en el colegio mejia elaborando un proyecto denominado el Ecuador que los jóvenes queremos, que presentaron en la Asamblea Constituyente. Señala que es ateo, que no se reunió para ir a la misa, dice que ahora para reunirse tendrá que planificar una misa para que no le acusen de terrorista, que se reunió para discutir sobre un documento denominado defiende la democracia, que se reunió para tratar sobre la participación en la marcha nacional en defensa del agua, salud y la defensa de los pueblos, que hubiera participado sino le hubiera detenido la policía, que hubiera elevado su protesta, que hubiera venido a la ciudad de Quito. Dice que dentro de las evidencia presentada por la Fiscalía en la audiencia de juicio que consta en el proceso, es un libro de sociólogo Agustín Cueva, libro del doctor Thomas Manchero, cuestionarios por cuanto se encontraba en exámenes, que allanaron su casa más de 30 días, cinco de la mañana, más de 40 policías en el Guasmo Sur lugar donde vivía con sus abuelos, que luego del operativo su abuela tuvo un pre infarto y tuvo que ser hospitalizada. Señala que a sus abuelos pidieron que se les entregara las armas, revisaron todo el domicilio y solo encontraron documentos de derecho, política, Cd. de protesta, pero ningún armamento. Dice que con todos estos elementos en la audiencia de juzgamiento el estado afecto sus derechos a la legítima defensa, a la seguridad jurídica y a la independencia judicial, derechos que también son reclamados por la Federación de Abogados en la audiencia que tuvo en la Comisión Interamericana de Derechos Humanos, dice que su caso no es el único, que las ordenes sale de las sabatinas. Manifiesta que durante 30 días en la audiencia de juzgamiento el eje central por parte de la Fiscalía, era las detonaciones de unas bombas panfletarias, que en su caso, la fiscalía no demostró ningún tipo de participación en la explosión de las bombas en el World Trade Center, por cuanto el demostró que se encontraba trabajando en el Trans Puerto. Dice que el Fiscal en la audiencia de juicio hablo de la autoría inmediata, coautoría, que menciono todos los elementos acusatorios en base aquellos hechos facticos, dice que como no pudo probar como autor ni coautor ninguno de aquellos elementos fue considerados en la sentencia, que lo que ha hechos es defenderse de lo que les acusaba, que después de 2 horas de deliberación el Tribunal les sentencio de algo que nunca les acusaron y por lo que nunca se defendieron y dice que aquello va contra toda la lógica jurídica, que atenta contra el principio dispositivo. Indica que tomando una jurisprudencia no pueden afectar los derechos humanos. Señala que en cuando fue detenido tenía 24 años y cursaba estudios universitarios, que ahora es un profesional del derecho, que actúa junto con las organizaciones de derechos humanos defendiendo a las personas que se les ha afectado sus derechos, que en las últimas semana se ha logrado la libertad de los señor Javier Rojas y San Pedro, acusados de actos de terrorismo por el gobierno por pensar diferente, por protestar, por movilizarse frente a la crisis que se está viviendo. Y finalmente señala que su aspiración es que el Tribunal resuelva

es derecho, que haga respetar los derechos Constitucionales que han sido afectados y que les dé una salida adecuada a este problema jurídico y político de los 10 de Luluncoto" [sic].

6.5 Síntesis de la fundamentación del recurrente Pablo Andrés Castro Congas, a través de su abogado defensor Ramiro García Falconí

a) Presenta el recurso de casación con base a lo dispuesto en el art. 655 del Código Orgánico Integral Penal;

b) La casación ha sido entendida por la Corte Nacional de Justicia Ecuatoriana, cuando en la sentencia se hubiera violada la ley por indebida aplicación o por errónea interpretación, en este caso se ha producido los dos supuestos establecidos en el art. 656 del Código Orgánico Integral Penal;

c) En agosto del 2014 se produjo una modificación del ordenamiento jurídico penal y procesal penal ecuatoriano con la entrada en vigencia del Código Orgánico Integral Penal, esto lleva a que la Sala tiene que analizar lo que no se ha revisado en las anteriores instancias del proceso;

d) Recalca que, interpone el recurso de casación respecto de la sentencia emitida por el Tribunal de Garantías Penales y de la decisión que resuelve el recurso de apelación emitida por la Corte Provincial de Justicia de Pichincha, que ratifica la sentencia del inferior;

e) El tipo penal por el cual se les condena es el tipificado en el art. 160.1 del entonces Código Penal que ya no existe;

f) Los procesados fueron acusados por el art. 160 del Código Penal ultractivo, y alrededor de esta acusación se estableció la defensa esto es, que han participado en la ubicación de tres aparatos explosivos que habían explotado en tres momentos diferentes, y alrededor de esto giró la audiencia de juzgamiento, en la cual se demostró que era físicamente imposible que los procesados hubieren intervenido y al no haberse demostrado elementos que justifique la acusación, el Tribunal Penal emite una decisión en la que les condena por el artículo 160.1, que tiene verbos rectores diferentes, del art. 160, que se les acusó de uso, suministro y fabricación de bombas explosivas, armamento y materiales explosivos. Se les condena por el art. 160.1, que es cometer delitos contra la seguridad común, lo que va más allá de la incoherencia existente entre la acusación y la sentencia, este delito estaba contemplado dentro del acápite de los delitos de sabotaje y terrorismo que ya no existe, y la inclusión en el artículo 366 del Código Orgánico Integral Penal, que trata del delito de terrorismo que nada tiene que ver, con lo que significa mantener en estado de terror a la población el tipo penal para condenar a los procesados, fue cometer delitos contra la seguridad común, se ratifica la sentencia del tribunal negando el recurso de apelación con lo que se declara legítima una condena por un tipo penal que ya no existe, es lo que debe resolver el Tribunal de Casación;

g) Las sentencias fueron emitidas en el año 2013, en las que existe error de interpretación del art. 16 del Código Penal vigente a la fecha que se produjo el juzgamiento, actual art. 39 del Código Orgánico Integral Penal, el art. 16 del Código Penal anterior definía a la tentativa como

en derecho, que haga respetar los derechos Constitucionales que han sido afectados y que les dé una salida adecuada a este problema jurídico y político de los 10 de Luluncoto" [sic].

6.5 Síntesis de la fundamentación del recurrente Pablo Andrés Castro Congas, a través de su abogado defensor Ramiro García Falconi

a) Presenta el recurso de casación con base a lo dispuesto en el art. 655 del Código Orgánico Integral Penal;

b) La casación ha sido entendida por la Corte Nacional de Justicia Ecuatoriana, cuando en la sentencia se hubiera violada la ley por indebida aplicación o por errónea interpretación, en este caso se ha producido los dos supuestos establecidos en el art. 656 del Código Orgánico Integral Penal;

c) En agosto del 2014 se produjo una modificación del ordenamiento jurídico penal y procesal penal ecuatoriano con la entrada en vigencia del Código Orgánico Integral Penal, esto lleva a que la Sala tiene que analizar lo que no se ha revisado en las anteriores instancias del proceso;

d) Recalca que, interpone el recurso de casación respecto de la sentencia emitida por el Tribunal de Garantías Penales y de la decisión que resuelve el recurso de apelación emitida por la Corte Provincial de Justicia de Pichincha, que ratifica la sentencia del inferior;

e) El tipo penal por el cual se les condena es el tipificado en el art. 160.1 del entonces Código Penal que ya no existe;

f) Los procesados fueron acusados por el art. 160 del Código Penal ultractivo, y alrededor de esta acusación se estableció la defensa esto es, que han participado en la ubicación de tres aparatos explosivos que habían explotado en tres momentos diferentes, y alrededor de esto giro la audiencia de juzgamiento, en la cual se demostró que era físicamente imposible que los procesados hubieren intervenido y al no haberse demostrado elementos que justifique la acusación, el Tribunal Penal emite una decisión en la que les condena por el artículo 160.1, que tiene verbos rectores diferentes, del art. 160, que se les acusó de uso, suministro y fabricación de bombas explosivas, armamento y materiales explosivos. Se les condena por el art. 160.1, que es cometer delitos contra la seguridad común, lo que va más allá de la incoherencia existente entre la acusación y la sentencia, este delito estaba contemplado dentro del acápite de los delitos de sabotaje y terrorismo que ya no existe, y la inclusión en el artículo 366 del Código Orgánico Integral Penal, que trata del delito de terrorismo que nada tiene que ver, con lo que significa mantener en estado de terror a la población el tipo penal para condenar a los procesados, fue cometer delitos contra la seguridad común, se ratifica la sentencia del tribunal negando el recurso de apelación con lo que se declara legítima una condena por un tipo penal que ya no existe, es lo que debe resolver el Tribunal de Casación;

g) Las sentencias fueron emitidas en el año 2013, en las que existe error de interpretación del art. 16 del Código Penal vigente a la fecha que se produjo el juzgamiento, actual art. 39 del Código Orgánico Integral Penal, el art. 16 del Código Penal anterior definía a la tentativa como

aquella que se produce por quien practica actos idóneos conducentes de modo inequívoco a la realización de un delito;

h] El art. 17 del Código Penal establecía la posibilidad de penar la conspiración y la proposición en aquellos casos determinados por la ley que eran cuatro casos, y ninguno de estos casos se refería al 160 ni al 160.1;

i] El art. 39 del Código Orgánico Integral Penal, no modifica en lo sustancial la definición de la tentativa pues se sigue hablando de la ejecución que no llega a consumarse, por quien de manera dolosa inicie la ejecución del tipo penal mediante actos idóneos, es decir del art. 16 del Código Penal, como el 39 del Código Orgánico Integral Penal;

j] La tentativa, requiere la producción de actos, es decir actuaciones físicas que tengan la posibilidad real de menoscabar o poner en peligro bienes jurídicos penales tanto en el art. 16 del Código Penal y el art. 39 del Código Orgánico Integral Penal, establecen la necesidad de actos para la existencia de tentativa, en el presente caso no se puede establecer ni siquiera conspiración peor tentativa;

k] El Código Penal cambia la posibilidad de la pena respecto a la conspiración por cuanto estuvo expresamente determinado en el art. 17 que ya no existe, en el Código Orgánico Integral Penal, no hay un solo artículo que establezca pena por conspiración y proposición;

l] El Fiscal se ha referido que cuando se encuentra panfletos de extrema izquierda no ha de ser para ir a misa sino para cometer delitos, y que para la fiscalía no se requiere existencia de actos, sino una ideología para imputar;

m] Existe errónea interpretación del art. 16 del Código Penal y 39 del Código Orgánico Integral Penal, en este caso ni siquiera hubo actos y menos todavía un análisis de la idoneidad de los mismos;

n) Se demostró hasta la saciedad que ninguno de los procesados intervino en ninguna fase de la utilización de las bombas explosivas a las que hicieron referencia, que no pueden ser autores directos como la Fiscalía lo considera a título de participación;

o] Existe indebida aplicación del art. 42 del Código Penal como del art. 42 del Código Orgánico Integral Penal, porque no se puede imputar a título de autor a quien no hubiere realizado ni directa ni por intermedio de tercera persona acto típico alguno, jamás se pudo determinar que ellos hubieran participado directamente en el ilícito, lo cual excluye la autoría directa y menos se pudo determinar que ellos a través de una tercera persona hubieran realizado otro tipo penal, lo cual excluye la autoría mediata;

p] Jamás en ninguna parte del juicio en la audiencia de juzgamiento se pudo probar la participación en delito alguno menos a título de tentativa que requiere de actos idóneos específicos, que no pueden constituirse por el simple hecho de sentarse en una sala a conversar y que eso no es un acto penalmente relevante, se rompe toda forma de teoría de la acción, que exige actividad corporal, una modificación del mundo exterior que no se pudo establecer que estuvieren preparando otra cosa que no sea reunirse para planificar marchar públicamente y específicamente por el derecho al agua;

q] La Corte Interamericana de Derechos Humanos, en los casos Lidia Berenson vs Perú, Castillo Petruzzi vs Perú, Cantoral Benavides vs Perú y paradójicamente el mismo caso Fermín Ramírez vs Guatemala, exigen

CAUSA No. 0292-2014

una delimitación clara de los elementos del tipo penal, fue tan atropellada la argumentación de los jueces que con el objeto de hacer bulto en la sentencia y apelar alguna decisión de un órgano de protección de derechos humanos, pusieron como argumento una sentencia que justamente decía lo contrario de lo que ellos decían en el caso Fermín Ramírez vs Guatemala y en todos los casos señalados se exige una delimitación adecuada por parte del legislador de los elementos del tipo penal y una aplicación restrictiva y estricta por parte de los juzgadores de estos tipos penales, en otras palabra no puede hacerse una interpretación larga de un tipo penal, los casos contra Perú son absolutamente claros;

Concluye solicitando que, no se ratifique las sentencias que han sido dictadas en las dos instancias anteriores.

6.5.1 Contestación por parte de Fiscalía a la fundamentación del recurso de casación realizado por el recurrente

- **i.** El doctor Ramiro García, señaló que el presente caso se ventila en el art. 349 del Código de Procedimiento Penal vigente a la fecha que se dictó la sentencia correspondiente esto es la dictada el 24 de diciembre del 2013 y que posteriormente entra en vigencia el Código Orgánico Integral Penal con fecha 10 de agosto del 2014, se ha referido a los artículos 655 y 656 del recurso de casación, la sentencia se dictó anteriormente y el Código Orgánico Integral Penal en la disposición primera, indica que los procesos que hayan iniciado antes de la entrada en vigencia seguirán ventilándose con el mismo Código de Procedimiento Penal, en su art. 349;
- **ii.** Respecto a que se ha violado el procedimiento establecido en el art. 16 de Código Penal y el 39 del Código Orgánico Integral Penal, el doctor García Falconí, tanto en primera como en segunda instancia tuvo la oportunidad de probar los aciertos jurídicos, que se ha referido despectivamente a la Fiscalía con lo que no está de acuerdo;
- **iii.** La Fiscalía, dentro del proceso probó la materialidad de la infracción y la responsabilidad de los sentenciados así como el nexo causal correspondiente, y los jueces en virtud de las pruebas de cargo y de descargo presentados en el proceso y en uso de la sana crítica emitieron una resolución;
- **iv.** Habiendo contestado lo pertinente al art. 161, que ha sido motivo de controversia en esta audiencia, solicita que se rechace el recurso de casación y se ratifique la sentencia subida en consulta;

El sentenciado **Pablo Andrés Castro Congas,** al ejercer su **derecho a la réplica** a través de su defensa técnica, manifestó:

- **I.** Fiscalía no ha respondido nada respecto del tipo penal alegado, por el cual se les ha condenado y que ya no existe;
- **II.** El Tribunal está obligado a pronunciarse respecto de la legitimidad de una sentencia basada en un tipo penal que ya no está en el ordenamiento jurídico penal ecuatoriano;
- **III.** El recurso de casación fue presentado con base al art. 349 del Código de Procedimiento Penal, ha hecho referencia al actual art.

Página | 19

CAUSA No. 0292-2014

656 del COIP, en cuanto la estructura se mantiene, no ha variado, el recurso se centra en el análisis de la sentencia con base de errores *in iudicando*, es decir violaciones de ley ya sea por indebida aplicación o errónea interpretación;

IV. Referente a la tentativa, el fiscal no ha dicho nada, ni de la inexistencia del tipo penal del art. 160.1 en el actual ordenamiento jurídico ecuatoriano, por lo tanto sobre la ilegitimidad de una sentencia basada en una norma que ya no existe;

V. Cuando se ha referido a la tentativa no ha pedido que se revise la prueba sino que he hecho un análisis jurídico de la tentativa, debido a que en la anterior legislación ni con la actual cabe la aplicación de ese concepto;

VI. Tanto el art. 16 del Código Penal y 39 del Código Orgánico Integral Penal si se analizan en la sentencia no ha sido controvertido por la Fiscalía que se produce la detención cuando los ahora procesados estaban sentados en una sala conversando y no se puede determinar ni llegar a ningún acto idóneo que pueda constituir tentativa de delito alguno y por lo tanto existe una errónea interpretación del concepto autores de tentativa en el presente caso, se debe analizar en sede de casación;

VII. En el caso especifico de la autoría, se refiere a la aplicación de un concepto de autor que ni en el anterior esquema ni el actual aplica para el caso que nos ocupa, el encontrar panfletos no es suficiente para condenar como tentativa de terrorismo;

VIII. Se les condenó por afinidad ideológica por estructura intelectual, por supuestamente mantener una reunión para discutir temas de derecho desde una perspectiva ideológica especifica.

7.- CONSIDERACIONES DEL TRIBUNAL DE CASACIÓN DE LA SALA ESPECIALIZADA DE LO PENAL, PENAL MILITAR, PENAL POLICIAL Y TRÁNSITO

7.1 Com respecto al recurso de casación

La casación desde sus orígenes, ha sido entendida como un medio que asegura la sujeción de los juzgadores al imperio de la legalidad sustancial y procesal, lo cual permite una correcta aplicación y observancia del derecho positivo en las resoluciones judiciales. *Prima facie* debemos partir de que el recurso de casación es extraordinario y de carácter formal y, su importancia reside en que el Tribunal de Casación solo puede pronunciarse sobre la legalidad de la sentencia (errores *in iudicando*), por lo que las juezas y jueces están impedidos de realizar un nuevo examen de la prueba actuada, limitándose a enmendar los posibles errores de derecho cometidos en el acto de juzgar.

Como bien señala Fabio Calderón Botero "*el error in iudicando es de derecho cuando expresa un falso juicio de valor sobre la norma. Ese juicio erróneo puede recaer sobre su existencia, su selección o su hermenéutica. Se entiende que afecta su existencia, el error de tener como vigente un precepto no promulgado o previamente derogado; que altera su selección, el haberse equivocado en la escogencia de la norma para regular una situación dada; y,*

Página | 20

CAUSA No. 0292-2014

por último, que desvirtúe su hermenéutica, el interpretar incorrectamente su sentido [...]" (Botero, 1985, pág. 14).

En nuestra opinión, el recurso de casación en la forma prevista en nuestra ley positiva, está encaminado a corregir yerros intelectivos que se presentan en el plano normativo de la ley, es decir, errores de puro derecho, mismos que son atribuibles a los tribunales de segunda instancia, con base a un defecto cognoscitivo que se avizora en el raciocinio que realiza el juzgador.

En este escenario atendiendo a las características del instituto de la casación de ser limitado y extraordinario, su procedencia se circunscribe a la posible violación de la ley, bajo tres premisas: a) Contravención expresa de su texto, cuyo significado literal alude a "*obrar en contra de lo que está mandado*", es decir, desatender lo que la norma prescriptiva manda, prohíbe o permite, cuya violación en el plano jurídico se sintetiza en los siguientes presupuestos: i) desconocimiento de la existencia de la norma; y, ii) falta de consideración en su ámbito material de validez: tiempo y espacio. Bajo estas circunstancias la contravención expresa de la ley, como bien afirma, Manuel de la Plaza, citado por Fabio Calderón Botero "por obvias razones, es el menos frecuente, porque implica desconocimiento total de circunstancias que el juez debe conocer; y, eventualmente, puede implicar dolo o inexcusable ignorancia"; b) Indebida aplicación, misma que se verifica cuando el juzgador en su fallo deja de aplicar la norma atinente al caso, vale decir, aquella que regula el supuesto de hecho y la consecuencia jurídica, y en su lugar emplea una norma que no es obligatoria ni exigible para el caso en concreto, lo que se conoce en la jerga jurídica como "*error de subsunción*"; y, c) Errónea interpretación, atribuible básicamente a un defecto hermenéutico, que se presenta en los siguientes supuestos: i) el juzgador selecciona el precepto legal correcto pero le atribuye un significado jurídico equivocado; ii) al momento de aplicar la norma legal se reduce su radio de acción y alcance y; iii) al desentrañar su significado la tarea intelectiva del juzgador le orienta a derivaciones dilatadas o limitadas.

Bajo estos presupuestos, al acudir a sede de casación el recurrente debe respetar los hechos y la valoración probatoria realizado por los juzgadores de instancia, derivando su argumentación a cuestiones de pleno derecho, es decir, un examen de legalidad en la aplicación de la ley penal.

A tono con lo expuesto y por mandato constitucional corresponde a este Tribunal de Casación, analizar y resolver en primer término, los asuntos inherentes a temas constitucionales, para posteriormente entrar a conocer los cargos de legalidad expuestos por los recurrentes[1].

---

[1] Cfr. Corte Nacional de Justicia-Sala Especializada de lo Penal, Penal Militar, Penal Policial y Tránsito, Sentencia No. 995-2014, Resolución No. 74-2015 (aplicación del principio de favorabilidad) Conjuez Ponente: Richard Villagómez; Sentencia No. 841-2014, Resolución No. 169-2015, M.P Jorge Blum Carcelén; Sentencia No. 179-2014, Resolución No. 396-2015, M.P Vicente Robalino (+), Sentencia No. 1390-2014, Resolución No. 382-2015, M.P Sylvia Sánchez, Sentencia No. 622-2014, Resolución No. 971-2015 M.P Miguel Jurado entre otros.

Página | 21

CAUSA No. 0292-2014

7.2 Análisis jurídico sobre los problemas casacionales planteados a este Tribunal de Casación de la Sala Especializada de lo Penal, Penal Militar, Penal Policial y Tránsito de la Corte Nacional de Justicia.

A fin de realizar un verdadero ejercicio hermenéutico, este Tribunal de Casación, considera que las cuestiones incidentales relacionadas a temas constitucionales planteadas por los sujetos recurrentes, discurren bajo los siguientes puntos:

i. Consideraciones sobre la conducta de terrorismo organizado; y,
ii. El principio de favorabilidad y su aplicación en materia penal.

Por su parte, las alegaciones de pleno derecho esgrimidas por los recurrentes, se sintetizan en los siguientes cargos:

i. Errónea interpretación e indebida aplicación del art. 160.1 del Código Penal;
ii. Errónea interpretación e indebida aplicación del art. 16 del Código Penal;
iii. Indebida aplicación del art. 42 del Código Penal.

Con base a lo anterior, este Tribunal de Casación, como metodología para responder los reproches contenidos en el libelo de la pretensión, considera pertinente analizar en el orden inmediatamente anterior.

7.2.1 Sobre la conducta de terrorismo organizado

La defensa del recurrente Pablo Castro Congas, hoy sentenciado, ha manifestado de viva voz que, el tipo penal por el que fueron acusados, no se configura en la actual normativa penal, aduciendo que existe atipicidad de la conducta. Por su parte, Fiscalía en la fundamentación del recurso, no ha hecho mención alguna al punto planteado.

Teniendo en cuenta lo anterior, la sentencia del ad-quem, considera que los hechos sujetos a reproche constituyen tentativa de terrorismo organizado, lo cual se subsume en la descripción de iure, prevista en el art. 160.1 del Código Penal vigente a la fecha, esto es terrorismo organizado.

El derogado cuerpo normativo, tipificaba dicha infracción, en el Título Primero, Sección de los delitos contra la seguridad del Estado, capítulo IV titulado *"De los delitos de sabotaje y terrorismo"*, mientras que, el Código Orgánico Integral Penal, prevé la figura de terrorismo en el Libro Primero, Título IV, Infracciones en particular, capítulo VII, titulado *"Terrorismo y su financiamiento"*, lo cual se resume bajo el siguiente esquema:

CÓDIGO PENAL	CÓDIGO ORGÁNICO INTEGRAL PENAL
Artículo Art. 160.1.- Los que, individualmente o formando asociaciones, como guerrillas, organizaciones, pandillas, comandos, grupos terroristas, montoneras o alguna otra forma similar, armados o no.	**Artículo 366.- La persona que individualmente o formando asociaciones armadas**, provoque o mantenga en estado de terror a la población o a un sector de ella, mediante actos que pongan en peligro la vida.

CAUSA No. 0292-2014

persiguiendo fines patrióticos, sociales, económicos, políticos, religiosos, revolucionarios, reivindicatorios, proselitistas, raciales, localistas, regionales, etc., cometieren delitos contra la seguridad común de las personas o de grupos humanos de cualquiera clase o de sus bienes: ora asaltando, violentando o destruyendo edificios, bancos, almacenes, bodegas, mercados, oficinas, etc.; ora allanando o invadiendo domicilios, habitaciones, colegios, escuelas, institutos, hospitales, clínicas, conventos, instalaciones de la fuerza pública, militares, policiales o paramilitares, etc.; ora sustrayendo o apoderándose de bienes o valores de cualquier naturaleza y cuantía; ora secuestrando personas, vehículos, barcos o aviones para reclamar rescate, presionar y demandar el cambio de leyes o de órdenes y disposiciones legalmente expedidas o exigir a las autoridades competentes poner en libertad a procesados o sentenciados por delitos comunes o políticos, etc.; ora ocupando por la fuerza mediante amenaza o intimidación, lugares o servicios públicos o privados de cualquiera naturaleza y tipo; ora levantando barricadas, parapetos, trincheras, obstáculos, etc. con el propósito de hacer frente a la fuerza pública en respaldo de sus intenciones, planes, tesis o proclamas; ora atentando, en cualquier forma, en contra de la comunidad, de sus bienes y servicios, serán reprimidos con reclusión mayor ordinaria de cuatro a ocho años y multa de mil setecientos sesenta y siete a cuatro mil cuatrocientos dieciocho dólares de los Estados Unidos de Norte América.

Si por los hechos delictivos enumerados, se produjeren lesiones a las personas, se impondrá a sus autores el máximo de la pena indicada en el inciso anterior y, si se produjere la muerte de una o más personas, la pena será de reclusión mayor especial de dieciséis a veinticinco años y multa de cuatro mil cuatrocientos dieciocho a ocho mil ochocientos treinta y cinco dólares de los Estados Unidos de Norte América.

Si los hechos a los que se refiere el inciso primero de este artículo, afectaren únicamente bienes, además de la sanción impuesta en el mismo, el autor o autores serán condenados al resarcimiento de daños y perjuicios que hubieren causado.

la integridad física o la libertad de las personas o pongan en peligro las edificaciones, medios de comunicación, transporte, valiéndose de medios capaces de causar estragos, será sancionada con pena privativa de libertad de diez a trece años, en especial si:

1. La persona que, respecto de un transporte terrestre, una nave o aeronave, plataformas fijas marinas, se apodere de ella, ejerza control sobre la misma por medios tecnológicos, violentos, amenaza o intimidación; derribe, destruya, cause daños, coloque o haga colocar un artefacto o sustancia capaz de destruirlo o causar daños que le incapaciten para su transportación.

2. La persona que destruya por cualquier medio, edificación pública o privada, plataforma fija marina, instalaciones de áreas estratégicas, servicios básicos esenciales, así como de las instalaciones o servicios de transportación terrestre, navegación aérea o marítima, si tales actos, por su naturaleza, constituyen un peligro para la seguridad de la transportación terrestre, de las aeronaves o naves, como de la seguridad de las plataformas y demás edificaciones.

3. La persona que realice actos de violencia que por su naturaleza, causen o puedan causar lesiones o constituyan un peligro para la seguridad de estos o sus ocupantes, en un transporte terrestre, a bordo de una aeronave, nave, en una plataforma fija marina, en puertos, aeropuertos, instalaciones de áreas estratégicas, servicios básicos esenciales o ambiente.

4. La persona que comunique, difunda o transmita informes falsos poniendo con ello en peligro la seguridad de un transporte terrestre, de una nave o aeronave.

5. La persona que, irrumpa los locales oficiales, la residencia particular o los medios de transporte de las personas internacionalmente protegidas.

6. La persona que realice por sí misma o por medio de terceros, operaciones y transacciones financieras económicas, con el objeto de dar apariencia de licitud para desarrollar actividades terroristas tipificadas en este Código.

7. La persona que hurte, robe, malverse, obtenga mediante fraude o extraiga mediante amenazas, uso de la violencia o intimidación materiales nucleares.

8. La persona que reciba, posea, use, transfiera, altere, evacúe o disperse materiales nucleares sin autorización legal, si tal acto causa lesiones graves a una persona o grupo de personas o daños materiales sustanciales.

9. La persona que entregue, coloque, arroje o detone un artefacto o sustancia explosiva u otro artefacto mortífero en o contra un lugar de uso público, una instalación pública o de gobierno, una red de transporte público o una

Página | 23

	instalación de infraestructura, con el propósito de causar la muerte o graves lesiones corporales a las personas o con el fin de causar una destrucción material significativa. 10. Cuando por la realización de estos actos se produzca la muerte de una o más personas, será sancionada con pena privativa de libertad de veintidós a veintiséis años.

Previo a entrar a dilucidar la cuestión planteada, resulta pertinente hacer la siguiente precisión. Con la expedición del Código Orgánico Integral Penal, publicado en el Suplemento del Registro Oficial No. 180 de 10 de febrero de 2014, vigente en su totalidad desde el 10 de agosto de 2014, se incorpora al sistema penal ecuatoriano una visión dinámica de las instituciones penales y procesales, adoptando un concepto en algo finalista de la acción, toda vez que, en su estructura normativa el dolo ya no forma parte de la culpabilidad sino de la tipicidad, según se desprende de la redacción del art. 34 del nuevo cuerpo normativo[2].

Esta forma de ver las cosas permite diferenciar a la tipicidad en sus aspectos objetivo y subjetivo, para lo cual corresponde establecer los elementos que integran cada una de estas categorías.

Siendo así y desde un punto de vista general podemos decir que "al tipo objetivo pertenece siempre la mención de un sujeto activo del delito, de una acción típica y por regla general también la descripción del resultado"[3], mientras que, el tipo subjetivo acorde a la doctrina finalista comprende el conocimiento de los hechos que tengan relevancia típica y la voluntad de realizarlos.

Conforme lo dicho y **para el caso en concreto** la ausencia en el nuevo catálogo punitivo de alguno de los elementos estructurales de la tipicidad objetiva o del aspecto subjetivo previsto en la norma derogada, **supone per se una atipicidad del comportamiento**.

En tal sentido, esta Sala con voto de mayoría advierte que, la conducta endilgada a los sentenciados gira en torno a actos de terrorismo organizado, tipo penal que a la fecha de los hechos exigía la presencia de uno o más sujetos activos innominados, como se desprende del uso de la expresión *"los que"*, para posteriormente referirse a "asociaciones", las cuales a su vez pueden ser: (i) guerrillas; (ii) organiaaciones; (iii) pandillas; (iv) comandos; (v) grupos terroristas; (vi) montoneras o (vii) alguna otra forma similar, **ya sean armadas o no**.

Por su parte el tipo penal de terrorismo previsto en el Código Orgánico Integral Penal, específicamente en el art. 366, prevé asimismo un sujeto activo indeterminado, toda vez que, acude a la dicción "la persona que

---

[2] Código Orgánico Integral Penal, "art. 34.- Para que una persona sea considerada responsable penalmente deberá ser imputable y actuar con conocimiento de la antijuridicidad de su conducta"
[3] Claus Roxin, Derecho Penal, Parte General: Fundamentos. La estructura de la teoría del delito, Tomo I, Edit. Civitas S.A. Madrid, 2010, p. 304.

individualmente", para más adelante señalar a dicha categoría gramatical en plural, limitándose únicamente a decir "*asociaciones armadas*".

De la lectura *prima facie*, de las normas establecidas en los dos cuerpos legales (vigente y derogado) se avizora dos situaciones a resaltar:

i. Los sujetos activos del delito siguen siendo innominados.
ii. Su categorización en plural está ligado a un adjetivo que en el Código Penal derogado se circunscribe "*asociaciones armadas o no*"; mientras que, el nuevo estatuto penal hace alusión únicamente a "*asociaciones armadas*".

Bajo estos parámetros tenemos que, si bien el sujeto activo del delito-componente de la tipicidad objetiva- en los dos tipos penales sigue siendo indeterminado, existe una variación en cuanto a los elementos que rodean su estructura; toda vez que, **el nuevo cuerpo normativo exige que éste en su acepción plural este armado mientras que, el derogado Código Penal con el que se tramitó la causa le resulta indiferente tal situación**.

Aterrizando lo dicho al caso *sub júdice* tenemos que, el *ad-quem* da como probado el hecho de que los hoy sentenciados pertenecían a un grupo de corte subversivo denominado "*Grupo de Combatientes Populares*", los cuales el día de los hechos se encontraban reunidos en un departamento en el sector de Luluncoto de esta ciudad de Quito, donde se descubrió logística de combate operativo, guías de reclutamiento, fabricación de bombas.

Ante tal situación, el nuevo catálogo punitivo de modo imperativo establece que el sujeto activo (plural) **sea armado**, lo cual genera una variación en los elementos estructurales de la tipicidad objetiva del delito denunciado.

7.2.2. El principio de favorabilidad y su aplicación en materia penal

En la actualidad el derecho positivo tiende a elaborar sus corrientes filosóficas conforme al avance de la ciencia del derecho, este fenómeno se evidencia en los cambios legislativos ocurridos en la vida republicana de nuestro país, en donde en algunas ocasiones, coexisten dos sistemas procesales, lo cual *prima facie* podría derivar en una posible antinomia de normas.

Es en este escenario en donde el principio de favorabilidad adquiere una connotación garantista, a tal punto que, lo encontramos inserto no solo en los instrumentos internacionales* sino en el derecho interno, específicamente, en

* Cfr. Pacto Internacional de Derechos Civiles y Políticos, artículo 15.1: "Nadie será condenado por actos u omisiones que en el momento de cometerse no fueran delictivos según el derecho nacional o internacional. Tampoco se impondrá pena más grave que la aplicable en el momento de la comisión del delito. Si con posterioridad a la comisión del delito la ley dispone la imposición de una pena más leve, el delincuente se beneficiará de ello".
Convención Americana de Derechos Humanos, artículo 9: "Nadie puede ser condenado por acciones u omisiones que en el momento de cometerse no fueran delictivos según el derecho aplicable. Tampoco puede imponerse pena más grave que la aplicable en el momento de la comisión del delito. Si con

CAUSA No. 0292-2014

los derechos que configuran el debido proceso[4]; por tanto, su aplicación deviene sin limitación alguna, en un imperativo para los administradores de justicia.

El principio de favorabilidad, como derecho fundamental constitucional tiene como presupuestos básicos los siguientes: "1) La sucesión de dos o más leyes en el tiempo; 2) la regulación de un mismo supuesto de hecho, pero que conlleva a consecuencias jurídicas distintas; y, 3), la permisibilidad de una disposición respecto de la otra"[6].

En estas condiciones, en el caso *sub júdice* encontramos que el hecho fáctico dado por pasado, fue sentenciado acorde a las reglas establecidas en el Código Penal y Código de Procedimiento Penal vigentes a la fecha; sin embargo, acontece que el 10 de febrero de 2014 se publica en el Suplemento del Registro Oficial No. 180 el Código Orgánico Integral Penal, mismo que entró en vigencia de manera absoluta a partir del 10 de agosto de 2014, con lo cual nos encontramos ante la sucesión de dos leyes en el tiempo.

El legislador para evitar la anomia en los procesos que se encontraban en trámite, a la fecha de expedición del Código Orgánico Integral Penal, ha propuesto la solución jurídica que se encuentra contenida en la Disposición Transitoria Primera del mencionado cuerpo normativo:

> "**DISPOSICIÓN TRANSITORIA PRIMERA**. *Los procesos penales, actuaciones y procedimientos de investigación que estén tramitándose cuando entre en vigencia este Código, seguirán sustanciándose de acuerdo con el procedimiento penal anterior hasta su conclusión, sin perjuicio del acatamiento de las normas del debido proceso, previstas en la Constitución de la República, siempre que la conducta punible esté sancionada en el presente Código*".[7]

Trasladando las acotaciones *supra* al caso *in examine*, tenemos en la especie que:

i. Existe la sucesión de dos leyes en el tiempo, vale decir, Código Penal que rigió a la fecha en que se perpetró la infracción y Código Orgánico Integral Penal que empezó a regir en su totalidad a partir del 10 de agosto de 2014.
ii. Ambos cuerpos normativos regulan el hecho fáctico acusado con consecuencias jurídicas distintas; puesto que, en el nuevo cuerpo normativo el sujeto activo (plural) sufre una modificación conforme lo expuesto en el numeral 7.2.1 del presente fallo, acarreando como consecuencia la modificación de un elemento estructural de la tipicidad objetiva.

---

posterioridad a la comisión del delito la ley dispone la imposición de una pena más leve, el delincuente se beneficiará de ello".

[5] Cfr. Constitución de la República de Ecuador, art. 76.5. "En caso de conflicto entre dos leyes de la misma materia que contemplen sanciones diferentes para un mismo hecho, se aplicará la menos rigurosa, aun cuando su promulgación sea posterior a la infracción [...]".

[6] Cfr. Corte Suprema de Justicia de Colombia, Sala de Casación Penal, sentencia de 08 de abril de 2008, radicación No. 25.306.

[7] Código Orgánico Integral Penal, Suplemento del Registro Oficial No. 180 de 10 de febrero de 2014.

Página | 26

CAUSA No. 0292-2014

iii. Finalmente al no verificarse en el caso en concreto este elemento de la tipicidad objetiva (sujeto activo plural no armado), hace imperiosa la necesidad de aplicar a los sentenciados la ley más favorable.

Por lo tanto, en atención a lo dicho, este cuerpo colegiado con voto de mayoría considera que, al no reproducirse en el Código Orgánico Integral Penal uno de los elementos de la tipicidad objetiva del delito acusado (sujeto activo no armado) que en su momento cumplió el tamiz de tipicidad, vale decir, **la conducta desplegada por los sentenciados a la fecha de los hechos constituía una infracción penal,** corresponde aplicar el principio de favorabilidad acorde a lo dicho en el art. 76. 5 de la Constitución de la República del Ecuador en concordancia con lo preceptuado en los art. 5.2 y 16.2 del Código Orgánico Integral Penal, en donde se establece la naturaleza jurídica de la favorabilidad y su ámbito temporal de aplicación.

En mérito de lo expuesto, este Tribunal de Casación, de la Sala Especializada de lo Penal, Penal Militar, Penal Policial y Tránsito, de la Corte Nacional de Justicia, **ADMINISTRANDO JUSTICIA EN NOMBRE DEL PUEBLO SOBERANO DEL ECUADOR, POR AUTORIDAD DE LA CONSTITUCIÓN Y LAS LEYES DE LA REPÚBLICA**, de conformidad con lo dispuesto en las normas constitucionales, legales y de orden internacional citadas, con decisión de mayoría:

RESUELVE

1) **Declarar** que, en el **caso en concreto** ha operado el principio de favorabilidad, conforme lo expuesto en la parte motiva del fallo.
2) **Señalar** que, en virtud de la aplicación del principio constitucional de favorabilidad a la causa *sub júdice*, se declara la extinción de la pena acorde a lo manifestado en el art. 72.2 del Código Orgánico Integral Penal.
3) En **consecuencia**, se levantan las medidas cautelares de carácter personal y real que pesan sobre los sentenciados Víctor Hugo Vinueza Puente, Ana Cristina Campaña Sandoval, Jescenia Abigail Heras Bermeo, Luis Alberto Merchán Mosquera, Luis Santiago Gallegos Valarezo, Héctor Javier Estupiñán Prado, César Enrique Zambrano Farías, Fadua Elizabeth Tapia Jarrín, Pablo Andrés Castro Cangas y Cristhian Royce Gómez Romero, cuya ejecución estará a cargo del tribunal *a-quo*[5].
4) Finalmente es de considerar que, los restantes cargos de pleno derecho esgrimidos por los recurrentes sentenciados no se entraron a dilucidar por parte de este cuerpo colegiado.

Notifíquese, cúmplase, publíquese y devuélvase el proceso al Tribunal de origen para la ejecución de la presente resolución. F) Dr. Miguel Jurado

[5] Código Orgánico de la Función Judicial. "art. 142.- Ejecución de sentencias.- Corresponde al tribunal, jueza o juez de primera instancia ejecutar las sentencias. [...]".

Página | 27

CAUSA No. 0292-2014

Fabara, Juez Nacional (Voto Mayoría); Dra. Sylvia Sánchez Insuasti, Jueza Nacional; Dra. Zulema Pachacama Nieto, Conjueza Nacional. f) Dr. Carlos Rodríguez García, Secretario Relator.-

Certifico.-

Dr. Carlos Rodríguez García

SECRETARIO RELATOR

VOTO SALVADO.- DRA. ZULEMA PACHACAMA NIETO, CONJUEZA NACIONAL

JUICIO N°: 0292-2014
DELITO: TENTATIVA DE TERRORISMO
RECURSO: CASACIÓN
OFENDIDA: ESTADO ECUATORIANO
RECURRENTE: PABLO ANDRES CASTRO CANGAS Y OTROS

CORTE NACIONAL DE JUSTICIA.- SALA ESPECIALIZADA DE LO PENAL, PENAL MILITAR, PENAL POLICIAL Y TRÁNSITO.

San Francisco de Quito, 14 de junio del 2016 las 08h30.

VISTOS.- Los recurrentes Ana Cristina Campaña Sandoval, Pablo Andrés Castro Cangas, Héctor Javier Estupiñan Prado, Luis Santiago Gallegos Valarezo, Cristhian Royce Gómez Romero, Jescenia Abigail Heras Bermeo, Luis Alberto Merchán Mosquera, Fadua Elizabeth Tapia Jarrín, César Enrique Zambrano Farías y Víctor Hugo Vinueza Puente, interponen recurso de casación de la sentencia emitida por la Sala Penal de la Corte Provincial de Justicia de Pichincha, de fecha 24 de diciembre del 2013, las 15h29, que desestimó el recurso de apelación interpuesto por los procesados mencionados y confirmó la sentencia emitida por el Tercer Tribunal de Garantías Penales de Pichincha, de fecha 15 de mayo del 2013, las 08h56, declarándoles a los recurrentes culpables en el grado de autores del delito de tentativa de actos de terrorismo tipificado y sancionado en el artículo 160.1 del Código Penal, en concordancia con los artículos 42, 16, y 46 ejusdem, imponiéndoles la pena modificada de un año de prisión correccional equivalente a un tercio de la pena corporal, a cada uno de ellos en aplicación de los artículos 72, inciso quinto, 29.6.7 del Código Penal y por tratarse de tentativa se aplica el

Página | 28

CAUSA No. 0292-2014

artículo 46 ejusdem, además se les condena al pago de una multa de $1.367,oo dólares de los Estados Unidos de América, que deberán ser cancelados en forma prorrateada por todos los sentenciados. Concluido el trámite y encontrándose la causa en el estado de emitir sentencia por escrito para hacerlo se considera:

I.- ANTECEDENTES.

Consta de la sentencia del tribunal de apelaciones:

"Con fecha 30 de noviembre del 2011, la Fiscalía inicia la investigación correspondiente al caso "Sol Rojo", en cuya teoría del caso se manifiesta, que esta banda estaría operando a nivel nacional especialmente en Cuenca, Quito y Guayaquil, precediendo que bombas panfletarias explotaron en Guayaquil y en Azuay; posteriormente por medio de una denuncia a miembros de la Policía se identifica al miembro de esta organización al señor Royce Gómez, se conoce que se reunirían el 03
de marzo del 2012, en un lugar determinado, por lo que se montó el seguimiento y efectivamente se pudo constatar sobre la reunión, por lo que se solicitó la orden de allanamiento y detención; con dicha orden se allanó el domicilio y se encontró a varias personas que estaban reunidas en el departamento y se los detuvo. Todas las evidencias fueron incautadas, entre ellas panfletos, documentos y celulares."

Con estos antecedentes, se realizó la audiencia de formulación de cargos, avoca conocimiento el Juzgado Vigésimo Segundo de Garantías Penales y en cumplimiento del artículo 217 del Código de Procedimiento Penal, notificó con el inicio de la instrucción fiscal a los procesados por el delito de acción pública tipificado en el Libro II del Código Penal, Título I de los Delitos contra la seguridad del Estado, y, debido a que los procesados no justificaron su arraigo social, laboral o familiar y por encontrarse reunidos todos los requisitos del artículo 167 del Código de Procedimiento Penal, se dispuso la prisión preventiva de los indicados ciudadanos a excepción de Fadua Elizabeth Tapia Jarrín, en contra de quien se dictó medidas alternativas a la prisión preventiva de conformidad con el artículo 160.11 del Código de Procedimiento Penal.

Concluido la instrucción fiscal se efectuó la audiencia preparatoria de juicio, emitiéndose auto de llamamiento a juicio en contra de los hoy procesados, como autores del delito de actos de terrorismo tipificado y sancionado en el artículo 160 del Código Penal.

Realizada la audiencia de juicio el día 21 de enero del 2013, a las 09h00, el Tercer Tribunal de Garantías Penales de Pichincha, en sentencia dictada el 15 de mayo de 2013, las 08h56, declaró a los ciudadanos, autores del delito de tentativa de actos de terrorismo tipificado y sancionado en el artículo 160.1 del Código Penal, en concordancia con los artículos 42, 16, y 46 ejusdem

Página | 29

CAUSA No. 0292-2014

imponiéndoles la pena atenuada de un año de prisión correccional de conformidad con lo dispuesto en el artículo 72 inciso quinto del mismo cuerpo de leyes a cada uno de ellos.

Los procesados, interponen recurso de apelación ante Sala Penal de la Corte Provincial de Justicia de Pichincha, que en sentencia dictada el 24 de diciembre de 2013, las 15h29, resolvió desestimar el recurso de apelación interpuesto por los recurrentes y en su lugar confirmó la sentencia subida en grado, dictada por el Tercer Tribunal de Garantías Penales de Pichincha.

De esta sentencia los procesados mencionados interponen recurso de casación, ante la Corte Nacional de Justicia.

II. COMPETENCIA DEL TRIBUNAL.

La Sala Especializada de lo Penal, Penal Militar, Penal Policial y Tránsito, tiene competencia para conocer y resolver los recursos de casación y revisión, conforme lo disponen los artículos 184.1 y 76.7. k) de la Constitución de la República; artículos 184 y 186.1 del Código Orgánico de la Función Judicial, y, artículos 349 y siguientes del Código de Procedimiento Penal, vigente a la época de los hechos. En tal virtud por el sorteo realizado de conformidad a lo establecido en el artículo 141 del Código Orgánico de la Función Judicial, ha correspondido al doctor Jorge Blum Carcelén, como Juez Nacional Ponente, quien ha obtenido licencia, por lo que de conformidad con lo que dispone el artículo 174 ejusdem, y el oficio No. 1243-SG-CNJ-MBZ, de 10 de septiembre de 2015, suscrito por el doctor Carlos Ramírez Romero, Presidente de la Corte Nacional de Justicia, actúa a la doctora Zulema Pachacama Nieto, Conjueza Nacional, quien avoca conocimiento de la presente causa; conforman el tribunal la doctora Sylvia Sánchez Insuasti, Jueza Nacional y el doctor Miguel Jurado Fabara, Juez Nacional.

III.-VALIDEZ PROCESAL.

El recurso de casación ha sido tramitado conforme lo establecido en el artículo 352 del Código de Procedimiento Penal y el artículo 76.3 de la Constitución de la República del Ecuador, por lo que se declara la validez del proceso al no haberse verificado la existencia de violaciones de procedimiento.

IV. FUNDAMENTACIÓN DEL RECURSO

4.1 La procesada Ana Cristina Campaña Sandoval y el procesado Víctor Hugo Vinueza, a través de su defensa técnica, doctor Gonzalo Realpe Rara, en resumen manifestaron:

Página | 30

CAUSA No. 0292-2014

4.1.1. -Interponen el recurso de casación en contra de la sentencia dictada por la Sala Penal de la Corte Provincial de Justicia de Pichincha, de fecha 24 de diciembre del 2013, a las 15h29, que ratifica la sentencia ilegal, violatoria a la Constitución y las normas nacionales e internacionales de Derechos Humanos, por lo que existe errónea aplicación del artículo 160.1 del Código Penal en la sentencia dictada por el Tercer Tribunal de Garantías Penales de Pichincha, de fecha 15 de mayo del 2013, a las 08h56 y ratificada por la Corte de Apelaciones;

4.1.2.- El proceso tiene como antecedente, que diez jóvenes se reunieron con la finalidad de tratar sobre temas políticos y en ese momento de forma ilegal fueron detenidos, torturados sin orden judicial y fueron llevados a la Unidad de Flagrancia donde se inicia el juicio por tentativa de terrorismo ante el doctor Pablo Hernández, se legaliza de forma ilegal la detención de los 10 de Luluncoto y el Tercer Tribunal de Garantías Penales de Pichincha dicta sentencia en la que establece que se ha demostrado que son autores del delito tipificado y sancionado en el artículo 1601 del Código Penal, el mismo que tiene dos tipos penales, el inciso primero indica una conducta sancionada con una pena de reclusión de 4 a 8 años y por otro lado, en el inciso segundo establece una pena de 16 a 25 años;

4.1.3.- Los jueces del Tribunal Tercero de lo Penal han impuesto una pena indicando el artículo 160.1 del Código Penal, sin determinar el inciso, en este artículo consta dos tipos penales diferentes, alegación que no fue tomada en cuenta dentro del recurso de apelación, por los Jueces de segunda instancia;

4.1.4. -La pena impuesta es injusta, los jueces deben aplicar la pena apegada a derecho, se le impone una condena de un año, porque a la fecha de emitir la sentencia cumplía un año de estar detenida de forma ilegal, por lo que existe errónea interpretación del artículo 160.1 del Código Penal y una indebida aplicación del artículo 16 del mismo cuerpo legal.

4.1.5.- Se han violado Tratados y Convenios Internacionales, como la Declaración Universal de los Derechos Humanos, artículo 1 y 8; el Pacto de San José de Costa Rica, artículos 8, 19 y 25 la Convención Contra la Tortura y Tratos Crueles, artículo 1; el Pacto Internacional de Derechos Civiles y Políticos, artículo 18, 19 y 24 y la Convención Iberoamericana de Derechos de los Jóvenes, artículo 21;

4.1.5.- Se ha criminalizado la protesta social de estos 10 jóvenes que no han cometido ningún delito, fueron detenidos en momentos que en el país se preparaban marchas políticas en contra del gobierno nacional;

Página | 31

CAUSA No. 0292-2014

4.1.6.- Solicitó se case la sentencia por cuanto han violado todas las Normas, Tratados y Convenios Internacionales de Derechos Humanos, y se ratifique el estado de inocencia del señor Víctor Hugo Vinueza Puente y Ana Cristina Campaña Sandoval y se levanten todas las medidas cautelares que pesan sobre ellos.

4.2.- En uso de su derecho a la contradicción el doctor Marco Navas Arboleda, delegado del señor Fiscal General del Estado en lo principal señaló:

4.2.1.- Respecto de la violación del artículo 160.1 del Código Penal, el artículo 140 del Código Orgánico de la Función Judicial, así como la parte pertinente de la sentencia dictada por la Sala de lo Penal de la Corte Provincial de Justicia de Pichincha y el artículo 280 del Código de Procedimiento Civil, la Fiscalía General del Estado presentó las pruebas de cargo y de descargo exhibidas por la contraparte, los jueces haciendo uso de las reglas de la sana crítica han dictado la correspondiente sentencia. los indiciados ha tenido un debido proceso y la seguridad jurídica conforme el artículo 76 y 82 de la Constitución de la República;

4.2.2.- Las pruebas fueron pedidas, ordenadas, judicializadas e incorporadas en el proceso, por lo que fiscalía no está de acuerdo con lo manifestado por los recurrentes, ya que se han aplicado todos los Pactos y Convenios Internacionales sobre Derechos Humanos suscritos por parte del Estado ecuatoriano;

4.2.3.- Solicita se declare improcedente el recurso de casación planteado.

4.3.- Réplica, del doctor Gonzalo Realpe Raza, abogado defensor de los recurrentes Ana Cristina Campaña Sandoval y Víctor Hugo Vinueza, quien en síntesis manifestó:

4.3.1.-La Fiscalía General del Estado, no se ha referido absolutamente en nada respecto de la errónea aplicación del artículo 160.1 del Código Penal, aplicado por el Tribunal de Apelaciones, y en cuanto a que se ha respetado todos y cada uno de los Convenios y Tratados Internacionales de Derechos Humanos, principalmente la Declaración Universal de Derechos Humanos y la Convención contra al Tortura, es falso.

4.4.- Los procesados Jesenia Abigail Heras Herrera y Fadua Elizabeth Tapia Jarrín, a través de su defensa técnica, doctor Gonzalo Proaño Cordones, en resumen manifestó:

Página | 32

CAUSA No. 0292-2014

4.4.1. - La Sala de lo Penal de la Corte Provincial de Pichincha violenta de forma errónea en su interpretación el artículo 160.1 y por indebida aplicación del artículo 16 del Código Penal, por cuanto separa el primer inciso, no contextualiza el contenido en una sola;

4.4.2.- El artículo 76.3 de la Constitución es muy categórica al referirse a las infracciones cometidas y que no consten en el Código Penal, no hay infracción, los 10 de Luluncoto no han cometido ninguna infracción, que la reunión del 3 de marzo del año 2012, se realizó haciendo uso de sus derechos que garantiza la Constitución de la República en sus artículos 39, 66 y 96, en concordancia con el artículo 13, 15, y 23 del Pacto de San José de Costa Rica, el Tribunal inobserva este derecho, que trata sobre la libertad de expresión, libertad de asociación, derechos a actos o a reuniones políticas;

4.4.3. - Son estudiantes, la una tenía 19 años de edad, en el lugar donde se efectuó la reunión solo encontraron libros y papeles de ideas revolucionarias, de tendencia izquierdista, y eso consta en la sentencia que se vincula con las bombas panfletarias, no encontraron ningún objeto para la fabricación de bombas panfletarias, y que las ideas y el diálogo no constituye delito, no hubo ni siquiera acto preparatorio;

4.4.4. En cuanto a la violación del artículo 16 del Código Penal, por indebida aplicación, la tentativa tiene faces, tales como asociación de ideas, actos preparatorios y la ejecución de la infracción, éstas fases no se ha cumplido, únicamente encontraron documentos, folletos, no hubo bombas panfletarias para que haya la fase de ejecución;

4.4.5. Como no se encontró nada en esa reunión, 30 días después se realiza el allanamiento con la finalidad de encontrar evidencias, y solo encontraron documentos y laptops o computadoras portátiles, cuyo sistema ha sido vulnerado;

4.4.6.- La Fiscalía ha señalado que había agresión y como resultado de la misma varios policías heridos, no se trataba de policías de este país sino de la policía chilena y no ecuatoriana existiendo un montaje;

4.4.7.- Existe errónea interpretación e indebida aplicación del artículo 160.1 y 16 del Código Penal;

4.4.8.- Como no existe ningún tipo de infracción se aplica el principio iura novit curia, como ventana de escape, al aplicar este principio se los deja en la indefensión, el proceso debió

Página | 33

sentenciarse en base al principio de investigación, además este tipo de infracción se remonta al año 96 y se quiere involucrar a los 10 de Luluncoto;

4.4.9.- No se ha tomado en cuenta el artículo 4 del Código Penal, que dice que en caso de duda favorece al procesado, el principio aplicado vulnera el principio in dubio pro reo. No existe el delito de tentativa de terrorismo. Fadua Tapia con 19 años de edad estaba embarazada y tiene arresto domiciliario, Abigail Eras ya cumplió el año de la pena que le impusieron y hasta la fecha no levantan las medidas cautelares;

4.4.10.- Solicitó que se acepte el recurso de casación solicitado.

4.5.- En uso de su derecho a la contradicción el doctor Marco Navas Arboleda, delegado del señor Fiscal General del Estado en lo principal señaló:

4.5.1.- Todos los ciudadanos tenemos derecho a reunirnos, pero de forma lícita, la policía con anterioridad venía realizando un seguimiento, sobre grupos insurgentes llamado "Sol Rojo" y se encuentra con el grupo insurgente "GCP", "Grupo de Combatientes Populares" tenían comunicación con el grupo armado insurgente, que se iban a reunir el 3 de marzo del 2012;

4.5.2.- En el lugar encontraron libros, documentos de extrema izquierda, tuvieron un debido proceso los acusados, la señorita Fadua Tapia cumplía años el día que le arrestaron, una vez que ha cumplido la pena ya no debe seguir asistiendo cada 8 días a los juzgados;

4.5.3.- El artículo 349 del Código de Procedimiento Penal, estipula que se debe demostrar cual es la violación de la ley, ya sea esta por contravención expresa de su texto, indebida aplicación o errónea interpretación;

4.5.4.- La defensa técnica debió indicar en qué medida ha incidido la violación del artículo 160.1 del Código Penal, al dictar la correspondiente sentencia. En Guayaquil, Cuenca y Quito, explotaron bombas panfletarias y por esta razón se realiza la investigación la policía; además por cuanto no ha sucedido la toma del Palacio de Gobierno, se ha les ha impuesto una pena atenuada en la sentencia;

4.5.5.- La sentencia está debidamente fundamentada y se aplica correctamente el artículo 160.1 del Código Penal;

4.5.6.- Solicita se deseche el recurso de casación planteado por Jessenia Eras y Fadua Tapia.

CAUSA No. 0292-2014

4.6.- Réplica, del doctor Gonzalo Proaño Cordones, abogado defensor de los recurrentes Jessenia Abigail Heras Bermeo y Fadua Elizabeth Tapia Jarrín, quien manifestó:

4.6.1.- He señalado de manera reiterada como se vulneró el artículo 160.1 del Código Penal, que esta disposición legal tiene 3 incisos, y por cuanto no se ha encontrado en la reunión objetos o armas para cometer un acto de ejecución terrorista organizada, luego del allanamiento lo único que se encontró es ideas y dialogo, por lo que los hechos no se adecua con la norma aplicada en la sentencia, que solo con ideas no se puede cometer ni siquiera el delito de tentativa; por lo que existe errónea interpretación e indebida aplicación del artículo 160.1;

4.6.2.- La doctrina dice que no hay tentativa en actos preparatorios, por lo que tampoco puede haber sancionarse;

4.6.3.- Desde el año 92 se viene investigando al grupo GCP y la señorita Fadua Tapia desde que tenía 5 años de edad ha sido investigada;

4.6.4.- El artículo 243 del Código de Procedimiento Penal, establece que se debe individualizar las responsabilidades de los procesados, lo que no hicieron los juzgadores, vulnerando esta normativa.

4.7.- En uso del constitucional de última palabra interviene la recurrente Jessenia Abigail Heras Bermeo, quien en síntesis dijo:

4.7.1.- Somos inocentes del delito que se nos acusa, el 3 de marzo se violentó nuestros derechos, nunca se indicó la orden de allanamiento ni de detención, estuvieron 7 horas incomunicados, ha participado en actividades estudiantiles, sociales y que en ese momento quería participar en la marcha en defensa del agua, la vida y la dignidad de los pueblos;

4.7.2.- Que viene de una zona de conflicto social ya que se está desarrollando proyectos mineros a lo cual se opone, que su oposición siempre ha estado enmarcada en la ley, jamás ha intentado contra la seguridad interna del Estado, al contrario solo han ejercido sus derechos garantizados en la Constitución de la República y en los Tratados Internacionales de derechos humanos;

4.7.3. En todo este tiempo ha sido privada de su libertad, que no ha podido recuperarla ya que el Tercer Tribunal de Garantías Penales dispuso presentarse cada 8 días;

Página | 35

CAUSA No. 0292-2014

4.7.4.- El pensar diferente no debe ser considerado como actos de terrorismo.

4.8.- Intervención de la señorita Fadua Elizabeth Tapia Jarrin, en uso de su derecho constitucional de última palabra.-

4.8.1.- Al momento de la detención tenía 19 años de edad, y se encontraba en el cuarto mes de gestación, esta novedad comunicó a la policía, no se exhibió ninguna orden de allanamiento, hicieron caso omiso de su estado de gestación y violentaron sus derechos humanos; fue tratada con el mismo trato inhumano como a los demás compañeros, se le mantuvo 7 horas incomunicada y por la desesperación solicitó un médicos;

4.8.2.- Son luchadores, defensores sociales, y en su caso actualmente es dirigente universitaria, que defiende los derechos de los compañeros estudiantes frente a los abusos de los profesores y autoridades;

4.8.3.- Al momento de la detención se le dictó arresto domiciliario, lo que le afectó a su estado de embarazo, que tuvo que ser llevada dos veces de emergencia al hospital Pablo Arturo Suárez, con amenaza de aborto, por la vigilancia policial que tenía; que no podía ir sola ni siquiera al baño, una mujer embarazada lo que hace es proteger a su hijo y es por eso que se encontraba en esa reunión, que buscaba defender los derechos de su hija, de los niños, de los pueblos, de los estudiantes y de los jóvenes y que pese a esto se le acusa de tentativa de terrorismo;

4.8.4. Como estudiante de derecho considera que el pensamiento y las ideas no se puede catalogar como tentativa;

4.8.5.- Solicitó que se ratifique su estado de inocencia y que se acepte el recurso de casación.

4.9.- Los procesados Luis Santiago Gallegos Valarezo, César Enrique Zambrano Farías y Héctor Javier Estupiñan Prado, a través de su defensa técnica, doctor Alex Bonifaz Montalvo, en la audiencia de fundamentación del recurso de casación, en resumen manifestaron:

4.9.1. Los hechos fácticos constantes en los considerandos de la sentencia deben guardar relación con la parte resolutiva y la ley. El 3 de marzo del año 2012 el tecnólogo Héctor Estupiñan, que trabajaba en el Consejo de Participación Ciudadana por más de tres años en la ciudad de Esmeraldas; el ingeniero en riesgos de trabajo, Santiago Gallegos, que trabajaba en el

Página | 36

CAUSA No. 0292-2014

Instituto Ecuatoriano de Seguridad Social de Ibarra y César Zambrano de 18 años de edad que terminaba su bachillerato en mecánica industrial en la ciudad de Esmeraldas. El ingeniero Santiago Gallegos estudiaba una maestría en la UTE, y al salir de clases por una invitación se dirigió al conjunto habitacional de Casales de Luluncoto, torre 6 departamento 256, mientras esperaba la llegada del resto de personas, en forma precipitada ingresó la policía sin ninguna orden judicial, allanó el departamento, estuvo incomunicado por más de 7 horas;

4.9.2.- Sobre esos hechos la Fiscalía realizó una investigación y llegó a la conclusión de que éstos jóvenes han cometido actos de terrorismo tipificado en el artículo 160 del Código Penal;

4.9.3.- El Tribunal se ampara en el principio iura novit curia y decide cambiar el tipo penal y sancionarlos con lo establecido en el artículo 160.1 terrorismo organizado en el grado de tentativa;

4.9.4.- Existe errónea interpretación de los artículos 160 y 160.1 del Código Penal, ya que los elementos constitutivos del artículo 160 y del 160.1, se evidencia una diferencia abismal; por los verbos rectores la defensa ya debatió en el tribunal;

4.9.5. -El artículo 160, por el que Fiscalía acusó fue por presuntos actos, mientras que los elementos constitutivos del artículo 160.1 habla de terrorismo organizado, la existencia de organización guerrillera, pandillas, grupos terroristas con la finalidad de asaltar, secuestrar o atentar contra todos los bienes públicos y privados;

4.9.6.- Los hechos fácticos de la sentencia no concuerdan con el tipo penal, aplicado. El artículo 315 del Código de Procedimiento Penal, establece que el Tribunal no puede dictar una sentencia si no está conforme a los hechos que Fiscalía acusó y de acuerdo al auto de llamamiento a juicio, por lo que existe una errónea interpretación del tribunal ahalizado por la Corte Provincial;

4.9.7.- El Tribunal no tenía competencia para modificar la sentencia y el tribunal de apelación para sostener esta tesis se ampara en la sentencia sobre en el caso Fermín Ramírez vs Guatemala, dictada por la Corte Interamericana de Derechos Humanos, esta sentencia dice que hay que comunicar a los procesados sobre el cambio del tipo penal y esto no ocurrió.

4.9.8.- En la sentencia los hechos fácticos no encajan, no se les puede acusar de tentativa ya que los 10 de Luluncoto no es un grupo terrorista, sino un grupo de jóvenes que se reunieron para

Página | 37

crear ideas lo cual no constituye delito, al no existir el objeto material de la infracción no existe tentativa, no se les encontró con armas ni pólvora o con fines proselitistas;

4.9.9.- Al producirse la indebida aplicación de los artículos 16 y 46 del Código Penal, los Jueces de la Sala de lo Penal de la Corte Provincial de Justicia de Pichincha, debían aplicar el artículo 66.3 de la Constitución de la República, toda vez que tenían derecho de reunirse como así lo dispone el artículo 95 ejusdem;

4.9.10.- La errónea e indebida aplicación de las normas trae consigo la violación al principio de congruencia, ya que los hechos fácticos señalados en la sentencia del tribunal de apelación, no tiene ninguna relación con el tipo penal del artículo 160.1 del Código Penal;

4.9.11.- Nunca tuvieron el propósito de fugarse del país y el hecho de estar presentes en esta audiencia, demuestra la intención de someterse a la ley;

4.9.12.- Solicitó se case la sentencia, ratificando su estado de inocencia y se levante las medidas cautelares.

4.10.- En uso de su derecho a la contradicción el doctor Marco Navas Arboleda, delegado del señor Fiscal General del Estado en lo principal señaló:

4.10.1.- Dentro de la presente audiencia ya se ha indicado lo referente al artículo 160 y 160.1 del Código Penal anterior, que se refieren a los delitos contra la seguridad del Estado;

4.10.2.- La sentencia condenatoria ha sido en base a las pruebas de cargos presentadas por la Fiscalía y las pruebas de descargo presentado por la contraparte, las que se valoraron en la respectiva etapa de juicio;

4.10.3.- Fiscalía investigó por el artículo 160 y luego se cambió por el artículo 160.1, sin que se modifiquen los hechos por lo que no se ha atentado a sus derechos, la pena es de 4 a 8 años y si hay fallecidos es de 16 a 25 años lo cual no ha sucedido;

4.10.4.- La pena ha sido atenuada, y se ha dictado la sentencia conforme a la investigación efectuada por la Fiscalía General del Estado de conformidad con el artículo 195 de la Constitución de la República;

CAUSA No. 0293-2014

4.10.5.- La calificación jurídica puede ser modificada durante el proceso por el órgano acusador o por el juzgador, sin que atente contra el derecho a la defensa, cuando se mantiene sin variación los hechos;

4.10.6.- Se han referido a que no se encontró armas ni pólvora, pero si se encontró libros, panfletos, escritos de extrema izquierda, por lo que no estamos hablando de ir a misa, sino de atentar en contra la seguridad del Estado, por lo que no se ha violentado el debido proceso ni la seguridad jurídica de los procesados;

4.10.7.- Solicita que se declare improcedente el recurso de casación planteado por los recurrentes.

4.11.- Réplica, del doctor Alex Bonilla Montalvo, abogado defensor de los recurrentes Luis Santiago Gallegos Valarezo, César Enrique Zambrano Farías y Héctor Javier Estupiñan Prado, quien manifestó:

4.11.1.-Fiscalía ha expresado que si es procedente cambiar el tipo penal. En el segundo considerando de la sentencia se indica que se emite el auto de llamamiento a juicio en base al artículo 160 del Código Penal y en el momento que se lee la sentencia se cambia al artículo 160.1 del mismo cuerpo legal, por lo que se hace una falsa interpretación del artículo 315 del Código de Procedimiento Penal, que prohíbe a los jueces dictar sentencia en base a hechos que no tienen conexión con lo determinado en el auto de llamamiento a juicio; los elementos constitutivos del artículo 160 y 160.1, del Código Penal, ninguno concuerda con la actuación de los procesados;

4.11.2.- Los hechos expuestos por fiscalía no se ajusta al derecho aplicado; no se ha justificado la estructura organizada, los libros y panfletos, no justifican dicha organización;

4.11.3.-Fiscalía ha dicho que son los mismos hechos lo cual no es verdad, son hechos distintos, no existen hechos fácticos, en la sentencia se habla que estaban reunidos, a dicho además Fiscalía que se ha encontrado documentos de extrema izquierda y por esta razón pueden ser autores de esta organización terrorista que no existe;

4.11.4. Se vulneró el derecho de la libertad de pensamiento, debido a que el pensamiento humano es libre, que todos los ecuatorianos tienen una biblioteca de izquierda, de derecha, centro o de extrema izquierda, que es el ser humano que divide al pensamiento en derecha, centro e izquierda, lo cual no existe;

Página | 39

4.11.5. No se les puede incriminar que hayan formado una organización terrorista;

4.11.6.- Solicitó que se case la sentencia, se ratifique el estado de inocencia y se levante las medidas cautelares que pesan en su contra.

4.12.- Intervención del señor Luis Santiago Gallegos Valarezo, en uso de su derecho constitucional de última palabra, quien en resumen expresó.

4.12.1.-Como seres humanos tenemos derecho a emitir algún punto de vista, y el tener una apreciación ideológica o política cercana a la derecha, centro o izquierda no constituye un delito;

4.12.2.- El actual gobierno tiene como ministros a ex guerrilleros, en los eventos cantan canciones al Che Guevara, por el Presidente de la República, el ex canciller Ricardo Patiño, canta canciones del Frente Liberal Nacional, que son organizaciones de extrema izquierda que llegaron al poder por las armas;

4.12.3.- La reunión que se efectuó el 3 de marzo, era para evaluar los triunfos, las derrotas y las condiciones del actual gobierno;

4.12.4.- La Policía les obligó a efectuar declaraciones que no consta en el proceso, nos amenazaron con armas para decir que los documentos que puso la policía eran nuestros, los folletos son de la policía, su compañero sufrió agresión física se le sustrajo una pieza dental, la persona que estaba embarazada se le arrojó al piso, eso no consta en el proceso, después de siete horas de secuestro les permitieron una llamada telefónica, la policía no sabía sus nombres, les quitaron las cédulas y después de 7 horas se introdujo una impresora y un computador y desde allí se creó la orden de allanamiento y captura, solicitaron se les indique la orden de captura y que en ese momento la Fiscal Diana Fernández, les dijo que se les acusa de 52 delitos;

4.12.5.- A pesar de tener lesiones físicas los torturaron, les tuvieron arrodillados durante 7 horas, les apuntaban con fusiles, sacaron encapuchados, este caso quedará en la historia de nuestro país de cómo actúa la justicia, nos creyeron absolutamente culpables desde el momento que nos capturaron, estuvimos 9 meses detenidos en el ex penal García Moreno en las peores condiciones;

CAUSA No. 0292-2014

4.12.6.- Lo que vivieron les han fortalecido ideológica, física y moralmente para soportar los acosos laborales y de seguimientos de la policía, que cuando pasan por las calles, le señalan de terrorista;

4.12.7.- El hecho de haber sido acusados de terroristas es un hecho discriminatorio para conseguir trabajo;

4.12.8.- El libre pensar no es un delito, anhela que la justicia sea independiente y así solicita ser juzgado.

4.13.- Intervención del señor César Enríquez Zambrano Farías, en uso de su derecho constitucional de última palabra, quien en lo principal manifestó.-

4.13.1.- Su mayor preocupación es que están pagando justos por pecadores, los 10 jóvenes detenidos son profesionales, estudiantes, que aportan día a día con su conocimiento al país;

4.13.2.- No se le ha permitido a su favor una medida sustitutiva a la detención, y que la Fiscal Diana Fernández creía que todo profesional es delincuente, que los profesionales también delinquen;

4.13.3.- En cada audiencia se han presentado con todos los compañeros sin ninguna vergüenza, que no han cometido ningún delito, el único delito es pensar diferente a este gobierno, que ha demostrado su inocencia hasta el cansancio y en cada proceso se le ha negado su libertad;

4.13.4.- Desde el inicio de la detención el gobierno nacional y el Ministro del Interior José Serrano, les condenó, el Presidente siempre se refiere a los 10 de Luluncoto como terroristas y delincuentes, en la función judicial así como frente a la sociedad están fichados como terroristas, que eso no les llena de orgullo ni tampoco les agacha la cabeza, el presente caso les ha dado fuerza para seguir luchando por su inocencia;

4.13.5.- Solicita que el Tribunal de Casación, en su decisión se apegue a derecho y no se haga las cosas por política.

4.14.- Intervención del señor Héctor Javier Estupiñán Prado, en uso de su derecho constitucional de última palabra, quien en lo principal manifestó.

4.14.1.- En esta audiencia y en las anteriores en las que ha participado, la violación del derecho es evidente, por cuanto lo que está escrito en la ley no se ha cumplido y así ha demostrado;

Página | 41

CAUSA No. 0292-2014

4.14.2.- En el ámbito jurídico no se necesita ser abogado para entender el presente caso sino simplemente tener sentido común;

4.14.3.- En la detención fueron torturados, vejados, maltratados, el Fiscal Jaramillo, en una de las audiencias ha dicho que la fuerza pública actúa de esa manera porque se supone que son delincuentes;

4.14.4.- La compañera Elizabeth Tapia fue brutalmente golpeada contra el suelo, sin embargo de su estado gestación, Jessenia Abigail Heras Bermeo, al exigir la orden de detención y allanamiento fue brutalmente golpeada, que todo esto han demostrado en el proceso, en las diferentes instancias y no se ha tomado en cuenta;

4.14.5.- En la parte política el país estuvo en un momento coyuntural grande, se había anunciado marchas, la reunión de los 10 de Luluncoto fue legal, fue director del Consejo de Participación Ciudadana en la ciudad de Esmeraldas, como ente del gobierno, servidor público, tenía todo el derecho de participar en la reunión, a los quince minutos de estar reunidos llega la policía, los detiene y a las 7 horas que estaban detenidos se les lleva a una audiencia de flagrancia, violentando el debido proceso y los artículos 160 y 160.1 del Código Penal;

4.14.6.- Ha venido luchando no solo por sus derechos sino de cientos de personas que han sido judicializadas en este país, que cree que se debe llegar hasta las últimas instancias nacionales e internacionales;

4.14.7.- En la parte social no se ha tocado, ha perdido la maestría que estuvo estudiando no ha podido graduarse de ingeniero en la Universidad de Esmeraldas, no se ha considerado el arraigo ya que tiene familia, hijos pequeños, trabajo, que se está rompiendo la familia;

4.14.8.- No se ha aplicado el principio In dubio pro reo, y que lo único que pide es que la resolución sea apegada a derecho, ya que confía en la veracidad del Tribunal y que se aplique la justicia como corresponde.

4.15.- Los procesados Cristhian Royce Gómez y Luis Alberto Merchán Mosquera, a través de su defensa técnica, doctor Ciro Guzmán Aldaz, en la audiencia de fundamentación del recurso de casación, en resumen manifestaron:

4.15.1.- Impugnan la sentencia pronunciada el 24 de diciembre del 2013, las 15h29, por la Sala de lo Penal de la Corte Provincial de Justicia de Pichincha, ya que existe una indebida

Página | 42

CAUSA No. 0292-2014

aplicación del artículo 160.1 del Código Penal, que trajo como consecuencia la falta de aplicación de los artículos 76.7, literales a, b, c y d de la Constitución de la República, y el artículo 8. 1 y 2 literal b de la Convención Americana de Derechos Humanos;

4.15.2.- Los 10 jóvenes de Luluncoto fueron procesados penalmente después de haber sido detenidos en una reunión pacífica, sin armas, que lo que hacían es discutir dos cosas: el primero referente al documento llamado defiende la democracia y el segundo la eventual participación con el movimiento indígena en la marcha para la defensa del agua convocado para el 20 de marzo desde la ciudad de Zamora, fue una reunión amparada por los Tratados Internacionales de Derechos Humanos, el derecho a la libre organización, a la libre expresión consagrado en la Constitución de la República y en los Convenios y Tratados Internacionales.

4.15.3.- Han sido sometidos a tratos crueles inhumanos, degradantes, violando el Convenio Contra la Tortura en el artículo 1, que fueron obligados hacer sus necesidades biológicas con la puerta abierta del baño frente a decenas de policías y demás compañeros aprehendidos, se los tuvo de rodillas en los corredores, se los agredió en el momento de la detención que fue arbitraria e ilegítima;

4.15.4.- Se ha abierto una indagación previa por el estallido de bombas panfletarias en Pichincha, Guayas, Azuay, sin llegar a determinar quien realizó estos actos;

4.15.5.-Durante varios meses se ha defendido por el presunto delito contemplado en el artículo 160 del Código Penal, que se refiere a actos de terrorismo, que la colocación de las bombas panfletarias considerados como actos de terrorismo, se ha tratado de establecer la verdad y probar que ellos jamás instalaron aquellas bombas porque no se encontraban en el lugar en donde estuvieron ubicadas las bombas, todo el proceso se ha desarrollado alrededor del artículo 160 del Código Penal, y nunca se probó la responsabilidad de ellos porque no estuvieron en los sitios donde se cometieron los delitos, ya que ellos estuvieron en sus lugares de trabajo; Royce Gómez estaba en el consultorio odontológico lugar donde trabajaba y Luis Merchán en su lugar de trabajo, por lo que no se pudo adecuar la conducta al tipo penal acusado;

4.15.6.- Se los sentencia por el artículo 160.1 del Código Penal, sin que sus actuaciones se encasillen en esta normativa penal, y en la actualidad ya no existe esta conducta en el actual Código Orgánico integral Penal, por lo que se debe aplicar el principio de favorabilidad.

Página | 43

CAUSA No. 0292-2014

4.15.7.- Al momento de pronunciar la sentencia se lo condena por el artículo 160.1 del Código Penal, lo que resulta insólito que en la sentencia se hable de una organización terrorista; se ha motivado la sentencia en algo que el Fiscal no acusó, por lo que ellos no se defendieron de aquel delito;

4.15. 8.- La investigación presentada por parte de la Fiscalía llegó al absurdo de decir que el jefe de combatientes populares era un señor que al momento de iniciar la indagación apenas tenía 3 años de edad;

4.15. 9.- Se reunieron por primera vez, el 3 de marzo las circunstancias de la infracción son determinantes para establecer la infracción y la presunta responsabilidad de los procesados, la Fiscalía no tenía prueba del delito acusado, en esa circunstancia se recurre al artículo 160.1 y como no pudieron probar la organización terrorista, se le ocurre al Tribunal de primera instancia y luego ratificada por la Sala de lo Penal de la Corte Provincial de Justicia de Pichincha, hablar de una tentativa de organización terrorista y le sentencia a una pena de 1 año de prisión, es decir una sentencia sin motivación alguna como contempla el artículo 76.7.L a, b, c, de la Constitución de la República del Ecuador;

4.15.10.- Al haberlos sentenciado por un tipo penal, por el cual no se les procesó, se ha violentado normas constitucionales, jamás comparecieron defendiéndose del artículo 160.1, sino por el artículo 160, tampoco se aplicó el artículo 8.1 y 2 literal b de la Convención Interamericana de Derechos Humanos, que se refiere al derecho a la defensa, a que toda persona inculpada de algún delito tiene derecho a que se presuma su inocencia, y referente a la comunicación previa y detallada de la acusación;

4.15.11. La Fiscalía acusó de la colocación de las bombas panfletarias y su presunta responsabilidad y resulta que no son culpables, la Sala de lo Penal de la Corte Provincial de Justicia de Pichincha, para ratificar la sentencia de primera instancia tratando de dar sustento, invocó la sentencia de la Corte Interamericana en el caso Fermín Ramírez vs Guatemala, sentencia que dice que la calificación jurídica puede ser modificada durante el proceso, pero no al momento de pronunciar la sentencia, y al haberlo hecho en esas condiciones juzgándoles por el tipo penal distinto es colocarles en la indefensión, por lo que considera existe indebida aplicación del artículo 160.1, Código Penal;

4.15.12.- Se invoca el principio iura novit curia con la finalidad de decir que el juez tiene la posibilidad de modificar la sentencia, lo que no puede estar por encima del principio pro homine;

Página | 44

CAUSA No. 0292-2014

44.15.13. Existe errónea interpretación del artículo 16 del Código Penal, referente a la tentativa, que para motivar y justificar la sentencia, se hace un falso juicio de subsunción de los hechos dentro de la figura penal de la tentativa, el cual se da cuando se produce actos idóneos, conducentes de modo inequívoco a la realización de un delito, pero la sentencia no detalla cuales con los actos idóneos de organización terrorista;

4.15.14.- Que estuvieron reunidos el 3 de marzo en Lulluncoto, vinieron de diversas provincias del país, la misma que se le configura en una organización terrorista, que tenían canciones del Che, documentos que hablaban en contra del gobierno, cuando en la actualidad la mayoría habla en contra del gobierno y no por eso todos son terroristas;

4.15.16.- En la computadora de Royce Gómez, se ha encontrado una imagen del panfleto que explotó y también se estableció que esa laptop no era de él, la serie del peritaje era de otra laptop así las cosas, no existe sustento para tal organización terrorista, no se pudo probar el nexo causal;

4.15.17.- Son jóvenes que tienen ideas políticas, sociales y discrepan con el poder, pero el tener esas ideas según la doctrina penal no constituye delito, a las personas no se les condena por lo que piensan, se los condena si los actos que hacen son antijurídicos;

4.15.18.- Los 10 de Lulluncoto no causaron ninguna conmoción con esa reunión, lo que causó conmoción fue la forma como los detuvieron mediante la violación de los derechos humanos, no han cometido ningún delito; y así han probado durante el proceso;

4.15.19.- Presentaron el recurso de casación frente a una sentencia superficial y sin motivación;

4.15.20.- Solicitó se case la sentencia en estricta observación de la ley y se les confirme el estado de inocencia.

4.16.- En uso de su derecho a la contradicción el doctor Marco Navas Arboleda, delegado del señor Fiscal General del Estado en lo principal señaló:

4.16.1. Lo referente al artículo 160.1 ya he contestado, sobre los fundamentos esgrimidos, del porque se cambió el tipo penal, la sentencia dictada obedece a la aplicación del artículo 160.1 del Código Penal, en concordancia con el artículo 16 y 46 ibídem;

Página | 45

CAUSA No. 0292-2014

4.16.2.- Respecto de que no se ha respetado el artículo 76.7 literales a, b, c y h de la Constitución del República, sí se ha respetado, así como el artículo 8.1.2 literal b) de la Convención Americana de Derechos Humanos;

4.16.3.- Hay un doble conforme de culpabilidad y cuesta creer que las dos instancias se hayan equivocado;

4.16.4.- Respecto del principio de favorabilidad, la Fiscalía no tiene ningún inconveniente, si es factible la aplicación, en tanto que sea el único delito que se procesa a los sentenciados;

4.16.5.- No se ha violentado el proceso al aplicarse el artículo 160.1, que fueron los mismos hechos tomados en el proceso, tuvieron el derecho a la defensa por parte de los abogados de los sentenciados;

4.16.6.- Solicita que sea rechazada el recurso de casación.

4.17.- Réplica, del doctor Ciro Guzmán Aldaz, abogado defensor de los recurrentes Cristian Royce Gómez y Luis Alberto Merchán Mosquera, quien manifestó:

4.17.1.- La sola afirmación de la Fiscalía indicando que se ha respetado el debido proceso y los derechos humanos no resuelve el problema, la violación está en el proceso, como el cambio del tipo penal y sus consecuencias lo que ha violentado la Constitución y los Derechos Humanos;

4.17.2.-El doble conforme señalado por la Fiscalía, tampoco puede constituirse en un precedente, para obligar a la Sala Penal de la Corte Nacional de Justicia, a ratificar una sentencia injusta e ilegal;

4.17.3.- Reitera en el pedido que se case la sentencia y se les ratifique el estado de inocencia.

4.18.- Intervención del señor Luis Alberto Merchán Mosquera en uso de su derecho constitucional de última palabra, quien en resumen expresó.

4.18.1.- El día 3 de marzo del 2012, el Estado afectó sus derechos humanos, como el derecho a la libertad, a transitar libremente en el territorio ecuatoriano, a la participación política, a la participación democrática consagrada por las normas internacionales y la Constitución de la República;

Página | 46

CAUSA No. 0292-2014

4.18.2.- Esta afectación por parte del Estado se materializó, cuando la Policía siendo las 4 de la tarde, interrumpe el departamento en el que se encontraban reunidos, tumbando la puerta, apuntándoles con el fusil, obligándoles a ponerse en posiciones denigrantes e inhumanas, arrodillándoles contra la pared, despojándoles de sus abrigos, en su caso particular mientras le golpeaban le preguntaban de su cédula de ciudadanía, que al momento de su detención no tenía su billetera, durante 7 horas la policía les tenían plagiados, reunieron las cédulas en ese tiempo imprimieron documentos dentro del departamento y así se fraguó las boletas de detención, en dicho lugar no encontraron ningún tipo de evidencias como armas, pólvora, sino únicamente los cuchillos de uso doméstico, violando así el derecho a la libertad y a la libre asociación política;

4.18.3.- Desde que tenía 16 años participó en la dirigencia de la asociación estudiantil de su colegio. El señor Fiscal José Luis Jaramillo, en la audiencia de llamamiento a juicio ha indicado que es de tendencia izquierda y que esta condición no implica que sea terrorista, que haya cometido algún ilícito; que ha participado en los procesos electorales en el colegio, en la Universidad en un encuentro nacional con Pablo Castro presidente nacional de la Fese, era coordinador nacional, estuvo reunido más de 3 días en el colegio Mejía elaborando un proyecto denominado "el Ecuador que los jóvenes queremos", el mismo que fue presentado a la Asamblea;

4.18.4.- Se reunió para tratar sobre la participación en la marcha nacional en defensa del agua, salud y la defensa de los pueblos;

4.18.5.- Dentro de las evidencia presentada por la Fiscalía en la audiencia de juicio que consta en el proceso, un libro del sociólogo Agustín Cueva, libro del doctor Thomas Mancheno, cuestionarios por cuanto se encontraba en exámenes, allanaron su casa después de 30 días a las 5 de la mañana, 40 policías en el Guasmo Sur, donde vivía con sus abuelos;

4.18.6.- Luego del operativo su abuela tuvo un pre infarto y tuvo que ser hospitalizada, a sus abuelos le pidieron que se les entregara las armas, revisaron todo el domicilio y solo encontraron documentos de derecho, política, Cd. de protesta, pero ningún armamento;

4.18.7.- Con todos éstos elementos en la audiencia de juzgamiento el Estado afecto sus derechos, a la legítima defensa, a la seguridad jurídica y a la independencia judicial, derechos que también son reclamados por la Federación de Abogados en la audiencia que tuvo en la Comisión Interamericana de Derechos Humanos; su caso no es el único,

Página | 47

CAUSA No. 0293-2014

4.18.8.- Durante 30 días en la audiencia de juzgamiento el eje central por parte de la fiscalía, era la detonación de bombas panfletarias y no demostró que alguno de ellos haya participado en la explosión en el Wold Trade Center, por cuanto él sí demostró que se encontraba trabajando en el Trini Puerto;

4.18.9.- El Fiscal en la audiencia de juicio habló de autoría inmediata, coautoría y como no pudo probar su acusación, ninguno de los elementos fácticos expuestos por el Fiscal, fue considerado en la sentencia, lo que ha hecho es defenderse de lo que se le acusaba, y después de 7 horas de liberación el tribunal les sentenció de algo que nunca les acusaron y por lo que nunca se defendieron, lo que va contra toda la lógica jurídica, que atenta contra el principio dispositivo;

4.18.10.- Su aspiración es que el Tribunal resuelva en derecho, que haga respetar los derechos Constitucionales que han sido afectados y que les dé una salida adecuada a este problema jurídico y político de los 10 de Luluncoto.

4.19.-El procesado Pablo Andrés Castro Cangas, a través de su defensa técnica, doctor Ramiro García Falconí, en la audiencia de fundamentación del recurso de casación, en resumen manifestó:

4.19.1.- Presenta el recurso de casación en base de lo dispuesto en el artículo 655 del Código Orgánico Integral Penal;

4.19.2.- La casación ha sido entendida por la Corte Nacional de Justicia Ecuatoriana, cuando en la sentencia se hubiera violado la ley por indebida aplicación o por errónea interpretación, en este caso se ha producido los dos supuestos establecidos en el artículo 656 del Código Orgánico Integral Penal;

4.19.3.- En agosto del 2014 se produjo una modificación del ordenamiento jurídico penal y procesal penal ecuatoriano con la entrada en vigencia del Código Orgánico Integral Penal, esto lleva a que la Sala tiene que analizar lo que no se ha analizado en las anteriores instancias del proceso;

4.19.4.- Interpone el recurso de casación respecto de la sentencia emitida por el Tribunal de Garantías Penales y de la decisión que resuelve el recurso de apelación emitida por la Corte Provincial de Justicia de Pichincha, que ratifica la sentencia del inferior;

Página | 48

CAUSA No. 0292-2014

4.19.5.- El tipo penal por el cual se les condena es el tipificado en el artículo 160.1 del entonces Código Penal que ya no existe;

4.19.6.-Los procesados fueron acusados por el artículo 160 del Código Penal ultractivo, y alrededor de esta acusación se estableció la defensa esto es, que han participado en la ubicación de tres aparatos explosivos que habían explotado en tres momentos diferentes, y alrededor de esto giro la audiencia de juzgamiento, en la cual se demostró que era físicamente imposible que los procesados hubieren intervenido y al no haberse demostrado elementos que justifique la acusación, el Tribunal Penal emite una decisión en la que les condena por el artículo 160.1, que tiene verbos rectores diferentes, del artículo 160, que se les acusó de uso, suministro y fabricación de bombas explosivas, armamento y materiales explosivos. Se les condena por el artículo 160.1, que es cometer delitos contra la seguridad común, lo que va más allá de la incoherencia existente entre la acusación y la sentencia, este delito estaba contemplado dentro del acápite de los delitos de sabotaje y terrorismo que ya no existe, y la inclusión en el artículo 366 del Código Orgánico Integral Penal, que trata del delito de terrorismo que nada tiene que ver, con lo que significa mantener en estado de terror a la población el tipo penal para condenar a los procesados, fue cometer delitos contra a la seguridad común, se ratifica la sentencia del tribunal negando el recurso de apelación con lo que se declara legítima una condena por un tipo penal que ya no existe, es lo que debe resolver el Tribunal de Casación;

4.19.7.- Las sentencias fueron emitidas en el año 2013, en las que existe error de interpretación del artículo 16 del Código Penal vigente a la fecha que se produjo el juzgamiento, actual artículo 39 del Código Orgánico Integral Penal, el artículo 16 del Código Penal anterior definía a la tentativa como aquella que se produce por quien practica actos idóneos conducentes de modo inequívoco a la realización de un delito;

4.19.8.- El artículo 17 del Código Penal establecía la posibilidad de penar la conspiración y la proposición en aquellos casos determinados por la ley que eran cuatro casos, y ninguno de estos casos se refería al 160 ni al 160.1;

4.19.9.- El artículo 39 del Código Orgánico Integral Penal, no modifica en lo sustancial la definición de la tentativa pues se sigue hablando de la ejecución que no llega a consumarse, por quien de manera dolosa inicie la ejecución del tipo penal mediante actos idóneos, es decir del artículo 16 del Código Penal, como el 39 del Código Orgánico Integral Penal;

Página | 49

CAUSA No. 0292-2014

4.19.10.- La tentativa, requiere la producción de actos, es decir actuaciones físicas que tengan la posibilidad real de menoscabar o poner en peligro bienes jurídicos penales tanto en el artículo 16 del Código Penal y el artículo 39 del Código Orgánico Integral Penal, establecen la necesidad de actos para la existencia de tentativa, en el presente caso no se puede establecer si siquiera conspiración peor tentativa;

4.19.11.- El Código Penal cambia la posibilidad de la pena respecto a la conspiración por cuanto estuvo expresamente determinado en el artículo 17 que ya no existe, en el Código Orgánico Integral Penal, no hay un solo artículo que establezca pena por conspiración y proposición;

4.19.12.- El Fiscal se ha referido que cuando se encuentra panfletos de extrema izquierda no ha de ser para ir a misa sino para cometer delitos, y que para la fiscalía no se requiere existencia de actos, sino una ideología para imputar;

4.19.13.- Existe errónea interpretación del artículo 16 del Código Penal y 39 del Código Orgánico Integral Penal, en este caso ni siquiera hubo actos y menos todavía un análisis de la idoneidad de los mismos;

4.19.14.- Se demostró hasta la saciedad que ninguno de los procesados intervino en ninguna fase de la utilización de las bombas explosivas a las que hicieron referencia, que no pueden ser autores directos como la Fiscalía lo considera a título de participación;

4.19.15.- La Fiscalía cambió tres veces la imputación de autoría y participación, primero ha dicho que eran autores mediatos por dominio de organización, y cuando se dio cuenta que para esto debería demostrar la existencia de una organización verticalmente constituida con la finalidad de cometer un delito que exista mando superior y mandos inferiores, modificó su imputación y dijo que son coautores, cuando se hizo entender al fiscal que la coautoría implica una correlación del tipo penal que se debe determinar que cada uno de los intervinientes realizó una aportación específica sin que ninguno haya realizado totalmente el tipo penal, cambió el tipo penal en la misma audiencia, en la medida que intervenían cada uno de los procesados cambiaba la implicación de autoría después decía que eran autores mediatos, cuando se hizo entender que para que exista autoría mediata tiene que haber una persona que realice el tipo penal volvió a cambiar el tipo penal, eso fue el nivel conceptual de los jueces que conocieron esta causa;

4.19.16.-Existe indebida aplicación del artículo 42 del Código Penal como del artículo 42 del Código Orgánico Integral Penal, porque no se puede imputar a título de autor a quien no hubiere

Página | 50

CAUSA No. 0292-2014

realizado ni directa ni por intermedio de tercera persona acto típico alguno, jamás se pudo determinar que ellos hubieran participado directamente en el ilícito, lo cual excluye la autoría directa y menos se pudo determinar que ellos a través de una tercera persona hubieran realizado otro tipo penal, lo cual excluye la autoría mediata;

4.19.17.- Jamás en ninguna parte del juicio en la audiencia de juzgamiento se pudo probar la participación en delito alguno menos a título de tentativa que requiere de actos idóneos específicos, que no pueden constituirse por el simple hecho de sentarse en una sala a conversar y que eso no es un acto penalmente relevante, se rompe toda forma de teoría de la acción, que exige actividad corporal, una modificación del mundo exterior que no se pudo establecer que estuvieren preparando otra cosa que no sea reunirse para planificar marchar públicamente y específicamente por el derecho al agua;

4.19.18.- La Corte Interamericana de Derechos Humanos, en los casos Lidia Berenson vs Perú, Castillo Petruzzi vs Perú, Cantoral Benavides vs Perú y paradójicamente el mismo caso Fermín Ramírez vs Guatemala, exigen una delimitación clara de los elementos del tipo penal, fue tan atropellada la argumentación de los jueces que con el objeto de hacer bulto en la sentencia y apelar alguna decisión de un órgano de protección de derechos humanos, pusieron como argumento una sentencia que justamente decía lo contrario de lo que ellos decían en el caso Fermín Ramírez vs Guatemala y en todos los casos señalados se exige una delimitación adecuada por parte del legislador de los elementos del tipo penal y una aplicación restrictiva y estricta por parte de los juzgadores de estos tipos penales, en otras palabra no puede hacerse una interpretación larga de un tipo penal, los casos contra Perú son absolutamente claros;

4.19.19.- Solicita que no se ratifique las sentencias que han sido dictadas en las dos instancias anteriores.

4.20.- En uso de su derecho a la contradicción el doctor Marco Navas Arboleda, delegado del señor Fiscal General del Estado en lo principal señaló:

4.20.1.- El doctor García, señaló que el presente caso se ventila en el artículo 349 del Código de Procedimiento Penal vigente a la fecha que se dictó la sentencia correspondiente esto es la dictada el 24 de diciembre del 2013 y y que posteriormente entra en vigencia el Código Orgánico Integral Penal con fecha 10 de agosto del 2014, se ha referido a los artículos 655 y 656 del recurso de casación, la sentencia se dictó anteriormente y el Código Orgánico Integral Penal en la disposición primera, indica que los procesos que hayan iniciado antes de la entrada

Página | 51

CAUSA No. 0292-2014

en vigencia seguirán ventilándose con el mismo Código de Procedimiento Penal, en su artículo 349;

4.20.2.- Respecto a que se ha violado el procedimiento establecido en el artículo 16 de Código Penal y el 39 del Código Orgánico Integral Penal, el doctor García Falconí, tanto en primera como en segunda instancia tuvo la oportunidad de probar los aciertos jurídicos, que se ha referido despectivamente a la Fiscalía con lo que no está de acuerdo;

4.20.3.- La Fiscalía, dentro del proceso probó la materialidad de la infracción y la responsabilidad de los sentenciados así como el nexo causal correspondiente, y los jueces en virtud de las pruebas de cargo y de descargo presentados en el proceso y en uso de la sana crítica emitieron una resolución;

4.20.4.- Habiendo contestado lo pertinente al artículo 161, que ha sido motivo de controversia en esta audiencia, solicita que se rechace el recurso de casación y se ratifique la sentencia subida en consulta;

4.21.- Réplica, del doctor Ramiro García Falconi, abogado defensor del recurrente Pablo Andrés Castro Cangas, quien manifestó:

4.21.1.- Fiscalía no ha respondido nada respecto del tipo penal alegado, por el cual se les ha condenado y que ya no existe;

4.21.2.- El Tribunal está obligado a pronunciarse respecto de la legitimidad de una sentencia basada en un tipo penal que ya no está en el ordenamiento jurídico penal ecuatoriano;

4.21.3.- El recurso de casación fue presentado en base al artículo 349, del Código de Procedimiento Penal, ha hecho referencia al actual artículo 656 del COIP, en cuanto la estructura se mantiene, no ha variado, el recurso se centra en el análisis de la sentencia en base de errores in-iudicando, es decir violaciones de ley ya sea por indebida aplicación o errónea interpretación;

4.21.4. Referente a la tentativa, el fiscal no ha dicho nada, ni de la inexistencia del tipo penal del artículo 160.1 en el actual ordenamiento jurídico ecuatoriano, por lo tanto sobre la ilegitimidad de una sentencia basada en una norma que ya no existe;

Página | 52

CAUSA No. 0292-2014

4.21.5.- Cuando se ha referido a la tentativa no ha pedido que se revise la prueba sino que he hecho un análisis jurídico de la tentativa, debido a que en la anterior legislación ni con la actual cabe la aplicación de ese concepto;

4.21.6.- Tanto el artículo 16 del código Penal y 39 del código Orgánico Integral Penal si se analizan en la sentencia no ha sido controvertido por la Fiscalía que se produce la detención cuando los ahora procesados estaban sentados en una sala conversando y no se puede determinar ni llegar a ningún acto idóneo que pueda constituir tentativa de delito alguno y por lo tanto existe una errónea interpretación del concepto autores de tentativa en el presente caso, se debe analizar en sede de casación;

4.21.7.- En el caso específico de la autoría, se refiere a la aplicación de un concepto de autor que ni en el anterior esquema ni el actual aplica para el caso que nos ocupa, el encontrar panfletos no es suficiente para condenar como tentativa de terrorismo;

4.21.9.- Se les condenó por afinidad ideológica por estructura intelectual, por supuestamente mantener una reunión para discutir temas de derecho desde una perspectiva ideológica específica.

V.- CONCEPCIÓN DEL RECURSO DE CASACIÓN

5.1.- Naturaleza jurídica del recurso de casación.- "Consiste en la constatación de la conformidad en derecho de la sentencia",[7] por tanto no constituye de modo alguno instancia y tampoco resulta un nuevo análisis de la prueba actuada y desarrollada en juicio, sino que realiza únicamente un análisis in iure de la sentencia de segunda instancia para determinar posibles violaciones a la ley, por haber contravenido expresamente a su texto, por indebida aplicación; o por haberla interpretado erróneamente como lo establece el artículo 349 del Código de Procedimiento Penal vigente a la época de los hechos. Sin embargo de lo expresado, esta misma ley en el artículo 358, confiere al órgano judicial la facultad de casar la sentencia de oficio, aun cuando el recurrente haya errado en la fundamentación del recurso, esta garantía que se encuentra contemplada en el artículo 8.2, 1, h) de la Convención Americana sobre Derechos Humanos (Pacto de San José), artículo 14.5 del Pacto Internacional de Derechos Civiles y Políticos, y artículo 76.7.m), de la Constitución de la República el Ecuador.

[7] Cfr. Armenta Deu Teresa, *Lecciones de Derecho Procesal Penal*, Marcial Pons Ediciones Jurídicas y Sociales, Cuarta Edición, Madrid, 2009, p.276. Su principal función es nomofiláctica, para asegurar la explicación uniforme de la legalidad penal –sustantiva y procesal- en todo el Estado evitando así la disparidad o divergencia de criterios interpretativos entre los tribunales penales diseminados en su territorio.

Página | 53

CAUSA No. 0292-2014

5.2.-El recurso de casación, es de naturaleza extraordinaria, especial y facultativo, mediante el cual, una de las partes que actúan en el juicio, expresamente autorizadas para tal efecto, y por alguna de las causales taxativamente determinadas en la ley procesal penal, demanda de la Corte Nacional de Justicia, un examen jurídico de una sentencia venida en grado que considere violatoria de la ley sustantiva, y en ocasiones de la ley procesal penal.[10] En esta circunstancia el recurso de casación se constituye en una herramienta fundamental de protección de los derechos humanos y de las garantías constitucionales de los sujetos procesales, toda vez que su único objetivo es alcanzar la justicia, así entendido el texto del artículo 349 del Código de Procedimiento Penal, aplicable al caso concreto, es un medio impugnatorio, que tiene por objeto corregir los errores de derecho en que pudiera incurrir el Tribunal de Apelaciones, al momento de emitir una sentencia, por lo que se constituye en recurso extraordinario "de control de legalidad y de error judicial en los fallos de instancia".[11] Y si tal violación ha causado gravamen al recurrente, en este contexto la norma legal invocada contiene las causales por las cuales será procedente este recurso ante la Corte Nacional de Justicia, esto es cuando en la sentencia recurrida se hubiere violado la ley: i) "Ya por contravención expresa de su texto, ii) por indebida aplicación, iii) o por errónea interpretación."

VI.- INVESTIGACION DE LA CASACION:

6.1.- A fin de llegar a determinar si es procedente la casación presentada ante esta Corte, es fundamental remitirse a los parámetros para analizar el recurso de casación, al respecto este órgano jurisdiccional ha dicho que:

"(…) La interposición del recurso de casación por parte de uno de los sujetos procesales, impone en ellos tres obligaciones para su debida fundamentación: a) La determinación de un artículo específico, vigente dentro del ordenamiento jurídico, que se considere vulnerado mediante sentencia expedida por el juzgador de última instancia; b) La adecuación de esa vulneración a una de las causales que taxativamente prevé el artículo 349 del Código de Procedimiento Penal, para la procedencia del recurso de casación, con la finalidad de indicar si la violación del ordenamiento jurídico responde a su falta de aplicación, indebida aplicación o errónea interpretación; y, c) Los argumentos jurídicos que se sustentan el haber interpuesto este recurso extraordinario, en los cuales debe hacerse mención a la parte de la sentencia del

[10] Cfr. Rodríguez Orlando, La Presunción de Inocencia. Principios Universales. Ediciones Jurídicas Gustavo Ibáñez, Segunda Edición, Medellín, 2002, pp. 631, 632. En idéntico sentido, Cfr. [illegible], Recursos en el Proceso Penal, [illegible], Buenos Aires, 2007, p. 25. El autor plantea, dentro del contexto argentino, la posibilidad de analizar, vía casación los errores tanto in iudicando como in procedendo, cuando en Ecuador este recurso ha sido tradicionalmente orientado a los errores in iudicando.

[11] Artículo 10, ibídem

Página | 54

CAUSA No. 0292-2014

Tribunal así queen que contiene la valoración; la comparación entre la interpretación o aplicación del ordenamiento jurídico que, a criterio de los recurrente, debía efectuarse y aquella que realizó el órgano jurisdiccional de instancia; y, por último, la trascendencia del error de derecho que se ha presentado en el fallo impugnado, esto es, como ha influenciado en su parte dispositiva. (...)"[12]

6.2.- Previo a proceder con el análisis de cada uno de los argumentos expuestos por los recurrentes, es imprescindible revisar de manera primigenia si el fallo recurrido se encuentra debidamente motivado, conforme lo establece la legislación nacional e internacional y la doctrina, toda vez que sin este esencial requisito que garantiza la seguridad jurídica no sería pertinente ingresar a examinar las violaciones legales en sede casacional.

6.3 Respecto de la garantía constitucional de motivación de las sentencias, la Constitución de la República del Ecuador establece:

"Art. 76.- En todo proceso en el que se determinen derechos y obligaciones de cualquier orden, se asegurará el derecho al debido proceso que incluirá las siguientes garantías básicas:
7. El derecho de las personas a la defensa incluirá las siguientes garantías:
l) Las resoluciones de los poderes públicos deberán ser motivadas. No habrá motivación si en la resolución no se enuncian las normas a principios jurídicos en que se funda y no se explica la pertinencia de su aplicación a los antecedentes de hecho. Los actas administrativos, resoluciones o fallos que no se encuentren debidamente motivados se considerarán nulos. Las servidoras a servidores responsables serán sancionados".

Por otra parte el artículo 130 del Código Orgánico de la Función Judicial, dispone:

"Es facultad esencial de las juezas y jueces ejercer las atribuciones jurisdiccionales de acuerdo con la Constitución, los instrumentos internacionales de derechos humanos y las leyes; por lo tanto deben:
(...)"
4."Motivar debidamente sus resoluciones. No habrá motivación si en la resolución no se enuncian las normas a principios jurídicos en que se funda y no se explica la pertinencia de su aplicación a los antecedentes de hecho. Las resoluciones o fallos que no se encuentren debidamente motivados serán nulos.";

La motivación es una garantía constitucional que forma parte del derecho al debido proceso, constituyéndose en un requisito indispensable en una sentencia, por tanto en un deber de carácter obligatorio para las juezas y jueces y todo funcionario público, que al ser inobservada se convierte en causal de nulidad de un fallo, resolución judicial o administrativa, toda vez que una correcta motivación permite conocer los motivos por los que la o el juzgador aceptó o denegó las pretensiones expuestas por los sujetos procesales.

[12] Corte Nacional de Justicia.- Sala Especializada de lo Penal, Penal Militar, Penal Policial y Tránsito.- Recurso de casación No. [illegible] Tercera Sala de lo Penal, Colusorio y Tránsito de la Corte Provincial de Justicia del Guayas.

Página | 55

CAUSA No. 0292-2014

6.4.- Al respecto de la motivación, la Corte Constitucional, para el período de transición, se ha pronunciado en sentencia No. 003-10-SEP-CC[13], publicada en el suplemento del Registro Oficial 117, de 27 de enero de 2010, lo siguiente:

"...Como parte esencial de los principios que forman parte del derecho al debido proceso se encuentra la motivación de las sentencias, puesto que con aquello se configura el accionar conforme a la Constitución y Derecho por parte de las diversas autoridades públicas, quienes son las primordialmente llamadas a velar por el cumplimiento de los principios y garantías constitucionales. En la especie, este principio de motivación se articula simbióticamente con el derecho a una tutela judicial efectiva[14], y obviamente aquello contribuirá a garantizar la seguridad jurídica dentro de un estado constitucional, con el objeto de que quienes acuden a los diversos órganos jurisdiccionales en el país no queden en la indefensión, y de generar la confianza debida en el sistema jurídico ecuatoriano; empero, aquello no significa exclusivamente acceder a los órganos jurisdiccionales, sino que una vez ejercitado aquel derecho, los jueces y juezas deben guiar sus actuaciones diligentemente en aras de alcanzar la tan anhelada justicia, y es precisamente a través de la motivación de las resoluciones judiciales cuando los jueces y juezas determinan que sus actuaciones se han producido con apego a la Constitución y a las leyes que rigen un caso en concreto";

En esta misma línea en la sentencia 069-10-SEP-CC[15], publicada en el Registro Oficial 372, de 27 de enero de 2011, dice:

"La motivación consiste en que los antecedentes que se exponen en la parte motiva sean coherentes con lo que se resuelve, y que nunca puede ser válida una motivación que sea contradictoria con la decisión...".

Por otra parte la Corte Constitucional, para el período de transición, y la Corte Constitucional del Ecuador han precisado que:

"Para que una decisión se encuentre debidamente motivada es necesario que se cumplan tres requisitos: i) Razonabilidad, ii) Lógica y, iii) Comprensibilidad.

Al respecto, esta Corte en la sentencia No. 062-14-SEP-CC. Precisó:
De esta forma, ha sido un criterio reiterado de la Corte Constitucional que las decisiones judiciales para que se consideren debidamente motivadas deben contener al menos tres requisitos, a saber a) **Razonabilidad**, el cual implica que la decisión se encuentre fundamentada en principios y normas constitucionales sin que puedan incluirse criterios que contradigan dichos principios, b) **Lógica**, en el sentido de que la decisión se encuentre estructurada de forma sistemática, en la cual las premisas que la conforman mantenga un orden coherente y, c) **Comprensibilidad**, requisito que exige en todas las decisiones judiciales sean elaboradas con

13 Véase contenido íntegro de la sentencia en www.corteconstitucional.gob.ec

14 El Tribunal Constitucional español en la Sentencia de [illegible] de [illegible] de 1991 [illegible], determina: "El contenido constitucional del mencionado derecho a la tutela judicial efectiva se manifiesta no solamente en el derecho de acceso a la jurisdicción y en el derecho a la ejecución de las resoluciones judiciales, sino que también, especialmente, del derecho a obtener una resolución fundada jurídicamente". (Citado por Iñaki Esparza Leibar: "El principio del debido proceso", J.M. Bosch Editor, Barcelona, 1995, p. 220).
15 Véase contenido íntegro de la sentencia en www.corteconstitucional.gob.ec

Página | 56

CAUSA No. 0292-2014

un lenguaje claro y sencillo, que permita su efectivo entendimiento por parte del auditorio social."[16] (Lo resaltado no corresponde al texto).

6.5.-Jurisprudencia Internacional.- Respecto de la motivación la Corte Interamericana de Derechos Humanos en el caso Suarez Peralta vs Ecuador, en sentencia de 21 de mayo del 2013, (excepciones Preliminares, Fondo, Reparaciones y Costas), señalo:

(109. (...)
"la motivación es la justificación razonada que permite llegar a una conclusión". En este sentido, "el deber de motivación es una de las debidas garantías incluidas en el artículo 8.1 de la Convención para salvaguardar el derecho a un debido proceso"

Este mismo órgano internacional en el caso Apitz Barbera y otros vs Venezuela, expresó:

"El Tribunal ha resaltado que las decisiones que adopten los órganos internos que puedan afectar derechos humanos deben estar debidamente fundamentadas, pues de lo contrario serían decisiones arbitrarias. En este sentido, la argumentación de un fallo debe mostrar que han sido debidamente tomados en cuenta los alegatos de las partes y que el conjunto de pruebas ha sido analizado. Asimismo, la motivación demuestra a las partes que estas han sido oídas y, en aquellos casos en que las decisiones son recurribles, les proporciona la posibilidad de criticar la resolución y lograr un nuevo examen de la cuestión ante las instancias superiores. Por todo ello, el deber de motivación es una de las debidas garantías incluidas en el artículo 8.1 de la Convención para salvaguardar el derecho a un debido proceso"[17].

6.6.- Jurisprudencia Nacional.- Esta Corte Nacional de Justicia ha sostenido en varios fallos que:

"La sentencia no es simplemente un documento suscrito por el juez, sino el resultado de una génesis que tiene lugar en dos planos diversos: el objetivo, que es propiamente el proceso considerado en sentido jurídico, integrado por las varias etapas que la ley contempla, y el subjetivo, que corresponde a la operación mental efectuada por el fallador, en cuyo fondo lógico hay un silogismo que tiene como premisa mayor la norma general y abstracta de la ley, por premisa menor los hechos controvertidos, y por conclusión la parte resolutiva del fallo, que se constituye en un mandato concreto, obligatorio para quienes fueron partes dentro del proceso"[18].

En este contexto, la sentencia es el resultado de un análisis técnico jurídico, que refleja un razonamiento lógico, claro, preciso, integral y congruente a los elementos objetos de la controversia, en estricta observancia de las normas aplicables al caso concreto. Así entendido la sentencia constituye un proceso de valoración jurídica y de selección de las normas aplicadas al caso, por lo que ésta debe ser razonada, lógica, integral y congruente, que

[16] Sentencia No. 153-14-SEP-CC- Caso No. 1500-13-EP, véase contenido íntegro de la sentencia en www.corteconstitucional.gob.ec

17 Corte Interamericana de Derechos Humanos, caso Apitz Barbera y otros vs Venezuela, 5 de agosto de 2008, párrafos 77 y 78.
18 Véase: Juicio No. 173-2012, Corte Nacional de Justicia, delito de injurias, Dra. Lucy Blacio Pereira, jueza ponente, sentencia dictada el 29 de junio de 2012, a las 10h05.

Página | 57

CAUSA No. 0292-2014

demuestren la existencia de la respectiva conformidad entre los elementos fácticos y la norma jurídica en la que se sustenta la decisión, por lo que debe guardar la respectiva armonía y congruencia entre la parte descriptiva, motivacional y resolutiva.

VII.- ANALISIS DEL CASO CONCRETO.

7.1.- A fin de establecer si una sentencia, cumple con el estándar de motivación contemplado en el artículo 76.7 l) de la Constitución de la República del Ecuador, es preciso examinar todas las consideraciones planteadas por el juzgador para la construcción de su silogismo jurídico, en la sentencia recurrida, consideraciones en las que debe justificar el porqué de la decisión, con relación a las pretensiones expuestas por cada uno de los sujetos procesales. En su razonamiento el juzgador debe señalar con exactitud: **1)** los hechos fácticos que constituyen el supuesto ilícito; **2)** La normativa aplicable a los hechos descritos; **3)** Una decisión congruente, entendido que con los elementos fácticos deben guardar estricta relación con la normativa jurídica aplicada.

7.2.- Al respecto de lo expresado, Róger E. Zavaleta Rodríguez, en la obra Razonamiento Judicial. Interpretación, Argumentación y Motivación de las Resoluciones Judiciales expresa:

"La motivación de las resoluciones judiciales constituye el conjunto de razonamientos de hecho y derecho realizados por el juzgador, en los cuales apoya su decisión. Motivar, en el plano procesal, consiste en fundamentar, exponer los argumentos fácticos y jurídicos que sustentan la decisión. No equivale a la mera explicación o expresión de las causas del fallo, sino a su justificación razonada, es decir, a poner de manifiesto las razones o argumentos que hacen jurídicamente aceptable la decisión"[19].

En este mismo sentido la doctora Beatriz Angélica Franciskovic Ingunza, en su artículo La Sentencia Arbitraria por Falta de Motivación en los hechos y el Derecho, señala:

"La motivación, es algo más, implica algo más que fundamentar: es la explicación de la fundamentación, es decir, consiste en explicar la solución que se da al caso concreto que se juzga, no bastando una mera exposición, sino que consiste en realizar un razonamiento lógico.
(...)
"La sentencia debe mostrar, tanto el propio convencimiento del juez como la explicación de las razones dirigidas a las partes, ha de explicar el proceso de su decisión y las razones que motivaron la misma. Mientras la falta de motivación conduce a la arbitrariedad en la resolución, la falta de fundamentación comporta una resolución anclada fuera del ordenamiento jurídico. La motivación es pues una prohibición de arbitrariedad"[20].

---

19 José Luis Castillo Alva, Manuel Estuardo Luján Túpez y Roger E. Zavaleta Rodríguez, *Razonamiento Judicial. Interpretación Argumentación y Motivación de las Resoluciones Judiciales*, Lima, 2a edición, ARA Editores E.I.R.L., 2006, p. 369-370.
20 La Sentencia Arbitraria por falta de Motivación en los Hechos y el Derecho. Beatriz Angélica Franciskovic Ingunza, [illegible]

Página | 58

CAUSA No. 0292-2014

7.3.- En el caso concreto llevado a sede casacional, se advierte en el texto de la sentencia impugnada en el considerando **4.6.-** titulado:

"Fundamentación del Dr. José Luis Jaramillo, Fiscal" "(...), se produjo en Quito, el 22 de noviembre del 2011 a las 16h00 en Guayaquil, y a las 16h30 en Cuenca se produjeron explosiones en lugares céntricos y concurridos, el 19 de diciembre del 2011, suceden tres eventos explosivos, 10h00 en el Parque de la India, 10h30 y 10h40 en Guayaquil, sucedía en el país una escalada de violencia y generó, en su momento el temor en la ciudadanía provocó que la Policía Nacional requiera a la Fiscalía la apertura de una indagación previa para investigar que sucedía y establecer quienes eran los responsables de estos actos(...) las características de artefactos explosivos(...), Fiscalía se centró en verificar si estos elementos se produjeron. (...)la Policía Nacional, a través de los expertos identifica los componentes que se utilizaron en los seis artefactos y se diseña el aparato explosivo que se utilizó, también se acuden a los informes de inspección ocular técnica en la que nos dicen que en los seis eventos hay un patrón de papeles, panfletos y que el contenido de esos mensajes de corte ideológico político y destaca ciertos elementos que resultan de mayor trascendencia, que en noviembre del 2011, aparece en la escena un panfleto que se lee Ejército Guerrillero del Pueblo N. 15, el 22 de noviembre, se lee Fuerzas Armadas Insurgentes del Ecuador, el 19 de diciembre aparece la imagen del actual presidente de Colombia(...). La Fiscalía sistematiza estos datos **relaciona estos eventos con alguien para atribuirle el delito, se relaciona con hechos anteriores de similares características, como en los años 2004, 2005, 2006, 2008, 2010, 2011,** (lo resaltado y subrayado no corresponde al texto)todo esto nos lleva a identificar una organización que opera en el país y que tiene la especialidad del uso y detonación de bombas panfletarias, luego verificamos si el GCP existe(...) se procede a recabar datos en redes sociales, como el Facebook, en la internet, páginas web, y aquí se encuentra al GCP, se logra identificar a los presuntos integrantes, entre ellos a Royce Gómez líder del GCP en la provincia del Guayas responsable de algunas células de la ciudad, una vez identificado se le relaciona con la detonación de esos artefactos, (...) se logra identificar a las personas con quien este señor se relaciona, y se conoce que el 02 de marzo del 2012, una delegación del Guayas con Royce Gómez, viaja a Quito, porque el tres de marzo se iba a llevar en Quito una reunión del denominado Comando Nacional del GCP, al seguir con las investigaciones el 2 de marzo se pone en conocimiento de la Fiscalía y los Policías se movilizan para verificar si una delegación llegaba, lo cual sí se verificó(...), se pide una orden de allanamiento para el departamento y **al interior estaban los diez procesados, no estaban con libros de Marx, o de filosofía de izquierda sino con manuscritos, indicios en computadoras, y más evidencias,** (...), **en síntesis se encontró a diez ciudadanos en el departamento planificando actos terroristas,** (lo resaltado y subrayado no corresponde al texto) toda esta evidencia fue presentada en el juicio, acudieron peritos y todos quienes participaron en la investigación, también se demostró que el GCP es una organización que utiliza prácticas violentas con el propósito de promover su ideología, prácticas como el uso de bombas (...)que los ahora acusados son integrantes del mismo, **el Tribunal declara la culpabilidad como autores del delito contemplado en el art 160.1 del Código Penal(...)el tres de marzo del 2012, estaban planificando otros actos terroristas, y no estaban reunidos conversando,** (...)."(Lo resaltado no corresponde al texto).

7.4.- Continuando con la revisión del texto se observa, que en el considerando 5.1.-, denominado Fundamentación de la Sala, transcribe lo siguiente:

Página | 59

CAUSA No. 0292-2014

"(…) el artículo 160.1, que es el tipo penal contemplado en la presente causa señala: **"Los que individualmente o formando asociaciones, como guerrillas, organizaciones, pandillas, comandos, grupos terroristas, montoneras o alguna otra forma similar, armados o no, pretextando fines patrióticos, sociales, económicos, políticos, religiosos, revolucionarios, reivindicatorios proselitistas, raciales, localistas, regionales, etc., cometieren delitos contra la seguridad común de las personas o de grupos humanos de cualquiera clase o se sus bienes: ora asaltando, violentando o destruyendo edificios, bancos almacenes, bodegas, mercados, oficinas, etc; ora allanando o invadiendo domicilios, habitaciones, colegios, escuelas, institutos, hospitales, clínicas, conventos, instalaciones de la fuerza pública, militares policiales o paramilitares, etc.; ora sustrayendo o apoderándose de bienes o valores de cualquier naturaleza y cuantía; ora secuestrando personas, vehículos, barcos o aviones para reclamar rescate, presionar y demandar el cambio de leyes o de órdenes o disposiciones legalmente expedidas o exigir a las autoridades competentes poner en libertad a procesados o sentenciados por delitos comunes o políticos, etc.; ora ocupando por la fuerza, mediante amenaza o intimidación lugares o servicios públicos o privados de cualquier naturaleza y tipo; ora levantando barricadas, parapetos, trincheras, obstáculos, etc., con el propósito de hacer frente a la fuerza pública en respaldo de sus intenciones, planes, tesis o proclamas; ora atentando, en cualquier forma, en contra de la comunidad, de sus bienes y servicios , serán reprimidos con reclusión mayor ordinaria de cuatro a ocho años y multa de mil setecientos sesenta y siete a cuatro mil cuatrocientos dieciocho dólares de los Estados Unidos de Norte América. Si por los hechos delictivos enumerados se produjeren lesiones a las personas, se impondrá a sus autores el máximo de la pena indicada en el inciso anterior y, si se produjere la muerte de una o más personas, la pena será de reclusión mayor especial de dieciséis a veinticinco años y multa de cuatro a mil cuatrocientos dieciocho a ocho mil ochocientos treinta y cinco dólares de los Estados Unidos de Norte América. Si los hechos a los que se refiere el inciso primero de este artículo afectaren únicamente bienes, además de la sanción impuesta en el mismo el autor o autores serán condenados al resarcimiento de daños y perjuicios que hubieren causado".** (Lo resaltado no corresponde al texto).

7.5.-Continúa con lo siguiente:

"(…) las legislaciones nacionales e internacionales han considerado que éstos actos, estas conductas violentas o con fines violentos merecen un tratamiento especial(…) como existe en nuestro país por la aparición desde hace muchas décadas de grupos de los conocidos como "grupos radicales de izquierda"(…), en el año 2011 se ha expresado que han explotado bombas artesanales en lugares públicos en varias ciudades. (…)- Lógico es que un conjunto de personas que se están asociando o uniendo para conformar una organización dedicada a actos de terrorismo no es conocida no está registrada oficialmente, como lo están por ejemplo más de 35 grupos o entidades ya reconocidas como tales (…). Como lo dice la abundante doctrina y jurisprudencia, el aplicar separadamente los tipos penales del Art. 160 y 161 del Código Penal, es decir, el de pertenencia y el de actos cometidos en el marco de actividades de la organización o grupo de esta especie, se podría incurrir en un bis in ídem, lo cual ha sido considerado así por el Tribunal sentenciador, ya que de otro modo en aplicación del contenido del Art. 318 del Código de Procedimiento Penal el Tribunal sentenciador a más de pronunciar la respectiva sentencia estaba obligado a ordenar que se siga un nuevo proceso por el delito o delitos que se hubieran descubierto.(…) en atención a lo previsto en el Art. 315 del Código de Procedimiento Penal, los hechos sobre los que el Tribunal debía inexorablemente pronunciar sentencia, se evidencia que han tenido relación o conexión con los determinados en el auto de llamamiento a juicio, <u>por lo tanto el tribunal debía pronunciarse sobre todos esos hechos, que esencialmente se ha referido al descubrimiento casual (reunión de grupo en el departamento de Luluncoto), pues se ha justificado que el origen de la investigación fue la explosión de las bombas.</u> (…) (lo subrayado no corresponde al texto) comenzando por determinarse el cómo de la pertenencia a

Página | 60

CAUSA No. 0292-2014

una organización, agrupación, asociación, pandillas, comandos, grupos, montoneras o alguna forma similar de integración de personas para cometer delitos contra la seguridad común de las personas o de grupos humanos de cualquier clase o de sus bienes (armados o no) "en cualquier forma" en contra de la comunidad, pues no se incrimina un estatus personal sino un acto, un comportamiento de integración en la organización. (…)"

7.6.- Expuesto lo anterior, es evidente que en el presente caso que se juzga, es un delito contra la seguridad del Estado, en el grado de tentativa de terrorismo, contemplado en el artículo 160.1 del Código de Procedimiento Penal vigente a la época de los hechos, por lo tanto resulta eminente que el juzgador tome en consideración los elementos fácticos expuestos por la fiscalía esto es las pruebas de cargo y de descargo presentadas en la etapa de juicio a fin determinar y aplicar el tipo penal que corresponda y consecuentemente motivar su decisión, toda vez que obligatoriamente se debe justificar que la conducta de los acusados, efectivamente causó perjuicios contra la seguridad del Estado, como titular del bien jurídico protegido que conllevaría el quebrantamiento de la paz, social y tranquilidad de su habitantes, hechos que deben ser extraídos de los elementos probatorios que se practicaron en la respectiva etapa de juzgamiento. Al respecto sobre los hechos suscitados, el tribunal de apelaciones expresa en el numeral 5.2. de la sentencia recurrida, que justifica su decisión con las pruebas ofrecidas por la Fiscalía, esto es con testimonios del:

"**Coronel Mauro Vargas Villacis**, quien dio razón de la operación Sol Rojo y que por ello se dio inicio a una investigación para identificar a los causantes de las explosiones de seis artefactos ocurridas en varias ciudades, en el transcurso del año 2011; que por esa investigación concluyeron que existe un grupo denominado GCP (Grupo de combatientes Populares), que los líderes se iban a reunir en marzo del 2012 en un departamento de Luluncoto en esta ciudad de Quito, (…), en cuyo operativo dice ha estado, que en las seis explosiones, especialmente en las de los días 17 y 22 de noviembre encontraron documentos que hacían referencia al "Ejército Guerrillero del Pueblo, Fuerzas Armadas Insurgentes FARE, (…) **señaló el testigo que designé un oficial y un equipo para la investigación, que tal equipo recabo información a nivel nacional**, (…), **que ubicaron a posibles blancos que podrían ser los causantes de los actos de terrorismo; "inclusive se sacó los IPS de donde posiblemente pudieron haber salido los panfletos**,(lo resaltado y subrayado no corresponde al texto) se coordinó con Argentina una asistencia legal, pues hay una página de CEDEMA que es el centro de mensajes de los que utilizan grupos subversivos; por el análisis de descarte, analizaron todos los sujetos, los posibles blancos existentes…"; que de acuerdo a todo el engranaje y el análisis que se hizo, "el hilo conductor se mueve a un grupo importante que pasó en la clandestinidad desde el 92, (…),todo eso se enfoca al Grupo de Combatientes Populares" concluyendo que ese grupo estaba vinculado con la detonación de las bombas panfletarias"; **que al momento del allanamiento se encontró sobre una mesa**: (*Lo* subrayado y resaltado no corresponde al texto) "Guía de reclutamiento de propuestas descripción de las ciudades, como se recluta, guía de reclutamiento y propuesta, elementos básicos de trabajo del GCP 2012, guía de reclutamiento y quienes pueden ser reclutados y para reclutar, Patria Nueva MPD-15, la construcción del instituto inicia la concepción del GCP, plan anual de GCP, 15 de enero la primera hoja que se encontró lecciones de una historia jornal, de noviembre relacionada con el famoso N-15, ahí se habla de todo, el tema social y de la lucha armada, encontraron la planificación anual del GCP, las fechas

Página | 61

CAUSA No. 0292-2014

que querían cambiar, había una programación que tenían del GCP, cronograma de actividades de mayo, junio, abril, septiembre y diciembre campañas de reclutamiento, publicación, taller nacional de liderazgo, escuela nacional de cuadro, como iban a planificar este año, que actividades tenían previsto en la reunión, que encontraron en una hojita la planificación, **en ese momento se encontraban planificando lo que van a hacer en la marcha del 8 de marzo para ese día esperaban, la hora de cortar la bandera, realizar llamadas explosivas en Senagua y otras mineras";** (lo subrayado y resaltado no corresponde al texto) que dentro de los cuadernos encontrados en esa reunión habían mensajes como "el combate regresa no a la represión sí al combate, no a la represión Azuay combatiente GCP presente", "una estrella de 5 puntos, el sol que mira al GCP, importante dentro de los documentos GCPecuador Hotmail.com, con su clave desdelacuna2012", (lo subrayado no corresponde al texto) que como producto del trabajo de investigación ubicaron a Royce Gómez, quien salió de Guayaquil la noche del 2 de marzo con otra persona más, también el chofer que manejaba el vehículo" porque dejó su cédula en la entrada del condominio y compararon simplemente con las informaciones que tenían, que el SIPNE que es una herramienta que permite con el nombre de la persona identificar todo, Migración, Registro Civil, cédula, todo(...) "., que luego de un arduo trabajo supieron el lugar exacto de la reunión, es decir en Lalancota, torre 6, departamento 256". 2.- Cabo Segundo de Policía EDGAR SANTIAGO VIERA CADENA: manifiesta que realizó el **trabajo previo de investigación como consecuencia del estallido de bombas panfletarias y que no ha podido establecer vinculaciones directas** (...). (lo subrayado y resaltado no corresponde al texto) al realizar el allanamiento en el inmueble "Casales San Pedro", han llegado a establecer que efectivamente en las agendas de los hoy procesados se ha encontrado la frase o conocidas como "pintas" que decía "5 años de pobreza bárbara"; que con los acercamientos y levantamientos de información detectaron la existencia de mandos medios, o sea la operatividad del Grupo de Combatientes Populares", detectaron que tienen misiones específicas, como son la realización de las "pintas"; que a través de Facebook lograron ubicar a Royce Gómez "por su incidencia en los comentarios contra el Estado, Gobierno y llamado de subversión", que bajo mismas modalidades encontraron a Ana Cristina Campaña y Abigail Heras, que además detectaron que eran cuentas con privacidades; que en este trabajo de investigación se logró ubicar a Royce Gómez en la ciudad de Guayaquil; por el seguimiento a Royce Gómez, se llega a dar con Luis Merchán también en Guayaquil, en momentos en que iban a viajar a Quito, a la reunión del 3 de marzo del 2012; que como consecuencia del allanamiento, en el celular de Royce Gómez se encontró la imagen de "no creo en Santos" y la imagen del Ejército Guerrillero del Pueblo, las que también aparecieron en uno de los panfletos en el Ministerio de Relaciones Laborales, cuando no explotó el panfleto (...); el testigo hace relación a varios de los indicios encontrados en el allanamiento del departamento de Lalancota como el No. 13, se encontraron recortes para propaganda, contramarcha para el 9 de marzo; en el indicio No. 11 una carpeta de cartón con logotipo "enfoque de productos químicos", guía de reclutamiento, como se recluta, entre otros; en otros indicios como el No. 7 se ha encontrado lo que son concepción, plan, química, que cuando el Fiscal ha preguntado a que se refiere con la frase química indica "química en las computadoras incautadas después de que se realiza la pericia informática forense química es la elaboración de artefactos explosivos, existe magnífico, existe recetarios de química, manuales de química, presentaciones como para dar clases, y existen presentaciones en PowerPoint donde dice examen de química, con elaboración de explosivos, la forma de elaborar un explosivo", esto dice ha estado específicamente en la computadora de Royce Gómez. **Respecto a los nombres de las personas que han puesto los aparatos explosivos en el año 2011 el testigo no dio razón"** (Lo resaltado y subrayado no corresponde al texto).

Más adelante en el texto de la sentencia recurrida, se observa, otros testimonios rendidos por elementos policiales que participaron en los diferentes allanamientos de los domicilios de los procesados los cuales dieron cuenta de las evidencias encontradas, en dicho acto.

Página | 62

CAUSA No. 0292-2014

7.7.- Del texto trascrito se evidencia que los hechos investigados se iniciaron por la detonación de bombas explosivas en las ciudades de Quito, Cuenca y Guayaquil, hechos que fueron investigados por la Fiscalía, como titular de la acción penal, organismo que para demostrar tanto la existencia material de la infracción así como de los responsables del injusto penal, en la etapa correspondiente ha presentado, los respectivos elementos probatorios, entre los cuales constan, los descritos en este fallo, mismos que han sido trasladados del contenido de la sentencia impugnada, como los testimonios rendidos por el Coronel Mauro Vargas Villacís, y el Cabo Segundo de Policía Edgar Santiago Viera.

7.8.- En este contexto el tribunal de apelaciones en el considerando séptimo, del fallo recurrido titulado "DECISIÓN". Entre otras cosas dice:

"(...) **De los aspectos antes expuestos, esto es la relación de las declaraciones testimoniales, la prueba material, y la determinación del principio de congruencia, se colige la existencia del nexo causal que identifican los elementos subjetivos de asociación delictiva, de la participación,** (...), **aclarándose que en este tipo de delito, el término atentado no comprende únicamente la tentativa, sino también al delito consumado**(...). **El principio "iura novit curia", aplicado por el Tribunal de Garantías Penales, se traduce en que el juez conoce los derechos y debe someterse a lo probado en cuanto a los hechos, para aplicar un derecho no invocado o distinto del invocado por las partes a la hora de argumentar la causa. El Código Orgánico de la Función Judicial en su artículo 140 establece" La jueza o el juez debe aplicar el derecho que corresponda al proceso, aunque no haya sido invocado por las partes o lo haya sido erróneamente**. Sin embargo, no podrá ir más allá del petitorio **ni fundar su decisión en hechos diversos de los que han sido alegados por las partes**(...), **verificado que han sido en el proceso,** (...)**se desprende que corresponden los mismos hechos que se relatan en aquel y que llevan a establecer que efectivamente estos hechos son compatibles, concretos y coherentes, y en el derecho**(...)**que se prescribe el artículo 160.1 del Código Penal**(...) (Lo resaltado y subrayado no corresponde al texto) por lo que llega a establecer **"con certeza la existencia objetiva del delito incurrido y como consecuencia lógica, la existencia de indicios de la responsabilidad de los procesados (...)**(Todo lo resaltado y subrayado no corresponde al texto), por consiguiente (...) ADMINISTRANDO JUSTICIA EN NOMBRE DEL PUEBLO SOBERANO EL ECUADOR, Y POR AUTORIDAD DE LA CONSTITUCION Y LAS LEYES DE LA REPUBLICA, desestiman el recurso de apelación presentado por Pablo Andrés Castro Cangas y otros, y se confirma la sentencia venida en grado que declara su responsabilidad.-(...)".

7.9.- De lo anotado, se razona que la Sala Penal de la Corte Provincial de Justicia de Pichincha, al conocer el respectivo recurso, como tribunal de apelaciones, tenía la facultad de conocer, tanto los hechos como el derecho aplicado por el tribunal de instancia, para así poder llegar a una conclusión, sin embargo en su sentencia conforme queda transcrito, no se encuentra que se hayan radicado con exactitud y precisión los hechos, y el derecho aplicado, por lo tanto se

Página | 63

evidencia que el tribunal de apelaciones, al redactar el texto de la sentencia recurrida incide en un lenguaje jurídico contradictorio como es el hecho de afirmar:

"...**de los aspectos antes expuestos, esto es la relación de las declaraciones testimoniales, la prueba material y la determinación del principio de congruencia, se colige la existencia del nexo causal que identifican los elementos subjetivos de asociación delictiva, de la participación de los procesados (...)**". Lo resaltado no corresponde al texto. Así los hechos, los juzgadores de instancia aplican el contenido jurídico contemplado en el artículo 160.1 del Código Penal, vigente a la época.

7.10.- En este orden de ideas, es de reiterar que la Corte Constitucional en su rol de máximo órgano de control, interpretación constitucional y de administración de justicia en esta materia, de conformidad con lo establecido en el artículo 429 de la Constitución de la República del Ecuador, respecto de la garantía de motivación, en sentencia No. 076-16-SEP-CC, dictada dentro del caso No. 1956-13-EP, ha señalado:

"El requisito de **razonabilidad** se encuentra relacionado con la determinación de las disposiciones normativas constitucionales, legales y/o jurisprudenciales que constituyen fuentes de derecho en las que las autoridades jurisdiccionales deben fundar sus decisiones materiales o de fondo sobre las pretensiones del caso concreto (...) **Lógica** (...), el requisito de la lógica se encuentra relacionado con la coherencia que debe existir entre las premisas con la conclusión final, así como también con la carga argumentativa que debe existir por parte de la autoridad en los razonamientos, afirmaciones y finalmente con la decisión que vaya a adoptar. **Comprensibilidad** (...) relacionado con claridad del lenguaje empleado por parte de la autoridad jurisdiccional, así como también vinculado con la manera en que esta realiza la exposición de sus ideas, la Corte Constitucional considera que en el caso sub judice ante la existencia de contradicciones en el contenido de la decisión conforme quedó demostrado en párrafos precedentes y la falta de claridad en la exposición de ideas y razonamientos en lo que respecta a lo afirmado con lo actuado por parte de las autoridades jurisdiccionales, ha tenido lugar un incumplimiento al parámetro sujeto a estudio...".

Este mismo organismo constitucional, en sentencia No. 156-15-SEP-CC, Caso No. 1052-13-EP. Ha señalado:

Dentro de las garantías del debido proceso se encuentra la motivación, constituyéndose en un elemento esencial del derecho a la tutela judicial efectiva, que para lograr el "postulado constitucional de brindar una justicia imparcial y expedita, es indispensable la presencia de una decisión debidamente motivada y de no hacerlo podría generar vulneración al derecho al debido proceso y a la tutela judicial efectiva..." pues una decisión no se "limita a la mera descripción de normativa y de antecedentes que constituyen el caso concreto, ya que su función es mucho más amplia, en tanto impone que las decisiones judiciales se encuentren dotadas de una fuerte carga argumentativa, que si bien tome como base premisas fácticas y jurídicas, tenga como

CAUSA No. 0292-2014

fundamento principal el análisis intelectual de la autoridad judicial seguido para llegar a la conclusión final de un caso concreto."

7.11.- En este contexto queda claro, que no existe exactitud ni precisión en la tipificación del tipo penal por el cual el tribunal de apelaciones aplica el derecho a los hechos realizados por las y los procesadas(os). Circunstancia que conlleva a una falta de congruencia en la construcción y razonamiento del juzgador, evidenciándose de esta forma que el fallo recurrido no cumple con lo dispuesto en el artículo 76.7. l) de la Constitución de la República del Ecuador, toda vez que, a rasgos generales se limita a hacer referencias no precisas de los hechos fácticos; así como de ciertas normas legales, a sabiendas que la mera cita de normas no implica motivar sino, en estricta observancia a lo que manda la norma constitucional invocada que dice: "No habrá motivación si en la resolución no enuncian las normas o principios jurídicos en se funda y no se explica la pertinencia de su aplicación a los antecedentes de hecho (…)". En este contexto el análisis con el cual el tribunal de alzada resuelve confirmar en todas sus partes el texto de la sentencia dictada por el juzgador a quo y rechazar los recursos planteados por las y los recurrentes, resulta contradictorio- incongruente, lo que transgrede el deber de los jueces de motivar sus resoluciones como lo exige la norma constitucional antes citada, toda vez que la motivación en el fallo constituye una garantía que asiste a todo sujeto procesal, y que conlleva a evitar errores conceptuales de estructura o de garantía a la seguridad jurídica, prescindiendo con ello la arbitrariedad, decisiones contrarias, errores de lógica jurídica y el actuar no razonado de los administradores de justicia.

7.12.- Así las cosas se debe reiterar que, es deber de todos los jueces y en especial de los de garantías penales, por ser los facultados de conocer y garantizar uno de los derechos considerados como fundamentales, la libertad de las personas; justificar el porqué de su decisión, explicando de forma razonada, lógica y comprensible, los hechos que le conllevaron a aplicar el derecho; requisitos que en la especie no se precisa de forma amplia y suficiente, al contrario dicha exigencia, se torna contradictoria e insuficiente al tratar de explicar el tipo penal adoptado (tentativa de terrorismo), en la sentencia recurrida. Y al no haber cumplido con estos requisitos, el fallo analizado deviene en arbitrario, incongruente e inmotivado, consecuentemente carente de toda validez jurídica.

VIII.- DECISIÓN.

Por las consideraciones expuestas, esta Conjueza Nacional de la Sala Especializada de lo Penal, Penal Militar, Penal Policial y Tránsito de la Corte Nacional de Justicia, apartándose de la

Página | 65

CAUSA No. 0292-2014

sentencia de mayoría **ADMINISTRANDO JUSTICIA EN NOMBRE DEL PUEBLO SOBERANO DEL ECUADOR, Y POR AUTORIDAD DE LA CONSTITUCIÓN Y LAS LEYES DE LA REPUBLICA**, con fundamento en el artículo 76.7.l) de la Constitución de la República del Ecuador, declara, la nulidad constitucional de la sentencia dictada por la Sala Penal, de la Corte Provincial de Justicia de Pichincha, de fecha 24 de diciembre del 2013, las 15h29,incluida la audiencia de fundamentación de los recursos, puesto que la decisión recurrida no cumple con los requisitos básicos de la motivación: razonamiento, lógica y comprensibilidad y al no cumplir con estos requisitos, el fallo en análisis se convierte en inmotivado, violándose así el derecho de las personas a una sentencia judicial motivada. La presente nulidad se la declara a costa de los jueces que intervinieron en la audiencia de fundamentación del recurso de apelación y en la elaboración de la sentencia impugnada que se anula.- Ejecutoriada esta sentencia, devuélvase el expediente al tribunal de origen para los fines legales pertinentes.- **NOTIFÍQUESE Y CÚMPLASE.-** f) Dra. Zulema Pachacama Nieto, Conjueza Nacional (Voto Salvado); Dra. Sylvia Sánchez Insuasti, Jueza Nacional; Dr. Miguel Jurado Fabara, Juez Nacional. f) Dr. Carlos Rodríguez García, Secretario Relator.-

Lo que comunico a usted para los fines ley.

Certifico.-

Dr. Carlos Rodríguez García
SECRETARIO RELATOR

Página | 66

Anexo 3. (Para el caso 3)

CORTE NACIONAL DE JUSTICIA.- SALA ESPECIALIZADA DE LO PENAL, PENAL MILITAR, PENAL POLICIAL Y TRÁNSITO.-
Quito, 29 de octubre de 2014, a las 16h00

VISTOS.- Los ciudadanos Leonardo Navas Banchón, Juan Franco Porras, Roberto Isaías Dassum, Antonio Arenas Contreras; y, William Isaías (sindicados), con fundamento en los artículos 373 y 384 del Código de Procedimiento Penal (1983)[1], interponen recursos de casación, en contra de la sentencia dictada por el Tribunal de Apelación de la Sala Especializada de lo Penal, Penal Militar, Penal Policial y Tránsito de la Corte Nacional de Justicia, de 12 de marzo de 2014, a las 15h00, que declaró sin lugar los recursos de apelación propuestos por estos procesados; y que reformó la sentencia subida en grado, declarándolos autores responsables del delito de peculado tipificado y sancionado en el artículo 257 del Código Penal, en concordancia con el artículo 42 *ibídem*, imponiéndoles la pena de ocho años de reclusión mayor ordinaria.

Por el sorteo realizado, le corresponde conocer el presente recurso a este Tribunal de Casación, de la Sala Especializada de lo Penal, Penal Militar, Penal Policial y Tránsito de la Corte Nacional de Justicia, integrado por la doctora Gladys Terán Sierra, como Jueza Nacional Ponente; la doctora Lucy Blacio Pereira, Jueza Nacional; y, el doctor Jorge M. Blum Carcelén, Juez Nacional, miembros del Tribunal; por lo que habiéndose agotado el trámite legal pertinente, y al ser el estado de la causa el de resolver, para hacerlo se considera:

1. COMPETENCIA

Este Tribunal de Casación, de la Sala Especializada de lo Penal, Penal Militar, Penal Policial y Tránsito de la Corte Nacional de Justicia, es competente para resolver los recursos de casación y revisión, conforme a lo dispuesto en los artículos 184.1 y 76.7.k), de la Constitución de la República; artículos 184 y 186.1, del Código Orgánico de la Función Judicial (reformados mediante la Ley Orgánica Reformatoria del Código Orgánico de la Función Judicial, publicada en el Suplemento del R. O. No. 38 de 17 de julio de 2013); artículo 373 y siguientes del Código de Procedimiento Penal de 1983; y, acorde al artículo 5 de la Resolución No. 04-2013 de la Corte Nacional de Justicia de 22 de julio de 2013.

Para este recurso de casación, dada la temporalidad en que se dio el caso, el mismo corresponde tramitarlo conforme las normas procesales del Código de Procedimiento Penal, publicado en el R. O. No. 511 de 19 de junio de 1983 (Ley 134), en donde el

[1] Para el proceso en ciernes se aplica el Código de Procedimiento Penal de 1983, Ley 134, publicado en el R. O. No. 511 de 19 de junio de 1983, en donde el recurso de casación se encontraba normado en el Libro IV, De las Etapas del Proceso Penal; Título IV De la Etapa de Impugnación; Capítulo Único De los Recursos; Sección Cuarta; artículos 373-384; Código que posteriormente fuera reformado por el Código de Procedimiento Penal del año 2000 publicado en el R. O. Suplemento No. 360 de 13 de enero de 2000, en el cual el recurso de casación consta en el Libro IV, Título IV, Capítulo IV, arts. 349-358; el cual, a su vez, también fuera reformado mediante la Ley Reformatoria s/n al Código Penal y Procedimiento Penal, publicada en el R. O. Suplemento No. 55 de 24 de marzo de 2009, (vigente) en donde el recurso de casación, con sus debidas reformas, se halla normado en el Libro IV, Título IV, Capítulo IV, arts. 349-358.

2

recurso de casación se encontraba normado en el Libro IV, De las Etapas del Proceso Penal; Título IV De la Etapa de Impugnación; Capítulo Único De los Recursos; Sección Cuarta; artículos 373-384. (Conocido como sistema inquisitivo)

2. ANTECEDENTES DE LA SENTENCIA IMPUGNADA Y ACTUACIONES PROCESALES

- Con fecha 16 de junio de 2000, la doctora Mariana Yépez, en su calidad de Ministra Fiscal General, presenta excitativa fiscal, ante el Presidente de la Corte Suprema de Justicia -a esa fecha-; en la que solicita se instruya el sumario de ley; por lo que éste ordena iniciación del juicio penal, mediante el correspondiente auto cabeza de proceso, sindicando a Roberto Isaías Dassun, William Isaías Dassum, Juan Francisco Franco Porras, Gastón García González, Leonardo Navas Banchón, Daniel Rodríguez Galarza, Antonio Arenas Contreras, José Morillo Battle, Jorge Egas Peña, Luis Jácome Hidalgo, Iván Ayala, María del Carmen de Morla, Iván Osorio Naranjo, Gloria Magdalena Avila Aguilar, James Mc. Pherson, Mauricio de Wind Córdova, Fidel Jaramillo Buendía; y, Patrick Barrera Sweenye; por la comisión del delito de peculado bancario, determinado en el artículo 257 del Código Penal, y de falsedad tipificado en el artículo 363, ibídem; así como de varios delitos financieros previstos en el artículo 131 de la Ley de Instituciones del Sistema Financiero. El 21 de junio de 2000, se presenta un alcance a la excitativa fiscal, y se solicita se instruya sumario y se dicte auto cabeza de proceso en contra de: Jaime Freire Hidalgo, Patricio Moreno Huras, Marcelo Herrera Tapia, Plaza Hernández, Alejandro Romo Leroux, José Carrera, Andrés Baquerizo y Daniel Cañizares.

En la excitativa fiscal se señala:

Que en vista de que Filanbanco S.A. entró en un proceso de iliquidez, tal hecho determinó que acceda a créditos del Banco Central, entre el 14 de septiembre y el 2 diciembre de 1998, para luego pasar a la Agencia de Garantía de Depósito, lo cual se difundió a través de los medios de comunicación, originando graves preocupaciones en la sociedad, por lo cual, la Fiscalía General, abrió un expediente investigativo.

Que de la documentación obtenida por la Fiscalía, y del informe remitido por el Superintendente de Bancos, se conoció que Filanbanco S.A., accedió, acorde con los artículos 24 y 26 de la Ley de Régimen Monetario y Banco del Estado (LRMyBE), a dichos créditos por montos de S/ 972.000 millones de sucres y S/ 1.800.000 millones de sucres; Filanbaco S.A. durante el período de vigencia de los créditos concedidos, incumplió con las restricciones previstas en las disposiciones pertinentes de las regulaciones 001-98 y 008-98, básicamente porque desembolsó operaciones de crédito nuevas, incrementó los saldos de cartera en sucres y dólares, incrementó la cuenta de activos fijos; y, realizó inversiones en Filanbanco Trust & Banking Corp., que no son permitidas por las regulaciones referidas.

Que los préstamos de liquidez no fueron utilizados por los administradores del Filanbanco S.A., para cumplir con la finalidad de precautelar la estabilidad del sistema financiero en su conjunto, sino, que se invirtieron en operaciones prohibidas, existiendo por parte de los administradores de Filanbanco S.A. (Juan Franco Porras, Gerente General; Roberto Isaías Dassum, Presidente Ejecutivo; William Isaías, Vicepresidente Ejecutivo; Gastón García González, Auditor General; y, Leonardo Navas Banchón,

3

Contador General), abuso de fondos del Banco Central, con lo que se configura el delito de peculado tipificado en el artículo 257 del Código Penal.

Que con relación a la institución Off Shore Filanbanco Trust & Banking Corp., la responsabilidad corresponde a Daniel Rodríguez Galarza, Vicepresidente Apoderado General; y, a Antonio Arenas Contreras, Contador General.

Que los superintendentes José Morillo Battle y Jorge Egas Peña, no cumplieron con sus obligaciones de velar por la estabilidad, solidez y correcto funcionamiento de la institución financiera Filanbanco S.A.

Que existe también, por parte de Luis Jácome Hidalgo e Iván Ayala (Gerentes del Banco Central), encubrimiento sobre las irregularidades de Filanbanco S.A.

Que el intendente nacional de supervisión de entidades financieras, en su informe afirma que se presume falsedad de los estados financieros, con relación a la cuenta "Inversiones Varias", en las que Filanbanco Trust registró transferencias de recursos de US$ 107.3 millones, lo cual se adecúa al delito tipificado en el artículo 131,a),b) de la Ley de Instituciones del Sistema Financiero, siendo responsables Roberto Isaías Dassum, Presidente; María del Carmen Morla, Vicepresidente Subsecretaria; y, Daniel Rodríguez Galarza, Secretario, Tesorero, Vicepresidente Apoderado General.

Que la firma Hansen Holm, auditora externa de Filanbanco S.A y Filanbanco Trust, al ocultar información, incurrió en el delito previsto en el artículo 363 del Código Penal.

Que las daciones en pago, que han sido observadas por la Superintendencia de Bancos (caso Otavalo y Filanbanco Trust, instrumentadas el 2 y el 21 de diciembre de 1998), constituyen perjuicio al patrimonio del Estado y su responsabilidad recae, por la primera, en Daniel Rodríguez Galarza, Vicepresidente Apoderado General de Filanbanco Trust; y, por la segunda, en Daniel Cañizares, Presidente Ejecutivo de Filanbanco S.A. y, Gloria Magdalena Ávila Aguilar, representante de la Compañía Otavalo S.A.; éstas daciones acarrean responsabilidad además de los miembros de la AGD que las aceptaron (James Mc. Pherson, Gerente General; Jorge Egas Peña, Luis Jácome Hidalgo, Mauricio de Wind Córdova, Fidel Jaramillo Buendía; y, Patrick Barrera Sweenye, miembros del directorio).

- Con fecha 22 de junio de 2000, el doctor Galo Pico Mantilla (Presidente de la Corte Suprema de Justicia), dicta auto cabeza de proceso en contra de Roberto Isaías Dassun, William Isaías Dassum, Juan Franco Porras, Gastón García González, Leonardo Navas Banchón, Daniel Rodríguez Galarza, Antonio Arenas, José Morillo Battle, Jorge Egas Peña, Luis Jácome Hidalgo, Iván Ayala, María del Carmen de Morla, Iván Osorio Naranjo, Daniel Cañizares, Gloria Magdalena Ávila Aguilar, James Mc. Pherson, Mauricio de Wind Córdova, Fidel Jaramillo Buendía; Patrick Barrera Sweenye, Jaime Freire Hidalgo, Patricio Moreno Huras, Marcelo Herrera Tapia, Carlos Plaza Hernández, Alejandro Romo Leroux, José Carrera; y, Andrés Baquerizo.
- El 20 de noviembre de 2002, la Ministra Fiscal General, Doctora Mariana Yepez, presenta su dictamen fiscal por el delito de falsedad de balances.
- El 19 de marzo de 2003, sin observar el dictamen fiscal, por ser –a esa fecha- una opinión, el doctor Armando Bermeo (Presidente de la Corte Suprema de Justicia), dicta auto de llamamiento a juicio plenario, por el delito de peculado bancario tipificado en el artículo 257, incisos 1 y 3 del Código Penal, en contra de Roberto Isaías Dassum, William

4

Isaías Dassum, Juan Franco Porras, Gastón García González, Leonardo Navas Banchón, Daniel Rodríguez Galarza, Antonio Arenas, María del Carmen de Morla, Gloria Magdalena Ávila Aguilar, Boanerges Pereira Espinosa, Tyrone Castro, Jorge Egas Peña; y, Luis Jácome Hidalgo. Auto de sobreseimiento definitivo a favor de José Morillo Battle, Iván Ayala, James Mc. Pherson, Mauricio de Wind Córdova, Fidel Jaramillo Buendía, Patrick Barrera Sweenye; José Carrera; y, Andrés Baquerizo. Auto de sobreseimiento provisional del proceso y de los sindicados, a favor de Iván Osorio Naranjo, Daniel Cañizares, Jaime Freire Hidalgo, Patricio Moreno Huras, Marcelo Herrera Tapia, Carlos Plaza Hernández, y Alejandro Romo Leroux.

- El 12 de mayo de 2009, la Primera Sala de lo Penal de la Corte Nacional de Justicia, confirma el auto de llamamiento a juicio.
- El 15 de enero de 2010, la Primera Sala de Conjueces de lo Penal de la Corte Nacional de Justicia, luego de varios pedidos de ampliación, aclaración y revocatoria, dicta auto que confirma la apertura de la etapa del plenario, en contra de los sindicados Roberto Isaías Dassun, William Isaías Dassum, Juan Franco Porras, Gastón García González, Leonardo Navas Banchon, Daniel Rodríguez Galarza, Antonio Arenas, María del Carmen de Morla, Gloria Magdalena Ávila Aguilar, Jorge Egas Peña y Luis Jácome Hidalgo, por los delitos tipificados y sancionados en los artículos 128,a) y 131,a),b),d) de la Ley General de Instituciones del Sistema Financiero, en concordancia con los artículos 363.3 y 364 del Código Penal.
- El 17 de mayo de 2010, la Primera Sala de lo Penal de Conjueces Ocasionales, declara inexistente el auto dictado por la Sala de Conjueces de 15 de enero de 2010; establece, que el auto de apertura a la etapa del plenario dictado por la Sala principal de 12 de mayo de 2009, se encuentra en plena vigencia. (Peculado bancario, artículo 257, incisos 1 y 3 del Código Penal vigente en 1998),
- Con fecha 10 de abril de 2012, el doctor Wilson Merino Sánchez, Juez Nacional de la Sala Penal de la Corte Nacional de Justicia, a quién le correspondió por sorteo conocer y sustanciar la etapa del plenario, luego de haberse agotado la fase de la prueba, dicta sentencia condenatoria en contra de Roberto Isaías Dassum, William Isaías Dassum, Juan Franco Porras, Gastón García González, Leonardo Navas Banchón y Antonio Arenas, como autores del delito de peculado tipificado y sancionado en el artículo 257 del Código Penal, imponiéndoles la pena de ocho años de reclusión mayor ordinaria; como cómplices a Jorge Egas Peña y Luis Jácome Hidalgo, imponiéndoles la pena de tres años de reclusión mayor ordinaria; y, ratifica el estado de inocencia de Boanerges Pereira Espinoza, Daniel Rodríguez Galarza, Gloria Magdalena Ávila Aguilar, María del Carmen de Morla y Tyrone Castro Castro.

Esta sentencia señala:

... siendo los hechos investigados en este proceso la utilización de los fondos provenientes de los préstamos de liquidez que los directivos de Filanbanco recibieron del Banco Central del Ecuador entre el 14 de Septiembre y el 2 de Diciembre de 1998, así como los préstamos vinculados que pudieron haberse conferido con anterioridad al 2 de Diciembre de 1998, en que Filanbanco pasó a administración y propiedad del Estado se concluye que es aplicable la figura modal del llamado PECULADO EN GENERAL O TAMBIEN LLAMADO PECULADO MAYOR y no la de peculado bancario, pues tal figura penal se incluye como

5

reforma mediante L.99-26. R.O. 190 del 13 de mayo de 1999 es decir luego de la comisión del ilícito penal de peculado general que estuvo legislado con anterioridad a la fecha en que sucedieron tales hechos. (...)[2]

En cuanto a las pruebas en las que se basa la sentencia, las mismas que constan referidas en el considerando noveno de dicho fallo[3], se señala:

... Para efectos de sentencia se examinará la prueba actuada y relacionada con cada uno de los hechos identificados en los antecedentes como punibles, en relación al informe del señor Pedro Delgado, ex Intendente Nacional de Bancos y Grupos Financieros, a la documentación que agrega, a las investigaciones realizadas por la Unidad de Delitos Financieros del Ministerio Público, y a la prueba aportada por los sindicados en la etapa del sumario y en la reapertura del mismo, y en la etapa del juicio. (...)[4]

- En lo referente a *"USO DE PRÉSTAMOS DE LIQUIDEZ"*

- Oficio No. SB:.INBGF-98-0552, de 22 de octubre de 1998 (fs. 75-76), del doctor Jorge Egas Peña, Superintendente de Bancos y Seguros, dirigido a Luis Jácome (Gerente del Banco Central), en el cual se informa: que basado en el Convenio de Operaciones de Tesorería, suscrito el 6 de diciembre de 1995, entre el Banco Central y Filanbanco, y el artículo 24 de la LRMyBE; Filanbanco accedió el 14 de septiembre de 1998 a un préstamo de liquidez por S/ 972.000 millones de sucres, equivalente a US$ 151.68 millones de dólares, el cual fue registrado en la cuenta 2704 denominada "Créditos a favor de Bancos y otras Instituciones Financieras del País", en lugar de hacerlo en la cuenta 2701 "Créditos a favor de Bancos-Banco Central del Ecuador", conforme lo establecido en la descripción y dinámica para el uso de la cuenta 2701 del Catálogo Único de Cuentas; que luego de obtener el préstamo de liquidez, Filanbanco, incrementó la cartera de créditos en S/ 331.668 millones de sucres, según la muestra de operaciones del 24 al 30 de septiembre de 1998; que de una muestra de 18 casos examinados en el período comprendido del 14 de septiembre a 6 de octubre de 1998, por auditores de la Superintendencia de Bancos, se establece que el monto del incremento de la cartera asciende a S/ 730,9 millones de sucres, operaciones que fueron registradas en la cuenta contable 14010520 "Préstamos Sobre Firmas".

- Oficio No. GG-1671-98, de 18 de noviembre de 1998, suscrito por Juan Franco Porras, Gerente General de Filanbanco S.A., en el que informa al Banco Central que entre el 14 de septiembre y el 6 de octubre de 1998, la cartera de crédito de Filanbanco S.A., sin netear la provisión creció en S/ 268.807 millones de sucres y no en S/ 434.897 millones como indica la Superintendencia de Bancos.

- Resolución No. DBCE-13-P de 23 de octubre de 1998, -previo a que Filanbanco S.A. con fecha 26 de octubre de 1998, accedió a un nuevo préstamo de liquidez-, se le exigió acogerse a un programa de estabilización, que entre otras cosas contiene: la disposición de constituir un fideicomiso con el 100% de las acciones, facultando expresamente al fiduciario para que facilite la contratación de un préstamo subordinado con otras instituciones financieras o de terceros, en el caso de que los accionistas no

[2] Ver sentencia de primera instancia, que obra de fs. 13915-13950 (fs. 13924)

[3] Ibídem fs. 13930-13941.

[4] Ibídem fs. 13930.

6

capitalicen al banco en el plazo del cronograma establecido; la constitución de fideicomisos de garantía de bienes y de cartera a favor del Banco Central; la inversión en bonos de estabilización monetaria, títulos de la Corporación Financiera Nacional y/o bonos del Gobierno Nacional con los recursos provenientes de las recuperaciones de cartera, incremento de depósitos o cualquier otra captación que no fuera utilizada para el pago de pasivos.

- Oficio No. SB-INBGF-98-0650, de 26 de noviembre de 1998, el Superintendente de Bancos (Jorge Egas Peña), en cumplimiento a la disposición del directorio del Banco Central (Of. No. DBCE-0780-98 de 23 de noviembre de 2998), comunicó a Juan Franco Porras (Gerente General de Filanbanco S.A.), que el Presidente del directorio del Banco Central (Luis Jácome) notificó el incumplimiento del programa de estabilización por parte de Filanbanco S.A.
- Oficio No. 99-043-GG de abril de 1999, suscrito por Gonzalo Hidalgo Terán (Gerente General de Filanbanco S.A.), dirigido a Iván Ayala Reyes (Gerente General del Banco Central del Ecuador), detalla los pormenores de pago del capital e intereses correspondientes a la extensión del monto del préstamo de liquidez conferido.
- Oficio No. SE-1462-2000 00 01867, de 12 de junio de 2000, suscrito por Miguel Dávila (Gerente del Banco Central), dirigido a la Fiscalía General del Estado, informe que sobre los resultados al monitoreo realizado por el Banco Central, a Filanbanco, durante el período en que accedió a las líneas de liquidez, se puede inferir que las necesidades de liquidez que tuvo dicha institución, en tal período, para honrar y pagar operaciones permitidas, fueron superiores al monto que efectivamente le concedió el Banco Central, por lo que ésta tuvo que utilizar necesariamente otras fuentes de recursos para cubrir esa diferencia.
- Testimonio de Nelson Iván Ayala Reyes, quien declaró, en la etapa del plenario, que en el Directorio del Banco Central, diseñaron y ejecutaron un sistema muy severo de valoración y recepción de garantías por parte de las instituciones financieras, de modo que en todos los casos que se concedieron créditos, el Banco Central estuvo cubierto con garantías que superaban los mínimos legales establecidos.
- Oficio No. SE-2556-99, de 5 de agosto de 1999, Miguel Dávila Castillo (Ex Gerente General (e) del Banco Central), manifiesta que Filanbanco canceló el saldo pendiente del préstamo concedido el 26 de julio de 1999.
- Testimonio de Miguel Rodrigo Dávila Castillo, quien declaró, en la etapa del plenario, que el monto de los recursos de crédito otorgados por el Banco Central a Filanbanco, fue menor al requerido por la institución para cumplir el pago de las operaciones autorizadas, por lo que tuvo que obtener recursos de otras fuentes para hacerlo; que se puede afirmar que los recursos de crédito fueron utilizados en las operaciones autorizadas.
- Oficio No. SE-3232-2000, de 26 de octubre de 2000, Leopoldo Baez Carrera (Ex Gerente General del Banco Central), señala que el Directorio del Banco Central, autorizó, al amparo de las normas previstas en la LRMyBE y las regulaciones vigentes, la concesión de operaciones de crédito a Filanbanco S.A., puntualizando que ha pagado todas las operaciones de crédito; lo cual es ratificado al rendir su testimonio en la etapa del

7

- Informe de los peritos, Guido Anibal Goyes Olalla y Luis Anibal Ortíz Carlosama, designados en la etapa del plenario, quienes concluyeron que acorde con el informe del Gerente General del Banco Central (Leopoldo Baez Carrera), en respuesta al oficio No. 145-G-AJ-57-2000-SF-2000 de 25 de septiembre de 2000, solicitado por el Presidente de la Corte Suprema de Justicia (Galo Pico Mantilla), se señala que el 28 de diciembre de 1998, Filanbanco S.A. canceló el crédito que fue por S/ 972.000,00 millones de sucres, más intereses, mediante dación en pago de un bono del Estado que era de su propiedad, emitido por el Ministerio de Finanzas y Crédito Público, por pedido de la Agencia de Garantía de Depósitos por la cantidad de US$ 155.000.000 millones de dólares.
- Oficio No. AL-045-2001, de 30 de abril de 2001, ya bajo administración estatal, el Gerente General de Filanbanco S.A. (Miguel Crespo Villacres), reporta el estado de las operaciones crediticias correspondientes al período del 14 al 22 de septiembre de 1998; y, del 22 de septiembre al 5 de noviembre de 1998.
- Oficio No. 2000-443-GG, el Gerente General de Filanbanco S.A. ya bajo administración estatal, (Antonio Bejarano Trujillo), señala que del 22 de septiembre al 4 de noviembre de 1998, ingresaron a Filanbanco S.A. fondos provenientes de los préstamos de liquidez concedidos por el Banco Central del Ecuador por US$ 151.59 millones de dólares; período en el cual, de Filanbanco, salieron por requerimientos de liquidez US$ 193.47 millones de dólares; ingresaron por recursos de otras fuentes US$ 41.88 millones de dólares; y, concedió operaciones nuevas de crédito, con desembolso efectivo, S/ 19.195 millones de sucres.
- Oficios Nos. 98-566-OBS-DByGF y INBGF-9802, de 12 y 15 de octubre de 1998, suscritos por Carlos Plaza Hernández (Intendente Regional de Bancos de Guayaquil), y Patricio Moreno Huras (Intendente Nacional de Bancos y Grupos Financieros), dirigidos a Juan Franco Porras (Gerente General de Filanbanco), del cual se infiere que el indebido registro de cuentas originó una inadecuada presentación en el balance general de los saldos de las cuentas que conforman el grupo 27 "Créditos a favor de Bancos y Otras Instituciones Financieras"; incumpliéndose el artículo 4,b) de la Codificación de Regulaciones del Banco Central.
- Oficios Nos. SE-1462-2000 00 01867 y SE-3232-2000 de 12 de junio y 26 de octubre de 2000, el ex Gerente y Gerente del Banco Central (Miguel Dávila Castillo y Leopoldo Baéz Carrera), señalan que del monitoreo diario realizado por el Banco Central, y por funcionarios de auditoria de la Superintendencia de Bancos, entre el 14 de septiembre y el 2 de diciembre de 1998, por el valor de 3 billones de sucres, aproximadamente; valor al que no accedieron los préstamos de liquidez otorgados por el Banco Central durante el mismo período, pues alcanzaron el monto de 2.7 billones de sucres, por lo que Filanbanco debió obtener recursos de otras fuentes.
- Oficio 2000-443-GG, del Gerente General de Filanbanco (Antonio Bejarano Trujillo); y, peritaje contable a la verificación de cuentas sujetas a monitoreo del estado de cuentas de Filanbanco desde el 14 de septiembre al 2 de diciembre de 1998, realizado por Fernando Castillo y Elvira Pino, se establece que en los 3.0 billones de sucres considerados como necesarios para cubrir los requerimientos de liquidez de Filanbanco,

8

alcanzaron, aproximadamente, S/ 500.000 millones de sucres; sumada dicha cifra, al monto de intereses pagados por Filanbanco al Banco Central, se tiene que este último entregó por concepto de los créditos de liquidez, aproximadamente, 1.7 billones de sucres.

- Los peritos Mario Humberto Torres Jaramillo y Mario Alexander Morales Hidrobo, designados durante la etapa del plenario, concluyen que el Banco Central del Ecuador se reservó el derecho de declarar de plazo vencido, en caso de detectar algún incumplimiento; que el Banco Central ejerció un análisis y seguimiento permanente durante la vigencia de estas operaciones con el fin de verificar el uso para el cual Filanbanco solicitaba los fondos; que el oficio 1462-2000 de 12 de junio de 2000, suscrito por Miguel Dávila Castillo (Gerente General del Banco Central), remitido a la Ministra Fiscal General del Estado (Mariana Yépez), en ninguna parte hace mención de incumplimiento alguno a las regulaciones 001 y/o 008 del Banco Central.
- Los peritos Guido Anibal Goyes Olalla y Luis Anibal Ortiz Carlosama, designados en la etapa del plenario, señalaron el registro por error de los créditos de liquidez otorgados por el Banco Central a Filanbanco, en la cuenta 2704 (Créditos a favor de Bancos y Otras Instituciones Financieras del país), en lugar de hacerlo en la cuenta Créditos a favor de Banco Central del Ecuador.

• En torno a *"INVERSIONES EN FILANBANCO TRUST & BANKING CORP"*

- Memorando No. INSEF-2000-0863 de 14 de junio de 2000, suscrito por Pedro Delgado Campaña, establece que entre el 8 de mayo y 2 de diciembre de 1998, el saldo de la cuenta "Inversiones Varias" de Filanbanco Trust, pasó de 8.1 millones a 107.3 millones de dólares, siendo las últimas inversiones las de 30 de octubre y 2 de diciembre de 1998, por montos de 13.3 y 35.1 millones de dólares, sin que las mismas estén permitidas por la Regulación No. 001-98 del Banco Central; inversiones que no estaban respaldadas por ningún tipo de documento (títulos valores, acciones, pagarés, avales, otros documentos similares u otro tipo de activos).
- Oficio No. 2000-108-GG, de 10 de junio de 2000, el Gerente General de Filanbanco (Gonzalo Hidalgo Terán), asevera que durante el período mayo-diciembre de 1998, la custodia de Filanbanco Trust & Banking Corp., no registró movimientos que respalden las operaciones realizadas en la cuenta "Inversiones Varias".
- Memorando No. CPA-FILAN-2000-01, de 20 de octubre de 2000, Examen de Garantías de Créditos vinculados Filanbaco S.A., suscrito por Camila Peña Arellano y Coralía González Correa (funcionarias de la Superintendencia de Bancos), destaca que respecto a la garantía hipotecaria otorgada por Agrícola Chimborazo CHIMSA, el documento que reposaba en los departamentos de custodia legal de Filanbanco, así como la garantía de respaldo de las operaciones otorgadas al grupo agrícola Janeiro, y un contrato de sustitución que celebra La Ostra y Agrícola Narogo Isaías; no así los contratos de prenda e hipoteca que la compañía Empresa Azucarera Tropical Americana S.A. AZTRA, había constituido a favor de la CFN, los cuales no fueron proporcionados por el Banco, pese a ser requeridos.

9

- Oficio No. INBGE-9900395, de 9 de febrero de 1999, el Intendente Nacional de Bancos y Grupos Financiero (Patricio Moreno Huras), solicita al Gerente General de Filanbanco (Daniel Cañizares), registro contable sobre la cuenta de inversiones varias por el valor de US$ 107 millones de dólares, que se extinguió, cuando Filanbanco Trust aportó al Fideicomiso AGD, bienes adjudicados en dación en pago por el valor de US$ 107.324.726,8 millones de dólares, que le fueron entregados por los anteriores accionistas; derechos fiduciarios correspondientes a Filanbanco Trust registrados hasta el 31 de diciembre de 1998, y que posteriormente se transfirieron a Filanbanco S.A. para que éste a su vez entregue al Fideicomiso AGD y de esta manera descargue el pasivo con dicha institución, para lo cual se realizó una venta de cartera a Filanbanco Trust a ser cancelada con los derechos fiduciarios mencionados.

Lo cual determina que se incumplió con la Regulación No. 001-98 del Directorio del Banco Central del Ecuador, que prohibía la concesión y desembolso de nuevas operaciones de crédito, y peor que no tuvieran respaldo jurídico, como las dos inversiones registradas en la cuenta "inversiones nuevas" de Filanbanco Trust & Banking Corp., entre el 14 de septiembre y el 2 de diciembre de 1998, inversiones que no tenían ningún valor económico y financiero; el incumplimiento también se advierte, ya que existió la obligación de invertir los recursos provenientes de la recuperación de cartera e incrementos de captaciones que no fueran utilizados para cancelación de pasivos en títulos del Gobierno Nacional, bonos de estabilización monetaria o de la Corporación Financiera Nacional.

Dichas inversiones no se reportaron, ni al Banco Central ni al organismo de control, acorde con: el Oficio No. 98-570-OBS-DByGF de 14 de octubre de 1998 del Intendente de Bancos de Guayaquil, con los memorandos Nos. LIQ-FIL-98-001, LIQ-FIL-98-004, LIQ-FIL-98-005, CRL-FIL-98-008, CRL-FIL-98-011, CRL-FIL-98-013, SRL-FIL-98-016, de 12, 29 de octubre, 4,10,11,16 y 18 de noviembre de 1998; con el testimonio indagatorio de Luis Alejandro Romo Leroux.

El informe pericial, de inspección judicial y reconocimiento de las actas de sesiones del Directorio de Filanbanco, por el período del 14 de septiembre al 2 de diciembre de 1998, presentado por Eduardo Jiménez Parra y Luis Alfonso Ortíz Narváez, determina que los miembros del directorio de Filanbanco tuvieron pleno conocimiento de estos actos.

- En cuanto al *"PROGRAMA DE RESTRUCTURACIÓN AL QUE FUE SOMETIDO FILANBANCO"*

- Avalúo de las obras de arte, entregadas en dación en pago por Filanbanco S.A., aceptadas por Filanbanco Trust & Banking Corp., registradas en la cuenta "inversiones varias" por 197.3 millones de dólares, suscritas el 2 y 21 de diciembre de 1998, por 30 millones en obras de arte y 77,3 millones en acciones de empresas inmobiliarias concentradas en el fideicomiso Induprin; avalúo realizado por Hernán Zúñiga Albán y Luis Martínez Moreno, señala que las obras de arte alcanzan el valor de US$ 32.407.958; y el avalúo realizado por Alfredo Enderica Negreta, a los bienes inmuebles, asciende a US$ 94 millones de dólares.

- Informe No. IBG-DByGF-2000-055, de 15 de mayo de 2000, suscrito por de propiedad de las compañías cuyas acciones se entregaron inicialmente en pago a Filanbanco Trust y posteriormente al Fideicomiso AGD, y que las acciones que fueron recibidas por US$ 77 millones tienen una valoración mayor.

- Oficio No. 227 SRL.INPC.2000 de 8 de junio de 2000, la Directora Nacional de Patrimonio Cultural (María Elena Jácome), señala que las obras de arte entregadas al fideicomiso AGD, no se encuentran registradas en el Instituto Nacional de Patrimonio Cultural, organismo que no ha conferido informe técnico favorable previo a la transferencia de dominio de los bienes culturales.

- En lo que respecta *"SOBRE EL PERJUICIO ECONÓMICO EN CONTRA DE FILANBANCO Y DE FILANBANCO TRUST & BANKING CORP"*

- Oficio No. AGD-GG-002144, de 1 de agosto de 2000, dirigido a la Presidencia de la Corte Suprema, el Secretario General de la AGD, señala que de la revisión de las actas de sesiones del directorio de la AGD, no se ha logrado determinar la fecha en la cual se conoció, aprobó y recibió la dación en pago por el valor de US$ 30 millones de dólares que otorgó la compañía OTAVALO a favor de Filanbanco Trust, instrumentada el 2 de diciembre de 1998; ni la realizada por INDUPRIN S.A. el 21 de diciembre de 1998, por US$ 77.324.726,81; así como, la fecha en la que se conoció y aprobó el contrato de fideicomiso que debía constituirse por quienes fueron accionistas de Filanbanco S.A. hasta el 2 de diciembre de 1998, en aplicación a la Resolución de la Junta Bancaria No. JB-98085, que contiene el plan de reestructuración de Filanbanco; ni del fideicomiso otorgado por Filanbanco Trust & Banking Corp. a favor de la AGD; ni del contrato de fideicomiso AGD.

- Oficio No. 2000-174-GG de 27 de julio de 2000, el Gerente General de Filanbanco (Gonzalo Hidalgo Terán), informa que revisados los archivos del Banco Central desde el 23 de abril de 1999, Filanbanco S.A. no fue la institución que aceptó la dación en pago el 21 de diciembre de 1998, por US$ 77.3 millones de dólares, sino Filanbanco Trust & Banking Corp., la cual se encuentra constituida con arreglo a las leyes de Panamá, cuyo representante y mandatario en el Ecuador era Filanbanco S.A.; que de la revisión del estatuto de Filanbanco Trust, no aparece que dicha institución requiera autorización para recibir bienes en dación en pago.

En igual sentido se han pronunciado los peritos designados en la etapa del plenario Mario Humberto Torres Jaramillo y Mario Alexander Morales Hidrobo, quienes han señalado que Filanbanco Trus & Banking Corp. al ser una subsidiaria off shore de Filanbanco S.A. se debe considerar como una empresa parte del mismo grupo y por lo tanto considerarse sus balances.

- Entorno a *"OMISIONES DE FIRMA HANSEN HOLM"*

- Memorando No. INSEF-2000-942 de 22 de junio de 2000, dirigido al Superintendente de Bancos (Juan Falconi Puig), el Intendente Nacional de Supervisión de Entidades Financieras (Pedro Delgado), señala responsabilidad en que habría incurrido la firma auditora externa Hansen Holm, en el seguimiento del destino de los créditos de liquidez concedidos por el Banco Central del Ecuador a Filanbanco S.A.; sugiere se

2000-; precisa que hasta el 19 de enero de 1999, el seguimiento de dichos créditos se limitaban, por instrucciones de la Superintendencia de Bancos, únicamente a Filanbanco S.A.

Posteriormente determina que la firma si reveló en su informe las operaciones por US$ 107.3 millones, que realizaron los ex accionistas de Filanbanco S.A., por lo que sugiere dejar sin efecto la resolución de suspensión, lo cual se da mediante Resolución No. SB-2000-0580 de 22 de junio de 2000.

- Informe pericial de José Narváez D., concluye que la firma auditora cumplió con los términos precisados por el Directorio del Banco Central del Ecuador; que los funcionarios de la Superintendencia de Bancos implementaron y desarrollaron todos los controles necesarios para efectuar una supervisión oportuna y adecuada; que los auditores delegados por la Intendencia de Bancos de Guayaquil presentaron sus informes semanales de manera oportuna, los que sirvieron de base para que las intendencias operativas (Nacional de Bancos y Grupos Financieros, a cargo de Patricio Moreno; y, la de Bancos de Guayaquil, a cargo de Carlos Plaza Hernández), efectúen las observaciones respectivas que debía adoptar Filanbanco S.A. para superar su problema de liquidez.

- En cuanto a la *"VENTA DE CARTERA DE FILANBANCO S.A., A FILANBANCO TRUST 6 BANKING CORP"*

- Oficio No. SE-1465-2000 00 01868 de 12 de junio de 2000, dirigido a la Fiscalía General del Estado; el Gerente General del Banco Central del Ecuador (Miguel Dávila Castillo), señala que la compra de cartera realizada por Filanbanco S.A. a su susbsidiaria off-shore Filanbanco Trust, no ha sido considerada por el Banco Central como una operación de crédito nueva, que hubiese infringido las normas del directorio del instituto emisor, pues al grupo financiero se lo ve como una unidad consolidada, de modo que la transacción se considera que ha sido realizada dentro de la misma organización y no con un tercero; que una institución off-shore, o subsidiaria, está plenamente facultada para llevar a cabo operaciones que le son propias a las instituciones integrantes del grupo; que cuando una institución subsidiaria presenta necesidades de liquidez, dicha institución puede solventar tales necesidades a través de recursos que son inyectados desde la institución matriz, sin que por tal operación quepa sostener que ésta última ha desembolsado recursos en operaciones de crédito nuevas; que consecuentemente los recursos por créditos que hubiese obtenido Filanbanco, del Banco Central, podían legalmente ser utilizados para honrar obligaciones de la propia entidad off-shore, y adicionalmente de la entidad matriz, tomando en cuenta que dichas obligaciones habían sido adquiridas por ambas instituciones al captar recursos en el Ecuador -en la práctica, la inyección de recursos de la institución nacional a la off-shore, tuvo como contrapartida la compra-venta de cartera-.

La venta de cartera de Filanbanco S.A. a Filanbanco Trust & Banking Corp., por un valor de US$ 115.9 millones de dólares, que Filanbanco S.A., registró en contrapartida en una cuenta por cobrar "varias", contra la cual se crea una cuenta de provisión por igual monto; y con lo que se pudo suponer que esos asientos contables conducían a que el valor generado por la venta de la cartera se elimine, constituye una infracción penal; de igual manera el registro contable de Filanbanco Trust por la compra de cartera, por el monto

12

2990, llamada "otras cuentas" del pasivo por igual valor; también se registran provisiones de valores, en la cuenta 1399, por el monto de US$ 116 millones, en contrapartida a la referida cuenta pasiva, eliminándose así la obligación de Filanbanco Trust con Filanbanco S.A., causando un enorme perjuicio económico al Estado y a los depositantes de Filanbanco.

- Memorando No. INSEF-2000-0863 de 15 de junio de 2000, el Intendente Nacional de Supervisión de Entidades Financieras (Pedro Delgado), señala que la entidad Republic Internacional Corporation, habría estado anexada a Filanbanco, domiciliada, al parecer, en Gran Caimán y que habría estado efectuando captaciones sin autorización legal.
- Informe de los peritos Guido Anibal Goyes Olalla y Luis Anibal Ortíz Carlosama, designados durante la etapa del plenario, quienes manifestaron que del informe escrito por Edison Romo Schaffey y María Soledad Montenegro (auditores del sistema financiero), y Martha Zorilla Mendoza (Directora de bancos y grupos financieros de la Superintendencia de Bancos), se señala que a la cuenta No. 1122900500000 "inversiones varias" de Filanbanco Trust & Banking Corp., se carga la suma de US$ 197.324.762,81 como consecuencia de los pagos efectuados por la entidad off-shore; por lo tanto Filanbanco Trust ha contabilizado indebidamente las transacciones que generaron las salidas de fondos, lo que ocasionaría que los estados financieros no presenten razonablemente la situación económica y financiera de la entidad.
- De esta sentencia dictada por el doctor Wilson Merino Sánchez, Juez Nacional, el 10 de abril de 2012, luego de interpuesto los recursos de apelación y nulidad por parte de los sindicados; el tribunal de alzada (apelación), integrado por los Jueces Nacionales, y Jueza Nacional, doctor Paul Iñiguez Rios, Johnny Ayluardo Salcedo y doctora Ximena Vintimilla Moscosa, con fecha 9 de agosto de 2013, dicta la resolución que rechaza los recursos de nulidad.
- Con fecha 12 de marzo de 2014, el Tribunal de Apelación, dicta sentencia que declara sin lugar los recursos de apelación interpuestos por Roberto Isaías Dassum, William Isaías Dassum, Juan Franco Porras, Leonardo Navas Banchón y Antonio Arenas; confirma para ellos la sentencia que los declaró autores del delito de peculado tipificado y sancionado en el artículo 257 del Código Penal, y que les impuso la pena de ocho años de reclusión mayor ordinaria; y acepta la apelación presentada por Jorge Egas Peña y Luis Jácome Hidalgo, reforma la sentencia subida en grado y confirma su estado de inocencia.

La sentencia de segunda instancia, en el considerando en el cual realiza el "*ANÁLISIS DEL TRIBUNAL DE ALZADA*"[5], señalan que los recurrentes al fundamentar los recursos de apelación se han centrado en cuatro puntos a saber:

*... El **primer aspecto** plantea el hecho de que los apelantes han sido condenados por el delito de peculado mayor, cuyo **sujeto activo** solo pueden ser los empleados y servidores públicos, lo cual carece de asidero jurídico, pues a partir de la promulgación de la Constitución Política de la República de 1998, esto es, antes de los hechos, materia de este enjuiciamiento, el sujeto activo del delito de peculado se amplió a cualquier persona, sin importar su cargo, función o filiación, así lo prevé el artículo 121 de la Carta Magna de*

1998 (actual artículo 233 de la Constitución de la República de 2008), (...) (negrillas fuera de texto)

...El ***segundo aspecto*** *postula que los recurrentes han sido condenados por el delito de peculado mayor tipificado en el artículo 257 del Código Penal, pero por conductas constitutivas de* ***la denominada malversación****, figura que según la defensa de Roberto Isaías Dassum fue* ***"despenalizada"*** *por su falta de gravedad jurídica, (...); lo que tampoco tiene fundamento legal. Para mayor ilustración, se efectúa el siguiente análisis: a) El delito de peculado, que ya constó en el artículo 236 Código Penal de 1938, ha sido objeto de múltiples reformas, seguramente por la preocupación que tal hecho punible ha entrañado para el Estado ecuatoriano; b) La figura de malversación de fondos aparece dentro de las reformas al artículo 236 del Código Penal (hoy 257), publicadas en el Registro Oficial No. 348, de 23 de octubre de 1941, (...); c) La figura de la malversación se mantiene también en el artículo 233 del Código Penal, con la entrada en vigencia de la Codificación del Código Penal hecha por la Comisión Legislativa Permanente, Suplemento del Registro Oficial No. 1202, de 20 de agosto de 1960; d) En el Suplemento del Registro Oficial No. 147 de 22 de enero de 1971, se codifica el Código Penal y el delito de peculado se tipifica en el artículo 257, cuyo inciso segundo dice (...), por tanto, la figura de la malversación, no solo que se la incluye en el segundo inciso, sino que se exponen sus alcances; posteriormente, el artículo 257, fue sustituido por el artículo 396 de la Ley Orgánica de Administración Financiera y Control, expedida por Decreto Ejecutivo No. 1429, publicada en el Registro Oficial No. 337 de 16 de mayo de 1977; en esta ocasión, se agrega la figura de la malversación en el primer inciso; y se mantiene el citado inciso segundo; e) El artículo 16 del Decreto Supremo No. 2636, publicado en el Registro Oficial No. 621 de 4 de julio de 1978, reforma el artículo 257, en cuanto al tiempo de las penas y suprime la "malversación" como delito; sin embargo en los artículos 1 y 3 del Decreto Legislativo s/n, publicado en el Registro Oficial No. 36 de 1 de octubre de 1979, se deroga el mencionado artículo 16 del Decreto Supremo No. 2636, no se dispone que el artículo 257 se restablezca a su "texto original", pero si se restablecen las penas originales de delito de peculado; y, f) Mediante el artículo 99 de la Ley No. 73, publicada en el Suplemento del Registro Oficial No. 595 de 12 de junio de 2002, que contiene la Ley Orgánica de la Contraloría General del Estado, se deroga el Título XI de la Ley Orgánica de Administración Financiera y Control, Título que a su vez contenía el artículo 396 que sustituía al artículo 257 del Código Penal, por tal motivo, se puso en vigencia en esa fecha y hasta la actualidad el artículo 257 de la Codificación del Código Penal de 1971; tan es así que la referida figura de la malversación de fondos y sus alcances, consta en el inciso segundo del artículo 257 del Código Penal, "Actualizado a septiembre de 2013" (...); además, tal figura también estaba vigente al momento de los hechos, materia de la litis, esto es, entre el 14 de septiembre y el 2 de diciembre de 1998, pues el Decreto Legislativo s/n, publicado en el Registro Oficial No. 36, de 1 de octubre de 1979 –ignorado por la defensa de los recurrentes-, derogó el artículo 16 del Decreto Supremo No. 2636, publicado en el Registro Oficial No. 621 de 4 de julio de 1978, que suprimió la "malversación" como delito; en consecuencia la figura de la malversación únicamente estuvo ausente del "catálogo de delitos" entre el 4 de julio de 1978 y el 30 de septiembre de 1979; pero si la promulgación de la Ley Orgánica de la Contraloría General del Estado de*

14

de la figura de la malversación, la Resolución del Pleno de la Corte Suprema de Justicia de 20 de junio de 2002, publicada en el Registro Oficial No. 604, de 25 de los mismos mes y año, aclaró cualquier confusión, cuando expresamente resolvió: "Declarar que el artículo 99 de la Ley Orgánica de la Contraloría General del Estado no afecta la plena vigencia del artículo 257 del Código Penal, de sus reformas y de los artículos agregados a continuación"; por tanto, en nuestra legislación penal, en el (sic) época de los hechos y ahora, una de las formas de abuso de fondos, constituye sin lugar a dudas la malversación; (...) (negrillas fuera de texto)

*...El **tercer aspecto** tiene que ver con el supuesto **estado de indefensión**, alegado por los recurrentes, **al haberse defendido a partir del dictamen fiscal por el delito tipificado en los artículos 363, numeral 3 y 364 del Código Penal**, en concordancia con los artículos 128, literal a) y 131, literales a), b) y d) de la Ley General de Instituciones del Sistema Financiero; **luego, a partir del auto de llamamiento a juicio plenario, por el ilícito de peculado bancario**; y, **ahora, con la sentencia condenatoria, por el injusto penal de peculado mayor**; postura que no comparte este Tribunal de Apelación, debido a que desde la excitación fiscal expedida el 16 de junio de 2000, por la doctora Mariana Yépez, Ministra Fiscal General de ese entonces, se imputó a los apelantes por los delitos antes referidos, tan es así, que a lo largo del proceso que lleva más de 13 años, los abogados patrocinadores de los recurrentes, en base a todo tipo de posturas e incidentes, han construido sus defensas en torno a tales ilícitos; en tal virtud, no se ha vulnerado el principio de congruencia, (...)* (negrillas fuera de texto)

*... El **cuarto aspecto** estriba en la **"ausencia manifiesta en la sentencia de la especificación de las conductas individuales punibles"** (sic), en palabras del apelante Roberto Isaías Dassum y que todos los recurrentes, de una u otra manera, la alegan; hipótesis que se la desvirtúa, pues del análisis tanto del acervo probatorio, como de la sentencia de marras, se colige de manera inobjetable que los apelantes Roberto Isaías Dassum, William Isaías Dassum y Juna Franco Porras, Presidente Ejecutivo, Vicepresidente Ejecutivo y Gerente General de Filanbanco S.A., respectivamente, desde antes de 1997 hasta diciembre de 1998, al ostentar cargos de privilegio dentro de la institución prestataria; y, por ello, tener el dominio del hecho, abusaron de fondos públicos, esto es, de los créditos de liquidez concedidos por el Banco Central del Ecuador, entre el 14 de septiembre y el 2 de diciembre de 1998, por montos de 972.000 y 1.800.000 millones de sucres, en la modalidad de la malversación, entendida como la aplicación de fondos a fines distintos de los previstos en el presupuesto respectivo, en provecho personal, en los términos del inciso segundo del artículo 257 del Código Penal, vigente tanto en la época de los hechos, materia de este enjuiciamiento, como actualmente, conforme se puso de manifiesto en líneas anteriores; en la medida en que, contravinieron las regulaciones 001 de 22 de septiembre de 1998 y 008 de 5 de noviembre de 1998, expedidas por el Directorio del Banco Central; así como el "Programa de Estabilización" al que fue sometido Filanbanco S.A. (...) Bajo estos lineamientos, se pone de relieve que Roberto Isaías Dassum, William Isaías Dassum y Juan Franco Porras, en las calidades descritas, tenían bajo su mando, entre otras, decisiones de alta gerencia financiera y resolvían sobre la necesidad de acceder a los créditos de liquidez y su destino; de tal suerte, que destinaron tales préstamos de liquidez, para desembolsar operaciones de crédito nuevas, que no tenían financiamiento de la*

15

Corporación Financiera Nacional o de líneas de crédito internacionales; incrementar el saldo de la cuenta de activos fijos; e, incrementar saldos de cartera en sucres y dólares, (...); y, así mismo, al ser sometido Filanbanco S.A., al denominado "Programa de Estabilización", Roberto Isaías Dassum, William Isaías Dassum y Juan Franco Porras, como administradores de Filanbanco S.A., no constituyeron un fideicomiso mercantil con el 100% de las acciones del banco, no redujeron créditos y riesgos vinculados, no constituyeron garantías adecuadas que cubran todos los créditos y riesgos vinculados; y, concedieron nuevos créditos y contingentes vinculados a los accionistas de la institución, (...) de esta forma abusaron de fondos públicos, esto es, de los préstamos de liquidez otorgados por el Banco Central del Ecuador, en la modalidad de la malversación, en beneficio propio, subsumiendo su conducta al delito de peculado tipificado y sancionado en los incisos primero y segundo del artículo 257 del Código Penal, (...) consumándose de esta manera uno de los mayores abusos de fondos públicos por los que ha atravesado nuestro país, lo cual repercutió notablemente para la debacle financiera acaecida en 1999 en Ecuador, pues no solo fueron perjudicados cientos de depositantes de Filanbanco S.A., sino todo el pueblo ecuatoriano, dueño final del dinero que salió de las arcas del Banco Central del Ecuador, en forma de préstamos de liquidez, otorgados a Filanbanco S.A. y malversados por Roberto Isaías Dassum, William Isaías Dassum, Juan Franco Porras, pero también como se detallará más adelante, por Leonardo Navas Banchón y Antonio Arenas Contreras, al coadyuvar de un modo principal a la ejecución del injusto penal; (...) Por su parte, Leonardo Navas Banchón, al ostentar el cargo estratégico de Contador de Filanbanco S.A., llevó la contabilidad ilegal de la institución prestataria, pues los datos referentes a entradas de fondos provenientes de recuperaciones de cartera, las renovaciones de captaciones menores a treinta días, a plazo y valores en circulación provienen de datos estimados, no de datos reales; así como también los egresos de fondos correspondientes a gastos de personal y de operación, provienen de datos estimados; tampoco incluyó todos los conceptos que afectan a un flujo de fondos (...); además se deduce que por su cargo de Contador de Filanbanco S.A., fue el encargado de registrar el préstamo de liquidez otorgado por el Banco Central del Ecuador a Filanbanco S.A., por el monto de 972.000 millones de sucres (equivalente a USD $ 151.68 millones de dólares), en la cuenta 2704 "Créditos a favor de Bancos y otras instituciones Financieras del País", en lugar de hacerlo en la cuenta 2701 del Catálogo Único de Cuentas; tampoco elaboró la contabilidad de Filanbanco S.A., con asientos contables a las cuentas de orden para indicar el ingreso a custodia de documentos relacionados con los indicados ingresos de fondos; mientras tanto, Antonio Arenas Contreras, Contador de Filanbanco Trust & Banking Corp., contabilizó indebidamente las transacciones que generaron la salida de fondos de tal entidad; además, se establece que ocultó y distorsionó información de la cuenta 1122900500000 "Inversiones Varias" de Filanbanco Trust & Banking Corp., lo que se evidencia, cuando el ingeniero Gonzalo Hidalgo Terán, Gerente de Filanbanco estatal, entregó listados, sin datos específicos, de las personas a quienes se concedió dinero por valores que suman USD $ 107.324.726,81; y, no transparentó la cuenta por cobrar, creada para supuestamente saldar la deuda que el Fideicomiso Multinversiones contrajo con Filanbanco Trust & Banking Corp., lo que ocasionó que los estados financieros no presenten razonablemente la situación económica y financiera de Filanbanco Trust & Banking Corp., lo que tuvo una enorme repercusión para *la ruina económica de Filanbanco S.A. (...) lo que implica que tanto Leonardo Navas Banchón, como Antonio Arenas Contreras, coadyuvaron a la ejecución del injusto penal de peculado, tipificado y sancionado en los incisos primero y segundo del artículo 257 del Código Penal, de un modo principal, practicando deliberada e intencionalmente actos, sin los cuales no habría podido perpetrarse la infracción, en el grado de autores, en los términos del artículo 42 del Código Penal. (...)* (negrillas fuera de texto)

- El 14 de abril de 2014, luego de haberse presentado pedidos de ampliación, aclaración por parte de los sindicados, el tribunal de apelación, dicta auto en el que niega dichos recursos.
- Con fechas, 17 de abril de 2014, Leonardo Navas Banchon, Juan Franco Porras Roberto Isaías Dassum, y William Isaías Dassum; y, el 18 de abril de 2014, Antonio Arenas Contreras, interponen recursos de nulidad y casación.
- El 24 de abril de 2014, el tribunal de apelación, dicta auto en el que desecha los recursos de nulidad presentados; y, en cuanto a los recursos de casación, por haber sido interpuestos dentro de término, dispone remitirlos al superior.
- El 7 de mayo de 2014, mediante sorteo de ley, le correspondió conocer el recurso de casación a este Tribunal de Casación, que con fecha 3 de junio de 2014, emitió auto de avoco y puso en conocimiento de los sujetos procesales la recepción del proceso para los efectos de ley, esto es, presentar escritos dentro del plazo de diez días, para pedir el plazo de veinte días para fundamentar.
- Los recurrentes casacionistas William Isaías Dassum, Leonardo Navas Banchón, Antonio Arenas contreras; y Roberto Isaías Dassum, con fechas 10, 12, 13 y 13 de junio de 2014, respectivamente, presentan escritos, en los que solicitan el plazo para fundamentar sus recursos; lo cual es concedido por este Tribunal de casación, mediante auto de 23 de julio de 2014; en lo que respecta al recurrente Juan Franco Porras, por no haber presentado escrito -dentro del tiempo previsto en la ley-, se declaró la deserción de su recurso, acorde a lo dispuesto en el artículo 376 del Código de Procedimiento Penal de 1983.

3. ARGUMENTOS Y FUNDAMENTACIÓN DEL RECURSO

Los casacionistas Roberto Isaías Dassum, Leonardo Navas Banchón y William Isaías Dassum, mediante escritos de 8 de agosto de 2014; y, Antonio Arenas Contreras, con escrito de 12 de agosto de 2014, dentro del plazo previsto en el artículo 376 del Código de Procedimiento Penal (1983), presentan la fundamentación de sus recursos.

Cabe indicar que el artículo 377 del Código de Procedimiento Penal de 1983, señala: " *El recurso se fundamentará por escrito y deberá contener la exposición precisa de los hechos que, según la sentencia, son constitutivos del delito, así como la cita de la Ley violada y los fundamentos jurídicos en que se basa el recurso.*"

3.1. Del recurrente Roberto Isaías Dassum

Quien en su memorial, que obra de fojas 289 a 307, del cuaderno de casación, señala:

- En cuanto a ***"Los hechos que según la sentencia son Constitutivos del Delito"***; cita el fallo impugnado, cuando dice:

"*...del análisis tanto del acervo probatorio, como de la sentencia de marras, se colige de*

17

Juna Franco Porras, Presidente Ejecutivo, Vicepresidente Ejecutivo y Gerente General de Filanbanco S.A., respectivamente, desde antes de 1997 hasta diciembre de 1998, al ostentar cargos de privilegio dentro de la institución prestataria; y, por ello, tener el dominio del hecho, abusaron de fondos públicos, esto es, de los créditos de liquidez concedidos por el Banco Central del Ecuador, entre el 14 de septiembre y el 2 de diciembre de 1998, por montos de 972.000 y 1.800.000 millones de sucres, en la modalidad de la malversación, entendida como la aplicación de fondos a fines distintos de los previstos en el presupuesto respectivo, en provecho personal, en los términos del inciso segundo del artículo 257 del Código Penal, vigente tanto en la época de los hechos, materia de este enjuiciamiento, como actualmente, conforme se puso de manifiesto en líneas anteriores."

De lo anterior colige, que se lo ha acusado: de haber sido Presidente Ejecutivo de Filanbanco (desde 1997 a diciembre de 1998), y haber tenido el dominio del hecho; de haber abusado de fondos públicos –peculado mayor- en la modalidad de malversación, entendida por ella a la aplicación de fondos a fines distintos de los previstos en el presupuesto respectivo; que los fondos malversados eran públicos, al provenir de los créditos de liquidez otorgados por el Banco Central del Ecuador, por montos entre 972.000 y 1.800.000 millones de sucres; y, de haberlo realizado en provecho personal. Indica, que hay imprecisión y contradicción.

- En lo atinente a ***"La Fundamentación del Recurso"***, señala cinco causales a saber:

- La primera: ***"Para que un particular sea reo de peculado mayor es imprescindible que exista la participación de un funcionario público"***; respecto de lo cual arguye:

Que no es cierto que desde la Constitución de 1998, exista la disposición, en cuanto a que el sujeto activo del delito de peculado se amplió a cualquier persona, sin importar su cargo, función o filiación; pues indica, que con las reformas a la Constitución de 1979 -hace referencia al artículo 74 ibídem-, se introdujo un texto similar al artículo 121 de la Constitución de 1998 y al actual 233. -artículos que también los cita-.

Que hay una errónea interpretación de la sala, que deviene en una falsa aplicación de la norma constitucional, al haberle dado un sentido jurídicamente inapropiado a la palabra "participar"; cita a García Cavero y señala que es inaceptable que se lo haya hecho para incluirlos como sujetos activos de un delito "inventado"; por lo que hay una falsa aplicación de la regla constitucional por contravenir el principio *indubio pro reo.*

Que para que una conducta se adecue al tipo de peculado, en cualquiera de sus modalidades, se requiere de fondos públicos, lo cual supone necesariamente la participación del funcionario público en cuyo poder o cargo recaiga la custodia de los mismos; cuestiona, entonces, cómo la malversación se haya realizado sólo por los particulares, sin la coparticipación de los funcionarios públicos, respecto de los cuales indica que los jueces que antecedieron a la sala *a quo,* siempre mantuvieron a funcionarios públicos (Jorge Egas y Luis Jácome, del Banco Central del Ecuador), como como acusados en este proceso, pero la sentencia impugnada los declaró inocentes.

Que los jueces para fundar mejor su fallo, hacen citas de doctrina y jurisprudencia sacadas de contexto; señala, que los precedentes jurisprudenciales utilizados dicen lo

18

otra interpretación de que sin la concurrencia o participación de un sujeto calificado, no puede condenarse al sujeto común por peculado mayor.

Que la jurisprudencia y la doctrina extranjera para resolver el entuerto del *extraneus* que co-participa con un *intraneus* en la malversación de caudales públicos, cita, Roca Agapito, cuando señala que: *"deberá romperse el título de imputación y penar por separado al funcionario y al particular, quienes responderán: el primero por malversación y el segundo por el correspondiente delito patrimonial por él cometido (hurto, apropiación indebida, robo, etc.), puesto que como extraneus no puede ser (co)autor de malversación.";* precisa que hacer lo contrario cae en el campo de la analogía o la interpretación extensiva, con violación del debido proceso y de los derechos humanos.

Que se violó los artículos 2 del Código Penal, 2 del Código de Procedimiento Penal, y 76.3 de la Constitución de la República, que contiene el principio del *nullum crimen nullum poena sine lege.*

Que se ha hecho una falsa aplicación del primer inciso del artículo 257 del Código Penal vigente a la época del supuesto delito; lo que lleva a otro caso de falsa aplicación de la ley, de los artículos 41 y 42 del Código Penal, respecto a la calificación de autores o partícipes (cómplices o encubridores), y la errónea interpretación de los artículos 11 y 12 *ibídem*; pues señala, que ninguna resolución ha indicado si se los sentenció por acciones que hayan realizado, o por omisiones en que hayan incurrido.

- Segunda causal: ***"La malversación de fondos públicos, como especie de peculado, no estuvo vigente entre el 14 de septiembre y 2 de diciembre de 1998 en que sucedieron los hechos que se reprochan en la condena. Ni está vigente hoy";*** para lo cual señala:

Que la sentencia impugnada hace un análisis histórico impreciso e incompleto de las reformas al Código Penal, relativas a la malversación, y concluye de manera errada que dicha modalidad de peculado estuvo vigente entre el 14 de septiembre y el 2 de diciembre de 1998 (cuando sucedieron los hechos materia del proceso), y está vigente; precisa, que el punto de partida debe ser la Codificación del Código Penal de 1971 -cita el artículo 257-, en donde la modalidad de malversación de fondos estaba incluida en el primer inciso, pero no existía una definición o concepto; en 1977 se publica la Ley Orgánica de Administración Financiera y Control (LOAFYC) cuyo artículo 396 sustituye, entre otros, al artículo 257 del Código Penal -cita dicho artículo-, y señala que la malversación continuó incluida en el primer inciso del artículo 257 y su definición o concepto se lo agregó como segundo inciso; 1978, el artículo 16 del Decreto Supremo 2636, reformó el Código Penal -cita el artículo-, e indica que quedó derogada la malversación como modalidad de peculado, y desapareció su concepto y definición; 1979, la Cámara Nacional de Representantes dicta un Decreto Legislativo, que deroga varios artículos del Decreto 2636 de 1978, cita el artículo 1, en el cual se deroga, entre otros, el artículo 16; y reestablece varios artículos del Código Penal, que conservan el texto que tenían antes de ser reformados por el Decreto 2636, hace notar que entre ellos no consta el artículo 257 del Código Penal; cita también el artículo 3, en el cual reestablece, en el inciso primero, del artículo 257 del Código Penal, las penas de reclusión, pero indica que no se reestablece la palabra malversación ni su definición; precisa que hasta el año 1979, la interpretación ya no existía como modalidad de peculado, y que las diferencias se dan en las reformas posteriores; que entre 1979 y 2001, el artículo 257 del Código Penal, no registra cambios legislativos.

Que en 1998 (14 de septiembre), Filanbanco recibe el primer préstamo de liquidez del Banco Central, y el 2 de diciembre es estatizado; que durante dicho período se les acusa de haber malversado fondos públicos dando un destino distinto al presupuesto respectivo; indica que se ha acusado por un delito de malversación en 1998 que ya llevaba 10 años derogado.

Que la Sala incurre en errores de interpretación, en cuanto al análisis histórico de los cambios legislativos del artículo 257 del Código Penal, indica que en el 2001, mediante Ley-2001-47, reformatoria al Código Penal y Código de Ejecución de Penas y Rehabilitación Social, en el artículo 17, se aumentan las penas del delito de peculado y se sustituye el primer inciso del artículo 257, precisa que la diferencia con el primer inciso del artículo 257 vigente en 1979, estriba en las penas, y que no se restituye la malversación; indica que la sentencia impugnada oculta esta reforma; que en el 2002 se expide la Ley Orgánica de la Contraloría General del Estado (LOCGE) que deroga el Título XI de la LOAFYC de 1977, Título en el cual, en algún momento, estuvo la historia del artículo 257 del Código Penal, pero que ya en el 2002 no estaba; por ello la derogatoria que se hizo de la LOAFYC no tenía por qué afectar el texto del artículo 257; indica, que si bien hubo criterios sobre la desaparición del tipo penal del peculado, las mismas no tenían razón por cuanto si se deroga una ley reformatoria, los textos que habían reformado por ella, no se reestablecen a su original; el 19 de junio de 2002 el pleno de la Corte Suprema de Justicia, mediante resolución interpretativa, señaló que la LOCGE no afectó el artículo 257 del Código Penal, creado por la LOAFYC en 1977, ni a sus reformas y artículos agregados por los cambios legislativos de 1978, 1979 y 2001; que por lo tanto el primer inciso del artículo 257 luego de la Ley Orgánica de la Contraloría General del Estado y la resolución de la Corte Suprema de Justicia, en el 2002, seguía siendo el mismo que el de la Ley 2001-47, donde no aparece la malversación como modalidad de peculado.

Que la sentencia impugnada incurre en error de interpretación para concluir que si existe el delito de malversación por cuanto, en primer lugar interpreta erróneamente el artículo 99.1 de la LOCGE, dándole un efecto resucitador de normas doblemente derogadas; y en segundo lugar, porque interpreta erróneamente la resolución de la Corte Suprema de Justicia del 2002, apoyándose en el ocultamiento de la reforma al Código Penal mediante la Ley-2001-43, que por ello hay falsa interpretación o aplicación de la norma legal.

- Tercera causal: "***Violación del principio de congruencia: sin acusación fiscal no hay juicio***"; cargo para el cual se arguye:

Que la sentencia impugnada viola el principio de congruencia que está vigente en el Ecuador desde la Constitución de 1978; indica que la sala *a quo*, se salta del análisis del tercer aspecto de su recurso de apelación que era la falta de congruencia entre el dictamen fiscal y la sentencia de primera instancia, pues el dictamen fiscal lo acusaba de un delito menor (falsedad de balances) castigado con prisión, para imponerle una pena de reclusión por peculado; confunde el dictamen fiscal con la excitativa fiscal.

20

Que las normas no aplicadas o erróneamente interpretadas son los artículos 18 y 194 de la Constitución de 1998; 11 y 168 de la Constitución de 2008; primera disposición transitoria del Código de Procedimiento Penal del 2000.

Que la sentencia impugnada es contradictoria con otras sentencias de la Sala Penal de la Corte Nacional de Justicia (hace referencia a la resolución del expediente 250-2010)

- Cuarta Causal: ***"Analogía Penal, en detrimento del procesado"***, para la que se señala:

Que la sala incurre en un error insalvable, a partir de la equivocada apreciación en cuanto a que la malversación es un delito de "dominio del hecho", cuando indica que la misma jurisprudencia nacional (segunda instancia y casación), lo han reconocido como un delito de "incumplimiento de deber"; señala que la malversación es un delito especial que solo puede ser cometido por sujetos cualificados, tanto para el caso de administración bancaria, como de administración pública.

Que al considerar erróneamente a la malversación como un delito del dominio del hecho, la sala pretende incluir en el dominio de la acción y del curso causal a quienes son ajenos al servicio público y carecen de la cualificación, que exige el tipo; y pretende aplicar funcionalmente las obligaciones que impone la administración pública a quienes forman parte de sus filas.

Que dentro de este mismo proceso, en la resolución de primera instancia, se reconoció que no se cometió peculado bancario; señala que se trata de asimilar los créditos de liquidez a fondos públicos.

Que la Sala, que dictó la sentencia, hizo una errónea interpretación de la norma administrativa emitida por el Directorio del Banco Central (resoluciones 001 y 008 de 1998); adicionalmente viola la Ley al contravenir el artículo 4 del Código Penal, en relación con el primer inciso del artículo 257 *ibídem*, al haber adaptado "analógicamente" un caso de supuesta malversación práctica proscrita en el derecho penal.

Que hay falsa aplicación de la Ley, de los artículos 41 y 42 del Código Penal respecto a la calificación de autores o participes (cómplices o encubridores); y errónea interpretación de los artículos 11 y 12 del Código Penal.

- Quinta causal ***"Disconformidad entre el hecho declarado verdadero y la ley"***; para lo cual se señala:

Que el tribunal a quo realizó una errónea calificación de los hechos y que por lo tanto de dicha calificación, se lo condena como autor del delito de peculado en la modalidad de malversación; indica que existe una incongruencia entre la calificación de los hechos y la ley.

Que la sala les acusa de: -cita parte de la sentencia-

"*...destinaron tales préstamos de liquidez, para desembolsar operaciones de crédito nuevas, que no tenían financiamiento de la Corporación Financiera Nacional o de líneas de crédito internacionales; incrementar el saldo de la cuenta de activos fijos; e, incrementar saldos de cartera en sucres y dólares, vulnerando lo dispuesto en los literales b) y c) del artículo 4 de la Sección II, del Capítulo IV, del Título III, del Libro I (Política Monetaria-Crediticia) de la Regulación No. 001-98; literales b) y c) del artículo 4 de la Sección II, del Capítulo IV, del Título III, del Libro I (Política Monetaria-Crediticia) de la Regulación No.*

Estabilización", Roberto Isaías Dassum, William Isaías Dassum y Juan Franco Porras, como administradores de Filanbanco S.A., no constituyeron un fideicomiso mercantil con el 100% de las acciones del banco, no redujeron créditos y riesgos vinculados, no constituyeron garantías adecuadas que cubran todos los créditos y riesgos vinculados; y, concedieron nuevos créditos y contingentes vinculados a los accionistas de la institución, incumpliendo así las disposiciones contenidas en los numerales 2, 6 y 7 del "Programa de Estabilización"; y, de esta forma abusaron de fondos públicos, esto es, de los préstamos de liquidez otorgados por el Banco Central del Ecuador, en la modalidad de la malversación, en beneficio propio, subsumiendo su conducta al delito de peculado tipificado y sancionado en los incisos primero y segundo del artículo 257 del Código Penal."

Que luego de las acusaciones, la Sala enuncia una serie de prueba documental que le permite arribar a su conclusión; pero que en el análisis no consta explicación alguna, de la pertinencia de dicha prueba, con la causa o la razón por la que los documentos mencionados son suficientes para justificar su condena; que no se motiva con la precisión que exige la Constitución las vinculaciones directa entre los indicios y su persona; y que en el tribunal, hay ausencia absoluta de comentarios respecto de toda la prueba de descargo presentado por su defensa; que la sala viola las leyes reguladoras de la valoración de la prueba contenidas en los artículos 61 al 66 del Código de Procesamiento Penal de 1983. (Hace referencia a que se lo ha acusado de incumplir con las regulaciones 001 y 008 del Banco Central dictadas dentro del proceso de estabilización de Filanbanco entre septiembre diciembre de 1978; pero la Sala ignora en el análisis, que en tal período estuvieron pendientes las regulaciones 952-95, 957-95, 001-98 y 008-98).

Que la Sala no analiza la prueba en su conjunto, aplicando los principios de la sana critica, aparta de su análisis cualquier prueba de descargo, y funda su condena en documentos que los reconoce como temporales y que fueron desacreditados por los mismos peritos designados.

- Sexta causal, "***Imposición de una pena descomunal***", causal que precisa se la hace en subsidio, en el supuesto de que las anteriores no fueren aceptadas, y arguye:

Que la sentencia impugnada le impone una pena de reclusión, a pesar de ser mayor de 65 años, considera únicamente una sola atenuante, de tres que tiene aprobadas; y considera como agravante la alarma social pública y notoria; precisa que ha aprobado las atenuantes del artículo 29.2.6.7; que la alarma social, *per se*, no es una circunstancia agravante no constitutiva o modificatoria de la infracción pues constituye un concepto abstracto no definido en la ley.

Que la sentencia impugnada ha aplicado falsamente otros artículos del Código Penal para la imposición de la pena, cuando se debió aplicar el artículo 57 que prohíbe imponerle reclusión; no se han aplicado las atenuantes del artículo 29.2.6; se ha interpretado erróneamente el artículo 30 del Código Penal, todo lo cual trae como consecuencia la falta de aplicación del artículo 73 *ejusdem*.

Concluye solicitando que se case la sentencia, que en subsidio se le impugna la pena máxima de 8 días.

3.2. Del recurrente Leonardo Navas Banchón

Casacionista, éste, que en su escrito que obra de fojas 451 a 465, del cuaderno de casación, señala:

- En cuanto a ***"LOS HECHOS QUE SEGÚN LA SENTENCIA SON CONSTITUTIVOS DEL DELITO"***; dice:

- Que la Sala para dictar sentencia, en su contra, consideró que había llevado una contabilidad ilegal, al encontrar, "supuestamente", de los recaudos procesales, que los datos referentes, de entradas de fondos provenientes de recuperaciones de cartera, las renovaciones de captaciones menores a treinta días, a plazo y valores en circulación, los egresos de fondos correspondientes a gastos de personal y de operación, proveían de datos estimados, no de datos reales; y, que tampoco concluyó en la contabilidad todos los conceptos que afectan al flujo de fondos, arrojando una diferencia entre el saldo final presentado en el flujo de fondos y los registros contables; lo cual, señala, ha sido "supuestamente" verificado por la firma Price Waterhouse Coopers en el informe de flujos del Banco Central, por el período de 21 de septiembre a 23 de noviembre de 1998.

- Que se lo acusa de haber registrado contablemente el préstamo de liquidez otorgado por el Banco Central del Ecuador, por el monto de 972.000 millones de sucres, en una cuenta distinta a la que determinaba la prescripción y dinámica contenida en el Catálogo Único de Cuentas.

- Que, a consideración de la Sala, su conducta se adecuó como "autor coadyuvante" del delito tipificado y reprimido en el artículo 257 del Código Penal.

- En lo que respecta a ***"LA CITA DE LA LEY VIOLADA"***, indica:

- Los artículos 2, 4, 9, 11; y, 363.3 del Código Penal;

- El artículo 12 de la Ley de Contadores;

- Artículo 128 de la Codificación de la Ley General de Instituciones del Sistema Financiero.

- Artículo 76.5 de la Constitución de la República.

- En lo que tiene que ver con: ***"FUNDAMENTOS JURÍDICOS"***, señala:

- Que acorde con el artículo 13 de la Ley de Contadores, el contador que autorizare o certificare con su firma un balance o cualquier otro informe falso o incompleto, cualquiera que hubiere sido el propósito que tuvo al verificarlo, será sancionado con las penas previstas en el artículo 363.3. del Código Penal; que por lo tanto, tal infracción existe por su propia cuenta y al estar tipificada en una ley especial, se impone su aplicación, de conformidad con el artículo 9 del Código Penal; por lo que al haberse dictado sentencia en su contra, por las consideraciones señaladas en la exposición de motivos, mal pudo habérselo sancionado por peculado, cuando la Ley de Contadores expresamente sanciona la supuesta conducta penal verificada; el artículo 128 de la Codificación de la Ley General de Instituciones del Sistema Financiero, también así lo señala.

- Que no solo una, sino, dos disposiciones legales remiten para verificación de la conducta, al artículo 363.3 del Código Penal, lo cual, por disposición del artículo 4 *ibídem*, se debe aplicar, tanto más que aquella circunstancia se encuentra elevada al rango de garantía jurisdiccional, acorde con el artículo 76.5 de la Constitución de la República.

23

- Que se ha incurrido en violación de la ley, al no haber aplicado el principio de especialidad y haberlo sancionado con una infracción penal cuya sanción es más grave, en total desapego a la garantía constitucional y más disposiciones legales y reglamentarias.
- Que se ha violado la garantía constitucional que establece que las personas son responsables tan solo de los actos cometidos personalmente, con conocimiento y voluntad, y no de los actos perpetrados por terceras personas; precisa, que si en razón de su cargo como Contador de Filanbanco S.A., su única responsabilidad era de llevar la contabilidad y obtener los estados financieros, jamás podía haber tenido el dominio del hecho, para decir que en su caso, se encuentra probada la concurrencia de los elementos constitutivos del tipo objetivo o materialidad del peculado, y por ende se lo haya sentenciado como autor; más aún, si los estados financieros, por él presentados, reflejaban la situación económica, financiera y patrimonial del banco, los mismos que fueron presentados dentro de los períodos que establece la ley y cuando las autoridades de control lo requerían.
- Que la prueba no fue debidamente valorada, e influenció en la decisión de la causa. (Hace referencia a varios documentos)

3.3. Del recurrente William Isaías Dassum

Quien en su escrito, que corre de fojas 467 a 474, del cuaderno de casación, señala:

- En cuanto a ***"Exposición precisa de los hechos que, según la sentencia recurrida, han configurado de*** **[su]** ***parte supuestamente la infracción penal de peculado"*****; citando partes de la sentencia, del *"Análisis del Tribunal de Alzada"***, señala tres puntos a saber:

1) Que se indica que carece de asidero jurídico el argumento de que solo los empleados y servidores públicos pueden ser sujetos del delito de peculado mayor; conclusión a la que llega, la sala luego de citar el artículo 121 de la Constitución de 1998, al autor Albán Gómez, y a varias sentencias, que dice, son fuera de contexto.

2) Que se dice que la figura de malversación, como actuación, que configura el delito de peculado, estaba vigente al momento de los hechos, siendo ésta una de la formas de abuso, postura que asume el Tribunal de Apelación, apartándose del criterio de los recurrentes.

3) Que, cita la sentencia impugnada cuando ésta señala

"desde antes de 1997 hasta diciembre de 1998, al ostentar cargos de privilegio dentro de la institución prestataria; y, por ello, tener el dominio del hecho, abusaron de fondos públicos, esto es, de los créditos de liquidez concedidos por el Banco Central del Ecuador, entre el 14 de septiembre y el 2 de diciembre de 1998, por montos de 972.000 y 1.800.000 millones de sucres, en la modalidad de la malversación, entendida como la aplicación de fondos a fines distintos de los previstos en el presupuesto respectivo, en provecho personal, en los términos del inciso segundo del artículo 257 del Código Penal (...)" ; *"Roberto Isaías Dassum, William Isaías Dassum y Juan Franco Porras bajo las calidades descritas, tenían bajo su mando, entre otras, decisiones de alta gerencia financiera y resolvían sobre la necesidad de acceder a los créditos de liquidez, para desembolsar operaciones de crédito nuevas que no tenían financiamiento de la Corporación Financiera Nacional o de líneas de crédito internacionales; incrementar el saldo de la cuenta de activos fijos; e, incrementar*

al denominado 'Programa de Estabilización', Roberto Isaías Dassum, William Isaías Dassum y Juan Franco Porras, como administradores de Filanbanco S.A., no constituyeron un fideicomiso mercantil con el 100% de las acciones del banco, no redujeron créditos y riesgos vinculados, no constituyeron garantías adecuadas que cubran todos los créditos y riesgos vinculados; y, concedieron nuevos créditos y contingentes vinculados a los accionistas de la institución, incumpliendo así con las disposiciones contenidas en los numerales 2,6 y 7 del 'Programa de Estabilización'; y, de esta forma abusaron de fondos públicos, esto es, de los préstamos de liquidez otorgados por el Banco Central del Ecuador, en la modalidad de la malversación, en beneficio propio, subsumiendo su conducta al delito de peculado (...)"; y, "*Roberto Isaías Dassum, William Isaías Dassum, Juan Franco Porras, se valieron de empresas fiduciarias de papel... o fantasmas... o ficticias, pero en todo caso empresas fiduciarias al margen de la Ley, representadas por accionistas y empleados de Filanbanco (...)*"

- En lo que referente a ***"Citas de las normas que han sido vulneradas con la sentencia"***, señala:
  - Los artículos 11; 66.4.18.23.25; 75; 76.1.2.3.7, a), b), c), h), k), l); 169; 233; 424; 425; 426; y, 427 de la Constitución del 2008.
  - Artículos 2, 11, 41, 42, 57, 257 del Código Penal (2000).
  - Artículos 2; 4; innumerados primero y cuarto luego del artículo 5; 11; y, 14 del Código de Procedimiento Penal (2000)
- En lo que tiene que ver con los: ***"Fundamentos jurídicos en que se basa el recurso"***, señala:
  - Que es necesario realizar un profundo análisis en el que se entienda, no solo que no se cumplen las categorías dogmáticas del tipo, por el cual han sido sentenciados, sino que en sus atribuciones no tenía la capacidad de decisión, ni las facultades para realizar los hechos referidos en el punto 3, *ut supra*, relacionados con la supuesta comisión de su parte, según la sentencia, del delito de peculado mayor por malversación; por lo que se ha violado la ley, contraviniendo expresamente su texto, aplicándola de manera falsa, e interpretándola erróneamente.
  - Que con relación al punto 1, señala, que varias ocasiones se ha argumentado que en la excitativa fiscal, como en el auto de llamamiento a juicio, se les acusó por delito de peculado bancario, figura penal por la que tuvieron que defenderse, hasta conocer la sentencia, en la que con posterioridad a los hechos que les acusan, posibilitaría la sola participación de un funcionario bancario privado en el cometimiento de dicho delito, sin la participación de un servidor público; pero, que al haberse tipificado el peculado bancario con posterioridad a los hechos por los que se les sentenció, tal figura no podría aplicarse, en su caso; por lo que de manera arbitraria, ilegal e inconstitucional se ha cambiado el tipo penal y se les sentenció, no por peculado bancario, sino por peculado mayor, en la modalidad de malversación, el cual para su configuración requiere la participación de un funcionario público, lo cual con la confirmación del estado de inocencia de quienes tenían dichas calidades, queda sin sustento jurídico, por lo que se viola la ley por errónea interpretación y falsa aplicación, se ha vulnerado el principio de congruencia y se ha dejado a los procesados en indefensión.

25

Leyendo, correctamente, el artículo 121 de la Constitución de 1998, que fue el fundamento de la sentencia para condenarlos -norma que la cita-, indica que un sujeto particular no puede participar y tener un grado de responsabilidad, si no es, en un delito cometido por la persona que se desempeñaba como dignatario, funcionario o servidor público; ya que aquel es el único sujeto activo principal que por tal calidad podía cometer peculado mayor y transmitir por comunicabilidad de circunstancias personales la responsabilidad del acto típico, antijurídico y culpable.

Se han descontextualizado al autor Albán Gómez y las disposiciones de sentencias que no se pueden aplicar al caso, como si se tratase de triple fallo reiterado, y que por el contrario, de lo alegado por los juzgadores de instancia, señala que le son favorables.

- Que respecto al punto 2, referente a la malversación como supuesta modalidad por la que habría cometido el delito de peculado mayor, indica que es otra violación a la ley por haberse hecho una errónea interpretación; ya que, más allá del análisis histórico, el tribunal *ad quem* utiliza la Resolución de la Corte Suprema de Justicia, ignorando que la misma declaró que el artículo 99 de la Ley Orgánica de la Contraloría General del Estado, no afecta la plena vigencia del artículo 257 del Código Penal, de sus reformas y de los artículos agregados a continuación, con lo que el artículo 17 de la Ley 2001-43 que reformó al Código Penal –norma que la cita- y en la cual no existe la malversación; por lo que señala que según la resolución está vigente el texto del artículo 257 de la reforma de 1977 y no como erróneamente afirma el tribunal, acerca de la supuesta vigencia del texto de las reformas de 1971.
- Agrega, que la modalidad de malversación, deja de ser considerada para configurar el delito de peculado, en el Código Integral Penal (vigente absolutamente a partir del 10 de agosto de 2014), por lo que, arguye, que al derogarse la figura por la que supuestamente habría cometido el delito de peculado mayor, la causa debería archivarse, ya que acorde al principio de legalidad no puede sancionarse a una persona por una actuación que deja de ser tipificada como infracción en el ordenamiento jurídico; lo cual guarda relación con la violación en la sentencia recurrida de los artículos 2 del Código Penal y 2 del Código de Procedimiento Penal (2000), en concordancia con el artículo 76.3 de la Constitución de la República, a más de los numerales 1.2.7. a), b), c), h), k), l) de dicho artículo; así como artículos 11; 66.4.18.23.25; 75; 169; 424; 425; 426 *ibídem.*
- Que, en cuanto al punto 3, se ha dicho, que por su calidad de administrador es responsable de los créditos, fideicomisos, pagos, etc.; sin que de modo alguno se mencione cómo, dónde o cuándo ha cometido algún tipo de infracción, por lo que -indica-, aparentemente el solo hecho de haber ostentado un cargo sin ningún grado de decisión en las operaciones cuestionadas, para los juzgadores de primer nivel e instancia, era suficiente para sentenciarle como autor del delito de peculado mayor por malversación. Precisa, que lo único que se ha dicho en su contra es que fue ex Vicepresidente Ejecutivo de Filanbanco, dejando de lado las pericias que analizaron; indica, que no es que requiere evaluar nuevamente la prueba, sino que enfatiza, que existe violación a la ley, al haberse tomado falsamente normas que no le son aplicables y con ello condenarle por el delito de peculado mayor.
- Que se ha violado la ley por falsa aplicación de los artículos 11, 41 y 42 del

del artículo 5; 11; y, 14 del Código de Procedimiento Penal, con respecto a una supuesta participación en la comisión del delito de peculado mayor tipificado en el artículo 257 del Código Penal (2000).

- Que en el supuesto de que se haya omitido alguna norma, solicita que en aplicación de los artículos 11; 66; 75; 76; 168.6; 169; 425; 426; 427 y más pertinentes de la Constitución de la República, en concordancia con los artículos 5; 6; 18; 19; 23; y, 29 del Código Orgánico de la Función Judicial, sean subsanadas por los jueces.
- Como un punto adicional, señala, que el fallo recurrido viola la ley al no aplicar a su favor lo previsto en el artículo 57 del Código Penal, que prohíbe imponer la sanción de reclusión a una persona mayor de 65, años como es su caso.

Concluye solicitando que se case la sentencia, poniendo fin al proceso penal y haciendo efectiva la vigencia del Estado de derechos y justicia.

3.4. Del recurrente Antonio Arenas Contreras

Cascionista que en su escrito de fojas 480 a 483, del cuaderno de casación, señala:

- En cuanto a ***"Exposición precisa de los hechos que, según la sentencia, son constitutivos del delito"***; citando partes de la sentencia, del *"Análisis del Tribunal de Alzada"*, señala:

"...contabilizó indebidamente las transacciones que generaron la salida de fondos de tal entidad" ; *"...ocultó y distorsionó información de la cuenta 1122900500000 "Inversiones Varias" de Filanbanco Trust & Banking Corp., lo que se evidencia, cuando el ingeniero Gonzalo Hidalgo Terán, Gerente de Filanbanco estatal, entregó listados sin datos específicos de las personas a quienes se concedió dinero por valores que suman USD $ 107.324.726,81..."* ; *"...no transparentó la cuenta por cobrar, creada para supuestamente saldar la deuda que el Fideicomiso Multinversiones contrajo con Filanbanco Trust & Banking Corp., lo que ocasionó que los estados financieros no presenten razonablemente la situación económica y financiera de Filanbanco Trust & Banking Corp., lo que tuvo una enorme repercusión para la ruina económica de Filanbanco S.A."* ; y, que *"...tanto Leonardo Navas Banchón, como Antonio Arenas Contreras, coadyuvaron a la ejecución del injusto penal de peculado, tipificado y sancionado en los incisos primero y segundo del artículo 257 del Código Penal, de un modo principal, practicando deliberada e intencionalmente actos, sin los cuales no habría podido perpetrarse la infracción, en el grado de autores, en los términos del artículo 42 del Código Penal."*

- En lo que referente a ***"Fundamentos jurídicos en que se basa [su] recurso y citas de las normas violadas"***, señala:

- Que la sentencia de instancia viola la ley, contraviniendo su texto, respecto de sus actuaciones al carecer de motivación, como lo prevé el artículo 76.7.l de la Constitución de la República; así como también el artículo 130.4 del Código Orgánico de la Función Judicial. Precisa que en toda la parte referente al *"Análisis del Tribunal de Alzada"*, apenas se lo nombra en tres ocasiones antes de sentenciarlo, la primera para decir que se ha demostrado su responsabilidad, sin indicar cómo; la segunda para decir que ha coadyuvado de modo principal a la ejecución del injusto penal, también sin las actuaciones descritas *ut supra*, las cuales -señala-, son simples afirmaciones de hechos que no contienen la enunciación de normas o principios jurídicos en que se fundan, que carecen de la explicación de la pertinencia de su aplicación a los antecedentes de hecho; y que por lo tanto no hay motivación.

- Que ni siquiera los verbos rectores previstos en los incisos primero y segundo del artículo 257 del Código Penal, que el tribunal de instancia ha aplicado, contienen las supuestas acciones que se le atribuyen; indica, que jamás ha desfalcado, abusado, o dispuesto arbitrariamente de dineros públicos o privados o efectos que los represente, piezas, títulos, documentos bienes muebles o inmuebles; así como, no ha malversado aplicando fondos a fines distintos a los previstos; ya que como contador de la empresa panameña Filanbaco Trust & Banking Corp. tuvo entre sus facultades las de realizar algún acto que se pueda entender configuran la conducta del peculado mayor por malversación; por lo que se configura una interpretación extensiva de la ley, prohibido en el Derecho Penal, artículo 4 del Código Penal y 13 del Código Orgánico Integral Penal.
- Que se ha aplicado falsamente la ley en su contra, el artículo 257 del Código Penal, perjudicándole con una sentencia que contiene apreciaciones subjetivas, como cuando se afirma que los estados financieros no presentaron "razonablemente" la situación económica y financiera de Filanbaco Trust & Banking Corp.
- Que si junto a los otros sentenciados, ha sido condenado por el delito de peculado mayor, en la comisión de tal infracción debió ser sujeto activo principal un funcionario público, con el cual se podría haber coadyuvado, como se afirma en la sentencia; empero el fallo, a Jorge Egas Peña y Luis Jácome Hidalgo, quienes se desempeñaron como Superintendente de Bancos y Presidente del Directorio del Banco Central, confirmó su estado de inocencia; por lo tanto -dice-, no hay peculado que perseguir, menos peculado mayor, que se lo atribuye por errónea interpretación de la ley.
- Que se vulneran las normas sobre la autoría, comisión de la infracción y en genetral sobre la participación, previstas en el Código Penal y Código de Procedimiento Penal (artículos 2; 11; 41; 42; 57; 257; y, 2; 4; primer y cuarto inumerados luego del 5; 11; y 14, respectivamente).
- Que hay interpretación errónea de la ley, se la ha aplicado falsamente en el fallo, al decir que el artículo 121 de la Constitución de 1998, actual 233, permitía con anterioridad a los hechos que se condenan, atribuir la comisión del delito de peculado mayor a cualquier persona, sin que ésta necesariamente fuese funcionario público; señala que previo a la sentencia de primer nivel, confirmada en el fallo recurrido, se defendió por un supuesto peculado bancario, infracción distinta al peculado mayor, no siendo aplicable la primera por su vigencia posterior; la segunda también es inaplicable por no estar involucrado funcionario público alguno; añade, que la malversación como acción, para cometer peculado mayor no estuvo en vigencia para los hechos por los que se lo ha sentenciado, acorde con la Resolución de la Corte Suprema de Justicia de 2002, y por la cual quedó en vigencia, para esta causa, el artículo 257, de la reforma de 1977 y no como erróneamente afirma la sentencia impugnada, sobre la vigencia del texto de las reformas de 1971.

Concluye, solicitando se case la sentencia dictada el 12 de marzo de 2014, se confirme

28

fundamentación, ante la entrada en vigencia del Código Orgánico Integral Penal, el cual -dice- respecto al delito de peculado no contempla la malversación como modalidad para cometerlo, siendo ésta la actuación por la que se ha condenado, solicita se aplique el principio de favorabilidad previsto en el artículo 158 del Código de Procedimiento Penal de 1983; en el artículo 2 del Código Penal (2000); en el artículo 5.2 del Código Orgánico Integral Penal; y, en el artículo 76.5 de la Constitución de la República.

3.5. De la contestación por parte del Fiscal General del Estado

El doctor Galo Chiriboga Zambrano, Fiscal General del Estado, mediante escrito que obra de fojas 510 a 522 del cuaderno de casación, da contestación al traslado corrido, con los escritos de fundamentación de los casacionistas, y señala:

- Que no se debe confundir un recurso ordinario de instancia, con el recurso de casación; el primero, permite al tribunal de alzada revisar todo el proceso, volver a evaluar las pruebas, examinar el cumplimiento de formalidades, y rever las conclusiones del inferior, con respecto a cuáles fueron los hechos probados, así como a las calificaciones de dolo, de culpa o de ausencia de ambas, en la conducta del procesado; mientras que el segundo -recurso de casación-, no permite analizar todo el proceso, ni volver a evaluar la prueba, sino que debe aceptar como verdaderos los hechos que se declararon probados en la sentencia; precisa, que únicamente corresponde examinar la sentencia para verificar si contiene errores de derecho ocasionados por violaciones de la ley en su texto, como lo manda el artículo 373 del Código de Procedimiento Penal de 1983.

Luego de referirse, de manera detallada a cada uno delos recurrentes y sus fundamentos, así como al análisis hecho en la sentencia dictada por el Tribunal de Garantías Penales de la Corte Nacional, respecto de las alegaciones hechas en su momento por los sindicados -sentencia de apelación ahora impugnada-; el Fiscal General del Estado indica:

- Que los escritos de fundamentación del recurso de casación, se sustentan con los mismos argumentos, que ya fueron motivo de la apelación; que son alegatos propios de tercera instancia, lo cual no es la esencia del recurso de casación.
- Que el artículo 373 del Código de Procedimiento Penal, de 1983, consigna lo que debe contener el escrito de fundamentación del recurso, requisitos que cumplen los casacionistas, pero precisa, que ninguno ha demostrado cómo se vulneró la ley en la sentencia, cuya casación se reclama, las disposiciones constitucionales, legales u otras normas jurídicas citadas en cada uno de sus escritos; menos aún, que se haya hecho una interpretación extensiva del artículo 257 del Código Penal, para condenar a los recurrentes como autores del delito de peculado, ni que en la sentencia impugnada se haya incurrido en violación constitucional, legal o de cualquier otra norma.
- Que el artículo 257 del Código Penal, que sirvió de base para las sentencias condenatorias dictadas por el juez de primer nivel y por el tribunal de apelación, tipifica la conducta del delito de peculado; que el núcleo de la infracción se encuentra determinado por la expresión *"hubiere abusado de dineros públicos o privados..."*; aclarando que la norma amplía la penalización a los funcionarios, administradores del sistema financiero nacional que incurran en la acción abusiva.

Resalta que el núcleo básico de cada delito tipo, está caracterizado por el verbo rector que sirve para precisar la esencia del delito y el bien jurídico protegido; reitera, que el verbo rector en toda disposición legal del peculado, es que los sentenciados hubiesen "abusado"; que la forma de abusar, significa usar mal, de manera excesiva, injusta, impropia o indebidamente; que usar bien es obrar de acuerdo con la ley y con las normas particulares de probidad y eficiencia; y, que usar mal, es todo uso que se aparte de tales principios.

Indica que si el núcleo básico del delito de peculado es "abusar", las modalidades previstas en la norma penal como son el desfalco, disposición arbitraria o cualquier otra forma semejante como la malversación, detallada en el inciso segundo de la norma referida (art. 257), deben subsumirse al "abuso" que en el presente caso -dice-, fue el uso indebido de los recursos entregados por el Banco Central del Ecuador.

Concluye, señalando que es de su criterio, se rechace los recursos de casación interpuestos, por no habérselos fundamentado; en cuanto al pedido de archivo de la causa, señala no emitir criterio alguno y que no es motivo de casación.

4. ANALISIS DEL TRIBUNAL DE CASACIÓN

4.1. Acerca del recurso de casación

La ex Sala de lo Penal de la Corte Nacional de Justicia, refiriéndose al recurso de casación, dentro de la sentencia dictada en el juicio No. 396-2011, señala:

"*...La casación es uno de los recursos procesales, mediante el cual el ordenamiento jurídico busca proteger el derecho de impugnación que tiene todo ciudadano en contra de las decisiones que los administradores de justicia dictan en los procesos jurisdiccionales, derecho que no solo forma parte de las garantías del debido proceso constantes en la Constitución de la República, en su artículo 76.7.m), sino que además ha sido recogido por instrumentos internacionales, como la Convención Americana de Derechos Humanos, la que en su artículo 8.2.h), manifiesta que toda persona inculpada de un delito tiene "derecho de recurrir del fallo ante juez o tribunal (...)*"[6]

Se trata de una institución establecida con el fin de garantizar la corrección sustancial y la legalidad formal del juicio previo exigido por la Constitución, para asegurar el respeto a los derechos individuales y a las garantías constitucionales de igualdad ante la ley, inviolabilidad de la defensa, debido proceso, entre otras; así como, y al tratarse de materia penal, el mantenimiento del orden jurídico penal, por una más uniforme aplicación de la ley sustantiva.

El recurso de casación es considerado un medio de impugnación, que por motivos de derecho, específicamente previstos por la ley, una parte, denominada casacionista postula la revisión de los errores jurídicos atribuidos a la sentencia de mérito que la perjudica; reclama la correcta aplicación de la ley sustantiva, o la anulación de la sentencia, y una nueva decisión, con o sin reenvío a nuevo juicio.

Se trata de un medio de impugnación extraordinario, contra la sentencia de última instancia, el cual se caracteriza por su aspecto eminentemente técnico-jurídico, o de

[6] CORTE NACIONAL DE JUSTICIA. Jurisprudencia Ecuatoriana Ciencia y Derecho. Período Enero-

formalidad, igualmente jurídica; y, que es limitado a determinadas resoluciones, por las causales dispuestas en la ley.

El recurso de casación, es un medio de impugnación de fallos violatorios de la normatividad sustantiva, que en nuestro ordenamiento jurídico, y para el *sub iúdice,* se encuentra previsto en el Código de Procedimiento Penal de 1983, en el artículo. 349 que señala: *"El recurso de casación será procedente para ante la Corte Suprema de Justicia cuando en la sentencia se hubiera violado la Ley, ya por contravenir expresamente su texto; ya por haberse hecho una falsa aplicación de la misma; ya, en fin, por haberla interpretado erróneamente".*

De lo indicado, deviene, que el recurso de casación, como un recurso extraordinario, a diferencia de los recursos ordinarios, que se ejercen en las instancias (ejemplo el de apelación), tiene finalidades específicas determinadas en la ley (violación de la ley ya por: **i**) contravenir expresamente su texto; **ii**) hacer falsa aplicación; y/o, **iii**) interpretarla erróneamente); circunscritas a que en los cuestionamientos sobre la legalidad de las sentencias, pretenda la reparación de los yerros -agravios inferidos a las partes procesales-, en el fallo impugnado; así como, la efectividad del derecho material y de las garantías debidas a las personas que intervienen en el proceso; y, unificar la jurisprudencia. Ahora bien, cabe indicarse, que la casación debe interponerse únicamente con base y por los motivos previstos en el artículo antes referido, ya que, no cualquier clase de "inconformidad", con la sentencia, es susceptible de ser recurrida por esta vía.

4.2. Acerca de los parámetros del recurso de casación

La naturaleza y/o esencia del recurso de casación, es corregir los errores, que al momento de aplicar el derecho, cometen los juzgadores de instancia; de allí que los parámetros para fijar la existencia de dicho error vienen dados por el artículo 347 del Código de Procedimiento Penal (1983), que contiene las causales taxativas para la presentación del recurso de casación. Estas causales han sido descritas por este órgano jurisdiccional de la siguiente forma:

"... ***a)*** *Error de omisión, que es al que se refiere el mentado artículo al indicar la contravención expresa del texto de la ley, y que se configura cuando, dada una circunstancia fáctica por probada, el juzgador no aplica la norma jurídica correspondiente;* ***b)*** *Error de pertinencia, referido (...), como [falsa] indebida aplicación de la ley, que se presenta cuando establecida una circunstancia fáctica probada, el juzgador aplica para su resolución una norma jurídica que no tiene como supuesto de hecho a ésta; y,* ***c)*** *Error de interpretación, en el que el juez selecciona correctamente la norma y la adecúa* (sic) *al caso, pero al interpretar el precepto le atribuye un sentido que no tiene o le asigna efectos distintos o contrarios a su contenido, en definitiva, confunde el sentido y alcance de la norma aplicada. (...)*"[7]

Cabe indicar, que resulta lógico, que ante la utilización de una de estas causales por parte del recurrente, implica el señalar una norma jurídica que haya resultado vulnerada por una de las tres vías mencionadas; pero además, dado que la voluntad del recurrente

[7] CORTE NACIONAL DE JUSTICIA, Sala Especializada de lo Penal, Penal Militar, Penal Policial y Tránsito. Ponencia de la Dra. Gladys Terán Sierra. Resolución Nro. 942-2013, mediante la cual se

no puede ser deducida por el tribunal de casación, tan solo de la norma jurídica considerada vulnerada y de la causal en la que ha adecuado el recurrente esa vulneración, es necesario, que con la técnica jurídica adecuada, el recurrente realice una argumentación, en derecho, exponiendo su concreto interés para recurrir por vía de casación.

Hay que precisar que el recurso de casación, así como el de revisión, "*no constituyen instancia ni grado de los procesos, sino recursos extraordinarios de control de legalidad y del error judicial en los fallos de instancia*"[8]; la naturaleza impugnatoria que le otorga el ordenamiento jurídico a la casación, implica necesariamente para su activación, la existencia de una inconformidad del sujeto procesal, respecto de la sentencia, razón por la cual, se le impone la carga procesal de exteriorizar dicha inconformidad al momento de fundamentar el recurso, con la finalidad de que el mismo prospere; puesto que, de la manera en la que dicha fundamentación sea realizada, dependerá, el medio de impugnación (casación), y a ella, requiere ser encuadrada en la naturaleza propia del recurso.

4.3. Examen de Casación

4.3.1. Acerca de los cargos argüidos

De lo precisado en el punto 3, sub puntos 3.1, 3.2, 3.3.; y 3.4., en cuanto a los cargos argüidos por los casacionistas en sus escritos de fundamentación; agrupándolos para una cabal identificación, bajo el marco de las causales establecidas por la ley (art. 373 C.P.P. 1983), tenemos (Ver tabla en la página siguiente:

Una vez identificadas las causales argüidas por los casacionistas, las mismas que al versar, en la mayoría de los casos, en argumentos similares; para efectos de proceder con su examen y ser debidamente analizadas y despejadas, se los agrupa y/o identifica en los siguientes cargos generales:

- Que el sujeto activo del delito de peculado, dispuesto en los incisos 1 y 2 del artículo 257 del Código Penal vigente en 1998, sólo pueden ser los funcionarios públicos o en participación con ellos.
- Que la malversación como una modalidad del delito de peculado, por la que han sido condenados, no estuvo vigente para la época de los hechos (1998); ha sido y está, en la actualidad, despenalizada, conforme se desprende del artículo 278 del COIP.
- Que, al haberse iniciado el proceso penal y acusado por el Ministerio Público, en su dictamen fiscal, primero por el delito de falsedad de balances, así como por peculado bancario; y sancionado posteriormente, por peculado mayor, en la modalidad de malversación, se han vulnerado los principios de especialidad y congruencia, lo que ha ocasionado la indefensión de los recurrentes, quienes se han defendido por los tipos penales que dieron inicio al proceso penal, entre ellos, el peculado bancario.
- Que al estar vigente el Código Orgánico Integral Penal, en el que en su artículo 278, despenaliza la malversación, el Tribunal de Casación debe aplicar el principio de favorabilidad y ordenar el archivo de la causa;

33

Que se debe aplicar las atenuantes dispuestas en los numerales 2, 6 y 7 del artículo 29 del Código Penal, y modificar la pena a su favor; ya que el artículo 30, *ibídem,* al hablar de alarma social, no es una agravante constitutiva o modificatoria de la infracción, sino un concepto abstracto, no definido en la ley; y,

- Que de manera "subsidiaria", si de aplicarse penas se trata, se observe la norma respecto a la sanción con prisión para personas mayores de 65 años y se sancione a 8 días.

4.3.1.1. Los tres primeros cargos, en definitiva,constituyen el nudo central de la argumentación de los casacionistas; cabe señalar, en primer lugar, que los mismos -en igual sentido-, ya fueron esgrimidos por los recurrentes, al interponer apelación; es decir, que estos cargos ahora "nuevamente" argüidos en escenario de casación, ya fueron planteados, analizados y resueltos, en instancia; es por ello, que conforme ya quedó indicado en el punto 4.2, al analizar respecto a lo que es el recurso de casación y sus parámetros, se precisó que la casación no constituye instancia ni grado de los procesos; se trata de un recurso "extraordinario" de control de legalidad y del error judicial en los fallos de instancia, cuya naturaleza impugnatoria, otorgada por el ordenamiento jurídico, implica necesariamente que para su activación, tiene que darse, si bien, la existencia de la inconformidad del sujeto procesal respecto de la sentencia, pero sobre la base de las causales establecidas en la ley; es por ello, que se le impone la carga procesal de exteriorizar dicha inconformidad al momento de fundamentar el recurso, con la finalidad de que el mismo prospere; toda vez que, de la manera en que la fundamentación sea realizada, dependerá, el medio de impugnación (casación), y a ella requiere imperiosamente ser encuadrada en la naturaleza misma del recurso.

La doctrina clásica, se basa fundamentalmente en la afirmación que dice, que mediante el recurso de casación, sólo se puede intentar una revalorización jurídica del material fáctico establecido en la sentencia -a diferencia del recurso de apelación-; es por ello, que en *stricto sensu,* la casación no constituye una nueva instancia sobre los hechos, cual recurso de apelación, donde el tribunal *ad quem* está facultado legalmente para practicar un reexamen *ex novo* de todo el material probatorio. Al tribunal de casación le corresponde el control de la aplicación de la ley sustantiva por los tribunales de mérito; es por ello, que se ha podido declarar, con razón, que el tribunal de casación no es un tribunal de segundo grado con potestad para examinar *"ex novo"* la causa y corregir todos los errores de hecho y de derecho que pueda cometer el juez de instancia, sino que es un "supremo guardián" del derecho sustantivo y procesal, para evitar la inobservancia o errónea aplicación de la ley; de allí, que la procedencia del recurso de casación, está dada por el conjunto de requisitos necesarios para que pueda el tribunal de casación, pronunciarse sobre el fondo de la impugnación, y su examen debe limitarse a la procedencia o improcedencia de la casación, desde un punto de vista puramente formal.

4.3.1.2. Dentro del cumplimiento del rol de este Tribunal de Casación, como órgano de control de la legalidad de los fallos emitidos por los jueces de instancia, y de subsanador -en el caso de haber-, de los yerros legales de la sentencia; y, toda vez que, inclusive, los cargos presentados tanto en apelación como en casación, pasan por el estudio mismo de la figura delictual del peculado; habida cuenta, que el proceso que ahora nos ocupa, traído a sede casacional, deviene de dicho delito, es menester abordar

El delito por el cual se declaró culpables a los ahora recurrentes, es el hecho antijurídico del "peculado". El Diccionario de la Lengua Española de la Real Academia Española, define al peculado como: *"(Del lat. peculatus.) m. Der. Delito que consiste en el hurto de caudales del erario, hecho por aquel a quien está confiada su administración"*[9]; por su parte el Diccionario de Derecho Penal y Criminología, señala que: *"La sustracción de caudales o efectos públicos por parte del funcionario público al que le fueran confiados, constituye el delito de peculado, incluido entre los ejemplos de la malversación de caudales públicos. (...)"*[10].

Por su parte la Convención de las Naciones Unidas contra la Corrupción, en sus artículos 17 y 22 señala:

"Artículo 17

Malversación o peculado, apropiación indebida u otras formas de desviación de bienes por un funcionario público

Cada Estado Parte adoptará las medidas legislativas y de otra índole que sean necesarias para tipificar como delito, cuando se cometan intencionalmente, la malversación o el peculado, la apropiación indebida u otras formas de desviación por un funcionario público, en beneficio propio o de terceros u otras entidades, de bienes, fondos o títulos públicos o privados o cualquier otra cosa de valor que se hayan confiado al funcionario en virtud de su cargo."

"Artículo 22

Malversación o peculado de bienes en el sector privado

Cada Estado Parte considerará la posibilidad de adoptar las medidas legislativas y de otra índole que sean necesarias para tipificar como delito, cuando se cometan intencionalmente en el curso de actividades económicas, financieras o comerciales, la malversación o el peculado, por una persona que dirija una entidad del sector privado o cumpla cualquier función en ella, de cualesquiera bienes, fondos o títulos privados o de cualquier otra cosa de valor que se hayan confiado a esa persona por razón de su cargo."

Ahora bien, toda vez que en el *sub lite,* se hace mención a la "malversación", cabe señalar que: *"En sentido estricto, malversación es dar el funcionario público, a los caudales o efectos que administra, una aplicación diferente de aquella a que estuvieren destinados. Si se apropia de esos caudales, el hecho recibe el nombre genérico de peculado(...)"*[11]; con lo que se clarifica, más aún el contenido de los artículos 17 y 22 de la Convención de las Naciones Unidas contra la Corrupción, cuando habla de peculado o malversación, no de peculado y malversación.

El tratamiento de esta figura delictiva, varía en las diferentes legislaciones, por ello resulta contraproducente, cuando en las sentencias emitidas por los órganos de administración de justicia, se citan connotados juristas o se transcriben conceptos

---

[9] REAL ACADEMIA ESPAÑOLA. *Diccionario de la Lengua Española*. Vigésima Primera Edición. Espasa Calpe S.A. Madrid. 1992 p 1102.

[10] GOLDSTEIN, Raúl. *Diccionario de derecho penal y criminología*. 3ª edición actualizada y ampliada. Edit. Astrea. Buenos Aires. 1998. pp 728,729.

[11] GOLDSTEIN, Raúl. Ob. Cit. pp 665.

referentes al peculado; sin considerar, que si bien el término es el mismo, los elementos objetivos del tipo penal, en cada país, tienen diferentes connotaciones[12].

En nuestro país, conforme se evidenciará, en el siguiente sub punto, el peculado se lo ha ubicado, desde sus orígenes históricos como un delito contra la administración pública; y, de la codificación que ha hecho la norma sustantivo penal, se infiere, que el peculado no es un delito contra la propiedad sino contra la administración pública.

En cuanto al sujeto activo del delito, el cual se refiere a la persona natural que ha cometido el delito, en la dogmática penal encontramos que existen sujetos activos calificados y no calificados, los primeros, son aquellos que requieren de cierta calidad para ser partícipes de un delito.

En el caso concreto, el inciso primero del artículo 257 del Código Penal dice: "*...**los servidores de los organismos y entidades del sector público y toda persona encargada de un servicio público**, que en beneficio propio o de terceros, hubiere abusado de dineros públicos o privados, (...)*"; es decir, que para ser sujeto activo del delito de peculado se requiere, en principio, tener la calidad de servidor público y/o toda persona encargada de un servicio público; es por ello que cabe remitirse a la Constitución de la República, en cuanto a determinar qué comprende el sector público, quiénes son servidores públicos, sus responsabilidades y el alcance que da la Norma Suprema para los casos de delitos de peculado, cohecho, concusión y enriquecimiento ilícito.

Los artículos 121 de la Constitución Política de la República de 1998, y el 233 de la actual y vigente Constitución de la República señalan que, ningún servidor público está exento de responsabilidad por los actos realizados en el ejercicio de sus funciones o por sus omisiones; que "*Estas normas también se aplicarán a quienes participen en estos delitos, **aun cuando no tengan las calidades antes señaladas***"

El inciso cuarto, del artículo 257 del Código Penal dice: "*También **están comprendidos en las disposiciones de este artículo los funcionarios, administradores, ejecutivos o empleados de las instituciones del sistema financiero nacional privado**, (...)*"; es decir, que para ser sujeto activo del delito de peculado se requiere tener la calidad de funcionario, administrador, ejecutivo o empleado de las instituciones del sistema financiero nacional privado, convirtiéndose éste en el sujeto activo, calificado, para este tipo de delitos y cuando se refiere específicamente al denominado "peculado bancario".

Ahora bien, cierto es que, en principio, sólo los funcionarios públicos pueden tener participación en un delito de peculado; más sin embargo, como queda expresado, por mandato constitucional, y acorde al artículo 257, y sus reformas, también son responsables, por este delito, las demás personas que participaren en su cometimiento, aun cuando no tengan las calidades antes señaladas, y precisamente entre éstas, se encuentran las determinadas en el inciso tercero cuando se refiere a los servidores de los bancos estatales y privados; y posteriormente en el inciso cuarto del referido artículo, que huelga reiterar, señala: "*También **están comprendidos en las disposiciones de este***

[12] Así, en la legislación Colombiana o de Costa Rica, el peculado se refiere al abuso de bienes que hayan sido confiados a la custodia del funcionario público, es decir se individualiza la protección del

***artículo los funcionarios, administradores, ejecutivos o empleados de las instituciones del sistema financiero nacional privado,** (...)".*[13]

En cuanto a la "*conducta o verbo rector*", el núcleo del delito de este tipo penal, aquello implica la acción humana con la cual se lesiona el derecho de otra persona, es la acción ejecutiva misma del cometimiento del delito. El artículo 257 del Código Penal, a lo largo de estos años, 1998-014, en su parte pertinente dice que es responsable de peculado el que "*...hubiere **abusado** de dineros públicos o privados, de efectos que los representen, piezas, títulos, documentos, bienes muebles o inmuebles que estuvieren en su poder en virtud o razón de su cargo, ya consista el abuso en desfalco, disposición arbitraria o cualquier otra forma semejante*". El verbo rector es entonces el "**abusar**", el cual, según el diccionario de la Real Academia de la Lengua Española, significa *usar mal, excesiva, injusta, impropia o indebidamente de algo o de alguien;* acorde a este mismo artículo, tal abuso se puede dar por: desfalco, disposición arbitraria **o cualquier otra forma semejante**.

En lo atinente al "*objeto o bien jurídico protegido*"; hay que señalar, que en el catálogo de delitos tipificados en el Código Sustantivo Penal, encontramos una codificación en función del bien jurídico protegido; así tenemos los capítulos correspondientes a los delitos contra la seguridad del Estado, las personas, la propiedad, fe pública, etc.; de ahí que, el delito de peculado, según esta codificación, protege el bien jurídico "Administración Pública", que como ya quedo indicado, implica un concepto abstracto.

En lo relacionado con los "*elementos normativos, valorativos y otras circunstancias que complementan el tipo*"; hay que señalar, que la tipicidad objetiva se integra también por elementos normativos, elementos valorativos y otras circunstancias que complementan el tipo penal; los elementos normativos son aquellos que nos remiten a otras normas legales para entender el contenido del delito; así, en el delito de peculado tipificado en el artículo 257 y siguientes del Código Penal, encontramos elementos normativos, como son los conceptos de: "dineros públicos o privados", "funcionarios, administradores, ejecutivos o empleados", "instituciones del sistema financiero nacional", y otros; para entender estos conceptos debemos remitirnos, a diversas normas y/o cuerpos legales que versan sobre aquello, por ejemplo y dado el caso en ciernes, a la Ley General de Instituciones del Sistema Financiero, resoluciones del Directorio del Banco Central, etc.

---

[13] Así, del artículo 257 y siguientes del Código Penal, encontramos con que existen otros sujetos que pueden ser autores, así tenemos los servidores que manejen fondos del Instituto Ecuatoriano de Seguridad Social; los auditores de la Contraloría General del Estado y la Superintendencia de Bancos y Seguros que han intervenido en fiscalizaciones, auditorias o exámenes especiales anteriores, siempre que esos informes impliquen complicidad o encubrimiento; merece un especial análisis este último caso, pues ante el encubrimiento o complicidad por parte de los funcionarios encargados de realizar auditorías de control como son Contraloría y Superintendencia de Bancos, se prevé una extensión de la punibilidad, pues aunque participaren secundariamente en la ejecución del delito, ya sea como cómplices o encubridores, la legislación penal ha previsto que serán sancionados como autores del delito. Finalmente, otros sujetos activos de Peculado, refiriéndose expresamente al peculado bancario, son los funcionarios, administradores, ejecutivos o empleados de las instituciones del sistema financiero, y los vocales de los directorios y de los consejos de administración de las entidades del sistema financiero, que contribuyeron al cometimiento del delito; que no necesariamente son servidores públicos, sino también privados, pero prestan sus entidades un servicio público, como vendrían a ser los bancos o entidades del sistema financiero nacional y los

En cuanto a los *"elementos valorativos o descriptivos"*, estos son elementos que describen la conducta, como por ejemplo en el hurto "el ánimo de apropiarse de un bien ajeno"; ahora bien, en el peculado no encontramos elementos valorativos.

En cuanto a las *"circunstancias que complementan el tipo"*, éstas, se refieren a las circunstancias en las cuales se puede cometer el delito; así el peculado, como quedó indicado, y remitiéndonos al caso que nos ocupa, puede ser cometido por funcionarios **o** empleados de las instituciones del sistema financiero nacional privado, cuando hayan abusado de dineros públicos o privados, fondos públicos, pero que este abuso se haya realizado en beneficio propio o de terceros.

En lo que respecta a la *"tipicidad subjetiva"*; hay que manifestar, que la tipicidad se compone de elementos objetivos y subjetivos; así, en la tipicidad objetiva encontramos los elementos analizados anteriormente, pero para que la conducta sea típica; es decir, para que se subsuma en el tipo penal descrito en el artículo 257 del Código Penal, debe cumplirse con la tipicidad subjetiva; este elemento se refiere a la finalidad con la que se realizó la acción, y para que ésta sea punible, solo puede realizarse con dolo o culpa; el dolo entendido como el conocimiento de los elementos objetivos del tipo y el querer realizar la conducta; o la culpa, al violar el deber objetivo de cuidado, que para el caso ecuatoriano, no existe el peculado culposo.

Refiriéndonos al peculado, al ser el verbo rector el "abusar", aquello implica una conducta dolosa, pues no es posible abusar por violación al deber objetivo de cuidado (culpa). El peculado se comete únicamente de forma "dolosa", al menos así lo ha establecido la legislación ecuatoriana[14], conforme se verá a continuación al conocer la evolución histórica que ha tenido este tipo penal.

4.3.1.3. Evolución histórica del delito de peculado en la Legislación Ecuatoriana[15]

1837, en el Código Penal (Código de Rocafuerte, art. 337), en el Título Sexto, se habla de los delitos contra la hacienda nacional, en concreto el extravío, malversación y mala administración de los caudales y efectos de la hacienda[16]; en la disposición del artículo 337 de este Código, claramente se encuentra el verbo rector del peculado, que es "abusar",

[14] Cabe indicar que existen otras legislaciones en donde sí se establece el peculado culposo, como en la legislación colombiana.

[15] Ver DONOSO CASTELLÓN, Arturo. *Guía Para Estudio. Derecho Penal Parte Especial. Delitos contra el patrimonio y contra los recursos de la administración pública.* Edi. Cevallos. Quito Ecuador. 2008, pp 125-152

[16] Era un delito cometido por los tesoreros, administradores, contadores y otros funcionarios públicos encargados de la administración, recaudación o manejo de caudales o efectos de la hacienda nacional, y que hicieren uso de tales caudales o efectos que estén a su cargo, para objetos diferentes a los que están destinados, aunque no hayan sido necesarios para atender la hacienda, y aunque reemplacen o repongan esos efectos y caudales cuando sean necesarios. Para estos casos

obviamente de los caudales y efectos[17]; al describir la conducta se tipifica con tres verbos rectores: extraviar, usurpar o malversar los bienes, derechos sobre ellos y los caudales y rentas, por incumplimiento de las normas establecidas para la administración de tales caudales y efectos, estando a cargo de los tesoreros y administradores, no tan sólo esos recursos sino también el manejo, es decir, la facultad de disponer de ellos, sea que estas conductas recaigan en fondos de carácter nacional, departamental, provincial, cantonal, parroquial o de algún establecimiento público.

En este año, ya se establecía la "comunicabilidad de circunstancias", pues se señala que las personas particulares que tengan a su cargo caudales o efectos pertenecientes a la comunidad de algún departamento, provincia, cantón o pueblo por encargo del gobierno o de alguna autoridad, o por cualquier otro título, quedan sujetos a las mismas penas que los funcionarios públicos que cometieren estas defraudaciones.

1872, en el Código Penal (Código Garciano, art. 257), aparece claramente la tipificación del peculado, obviamente no con ese nombre, pero con el verbo rector "abusar"; el elemento objetivo y material en el que recae la acción infraccional son los fondos públicos, dineros públicos o privados o efectos que los representen, piezas, títulos, documentos, bienes muebles e inmuebles, entendidos como el conjunto de recursos para el cumplimiento del servicio público; la conducta puede consistir en desfalco,

---

[17] En las normas de estos años se reprimía el "abuso" que hicieran de sus empleos, no efectuando los pagos que debían pretextando no tener fondos para hacerlo y usar esto para comprar por sí o por otra persona, los créditos a menor precio o para obtener ventaja, premio o interés en el pago o para molestar de cualquier modo al acreedor; en tales casos la pena era la pérdida del empleo y una multa del triple de la cantidad que no se había pagado. Igualmente se reprimía a los funcionarios que debiendo vender al público géneros o efectos, sin cumplir con sus obligaciones vendieran lo que estaba a su cargo como si fuera de ellos, o para repartirlos a determinadas personas en perjuicio del público, produciendo un efecto de falta de dichos géneros o efectos para la venta.

Nótese que en este caso, se encuentra el principio de los modernos delitos penales económicos, porque se afectaba el mercado de la sociedad en general; la norma se perfeccionaba con la obligación de los funcionarios de llevar las cuentas en forma precisa de acuerdo a las instrucciones y reglamentos del caso y se sancionaba el incumplimiento con suspensión del empleo, llegándose a establecer que había la obligación de los empleados públicos de rendir cuentas en plazos determinados, bajo pena de perder sus empleos.

En 1837 si los funcionarios encargados, es decir que tenían los caudales y efectos a su cargo, o en razón de su cargo, malversaban esos recursos dejando de cumplir lo que demandaba la necesidad de la hacienda nacional, además de la pena de privación de su empleo, recibían una multa del 20% del perjuicio causado, además de resarcir tal perjuicio en su integridad. Como se exigía a estos funcionarios que rindan fianza para garantizar su manejo, además de la pena de privación de empleo y multa, eran "declarados infames" y condenados a obras públicas de dos a seis años, es decir a trabajos forzados e inhabilitados por cuatro años para obtener cualquier empleo, siempre y cuando la malversación no excediera del monto de la fianza que habían pagado para ejercer el cargo; si excedía de las fianzas prestadas, se les privaba del empleo perpetuamente inhabilitándolos para ejercer cualquier otro y cumplían trabajos en obras pública de cuatro a diez años.

Se añadía en las normas la posibilidad de que la malversación no fuera dolosa, como en los casos anteriores, sino que fuere culposa es decir por negligencia o descuido, haciendo que los caudales y efectos se extravíen o se pierdan, por lo cual se les privaba de su empleos y debían reponer los caudales y efectos perdidos o extraviados; lo mismo sucedía con los funcionarios y empleados públicos que no cobraban oportunamente los intereses de la hacienda nacional en razón de su cargo.

malversación, disposición arbitraria o cualquier otra forma semejante; en el elemento subjetivo del tipo penal, quien comete el delito, debe ser el funcionario o empleado público que está en condiciones de disponer de esos recursos públicos, porque los tiene bajo su control sea porque están a su cargo, o en razón de su cargo; en esta normativa, puede un "particular" también cometer peculado, si tiene a su cargo fondos públicos.

Cabe señalar, que en este año, el llamado "peculado bancario" ya se encuentra tipificado, cuando en la norma se habla de los valores que se encuentran en los bancos de Estados o comerciales[18]. En cualquiera de las formas de peculado (común o bancario), la conducta infraccional podía consistir en desfalco, malversación, disposición arbitraria o cualquier otra forma semejante.

1889, en la Codificación Penal (art. 256); en esta normativa, la construcción típica del peculado no varía con relación al texto de 1872, excepto en cuanto a su numeración.

1906, en el Código Penal (art. 225), se habla claramente del Banco de Fomento y de los bancos comerciales, con lo cual hay que entender, que existe el "peculado bancario", no solo cuando se abusa de los fondos de la banca estatal, en lo que obviamente existirá siempre peculado, pues son fondos públicos; sino que, también de manera expresa, cuando se habla de "bancos comerciales"[19], se determina el cometimiento de este delito, cuando un banquero privado abusa de fondos captados del público.

1938, Código Penal, en términos generales, la construcción típica del peculado, es la que se ha venido manteniendo, con diversas modificaciones, hasta nuestros días, empero, no es ajena a lo detallado con respecto a los códigos precedentes. A partir de este año, sobrevienen otras codificaciones efectuadas, más sin embargo, para efectos del presente análisis y fallo, cabe pasar a la de 1960.

1960, Suplemento del R. O. No. 1202 de 20 de agosto de 1960; se trata de una edición especial de la Comisión Legislativa, en la que se codifican varias leyes, entre ellas el Código Penal; en esta codificación el delito de peculado constaba en los artículos 233, 234 y 235; el tipo penal establecía como sujetos activos a los empleados públicos y toda

[18] En esta época, legislativamente ya se prevé el concepto de lo que son fondos captados del público; como los bancos reciben esos fondos y con ello efectúan operaciones financieras, fundamentalmente de crédito, la actividad peculiar del banco, por su naturaleza, hace que los fondos captados del público entren al orden económico social en las actividades de los miles de agentes económicos que dinamizan en progresión geométrica con su actividad de producción, distribución y consumo, los dineros que les han sido prestados por los bancos.

Los elementos del delito penal económico son tres: 1) el orden económico social, como bien jurídico protegido; 2) una maniobra fraudulenta para abusar de los fondos captados al público; y, 3) la violación, es decir, la conducta ilícita consistente en irrespetar alguna norma, no necesariamente penal, sino que puede ser administrativa, inclusive resoluciones de la Superintendencia de Bancos, para configurar la maniobra abusiva de los fondos de fuente pública.

[19] DONOSO CASTELLÓN, Arturo. *Ob. Cit.* señala que: *"Es importante explicar que antes de la llegada de la Misión Kemerer, traída por el Presidente Ayora, para organizar el banco Central, la Superintendencia de Bancos y la moderna concepción de las finanzas públicas, en la década de los años 20 del siglo XX, cada banco emitía su propia moneda, llegándose al extremo de que el Banco Comercial y Agrícola de Guayaquil del señor Urbina Jado, llegó al colmo de convertirse en la fuente de préstamos para el propio Estado ecuatoriano, a tal punto que frente a los abusos, se produjo el estallido de la revolución Juliana de los jóvenes militares nacionalistas del 9 de julio de 1925. Esta aclaración y explicación es necesaria para entender en la construcción típica, porqué se venía*

persona encargada de un servicio público que hubiesen abusado de dineros públicos o privados, de efectos que los representen, piezas, títulos, documentos o efectos mobiliarios que estuvieren en su poder en virtud o razón de su cargo; ya consista el abuso en desfalco, malversación de fondos, disposición arbitraria o cualquier otra forma semejante; también se comprendía en esta "participación" a los que manejen fondos del Banco Central, sistema de crédito de fomento y comerciales, y de las cajas de previsión social; de manera tal, que se comprendía el "peculado bancario"; que incluía, de conformidad con la legislación de aquella época, al sistema de bancos que, entonces, recibían autorización para operar solo en los campos específicos, tales como crédito industrial o agrícola o en los llamados genéricamente comerciales, ya que no se habla, únicamente, del Banco Estatal de Fomento, sino que la "participación" en peculado, se extiende a todos los empleados bancarios, obviamente, incluidos con los privados; inclusive autores, cómplices y encubridores respondía solidariamente sobre los fondos materia del abuso y los daños y perjuicios.[20]

1971, Codificación del Código Penal (Suplemento del R.O. No. 147, de 22 de enero de 1971); en ésta, la numeración original del delito de peculado del año 1872, esto es, el artículo 257, aparece nuevamente y es la que se mantiene hasta el año 2014. El peculado aparece fundamentalmente en los artículos 257, 258 y 259 del Código Penal, el tipo penal utiliza el verbo rector "abusar", y el elemento objetivo sobre el que se construye la infracción, es, los dineros públicos o privados con finalidad social o pública, o de efectos que los representen, como piezas, títulos, documentos, o bienes o efectos mobiliarios, ya consista el abuso en desfalco, malversación, disposición arbitraria o cualquier otra forma semejante; el elemento subjetivo, en cuanto al sujeto activo, es un funcionario público o cualquier persona encargada de un servicio público, que tenga aquellos dineros o efectos de los que abusa a su cargo o en razón de él; se comprende entre estos a todos los empleados que manejen fondos de los bancos, Central, de sistema de Crédito de Fomento, y Comerciales y del Instituto Ecuatoriano de Seguridad Social[21]; de lo dicho, se mantiene también el "peculado bancario" incluyéndose a los bancos privados; el sujeto pasivo, por una parte, es una entidad del sector público a la que pertenecen dichos fondos; y por otra, al sector bancario privado en lo que corresponda, toda vez que los fondos captados del público, son también fondos públicos por destinación.

1977, en el R. O. No. 337, de 16 de mayo de 1977, se publica la Ley Orgánica de Administración Financiera y Control, en cuyo artículo 396 se reforma el Código Penal, en lo concerniente al peculado, refundiendo los artículos 258 y 259, en el artículo 257, de manera tal que en este solo artículo quedaron comprendidos aquellos; se sanciona con

[20] En esta época, la "participación criminal" se extendía, además, a los fiscalizadores de la Contraloría y a los inspectores de la Superintendencia de Bancos, que en fiscalizaciones anteriores, hubieren actuado con una conducta que implique complicidad o encubrimiento de los delitos de peculado, tanto general como el llamado "bancario"; tanto es así que acorde con el artículo 234 del Código Penal, de aquella época, la Superintendencia de Bancos, controlando también a los bancos privados, debía informar a la Contraloría, sobre la nómina de los infractores, con base a la información que los bancos y cajas de previsión le pedían; así como la lista de los desfalcadores.

[21] En esta época, se mantienen también como infractores a los fiscalizadores de la Contraloría y a los

reclusión a los servidores de los organismos y entidades del sector público que hubiesen abusado de dineros públicos o privados o de efectos que los representen, piezas, títulos, documentos o efectos mobiliarios que estuviesen en su poder en virtud o en razón de su cargo, ya consista el "abuso" en desfalco, "malversación", disposición arbitraria o cualquier otra forma semejante; cabe reparar, que la descripción normativa se mantiene intacta, y como provenía de las codificaciones anteriores; ahora bien, la novedad legislativa es que se define a la "malversación" como la aplicación de fondos a fines distintos de los previstos en el presupuesto respectivo, cuando además, este hecho implique abuso en provecho personal o de terceros con fines extraños al servicio público; como sujetos activos, están comprendidos los servidores del Instituto Ecuatoriano de Seguridad Social o de los bancos estatales y privados; también los fiscalizadores de la Contraloría y de la Superintendencia de Bancos que al efectuar los exámenes correspondientes en sus informes actúen demostrando complicidad o encubrimiento[22].

1978, en el R. O. No. 621 de 4 de julio de 1978 (art. 16), se reforman varios cuerpos legales, y con relación a la reforma realizada en el R. O. No. 337 (1977), en el artículo 257 del Código Penal, se "suprime" la palabra malversación, por lo que la definición que constaba en 1977 respecto de aquella, desaparece -cabe indicar que esta definición constaba en el inciso segundo, que también fue suprimida-; en lo demás, salvo en lo de las penas -un aumento que duró hasta 1979-, incluyendo lo de la prescripción de la acción, se mantiene como era en 1971.

1979, en el R. O. No. 36 de 1 de octubre de 1979 (arts. 1 y 3), se deroga el artículo 16 del R. O. No. 621, se restablecen las penas originales de delito de peculado.

1995, en el R. O. No. 764 de 22 de agosto de 1995, se añade al texto del artículo 257 del Código Penal que en esencia es el de 1971, en cuanto a que como sujetos activos del peculado, aparecen los servidores de la Dirección General de Rentas y los servidores de Aduanas que intervengan en actos de determinación.

1999, en el R. O. No. 190, de 13 de mayo de 1999, luego del tercer inciso del artículo 257 del Código Penal, constan como sujetos activos del peculado a los funcionarios, administradores, ejecutivos o empleados de las instituciones del sistema financiero nacional privado, y los miembros o vocales de los directivos y de los consejos de administración de estas entidades; empero, *"No hace falta recalcar que desde 1872 existe el peculado bancario, cuyos sujetos activos son los servidores de los bancos estatales y privados que abusen de los fondos de los bancos, incluyendo los privados, porque dichos fondos captados del público se convierten en fondos públicos por disposición de la ley, dentro del tipo penal del peculado."*[23]

---

[22] DONOSO CASTELLÓN, Arturo. *Ob. Cit.* señala que: *"Como se ve es importante señalar que, en primer lugar se puntualiza lo que se entiende por malversación punible, para que se distinga ésta de las malversaciones con efectos meramente administrativos y civiles más no penales, por una parte; y por otra, y lo que es más importante, en vista de que la legislación bancaria y la práctica habían ampliado la acción de los bancos privados, que ya no eran utilizados solo restrictivamente y en determinados casos para los créditos en materia industrial o agrícola, sino comercial en general, se redacta mejor la norma* ***manteniendo el peculado bancario*** *que ya estaba tipificado en normas de años anteriores, (...)" (p. 145)* (negrillas fuera del texto)

Con la reforma de este año (1999) se añaden después del artículo 257, cuatro innumerados que tipifican el denominado "peculado menor"[24].

2001, en el R. O. No. 422, de 28 de septiembre de 2001, se reforma el artículo 257 del Código Penal, de manera que la pena es de reclusión de ocho a doce años; en cuanto a los sujetos activos constan los servidores de los organismos y entidades del sector público y toda persona encargada de un servicio público, que en beneficio propio o de terceros hubiere abusado de dineros públicos o privados, de efectos que los representen, piezas, títulos, documentos, bienes muebles e inmuebles que estuvieren en su poder en virtud o razón de su cargo, ya consista el abuso en desfalco, disposición arbitraria o cualquier otra forma semejante; en el texto del artículo 257 se establece nuevamente que puede haber peculado por "malversación", cuando se aplique a fondos distintos a los previstos en el presupuesto respectivo, cuando este hecho implique además, abuso en provecho personal o de terceros, con fines extraños al servicio público.

En esta reforma se mantuvo todo el texto del artículo 257, que en esencia es el de 1971, consolidando definitivamente como hasta el 2014, en el propio Código Penal, independientemente de lo que tuviere que ver con otras normas relativas a este tipo, como las de la Ley Orgánica de Administración Financiera y Control y sus modificaciones.

2002, en el Suplemento del R. O. No. 595, de 12 de junio de 2002, se publica la Ley Orgánica de la Contraloría General del Estado, deroga algunas normas de la Ley Orgánica de Administración Financiera y Control, entre ellas la del artículo 396 que en 1977 (R. O. No. 337), estableció el peculado en el artículo 257, refundiendo en él otros artículos, como quedó indicado.

Cabe precisar, que ahondar en un cometario en cuanto al texto mismo del artículo 257, que en esencia, como ya quedó indicado en *ut supra,* es el de 1971, consolidado definitivamente en el propio Código Penal, resulta irrelevante, toda vez que, ya estaba dicho Código Sustantivo debidamente legislado en forma autónoma y específica, sin modificaciones y en plena vigencia, y que se ha mantenido en esencia hasta el año 10 de Agosto del año 2014, cuando a partir de la plena y total entrada en vigencia del Código Orgánico Integral Penal, el delito de peculado pasa a tipificarse en dicho cuerpo legal, en el artículo 278.

4.3.1.4. A manera de corolario, analizado que ha quedado el tipo penal de peculado en nuestra legislación a través de la historia; y, contrastado con los argumentos de los casacionistas, ya sea en cuanto al sujeto activo del delito y/o en cuanto a la modalidad de malversación; pero, en definitiva, en cuanto a los argüido por ellos ahora en escenario de casación, que a rasgos generales estriba en aquello que ya fuera planteado y resuelto en la

---

[23] DONOSO CASTELLÓN, Arturo. *Ob. Cit.* pp. 147,148.

[24] DONOSO CASTELLÓN, Arturo. *Ob. Cit.* señala que: *"No puedo de dejar de señalar que en esta reforma legislativa, incoherente, y favoreciendo en forma inaceptable a dignatarios de elección popular que pueden cometer peculado, en lugar de incorporarlos como corresponde al peculado general del Art. 257, se creó para ellos antitécnicamente, formas de conducta de peculado sancionado solo con prisión."* pp. 148,149.

instancia de apelación, deviene que tales cargos han quedado desvirtuados y resultan improcedentes; más aún, cuando, como se ha señalado en innúmeras resoluciones, que la casación debe interponerse únicamente con base y por los motivos previstos en la ley, para este caso el artículo 373 del Código de Procedimiento Penal de 1983; ya que no cualquier clase de "inconformidad" con la sentencia es susceptible de ser recurrida por esta vía, pues como quedó indicado, la naturaleza y/o esencia de este recurso, es corregir los errores, que al momento de aplicar el derecho, cometen los juzgadores de instancia, y los parámetros para fijar la existencia, de dicho error, vienen dados por el indicado artículo, que contiene las causales taxativas para su presentación.

Por último, hay que dejar señalado, que en cuanto al sujeto activo del delito de peculado si bien, en principio, se habla de un sujeto calificado, esto es los funcionarios -servidores- públicos; más sin embargo, por efectos de la comunicabilidad de circunstancias, que ya estuvo prevista desde 1887, en el Código de Rocafuerte, y que consta recogida en la Constitución Política de la República, de 1998 y la vigente Constitución de la República del 2008, también, puede ser tal sujeto activo, y/o se aplican las normas para aquellos particulares que participan en tal delito, a pesar de no tener la calidad de servidor o funcionario; más aún, si se considera que el delito de peculado, es uno de aquellos en los que el sujeto activo que realiza la acción debe además tener las cualidades que exija el tipo penal, que en el caso de peculado sería el empleado público, el privado, el de bancos, entre otros.

Esta referencia teórico-doctrinaria, como quedó señalado, ha sido recogida por nuestra legislación, en el tipo penal del peculado, cuando preceptúa que por tal delito serán reprimidos los servidores y organismos del sector público así como toda persona encargada del servicio público. Si bien, acorde con el artículo 24.1 de la Constitución Política de la República (1998), así como el artículo 2 del Código Penal y del Código de Procedimiento Penal se garantiza el principio de legalidad, que se acredita en la tipificación de las conductas que el legislador considera deben recibir sanción penal; así como con la estructura de los tipos penales que comprende un aspecto subjetivo y uno objetivo; en el caso del artículo 257 del Código Penal, el sujeto activo debe reunir ciertas condiciones especiales establecidas en la ley; ahora bien, empero, los delitos, en muchas ocasiones, son ejecutados con la "participación" de otras personas, que acorde con nuestra legislación pueden ser autores; y, los "partícipes" -palabra diferente a participación-, se dividen en cómplices y encubridores; en el *sub iúdice*, se encuentra que varias personas (incluidos los sindicados ahora recurrentes), han sido consideradas por el juzgador de instancia como responsables de este delito, encontrándose que no todas cumplían, en principio, con el condicionamiento de ser servidor público, para ser consideradas autoras; más sin embargo, tal aseveración que, en principio, parecería absoluta, no lo es, en tanto y en cuanto como quedó señalado, y así lo reconoce la jurisprudencia nacional, procede lo que doctrinariamente se conoce como "comunicabilidad de circunstancias".

Para ahondar de mejor manera y obtener una mayor comprensión al respecto, cabe citar a Guillermo Julio Fierro quien al tratar el tema explica que en la "participación *hacía un común hecho delictivo, o a varios"*, complemetando su idea al señalar que "*no obstante esa coincidencia de voluntades y la confluencia a un hecho común no implican concurrencia en absoluta igualdad de condiciones, pues pueden existir sensibles diferencias en las circunstancias personales que influyan sobre la punibilidad del hecho"*[25].

En el caso de los delitos especiales, como ya se observó, el sujeto activo debe reunir ciertas calidades específicas, mas puede darse el caso de que participen en la ejecución del hecho punible personas que no reúnen tales calidades -empleados públicos-, que en el caso del Ecuador, por las Constituciones de 1998 y 2008, por el acto ejecutado, también lo puede ser una persona particular, conforme está determinado también en la norma.

Nuestro ordenamiento jurídico ha materializado en forma expresa el tratamiento jurídico que se debe dar para el caso de los partícipes, tanto en el artículo 121 de la Constitución Política de la República (1998), como en el artículo 233 de la actual Constitución de la República (2008); en consecuencia por mandato constitucional, el *extraneus* se encuentra en igualdad de condiciones que el *intraneus* en lo que se refiere al cometimiento del delito de peculado, de acuerdo claro está, con su grado de participación.

Por otro lado, en lo que respecta a la malversación, que se ha señalado ha sido una de las modalidades del peculado mayor, por el que se ha sentenciado a los recurrentes, modalidad que se ha dicho no estuvo vigente y fue despenalizada a la época de los hechos (1998); tal afirmación no es acertada conforme quedó evidenciado en el análisis histórico legislativo realizado en el punto 4.3.1.3; más aún, si se considera que el peculado (general), conforme ha sido concebido y estructurado, ha tenido y tiene, figuras subsidiarias como son, *iter alia*, el denominado "peculado bancario", sobre el cual se precisará más adelante.

Es por todo lo indicado, que estos tres primeros cargos argüidos por los casacionistas, quedan desvanecidos;.

También se ha argumentado temas como, la falta de motivación, por lo que cabe indicar que este órgano jurisdiccional ha señalado[26], invocando a Rodríguez Orlando, que:

"*...motivar es argumentar, explicar o exponer las razones que fundamentan la resolución judicial; que la motivación es una garantía constitucional que asiste a todo sujeto procesal, que apunta a evitar errores conceptuales de estructura o de garantía; que con ella se evita la arbitrariedad, decisiones contrarias, errores de lógica jurídica y el actuar no razonado de los administradores de justicia; que las finalidades que cumple la motivación de las sentencias, como señala el jurista Orlando Rodríguez, remitiéndose a Joan Pico I Junoy en su obra "Garantías Constitucionales del Proceso" (Casa Editorial*

[25] FIERRO, Guillermo Julio. ***Teoría de la Participación Criminal.*** Segunda Edición. Edit. Astrea. Buenos Aires.2011.556

[26] CORTE NACIONAL DE JUSTICIA, Sala Especializada de lo Penal, Penal Militar y Tránsito. Recurso de Casación No. 1044-2012 Fiscalía vs sentencia dictada por la Primera Sala Especializada

45

Bosch. España. 1997), son: ***a)*** *permitir, a la sociedad, controlar la actividad judicial y cumplir así con el principio de publicidad;* ***b)*** *ser una garantía intraprocesal de los derechos y libertades fundamentales de las partes;* ***c)*** *lograr el convencimiento de las partes sobre la justicia y corrección de la decisión judicial; y,* ***d)*** *garantizar a las partes procesales la posibilidad de control de la resolución judicial.*

Cabe mencionar que no se puede tomar como circunstancias iguales o similares a la falta de motivación y a la motivación errada; para ello hay que diferenciar los dos conceptos de la siguiente manera: ***a)*** *La falta de motivación se da porque de plano esta es inexistente, o porque uno de los elementos que la presuponen, ya sea los fundamentos de hecho o de derecho, faltan al revisar el fallo del juzgador; en estos casos es aplicable el artículo 76.7.l) de la Constitución de la República, para anular el fallo impugnado y volver a dictar otro que cumpla con la garantía de motivación otorgada a las partes procesales, ya que precisamente la norma constitucional determina a los fundamentos de hecho y de derecho como elementos indispensables de esta institución jurídica;* ***b)*** *Cuando la motivación está presente en el fallo, porque el juzgador ha expresado los resultados de la valoración probatoria y ha aplicado sobre ellos el derecho que ha creído pertinente, la norma constitucional deja de tener aplicación con la finalidad de anular el fallo, aunque estos sean errados, pues no prevé la posibilidad de efectuar esta actividad, en una sentencia en que los argumentos del juzgador estén alejados de la realidad fáctica que han demostrado las pruebas, o del sentido y alcance que ha sido determinado por el legislador, para las normas jurídicas que ha aplicado el órgano jurisdiccional al resolver el caso; en estos supuestos lo que se configuran son errores de hecho y de derecho, que si bien recaen sobre la motivación, no la vuelven inexistente, sino errónea, falencias que pueden ser resueltas mediante el recurso de apelación (para los errores de hecho), o el de casación (para los errores de derecho) (...)".*

De allí que el argumento, de los casacionistas carece de asidero, toda vez que la sentencia impugnada, se encuentra debidamente motivada.

4.3.1.5. Con relación a la despenalización de la malversación, como una de las formas de peculado, y por lo que, este Tribunal de Casación debe aplicar el principio de favorabilidad; cabe indicar, que éste órgano jurisdiccional, al respecto del principio de favorabilidad, por la expedición de una norma penal más benigna, del Código Orgánico Integral Penal (COIP); y, el Estado constitucional de derechos y justicia, ha señalado[27]:

"(...) En el marco de la Constitución de la República del Ecuador, la cual señala que es garantista de los derechos humanos; es menester precisar, que si bien bajo el paradigma del Estado constitucional de derechos y justicia, como el adoptado por nuestro país con la Constitución del 2008, la persona humana es el objetivo primigenio, donde la aplicación e interpretación de la ley sólo es posible en la medida que la normativa se ajuste y no contradiga la Carta Fundamental y la Carta Internacional de los Derechos Humanos; en este marco, los organismos jurisdiccionales y jueces constitucionales, -en este caso también

[27] Con relación a este punto, ver CORTE NACIONAL DE JUSTICIA, Sala Especializada de lo Penal, Penal Militar y Tránsito. Recurso de casación No. 1501-2013. Arteaga Cedeño vs sentencia dictada por la Primera Sala de lo Penal y Tránsito de la Corte Provincial de Justicia de Manabí (tenencia de drogas).

este Tribunal de Casación-, están llamados a cumplir dos objetivos fundamentales: salvaguardar y defender el principio de la supremacía constitucional; y, proteger los derechos, garantías y libertades públicas; pues hay que tutelar todos los derechos humanos y garantizar su efectiva vigencia y práctica, simplemente porque sin derechos humanos, efectivamente protegidos, no existe democracia y tampoco puede existir constitucionalidad moderna. Norberto Bobbio, sostenía que el problema de fondo no es tanto fundamentar los derechos humanos cuanto protegerlos; pero, siempre y cuando haya asidero para aquello.

De allí, que todos los jueces y juezas, que en ultima ratio, somos también constitucionales, en nuestra labor hermenéutica tenemos mandatos definidos entre los cuales destacará siempre la decidida protección de los derechos fundamentales; es por ello, que para cumplir la función de administrador de justicia, resulta imposible, mantenerse en el plano de la mera aplicación silogística de la norma, puesto que, en estas normas, y en particular en lo referente a los derechos, son siempre amplios, abiertos a la definición de sus contenidos; por lo tanto el juez "constitucional", debe esforzarse por hallar las interpretaciones que mejor sirvan a la defensa de los derechos fundamentales; ***claro está, en los casos que constitucionalmente sean procedentes.***

Ahora bien, desde el marco y rol de este Tribunal de Casación, como supremo guardián de la legalidad -y en ella inmersos también los derechos y garantías de los sujetos procesales-; necesariamente tiene que remitirse a la Norma Suprema, en donde, dentro de los principios de aplicación de los derechos (Título II, Capítulo Primero), señala, que entre los principios que rigen el ejercicio de los derechos, determina que las servidoras y servidores públicos, administrativos o judiciales, en materia de derechos y garantías constitucionales, debemos aplicar la norma y la interpretación que más favorezcan su efectiva vigencia (art. 11.5). (...)" (negrillas fuera del texto)

Es por ello, que al haber entrado en vigencia (10 de agosto de 2014) el Código Orgánico Integral Penal (COIP), dentro del cual constan, entre los principios procesales, el de favorabilidad (art. 5.2); el ámbito temporal de aplicación (art. 16.2); y, que el artículo 278 que tipifica, ahora, el delito de "peculado", señala es necesario confrontar la conducta dispuesta en el COIP y el Código Penal vigente hasta el 9 de agosto de 2014, con el objeto de considerar si existe, benignidad que pudiera favorecer a los recurrentes.

El artículo 257 del Código Penal, vigente al año de 1998, señala:

"Serán reprimidos con reclusión mayor ordinaria de cuatro a ocho años, los servidores de los organismos y entidades del sector público y toda persona encargada de un servicio público que hubiere abusado de dineros públicos o privados de efectos que los representen, piezas, títulos, documentos o efectos mobiliarios que estuvieren en su poder en virtud o razón de su cargo: ya consista el abuso en desfalco disposición arbitraria o cualquier otra forma semejante la pena será de ocho a doce años si la infracción se refiere a fondos destinados a la defensa nacional.

***Están comprendidos en esta disposición los servidores que manejen fondos** del Instituto Ecuatoriano de Seguridad Social **o de los bancos estatales y privados.** Igualmente están comprendidos los servidores de la Contraloría General y de la Superintendencia de Bancos que hubieren intervenido en fiscalizaciones, auditorias o exámenes especiales anteriores, siempre que los informes emitidos implicaren complicidad o encubrimiento en el*

47

Los culpados contra quienes se dictare sentencia condenatoria quedarán además perpetuamente incapacitados para el desempeño de todo cargo o función públicos: para este efecto, el Juez de primera instancia comunicará inmediatamente de ejecutoriado, el fallo a la Oficina Nacional de Personal y a la autoridad nominadora del respectivo servidor, e igualmente a la Superintendencia de Bancos si se tratare de un servidor bancario. El Director de la Oficina Nacional de Personal se abstendrá de inscribir los nombramientos o contratos otorgados a favor de tales incapacitados, para lo cual se llevará en la Oficina Nacional de Personal un registro en que consten los nombres de ellos.

La acción penal prescribirá en el doble del tiempo señalado en el Art. 101 (...)" (negrillas fuera del texto)

El vigente Código Orgánico Integral Penal, señala:

"Art. 278. Peculado. Las o los servidores públicos y las personas que actúen en virtud de una potestad estatal en alguna de las instituciones del Estado, determinadas en la Constitución de la República, en beneficio propio o de terceros; ***abusen, se apropien, distraigan o dispongan arbitrariamente de bienes muebles o inmuebles, dineros públicos o privados, efectos que los representen, piezas, títulos, documentos que estén en su poder en virtud o en razón de su cargo****, serán sancionados con pena privativa de libertad de diez a trece años.(...)."* (negrillas fuera de texto)

Por su parte, el inciso cuarto, del artículo 278 del COIP, fue reformado mediante el Código Orgánico Monetario y Financiero, publicado en el Segundo Suplemento del R.O. No. 332 de 12 de septiembre de 2014, con el siguiente texto:

"Son responsables de peculado las o los funcionarios o servidores públicos, las o los funcionarios administradores, ejecutivos o empleados de las instituciones del Sistema Financiero Nacional que realicen actividades de intermediación financiera, así como los miembros o vocales de los directorios de los consejos de administración de estas entidades, que ***con abuso*** *de las funciones propias de su cargo: a) dispongan fraudulentamente, se apropien o distraigan los fondos, bienes, dineros o efectos privados que los representen; b) hubiesen ejecutado dolosamente operaciones que disminuyan el activo o incrementen el pasivo de la entidad; o, c) dispongan de cualquier manera el congelamiento o la retención arbitraria o generalizada de los fondos o depósitos en las instituciones del Sistema Financiero Nacional, causando directamente un perjuicio económico a sus socios, depositarios, cuenta partícipes o titulares de los bienes, fondos o dinero. En todos estos casos serán sancionados con pena privativa de libertad de diez a trece años.*

Si los sujetos descritos en el inciso precedente causan la quiebra fraudulenta de entidades del Sistema Financiero Nacional, serán sancionados con pena privativa de libertad de diez a trece años." (negrillas fuera de texto)

Por tanto, abstrayéndonos al caso en ciernes, como quedó analizado y evidenciado en el punto 4.3.1.3, al realizar el estudio de la evolución histórica que ha tenido el tipo penal de peculado en nuestra legislación, encontramos que el delito que se típica y sanciona es el peculado, infracción penal que consiste en el "abusar" de dineros públicos o privados, de efectos que los representen, piezas, títulos, documentos, bienes, etc., y que tal abuso puede consistir ya sea en desfalco, disposición arbitraria o **cualquier otra forma semejante;** y precisamente entre esas formas, puede ser la malversación, terminología que

1837, cuando en aquel artículo 337 del Código Penal se hablaba del extravío, "malversación" y mala administración de los caudales y efectos de la hacienda; empero, el verbo rector del peculado, siempre estuvo y está en el "abusar"; en el artículo 257 del Código del1872, también constaba que la conducta de abusar podía (adverbio ejemplificativo) consistir en desfalco, "malversación", disposición arbitraria **o cualquier otra forma semejante**; lo cual se mantiene en 1889 en el artículo 256; la construcción del tipo penal del peculado, es la que se ha venido manteniendo, con diversas modificaciones, hasta nuestros días; han sobrevenido varias codificaciones, por ejemplo la de 1960, en la que se mantiene el verbo nuclear "abusar", ya consista el abuso en desfalco, "malversación de fondos", disposición arbitraria **o cualquier otra forma semejante;** en la Codificación de 1971, reaparece, la numeración original del delito de peculado del año 1872, esto es, el emblemático artículo 257 -el cual se lo mantiene hasta el año 2014-, sigue el verbo rector "abusar", ya consista el abuso en desfalco, "malversación", disposición arbitraria **o cualquier otra forma semejante**; con la publicación de la Ley Orgánica de Administración Financiera y Control, en 1976, reforma el Código Penal, no se altera aquello del verbo nuclear del peculado el cual siempre está en el "abusar", ya consista el abuso en desfalco, "malversación", disposición arbitraria **o cualquier otra forma semejante**, con la "novedad" de que se define a la "malversación" como la aplicación de fondos a fines distintos de los previstos en el presupuesto respectivo, cuando además, este hecho implique abuso en provecho personal o de terceros con fines extraños al servicio público; más sin embargo, en 1978 la palabra malversación, contextualizada ésta como una de aquellas "formas" semejantes para el abuso como verbo rector del peculado, es suprimida, con lo cual queda que la tipificación de delito de peculado es tal como constaba en 1971; en 1979 se deroga el artículo aquel por el cual se hizo la eliminación de la palabra malversar, empero el texto que seguía vigente era el de 1971; aquí cabe el paréntesis en cuanto a que los hechos que activaron el *sub iudice* y por los que se ha sentenciado, ocurren en el año 1998, cuando para aquella época el delito de peculado, acorde al texto de 1971, tenía como su verbo nuclear el "abusar", ya consista el abuso en desfalco, "malversación", disposición arbitraria **o cualquier otra forma semejante**; recordando además, que para 1998, regía el texto de 1971, reformado, donde se eliminó la palabra malversación. Con las reformas del 2001, el artículo 257, se mantiene aquello del verbo rector "abusar", acompañado de la tradicional frase, ya consista el abuso en desfalco, disposición arbitraria o cualquier otra forma semejante; reaparece, en inciso separado aquello de la palabra "malversación", cuando se aplique a fondos distintos a los previstos en el presupuesto respectivo, cuando este hecho implique además, abuso en provecho personal o de terceros, con fines extraños al servicio público; reforma ésta que huelga reiterar, mantuvo todo el texto del artículo 257, que en esencia es el de 1971, consolidando definitivamente como hasta el 2014, en el propio Código Penal, independientemente de lo que tuviese que ver con otras normas relativas a este tipo; es por ello que, lo que respecta, a otras normas como la de la Ley Orgánica de la Contraloría General del Estado, publicada en el 2002, y que deroga algunas normas de la Ley Orgánica de Administración Financiera y Control, deviene en irrelevante, en tanto y en cuanto, como quedó evidenciado el peculado, y su tipificación en el artículo 257, era en esencia la

49

sido legislado en forma autónoma y específica, y que se ha mantenido su génesis de tener un solo verbo nuclear, el "abusar"; más aún, en la Convención de las Naciones Unidas contra la Corrupción, de la cual el Ecuador es signatario, concibe a la malversación como un sinónimo del peculado cuando lo trata como "malversación o peculado".

De allí, que el argumento de los casacionistas deviene en impertinente[28]

Ahora bien, dado que además se ha argüido, que la malversación, por la que se dictó condena en la sentencia que se impugna, ha sido despenalizada en el actual Código Orgánico Integral Penal, pues dicha palabra no consta en el artículo 278; hay que precisar que, bajo el mismo hilo conductor del análisis *ut supra,* que el delito, entendido éste, como el acto típico, antijurídico y culpable que amerita el reproche penal, es el peculado, que siempre ha tenido y tiene como verbo nuclear el "abusar" de bienes muebles o inmuebles, dineros públicos o privados, efectos que los representen, piezas, títulos, documentos que estén en su poder en virtud o en razón de su cargo; por lo tanto, encontramos, que la conducta antijurídica continúa penalizada; de allí, que no cabe entender a la malversación como un tipo penal independiente, pues nunca ha estado así, para sobre esa base, realizar un ejercicio simple de aplicación de reglas de solución de antinomias, en donde se establece que al existir contradicciones, se aplicará la norma competente, la jerárquicamente superior, la especial, o la posterior, conforme lo prevé el artículo 3.1 de la Ley Orgánica de Garantías Jurisdiccionales y Control Constitucional; lo cual no es del caso, ya que como quedó señalado, no hay tal antinomia, ni contradicción.

4.3.1.6. Con relación al cargo que estriba en que se debió aplicar las atenuantes dispuestas en el artículo 29.2,6y7, del Código Penal, y que se debe modificar la pena; ya que el artículo 30, *ejusdem,* al hablar de alarma social, aquello no es una agravante constitutiva o modificatoria de la infracción, pues se trata de un concepto abstracto no definido en la ley; hay que señalar, que si bien se ha alegado, como uno de los cargos, que se ha vulnerado, por falta de aplicación, el artículo 29 del Código Penal, en sus numerales 2, 6 y 7, en tanto habiéndose demostrado atenuantes a su favor, no se ha modificado y reducido la sanción que se le ha impuesto en sentencia. Sobre ello, este Tribunal de Casación debe aclarar que la aplicación del artículo 72 *ibídem,* para modificar las penas, depende del cumplimiento de dos requisitos esenciales: **a)** La comprobación de, al menos, dos circunstancias atenuantes de las contenidas en el artículo 29 del Código Penal; y, **b)** La ausencia de circunstancia agravantes genéricas de la infracción, que son aquellas que no forman parte de los elementos constitutivos de ninguna infracción en particular, y pueden ser aplicados a todas ellas indistintamente; ejemplos de estas circunstancias son las consagradas en el artículo 30 del Código Penal, debiendo recalcar que se encuentran imbuidas en tal norma siguiendo la regla del *numerus apertus* y no la del *numerus clausus,* implicando que son simplemente ejemplificativas y no taxativas[29].

---

[28] REAL ACADEMIA ESPAÑOLA. *Diccionario de la Lengua Española*, ob. Cit.; define a la palabra "impertinente" como: *"Del lat. impertĭnens, -entis); adj. Que no viene al caso (...)".*

[29] CORTE NACIONAL DE JUSTICIA, Sala Especializada de lo Penal, Penal Militar, Penal Policial y Tránsito. Sentencia que pone fin al recurso de casación signado con el Nro. 098-2013. *Moreno Vs.*

50

En la especie, si bien se ha logrado demostrar que a su favor operan las atenuantes de los numerales 6 y 7 del artículo 29 del Código Penal, no se ha tomado en consideración que en su contra también resulta aplicable la agravante genérica de pandilla, contenida en el artículo 30.4 *ibídem*, y que se define en el artículo 601 *ejusdem*, como "*... la reunión de tres o más personas, con una misma intención delictuosa para la comisión de un delito*". En tal sentido, al no reunirse los dos requisitos descritos *supra*, para la reducción de la pena, se desecha el cargo analizado en este numeral.

4.3.1.7. Por último, en cuanto a lo solicitado por los recurrentes, hermanos Isaías Dassum, de que en subsidio a los cargos argüidos, y en el evento de no ser aceptados, se debe aplicar el artículo 57 del Código Penal, que guarda relación con la pena para personas mayores de sesenta y cinco años; al respecto, hay que señalar que ya el máximo órgano de control constitucional, la Corte Constitucional del Ecuador, se ha pronunciado con respecto a la aplicabilidad del artículo 57 del Código Penal, y ha señalado, que la referida norma:

"*...consagra un mecanismo de diferenciación, en la medida en que establezca condiciones favorables para las personas de sesenta años o más (sic),* ***no para excluirles de la aplicación de sanciones por la comisión de delitos sancionados con reclusión, ni para sustituirles la pena, sino para que la condena aplicable sea cumplida en lugares distintos a los que debería cumplirse la reclusión, es decir en casas de prisión, como se encuentra previsto en el Código Penal. (...)***"[30] (negrillas fuera del texto)

Por lo que, ya la Corte Constitucional, ha señalado e interpretado que la norma en mención, y que fuera referida por los casacionistas, tiene relación, únicamente al centro en que se guarda prisión, más no a la pena en sí, acorde a su vez con lo dispuesto en el artículo 38.7 de la Constitución de la República; con lo que, el cargo argüido quedaría desvanecido y deviene en improcedente.

Finalmente, a manera de corolario, con respecto a todos los cargos argüidos por los casacionistas, y esbozados en sus escritos de fundamentación, los mismos que han quedado despejados; deviene, conforme ha quedado analizado, que aquellos son improcedentes.

4.4. ***EN CUANTO A LA CASACION DE OFICIO Y EL PRINCIPIO IURA NOVIT CURIA***

Siguiendo el hilo conductor, de que el recurso de casación por definición es limitado, con carácter específico, que le impide al tribunal o corte de casación saltarse la barda que le impone el sensor, mediante la proposición jurídica; por lo que no corrige ni adiciona demandas, que se limita a verificar la correcta formulación de la proposición y su desarrollo normativo; que solo aquellas demandas que se desarrollan por el correcto sendero, tienen vocación para prosperar[31]; que existe también la denominada "casación

---

[30] Ver CORTE CONSTITUCIONAL PARA EL PERÍODO DE TRANSICIÓN, Resolución No. 0015-2007-DI, de 31 de marzo de 2009; citada también, en la sentencia No. 012-12-SEP-CC de 15 de febrero de 20012, de la CORTE CONSTITUCIONAL.

oficiosa", la cual *"opera como una excepción al principio de limitación que regula el ejercicio de la casación ordinaria."*[32]; que en virtud del principio *iura novit curia*, consagrado en el artículo 383 del Código de Procedimiento Penal de 1983, que señala: *"En caso de haberse declarado la deserción del recurso o en el que el recurrente lo hubiese fundamentado equivocadamente, si la Corte Suprema observa que, en efecto, ha existido la violación de la Ley, casará la sentencia rectificando el error de derecho que la vicie."* (subrayado fuera del texto); - principio que en la actualidad, inclusive, se encuentra recogido en el artículo 140 del Código Orgánico de la Función Judicial-; deviene, que este Tribunal de Casación, está en la potestad de corregir la omisión o el error en el que incurran los recurrentes, al indicar la norma jurídica vulnerada o la causal en la que encuadran dicha violación, pero no puede suplir la falta de argumentación jurídica en los cargos realizados por el casacionista en contra del fallo impugnado.

Con relación a este aspecto, éste órgano jurisdiccional, se ha pronunciado al señalar:

"En el supuesto de que sea la argumentación jurídica lo que le falta al cargo realizado por el recurrente, éste debe ser rechazado por el Tribunal de Casación, pues la naturaleza misma de los medios impugnatorios requiere del interés para recurrir de quien los activa, que se ve plasmado en la fundamentación técnica que realiza ante el órgano jurisdiccional, del que se espera una respuesta favorable. Sin esta fundamentación, el interés impugnatorio del recurrente no podrá ser exteriorizado hacia el tribunal encargado de su resolución, haciendo que cualquier activación de las potestades de oficio que la ley le pueda otorgar al órgano jurisdiccional de impugnación, desnaturalice su esencia, encaminándolo erróneamente hacia la institución jurídica de la consulta. (...)"[33]

Ahora bien, entre las potestades de oficio, conferidas a la Corte Suprema de Justicia - en la actualidad Sala de lo Penal, Penal Militar, Penal Policial y Tránsito de la Corte Nacional de Justicia-, por el artículo referido *ut supra*, se activarán ante la existencia de un error de derecho de tal trascendencia, que de no ser corregido por el tribunal de casación, provocaría que la parte dispositiva de la sentencia impugnada contenga una de las siguientes falencias: **a)** Establecer una pena ilegítima a un individuo cuya inocencia no fue desvirtuada por el juicio penal; **b)** Ratificar el estado de inocencia de una persona cuya culpabilidad fue debidamente comprobada por los juzgadores de instancia; y, **c) Una falencia en el encuadramiento de la conducta del procesado, al tipo penal por el que se lo sanciona.**

Es por ello que, dado que este Tribunal de Casación, ha encontrado que efectivamente -y más no por lo argüido por los casacionistas-, ha habido un yerro de errónea interpretación del artículo 257 del Código Penal, vigente en 1998, toda vez, que el actuar de los sindicados encuadra en las categorías dogmáticas de tipicidad, antijuridicidad y culpabilidad del denominado delito de peculado bancario; más aún cuando, esta modalidad subsidiaria del tipo penal peculado, ha estado vigente desde el año de 1837, pues como se analizó en el punto 4.3.1.3 al hacer el estudio de la evolución jurídico

---

[32] Rodríguez, Orlando. Ob. Cit. p. 138
[33] CORTE NACIONAL DE JUSTICIA, Sala Especializada de lo Penal, Penal Militar, Penal Policial y Tránsito. Ponencia de la Dra. Gladys Terán Sierra. Resolución Nro. 943-2013, mediante la cual se

legislativa del mismo se tiene, que ya en el artículo 337 del Código de Rocafuerte (1837) se hablaba de los delitos contra la hacienda nacional, en concreto el extravío, malversación y mala administración de los caudales y efectos de la hacienda; en el artículo 257 del Código Garciano (1872), aparece claramente la tipificación del peculado bancario, cuando en la norma se habla de los valores que se encuentran en los bancos de Estado o comerciales -en cualquiera de las formas de peculado (común o bancario), la conducta infraccional de "abusar" podía consistir en desfalco, malversación, disposición arbitraria o cualquier otra forma semejante; en el artículo 225 del Código Penal de 1906, se habla claramente del Banco de Fomento y de los bancos comerciales, con lo cual hay que entender, que también en aquella época ya existió el "peculado bancario", no solo cuando se abusa de los fondos de la banca estatal, en lo que obviamente existirá siempre peculado pues son fondos públicos; sino que, también de manera expresa, cuando se habla de "bancos comerciales", se determina el cometimiento de este delito, cuando un banquero privado abusa de fondos captados del público; en los artículos 233, 234, y 235 de la Codificación del Código Penal de 1960, el tipo penal establecía como sujetos activos del delito de peculado a los empleados públicos y toda persona encargada de un servicio público que hubiesen abusado de dineros públicos o privados, de efectos que los representen, piezas, títulos, documentos o efectos mobiliarios que estuviesen en su poder, en virtud o razón de su cargo; ya consista el abuso en desfalco, malversación de fondos, disposición arbitraria o cualquier otra forma semejante; se encontraban comprendidos, en esta participación, a los que manejen fondos del Banco Central, del sistema de crédito de fomento y bancos comerciales, y de las cajas de previsión social; de manera tal, que estaba comprendido el "peculado bancario", que incluía, de conformidad con la legislación de aquella época, al sistema de bancos que entonces recibían autorización para operar solo en los campos específicos, tales como crédito industrial o agrícola o en los llamados genéricamente comerciales, ya que no se hablaba, únicamente, del Banco Estatal de Fomento, sino que la "participación" en peculado, se extendía a todos los empleados bancarios, obviamente, incluidos con los privados.

En los artículos 257, 258 y 259 de la Codificación del Código Penal de 1971, el tipo penal del peculado aparece en tales artículos, cuando utiliza el verbo rector "abusar", y el elemento objetivo sobre el que se construye la infracción, es, "los dineros públicos o privados" con finalidad social o pública, o de efectos que los representen, como piezas, títulos, documentos, o bienes o efectos mobiliarios, ya consista el abuso en desfalco, malversación, disposición arbitraria o cualquier otra forma semejante; el elemento subjetivo, en cuanto al sujeto activo, es un funcionario público o cualquier persona encargada de un servicio público, que tenga aquellos dineros o efectos de los que abusa a su cargo o en razón de él; están comprendidos, como el sujeto activo, entre éstos, a todos los empleados que manejen fondos del Banco Central, del Sistema de Crédito de Fomento y de bancos Comerciales, y del Instituto Ecuatoriano de Seguridad Social; por lo tanto se evidencia que se mantiene también el "peculado bancario" incluyéndose a los bancos privados. El sujeto pasivo, por una parte, era una entidad del sector público a la que pertenecen dichos fondos; y por otra, al sector bancario privado en lo que corresponda, toda vez que los fondos captados del público, son también fondos públicos por

53

Administración Financiera y Control, sanciona con reclusión a los servidores de los organismos y entidades del sector público que hubiesen abusado de dineros públicos o privados o de efectos que los representen, piezas, títulos, documentos o efectos mobiliarios que estuvieren en su poder en virtud o en razón de su cargo, ya consista el abuso en desfalco, malversación, disposición arbitraria o cualquier otra forma semejante; como sujetos activos, se encuentran comprendidos los servidores del Instituto Ecuatoriano de Seguridad Social o de los "bancos estatales y privados"; también los fiscalizadores de la Contraloría y de la Superintendencia de Bancos que al efectuar los exámenes correspondientes en sus informes actúen demostrando complicidad o encubrimiento; en el inciso tercero, del artículo 257 del Código Penal de 1999, constan como sujetos activos del peculado a los funcionarios, administradores, ejecutivos o empleados de las instituciones del sistema financiero nacional privado, y los miembros o vocales de los directivos y de los consejos de administración de estas entidades; más sin embargo no hay que perder de vista que ya desde 1837 y de manera puntual desde 1872, existió el peculado bancario, cuyos sujetos activos son los "servidores de los bancos estatales y privados que abusen de los fondos de los bancos, incluyendo los privados", porque dichos fondos, captados del público, se convierten en fondos públicos por disposición de la ley, dentro del tipo penal del peculado; figura subsidiaria del delito de peculado general que se la ha mantenido y se la mantiene en el actual artículo 278 del Código Orgánico Integral Penal, con pena de privación de libertad, superior a la del Código Penal vigente en 1998.

Con respecto al denominado peculado bancario, como figura subsidiaria del peculado general, el jurista y catedrático ecuatoriano, Arturo Donoso Castelló, señala, que tal figura consta en las estructuras típicas, de:

"Una primera conducta es la que corresponde al ***abuso de la función pública o del encargo de manejo de fondos públicos o de efectos que los representen****, cuando dolosamente se hubieren violado las normas legales que regulan las operaciones crediticias, sea que la finalidad se dirija a obtener créditos vinculados o a concederlos, si tales funcionarios se relacionan con los beneficiarios o con sus compañías, extiéndese las sanciones a los beneficiarios y a los testaferros, es decir los que presten su nombre para disfrazar la operación que beneficia al propio funcionario o a un tercero.*

Un segundo tipo penal tiene que ver en el elemento subjetivo con los elegidos por votación popular (...) así como los funcionarios en general que en el elemento objetivo utilicen en beneficio propio o de un tercero, personas que trabajen o presten sus servicios al infractor, para obtener ganancias o incrementos patrimoniales, si las personas utilizadas son remuneradas por el Estado o por entidades del sector público; igual conducta típica corresponde al ***uso doloso de los bienes del sector público****. (...)*

El tercer tipo penal tiene que ver con el ***aprovechamiento económico,*** *en beneficio propio o de un tercero, que puede hacer un funcionario o empleado o persona becada por ejemplo, con recursos públicos, quienes se aprovechan económicamente de estudios, proyectos, informes, resoluciones y más documentos calificados de secretos o reservados o de circulación restringida, que los hubieren conocido estando bajo su control o dependencia, en razón o con ocasión del cargo que desempeñan o hubieren desempeñado.*

54

Por fin, también existe una construcción típica relativa a los mismos partícipes antes señalados, que ***favorezcan o hayan favorecido*** *a personas naturales o jurídicas para que, violando expresas disposiciones legales o reglamentarias hubieren favorecido a esas personas con contratos o negocios con el Estado o con cualquier entidad del sector público, incluyéndose en esa disposición penal a los directores, vocales o miembros de los organismos administradores del Estado o del sector público en general que con su voto, hubieren cooperado a la comisión del delito de peculado antes señalado."*[34]

A manera de corolario preliminar, en esta parte, deviene que la figura del denominado peculado bancario, subsidiaria del peculado en general, ha estado y está presente en el tipo penal *in examine*, inclusive desde sus orígenes, en 1837 y 1872, hasta en el último vigente en el año 2014; esta afirmación, que deviene de datos históricos, conforme queda señalado, es corroborada inclusive con la jurisprudencia nacional, muestra de ello, se cita a continuación, la sentencia de 5 de julio de 2004, dictada por la ex Primera Sala de lo Penal de la Corte Suprema de Justicia, integrada por los Magistrados doctores Eduardo Brito Mieles, Carlos Riofrio Corral y Gonzalo Zambrano Palacios, que en lo pertinente dice:

" ... *OCTAVO APLICABILIDAD DEL ARTICULO 257 DEL CODIGO PENAL A SERVIDORES DE UN BANCO, QUE ABUSEN DE SUS FONDOS* ***El delito de peculado se halla tipificado en la legislación nacional desde 1837, para sancionar a funcionarios y empleados públicos que hayan abusado de dineros públicos entregados a su custodia. Sucesivas reformas extendieron la responsabilidad penal por peculado también a quienes abusen de fondos privados o de efectos que representen dinero, tales como títulos, documentos y bienes muebles, ya estén en su poder materialmente, ya en poder de administrarlos en razón del cargo, sea que el abuso implique beneficio personal o de terceros****, determinándose como abuso el desfalco, la disposición arbitraria, la malversación de fondos, y formas semejantes; habiéndose posteriormente definido las circunstancias en las cuales la malversación constituye peculado, para después, suprimir la malversación como forma de peculado; y, luego tipificarse el peculado por uso de información reservada, por uso del personal de las entidades públicas, y el peculado por adjudicación o celebración de contratos de ejecución de obras públicas o prestación de servicios públicos sin cumplir requisitos legales.* ***En cuanto al sujeto activo, se amplió la imputabilidad del delito de peculado primeramente a las personas encargadas de prestar un servicio público; después a los empleados de los bancos y cajas de previsión****; más tarde a los dignatarios de elección popular y en general a todo servidor público, seguidamente a todo servidor bancario que maneje fondos de la entidad en la que presten sus servicios; a los particulares que sin la calidad de servidores públicos, participen en la comisión del delito o de sus resultados; y,* ***últimamente a los vocales de directorios o consejos, administradores, funcionarios, ejecutivos y empleados de todas las instituciones del sistema financiero nacional (no solamente de los bancos) que no tengan el manejo de fondos, pero hubiesen contribuido al cometimiento del delito, en razón de sus cargos. El denominado "peculado bancario" llamado así para distinguir el que se comete en las instituciones del sistema financiero, del que se perpetra en las entidades del sector público, aparece ya en***

55

la reforma al entonces artículo 236 del Código Penal de 1938 (hoy artículo 257), efectuada mediante Ley de 8 de octubre de 1941, publicada en el Registro Oficial número 348 de 23 de octubre de 1941*, cuyo artículo primero dispone: "El artículo 236 del Código Penal dirá serán reprimidos con reclusión mayor ordinaria de cuatro a ocho años, los empleados públicos y toda persona encargada de un servicio público que hubiesen abusado de dineros públicos o privados, de efectos que lo representen, piezas, títulos, documentos o efectos mobiliarios que estuvieren en su poder, en virtud o en razón de su cargo; ya consista el abuso en desfalco, malversación de fondos, disposición arbitraria o cualquier otra forma semejante. También están comprendidos en esta disposición los que, como empleados, manejaren fondos de los Bancos Central. Hipotecario y Comerciales y de las Cajas de Previsión". Tal disposición estuvo vigente hasta el 20 de agosto de* ***1960****, en que entró a regir la Codificación del Código Penal hecha por la Comisión Legislativa Permanente, publicada en el Suplemento al número 1202 del Registro Oficial de esa fecha, en cuyo artículo 233 se tipificó el delito de peculado, con la siguiente redacción del inciso segundo: "****Están comprendidos en esta disposición los que, como empleados, manejen fondos del Banco Central, del Sistema de Crédito de Fomento, y Comerciales, y de las Cajas de Previsión Social****". En la Codificación del Código Penal publicada en el suplemento al número 147 del Registro Oficial de 22 de enero de* ***1971****, se tipificó el peculado en el artículo 257, sustituyéndose en el inciso segundo (del artículo 233 del código de 1960) los vocablos "y de las Cajas de Previsión Social", por "y del Instituto Ecuatoriano de Seguridad Social",* ***manteniéndose como imputables de peculado a los empleados de los bancos comerciales.*** *Cuando se expidió la Ley Orgánica de Administración Financiera y Control, publicada en el Registro Oficial 337 de 16 de mayo de* ***1977****, por lo dispuesto en su artículo 396, se unificó en el artículo 257 del Código Penal las disposiciones hasta entonces contenidas en los artículos 258 y 259 ibídem, y se redactó el inciso tercero del artículo 257 al tenor siguiente: "****Están comprendidos en esta disposición los servidores que manejen fondos del Instituto Ecuatoriano de Seguridad Social o de los bancos estatales y privados....****". Este texto del inciso tercero del artículo 257 quedó incorporado al Código Penal, de modo que, al derogarse el artículo 336 de la Ley Orgánica de Administración Financiera y Control (por lo dispuesto en el artículo 99 de la Ley Orgánica de la Contraloría General del Estado publicada en el Suplemento al Registro Oficial número 595 de 12 de junio del 2002), en nada se afectó al Código Penal, cuerpo normativo independiente, cuyo artículo 257 no fue derogado de manera expresa ni en forma tácita, por la Ley Orgánica de la Contraloría General del Estado, algunas de cuyas normas se remiten precisamente al artículo 257 del Código Penal. Más, como surgió alguna inquietud en el foro y en la prensa sobre los efectos de la derogatoria del artículo 336 de la Ley Orgánica de Administración Financiera y Control en relación con la vigencia del artículo 257 del Código Penal, el Tribunal en Pleno de la Corte Suprema de Justicia expidió la Resolución publicada en el Registro Oficial número 604 de 25 de junio 2002, mediante la cual se declaró que no había dejado de regir la norma punitiva que tipifica y reprime el peculado. Nadie ha impugnado la constitucionalidad, legalidad y validez de esta resolución, que es de obligatoriedad general hasta cuando el legislador, mediante ley, disponga lo contrario, y el Congreso Nacional ninguna ley ha expedido que deje sin efecto la Resolución*

56

Orgánica de la Función Judicial; ni el Tribunal Constitucional ha declarado su inaplicabilidad o inconstitucionalidad. Por reformas (publicadas en el Registro Oficial número 863 de 16 de enero de 1996) a la Constitución Política de ***1979****, aprobada mediante referéndum, se extendió la imputabilidad en el cometimiento del delito de peculado a las personas naturales que sin tener la calidad de servidores públicos, participen en la comisión del delito debiendo sancionárseles según su grado de participación. El inciso segundo del artículo 121 de la actual Carta Política reitera la norma constitucional vigente desde enero de 1996, preceptuando que "Los dignatarios elegidos por votación popular, los delegados o representantes a los cuerpos colegiados de las instituciones del Estado y los funcionarios y servidores públicos en general, estarán sujetos a las sanciones establecidas por comisión de delitos de peculado, cohecho; concusión y enriquecimiento ilícito. La acción para perseguirlos y las penas correspondientes serán imprescriptibles y, en estos casos, los juicios se iniciarán y continuarán aún en ausencia de los acusados. Estas normas también se aplicarán a quienes participen en estos delitos, aunque no tengan las calidades antes señaladas; ellos serán sancionados de acuerdo con su grado de responsabilidad". Que la Constitución Política de la República haya reafirmado la responsabilidad penal de los dignatarios de elección popular, funcionarios, empleados y en general de los servidores públicos; y, más aún que extienda la responsabilidad penal en el cometimiento de los delitos de peculado, cohecho, concusión y enriquecimiento ilícito de los funcionarios públicos a quienes no tenga tal calidad pero hubieren participado en el ilícito, no significa que el legislador constituyente haya derogado el inciso tercero del artículo 257 del Código Penal, que establece responsabilidad penal por el delito de peculado a los servidores de las instituciones financieras que abusen de los fondos encargados a su manejo. Así como la Constitución Política extendió la responsabilidad por peculado a los particulares que participen en el delito, el artículo 19 de la Ley 99-26 promulgada en el Registro Oficial 190 de 13 de mayo de* ***1999 amplió también la calificación de sujetos activos de peculado a los funcionarios, administradores, ejecutivos, empleados y vocales de directorio o de consejos de administración de las instituciones del sistema financiero privado, extendiendo la imputabilidad a quienes, sin tener el manejo de los fondos, pero siendo servidores del sistema financiero, contribuyan en la perpetración del delito; y, esta ampliación del sujeto incriminable de peculado bancario, no significa que recién el 13 de mayo de 1999 se hubiere tipificado como peculado el abuso de los fondos encargados al manejo de un administrador bancario, cuando lo cierto es que, desde la reforma al Código Penal publicada en el Registro Oficial de 23 de octubre de 1941, los empleados de los bancos son sujetos del delito de peculado, y desde la reforma promulgada en el Registro Oficial de 16 de mayo de 1977, son reos de peculado todos los "servidores" de los bancos estatales y privados (no sólo los empleados) que abusen de los fondos que manejen.*** *En anteriores pronunciamientos ya expresó esta Sala, que el bien jurídico protegido por el artículo 257 del Código Penal, más que la propiedad de los bienes para sancionar a quien los sustrae, es el prestigio de la administración pública, y por extensión, el prestigio de los bancos y demás instituciones del sistema financiero, para asegurar la confianza del público y el deber de lealtad del servidor encargado de la custodia de los fondos o del manejo de los mismos, en forma legal y lícita, sin abuso ni arbitrariedad. Desde* *patrimonial, la infracción adquiere mayor gravedad, aumenta la malicia del acto y la alarma que la infracción produce en la sociedad. (...). Por lo expuesto, carecen de fundamento las alegaciones del procesado economista José Alejandro Peñafiel Salgado, de no ser aplicable en su contra el tipo previsto en el artículo 257 del Código Penal en relación con sus actuaciones anteriores al 13 de mayo de 1999, ni tienen asidero alguno sus argumentaciones según las cuales dicho artículo del Código Penal desapareció al derogarse el artículo 336 de la Ley Orgánica de Administración Financiera y Control, y aquella con la cual afirma que el inciso tercero del artículo 257 del Código Penal, referente al peculado de los servidores bancarios, dejo de existir al entrar en vigencia -el 10 de agosto de 1998- el artículo 121 de la Constitución Política que, según el recurrente, estatuye el peculado sólo para los funcionarios públicos que abusen de fondos de las entidades públicas y para los particulares que participen con un funcionario público en el cometimiento del delito. No existe sustento jurídico para afirmar que una sentencia condenatoria que reprima al procesado José Alejandro Peñafiel Salgado por delito de peculado, pudiera constituir violación de los artículos 24 numeral 1 y 121 de la Constitución Política, y de los artículos 2 y 4 del Código Penal, pues no hay duda alguna sobre la vigencia actual y desde el 16 de mayo de 1977, del inciso tercero del artículo 257 del Código Penal, que es el aplicable al procesado para juzgarle por peculado. (...)"*[35] (negrillas fuera del texto)

Criterio éste, que también consta recogido en la sentencia de 15 de julio de 2009, dictada por la ex Segunda Sala de lo Penal de la Corte Nacional de Justicia, integrada por los magistrados, doctores Luis Abarca Galeas, Raúl Rosero Palacios y Máximo Ortega Ordónez, que en la parte pertinente señala:

"... QUINTO.- APLICABILIDAD DEL ARTICULO 257 DEL CODIGO PENAL A SERVIDORES DE UN BANCO, QUE ABUSEN DE SUS FONDOS.- Conforme con lo establecido por la Primera Sala de lo Penal de la ex Corte Suprema de Justicia, dentro del juicio que por peculado se siguió en contra de Alejandro Peñafiel Salgado, publicada en la Gaceta Judicial No. 14, de la serie XVII, año 2004, **el delito de peculado para los administradores bancarios, incluyendo los directorios de los bancos, se halla tipificado en la legislación de 1837, para sancionar a funcionarios y empleados públicos que hayan abusado de dineros públicos entregados a su custodia.** *Sucesivas reformas extendieron la responsabilidad penal por peculado también a quienes abusen de fondos privados o de efectos que representen dinero, tales como títulos, documentos y bienes muebles, ya estén en su poder materialmente, ya en poder de administrarlos en razón del cargo, sea que el abuso implique beneficio personal o de terceros, determinándose como abuso: el desfalco, la disposición arbitraria, la malversación de fondos, y formas semejantes; habiéndose posteriormente definido las circunstancias en las cuales la malversación constituye peculado, para después, suprimir la malversación como forma de peculado; y el peculado por adjudicación o celebración de contratos de ejecución de obras públicas o prestación de servicios públicos sin cumplir requisitos legales. En cuanto al sujeto activo, se amplió la imputabilidad del delito de peculado primeramente a las personas encargadas de prestar un servicio público; después a los empleados de los bancos y cajas de previsión; más*

[35] Ver GACETA JUDICIAL. Año CV. Serie XVII. No. 14, Serie 17, Sentencia CORTE SUPREMA DE

tarde a los dignatarios de elección popular y en general a todo servidor público, seguidamente a todo servidor bancario que maneje fondos de la entidad en la que presten sus servicios; a los particulares que sin la calidad de servidores públicos, participen en la comisión del delito o de sus resultados, etc.. . ***El denominado peculado bancario llamado así para distinguir el que se comete en las instituciones del sistema financiero, del que se perpetra en las entidades del sector público, aparece en la reforma al artículo 236 del Código Penal de 1938 (hoy artículo 257), efectuada mediante Ley de 8 de octubre de 1941, publicada en el Registro Oficial número 348 de 23 de octubre de 1941****, cuyo artículo primero dispone: El artículo 236 del Código Penal dirá: Serán reprimidos con reclusión mayor ordinaria de cuatro a ocho años, los empleados públicos y toda persona encargada de un servicio público que hubiesen abusado de dineros públicos o privados, de efectos que lo representen, piezas, títulos, documentos o efectos mobiliarios que estuvieren en su poder, en virtud o en razón de su cargo; ya consista el abuso en desfalco, malversación de fondos, disposición arbitraria o cualquier otra forma semejante. Tal disposición estuvo vigente hasta el 20 de agosto de 1960, en que entró a regir la Codificación del Código Penal hecha por la Comisión Legislativa Permanente, publicada en el Suplemento al número 1202 del Registro Oficial de esa fecha, en cuyo artículo 233 se tipificó el delito de peculado, con la siguiente redacción del inciso segundo: Están comprendidos en esta disposición los que, como empleados, manejen fondos del Banco Central, del Sistema de Crédito de Fomento, y Comerciales, y de las Cajas de Previsión Social. En la Codificación del Código Penal, publicada en el Suplemento al número 147 del Registro Oficial de 22 de enero de 1971, se tipificó el peculado en el artículo 257, sustituyéndose en el inciso segundo (del artículo 233 del Código de 1960) los vocablos y de las Cajas de Previsión Social, por y del Instituto Ecuatoriano de Seguridad Social, manteniéndose como imputables de peculado a los empleados de los bancos comerciales. La Carta Política reitera la norma constitucional vigente desde enero de 1996, preceptuando que Los dignatarios elegidos por votación popular, los delegados o representantes a los cuerpos colegiados de las instituciones del Estado y los funcionarios y servidores públicos en general, estarán sujetos a las sanciones establecidas por comisión de delitos de peculado, cohecho, concusión y enriquecimiento ilícito.* ***El peculado bancario es un delito mediante el cual, el servidor bancario o de una entidad financiera, distrae indebidamente o le da una aplicación distinta del objeto para el cual se le confió, para uso o beneficio propio, objetos, dinero, o bienes en general que pertenecen al banco, si por razón de su cargo los hubiere recibido en administración, en depósito o en cualquier otra forma, traicionando a la confianza y a la normal garantía del público en cuanto a la custodia de los bienes puestos bajo su cuidado, en perjuicio de la seguridad ciudadana y del comercio humano.*** *(...)"*[36] (negrillas fuera del texto)

Remitiéndonos al *sub iúdice*, se encuentra, que el delito por el cual se ha sentenciado a los ahora recurrentes ha sido por peculado general en la modalidad de malversación; y que, como quedó indicado, en el punto 4.1., dentro del rol de este Tribunal de Casación, como un órgano de control de la legalidad de los fallos emitidos por los jueces de

[36] Ver CORTE NACIONAL DE JUSTICIA. SEGUNDA SALA DE LO PENAL. Sentencia que resuelve el expediente 583 (Revisión), de 15 de julio de 2009, publicada en el R.O. Suplemento 186 de 1 de

instancia, y de subsanador -en el caso de haber-, de los yerros jurídicos de la sentencia; por lo tanto, al hacer el estudio y análisis del tipo delictual del peculado, encuentra que los juzgadores de instancia incurren en un error al no haber aplicado la figura subsidiaria del denominado peculado bancario, ya que a decir de ellos, tal figura aparece en el año de 1999; más aún cuando, como quedó indicado, evidenciado y recogido en la jurisprudencia nacional, que no es así, por cuanto tal figura está presente desde 1837; por otro lado, el artículo 257 del Código Penal actualizado al año 1998, y que corresponde aplicable para el *sub lite*, señala:

"Serán reprimidos con reclusión mayor ordinaria de cuatro a ocho años, los servidores de los organismos y entidades del sector público ***y toda persona encargada de un servicio público*** *que hubiere abusado de dineros públicos o privados de efectos que los representen, piezas, títulos, documentos o efectos mobiliarios que estuvieren en su poder en virtud o razón de su cargo: ya consista el abuso en desfalco disposición arbitraria o cualquier otra forma semejante la pena será de ocho a doce años si la infracción se refiere a fondos destinados a la defensa nacional.*

Están comprendidos en esta disposición los servidores que manejen fondos *del Instituto Ecuatoriano de Seguridad Social* ***o de los bancos estatales y privados.*** *Igualmente están comprendidos los servidores de la Contraloría General y de la Superintendencia de Bancos que hubieren intervenido en fiscalizaciones, auditorias o exámenes especiales anteriores, siempre que los informes emitidos implicaren complicidad o encubrimiento en el delito que se pesquisa.*

Los culpados contra quienes se dictare sentencia condenatoria quedarán además perpetuamente incapacitados para el desempeño de todo cargo o función públicos: para este efecto, el Juez de primera instancia comunicará inmediatamente de ejecutoriado, el fallo a la Oficina Nacional de Personal y a la autoridad nominadora del respectivo servidor, e igualmente a la Superintendencia de Bancos si se tratare de un servidor bancario. El Director de la Oficina Nacional de Personal se abstendrá de inscribir los nombramientos o contratos otorgados a favor de tales incapacitados, para lo cual se llevará en la Oficina Nacional de Personal un registro en que consten los nombres de ellos.

La acción penal prescribirá en el doble del tiempo señalado en el Art. 101 (...)" (negrillas fuera del texto)

Cabe reparar, que el sistema punitivo sobre el peculado, vigente a la fecha en que se han cometido los ilícitos penales objeto del juicio (1998), se encuentra contemplado en el inciso primero y segundo del artículo citado; ahora bien, el sistema punitivo, a su vez, estaba integrado por tres figuras subsidiarias, del tipo penal de peculado; dos de ellas, se las ubica en el inciso primero, y son a saber: el tipo penal de peculado básico o autónomo y el peculado derivado subordinado agravado; en el segundo inciso, se encuentra la figura penal derivada subordinada, del denominado peculado bancario; empero, hay que precisar, que estas figuras derivadas -subsidiarias-, se encuentran íntimamente relacionados con el tipo de peculado autónomo del cual se derivan y por lo tanto, éste constituye el tipo básico del sistema punitivo del peculado, toda vez que contiene en la estructura de la adecuación típica que describe, los elementos comunes de todas las figuras penales que integran este sistema; de tal modo, que las figuras penales subsidiarias constitutiva que los caracteriza; lo cual significa, que esta circunstancia por sí sola, no configura el delito derivado, sino, que además debe presentar la estructura objetiva de la adecuación típica descrita en el tipo básico.

Las figuras penales de peculado derivadas, además se subordinan al tipo autónomo o básico porque no pueden ser aplicados en forma independiente de aquel, en razón de que se completa con los elementos estructurales comunes que describe el tipo básico; de tal modo, que la circunstancia constitutiva de la figura penal subsidiaria (derivada), debe sumarse a los elementos estructurales del tipo básico, para poder ser aplicados; razón por la cual, se complementan con aquel porque no pueden funcionar por sí solos.

Así comprendido el *sub lite*, y al haber procedido al análisis del delito de peculado, este Tribunal de Casación, ha logrado percatarse del error de derecho, lo cual se procederá a subsanar vía casación oficiosa; más aún, cuando del contexto señalado, sobre todo, acorde a las definiciones y términos referidos, deviene, que desde una correcta interpretación hermenéutica del delito de peculado -del artículo 257 del Código Penal-, las actuaciones de los sindicados, se encuadran en el delito de peculado bancario; es por ello, que la conducta de los encartados ahora recurrentes, queda enmarcada en tal ilícito, más no en el denominado peculado general por malversación; es por ello que este Tribunal de Casación, encuentra que la sentencia de apelación –la impugnada en este recurso- y la de primer nivel, que por el principio de inescindibilidad se configuran en una, contienen tal error de derecho que debe ser enmendado, ya que afecta a la parte dispositiva del fallo; sobre todo, en tanto y en cuanto, dicho error se ha presentado en la forma de errónea interpretación del artículo 257 del Código Penal, tanto por parte del señor Juez de primer nivel, como por el tribunal de apelación, no así por el doctor Armando Bermeo, en calidad de Presidente de la Corte Suprema de Justicia, quien instruyó el sumario de ley y dictó auto de apertura al plenario, y la Primera Sala de lo Penal de la Corte Nacional de Justicia, que en recurso de apelación lo confirmó, quienes además no acogieron el dictamen fiscal dictado por la doctora Mariana Yépez, en calidad de Ministra Fiscal General, al ser, en el sistema inquisitivo, por el cual se ha tramitado este juicio; una mera opinión, al no tener carácter vinculante, porque la acción penal no era ejercida por el Ministerio Público, sino por el juez en su rol de investigador y juzgador, por ende tampoco opera el principio de que sin acusación fiscal no hay juicio.

Por otro lado, hay que dejar sentado que el presente cambio, pese a no ser un principio del sistema inquisitivo, por la vigencia plena del derecho al debido proceso, y especial al de defensa, debe ser legitimado mediante el examen del principio de congruencia, institución que ayuda a proteger los derechos de defensa de los procesados, cuando resultan alterados los hechos o el derecho utilizados para su juzgamiento; para ello bien podemos remitirnos a lo que al respecto este mismo órgano jurisdiccional ha señalado:

"*…los requisitos básicos que se debe observar para realizar un cambio de tipificación, al momento de juzgar al procesado, son los siguientes:* ***1)*** *Inalterabilidad de los hechos por los cuales se ha investigado, llamado a juicio y juzgado al procesado; pues, como hemos visto, no existe discusión respecto a la aplicación del principio de congruencia fáctico, el cual determina que los órganos jurisdiccionales no pueden alterar los hechos fijados en el auto de* *atentatoria en contra del derecho a la defensa del procesado, al juzgarlo con base a hechos que no han sido puestos en su conocimiento;* ***2)*** *Inalterabilidad del bien jurídico protegido, de aquel que fue utilizado por el fiscal para acusar desde la etapa intermedia del proceso al encartado, al que consigna efectivamente el juzgador en su providencia. Este requisito deviene de los límites impuestos al órgano jurisdiccional, cuando efectivamente aplique el principio iura novit curia; y,* ***3)*** *El más importante de ellos, es el mantener la viabilidad de la defensa realizada por el procesado; esto es, que los argumentos vertidos por éste para desvirtuar su participación, a cualquier título, dentro de los hechos que se le imputan, sirvan tanto para defenderlo del tipo penal acusado por el fiscal, como de aquel al que el juzgador intenta aplicar en su resolución. (...)"*[37]

---

[37] CORTE NACIONAL DE JUSTICIA, Sala Especializada de lo Penal, Penal Militar y Tránsito. Recurso de Casación que resuelve el caso No. 1047-2012 González en contra de la sentencia emitida por la Sala Única de la Corte Provincial de Justicia de Sucumbíos; recurso de casación.

Al respecto del principio de congruencia esta sentencia señala:

"Este principio ha generado intensos debates en los actuales tiempos, debido a que en un inicio, su contenido se asimilaba solo a la prohibición del juzgador de incorporar nuevos hechos a los que ya fueron fijados en el auto de llamamiento a juicio, sin que existiese ninguna limitación para el órgano jurisdiccional, al momento de cambiar el tipo penal por el que resultaba condenado el procesado, si se consideraba que aquel invocado por el fiscal de la causa no se encuadraba en la conducta concreta sometida a juzgamiento; sin embargo, el desarrollo de los derechos humanos, y principalmente del derecho de defensa del procesado, fruto del cambio de paradigma[37] *respecto a la posición del juez en el proceso, que ahora se propugna entre los órganos jurisdiccionales estatales, ha llevado a adoptar el criterio de que el cambio de tipo penal realizado por el juzgador mediante su sentencia, inminentemente con posterioridad a la defensa del procesado, implicaría una vulneración a sus derechos, de equiparable magnitud a la reformulación de los hechos por los que se le juzga.*

En este contexto, el contenido del principio de congruencia ha sido divido en dos, tomando como criterio diferenciador, si son los hechos o el derecho los que resultan alterados por el juzgador; en el primero de los casos, se hablara por tanto de "congruencia fáctica", en tanto que en el segundo, se adoptará el nombre de "congruencia jurídica". El principio de congruencia fáctica es claro, en virtud de él, "... la persona no puede ser declarada culpable por hechos que no consten en la acusación..."[37]*; esta parte del principio, encuentra su desarrollo normativo en el artículo 232 del Código Procedimiento Penal, que indica como uno de los requisitos del auto de llamamiento a juicio "La determinación del acto o actos punibles por los que se juzgará al procesado...", lo cual empata con lo previsto en el artículo 315 ejusdem, el cual dispone que "El Tribunal de Garantías Penales no podrá pronunciar sentencia sobre hechos que no tengan relación o conexión con los determinados en el auto de llamamiento a juicio; ni dejar de pronunciarse sobre todos y cada uno de ellos".*

Como podemos observar, es la parte jurídica del principio de congruencia, la que ha generado complicaciones al momento de determinar, tanto su contenido, como el basamento normativo que se debe aplicar para invocarlo; razón por la cual, se vuelve imperioso que este órgano jurisdiccional de casación, fije los parámetros con base a los cuales se puede medir una violación a esta institución jurídica, actividad para la cual, tomaremos en cuenta lo siguiente: ***1)*** *Quién es el encargado de realizar la acusación;* ***2)*** *En qué momento debe realizarla;* ***3)*** *Los límites del principio iura novit curia; y,* ***4)*** *El derecho a la defensa del procesado. [...]*

Los principales componentes del derecho de defensa que se ven atacados al momento de analizar el principio de congruencia son los siguientes: ***1)*** *Como lo hemos establecido, el primero de ellos es la presunción de inocencia (artículo 76.2 de la Constitución de la República [CR]), en virtud de la cual, el acusado será tratado como una persona inocente hasta el momento en el que se expida en su contra, una sentencia condenatoria ejecutoriada; se lo toma en cuenta, pues por efecto de este principio, el impulso del proceso y la carga de la prueba le corresponden al fiscal de la causa, dándole una posición pasiva al procesado dentro del juicio penal, a la espera de las acusaciones y argumentaciones del fiscal, en virtud de las cuales, adecuará su defensa y sus alegaciones. Por lo expuesto, un cambio drástico de tipo penal podría dejar totalmente inefectiva la defensa del*

La casación oficiosa, que ha realizado este Tribunal de Casación, y la corrección del error de derecho, efectuada por este órgano jurisdiccional en el presente fallo, no vulnera el principio de congruencia, ya que los hechos por los cuales se ha juzgado a los procesados se han mantenido inalterados, al ser estos, los mismos por los que se propuso la excitativa fiscal y se dictó el auto cabeza de proceso y el auto de llamamiento a juicio –peculado bancario-, y que han sido determinados como ciertos y probados en las sentencias de los juzgadores de instancia; por otro lado, es más, los mismos procesados han argüido, y así lo han reconocido en sus escritos de interposición y fundamentación de los recursos, cuando han señalado que:

"... en un sin número de ocasiones se argumentó fundadamente que tanto en la excitativa fiscal como el auto de llamamiento a juicio ***se nos acusó por el delito de peculado bancario. Esta figura penal por la que tuvimos que defendernos*** *(...)"*[38]

Por tanto se han defendido de la acusación por peculado bancario, tipo penal en el cual el bien jurídico protegido no varía, y por ende no se ha visto alterado; por último, la defensa de los sindicados tampoco se ha visto afectada, ya que sus argumentos de defensa han sido viables para toda modalidad de peculado sea el básico por malversación o el bancario por el que ahora se condena.

5. RESOLUCIÓN

A la luz de lo que queda expuesto, este Tribunal de la Sala Especializada de lo Penal, Penal Militar, Penal Policial y Tránsito de la Corte Nacional de Justicia, **"ADMINISTRANDO JUSTICIA EN NOMBRE DEL PUEBLO SOBERANO DEL ECUADOR, Y POR AUTORIDAD DE LA CONSTITUCIÓN Y LAS LEYES DE LA REPÚBLICA"**, al amparo del artículo 382 del Código de Procedimiento Penal de 1983, declara improcedentes los recursos de casación planteados por William Isaías Dassum,

---

el fiscal de la causa, no sean adecuados para contrarrestar la inexistencia de los elementos de un nuevo tipo penal por el que se lo acusa o condena, lo que genera en él una carga procesal que no le corresponde; esto es, la previsibilidad de todos los escenarios jurídicos posibles que se podrían desprender de la conducta por la que se lo juzga, para en virtud de ellos, preparar su defensa; ***2)*** *Contar con el tiempo y los medios adecuados para la preparación de su defensa (artículo 76.7.b) CR), pues el procesado utiliza ese tiempo y orienta los recursos que tiene, para desvirtuar las alegaciones del fiscal de la causa, quien es el titular de la acción penal pública; razón por la cual, un cambio radical de tipo penal, volvería infructuoso al tiempo y medios utilizados para preparar su defensa, dejándolo por otro lado, sin posibilidad de conseguir un nuevo periodo para elaborar argumentos contrarios al nuevo tipo penal que se le imputa; y,* ***3)*** *Ser escuchado en igualdad de condiciones, poder presentar de forma verbal o escrita las razones o argumentos de los que se crea asistido, presentar pruebas, así como contradecir las razones y pruebas que se presenten en su contra (artículo 76.7.c.h) CR); obviamente, todos estos derechos serán ejercidos en replica de las acusaciones, argumentos y pruebas presentados por el fiscal de la causa, pues como se ha manifestado, la posición del procesado en el juicio penal es de defensa, en contra de las aseveraciones del acusador, por lo cual, sus pruebas y sus alegatos estarán orientados a desvirtuarlas, siendo ilógico que se defienda de aquello por lo que no ha sido acusado, peor aún de un delito distinto, que el juzgador podría llegar a considerar como existente, dados los hechos delictivos por los que se le juzgan.*

En virtud de lo antedicho, el cambio de tipo penal, que eventualmente se proponga realizar el órgano jurisdiccional en su sentencia, solo puede ser hecho si con él no se vulnera alguno de los derechos enunciados supra."

[38] Ver fs. 470 vta. del expediente en donde, como referencia al pie en la cita consta: *"Pues el auto de*

63

Leonardo Navas Banchón, Antonio Arenas contreras; y Roberto Isaías Dassum; y, de conformidad con el artículo 383, *ejusdem*, en aplicación del principio *iura novit curie*, casa de oficio la sentencia dictada por el Tribunal de Apelación de la Sala Especializada de lo Penal, Penal Militar, Penal Policial y Tránsito de la Corte Nacional de Justicia, de 12 de marzo de 2014, a las 15h00, que los declaró autores responsables del delito de peculado -por malversación- tipificado y sancionado en el artículo 257 del Código Penal, imponiéndoles la pena de ocho años de reclusión mayor ordinaria; al haberse comprobado que en ella se ha violado la ley, por errónea interpretación de dicho artículo; por lo que se condena a William Isaías Dassum, Leonardo Navas Banchón, Antonio Arenas contreras; y Roberto Isaías Dassum, como autores del delito previsto y sancionado en el artículo 257, incisos primero y segundo, del Código Penal vigente a 1998, -conocido como peculado bancario-; y se les condena a la pena privativa de libertad de ocho años, sin atenuantes que reconocer por existir una agravante genérica, dispuesta en el artículo 30.4 *ibídem*, esto es haber cometido la infracción en pandilla; además, conforme a lo dispuesto en el inciso tercero del antes referido artículo 257, quedan incapacitados para el desempeño de todo cargo o función pública; en consecuencia, procédase de conformidad con lo dispuesto en la última parte de dicho inciso. Devuélvase el proceso al tribunal que dictó el fallo recurrido, para la ejecución de la sentencia. **Notifíquese y Cúmplase.**

Dra. Gladys Terán Sierra
JUEZA PONENTE

Dra. Lucy Blacio Pereira
JUEZA NACIONAL

Dr. Jorge M. Blum Carcelén
JUEZ NACIONAL

Certifico:

Dra. Martha Villarroel Villegas
SECRETARIA RELATORA (E)

Anexo 4. (Para el caso 3)

Naciones Unidas CCPR/C/116/D/2244/2013

Pacto Internacional de Derechos Civiles y Políticos

Edición avanzada sin editar

Distr. General
3 de junio de 2016

Original: español

Comité de Derechos Humanos

Dictamen adoptado por el Comité en virtud del artículo 5(4) del Protocolo Facultativo respecto a la comunicación N° 2244/2013[*] [**]

Presentada por:	Roberto Isaías Dassum y William Isaías Dassum (representados por los abogados Xavier Castro Muñoz y Heidi Laniado Hollihan)
Presunta víctima:	Los autores
Estado parte:	Ecuador
Fecha de la comunicación:	12 de marzo de 2012 (presentación inicial)
Referencias:	Decisión adoptada con arreglo al artículo 97 del reglamento del Comité, transmitida al Estado parte el 5 de junio de 2013 (no se publicó como documento)
Fecha de aprobación del dictamen:	30 de marzo de 2016
Asunto:	Condena penal e incautación de bienes de los autores
Cuestiones de fondo:	Derecho a la libertad; garantías del debido proceso; aplicación retroactiva de la ley penal desfavorable; igualdad ante la ley y no discriminación
Cuestiones de procedimiento:	Ausencia de calidad de víctima; inadmisibilidad ratione materiae; litis pendentia; ausencia de jurisdicción; no agotamiento de recursos internos; abuso del derecho a presentar comunicaciones

* Adoptado por el Comité en su 116° período de sesiones (7-31 de marzo de 2016).

** Los siguientes miembros del Comité participaron en el examen de la comunicación: Yadh Ben Achour, Lazhari Bouzid, Sarah Cleveland, Ahmed Amin Fathalla, Olivier de Frouville, Yuji Iwasawa, Ivana Jelic, Duncan Muhumuza Laki, Photini Pazartzis, Sir Nigel Rodley, Victor Manuel Rodríguez-Rescia, Fabián Omar Salvioli, Dheerujlall Seetulsingh, Anja Seibert-Fohr, Yuval Shany, Konstantine Vardzelashvili and Margo Waterval.
Se adjunta en el apéndice del presente documento el texto de un voto particular firmado por Yuval Shany, miembro del Comité.

GE.16-

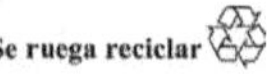

Artículos del Pacto:	2(1) y (3a); 9; 14(1) (2) y (3c); 15; 26
Artículos del Protocolo Facultativo:	1; 3; 5(2) a) y b)

1. Los autores de la comunicación son Roberto Isaías Dassum y William Isaías Dassum, ciudadanos ecuatorianos. Alegan ser víctimas de la violación de sus derechos reconocidos en los artículos 9; 14(1) y(2), separadamente y en relación con el artículo 2(1) y (3a); 14(3c); 15; y 26 del Pacto International de Derechos Civiles y Políticos. El Protocolo Facultativo entró en vigor para Ecuador el 23 de marzo de 1976.

Los hechos según los autores

2.1 Los autores son empresarios y eran accionistas y administradores de sociedades que integraban una unidad corporativa conocida como "Grupo Isaías", cuya cabeza más visible era el banco Filanbanco. Los autores eran respectivamente Presidente y Vicepresidente de este banco. Al final de la década de los noventa, el Ecuador atravesó dificultades externas e internas que afectaron gravemente su economía. La pérdida del sector productivo en general repercutió severamente sobre el sistema financiero, como acreedor que era de aquél. La banca ecuatoriana sufrió una grave crisis a partir de 1998, cuando prácticamente todos los bancos solicitaron créditos de liquidez del Banco Central del Ecuador (BCE). Estos préstamos fueron otorgados por el BCE en 1998 y se basaban en la solvencia del patrimonio técnico constituido por el grupo financiero en cuestión que fuera remitido a la Superintendencia de Bancos. La solvencia de Filanbanco fue certificada por esa entidad, quien aprobó su acceso a préstamos de estabilización.

2.2 Después de recibir varios créditos de liquidez, los accionistas privados de Filanbanco solicitaron a la Junta Bancaria del Ecuador que se sometiera al banco a un Programa de Restructuración para su fortalecimiento, lo cual así fue decidido mediante Resolución de 2 de diciembre de 1998. Este programa era aplicable exclusivamente a bancos solventes con problemas de liquidez, lo que prueba que Filanbanco era un banco solvente cuyos problemas de liquidez eran coyunturales. En caso contrario, habría sido sometido a un procedimiento de saneamiento para posterior liquidación.

2.3 Bajo el Programa de Restructuración el banco fue entregado a una agencia del Estado, la Agencia de Garantía de Depósitos (AGD). Una auditoría realizada por la entidad *Arthur Andersen* en marzo de 1999, apenas tres meses después de entregado el banco a la AGD y durante la administración estatal, demostró que el banco era solvente y que la crisis de administración privada se debió a problemas de liquidez. Sin embargo, el 30 de julio de 2002, aún bajo administración estatal, la Junta Bancaria dispuso la liquidación forzosa del banco, no sin antes haber impuesto a Filanbanco la absorción de un banco insolvente (Banco La Previsora), y de hacer que Filanbanco diera préstamos a otros bancos con problemas. Ante la declaratoria de liquidación forzosa Filanbanco cerró sus puertas al público el 30 de julio de 2002. El 8 de abril de 2010, la Superintendencia de Bancos declaró la trasferencia de sus activos al BCE y la extinción de su personalidad jurídica.

2.4 En el marco de los hechos descritos se produjo una intensa persecución en contra de los autores como antiguos accionistas y administradores de Filanbanco, incluyendo amenazas y difamación por parte de la Presidencia del país y otros funcionarios de gobierno, y el inicio de un proceso penal. El proceso se inició con la solicitud dirigida por la Fiscal del Estado al Presidente de la Corte Suprema, el 16 de junio de 2000, para que instruyera el sumario contra los autores y otros ex funcionarios de Filanbanco por los delitos de peculado bancario (artículo 257 del Código Penal vigente en el momento de la comisión de los hechos, es decir, 1998[1]), y de falsedad (artículo 363 del mismo Código), así

[1] Artículo 257:

como varios delitos financieros previstos en la Ley General de Instituciones Financieras. El 22 de junio de 2000, el Presidente de la Corte dictó auto de inicio del sumario por los delitos mencionados por la fiscal y ordenó la prisión preventiva de los autores. El 26 de junio de 2000, el Presidente de la Corte dirigió una orden de captura a la Comandancia General de la Policía Nacional, orden que fue impugnada por los autores el 27 de junio de 2000.

2.5 El 20 de noviembre de 2002, al finalizar la investigación de los hechos, la Fiscal General del Estado presentó su Dictamen Fiscal, el cual enmienda su informe de 16 de junio de 2000 a la luz de la investigación. El Dictamen contiene la acusación contra los autores por delitos financieros (declaraciones falsas y autorización de operaciones ilegales), pero afirma que no hubo abuso de fondos públicos pertenecientes al BCE (peculado) ni peculado bancario, pues sólo con posterioridad a los hechos incriminados se tipificó como peculado (bancario) la concesión de créditos vinculados, relacionados o intercompañías.

2.6 El 19 de marzo de 2003 el Presidente de la Corte, apartándose de la acusación formulada por la Fiscal General, dictó auto de llamamiento a juicio plenario por el delito de peculado bancario[2]. Contra este auto los autores interpusieron recursos de apelación y nulidad procesal ante la Presidencia de la Corte.

2.7 El 12 de mayo de 2009, la Primera Sala de lo Penal de la Corte Nacional de Justicia (Corte Nacional) confirmó el auto de llamamiento a juicio plenario. Los autores solicitaron ampliaciones, aclaraciones, reformas, declaratorias de nulidad y la recusación de los jueces. El 28 de octubre de 2009 los jueces que componían la sala decidieron excusarse de continuar el conocimiento de la causa, alegando que habían recibido intentos de soborno. Para sustituirlos se nombraron a tres conjueces, quienes mediante auto de 15 enero de 2010 resolvieron las impugnaciones de los autores. Además, reformaron el auto de llamamiento a juicio de 12 mayo 2009, argumentando que se habían violado los principios de legalidad y congruencia entre la acusación fiscal y el fallo. En consecuencia, los autores no debían ser juzgados por peculado sino por los delitos que les habían sido imputados en la acusación fiscal (balances y falsificación documental).

"Serán reprimidos con reclusión (…) de cuatro a ocho años los servidores de los organismos y entidades del sector público y toda persona encargada de un servicio público, que hubiere abusado de dineros públicos o privados, de efectos que lo representen, piezas, títulos, documentos o efectos mobiliarios que estuvieren en su poder en virtud o razón de su cargo; ya consista el abuso en desfalco, disposición arbitraria o cualquier otra forma semejante (...).
Están comprendidos en esta disposición los servidores que manejen fondos del Instituto Ecuatoriano de Seguridad Social o de los bancos estatales y privados (…)".
La Ley No. 99-26, de 13 de mayo de 1999 introdujo una reforma mediante la que se añadió el siguiente inciso: "También están comprendidos en las disposiciones de este artículo los funcionarios, administradores, ejecutivos o empleados de las instituciones del sistema financiero nacional privado, así como los miembros o vocales de los directorios y de los consejos de administración de estas entidades, que hubiesen contribuido al cometimiento de estos ilícitos."
La misma ley añadió el tipo penal de "peculado bancario especial":
Art. 257 A: "Serán reprimidos con reclusión de cuatro a ocho años las personas descritas en el artículo anterior que, abusando de sus calidades, hubieren actuado dolosamente para obtener o conceder créditos vinculados, relacionados o intercompañías, violando expresas disposiciones legales respecto de esta clase de operaciones (…)".

[2] El auto señala que en determinados medios se venía sosteniendo que el peculado bancario existía solamente a partir de la introducción del artículo 257A del código penal. Sin embargo, esta afirmación carecía de fundamento, pues la figura del peculado bancario ya estaba descrita en el inciso 3 del artículo 257, el cual se encontraba vigente en la época en que se cometieron los hechos. El auto cita una sentencia dictada en 1984 en que la Corte Suprema aplicó tal disposición penal y condenó los administradores del Banco La Previsora.

2.8 El 19 de enero de 2010, el Presidente del CNJ suspendió de oficio a los tres conjueces por "presuntas irregularidades que han generado alarma social, afectando la imagen de la Función Judicial", e inició procedimientos disciplinarios contra ellos por el cambio del tipo penal imputable a los autores. El Presidente de la República solicitó al CNJ investigar las cuentas de los conjueces y declaró públicamente que el CNJ debería destituirlos. El 26 de enero de 2010, la Asamblea Nacional emitió una resolución rechazando al fallo de los conjueces y exhortó al CNJ a investigar su actuación y decidir las sanciones correspondientes. Los conjueces terminaron siendo denunciados por el Fiscal General del Estado ante el CNJ, destituidos y enjuiciados por el delito de prevaricato. El juicio contra ellos fue no obstante sobreseído por la Sala segunda de lo penal de la Corte Nacional, el 8 de diciembre de 2010, por falta de pruebas.

2.9 La vacante creada por la destitución de los conjueces fue llenada con el nombramiento de una "Sala de Conjueces Ocasionales de lo Penal de la Corte Nacional de Justicia", creada específicamente para este proceso. La Constitución establece una única categoría de conjueces en la Corte Nacional, los cuales son seleccionados con los mismos procesos y las mismas responsabilidades que los titulares; son designados por el CNJ mediante concurso público (no por el Presidente de la Corte Nacional a dedo); y no tienen por función el juzgamiento de una causa determinada[3].

2.10 El 17 de mayo de 2010, esta Sala declaró inexistente la decisión de 15 de enero de 2010 y restauró el cargo de peculado. Esta fue la única decisión de la Sala. Luego de dictarla, sus integrantes volvieron a sus ocupaciones privadas como abogados.

2.11 Los hechos objeto del proceso ocurrieron antes de 1998, cuando estaban vigentes la Constitución de 1979 y el Código de Procedimiento Penal de 1983. Según los artículos 254 y 255 de este Código el proceso se suspende hasta que los sindicados se entreguen o sean capturados para su juzgamiento. El 11 agosto de 1998 entró en vigor una nueva Constitución, cuyo artículo 121 permitía el juzgamiento en ausencia de funcionarios y servidores públicos en general acusados por delitos de peculado, cohecho, concusión y enriquecimiento ilícito. La Constitución de 2008 contiene una norma similar. Los autores no eran funcionarios públicos, ni estaban siendo investigados por los delitos mencionados. Además, los hechos que se les imputaban habían ocurrido antes de la Constitución de 1998, pese a lo cual el proceso contra ellos continuó.

2.12 El 3 de agosto de 2010, la Segunda Sala de lo Penal de la Corte Nacional ordenó el inicio del juicio plenario. Adicionalmente, ratificó la orden de prisión para los autores y la orden mediante la que se oficiaba a las autoridades policiales y la Interpol para su localización y aprensión. El 11 de agosto de 2010 se rechazaron las impugnaciones de los autores y se ordenó el comienzo del proceso en su ausencia. Paralelamente, el Gobierno

[3] Según la decisión de 17 de mayo de 2010 emitida por los jueces ocasionales, contenida en el expediente ante el Comité, el Procurador General del Estado apeló la resolución de la sala de conjueces permanentes, solicitando su revocatoria y la confirmación del auto emitido por los jueces titulares. La apelación fue resuelta por la sala de conjueces ocasionales en virtud de las normas reguladoras del funcionamiento de la Corte Nacional, en particular la resolución de la Corte de 21 de enero de 2009, que permite al Presidente de la Corte la posibilidad de designar conjueces ocasionales cuando ni los jueces titulares ni los conjueces permanentes pueden actuar. Establecida su jurisdicción, los conjueces ocasionales constataron que la sala de conjueces permanentes había reformado ex oficio la decisión de los jueces permanentes de procesar a los autores por peculado sin tener facultad para ello, ya que independientemente de la composición de la sala, se trataba del mismo órgano jurisdiccional y, por tanto, no podía revocar su propia decisión. Su competencia se limitaba a resolver las solicitudes de aclaración y ampliación formuladas por los acusados. En consecuencia, la sala de conjueces ocasionales declaró inexistente el auto de los conjueces permanentes y declaró en vigor el auto de los jueces titulares. En cuanto a los pedidos de aclaración y ampliación solicitados por los acusados, la sala los rechazó por no tener relación con defectos de lenguaje ni de aclaración.

solicitó y obtuvo de Interpol sendas órdenes de captura internacional contra los autores, quienes se encontraban viviendo en Estados Unidos. Además, el Gobierno solicitó a Estados Unidos su extradición.

2.13 El 10 de abril de 2012 un juez de la Sala Especializada de lo Penal de la Corte Nacional condenó a los autores a ocho años de reclusión por el delito de peculado. Los recursos de apelación, nulidad y casación fueron rechazados respectivamente el 12 de marzo, 24 de abril y 29 de octubre de 2014 por la Sala Especializada de lo Penal. La Corte Constitucional inadmitió a trámite una acción extraordinaria de protección el 17 de septiembre de 2015.

2.14 La Corte Nacional casó de oficio la sentencia de apelación que declaró a los autores responsables del delito de peculado–por malversación- tipificado en el artículo 257 del Código Penal, al considerar que esa sentencia realizaba una interpretación errónea de este artículo y que el delito por el que los autores eran condenados era en realidad el de peculado bancario, previsto en el mismo artículo. La pena impuesta fue la privación de libertad de ocho años, sin atenuantes, por existir la agravante de haber cometido la infracción en pandilla.

2.15 Según los autores la sentencia de casación agrava las violaciones del Pacto ya que: (a) Viola el principio de legalidad, al aplicar de manera retroactiva el delito de "malversación" como modalidad del delito de peculado, supuesto que se encontraba despenalizado; aplicó de manera retroactiva la ley penal menos favorable, ya que les consideró sujetos activos del tipo penal de peculado bancario, el cual al momento de la acusación aplicaba a supuestos mucho más limitados; aplicó la agravante de 'pandilla', derogada en el actual Código Orgánico Integral Penal; y aplicó el tipo penal de peculado, el cual es indeterminado e impide la defensa del acusado; (b) Viola el derecho de igualdad formal, al aplicar sanciones más gravosas que las que se hubieran impuesto en casos de hechos idénticos; (c) Viola el principio de non *reformatio in peius* , al imponer sanciones más gravosas y delitos distintos a los contenidos en la sentencia de apelación, violando con ello el derecho a la defensa; (d) viola el derecho a ser juzgados por jueces independientes, ya que los jueces que decidieron el recurso de casación ya habían participado en decisiones previas de la misma causa o habían demostrado de manera pública parcialidad hacia la misma.

2.16 Paralelamente al proceso penal tuvo lugar un proceso civil de incautación de bienes llevado a cabo por la AGD en contra de los ex accionistas y ex administradores de Filanbanco, con el alegado fin de garantizar el pago de la acreencia de los depositantes del banco en el momento de su intervención. El proceso se inició mediante la Resolución AGD-UIO-GG-2008-12 de 8 julio de 2008, que dispuso la incautación de todos los bienes de propiedad de quienes fueron administradores y accionistas de Filanbanco hasta el 2 de diciembre de 1998. Sobre esta base, sin procedimiento administrativo ni judicial previo y con apoyo de la fuerza pública, se inició la incautación de más de 200 empresas y otros bienes propiedad de los autores y otros integrantes del grupo Isaías[4]. Además, el 9 de julio de 2008 la Asamblea Constituyente, elegida en el marco del proceso político conducido por el Presidente de la República, dictó el Mandato Constituyente No. 13, al cual dotó de rango constitucional. Este mandato ratificó la validez legal de la Resolución mencionada; declaró que la Resolución no sería susceptible de acción de amparo constitucional u otra de carácter especial; y ordenó que las acciones interpuestas fueran archivadas, sin que se pudiera suspender o impedir el cumplimiento de la Resolución. Los jueces que avocaren conocimiento de cualquier clase de acción constitucional relativa a esa resolución y aquéllas que se tomaran para ejecutarla debían inadmitirlas, bajo pena de destitución, sin perjuicio de la responsabilidad penal a que hubiere lugar. El Mandato establecía igualmente

[4] El expediente contiene una lista de las empresas y otros bienes incautados.

que no era "susceptible de queja, impugnación, acción de amparo, demanda, reclamo, criterio o pronunciamiento administrativo o judicial alguno".

2.17 El Mandato n° 13 tiene como antecedente el Mandato Constitucional n° 1, de 9 de noviembre de 2007, que prohíbe el control o impugnación de las decisiones de la Asamblea Constituyente. Este Mandato establece que los jueces y tribunales que tramiten cualquier acción contraria a esas decisiones serán destituidos y sometidos a enjuiciamiento. El 10 de junio de 2010 Roberto Isaías Dassum presentó una demanda de inconstitucionalidad ante la Corte Constitucional contra el Mandato n°13 que fue desestimada el 21 de junio de 2012, con base en la inmunidad de la que goza el Mandato.

2.18 Los recursos presentados por los autores contra esta Resolución y otras que siguieron con el fin de incautar bienes resultaron infructuosas. La Resolución señala que eran susceptibles de incautación todos los bienes de los autores, incluidos aquéllos que no estaban destinados a la operación de Filanbanco o de cualquier otra empresa de ese grupo económico, es decir, también los afectados al uso personal de los autores. Además, la incautación abarcaba bienes que se tuvieran como de propiedad de los autores según el conocimiento público, es decir, independientemente de la titularidad indicada en los respectivos títulos de propiedad.

La denuncia

3.1 Los autores alegan que las irregularidades producidas en el proceso penal y en el proceso de incautación de sus bienes dieron lugar a violaciones de su derecho a las garantías judiciales del debido proceso bajo el artículo 14, párrafos 1, 2 y 3 c), separadamente y en relación con los artículos 2, párrafos 1 y 3 a); y el derecho a la igualdad ante la ley y a la no discriminación bajo el artículo 26; el derecho a no sufrir la aplicación retroactiva de la ley penal desfavorable, bajo el artículo 15; y el derecho a la libertad personal conforme al artículo 9 del Pacto.

3.2 El caso no está pendiente ante otro procedimiento internacional y se han agotado los recursos internos en relación con el proceso penal. Respecto al procedimiento de incautaciones, no existe un recurso judicial apropiado, ya que el Mandato Constituyente No. 13 excluyó cualquier acción o recurso judicial.

Quejas relativas a los artículos 14 y 26

3.3 En el proceso penal Ecuador violó los derechos de los autores a: (i) ser juzgados por un tribunal competente, independiente e imparcial, establecido por la ley; (ii) a que se les presuma inocentes mientras no se pruebe su culpabilidad; y (iii) a ser juzgados sin dilaciones indebidas.

3.4 La decisión de los tres conjueces permanentes de la Sala Primera de lo Penal de la Corte Nacional de no procesar a los autores por el delito de peculado bancario motivó su destitución y procesamiento. Semejante arbitrariedad infringe la independencia judicial establecida en el artículo 14(1) del Pacto.

3.5 La sala de conjueces ocasionales creada específicamente para este proceso restableció la imputación por "peculado bancario". Esta decisión fue tomada apenas diez días después de que los conjueces se hubieran juramentado, a pesar de la complejidad del caso, el volumen del expediente y después de 10 años de duración de la causa. Ese fue el único fallo dictado por esta sala. Se trató, por lo tanto, de un tribunal de excepción, creado en vulneración de los requisitos previstos en la ley con el único objeto de dictar un fallo contra los autores. Cualquiera sea el fundamento de derecho interno que se invoque para la constitución de este tribunal "ocasional", es ilegítimo que haya obedecido exclusivamente a suplantar a tres conjueces que fueron arbitrariamente suspendidos y destituidos. En consecuencia, la designación de esta sala violó el principio de un "tribunal competente establecido por la ley".

3.6 El 10 de mayo de 2010, Roberto Isaías pidió la revocatoria de la designación de los conjueces ocasionales. El 11 y 20 de mayo de 2010 solicitó, respectivamente, que esos conjueces se excusaran de conocer la causa e impugnó la decisión que restableció la imputación por peculado bancario, alegando la violación del derecho a ser juzgado por un tribunal competente, independiente e imparcial.

3.7 También se violó la garantía del juez natural, pues, al estar domiciliados en Guayaquil, los autores debieron haber sido juzgados por un tribunal ordinario en el Distrito de Guayas. Sin embargo, la causa contra los autores fue acumulada a las de otras personas que tenían fuero, para así llevar el proceso a la Corte Nacional.

3.8 La violación del derecho a un juez o tribunal imparcial se produjo igualmente por la prohibición a los autores de recusar jueces. Esta prohibición fue el resultado de una reforma al Código de Procedimiento Penal introducida en 2009 mediante la cual se estableció un impedimento absoluto para la recusación de jueces de causas iniciadas y tramitadas bajo el Código de 1983, que era el aplicable en la causa contra los autores.

3.9 El derecho de los autores bajo el artículo 14(2) del Pacto, a la presunción de inocencia fue vulnerado como resultado de: (i) las reiteradas declaraciones de los más altos funcionarios del Poder Ejecutivo en las que afirmaban su culpabilidad; y (ii) el tratamiento de culpables que los autores recibieron durante el proceso, incluso antes de ser juzgados en la fase plenaria. Ya en el auto de apertura del plenario el Presidente de la Corte Suprema afirmaba que "se había determinado en el sumario" que los autores "habían incurrido" en actos que "constituían delitos medios para el cometimiento del delito de peculado bancario". Esta y otras afirmaciones del mismo tenor implicaban dar por probada la responsabilidad de los autores antes de comenzar el juicio oral y colocaba a éstos en la posición de tener la carga de demostrar durante el resto del proceso que no eran culpables.

3.10 El derecho de los autores a ser juzgados sin dilaciones indebidas resultó quebrantado debido a la duración irrazonable del proceso: (i) cuatro años después de ocurridos los hechos imputados y dos años luego de iniciado el proceso, para que se emitiera la acusación fiscal (20 de noviembre de 2002); y (ii) más de seis años para resolver la apelación contra el auto que llamaba a la apertura del plenario, a pesar de que la ley establece que debía ser resuelta en 15 días más un día adicional por cada 100 hojas del expediente. Entre el inicio formal del plenario y su ratificación por la sala de conjueces ocasionales pasaron más de siete años.

3.11 La ausencia de los autores del país no puede ser invocada como causa del retraso en el proceso penal, por dos razones: a) el Estado escogió juzgarlos en ausencia, a pesar de que su propia Constitución lo prohibía; y b) al ausentarse de Ecuador, los autores ejercieron su legítimo derecho a velar por su libertad, integridad y seguridad frente al abuso de poder del que eran víctimas.

3.12 En el proceso de incautaciones también se violó el derecho al debido proceso. La AGD es un órgano administrativo que no escapa al ámbito del artículo 14 del Pacto cuando ejerce actividades destinadas a la determinación de derechos y obligaciones de carácter civil. Teniendo esto en cuenta, la ausencia de un procedimiento administrativo contradictorio ante la AGD, donde los autores pudieran ejercer su derecho a la defensa antes de que la AGD decidiera sobre la incautación de sus bienes violó las garantías del debido proceso (artículo 14(1) y (2) del Pacto). El Estado blindó la debilidad jurídica de la la Resolución AGD-UIOGG-2008-12 a través del Mandato No. 13, dotándola de inmunidad jurisdiccional. Esta inmunidad supone una violación del derecho de acceso a la justicia, al debido proceso y a la igualdad ante la ley y los tribunales para hacer valer derechos de carácter civil, en particular los derechos patrimoniales de los autores como antiguos dueños y accionistas de Filanbanco. El Mandato No. 13 viola igualmente el derecho al debido proceso en relación con el artículo 2, párrafos 1 y 3 a) del Pacto, al no respetar el derecho a interponer un recurso efectivo y el derecho de los autores a la igualdad ante los tribunales. Por las mismas razones la Resolución y el Mandato No. 13, en conjunto, violan el derecho a la igualdad ante la ley y a la no discriminación previstos en el artículo 26 del Pacto, al negar el acceso a la justicia a unas personas concretas para que pudieran hacer valer sus derechos[5].

Quejas relativas al artículo 15

3.13 Los autores son víctimas de la violación de este artículo debido a que: (i) fueron objeto de la aplicación *ex post facto* de un nuevo tipo delictivo y (ii) se les aplicó un tipo penal que ya estaba derogado en el momento de la apertura de la fase plenaria del proceso penal.

3.14 Mediante la Ley No.99-26 de 13 de mayo de 1999, es decir después de haber tenido lugar los hechos incriminados, se modificó el Código Penal para incluir el tipo penal de "peculado bancario especial" (artículo 257-A), que hasta entonces no existía, y que implica la realización de operaciones de crédito con empresas relacionadas. Esta reforma muestra que, con anterioridad a la misma, la conducta que define este delito no era punible. Hasta esa fecha, tanto la legislación bancaria como la penal permitían explícitamente esas operaciones dentro de ciertos límites. Ahora bien, la Corte Nacional aplicó a los autores el tipo penal derogado (artículo 257), pero cambiando su interpretación y haciendo caer bajo el mismo las operaciones relacionadas e intercompañías. La prohibición de aplicación retroactiva del artículo 15(1) del Pacto no puede evadirse a través de una interpretación extensiva o abusiva de la antigua ley que tiene por objeto dotar de efecto retroactivo a la nueva ley.

3.15 Por otra parte, se imputaba a los autores haber autorizado la utilización de los créditos de liquidez acordados por el BCE a Filanbanco para fines distintos a los previstos en la ley. Esta conducta encaja con la definición legal de malversación. Ahora bien, la Ley 2001-47, "despenalizó" la malversación de fondos públicos o privados como forma de peculado, antes de que se dictara el auto de llamamiento a juicio contra los autores en 2003. Se produce pues una violación del artículo 15(1) *in fine* del Pacto, que protege el derecho a la aplicación retroactiva de la ley penal más favorable. Ello a pesar de que la Corte Suprema evitó emplear el término "malversación", utilizando en cambio los términos "disposición arbitraria de los fondos públicos" y "fraude" mediante la "autorización de operaciones financieras ilegales".

3.16 En el proceso de incautaciones comenzado el 8 de julio de 2008 también hubo retroactividad contraria al artículo 15(1), ya que la base legal utilizada por la AGD fue el artículo 29 de la Ley de reordenamiento en materia económica en el área tributario financiera, introducido en la misma en 2002.

Quejas relativas al artículo 9

3.17 La decisión judicial de privación preventiva de la libertad de los autores, aunque no se consumara, es una medida arbitraria del Estado contraria al artículo 9 del Pacto. Para que se viole la libertad individual no siempre es necesario que una orden de privación de libertad se ejecute materialmente, ni que la persona sujeta a una orden de detención arbitraria en su contra tenga que sufrir encarcelamiento. La sola emisión de la orden de prisión el 22 de junio de 2000 y de una orden internacional de captura, así como las demás

---

[5] Los autores señalan que una demanda contra la Resolución interpuesta el 28 de junio de 2010 fue rechazada por la Corte Provincial de Justicia de Guayaquil en aplicación del Mandato No. 13.

diligencias para obtener la captura, como los trámites de extradición, en el marco de un proceso penal irregular, arbitrario y desprovisto de las mínimas garantías judiciales, viola el derecho a la libertad personal.

Observaciones del Estado parte sobre la admisibilidad

4.1 En sus observaciones de 4 de diciembre de 2013 y 10 de diciembre de 2015 el Estado parte expone las diferencias entre el proceso penal (iniciado en 2000) y el proceso de incautaciones (iniciado en 2008). Dentro del primero se brindaron las garantías judiciales necesarias, puesto que la causa penal está dirigida contra personas naturales por actividades presuntamente delictivas reguladas en el Código penal. Por el contrario, los hechos vinculados a la incautación de bienes tienen origen en actividades empresariales y acciones relacionadas con los patrimonios de personas jurídicas. Dado que en el procedimiento ante el Comité los únicos denunciantes son los autores, ninguna otra acción interna diferente a ellos puede ser introducida en dicho procedimiento. Sólo las personas naturales tienen derecho a la protección internacional de derechos humanos. En consecuencia, los procesos que tienen como accionantes a personas jurídicas, ámbito en el que se discute sobre sus derechos y obligaciones con relación a la normativa nacional, deben quedar fuera del objeto de la comunicación. Además, no cabe discutir acciones que hayan sido presentadas por personas diferentes a los autores, sean éstas jurídicas o naturales.

4.2 La comunicación, si bien alega la violación de derechos del Pacto lo hace desde las presuntas afectaciones de los patrimonios de las diferentes empresas o grupos de empresas, lo cual corresponde a personas jurídicas. Los autores pretenden extender los derechos del Pacto para defender derechos de personas jurídicas. Por esta razón, el Comité debe declarar su incompetencia sobre todo hecho administrativo, legal o jurisdiccional en que se hallen inmersas compañías o grupos empresariales. Además, las alegaciones vinculadas a los derechos de propiedad de los accionistas, administradores, empresas y unidades corporativas como el Grupo Isaías tienen como finalidad la protección de un pretendido derecho de propiedad, por lo que las alegaciones relacionadas con el proceso de incautaciones deben ser inadmitidas por el Comité en razón de la materia.

4.3 Los autores presentaron una petición a la Comisión Interamericana de Derechos Humanos. Su tramitación se concretó con la resolución de no apertura del caso por no cumplir con los requisitos para su consideración ni con el agotamiento de recursos internos. La Comisión efectuó un análisis prolijo de la petición y adoptó una decisión definitiva debidamente notificada a los denunciantes. En consecuencia, corresponde al Comité no conocer la comunicación, conforme al artículo 5, párrafo 2 a) del Protocolo Facultativo.

4.4 La comunicación carece de sustento en cuanto a las obligaciones del Estado conforme al Pacto, toda vez que los autores no se encuentran en territorio ecuatoriano y, por tanto, las obligaciones del Pacto no pueden ser exigibles al Estado parte. Por la misma razón, los autores no están sometidos a la fuerza del Estado.

4.5 El Protocolo Facultativo establece como excepción al agotamiento de recursos el retardo injustificado en la tramitación del recurso. En el presente caso hay que tomar en consideración la complejidad del proceso, en el que fue necesario solicitar y posteriormente analizar extensos informes técnicos (auditorías externas) y de distintas instituciones públicas de control (Banco Central, Comisión contra la corrupción, Superintendencia de Bancos, Intendencia de Bancos). Además, el proceso se desarrolló dentro de un plazo razonable si se tiene en cuenta la intensa actividad procesal de los autores, que dentro del juicio penal presentaron todo tipo de recursos conforme a la legislación interna[6].

4.6 Los autores han acudido al Comité sin tener en cuenta el objetivo del Pacto y Protocolo Facultativo, obstaculizando el trabajo de conocimiento de peticiones individuales que se presenten ante este organismo. Ello es un claro ejemplo de un abuso al derecho que tienen para presentar una comunicación.

Observaciones del Estado parte sobre el fondo

4.7 Cualquier argumento de los autores cuestionando la independencia de los jueces y tribunales es meramente el resultado de su inconformidad con las decisiones judiciales y no deriva de las obligaciones que constituyen el objeto del artículo 14 del Pacto. El artículo 182 de la Constitución ecuatoriana establece la figura de los conjueces como parte de la estructura judicial, con el mismo rango y el mismo régimen de incompatibilidades y responsabilidades en el ejercicio de su función que los jueces titulares. Con base en la facultad normativa del Pleno de la Corte Nacional, contenida en la Resolución de la Corte Constitucional para el período de transición, con carácter de jurisprudencia constitucional vinculante para todos los servidores públicos y los particulares, se dictó la Resolución Sustitutiva sobre Conformación de la Corte Nacional de 22 de diciembre de 2008, cuyo artículo 11 determina la actividad legitima, legal y constitucional de los conjueces de la Corte Nacional. Esta disposición señala que "a falta de conjueces permanentes, se puede llamar a conjueces ocasionales para conocer determinada causa. La designación corresponderá a los jueces integrantes de la Sala donde se sustancia y en su falta, al Presidente de la Sala respectiva". Por consiguiente, no se ha violado el derecho de cualquier persona de ser oída por un tribunal competente. Por otra parte, la recusación de jueces como herramienta de garantía procesal está vigente en Ecuador.

4.8 No existió violación del principio de presunción de inocencia por las declaraciones del Presidente de la República, rendidas en un espacio dirigido a informar a los ciudadanos sobre sus actividades y las políticas del Gobierno, espacio que representa la libertad de expresión de todos los ciudadanos, incluido el primer mandatario, cuyas opiniones personales sobre un determinado asunto no implican influencia sobre jueces y tribunales.

4.9 Respecto a las quejas relacionadas con el artículo 15, el delito de peculado ya se encontraba tipificado en el código penal de 1938, posteriormente reformado en 1971 (artículo 257). Esta disposición sufrió una nueva reforma en 1977. Con arreglo a la misma empezaron a considerarse como sujetos activos del delito los "servidores de bancos estatales o privados", lo que incluía incluso a los accionistas, administradores y empleados[7]. Esto hizo posible el procesamiento de los autores y otros banqueros de la época. El juez consideró que los autores eran servidores de la banca privada, que se desempeñaban como Presidente y Vicepresidente de Filanbanco, que según la sentencia de apelación "abusaron de fondos públicos, esto es, de los préstamos de liquidez otorgados por el Banco Central (...) subsumiendo su conducta al delito de peculado tipificado y sancionado en los incisos primero y segundo del artículo 257". Más tarde, la ley de 13 de mayo de 1999 agregó un tercer inciso a este artículo mediante el que se incluía en éste a los "funcionarios, administradores, ejecutivos o empleados de las instituciones del sistema financiero nacional privado, así como los miembros o vocales de los directorios y de los consejos de administración de estas entidades". La reforma aclaró lo previamente establecido en relación con los sujetos activos del tipo penal. El legislador, en atención a la alarma social creada por las graves consecuencias económicas, sociales y políticas de la

[6] El Estado parte proporciona una lista cronológica de los incidentes procesales ocurridos durante los años en que el proceso estuvo pendiente.

[7] Conclusión de la Corte Nacional en la sentencia de casación.

crisis bancaria de 1998, buscó mediante esta reforma determinar expresamente los sujetos activos del delito, sin que esto implique que la norma previa no los haya contemplado.

4.10 Respecto al proceso de incautaciones, la AGD y la Junta Bancaria observaron el principio de legalidad. En concreto, la Resolución 153 de 31 de julio de 2008 de la AGD contiene el Instructivo para la Incautación de Bienes y garantiza un trámite con observancia de las normas de debido proceso, por lo que no existe vulneración alguna del artículo 14(1) del Pacto en relación a la igualdad de las personas frente a los tribunales. Además, el sistema de incautaciones contaba con procedimientos para probar el origen lícito y la real propiedad de los bienes incautados. La AGD en el supuesto de ejercicio abusivo de atribuciones podía haber sido sometida a revisión de recursos administrativos contenidos en la Ley de la jurisdicción contencioso administrativa.

4.11 Respecto al Mandato Constituyente No. 13 Ecuador rechaza el argumento de los autores relativo a su inconstitucionalidad e ilegitimidad. La Asamblea Constituyente no fue un órgano estatal sino más bien supraestatal, cuyo mandato deriva directamente de la voluntad popular. De acuerdo al principio democrático esta voluntad es de naturaleza distinta y claramente superior al Estado. Según el artículo 2.2 de su Reglamento "la Asamblea Nacional Constituyente aprobará Mandatos Constituyentes que vinculan sus decisiones y normas en el ejercicio de plenos poderes. Los Mandatos tendrán efecto inmediato sin perjuicio de su publicación en el órgano respectivo". La Asamblea consideró la compleja situación financiera y administrativa de Filanbanco y destacó la importancia de la gestión de las instituciones del Estado (AGD), consideradas parte de la expresión de los poderes constituidos en la erradicación de toda forma de impunidad. En esas circunstancias se legitimó el proceso de incautación de bienes. Dentro del Mandato n° 13 la Asamblea dictó medidas de protección a los derechos de los trabajadores de las empresas intervenidas, a través de una Resolución de 8 de julio de 2008. La Resolución y el Mandato n° 13 no son actos del Estado que contienen normas jurídicas *ad-hominen*, ya que no se refieren a personas naturales, como sostienen los autores.

4.12 Debido a que los autores no se encuentran bajo jurisdicción ni dentro del territorio ecuatoriano no se puede atribuir a Ecuador hechos relacionados con una presunta violación del artículo 9 del Pacto. Respecto al proceso de extradición, en junio de 2013 el Departamento de Estado de Estados Unidos informó al Estado ecuatoriano su negativa a extraditar a los autores, indicando que Ecuador debía proveer evidencia suficiente para encontrar una causa probable por el delito imputado, y que los Departamentos de Estado y de Justicia darían posterior consideración al pedido de extradición.

4.13 El Estado parte recuerda la jurisprudencia del Comité en el caso González del Río c. Perú (comunicación 263/1987), según la cual la emisión o existencia de una orden de prisión no constituye en sí misma una forma de privación de libertad. Esta jurisprudencia reafirma que el ámbito de protección del derecho en referencia es la libertad física y que su violación no sólo requiere que se lleve a cabo la detención de la persona afectada sino que dicha detención sea ilegal y/o arbitraria. En la medida en que el juez competente dicte una orden de prisión preventiva de acuerdo con lo previsto en la ley y justifique la existencia de indicios de existencia del delito y participación de los procesados en su cometimiento, tal como aparecía en el auto cabeza de proceso dictado dentro del juicio penal seguido contra los autores, la medida cautelar de prisión preventiva está justificada. El auto de 22 de junio de 2000, justificó la orden de prisión preventiva por el incumplimiento de la ley por parte de Filanbanco, pues durante el período de vigencia de los préstamos concedidos por el Banco Central, éstos no fueron utilizados para precautelar la estabilidad del sistema financiero, sino para invertir en operaciones prohibidas. Durante todo el proceso penal, la orden de prisión preventiva fue analizada periódicamente por los jueces de la causa con el fin de verificar su naturaleza y asegurar la comparecencia en juicio de los procesados. Cada ratificación de la orden cumplió con los requisitos legales y se justificaba por los indicios de existencia de delitos. Además, el período de vigencia de las órdenes de prisión preventiva que pesan en contra de una persona que se encuentra prófuga no puede ser contabilizado, pues la sola orden no constituye una limitación a su libertad física, y tampoco puede resultar o devenir ilegal o arbitraria.

Comentarios de los autores sobre las observaciones del Estado parte

5.1 Los autores formularon comentarios a las observaciones del Estado parte con fecha 6 de febrero de 2014.

5.2 La campaña de desprestigio y las constantes declaraciones en su contra han continuado. Así, en febrero de 2014, a través del programa Enlace Ciudadano, difundido por diversos medios de radio y televisión, el Presidente de la República una vez más les acusó de quebrar el banco más importante del país y atacar al gobierno nacional en medios de prensa, refiriéndose a ellos como "sinvergüenzas" y "criminales".

5.3 Ecuador afirma que en el proceso penal se cumplieron todas las garantías del debido proceso y la tutela judicial. Sin embargo, no ofrece ningún sustento a esta afirmación, no desmiente los hechos objeto de la comunicación y no desvirtúa su caracterización como violación de derechos garantizados por el Pacto.

5.4 En cuanto a las observaciones relativas al procedimiento de incautaciones los autores señalan que detrás de los derechos de personas jurídicas están los derechos de las personas naturales de sus accionistas, que el propio Estado decidió que eran los autores o personas de su familia. La Ley de Reordenamiento en Materia Económica en el Area Tributario Financiera dispone expresamente una medida en contra de "los accionistas", quienes responderían con su patrimonio personal, es decir, como individuos o personas naturales, por alegadas deudas de los bancos, es decir, las personas jurídicas de las que son socios como individuos. Todas las actuaciones del Estado denunciadas en la presente comunicación fueron explícitamente dirigidas contra los autores como individuos y no contra una persona jurídica.

5.5 Respecto al procedimiento ante la Comisión Interamericana de Derechos Humanos los autores presentaron su queja en 2005, pero en 2008 la Comisión decidió no abrirla a trámite por falta de agotamiento de recursos internos. Los autores solicitaron una reconsideración, pero posteriormente se desistieron y retiraron formalmente su petición. Esto ocurrió antes de que presentaran su comunicación al Comité.

5.6 Los autores rechazan el argumento de Ecuador relativo a la incompetencia por razón del territorio. Todos los actos denunciados en la comunicación fueron ejecutados por agentes del Estado en ejercicio de la jurisdicción ecuatoriana. Su ausencia del territorio no exonera al Estado de responsabilidad por la violación de sus obligaciones bajo el Pacto, ni sustrae a las víctimas de la protección que les brinda el Pacto. Enjuiciar a una persona denota ejercer sobre ella la jurisdicción y el poder del Estado.

5.7 Ecuador no presenta evidencia de la existencia de abuso de derecho, ni explica cómo habría sucedido. Respecto a la demora en el proceso penal, la misma es imputable a la falta de diligencia de las autoridades judiciales y a la arbitrariedad de su actuación, que ha obligado a los autores a presentar recursos para defender sus garantías procesales.

5.8 Ecuador señala como una de las causas de la crisis financiera de 1999-2000 la desregulación y liberación de la actividad financiera que redujo el control del Estado sobre ese sector. Esta afirmación muestra que las actividades y conductas por las que fueron enjuiciados los autores no estaban prohibidas por la legislación vigente entonces. Por el contrario, eran conformes a la Ley General de Instituciones del Sistema Financiero.

5.9 Respecto a la duración del proceso los autores señalan que no presentar recursos y no ejercer defensas no puede ser una carga negativa que deban soportar las víctimas de violaciones procesales. No puede atribuirse a los autores la demora de seis años luego de emitido el auto de llamamiento a juicio para el inicio del juicio penal, ni tampoco justificarse que un proceso para determinar la responsabilidad por delitos bancarios haya demorado más de 13 años.

5.10 El Código Orgánico de la Función Judicial, de 9 de marzo de 2009, no otorga a la Corte Nacional la competencia para designar conjueces ocasionales y deroga la Resolución de la Corte Suprema de 19 de mayo de 2008 que permitía la designación de conjueces ocasionales.

5.11 Respecto al Mandato N°13 los autores recuerdan que el objetivo de una Asamblea Constituyente es redactar una nueva constitución. En ciertos casos esos órganos han asumido algunas otras funciones, por ejemplo la designación de funcionarios o la promulgación de ciertas normas transitorias entre un orden constitucional y el siguiente. Sin embargo, el hecho de que un órgano constituyente regule e incida en casos particulares, de personas específicas, privándolas de derechos fundamentales, constituye una situación irregular y discriminatoria.

5.12 Respecto a la no aplicación de un tipo penal ex post facto o derogado Ecuador no dio una respuesta precisa a los alegatos de los autores ni desvirtuó sus argumentos respecto a la violación del artículo 15(1) *in fine* del Pacto. En cuanto a la queja bajo el artículo 9 del Pacto, los autores reiteran sus argumentos iniciales. La orden de prisión contra ellos permanece vigente y Ecuador continúa intentando privarles físicamente de la libertad.

Deliberaciones del Comité

Examen de la admisibilidad

6.1 Antes de examinar toda queja formulada en una comunicación, el Comité de Derechos Humanos debe decidir, de conformidad con el artículo 93 de su reglamento, si el caso es o no admisible en virtud del Protocolo Facultativo del Pacto.

6.2 El Comité toma nota de la objeción planteada por el Estado parte de que las obligaciones del Pacto no le son exigibles debido a que los autores no se encuentren en territorio ecuatoriano, el Comité considera que las quejas de los autores están relacionadas con los procesos judiciales seguidos contra ellos en el Estado parte, independientemente de su residencia en el extranjero, y que en esta materia el Estado parte ha ejercido su jurisdicción. Por consiguiente, la ausencia del territorio no constituye un obstáculo a la admisibilidad de la comunicación.

6.3 El Comité considera que las alegaciones de los autores no son de naturaleza tal que impliquen un abuso del derecho a presentar comunicaciones y que no existen obstáculos a la admisibilidad de la comunicación bajo el artículo 3 del Protocolo Facultativo.

6.4 El Comité toma nota de las observaciones del Estado parte de que la comunicación es inadmisible en virtud del artículo 5, párrafo 2 a), del Protocolo Facultativo, porque los autores presentaron una queja ante la Comisión Interamericana de Derechos Humanos. Los autores respondieron a este argumento señalando que la Comisión decidió en 2008 no abrir la queja a trámite; y que los autores solicitaron su reconsideración pero posteriormente retiraron su solicitud, antes de presentar su comunicación al Comité. El Comité recuerda su jurisprudencia[8] y considera que el mismo asunto no está siendo examinado en el marco de otro procedimiento de examen o arreglo internacional. Por lo tanto, el Comité no está

[8] Comunicación 2202/2012, *Castañeda c. México*, decisión de admisibilidad de 18 de julio de 2013, párrafo 6.3.

impedido bajo el artículo 5, párrafo 2 a) del Protocolo Facultativo de examinar la presente comunicación.

6.5 Los autores afirman que la decisión judicial de privación preventiva de su libertad viola sus derechos bajo el artículo 9 del Pacto. El Comité observa, sin embargo, que la orden de detención contra los autores fue dictada en el marco de un proceso penal, que la misma no ha sido ejecutada debido a que los autores no se encuentran en el territorio del Estado parte y que los autores no se encuentran en situación de privación de libertad. Por consiguiente, el Comité considera que esta queja carece de fundamentación y que la misma es inadmisible conforme al artículo 2 del Protocolo Facultativo.

6.6 Respecto a las quejas relativas a los artículos 14(1) y (2) del Pacto, separadamente y en relación con los artículos 2(1) y (3a); y 26 en cuanto al procedimiento de incautación de bienes; y a los artículos 14(1)(2) y (3c) y 15 del Pacto en relación con el proceso penal, el Comité considera que las mismas han sido suficientemente fundamentadas a efectos de la admisibilidad, las declara admisibles y procede a examinarlas en el fondo.

Examen de la cuestión en cuanto al fondo

7.1 El Comité de Derechos Humanos ha examinado la presente comunicación teniendo en cuenta toda la información que le han facilitado las partes, en cumplimiento de lo exigido en el artículo 5, párrafo 1, del Protocolo Facultativo.

7.2 Los autores alegan que en el procedimiento de incautación de bienes se violó su derecho de acceso a la justicia, a la igualdad ante los tribunales y al debido proceso bajo el artículo 14(1) y (2) del Pacto en la determinación de sus derechos de carácter civil para impugnar la incautación de bienes de su propiedad personal; que no existió un procedimiento administrativo contradictorio donde pudieran ejercer su derecho a la defensa antes de que la AGD decidiera la incautación; que el Mandato Constituyente n° 13 prohibió la interposición de acciones judiciales contra la resolución de la AGD que ordenó las incautaciones y estableció expresamente que los jueces que se avocaren al conocimiento de cualquier clase de acción constitucional relativa a esa resolución y aquéllas que se tomaran para ejecutarla debían inadmitirlas, bajo pena de destitución, sin perjuicio de la responsabilidad penal a que hubiere lugar; y que estas cuestiones violarían igualmente su derecho al debido proceso en relación con el artículo 2(1) y (3a), y el derecho a la igualdad ante la ley y a la no discriminación conforme al artículo 26. El Estado parte señala que los hechos vinculados a la incautación de bienes tienen origen en actividades empresariales y acciones relacionadas con el patrimonio de personas jurídicas. Dado que sólo las personas físicas tienen derecho a la protección internacional en materia de derechos humanos las quejas de los autores en relación con el proceso de incautaciones quedarían fuera del objeto de la comunicación; también por razón de la materia, pues las quejas tienen como objetivo un pretendido derecho a la propiedad.

7.3 El Comité recuerda su Observación general No. 31 (2004) sobre la Naturaleza de la obligación jurídica general impuesta a los Estados Partes en el Pacto, en cuyo párrafo 9 señala que “el hecho de que la competencia del Comité para recibir y considerar comunicaciones se limite a las presentadas por individuos, o en nombre de éstos (artículo 1 del Protocolo Facultativo), no impide que un individuo alegue que una acción u omisión que atañe a una persona jurídica o entidad similar equivale a una violación de sus propios derechos”.

7.4 En el presente caso el Comité considera que la emisión del Mandato Constituyente n° 13, que prohibió de manera expresa la interposición de acción de amparo constitucional u otra de carácter especial contra las resoluciones de la AGD e incluyó la instrucción de destituir, sin perjuicio de la responsabilidad penal a que hubiera lugar, a los jueces que avocaren conocimiento de ese tipo de acciones, violó el derecho de los autores bajo el artículo 14 (1) del Pacto, a un proceso con las debidas garantías en la determinación de sus derechos u obligaciones de carácter civil.

7.5 Habiendo llegado a esta conclusión el Comité no examinará la queja relativa a la violación del artículo 26 del Pacto por los mismos hechos.

7.6 Los autores afirman que en el proceso penal se violaron sus derechos bajo el artículo 14 a ser juzgados por un tribunal competente, independiente e imparcial, establecido por la ley; a la presunción de inocencia; y a ser juzgados sin dilaciones indebidas. A este respecto el Comité observa que la Corte Nacional fue designada como competente en razón del fuero de que gozaban algunos de los co-procesados y en base a normas procesales internas cuya interpretación no corresponde al Comité cuestionar.

7.7 El Comité observa igualmente que el dictamen fiscal de 20 de noviembre de 2002 acusaba a los autores de delitos financieros pero no de peculado, señalando, entre otros, que el peculado bancario había sido tipificado con posterioridad a los hechos incriminados. Sin embargo, el Presidente de la Corte dictó auto de llamamiento a juicio por el delito de peculado bancario, afirmando que esta conducta sí estaba incluida en el artículo 257 del Código Penal vigente en el momento de los hechos y que existía jurisprudencia al respecto. El auto de llamamiento a juicio por este delito fue confirmado el 12 de mayo de 2009 por la Sala de lo Penal de la Corte, sin embargo los jueces que componían esta Sala se excusaron posteriormente de seguir conociendo el caso. Esto motivó su sustitución por tres conjueces de la misma Sala que debían resolver las impugnaciones de los autores al auto de llamamiento a juicio. Así formada, la Sala emitió una resolución que reformaba el auto de llamamiento a juicio de 12 de mayo de 2009 y determinó que los autores no debían ser juzgados por peculado sino por los delitos imputados en la acusación fiscal. El Presidente de la Corte suspendió de oficio a los conjueces por considerar esta conducta irregular y el Estado apeló la resolución por ellos emitida. Para resolver la apelación se nombraron tres conjueces ocasionales para integrar la Sala Penal, con base en la resolución de la Corte de 21 de enero de 2009 que permite al Presidente de la Corte designar conjueces ocasionales cuando ni los jueces titulares ni los conjueces permanentes pueden actuar. Así compuesta, la Sala revocó la decisión de los conjueces permanentes sobre la calificación del delito, al considerar que éstos habían reformado ex oficio la decisión de los jueces titulares sin tener facultad para ello, ya que independientemente de la composición de la Sala se trataba del mismo órgano jurisdiccional y, por tanto, no podía revocar su propia decisión.

7.8 El Comité observa que la competencia de la Sala de lo Penal para resolver cuestiones relativas al auto de llamamiento a juicio no está en disputa. El hecho de que su composición se viera alterada en dos ocasiones con base a la normativa procesal no afecta el principio del juez natural en las circunstancias del caso, ya que la determinación de dicha composición se realizó en respeto a la legislación en vigor, incluidas las normas reguladoras del funcionamiento de la Corte, según afirmaciones del Estado parte. No constituyendo el Comité una cuarta instancia, no le corresponde analizar el contenido sustantivo de las decisiones que tomaron los jueces intervinientes.

7.9 El Comité toma nota de las declaraciones del Presidente de la República pidiendo la destitución de los conjueces; que el 26 de enero de 2010, la Asamblea Nacional emitió una resolución rechazando al fallo de los conjueces y pidiendo la investigación de su actuación; y que los conjueces fueron destituidos y enjuiciados por la Corte Nacional por prevaricato, aunque finalmente la causa fue sobreseída.

7.10 El Comité observa que los hechos que condujeron al procesamiento de los autores tuvieron una gran repercusión en la situación económica y financiera del país cuyas consecuencias se prolongaron en el tiempo. El Comité toma nota de que en este marco las más altas autoridades del país se expresaron públicamente e hicieron declaraciones exhortando a que los responsables de esos hechos, personas que habían estado al frente de las instituciones bancarias más representativas del país, fueran objeto de sanciones penales. Sin embargo, esto no implica que la manera como se llevó a cabo el proceso penal contra los autores y el resultado final de la investigación hayan obedecido o hayan sido la consecuencia de esas manifestaciones públicas de representantes de los poderes ejecutivo y legislativo, o que dichas manifestaciones hayan constituido una violación de alguna norma del Pacto.

7.11 A la luz de lo anterior el Comité estima que los hechos expuestos no le permiten concluir a la existencia de una violación del artículo 14(1) y (2) del Pacto.

7.12 Respecto a la queja de los autores en relación con la dilación del proceso penal el Comité observa y coincide con el Estado parte en que los hechos objeto de la investigación judicial revestían gran complejidad desde el punto de vista substantivo y también por el número de personas implicadas en los mismos. Además, existió un elevado número de incidentes procesales y recursos que la Corte estuvo llamada a resolver. Teniendo en consideración estos factores el Comité no cuenta con elementos suficientes que le permitan concluir a la existencia de dilaciones indebidas, bajo el artículo 14(3c) del Pacto, por parte de la Corte Nacional.

7.13 Los autores afirman haber sido objeto de violación del artículo 15 del Pacto debido a que fueron condenados con arreglo a un tipo penal, el peculado bancario, previsto en el artículo 257 del Código Penal, que no cubría los hechos imputados, y que para ello los tribunales hicieron una interpretación abusiva de dicho artículo. Además, se les imputaron conductas que encajaban con la definición legal de "malversación", aun cuando la malversación de fondos públicos o privados como forma de peculado fue despenalizada en 2001. El Comité observa que las cuestiones relacionadas con el tipo penal aplicable a los autores y la interpretación del artículo 257 del Código Penal fueron objeto de múltiples incidentes de tipo procesal y pronunciamientos de distintas instancias de la Corte Nacional desde el comienzo del proceso hasta el dictado de la sentencia de casación, en la cual se analizó la evolución de los tipos penales aplicados al caso, incluida la nomenclatura del peculado bancario. Con anterioridad a la condena en primera instancia la Sala de lo Penal de la Corte Nacional se pronunció sobre la calificación como peculado de los hechos imputados en tres formaciones distintas (jueces titulares, conjueces permanentes y conjueces ocasionales). Es más, la controversia jurídica en torno a la calificación como peculado de los hechos imputados fue la que motivó que los jueces titulares de la Sala se excusaran de seguir conociendo, que los conjueces permanentes fueran destituidos y que se nombrara una sala de conjueces ocasionales. La misma cuestión fue igualmente objeto de examen en apelación y casación. Las quejas de los autores ante el Comité bajo el artículo 14(1) y (2) del Pacto tienen igualmente como base la controversia sobre si los hechos imputados podían ser o no tipificados dentro de la definición de peculado contenida en el artículo 257 del Código Penal. Las quejas bajo el artículo 14(1) y (2) y las relativas al artículo 15 del Pacto guardan pues una íntima relación. Sin embargo, el Comité no tiene competencia para dilucidar el debate sobre el ius puniendi, ni sobre las distintas nomenclaturas delictivas y sus contenidos, ya que no constituye una cuarta instancia.

7.14 El Comité recuerda su jurisprudencia con arreglo a la cual incumbe a los tribunales de los Estados partes evaluar los hechos y las pruebas en cada caso particular, o la aplicación de la legislación interna, a menos que se demuestre que esa evaluación o aplicación fue claramente arbitraria o equivalió a error manifiesto o denegación de justicia. El Comité observa que, según la sentencia de casación, la conducta imputada a los autores ya estaba tipificada en el artículo 257 del Código Penal vigente en el momento en que ocurrieron los hechos (peculado bancario) y que la reforma de 1999, posterior a éstos, simplemente aclaró lo previamente establecido en relación con los sujetos activos del tipo penal. El Comité considera que no hay elementos suficientes para afirmar que la interpretación del artículo 257 del código penal realizada los tribunales internos fue manifiestamente errónea o arbitraria. En consecuencia, los hechos descritos no permiten al Comité concluir que hubo una violación del artículo 15 del Pacto.

8. El Comité de Derechos Humanos, actuando en virtud del artículo 5(4) del Protocolo Facultativo del Pacto Internacional de Derechos Civiles y Políticos, dictamina que el Estado parte violó el derecho de los autores bajo el artículo 14(1) del Pacto a un proceso con las debidas garantías en la determinación de sus derechos u obligaciones de carácter civil.

9. De conformidad con el artículo 2, párrafo 3 a), del Pacto, el Estado parte tiene la obligación de proporcionar a los autores un recurso efectivo. En cumplimiento de esta obligación el Estado debe dar plena reparación a las personas cuyos derechos reconocidos en el Pacto hayan sido violados. En consecuencia, el Estado parte debe asegurar que los procesos civiles pertinentes cumplan con las garantías en conformidad con el artículo 14(1) del Pacto y el presente dictamen.

10. Por haber llegado a ser parte en el Protocolo Facultativo, el Estado parte ha reconocido la competencia del Comité para determinar si ha habido o no violación del Pacto. Con arreglo al artículo 2 del Pacto, el Estado parte se ha comprometido a garantizar a todos los individuos que se encuentren en su territorio o estén sujetos a su jurisdicción los derechos reconocidos en el Pacto y a proporcionar un recurso efectivo y jurídicamente exigible cuando se compruebe una violación. Por consiguiente, el Comité pide al Estado parte que, en un plazo de 180 días, presente información sobre las medidas que haya adoptado para aplicar el presente dictamen. Se pide asimismo al Estado parte que publique el dictamen del Comité y que le dé amplia difusión en el Estado parte.

Anexo

Voto particular (en parte disidente) de Yuval Shany, miembro del Comité

[Original: Inglés]

1. Estoy de acuerdo con el Comité en que la resolución AGD-UIO-GG-2008-12, aprobada por la Agencia de Garantía de Depósitos el 8 de julio de 2008, junto con el Decreto Legislativo núm. 13, aprobado por la Asamblea Constituyente al día siguiente, vulneraron el derecho reconocido a los autores en el artículo 14, párrafo 1, del Pacto a ser oídos públicamente y con las debidas garantías por un tribunal competente a fin de determinar sus derechos y obligaciones legales que, en este caso, son sus derechos y obligaciones como particulares que sufrieron una incautación de sus activos en calidad de directores y accionistas de Filanbanco. El Comité también obró acertadamente al desestimar la objeción del Estado parte *ratione personae*, aludiendo al objetivo de las medidas impugnadas de incautarse de los activos societarios, dado que la propiedad privada de los autores quedaba abarcada por tales medidas, y se vieron privados, como particulares, de la capacidad de oponerse a la legalidad de esas medidas.

2. Sin embargo, no estoy tan convencido del modo en que el Comité ha considerado la declaración del Presidente del Ecuador pidiendo que se destituyera e investigara a los conjueces, ni del modo en que ha considerado las afirmaciones de los autores en cuanto a la aplicación retroactiva de la Ley núm. 99-26, de 13 de mayo de 1999. En cuanto a la declaración del Presidente, no estoy de acuerdo con la posición del Comité de que la cuestión clave es determinar si se ha demostrado o no que el "modo en que se desarrollaron las actuaciones penales contra los autores o el resultado final de la investigación se vieron influidos por las manifestaciones públicas de representantes del ejecutivo y el legislativo o fueron el resultado de esas manifestaciones" (párr. 7.10). El hecho de que un alto miembro del poder ejecutivo pida que se investigue a jueces y se los destituya a causa del fallo provisional que emitieron durante complejas actuaciones penales constituye un acto grave y directo de interferencia en la independencia con que se llevan a cabo tales actuaciones. Cabe recordar al respecto que el derecho a ser juzgado ante un tribunal independiente es un derecho absoluto[a], en el sentido no solo de que no está sujeto a excepciones, sino también de que el derecho no está supeditado al eventual resultado de actuaciones irregulares. Dicho con otras palabras, el derecho a ser juzgado ante un tribunal independiente puede vulnerarse incluso si no se demuestra que el resultado de la causa se vio afectado por la falta de independencia. Por consiguiente, opino que la declaración del Presidente vulneró el derecho de los autores a ser juzgados ante un tribunal que es realmente independiente y que razonablemente parece ser independiente[b].

3. En cuanto a la cuestión de la retroactividad, el Comité señala acertadamente que corresponde generalmente a los tribunales nacionales de los Estados partes evaluar el modo en que se aplica el derecho nacional. No obstante, en las circunstancias del presente caso, en el que el Fiscal General y los conjueces opinaron que el escrito de acusación no debería contener el nuevo delito de peculado bancario a causa de la aplicación no retroactiva de sus nuevas definiciones, y dada la mencionada interferencia del poder ejecutivo en las actuaciones penales, sigo teniendo dudas acerca de si la posición definitiva de los tribunales nacionales sobre el asunto podría ser admitida totalmente por el Comité.

---

[a] Véase la observación general núm. 32 del Comité, párr. 19.

[b] *Findlay v. UK*, sentencia del Tribunal Europeo de Derechos Humanos de 25 de febrero de 1997, párr. 73.

Anexo 5 (Para el caso 4)

SENTENCIA

VISTOS: Con fecha 8 de marzo de 2014 a las 13H53 el Segundo Tribunal de Garantías Penales de Pichincha, pronunció sentencia en esta causa, declarando culpables del delito tipificado y sancionado por el Art. 158 del Código Penal en concordancia con el Art. 42 Ibídem a los acusados: 1. PAÚL ESTEBAN CAMACHO FALCONÍ; 2. MARÍA ALEJANDRA CEVALLOS CORDERO; 3. FRANCISCO DANIEL ENDARA DAZA; 4. VÍCTOR HUGO ERAZO RODRÍGUEZ; 5. PATRICIO TONY FAJARDO LARREA; 6. MARCELO MAX MARÍN GUZMÁN; 7. GALO EFRÉN MONTEVERDE CASTRO, imponiéndoles la pena de cuatro años de reclusión mayor ordinaria. De esta sentencia se han interpuesto recursos de nulidad y también de apelación, razón por la cual la causa sube en grado para conocimiento y resolución de la Sala Penal de la Corte Provincial de Justicia de Pichincha, habiéndose, en consecuencia, conformado el Tribunal de Apelación integrado por los jueces provinciales doctores: Luis Emilio Veintimilla Ortega, Wilson Enrique Lema Lema y Marco Rodríguez Ruiz, de acuerdo a las respectivas Acciones de Personal emitidas por el Consejo de la Judicatura. Efectuada la audiencia oral y contradictoria en la cual fueron escuchados los sujetos procesales, el estado actual de la causa es el de resolver y, para hacerlo, el Tribunal realiza las siguientes consideraciones: PRIMERA.- DE LA COMPETENCIA: Este Tribunal es competente para conocer y resolver las impugnaciones a la sentencia y que han sido presentadas por los acusados en forma oportuna, en mérito de la resolución No. 179 del Pleno del Consejo de la Judicatura de 14 de noviembre de 2013 así como por las Acciones de Personal No. 2669-DP-DPP de 16 de abril de 2014 para el Dr. Wilson Enrique Lema Lema; No. 2838 -DP-DPP de 24 de abril de 2014 para el Dr. Luis Emilio Veintimilla Ortega, toda vez que la actuación del Dr. Marco Rodríguez Ruiz corresponde al sorteo aleatorio. En mérito también de lo dispuesto por el Art. 208.1 del Código Orgánico de la Función Judicial y Arts. 335 y 345 del Código de Procedimiento Penal. SEGUNDA.- DE LA VALIDEZ PROCESAL: Durante la sustanciación de la instancia no se ha omitido observación alguna del debido proceso como derecho y garantías de los sujetos procesales, por lo que se declara la validez de lo actuado en la instancia. TERCERA.- RECURSOS DE NULIDAD. Exposición de las Fundamentaciones.- I.- María Alejandra Cevallos Cordero por intermedio de su abogado defensor, sostiene que la violación de trámite se expresa en el hecho de que se hicieron dos Indagaciones; la una para el ciudadano Marcelo Max Marín Guzmán y, la otra, para el ciudadano Paúl Esteban Camacho Falconí habiendo avanzado la instrucción fiscal en contra de Max Marín toda vez que se declaró la nulidad en la Indagación de Camacho Falconí. Que nunca se hizo notificación alguna a Alejandra Cevallos y que la audiencia de formulación de cargos se hizo como si se tratara de flagrancia cuando ya habían transcurrido 46 días. Se vincula a Alejandra Cevallos sin haberla notificado previamente, por lo que al no ser notificada quedó en indefensión pese a lo cual el Tribunal acoge como válidas las inconstitucionalidades. Que el Art. 8 de la Convención Interamericana sobre Derechos Humanos establece que toda persona tiene derecho a ser oída oportunamente y el Art. 426 de la Constitución de la República manda que los jueces aplicarán directamente las normas constitucionales y las previstas en los instrumentos internacionales de derechos humanos aunque las partes no las invoquen expresamente. Manifiesta que desde la falacia se ha validado lo inconstitucional, así pues, no existe motivación en la parte en la cual se niega el pedido de nulidad sin explicación alguna en derecho. II.- Víctor Hugo Erazo Rodríguez por intermedio de su abogado manifiesta que la Corte Provincial revocó la inhibición del juez quinto de garantías penales quien se inhibió por cuanto se presentó un escrito en el que se hizo conocer que el procesado era Director de un Movimiento Político, se trata del Movimiento MANA reconocido en el 2008 por el Tribunal Supremo Electoral. El Art. 385 del Código de la Democracia reconoce el derecho a la oposición y, el Art. 388 Ibídem establece el fuero de Corte Provincial; sin embargo la Corte Provincial establece que Víctor Hugo Erazo Rodríguez no es representante de la oposición. En el estatuto de MANA se aboga por el Libre Mercado distante de los que piensa Alianza País; es más, dice que el 14 de febrero de 2009 MANA solicitó al Consejo Nacional Electoral se convoque a una nueva Asamblea Constituyente; pero, aduce, adicionalmente hay un acta en la que se recoge que MANA declara la oposición y lo nombran a Víctor Hugo Erazo Rodríguez como vocero. MANA participó por el NO en la consulta popular. Pese a todo ello, la Corte Provincial no validó estas pruebas y manifestaciones, razón por la cual el juez actuó sin competencia. Pero, hay otra violación, dice: En el mes de octubre de 2013 cuando se convocó a elecciones seccionales, Víctor Hugo Erazo fue nominado candidato a la alcaldía de Quito y el 18 de noviembre de 2013 se dio inicio a la audiencia de juzgamiento y el 25 de noviembre se inscribe la candidatura; por ello, se solicitó que por el Art. 108 del Código de la Democracia se suspenda la audiencia desde la calificación hasta la proclamación de candidaturas, pero este pedido no se atendió. Se pidió opinión al Consejo Nacional Electoral organismo que argumentó que el delito se cometió antes del hecho de la candidatura. Termina pidiendo que en aplicación del Art. 331 del Código de Procedimiento Penal se resuelva la nulidad. III.- El acusador particular sostiene que en el caso de la acusada María Alejandra Cevallos Cordero durante la instrucción fiscal se le otorgó toda la posibilidad de la defensa. En cada audiencia de vinculación se garantizó el derecho a la defensa. En el caso de Víctor Hugo Erazo, manifiesta que el ser director de un movimiento no lo convierte en oposición y el ser dirigente no le da derecho a fuero. No estuvo inscrito por el NO a más de que el proceso se inició mucho antes de que sea candidato. IV.- Fiscalía manifiesta que en el caso de la procesada María Alejandra Cevallos Cordero, intervino para la vinculación en los términos del Art. 221 del Código de Procedimiento Penal garantizando desde el inicio el derecho a la defensa. Indica que el primero de octubre de 2010 Fiscalía notificó a la Defensoría Pública a fin de que intervenga en toda la Indagación Previa y que a las 17H00, con notificación a la Defensoría Pública se hizo la fijación de huellas, aclarando que Alejandra Cevallos compareció con su abogado en todo el proceso y de conformidad con los Arts. 84 y 362 del Código de Procedimiento Civil, al comparecer enmienda toda falta de notificación. Que ciertamente la Indagación se inició con dos jueces en dos indagaciones, la de Camacho y la de Marín, pero que la Indagación de Camacho fue declarada nula por lo que persistió la de Marín y es en ésta que se van haciendo las vinculaciones. Que en el caso de Víctor Hugo Erazo Rodríguez se le preguntó al procesado si ejerció el derecho a la oposición, pero no pudo justificar. Que efectivamente existe un fuero, pero condicionado cuando se acredita como vocero y debe explicar la forma en que ejerce ese derecho. El Consejo Nacional Electoral certificó que Víctor Hugo Erazo Rodríguez no está registrado en ejercicio del derecho a la oposición. El 18 de noviembre de 2013 se dio inicio a la audiencia de juzgamiento, luego de lo cual Víctor Hugo Erazo Rodríguez inscribió su candidatura, en ese momento pretendió beneficiarse del fuero. Se pidió explicación al Consejo Electoral para que explique el alcance del Art. 108 del Código de la Democracia y respondió que la ley es para lo venidero, si el hecho punible es anterior, no está cubierto por el Art. 108 en lo que respecta al fuero. Indica que este artículo se refiere a que no sea privado de la libertad y a que no sea procesado, el procesamiento tiene que ver con la etapa intermedia bajo el concepto de procesar como instruir pero que cuando el recurrente invocó esta posibilidad ya se encontraba la causa en estado de juicio. Se escuchan las réplicas: En primer lugar, de la procesada María Alejandra Cevallos Cordero quien por intermedio de su abogado defensor manifiesta que mediante Partes de Detención de fecha 16 de noviembre de 2010 se abrieron instrucciones con jueces diferentes, uno para Marín y otro para Camacho. Este último interpuso un recurso bajo el criterio de que no fue sorteada la causa y se trató como flagrancia ya que los hechos se suscitaron el 30 de septiembre de 2010 y él fue detenido el 16 de noviembre de 2010, esto es, 46 días después del hecho, razón por la cual, la Corte Provincial, con sustento en el Art. 331 del Código de Procedimiento Penal, declaró la nulidad. Se escucha la réplica de Víctor Hugo Erazo quien por intermedio de su abogado defensor manifiesta que siempre fue Director de MANA, en su filosofía política está la oposición, en el acta del Partido de fecha 17 de abril de 2010 se declaró la oposición acta que fue ingresada al Consejo Nacional Electoral el 9 de marzo de 2011. VALORACIÓN DEL TRIBUNAL: Respecto de la nulidad propuesta por María Alejandra Cevallos Cordero: La Declaración Americana de los Derechos y Deberes del Hombre, Bogotá 1948; en el

Capítulo Primero, de los Derechos, Artículo XXVI establece que se presume que todo acusado es inocente, hasta que se pruebe que es culpable. Toda persona acusada de delito tiene derecho a ser oída en forma imparcial y pública, a ser juzgada por tribunales anteriormente establecidos de acuerdo con leyes preexistentes y a que no se le impongan penas crueles, infamantes o inusitadas. Este mismo Instrumento Internacional, en el Capítulo Segundo, Deberes, Artículo XXXIII establece que toda persona tiene el deber de obedecer a la ley y demás mandamientos legítimos de las autoridades de su país y de aquel en que se encuentre. En la Convención Americana sobre Derechos Humanos (Pacto de San José) 1969, en el artículo 8 se establece que toda persona tiene derecho a ser oída con las debidas garantías y dentro de un plazo razonable, por un juez o tribunal competente, independiente e imparcial, establecido con anterioridad y por la ley, en la sustanciación de cualquier acusación penal formulada contra ella, o para la determinación de sus derechos y obligaciones de orden civil, laboral, fiscal o cualquier otro carácter. Toda persona inculpada de delito tiene derecho a que se presuma su inocencia mientras no se establezca legalmente su culpabilidad. Durante el proceso, toda persona tiene derecho, en plena igualdad, a la comunicación previa y detallada al inculpado de la acusación formulada; concesión al inculpado del tiempo y de los medios adecuados para la preparación de su defensa; derecho del inculpado a defenderse personalmente o de ser asistido por un defensor de su elección y de comunicarse libre y privadamente con su defensor. El Art. 76 de la Constitución de la República en el ordinal 3) establece que sólo se podrá juzgar a una persona ante un juez o autoridad competente y con observancia del trámite propio de cada procedimiento. En el Art. 83 Ibídem se establece en el ordinal 1) como deberes y responsabilidades de los ecuatorianos y ecuatorianas, acatar y cumplir la Constitución, la ley y las decisiones legítimas de autoridad competente; 4) Colaborar en el mantenimiento de la paz y de la seguridad; 5) Participar en la vida política, cívica y comunitaria del país, de manera honesta y transparente. El Art. 196 Ibídem establece que la Fiscalía dirigirá de oficio o a petición de parte la investigación preprocesal y procesal penal. Para el presente caso concreto, la Indagación Preprocesal respecto del ciudadano Marcelo Max Marín Guzmán permitió acopiar indicios y elementos, de convicción para el Fiscal, quien solicitó audiencia para formular cargos y realizar una imputación de manera tal que abierta esta instrucción, es en ella que vinculó a la recurrente de conformidad con el Art. 221 del Código de Procedimiento Penal norma que explica que en cuanto aparezcan en el proceso datos que hagan presumir autoría o participación de una persona en el hecho objeto de la instrucción, el fiscal formulará la imputación observando el procedimiento y requisitos señalados en el Art. 217 del Código de Procedeimiento Penal, esto es que, cuando el Fiscal cuente con la información necesaria y los fundamentos suficientes para deducir una imputación, enviará a la sala de sorteos la petición al juez de garantías penales, a fin de que señale día y hora para la audiencia de formulación de cargos, acto en el que solicitará, de estimar pertinente, las medidas cautelares personales y reales. La Constitución de la República en su Art. 181 establece las funciones del Consejo de la Judicatura; y, en el ordinal 1) le otorga la atribución de definir y ejecutar las políticas para el mejoramiento o modernización del sistema judicial. Sucede que en el Suplemento del Registro Oficial No. 544 de 9 de marzo de 2009 se promulgó el Código Orgánico de la Función Judicial en cuyo Art. 254 inciso segundo establece que el Consejo de la Judicatura es un órgano instrumental para asegurar el correcto, eficiente y coordinado funcionamiento de los órganos jurisdiccionales, autónomos y auxiliares. En el Art. 264 Ibídem se establece que al Pleno le corresponde establecer o modificar la sede y precisar la competencia en que actuarán las salas de las cortes provinciales, tribunales penales, juezas y jueces de primer nivel; excepto la competencia en razón del fuero. Una misma sala o juzgador de primer nivel podrá actuar y ejercer al mismo tiempo varias competencias. Con estas atribuciones otorgadas por Ley Orgánica el Pleno del Consejo de la Judicatura emitió la resolución No. 037-2010 de 3 de junio de 2010, en la cual amplía la competencia para varios juzgados, y, entre otros, del vigésimo segundo de garantías penales de Pichincha, para que conozca y resuelva la situación jurídica de las personas privadas de su libertad, sea que la detención fuere por orden judicial, sea por delitos flagrantes o por detenciones arbitrarias, tanto en los días ordinarios como en feriados así como para conocer y resolver las peticiones de actos urgentes determinadas en los artículos 35 y 210 del Código de Procedimiento Penal. Bajo tales fundamentos constitucionales y legales, se dio inicio el 16 de noviembre de 2010 a la instrucción fiscal en contra del ciudadano Marcelo Max Marín Guzmán por la presunta comisión del delito tipificado en el Art. 158 del Código Penal. El Fiscal definió que ésta Instrucción Fiscal tenía el plazo de 90 días. Luego del acopio de más información tales como una experticia de reconocimiento del lugar y versiones de varias personas así como pericia de identificación humana de la sospechosa, el fiscal solicita audiencia para vinculación a la instrucción fiscal misma que se cumple ante el juez quinto de garantías penales de Pichincha el 9 de febrero de 2011, esto es, dentro del plazo de duración para la instrucción fiscal abierta en contra de Marcelo Max Marín Guzmán, el referido juez "hace extensiva la instrucción fiscal" en contra de María Alejandra Cevallos Cordero quien, previamente, recibió la defensa técnica del Dr. Ramiro Román, quien, en defensa de la sospechosa indica que "...el derecho procesal penal pese a sus reformas, se habla de causalismo sobre la conciencia y voluntad para hacer actos, no solo se debe hablar de hechos; por otro lado no se trata de flagrancia como se ha mencionado varias veces. Respecto a lo actuado por María Alejandra Cevallos en base a los videos que tantas veces se ha indicado, mi defendida fue entrevistada por los periodistas en el día de los actos, que se destruyó, que se hizo orámenes, pues mi defendida no hizo eso, lo único que ha hecho es decir déjennos hablar…si tanto son causalistas qué es lo que hizo Alejandra Cevallos para que se le impute de este caso, no existe méritos, no existe autoría ni participación, no existen presunciones al respecto y eso no ha podido establecer Fiscalía…" Esto demuestra con perfecta claridad que jamás se angustió la defensa de la recurrente, que se escuchó su defensa en el momento oportuno y que emitió su hipótesis respecto de su participación en el hecho presuntamente punible que se le imputa en la audiencia de vinculación. Asimismo, no existe violación alguna al derecho al debido proceso puesto que las actuaciones judiciales se efectuaron con sustento constitucional y legal previamente existente, tanto es esto así que la recurrente no interpuso recurso de nulidad del auto de llamamiento a juicio dictado por el juez quinto de garantías penales de Pichincha, auto que fue dictado en mérito de la audiencia de vinculación y apertura de la instrucción fiscal. Respecto de la nulidad plateada por el acusado Víctor Hugo Erazo Rodríguez es necesario empezar estableciendo que el Art. 98 de la Constitución de la República reconoce el derecho a la resistencia por el cual los individuos y los colectivos podrán ejercer el derecho a la resistencia frente a acciones u omisiones del poder público que puedan vulnerar sus derechos constitucionales. El Art. 111 Ibídem reconoce el derecho de los partidos y movimientos a la oposición política en todos los niveles de gobierno. Acudimos, entonces al Código de la Democracia para verificar el ejercicio del derecho a ejercer oposición: en el Capítulo VI el Título V de esta normativa, encontramos el Derecho a la Oposición, en el cual el Art. 385 reconoce el derecho a las organizaciones políticas registradas en el Consejo Nacional Electoral y a sus alianzas a la oposición política. La declaratoria de oposición tendrá que ser decidida de acuerdo a las normas previstas en su correspondiente estatuto o régimen orgánico. El Art. 386 Ibídem define el objetivo de la oposición que es el de contribuir al fortalecimiento de la democracia y del Estado constitucional de derechos y justicia. Por lo tanto, tienen el derecho a presentar sugerencias, alternativas o rectificaciones y formular críticas a las políticas públicas. Las alternativas que presenten las organizaciones políticas y sus alianzas, dice esta norma, servirán de base para las Rondas de Diálogo a que se refiere esta Ley. El ejercicio del derecho constitucional de oposición está debidamente reglado y no constituye una libre actuación declamatoria sino que debe someterse a las disposiciones normativas puesto que la oposición está tutelada jurídicamente conforme lo establece el Art. 387 Ibídem. Ahora bien, el Art. 388 del cuerpo legal invocado y en estudio manda que cada organización política y sus alianzas designará al responsable o responsables, vocero o voceros, que les representarán en el ejercicio de la oposición. Tales representantes y portavoces de la oposición gozarán de fuero de Corte Provincial de Justicia, si no tuvieren otro especial. El Art. 389 prohíbe expresamente a la oposición la incitación pública para que las Fuerzas Armadas o la Policía Nacional participen en acciones programadas de la oposición. Por su parte el Art. 391 Ibídem prevé las Rondas de Diálogo con las organizaciones políticas declaradas en oposición y su intervención a través de su representante o vocero. Considerar que la definición de una línea ideológica y una posición política definida en los documentos partidarios para ser inscrito legalmente como tal es una declaratoria de oposición y, consecuentemente, quien lo dirige puede beneficiarse de la tutela legal es una interpretación subjetiva y forzada de la norma legal que demanda la definición política respecto del área de oposición, la nominación de un representante o vocero y el ejercicio de las Rondas de Diálogo, reconocimiento que debe forzosamente respetar el objetivo del Art. 386 y la prohibición del Art. 389 del Código de la Democracia. En consecuencia, las afirmaciones de que el movimiento MANA se encuentra en el status constitucional y legal de oposición, carece de fundamento y, más aún el reclamo de fuero para su dirigente y recurrente en la presente causa. RESOLUCIÓN DEL TRIBUNAL.-Contrastando los argumentos esgrimidos por los recurrentes con las causales de nulidad determinadas claramente por el Art. 330 del Código de Procedimiento Penal, el Tribunal considera que no existe nexo con la materialidad normativa. El artículo 330 del Código de Procedimiento Penal, establece las causales por las cuales las partes procesales pueden interponer el recurso de nulidad, las cuales son las siguientes: "Habrá lugar a la declaración de nulidad, en los siguientes casos: 1. Cuando el juez de garantías penales o el tribunal de garantías penales hubieren actuado sin competencia; 2. Cuando la sentencia no reúna los requisitos exigidos en el artículo 309 de este Código; y, 3. Cuando en la sustanciación del proceso se hubiere violado el trámite previsto en la ley, siempre que tal violación hubiere influido en la decisión de la causa". En el caso que nos ocupa, los recurrentes basan sus recursos de nulidad en las causales 1 y 3 del artículo 330 del cuerpo de leyes citado que establecen falta de competencia del Juez y violación del trámite previsto en la ley, siempre que tal violación hubiere influido en la decisión de la causa; para lo cual, alegaron principalmente que la recurrente María Cevallos no fue notificada durante la indagación previa con lo que se vulneró los derechos de la tutela judicial efectiva y de defensa, contemplados en los artículos 75 y 76.7 de la Constitución; que Fiscalía, luego de abrir dos indagaciones previas, la vinculó a la instrucción fiscal de manera extemporánea; que la sentencia dictada por el Tribunal de Mérito no cumple con la garantía de la defensa relativa a la motivación consagrada en el artículo 76.7.l de la Norma Suprema; mientras que el recurrente Víctor Erazo planteó que al ser representante del partido político de oposición MANA debía tener fuero de Corte Provincial, de acuerdo a los artículos 385 y 388 del Código de la Democracia; y, que luego, en la Audiencia de Juicio, se presentó como candidato a Alcalde de Quito; y sin embargo, el Tribunal Juzgador no suspendió la audiencia, como debía hacerlo conforme el artículo 108 del Código de la Democracia. Sin embargo de lo cual, tales argumentos no lograron justificar las pretensiones de los recurrentes, debido a que el campo de acción de la Fiscalía es privativo de aquella y el Juzgador no tiene potestad para involucrarse en una atribución propia de Fiscalía como es la de abrir indagaciones previas o vincular a una persona a una instrucción fiscal, así lo establece la Corte Constitucional mediante sentencia No. 163-12-SEP-CC, dentro del CASO No. 0710-10-EP, por tanto, si Fiscalía decidió vincular a la recurrente a la instrucción fiscal, implica un acto privativo de aquel órgano estatal. Además, desde la primera diligencia emprendida por Fiscalía dentro de la indagación previa se notificó a la Defensoría Pública Penal, de conformidad con lo previsto por el artículo 191 de la Constitución; y, posteriormente la recurrente María Cevallos ejerció su legítimo derecho a la defensa por intermedio de su abogado particular de confianza, ya que en la Indagación Previa y mientras no se conocía su identidad, no era posible notificársele; por lo que no se la conculcado su derecho a la defensa en ninguna etapa procesal; así como tampoco se ha infringido el derecho la tutela judicial efectiva, sino que más bien se ha actuado bajo fiel observancia de los principios de celeridad y debida diligencia, consagrados en los artículos 169 y 172 de la Constitución de la República. Asimismo, la sentencia cumple de manera fidedigna con la garantía del derecho a la defensa relativa la motivación, esto es, que enuncia los principios y normas jurídicas en las que se funda y anuncia la pertinencia de su aplicación a los antecedentes de hecho, tal como exige el artículo 76.7.l de la Norma Suprema.- Asimismo, el hecho de sustentar su petitorio de fuero de Corte Provincial, con documentación que suponga líneas de acción del partido político MANA, no implica que el recurrente Víctor Erazo haya acreditado su calidad de opositor al gobierno ante el Consejo Nacional Electoral, pues no ha demostrado cómo va a ejercer tal derecho y ante el Consejo Nacional Electoral no se encuentra registrado como vocero de oposición, así como tampoco consta del proceso que se haya presentado ante tal organismo la declaratoria de oposición contemplada en los artículos 385 y siguientes del Código Orgánico de la Democracia, con lo cual se desvirtúa que haya tenido fuero de Corte Provincial. Además, la excepcionalidad que establece el artículo 108 del Código de la Democracia para los candidatos a ejercer cargos públicos, es para lo venidero, de lo contrario se vulnerarían los principios de no impunidad y de justicia, este último consagrado en los artículos 169 de la Constitución y 18 del Código Orgánico de la Función Judicial, por tanto, cuando el recurrente Víctor Erazo presentó su candidatura a Alcalde de Quito, ya se había instaurado en su contra un proceso penal y en tales circunstancias el Tribunal de Mérito no estaba obligado a suspender la audiencia de juzgamiento.- Por las consideraciones expuestas y toda vez que el trámite observado se ajusta a derecho, al haberse garantizado a los recurrentes el ejercicio pleno de los derechos establecidos en la Constitución de la República, principalmente el Debido Proceso y el Derecho de Defensa; este Tribunal de Alzada RESUELVE desechar los recursos de nulidad interpuestos por los recurrentes y declara la validez de las actuaciones judiciales sometidas a su análisis, así como de la sentencia dictada por el Tribunal de Mérito.- Se da curso, inmediatamente, a las impugnaciones de apelación. FUNDAMENTOS DE LAS APELACIONES: I.- Se otorga la palabra a la acusada MARÍA ALEJANDRA CEVALLOS CÓRDOVA quien por intermedio de su abogado defensor, manifiesta que en la sentencia no existe motivación respecto del nexo causal. Que el elemento de su defensa no radica en la argumentación sobre el tipo sino mas bien sobre la culpabilidad. Que en su testimonio, que debe ser valorado, la acusada declara que no fracturó ninguna puerta, ni obstruyó ni paralizó Ecuador TV. Que lo que aconteció es que ella aceptó la invitación de Alex Mora para que se exprese y él la llevó hasta un lugar abierto para entrevistarla. Que en su testimonio Molineros afirma que en ningún momento se paralizó la señal de TV. Efectivamente en el vídeo se aprecia una irrupción violenta pero en ella n o se ve a María Alejandra Cevallos. Ella intervino en la entrevista pidiendo que los dejen hablar. El Tribunal en la sentencia no habla de la tipicidad subjetiva ya que la transmisión de TV no se suspendió. Que debe estudiarse el dominio del hecho por lo cual cada quien responde por su participación y sus actuaciones. Quien rompió la puerta estaba en el dominio del hecho, cada uno hace lo suyo, de donde nace la responsabilidad. Dice que cuando la acción no está destinada a la consecución de un delito, no se puede valorar la culpa por la sola presencia. Dice que llama la atención de que la Rectora de la Universidad "Dos Hemisferios" que es quien la empujó a Alejandra para que intervenga en la TV, no está procesada y fue liberada de cargos. Pide que se ratifique su inocencia. II.- Interviene VÍCTOR HUGO ERAZO RODRÍGUEZ quien por intermedio de su abogado, manifiesta: Indica que no tuvo la intención dolosa del Art. 158. Indica que todos los jueves se reúnen en La Carolina para opinar sobre la Ley de Comunicación; y que, casualmente ese jueves igualmente se reunieron y se dirigieron a Ecuador TV. Que no encabezó la marcha. Que en todos los testimonios nadie lo vio agredir ni romper nada. Que la propia sentencia dice que en los videos se lo ve parado fuera del Canal cuando prenden fuego a una tela verde. Se lo ve gritando democracia sí, dictadura no. Su conducta no se ubica en los verbos rectores del Art. 158 del Código Penal. Pide que se ratifique su estado de inocencia ya que no existe el nexo causal. III.- Tiene la palabra PATRICIO TONI FAJARDO LARREA quien por intermedio de la defensa técnica hace la siguiente argumentación: La sentencia carece de motivación respecto a su responsabilidad. Curiosamente se lo llama a la audiencia de juicio como perito cuando él es uno de los acusados. Ciertamente en el vídeo se lo ve cruzar la mampara pero no la rompe, no hay muestra objetiva de que rompió la mampara. Se lo observa tratando de abrir un cajetín y luego se parecía que el cajetín está destruido. En el video se lo ve acercarse e irse. La valoración del Tribunal es falsa. La sentencia dice que no se puede llevar a juicio los efectos materiales destruidos y que por tal razón, solamente el Tribunal se sustenta en fotos. Que hay una persona, Carlos Aguilar a quien se lo hace constar como procesado cuando es empleado y en la sentencia le ponen abogado. Es testigo de la Fiscalía y de la Acusación Particular. La sentencia falsea los hechos trabajados en la Audiencia de Juzgamiento. Se trata de una sentencia por encargo. No se establece su grado de responsabilidad. Que de los hechos evidenciados en el video se trata simplemente de una Contravención de Tercera Clase. Pide que se ratifique su estado de inocencia. IV.- Interviene MARCELO MAX MARÍN GUZMÁN quien por intermedio de su abogado defensor, dice: que estuvo con un grupo de personas gritando libertad, sí, dictadura, no. La sentencia no habla de proporcionalidad como herramienta de ponderación. Que no ha roto ni ha dañado absolutamente nada. Son simplemente testigos referenciales los que lo acusan mientras que aquellos que realmente destruyeron están fuera del proceso. Insiste en que se hace audiencia de flagrancia a los 46 días de haberse producido los sucesos. Manifiesta que la sentencia no motiva su participación y responsabilidad. V.- Interviene FRANCISCO ENDARA RAZA quien por medio de su defensa técnica dice que se lo acusa con el testimonio referencial de cuatro personas y que efectivamente estaba dentro de Ecuador TV por lo que en los vídeos se lo ve unos 20 segundos tras de Camacho y Martínez y sosteniendo a la gente que daba entrevista en favor del gobierno. Existe el testimonio de Carlos Alberto Aguilar entre las personas que rompieron el vidrio sin embargo dice que desconoce las características de Francisco Endara pero el fallo hace otra valoración. Darwin Cañar dice que no sabe nada. En la pericia realizada al CD se ve a Endara en una actitud pacífica, no se lo observa en actos de agresividad y mantiene las manos levantadas. David Jaramillo Veloz testimonia en el sentido de que no se interrumpió la señal de transmisión y Alex Mora no precisa nada. Rodrigo Vinicio en su testimonio dice que lo vio parado junto a Pablo Guerrero cuando salían del Canal. Alejandra Basantes no menciona a Francisco Endara y Luis Quiñónez afirma que Endara estaba junto a Martínez. Hernán Patricio testimonia diciendo que Endara no rompió ningún bien y no observó nada, lo que lo observó más bien es aplaudir. VI.- Por intermedio de su abogado intervienen PAÚL ESTEBAN CAMACHO FALCONÍ y GALO EFRÉN MONTEVERDE CASTRO, en el primer caso, no se efectuó la diligencia legal de reconocimiento. De esta supuesta experticia no han tenido conocimiento las partes procesales y esta es la prueba que sirve para la identificación. Las declaraciones testimoniales de Molineros y Chicaiza dicen que había pánico y que actuaban personas encapuchadas quienes cortaron la señal. Informan que vieron a Erazo y a Marín. La verdad es que fue al Canal del Estado y demandaba democracia sí, dictadura no, luego se fue. Que Monteverde, no estuvo encapuchado ni con armas y únicamente fue a exigir democracia. En el caso de Camacho se trata de un profesor universitario, ciertamente estuvo en el interior del Canal pero se unió a una protesta ejerciendo el Derecho a la Resistencia. Que estuvo en la manifestación. Asume el derecho a contradecir, el acusador particular: Que de acuerdo a las pruebas, los acusados estuvieron presentes en el Canal Ecuador TV liderados por Erazo, Cevallos y otros. Que venían en la marcha desde las calles "Eloy Alfaro" y "República" y que el edificio fue cercado. En el acceso se destruyó la puerta metálica y lanzada al suelo, una vez que se metieron fueron al hall Erazo, Camacho, Marín, Fajardo, Alejandra Cevallos, empujando. Tanto los guardias como los empleados opusieron resistencia. Luego bajaron al subsuelo con Guerrero. En el subsuelo está el control Master y el set de noticias. Alejandra Cevallos deambulaba por la Planta Baja y luego va al subsuelo con Erazo, Monteverde, Marín, forcejeando gritando "corten la señal" ya que buscaban interrumpir la señal. Destruyeron el RAC, armario de cables y dejaron sin servicio de internet; en el exterior rompieron el cajetín telefónico, el video lo muestra a Fajardo abriendo el cajetín y destruyeron el servicio telefónico. En el Control de Ingesta rompieron la puerta de madera, los empleados estaban llorando y se suspendió el servicio. En el set de noticias se acercaron por la fuerza y dañaron el sistema magnético mientras se transmitía la Cadena Nacional y se encontraban invitados para entrevistar. Para evitar más destrozos Alex Mora permitió el acceso de tres mujeres, había presión, se agredía a las personas, estaban presentes Graciela Crespo y Alejandra Cevallos, quien en su intervención en el set de entrevistas reconoció que fue una irrupción violenta "es que no nos dejaban entrar por las buenas". Para ese momento Ecuador TV ya no originaba sino que repetía la señal. Que Erazo entraba después de Fajardo luego de hacer fuerza en las puertas y se lo ve en la marcha en la parte frontal, se lo ve en el subsuelo con Pablo Guerrero y Paúl Camacho. En el caso de Endara Daza hay testigos presenciales de que estuvo en el interior del edificio. El tratadista Muñoz Conde se refiere a este tipo de conductas como dominio colectivo del hecho para determinar la responsabilidad de los autores. Interviene FISCALÍA: Empieza manifestando que el día de los acontecimientos el país estaba en estado excepción establecido mediante Decreto Ejecutivo. Que Cevallos al momento de bajar al subsuelo quería sacar del aire al canal cuando el Presidente Correa estaba plagiado. Los peritos Robayo y Vásconez determinan que Alejandra Cevallos estaba encapuchada y con gafas, por eso en su declaración en el set de televisión reconoce "nuestro ingreso ha sido abrupto y brusco", buscaba causar conmoción nacional. Se la observa golpeando capots de los vehículos para obligarles a pitar. Alex Mora dice que irrumpieron en el Canal en el set de entrevistas y que González y Gallegos le pidieron a Alejandra Cevallos que se quite la capucha y las gafas. Que en el caso de Erazo encabezaba la marcha y es quien se apoya sobre la puerta de vidrio y actúa con Camacho, Marín, Monteverde. Fajardo está detrás del vidrio roto, destrozó cables, patea la mampara y se rompe. Que en el caso de Marín, Robayo lo vio bajando con Guerrero e incitaban con sus manos para que bajen. Carlos Aguilar lo vio a Marín y a Camacho cuando rompieron. Valladares Cifuentes reconoció a Max Marín. Enríquez igualmente lo reconoció y Vásconez afirma que Max Marín participó en la destrucción de las mamparas forcejeando en la puerta del hall. En el caso de Endara dice que entró al edificio. Carlos Aguilar y José Rodríguez Encalada vieron a Guerrero y a Endara Daza. José Luis Quinteros reconoce a Endara tras de Guerrero. Ciertamente no se lo ve destruyendo los bienes sino en conjunto con los otros procesados. El hecho de que existía conmoción social no significa que se la desarrolle. En el caso de Monteverde, éste fue objeto de pericia de identificación humana practicada en los vídeos tomados en el momento de la práctica de la toma del edificio. José Luis Rodríguez afirma que Monteverde se acercó y tomó la cámara suspendiendo la grabación. Monteverde se va con una parte del visor de la cámara. En el caso de Camacho se lo ve rompiendo la puerta de acceso al Canal y con su cuerpo la gira en forma contraria por lo que con la carga de su cuerpo se va hacia adelante dos o tres pasos y luego toma estabilidad restableciéndose en su caminar. Se recogen las argumentaciones de la réplica; en primer lugar de MARÍA ALEJANDRA CEVALLOS CORDERO quien manifiesta que se ha mentido. Se busca ejercer prueba con los vídeos a través de los cuales se ha realizado la identificación humana; vídeos que son susceptibles de editarse, se pueden introducir logos. Toda prueba que viole el debido proceso no tiene validez. No existe autenticidad en los vídeos ya que fueron editados y manipulados. Ecuador TV cortó su señal y mandó la señal de Gamavisión al aire, apagaron los monitores. El propio Molineros declara que jamás suspendieron la transmisión, ya que lo que hicieron fue engancharse. Alex Mora, entrevistador, invitó a tres personas y accedió para que ingresen Crespo, Cevallos y otra. El Gerente del canal dice que Mora es el encargado de las invitaciones y Cevallos no destruyó nada. El Sabotaje como lo expresa el tratadista Juan Delgadillo es un medio de modificación de las fuerzas del poder político. Interviene VÍCTOR HUGO ERAZO RODRÍGUEZ y argumenta que Robayo afirma que a Erazo se lo ve cuando pone las manos en la puerta de vidrio y Fiscalía afirma que tenía el liderazgo, pero a la vez dice que Pablo Guerrero lideraba el grupo. Alex Mora, dice que la señal no fue suspendida y no le consta que Erazo haya agredido a alguien. Barbarita Miranda no consta en la sentencia pero dijo que la manifestación era heterogénea y por lo mismo no tiene liderazgo. No hubo concertación, todo se dio espontáneamente y la marcha para exigir que no monopolice la señal el Canal del Estrado. Intervienen PATRICIO TONI FAJARDO LARREA, PAÚL ESTEBAN CAMACHO FALCONÍ y GALO EFRÉN MONTEVERDE CASTRO quienes a través de su defensa manifiestan que para la actuación del perito que realizó la identificación humana no existió Resolución de Fiscalía ni posesión y que la resolución para legalizar la actuación del perito fue forjada, en el mismo Tribunal se le pidió al Fiscal que exhiba la Resolución y no la tenía por lo que presentó un documento abiertamente forjado que el Tribunal se lo devolvió para no ordenar su enjuiciamiento. Molineros era el productor ejecutivo de noticias y dijo que las personas querían hablar pero que no se interrumpió la señal. Ciertamente, se impidió la producción pero no la señal. NO se puede poner a todos los sentenciados en el mismo saco para eso existen los grados de responsabilidad. Interviene MARCELO MAX MARÍN GUZMÁN quien manifiesta que toda la prueba se basa en las pericias de Robayo y Vásconez, cuando estos videos han sido manipulados. Interviene FRANCISCO ENDARA RAZA quien señala que de la prueba aportada se establece que hubo corte de producción de contenidos pero no de la señal. Suspendida la producción siguió la señal. En los vídeos se lo observa a Endara junto a Camacho y Guerrero cuando ya terminó todo, según lo explica Cifuentes. Otros testigos ni mencionan a Endara. No solamente que se ha violado el debido proceso sino que se trabaja con prueba ilícita. La producción se suspendió por decisión del propio Canal Ecuador TV. ESTUDIO, VALORACIÓN, ANÁLISIS Y ARGUMENTACIÓN DEL TRIBUNAL: Es imperioso ubicar el hecho punible, esto es, la toma del edificio donde funciona Ecuador TV el 30 de septiembre de 2010 hechos suscitado luego de las 18H00, en el marco de los acontecimientos que ese mismo día, en esa misma fecha, se suscitaron en el País. Este ejercicio histórico es trascendente, ya que todos los sentenciados en esta causa afirman haber ingresado al Canal del Estado con la exclusiva finalidad de impedir que la señal de ese Canal sea la única que salga al aire informando de los acontecimientos, y que ellos querían que su voz se oiga, se escuche, se sepa que hay sectores sociales que no apoyan al régimen, por eso sus gritos de acción eran "dictadura no, democracia sí". En esa fecha se produjo una insurrección policial, hecho público y de conocimiento general que tuvo como detonante la promulgación de la Ley de Servicio Público y que desembocó en el impedimento para que el Jefe de Estado Ec. Rafaél Correa Delgado ejerza libremente su calidad de Presidente de la República ya que fue forzado físicamente a mantenrse dentro de las instalaciones del Hospital de la Policía Nacional. La insurrección policial generó alarma en todo el país por lo que el 30 de septiembre del 2010 Rafael Correa Delgado, Presidente Constitucional de la Republica, emitió el Decreto No. 488, vigente desde la fecha de su expedición, sin perjuicio de su publicación en el Registro Oficial. En este decreto se declaró el Estado de Excepción en todo el territorio nacional en razón de que algunos integrantes de la Policía Nacional "han distorsionado severamente o abandonado su misión de policías nacionales y por ende sus deberes consagrados en la Constitución y la ley, lo que podría generar gran conmoción interna en cuanto a la seguridad interna, ciudadana y humana garantizada y tutelada por la Constitución de la Republica y deber fundamental del Estado". Se dispuso la movilización nacional y militar de las fuerzas armadas para garantizar la soberanía nacional y el orden interno en toda la República. Lo que se buscaba al decretar el Estado de Emergencia era garantizar a los habitantes del Ecuador la seguridad interna, ciudadana y humana. El periodo de duración de ese estado de Excepción fue determinado en cinco días a partir de la suscripción del decreto ejecutivo teniendo como ámbito de aplicación todo el territorio de la República. Este decreto tiene sustento en los artículos 164 y 165 de la Constitución de la República que le otorga al Presidente de la República decretar el estado de excepción en caso de grave conmoción interna. La norma constitucional establece que la declaración del estado de excepción no interrumpirá las actividades de las funciones del Estado. Asimismo, durante el Estado de Excepción, el Presidente de la República puede suspender o limitar el ejercicio del derecho a la libertad de tránsito, libertad de asociación y reunión, libertad de información. Cuando los sentenciados declaran haberse reunido de manera "espontánea" en el sector del parque La Carolina de la ciudad de Quito, calles "Eloy Alfaro" y "República", a eso de las 18h00, lo hacían en franco desafío al Estado de Excepción y de movilización nacional, actitud que se agrava cuando conducen al colectivo social concentrado en el parque La Carolina hacia las instalaciones del canal del Estado Ecuador Tv inspirados en la consigna "dictadura no, democracia sí" y con el objetivo declarado de interrumpir la programación del referido canal y sacar del aire su señal pues consideraban que siendo la única señal que en ese momento se difundía al país, se estaba ocultando la existencia de uno o varios grupos sociales desafectos al régimen. El ingreso al edificio en donde están las instalaciones del canal del Estado se lo hizo de manera violenta y ejerciendo fuerza destructiva en las cosas. Desde el primer momento, cuando lograron vencer las seguridades externas e ingresar al hall, afirmaron su objetivo de silenciar el canal del Estado para lo cual buscaban acceder a sus instalaciones por lo que rompieron un segundo nivel de seguridades y bajaron al subsuelo en donde destruyeron un armario de cables dejando sin servicio de internet así como el cajetín telefónico aislando al edificio de esa posibilidad de comunicación así como destruyeron lo que se denomina "control de ingesta" y lograron que se suspenda el servicio como los propios sentenciados lo han aseverado manifestando que se suspendió la programación del canal, aunque, como ellos lo afirman no se suspendió la señal. El canal, una vez que fue tomado violentamente y por la fuerza por los sentenciados y otras personas y una vez que éstas llegaron hasta el set de entrevistas, por intermedio de un funcionario, se vio en la imperiosa urgencia de sacar al aire una entrevista para que tales personas no continúen con su actitud colectiva de destrucción de bienes. En la pericia de audio, video y afines a cargo de los peritos de criminalística Hernán Patricio Vascones y Paulo Robayo Laguatasig, se transcribe el siguiente audio: "P1.- ...hemos podido tener algún acercamiento a un grupo de...de damas que han llegado hasta las instalaciones de la televisión pública...ellos quieren tener el mismo espacio que han tenido otros representantes de diversos sectores sociales que han llegado hasta las instalaciones...es María Alejandra Cevallos que viene en compañía de la Doctora...eh...Marcela de Proaño...y la Doctora María Graciela Crespo...ellos han participado un poco de esta irrupción un tanto violenta...eh...tumbando puertas en los exteriores del edificio de los medios públicos...y están acá porque quieren también expresar su punto de vista...eh...María Alejandra Cevallos...adelante. P2.-...buenas noches...eh...primero quisiera aclarar que nuestra interrupción quizás fue un poco violenta...un poco brusca...porque llegamos con la intención de que nos dieran un espacio dado que esto es el único medio que está transmitiendo a nivel nacional y...no podemos ir a ningún otro lado...P1.-...y lo tienes...P2.-...y nada está pasando...así es muchas gracias...entonces en vista de que no nos dejaron entrar por las buenas...pero cuando pedimos que nos dejaran entrar y cerraron todas las puertas y se pusieron los dos guardias al frente de un montón de gente que está afuera...que está inconforme con lo que está pasando y está inconforme con que este...eh...este el canal es el único que está transmitiendo...hemos o sea decidieron arriba que querían entrar y que querían entrar entonces entramos...y ahora estamos aquí para que se conozca que no existe solo un lado que es el que ha estado transmitiendo...eh...lo que nosotros estamos viendo en las imágenes en la...en el...la plaza grande en Carondelet...sin duda es un...montón de gente que está respaldando a Rafael Correa...sabemos que la gente que está ahí...eh...probablemente no toda...eh...vino de aquí de la ciudad de Quito...sabemos que hay un montón de gente que han llegado en buses para apoyar al gobierno...P1.-...información de quien...eh...María Alejandra?...P2.-...de fuentes cercanas en el Municipio...sabemos que ha venido gente cercana de...de las de los alrededores de Quito que no todos son de Quito...estamos un montón de gente hemos estado todo el día...eh...haciendo unas manifestaciones en la...avenida de los Shyris...después tuvimos que movilizarnos hasta la Republica y Eloy Alfaro...porque había un montón de gente de Alianza País que nos estaba agrediendo con palos porque como verán están...armados con sus banderas...y para evitar confrontaciones tuvimos que salir de del lugar...porque nos estaban golpeando...Más adelante en la expresión bajo la nomenclatura P2 que corresponde a María Alejandra Cevallos, se hace la siguiente transcripción: "P2.-...así es...bueno el mensaje que yo estoy llevando es que quiero que todo el mundo se entere...que esto no es simple una manifestación cualquier...de 20 personas no?...esto es todo un sector de la población...que nos hemos llegado ya a por fin a dar cuenta a perder el miedo...y hemos salido a las calles para que el presidente se dé cuenta de que no todos estamos de acuerdo con lo que él está haciendo rompiendo todos los procesos y todos los acuerdos...". En otra transcripción realizada en esta misma pericia tomada del archivo de video de nombre "Ecuador en vivo el periódico que está vivo la toma del canal Ecuador Tv" tenemos el sonido definido en la nomenclatura P1.-"...María Alejandro...Alejandra Cevallos...ella participo en la toma del canal del Estado...el pasado 30 de septiembre...María Alejandra muy buenos días...bienvenida a la mañana 24 horas...eh...bueno tu sorprendiste pues al país en ese día en que no podíamos informarnos de ninguna otra manera sino solamente a través de la cadena Estatal...cuéntame cómo empezó esta movilización que te llevo a ti a terminar sentada en el set de noticias? P2.-...mira este...a partir de las 5 de la tarde habíamos estado con un grupo de gente de alrededor de unas 200 personas en la Republica y Eloy Alfaro...y a eso de las 6 y media 7 de la noche la gente como que se cansó de la cadena ininterrumpida del gobierno...y yo no sé a la voz de quien...eh...corrimos al...al...a la estación del canal Ecuador Tv...que queda a una cuadra...y cuando golpeamos las puertas lo que los guardias hicieron fue cerrarlas....y entrar meterse para adentro...entonces la gente se molestó mucho con eso porque cuando tú vas a pedir la palabra y ves que te cierran las puertas sientes una gran frustración entonces...la gente lo que decidió hacer fue bajarse las puertas la entraron...eh...violentamente a las instalaciones del local y bueno...como veras un montón de gente como te digo habían como unas 200 personas...entraron gritando alumisono libertad de expresión". Como elemento probatorio existe una experticia de reconocimiento de lugar de los hechos practicada por los peritos Guillermo Chamorro y Luis Chamorro por la cual se establece que efectivamente el set de noticias de Ecuador Tv así como el área técnica y el área de control master se encuentran en el subsuelo del edificio de medios públicos, estableciendo, además, las siguientes conclusiones: "6.1.- Que las instalaciones de la televisora ECTV-televisión pública, ubicada en la calle San Salvador E6-49 y avenida Eloy Alfaro, que funcionan en la planta baja y subsuelo 1 del inmueble, han sido vulneradas durante la irrupción violenta ocurrida la noche del día 30 de septiembre del 2010, evidenciando en la parte externa la sustracción de una cámara de circuito cerrado de televisión, daños en el cajetín de redes telefónicas, rotura de ventanales, destrucción de la puerta metálica corrediza, destrucción de la puerta de vidrio de ingreso a la planta baja y una ventana interna. 6.2.- que en el subsuelo del área técnica y área de control master, el día de los hechos se han destruido las conexión de los RACK SS1A y SS1B, por medio de cable UTP categoría siete A y de fibra óptica, daños que han sido arreglados inmediatamente para evitar el colapso de la señal televisiva; adicionalmente se había roto la puerta del departamento de ingesta de noticias. 6.2.- que en el subsuelo 1 funciona el set de noticias de ECTV a donde, como es de conocimiento público han ingresado personas ajenas a la televisora, reconociendo y entrevistando a los ciudadanos ecuatoriano Dr. Pablo Emilio Guerrero Martínez y señorita María Alejandra Cevallos, existiendo archivos video grabados que serán entregado por Ecuador Tv al señor Fiscal que conoce el caso". Adicionalmente, bajo la responsabilidad de los peritos en criminalística Hernán Patricio Vascones y Pablo Robayo Laguatasig se han practicado los cotejos comparativos de las características fisonómicas-morfológicas para realizar la identificación humana, habiéndose definido de manera indubitada la presencia de las siguientes personas: 1. Cevallos Cordero María Alejandra 2. Camacho Falconí Paul Esteban 3. Endara Daza Francisco Daniel 4. Marín Guzmán Marcelo Max 5. Erazo Rodríguez Víctor Hugo; y, 6. Monteverde Castro Galo

Efrén. De otro lado tenemos plena determinación de la cuantificación de los daños por la pericia de avalúo realizada por el Ing. David Jaramillo Veloz, quien establece que el avalúo total de los daños es de 4513.20 dólares con la explicación de que la red datos y el servicio telefónico en el edificio de la empresa pública de radio y televisión quedaron fuera de servicio a causa del daño del switch Cisco 6560 y por la desconexión de los cables de acometida telefónica. De otro lado existe el informe técnico pericial de inspección ocular técnica practicado por el perito Darlin Yeovanny Cañar Chamba quien practicó el reconocimiento de las evidencias y que en sus conclusiones establece que las evidencias motivo del reconocimiento pericial existen y se encuentran en normal estado de conservación en las bodegas de la Policía Judicial de Pichincha bajo el código 2010-1562. En cuanto a la prueba testimonial el ciudadano Enrique Juan Arosemena Robles, Gerente General del canal Ecuador TV, dice que él cumplió con la disposición de la SECOM para hacer de matriz de una cadena nacional para informar sobre los eventos que eran gravísimos. La cadena estaba conducida por Alex Mora e Isabel Cevallos, ellos tenían la posibilidad de ver con las cámaras lo que estaba sucediendo afuera y vieron cómo desmembraron la puerta corrediza como si hubiera sido de destapar una lata de sardinas, la puerta quedó por los suelos. Hubo violencia y pánico al interior de Ecuador TV. No entraron pidiendo favor de entrar ni que querían ser entrevistados, simplemente querían entrar e irrumpieron en la parte interna, luego de romper una mampara y las puertas de vidrio por las cuales deberían entrar, vinieron a cortar la señal. El testigo dice que: "una parte de la turba subió al área técnica que estaba obscura, para protegerla, se arrancaron cables; vio a la chica que venía llorando, había sido maltratada, la gente que estaba trabajando llegaba al master (…) improvisaron un set, la presión era tan grande que tuvieron que dejar ingresar a unas personas para que se tranquilicen, fue una de las acusadas, fue entrevistada por Alex Mora y María Isabel Cevallos (…) al interno empezaron a destrozar los cajetines de teléfono, al llegar al estudio empezaron a arrancar cables, y evidentemente en un momento dado el canal fue interrumpido de una manera abrupta; totalmente dejaron de trasmitir desde el estudio, ellos vieron otros monitores se dio cuenta que Gama Tv había tomado la iniciativa para seguir informando". Más adelante este mismo testigo dice que: "el señor Paul Estaban Camacho Falconí, es evidente él rompe la puerta de vidrio e ingresa de manera agresiva con el grupo, la señorita María Alejandra Cevallos entra encapuchada con gafas, es parte y evidentemente del grupo es por motivos de fuerza mayor, se ven obligados a entrevistarla reconociendo ella la entrada violenta. El señor Daniel Daza en todas las imágenes aparece al frente del grupo, dentro de ese grupo que irrumpió, se le ve junto al señor Max Marín. El señor Víctor Hugo Erazo Rodríguez hace una entrada violenta, se evidencia que entra por la mampara no entra por la puerta, es quien está previo a la ruptura de la puerta de vidrio, se lo ve a él al frente del grupo. El señor

Patricio Tony Fajardo Larrea él rompe la mampara, destruye los cajetines de teléfono, en otras tomas se lo ve que destruye otras áreas del canal. El señor Marcelo Marín él está identificado claramente en el desmembramiento de la puerta metálica y está al frente en la destrucción de las puertas de vidrio; el señor Galo Efrén Monteverde Castro él está en la destrucción de la puerta metálica y agrede a un reportero, ellos pusieron en grave riesgo la integridad de los que estaban en el interior de Ecuador TV". Manifiesta también el testigo que Alex Mora permitió el ingreso de ciertas personas para tratar de calmar a la gente. Dice también que el señor Endara no interrumpió la oficina y que no recuerda si rompió la mampara de vidrio, no rompió ni un cable, ninguna cámara interior ni exterior, no rompió ningún monitor ni plasma; asevera que Galo Monteverde agredió a un reportero y finalmente afirma que la señal fue interrumpida y que fue Gama TV el canal que empezó a trasmitir y las antenas se engancharon a la señal de Gama TV. En su testimonio Paulo Fredy Robayo Laguatasigg dice que en las imágenes se identifica al señor Fajardo, viste un saco amarillo, ingresa cuando se rompe la mampara, que en la información consta como Patricio Fajardo Larrea, está en los cajetines, trata de desconectar los cables, que el señor ingresó cuando rompe en la puerta al hacer presión, que a la derecha se rompe la puerta por presión del señor Fajardo. Que a Víctor Erazo Rodríguez lo ve cuando presiona la puerta e ingresa atrás del señor Fajardo y en una escena de agresión al señor camarógrafo se observa al señor Erazo y al señor Max Marín Guzmán. Que al señor Galo Monteverde se lo ve cuando cogen la puerta de acordeón, el señor está cogiendo la puerta, luego de lo cual bajó al subsuelo; que el señor Daniel Endara Daza se lo ve alzando las dos manos y la gente le dice fuera comunista. Que se ve en el momento en que el señor de blanco es identificado como Paul Camacho y rompe la puerta de vidrio e ingresa al canal. Afirma el testigo que sí recuerda la imagen del señor Endara, aparece con los brazos alzados, las manos levantas, puede interpretarse como actitud pasiva. El testigo Alex Santiago Mora Moya dice que los colaboradores le comunicaron que personal que trabaja con él ya fue agredido y preocupado por lo que podía suceder con un grupo que se encontraba en el lugar cerrado sin poder salir de allí, invitó al diálogo con tres personas que se encontraban en la puerta del estudio, al preguntarles cuál era su objetivo, le contestaron que querían dar la versión; que se trató de tres mujeres siendo ellas María Alejandra Cevallos, la señora Crespo y una tercera persona. El testigo Carlos Alberto Aguilar Carrión dice que: "él estaba en el estudio, un compañero le indicó que quería entrar la gente, se apoyó en la mampara para sostenerla, fue por donde primero entró la gente, rompieron la puerta e ingresó la turba, él se hizo a un lado la gente ingresó impulsando y empujando", que entre las personas que produjeron los destrozos identificó a Patricio Fajardo, Víctor Hugo Erazo, los señores Guerrero, el señor Paul Camacho y al señor Max Marín. El testigo Alfonso Rubén Arévalo Mosquera atestigua que: "entraron en forma agresiva diciendo que la señal sea cortada y que ellos son hijos de tal y que se les acabó la teta, que le hicieron cerrar la puerta para tratar de detener a la gente que querían entrar para quitar la señal, sostenía la puerta, la gente del otro lado estaba agresiva, que la señal de Ecuador TV no sabe lo que sucedió, ellos apagaron el monitor, querían apagar las luces para ver si las personas no veían nada y se regresaban, segundos antes rompieron la alarma de fuego y se prendieron las luces secundarias que luego de que la gente ingresó al área donde estaba una puerta rota, el cable de diferentes consolas, cables de internet, de una copiadora, que el sintió mucho temor". Por su parte el testigo RODRIGO VINICIO VALLADARES CIFUENTES quien manifiesta que: "habían entrado al control Master, era donde más bulla se escuchaba, estaban gritando varias cosas, querían que corte la señal, si no cortaba iban a destruir". Dice que los señores Montenegro, Max Marín y Víctor Hugo Erazo le plantearon para cortar y que llegó el Ing Arosemena a quien le pidieron que corte la señal, "eran las principales consignas" y gritaban consignas tales como: "abajo Correa, se les acabó la teta, libertad de expresión"; manifiesta que toda la gente quería entrar al set, en el control central estaban rotos los cables de red, la puerta de ingesta estaban pateándola, golpeaban los vidrios, la computadora se había quedado sin internet, los teléfonos no servían; indica que en un momento determinado salieron del aire y Gama TV toma la posta, cada canal empezó a transmitir sus propias transmisiones. Dice que pudo identificar a Galo Monteverde, Víctor Hugo Erazo, Max Marín, que había muchas más personas. "Lo que recuerda que ellos gritaban que corten la señal, decían que si no corta la señal van a destruir todo", manifiesta. Estas mismas aseveraciones con uno o más detalles corresponden a los testimonios de JOSÉ LUIS RODRÍGUEZ ENCALADA, JAIME ENRIQUE GUTIERREZ GRANJA, ALEJANDRA ANDREA BASANTES JEREZ, MARÍA GABRIELA GONZÁLEZ GALLEGOS, JOSÉ LUIS QUINTEROS QUINTEROS, MARÍA AUGUSTA ENRIQUEZ ARGUDO. Existe el testimonio de Fausto Enrique Molineros Muela quien afirma que "No se cortó la transmisión, que Gama continuó transmitiendo hasta darle paso nuevamente, que la señorita María Alejandra Cevallos, no rompió la puerta fueron otros manifestantes, pero ella estaba allí, ingresó con ellos". Es imprescindible resaltar que ninguno de los sentenciados ha generado una coartada para salirse de la escena de los hechos, cada quien ha expresado su visión y su ubicación política de los acontecimientos del 30 de septiembre de 2010, pero ninguno ha manifestado no haber estado presente en la toma del edificio donde funciona Ecuador TV. Lo que se ha puesto al tapete del debate jurídico, más bien, es el tipo penal y/o la participación de cada uno de ellos, su grado de participación y su responsabilidad. Solamente uno de los sentenciados ha reclamado fuero especial de Corte Provincial como dirigente político de oposición, pero, tampoco ha manifestado que no estuvo presente en la escena. El tipo penal se encuentra ubicado en el Título Primero del Código Penal en la Sección de los

Delitos contra la Seguridad del Estado; Capítulo IV de los delitos de Sabotaje y Terrorismo; el tipo penal concibe la acción bajo los verbos destruir, deteriorar, inutilizar, interrumpir o paralizar servicios públicos o instalaciones de radio, teléfono, telégrafo, televisión o cualquier otro sistema de transmisión, como sabotaje a servicios públicos o privados. El carácter público de Ecuador TV está debidamente probado con la acreditación documental del Ministerio de Finanzas del Ecuador, Subsecretaría de Presupuestos. Wikipedia nos dice que "sabotaje es el proceso por el cual se realiza una modificación, destrucción, obstrucción o cualquier intervención en una operación ajena, con el propósito de obtener algún beneficio para uno mismo". El Diccionario Manual de la Lengua Española indica que "sabotaje es el daño que se hace intencionadamente en servicios como forma de lucha contra los organismos que los dirigen". El Diccionario Enciclopédico Larousse nos dice que "sabotaje es el acto destinado a impedir el funcionamiento de un servicio o empresa o a inutilizar una maquina o instalación". En suma, el sabotaje es la destrucción de bienes, productos o servicios como lucha contra un determinado sistema o poder. El sabotaje es boicot, obstrucción. ¿Qué se hizo en las instalaciones de Ecuador TV? La acción como acto exterior que produce un resultado objetivo fue la destrucción de una parte de las instalaciones exteriores que dan acceso; y, la destrucción de instalaciones propias y específicas cuyo destino es la producción del servicio de la televisión, para interrumpir su señal. ¿Cuál la motivación? Impedir que el Canal Ecuador TV actúe como origen de una cadena nacional informativa ordenada por la SECOM dentro del estado de gran conmoción interna que vivía el país y por cuyo motivo se declaró el estado de excepción. El beneficio del boicot: anunciar al país, a las comunidades y pueblos, que en esos momentos habían un contingente de ecuatorianos que respaldaban la actuación del grueso de la Policía Nacional y lograr que los canales privados de Televisión se salgan de la Cadena Nacional para lograr que la información no esté concentrada en el canal estatal Ecuador TV. Tal interés, llevado a la ciudadanía a las 19H00, era un verdadero acto de provocación en contra de la seguridad ciudadana y humana que el estado de excepción buscaba proteger. ¿Se logró el boicot? Efectivamente. Se interrumpió la Cadena Nacional, los movilizados fueron presentados al público a través de una entrevista que el presentador del Canal, de manera obligada, realiza a Alejandra Cevallos quien interrumpe la transmisión para dirigirse a los televidentes del país diciéndoles que ellos han ingresado violentamente al Canal por cuanto no han aceptado "por la buenas" abrirles la señal, busca exasperar a la opinión pública al decirles que sabe que vienen personas de todo el país, que no solamente son de Quito e invoca que la manifestación que en ese momento se producía en la Plaza Grande como adhesión al Presidente Correa contrastaba con la movilización de ecuatorianos indignados por la gestión pública del Jefe de Estado. Los elementos objetivos y subjetivos del tipo están plenamente desarrollados: se destruyó, deterioró, inutilizó e interrumpió la prestación de un servicio público comunicacional, en circunstancias en que, para efecto de desvanecer la conmoción interna creada se había dispuesto una Cadena Nacional televisiva que constituía una limitación al derecho constitucional de libertad de información, puesto que había que ponderar entre la plena vigencia de ese derecho o la seguridad interna, la seguridad ciudadana y humana como bienes jurídicos protegidos por la Constitución de la República y que en el momento concreto constituían la fortaleza fundamental de la acción pública. Sin duda, los sentenciados buscaban, como su estrategia grupal, producir alarma colectiva, destino intangible que constituye la finalidad última del tipo penal con el cual se juzga en esta causa. Existió la intención dañosa ejecutada con plena conciencia y voluntad, conociendo y aceptando la ilicitud de su actuación. El dolo es la actuación consciente y voluntaria dirigida a la producción de un resultado dañoso típico antijurídico con conocimiento de las circunstancias del hecho. La intención surge del entendimiento y la voluntad hacia un determinado fin: un esfuerzo de la voluntad hacia el delito. Ahora bien: tenemos que introducirnos en los terrenos de la responsabilidad culpable a través de definir el grado de participación. El COIP - vacantia legis - establece que la prueba y los elementos de prueba deberán tener un nexo causal entre la infracción y la persona procesada, el fundamento tendrá que basarse en hechos reales introducidos a través de un medio de prueba y nunca en presunciones. El Art. 11 del Código Penal dispone que nadie podrá ser reprimido por un acto previsto por la ley como infracción, si el acontecimiento dañoso y peligroso de que depende la existencia de la infracción, no es consecuencia de su acción u omisión. El Art. 42 del Código Penal establece que se reputan autores los que han perpetrado la infracción de una manera directa o inmediata. En este caso, tenemos varios individuos actuando positivamente en la comisión de la infracción, con lo cual surge el concepto de la coautoría. La coautoría es, subjetivamente, comunidad de ánimo; y, objetivamente, división de tareas de importancia en los aportes. El dominio del hecho injusto no lo ejerce solo uno, sino todos mediante una realización mancomunada y recíproca. Para el Dr. Raúl Peña Cabrera, coautoría es "la ejecución de un delito cometido conjuntamente por varias personas que participan voluntaria y conscientemente de acuerdo a una división de funciones de índole necesaria. La coautoría no precisa un reconocimiento legal expreso pues ella está implícita en la noción de autor". Por su parte Javier Villa Stein sostiene que coautoría es "cuando un delito es realizado conjuntamente por dos o más personas de mutuo acuerdo compartiendo entre todos ellos el dominio del hecho. El delito entonces se comete "entre todos", repartiéndose los intervinientes entre sí, las tareas que impone el tipo de autor, pero con conciencia colectiva del plan global unitario concertado". El autor Felipe Villavicencio T. define la coautoría "como una forma de autoría con la peculiaridad que en ella, el dominio del hecho es común a varias personas". El autor Santiago Mir Puig define que "los coautores son los que realizan conjuntamente y de mutuo acuerdo un hecho. Los coautores son autores porque cometen el delito entre todos. Los coautores reparten la realización del tipo de autoría. Como ninguno de ellos por sí solo realiza completamente el hecho, no puede considerarse a ninguno partícipe del hecho de otro". Hans Welzel considera que "la coautoría es autoría. Su particularidad consiste en que el dominio del hecho unitario es común a varias personas". De acuerdo a Javier Villa Stein, los siguientes son los requisitos de la coautoría: 1. Ejecución conjunta del hecho; 2. Condominio del hecho; 3. Aporte objetivo de cada interviniente. Para el caso que nos ocupa y es motivo de juzgamiento se ha demostrado plenamente que los sentenciados llegaron a la ejecución conjunta del injusto legal; es más, ninguno argumentó no haber estado en la escena; todos a una como Fuenteovejuna, como bien dice en su declaración María Alejandra Cevallos Cordero "nos bajamos las puertas" destrucción de bienes perfectamente demostrado con las pericias técnicas y de criminalística así como por la pericia de avalúo. El aporte objetivo de cada interviniente radicó en la coparticipación en la destrucción de los obstáculos externos para el ingreso, destrucción de obstáculos en el hall ya dentro del edificio, luego bajaron al subsuelo en donde cada uno fue actuando en orden a lograr el objetivo que era paralizar la salida de la señal, objetivo que lograron ya que no solamente que Ecuador TV tuvo que enlazarse con Gama TV sino que uno de los coprotagonistas, María Alejandra Cevallos, salió al aire difundiendo la proclama colectiva. El dominio del hecho unitario fue común. Las actuaciones individuales bajo un objetivo y actividad común se recogen de la prueba testimonial y pericial aportada en la que se determina que PAUL ESTEBAN CAMACHO rompe la puerta de vidrio y entra con maría Alejandra Cevallos; VÍCTOR HUGO ERAZO RODRÍGUEZ hace entrada violenta por la mampara, no entra por la puerta, es quien está previo a la ruptura de la puerta de vidrio, al frente del grupo. PATRICIO TONY FAJARDO LARREA rompe la mampara, destruye los cajetines de teléfono, destruye otras áreas del Canal. MARCELO MAX MARÍN identificado claramente en el desmembramiento de la puerta metálica y está al frente de la destrucción de las puertas de vidrio. GALO EFRÉN MONTEVERDE CASTRO él está en la destrucción de la puerta metálica y agrede a un reportero. Ellos pusieron en grave riesgo la integridad de los que estaban en el interior del canal Ecuador TV. Fueron parte de la interrupción violenta. Es necesario destacar que en el caso de Francisco Endara Raza, su presencia no corresponde ni al autor ni al agitador, sino más bien al apaciguador pero que participó y con su aplauso en un momento determinado hacía manifiesto y exteriorizaba su acuerdo general con la actuación del colectivo social, razón por la cual al tenor de lo normado por el Art. 43 del Código Penal se encuentra que su grado de participación en los hechos se subsume bajo el concepto de la complicidad como cooperante indirecto y secundario. RESOLUCIÓN: Con los antecedentes expuestos en la propuesta fáctica y las alegaciones orales de los sujetos procesales remitidos a las actuaciones probatorias que se ejercieron durante la audiencia de juicio y la valoración efectuada por este Tribunal, ADMINISTRANDO JUSTICIA EN NOMBRE DEL PUEBLO SOBERANO DEL ECUADOR Y EN NOMBRE DE LA CONSTITUCIÓN Y LEYES DE LA REPÚBLICA, se desecha el recurso de apelación propuesto por los recurrentes: MARÍA ALEJANDRA CEVALLOS CORDERO, VÍCTOR HUGO ERAZO RODRÍGUEZ, PATRICIO TONI FAJARDO LARREA, PAÚL ESTEBAN CAMACHO FALCONÍ, MARCELO MAX MARÍN GUZMÁN, GALO ESTEBAN MONTEVERDE CASTRO y se ratifica la sentencia subida en grado. En cuanto al acusado Francisco Endara Raza, este Tribunal de Alzada concluye que el acusado Fernando Endara participó en el injusto penal, en el grado de cómplice, pues de la prueba de cargo actuada en la audiencia de juicio, se coligió de manera inobjetable que el día del hecho punible, el apelante Fernando Endara entró al edificio en el que funciona el canal de televisión estatal ECUADOR TV; estuvo entre las personas que rompieron la puerta de vidrio, aunque en ningún momento se le ve destruyendo bien alguno -esto último inclusive lo señaló expresamente el Dr. Gustavo Benítez, Fiscal de la causa, en el momento en que hizo uso del principio de contradicción en la audiencia de fundamentación del recurso de apelación-; impidió el paso de una cámara de televisión, así como también de personas que estaban en las afueras de las instalaciones del canal; aplaudió, en señal inequívoca de aprobar la protesta; y, en alguna fotografía, aparece junto al procesado Pablo Guerrero, todos estos, actos anteriores y simultáneos, con los que de manera indirecta y secundaria cooperó a la ejecución del acto punible, en los términos del artículo 43 del Código Penal; se modifica su grado de participación de autor a cómplice razón por la cual también se modifica la pena de cuatro años de reclusión mayor ordinaria a dos años de prisión correccional. Ejecutoriada esta sentencia, devuélvase el expediente al Tribunal de origen. Cúmplase y notifíquese.

Anexo 6 (Para el caso 4)

Breve cronología de los acontecimientos ocurridos en Quito, el 30 de Septiembre del 2010[169]

i) 07H30 Aproximadamente 500 miembros de la Policía se tomaron el Regimiento Quito1, central de la Policía en la ciudad de Quito, capital del Ecuador. Los policías señalaban que su acción era reclamando porque la Ley Orgánica de Servicio Público aprobada en la noche anterior por la Asamblea Nacional, supuestamente les recortaba beneficios económicos.

ii) 09h00 Sectores de las Fuerzas Armadas realizan acciones de apoyo a la medida de los miembros de la Policía en las calles de Quito.

iii) 09h40 El Presidente, Ec. Rafael Correa, acude al Regimientos Quito 1 con la finalidad de tener un encuentro con los policías insubordinados, sin embargo no se logra ningún diálogo y es agredido, teniendo que ser trasladado en hombros al Hospital dela Policía, contiguo al Regimiento, debido a una reciente operación en su rodilla derecha en la cual se le realizó un implante. Es atendido médicamente, sin embargo una vez recuperado se le informa que no se le permitirá salir del hospital hasta que no se derogue la Ley de Servicio Público.

iv) 10h05 Policías y militares se toman la pista del Aeropuerto Mariscal Sucre de Quito, impidiendo salidas y llegadas de vuelos nacionales e internacionales.

v) 10h24 Se habla ya de un secuestro al Primer Mandatario del Ecuador por parte de algunos miembros del a Policía Nacional.

vi) 11h00 Ecuador se queda desprotegido, Bancos, tiendas, centros comerciales y otros cierran y se declara la suspensión de clases hasta nueva orden. El caos inicia en la ciudad.

vii) 11h30 Inician las primeras manifestaciones a favor del Mandatario Correa en diversos lugares de la capital del país.

viii) 12h30 En declaración telefónica el Presidente Rafael Correa habla de un intento de Golpe de Estado y acusa al ex Presidente del Ecuador y ex General del Ejército Lucio Gutiérrez de estar tras la insubordinación policial y denuncia que hay policías violentos que intentan ingresar en la habitación del hospital en donde se encuentra recluido.

ix) 13h00 Se inicia una movilización ciudadana hacia los exteriores del Hospital de la Policía Nacional donde se encuentra secuestrado el Presidente, con el objetivo de rescatarlo. Acuden ciudadanos desarmados, miembros del Gabinete presidencial, autoridades del Estado, servidores públicos, etc. Inicia una brutal represión policial con bombas lacrimógenas a la población civil que intenta durante horas llegar hasta las puertas del hospital.

---

169. http://frentepopularsds.blogspot.ca/2010/10/apdh-del-ecuador-reprocha-y-pide.html (Octubre 2010)

x) 13h30 Secretario Jurídico de la Presidencia de la República pide en rueda de prensa que las Fuerzas Armadas tome el control de la situación y de la seguridad del Primer Mandatario.

xi) 13h50 Se decreta Estado de Excepción en todo el territorio ecuatoriano por un lapso de 5 días.

xii) 14h30 El Comando Conjunto de las Fuerzas Armadas en rueda de prensa, exhortaron a la Policía Nacional a deponer la actitud de ciertos elementos del a Policía y de las FFAA, llamándolos a la cordura y a resolver los conflictos mediante el diálogo.

xiii) 17h30 La cúpula militar y el Ministro de Defensa llegan al aeropuerto de Quito para dialogar con la tropa militar. A las 19h40 se abren definitivamente las actividades del aeropuerto.

xiv) 21h00 Se inició un operativo con 700 miembros de las Fuerzas Armadas que ingresaron al Hospital de la Policía para sacar al Presidente de la República, en medio de fuego cruzado que terminó con la vida de un miembro de un grupo especial de la Policía que resguardaba el vehículo en el cual estaba siendo trasladado el Mandatario.

xv) Otros: Ante la ausencia de fuerza pública en las calles del país, se registran decenas de robos, saqueos y otros hechos delincuenciales que dejan como saldo pérdidas por miles de dólares.

No fueron los hechos fácticos suscitados en las instalaciones de ECTV, los que ocasionaron la alarma colectiva. Para esa hora, (18h30) el país ya se encontraba convulsionado.

Anexo 7 (Para el caso 5)

REPÚBLICA DEL ECUADOR

www.funcionjudicial.gob.ec

SALA PENAL, PENAL MILITAR, PENAL POLICIAL Y TRÁNSITO DE LA CORTE PROVINCIAL DE LOJA

No. proceso:	11313-2015-00435
No. de Ingreso:	1
Acción/Infracción:	346 PARALIZACIÓN DE UN SERVICIO PÚBLICO
Actor(es)/Ofendido(s):	DR. MIGUEL ANGEL CONDOLO POMA, FISCAL
Demandado(s)/Procesado(s):	LOZANO GUALAN JULIO CESAR TENE GONZALEZ MANUEL ASUNCION LOZANO GUALAN JAIME RODRIGO ORTEGA CANGO ANGEL BENIGNO ZHUNAULA SARANGO ASUNCION ANGAMARCA MOROCHO SERVIO AMABLE SUQUILANDA GUAMAN CESAR MARTIN MACAS MINGA NESTOR OSWALDO LOZANO GUALAN JOSE LINO LOZANO QUIZHPE FAUSTO ENRIQUE MEDINA PUGLLA DIGNER PATRICIO SARANGO CANGO ABEL ANDRADE ZHINGRE MARCO VINICIO MEDINA QUIZHPE ANGEL POLIVIO CONTENTO CONTENTO SISA PACARI LOZANO GUAMAN SISA CARMEN CANGO MEDINA TERESA DE JESUS LOZANO GUALAN ROSA MERCEDES MEDINA LOZANO NATIVIDAD MARIA MONTEROS PAGUAY KARINA FERNANDA MINGA GUELEDEL TANIA MARIANA MINGA MINGA CARMEN DELFINA LOZANO QUIZHPE MARIA LUISA MEDINA CARTUCHE CARMEN ROSAURA LOZANO CONTENTO LAURA ALBERTINA TENE GUAILLAS LUZ MACRINA

Fecha	Actuaciones judiciales

16/10/2015 11:04:00 **CONCESION DE RECURSO DE ACCIÓN EXTRAORDINARIA DE P**

Por cuanto los señores LUZ MACRINA TENE GUAYLLAS y ASUNCIÓN ZHUNAULA SARANGO, presentan Acciór Extraordinaria de Protección, se dispone remitir el proceso a la Corte Constitucional del Ecuador, conforme lo establece el Art. 6ż de la Ley Orgánica de Garantías Jurisdiccionales y Control Constitucional. Se dispone obtener copias de las instancias tramitadas y por secretaria se certifique las mismas, para que permanezcan en este Tribunal, mientras se tramita la Acción Extraordinaria de Protección interpuesta. Así mismo se dispone que el señor Secretario de la Sala, siente la razón respectiva de que el auto de fecha 16 de septiembre del 2015, se encuentra ejecutoriada por el Ministerio de la Ley. Téngase en cuenta los correos electrónicos leovivan@outlook.com, luiswaman@yahoo.es, consultoriojuridico-ng13@hotmail.com y la autorización que le confiere a los abogados Vicente Leonardo Vivanco Cruz, Luis Enrique Guamán Zhunaula y Ana Namicela Guaya, para que suscriban peticiones relacionadas con la presente causa ya sea de forma individual o conjunta.- Hágase saber.-

16/10/2015 11:03:00 **ACTUARIALES**

RAZON.- Conforme a lo dispuesto en el decreto de 13 de octubre del 2015, siento como tal que el auto de fecha 16 de septiembre del 2015, se encuentra ejecutoriado por el Ministerio de la Ley.- Loja, a 15 de octubre del 2015.- El Secretario Encargado.-

DR. FERNANDO HUMBERTO GUERRERO CORDOVA
SECRETARIO ENCARGADO DE LA SALA DE LO PENAL, PENAL MILITAR, PENAL POLICIAL Y TRANSITO DE LOJA

Fecha	Actuaciones judiciales

15/10/2015 **ESCRITO**
09:56:18
Petición: PROVEER ESCRITO
FePresentacion, ANEXOS, ESCRITO

13/10/2015 **CONCESION DE RECURSO DE ACCIÓN EXTRAORDINARIA DE P**
09:16:00
Por cuanto los señores TENE GUAILLAS LUZ MACRINA, LOZANO QUIZHPE MARIA LUISA, LOZANO CONTENTO LAURA ALBERTINA, MEDINA LOZANO NATIVIDAD MARIA, LOZANO GUALAN JULIO CESAR, MEDINA CARTUCHE CARMEN ROSAURA, MINGA MINGA CARMEN DELFINA, ZHUNAULA SARANGO ASUNCION, MINGA GUELEDEL TANIA MARIANA, MEDINA QUIZHPE ANGEL POLIVIO, MONTEROS PAGUAY KARINA FERNANDA, LOZANO GUALAN ROSA MERCEDES, CANGO MEDINA TERESA DE JESUS, LOZANO GUAMAN SISA CARMEN, ANGAMARCA MOROCHO SERVIO AMABLE, TENE GONZALEZ MANUEL ASUNCION, CONTENTO CONTENTO SISA PACARI, MACAS MINGA NESTOR OSWALDO, ANDRADE ZHINGRE MARCO VINICIO, SARANGO CANGO ABEL, MEDINA PUGLLA DIGNER PATRICIO, SUQUILANDA GUAMAN CESAR MARTIN, LOZANO QUIZHPE FAUSTO ENRIQUE, LOZANO GUALAN JOSE LINO, ORTEGA CANGO ANGEL BENIGNO, LOZANO GUALAN JAIME RODRIGO, y otras personas más, presentan Acción Extraordinaria de Protección, se dispone remitir el proceso a la Corte Constitucional del Ecuador, conforme lo establece el Art. 62 de la Ley Orgánica de Garantías Jurisdiccionales y Control Constitucional. Se dispone obtener copias de las instancias tramitadas y por secretaria se certifique las mismas, para que permanezcan en este Tribunal, mientras se tramita la Acción Extraordinaria de Protección interpuesta. Así mismo se dispone que el señor Secretario de la Sala, siente la razón respectiva de que el auto de fecha 16 de septiembre del 2015, se encuentra ejecutoriada por el Ministerio de la Ley. Téngase en cuenta los correos electrónicos leovivan@outlook.com, luiswaman@yahoo.es, consultoriojuridico-ng13@hotmail.com y la autorización que le confiere a los abogados Vicente Leonardo Vivanco Cruz, Luis Enrique Guamán Zhunaula y Ana Namicela, para que los patrocinen en esta causa ya sea de forma individual o conjunta.- Hágase saber.-

12/10/2015 **ESCRITO**
13:13:37
Petición: ACCION EXTRAORDINARIA DE PROTECCION
FePresentacion, ESCRITO

16/09/2015 **ACLARACION, AMPLIACION, REFORMA Y/O REVOCATORIA**
10:35:00
VISTOS: para resolver sobre la petición de aclaración y ampliación que antecede, presentada por los procesados, se considera: A).- Dice el Código de Procedimiento Civil en su Art. 282 que "La aclaración tendrá lugar si la sentencia fuere obscura; y, la ampliación, cuando no se hubiere resuelto alguno de los puntos controvertidos, o se hubiere omitido decidir sobre frutos, intereses o costas. La negativa será debidamente fundamentada.- Para la aclaración o la ampliación se oirá previamente a la otra parte"; B).- Piden los procesados se amplié y aclara (sic) el auto expedido por este Tribunal, sobre lo siguiente: "No se ha mencionado en el referido auto el otro motivo de apelación como es la falta de aplicación del Art. 9 y 10 del Convenio OIT 169 y el Art. 24 del Código Orgánico de la Función Judicial"; C).- Al respecto, debemos hacer notar y recordar a los recurrentes que, habiéndose resuelto que la decisión impugnada carece de motivación, como fue la primera alegación, no se pasó al debate sobre lo de fondo, es decir sobre la concurrencia o no de los requisitos objetivos y subjetivos de la prisión preventiva; por lo tanto, mal pudo hacerse un pronunciamiento al respecto, que es en donde tendría que analizarse sobre la aplicación del Convenio citado. Por supuesto tampoco lo puede hacer por vía de ampliación, como se pretende. En consecuencia, se niega lo solicitado. Devuélvase el expediente al Juzgado de origen para que dé cumplimiento a lo resuelto por este Tribunal.- Hágase saber

10/09/2015 **CORRER TRASLADO**
15:18:00
En atención al escrito que antecede, se dispone correr traslado a los sujetos procesales con el pedido de ampliación y aclaración del auto resolutorio de fecha viernes 04 de septiembre de 2015, que hace la procesada Luz Macrina Tene Guaillas y otros procesados, por el término de cuarenta y ocho horas, conforme los dispone el Art. 282 del Código de Procedimiento Civil.- Hágase saber.-

10/09/2015 **ACTUARIALES**
11:38:00
RAZÓN: En esta fecha se deja copia de la resolución de PRIMERA Y SEGUNDA INSTANCIA en el libro copiador de materia

Página 2 de 12

Fecha **Actuaciones judiciales**

penal de fs. 00003640 A 00003652vta.- Loja, diez de septiembre de 2015.- EL SECRETARIO RELATOR (E).

Dr. Fernando Guerrero Córdova
SECRETARIO RELATOR (E) DE LA
SALA DE LO PENAL DE LOJA.

07/09/2015 **ESCRITO**
11:35:58
Petición: PROVEER ESCRITO
FePresentacion, ESCRITO

07/09/2015 **ACTUARIALES**
11:19:00
RAZÓN: Siento como tal que el día de hoy se procede a entregar la primera instancia del proceso 2015-00435, en 48 fojas, al doctor Bolívar Córdova, Secretario Multicompetente, tal como está ordenado en providencia que antecede. Loja, 07 de septiembre del 2015.- EL SECRETARIO

Dr. Fernando GuerreroDr. Bolívar Córdova
SECRETARIO RELATOR ENCARGADOSECRETARIO UNIDAD MULTICOMPETENTE
DE LA SALA PENAL CON SEDE EN SARAGURO.

07/09/2015 **PROVIDENCIA GENERAL**
11:02:00
Procedase a la devolución del proceso a su lugar de origen, dejando copias certificadas del mismo para continuar con la sustentación del recurso. Hágase saber.

04/09/2015 **RESOLUCION**
16:23:00
Nro. 435-2015.
VISTOS: En audiencia de 17 de agosto de 2015, llevada a cabo ante el Ab. Alex Damián Torres Robalino, Juez Multicompetente del cantón Saraguro, provincia de Loja, la Fiscalía formula cargos en contra de los recurrentes: TENE GUAILLAS LUZ MACRINA, LOZANO QUIZHPE MARIA LUISA, LOZANO CONTENTO LAURA ALBERTINA, MEDINA LOZANO NATIVIDAD MARIA, LOZANO GUALAN JULIO CESAR, MEDINA CARTUCHE CARMEN ROSAURA, MINGA MINGA CARMEN DELFINA, ZHUNAULA SARANGO ASUNCION, MINGA GUELEDEL TANIA MARIANA, MEDINA QUIZHPE ANGEL POLIVIO, MONTEROS PAGUAY KARINA FERNANDA, LOZANO GUALAN ROSA MERCEDES, CANGO MEDINA TERESA DE JESUS, LOZANO GUAMAN SISA CARMEN, ANGAMARCA MOROCHO SERVIO AMABLE, TENE GONZALEZ MANUEL ASUNCION, CONTENTO CONTENTO SISA PACARI, MACAS MINGA NESTOR OSWALDO, ANDRADE ZHINGRE MARCO VINICIO, SARANGO CANGO ABEL, MEDINA PUGLLA DIGNER PATRICIO, SUQUILANDA GUAMAN CESAR MARTIN, LOZANO QUIZHPE FAUSTO ENRIQUE, LOZANO GUALAN JOSE LINO, ORTEGA CANGO ANGEL BENIGNO, LOZANO GUALAN JAIME RODRIGO, y otras personas más, por su presunta responsabilidad en el delito previsto en el Art. 346 del Código Orgánico Integral Penal (en adelante COIP), esto es por paralización de un servicio público; hecho que habría ocurrido en el indicado cantón, en la mañana del 17 de agosto de 2015.- En dicha audiencia, atendiendo el pedido de la Fiscalía, el Juez decide oralmente dictar prisión preventiva contra los recurrentes; decisión que es apelada en la misma audiencia, siendo por mérito de este recurso que el proceso accede a este nivel jurisdiccional.- Llevada a cabo la audiencia de fundamentación ante esta Sala, se resolvió por unanimidad que el proceso regrese al Juzgado de origen para que motive la decisión cuestionada, conforme manda la Constitución en su Art. 76.7.L. La motivación para tomar esta decisión es la siguiente: PRIMERO: Al fundamentar el recurso de apelación los recurrentes alegan que el Juez no motivó la decisión de dictar prisión preventiva. Señala, en síntesis: A).- Que según el Art. 76.7.L de la Constitución, las resoluciones del poder público deben ser motivadas y que según el Art. 424 de la misma Constitución , dichos actos carecen de eficacia jurídica cuando no guardan conformidad con las disposiciones constitucionales; B).- Que, en el presente caso, no existe motivación alguna sobre el cumplimiento de los requisitos previstos para la procedencia de la prisión preventiva, más concretamente los previstos en los numerales 1, 2 y 3 del Art. 534 del COIP; C).- Que, sobre el primer requisito, esto es sobre elementos de convicción sobre un delito de acción pública, el Juez habla de manera muy general al respecto, dado que ni siquiera indica las circunstancias del lugar, modo y tiempo en que habrían ocurrido los hecho. Lo mismo dice ocurre con el requisito segundo, es decir sobre que los procesados son autores o cómplices del presunto delito, toda vez que el Juez señala

Página 3 de 12

Fecha	Actuaciones judiciales

que hay versiones y un parte informativo sobre el particular, sin indicar quién declara y qué declara, como tampoco indica cuáles son los actos que se atribuyen a todos y cada uno de los recurrentes, como debe ser si se considera que la Ley habla de elementos de convicción claros y precisos; D).- Que sobre la insuficiencia de medidas alternativas y la necesidad de recurrir a la prisión preventiva, tampoco existe motivación, dado que no hace mención al tema, habiéndose limitado a señalar que ya están explicados anteriormente (sic), cuando nada dice al respecto; E).- Que, tampoco se hace análisis alguno sobre los criterios de necesidad y proporcionalidad de que habla el Art. 520.4 del COIP; F).- Que, por lo tanto, debe anularse el auto de prisión preventiva. Agregó el defensor Luis Guamán, que debe declararse la nulidad procesal (sic) por falta de motivación del auto cuestionado.- SEGUNDO: La Fiscalía, en esta vez representada por el Ab. Miguel Condolo Poma, alegó, en resumen: 1).- Que el recurso debe ser inadmitido porque fue interpuesto en la misma audiencia de manera oral, antes que empiece a decurrir los tres días que existen al efecto, conforme el Art. 654.1 del CÓIP, dando a entender que el término empezaba a correr desde el siguiente día de pronunciada la decisión cuestionada, no desde el mismo día. Dijo también que había solicitado al Juez que dicte por escrito la motivación del auto de prisión preventiva. Pide con estos fundamentos que el recurso sea declarado inadmisible por antemporáneo; 2).- Que, en cuanto a lo motivación, que es lo primero que someten a debate los recurrentes, debe decir que la prisión preventiva está motivada. Esto por cuanto es de conocimiento público los hechos que vienen ocurriendo desde el 13 de agosto; porque la Fiscalía presentó elementos de convicción que justifican la medida; porque la decisión cuestionada es proporcional y porque ninguno de los procesados demostró tener arraigo social, etc. Pide se deseche el recurso de apelación por los motivos que invoca la defensa.- TERCERO: Como el Fiscal sometió a debate y decisión del Tribunal de esta Sala, el tema de la admisibilidad del recurso, bajo el argumento de que ha sido interpuesto de manera antemporánea, se hace necesario hacer las siguientes precisiones al respecto: A).- Los recursos pueden ser interpuesto inmediatamente después de notificado un auto o sentencia, dado que según el Art. 305 del Código de Procedimiento Civil: "Todos los términos se cuentan desde que se hizo la última citación o notificación; han de ser completos y correrán, además hasta la media noche del último día..."; B).- Según el Art. 563.5 del COIP, las "personas serán notificadas con el solo pronunciamiento oral de la decisión", excepto en los casos de sentencias que deben reducirse a escrito y deben ser reducidas a escrito, corriendo el plazo (sic) para la impugnación a partir de la notificación por escrito; C).- Según el Art. 654.1 del COIP la apelación se interpondrá dentro de tres días de notificado el auto o sentencia.- En la especie, el auto de prisión preventiva ha sido dictado oralmente en la audiencia, y con él quedaron notificadas las partes procesales. Por lo tanto, dictada la decisión en la madrugada del 18 de agosto de 2015, corría el término de tres días desde que quedaron notificadas las partes con la resolución oral, hasta el viernes 21 del mismo mes, dado que los términos han de ser completos y corren además hasta la último día.- CUARTO: Esta Sala debe resolver por mérito de todo lo actuado hasta el momento mismo de darse el pronunciamiento materia de la apelación; obviamente teniendo en cuenta todos los argumentos incorporados al debate al fundamentar la apelación, dado que son precisamente los fundamentos del recurso los que fijan la competencia y límites del fallo. En efecto, siendo que la fundamentación del recurso delimita el debate, la competencia y el pronunciamiento de la Sala (esto por el principio dispositivo recogido en el Art. 168.6 de la Constitución y Arts. 19 y 140 del Código Orgánico de la Función Judicial), queda claro que este Tribunal debe pronunciarse respecto a si la decisión cuestionada (de dictar prisión preventiva) se encuentra motivada conforme la Constitución y la Ley.- QUINTO: SOBRE LA GARANTIA DE MOTIVACION: A).- El Art. 76.7.L de la Constitución establece como garantía del debido proceso que "Las resoluciones de los poderes públicos deberán ser motivadas", y añade la norma suprema que "no habrá motivación si en la resolución no se enuncian las normas o principios jurídicos en que se funda y no se explica la pertinencia de su aplicación a los antecedentes de hecho..."; B).- La Corte Constitucional del Ecuador (Sentencia Nro. 020-09-SEP-CC, caso Nro. 0038-09-EP de 13 de agosto de 2009) ha resuelto así: "Del análisis de los razonamientos que llevan a los jueces a dictar sus resoluciones se desprenden los métodos para interpretar la Constitución, las leyes, estructurar la doctrina jurídica, así como distinguir algunos elementos débiles que se deben subsanar, todo con el fin de lograr un nivel aceptable de certeza en el porqué del fallo.(...) Al respecto, esta Corte estima que la carga argumentativa es el sustento de las resoluciones, las que deben ser claras, precisas, coherentes, coordinadas y razonadas...". Sobre esto último ha precisado que "Para que determinada resolución se halle correctamente motivada es necesario que la autoridad que tome la decisión exponga las razones que el derecho le ofrece para adoptarla. Dicha exposición debe hacérsela de manera razonable, lógica y comprensible, así como mostrar cómo los enunciados normativos se adecuan a los deseos de solucionar los conflictos presentados. Una decisión razonable es aquella fundada en los principios constitucionales. La decisión lógica, por su lado, implica coherencia entre las premisas y la conclusión, así como entre ésta y la decisión. Una decisión comprensible, por último debe gozar de claridad en el lenguaje, con miras a su fiscalización por parte del gran auditorio social, más allá de las partes en conflicto...".- Sobre esto mismo, Villamil Portilal Edgardo (Consejo Superior de la Judicatura, Escuela Judicial "Rodrigo Lara Bonilla". Colombia, año 2008; pág. 40) señala al respecto: "La garantía de motivación demanda también que el juez muestre cuál fue el camino recorrido, el itinerario seguido para arribar a la decisión, con lo cual, la garantía de motivación significa proscribir la arbitrariedad en la medida en que las partes del proceso, los observadores externos y los controladores de la decisión pueden seguir el camino que llevó al juez a determinado tipo de solución, para así acreditar que a ella no se llegó por mera coincidencia, por un arrebato de adivinación o cuestión similar, sino siguiendo caminos que pueden ser rastreados y reconstruidos racionalmente." Luego, la garantía de motivación es a la vez garantía para el ejercicio del derecho de impugnación, en tanto y en cuento permite a los recurrentes cuestionar con objetividad y precisión los pronunciamientos dados en lo administrativo o judiciales; C).- Ha resuelto esta Sala Penal que en algunos casos la motivación puede ser deficiente, pero

Página 4 de 12

Fecha **Actuaciones judiciales**

suficiente para satisfacer las exigencias del Art. 76.7.L de la Constitución. Esto porque si la deficiencia hace relación a lo imperfecto, no es necesario que la motivación sea una obra perfecta, pero sí en cambio suficiente para lograr explicar o justificar la decisión tomada, y particularmente el motivo por el cual se aplica las normas de derecho citadas. Decir, por lo tanto, que se trata de una motivación deficiente, es calificar, nada más, que la misma no es una obra perfecta, no clasificarla, aun cuando la dogmática jurídica lo hace estableciendo tipos y clases de ella; pero, la exigencia no es una construcción jurídica perfecta, mucho peor cuantitativa, sino un acto jurisdiccional que permita conocer las razones por las cuales se toma una decisión; más concretamente una resolución judicial razonada y razonable en la apreciación de los hechos y aplicación del derecho objetivo, lo cual puede cumplirse aun cuando la misma resulte escueta, porque lo requerido no es la perfección de la obra como se dijo, ni cantidad, sino la suficiencia de la explicación, que permita conocer los criterios fácticos y jurídicos esenciales que fundamentan de la decisión. SEXTO: La garantía constitución de motivación de las resoluciones del poder público, es desarrollada por la Ley en algunas normas relacionadas con los procedimientos administrativos y judiciales. En el Código Orgánico Integral penal, encontramos a la motivación como un principio RECTOR del proceso penal, como consta del Art. 5.18, que dice "la o el juzgador fundamentará sus decisiones, en particular, se pronunciará sobre los argumentos y razones relevantes expuestos por los sujetos procesales durante el proceso." En tratándose de las medidas cautelares y particularmente de la prisión preventiva, el COIP señala en el Art. 520.4 que se debe motivar sobre la necesidad y proporcionalidad de la medida cautelar, en tanto que el Art. 540 ibídem señala que " la aplicación, revocatoria, sustitución, suspensión o revisión de la prisión preventiva, será adoptada por la o el juzgador en audiencia, oral, pública y contradictoria de manera motivada" .- SÉPTIMO: Y es precisamente por la importancia de la motivación, como una garantía básica del debido proceso, con consecuencia de nulidad en algunos casos y de convalidación en otros, que esta Sala, como garante de los derechos y garantías constituciones, viene exigiendo y exigiéndose que las resoluciones judiciales se encuentren motivadas, cuidando con celo la validez de los actos procesales y el desarrollo mismo del proceso penal, para evitar que los mismo lleguen hasta el más alto grado de su tramitación con vicios que puedan significar su invalidez luego de algunos años de sustanciación en algunos casos, con el consecuente perjuicio no solo para las partes sino para el sistema mismo de administración de justicia.- OCTAVO: Tratándose de la prisión preventiva, tenemos: A).- El Art. 534 del COIP, señala "Finalidad y requisitos.- Para garantizar la comparecencia de la persona procesada al proceso y el cumplimiento de la pena, la o el fiscal podrá solicitar a la o al juzgador de manera fundamentada, que ordene la prisión preventiva, siempre que concurran los siguientes requisitos: 1. Elementos de convicción suficientes sobre la existencia de un delito de ejercicio público de la acción.2. Elementos de convicción claros y precisos de que la o el procesado es autor o cómplice de la infracción.3. Indicios de los cuales se desprenda que las medidas cautelares no privativas de la libertad son insuficientes y que es necesaria la prisión preventiva para asegurar su presencia en el juicio o el cumplimiento de la pena.4. Que se trate de una infracción sancionada con pena privativa de libertad superior a un año. De ser el caso, la o el juzgador para resolver sobre la prisión preventiva deberá tener en consideración si la o el procesado incumplió una medida alternativa a la prisión preventiva otorgada con anterioridad"; y B). Por lo tanto, tratándose de esta medida cautelar, el Juez debe motivar sobre el cumplimiento de los requisitos objetivos y subjetivos; obviamente en el marco de la controversia, es decir teniendo en cuenta las alegaciones de una y otra parte, dado que hay veces en que algunos requisitos no merecen de los justiciables cuestionamiento alguno. Debe motivarse sobre qué elementos de convicción se tiene sobre el delito materia de la imputación, qué hechos o circunstancias se extraen de los mismos, y si los mismo son o no suficiente para concluir en la existencia de un delito. Lo mismo debe hacerse en torno al segundo requisito, es decir sobre que el procesado o procesados son autores o cómplices del delito. Y lo propio debe hacerse en cuento a que una medida no privativa de libertad es insuficiente y que, al contrario, es necesaria.- Por supuesto debe analizarse también si el delito tiene, en abstracto, una pena privativa de libertad superior a un año.- NOVENO: Analizado el pronunciamiento impugnado bajo la perspectiva expuesta, es posible concluir que la decisión de dictar prisión preventiva no se encuentra motivada por no satisfacer las exigencias constitucionales y legales principalmente. Decimos esto porque el Juez se limita a decir que el primero y segundo requisitos se encuentran cumplidos con las versiones que han rendido los policías y con el parte informativo, sin hacer indicación alguna de cuáles son los elementos, hechos o circunstancias que dan cuenta de la existencia del delito y la participación de los procesados; y lo mismo ocurre en cuanto a la insuficiencia de una medida cautelar no privativa de libertad y necesidad de la prisión preventiva, dado que se limita a señalar que esto está cumplido y que los elementos son los mismos en los cuales la Fiscalía basa la imputación (sic). En fin, lo que encontramos al escuchar el audio de la audiencia, particularmente a partir del minuto 32 de segundo CD, que es en donde empieza a referirse al pedido de prisión preventiva, es un pronunciamiento general sobre que todos los elementos o requisitos de la prisión preventiva se encuentran cumplidos, con el parte policial y las versiones que constan en el expediente (sic), lo cual es realmente insuficiente como motivación de acuerdo con los parámetros constitucionales y legales señalados- Se reafirma esta convicción, cuando el mismo Fiscal advierte en la audiencia de fundamentación del recurso, que ha pedido por escrito al Juez que dicte la resolución fundamentando la prisión preventiva y que hasta el momento no le ha respondido (sic).-DÉCIMO: A).- Según la doctrina, los vicios in procedendo pueden ser de estructura o de garantía. Los primeros son a su vez conceptuales o materiales. Los conceptuales cuando se transgrede la armonía lógica que debe existir en un proceso. Es material cuando no se ha respetado las etapas preclusivas que deben observarse desde el inicio del proceso hasta dictarse la sentencia correspondiente. El error de garantía se produce cuando el operador de justicia irrespeta los derechos de los sujetos procesales, derechos como el de defensa, el de ofrecer y practicar pruebas, el de motivar las resoluciones, etc.; B).- Ahora bien, en los casos de un vicio de estructura cabe la anulación del proceso desde un momento

Fecha	**Actuaciones judiciales**

determinado, para que se repongan las actuaciones afectadas por la nulidad. Pero, cuando se trata de un vicio de garantía, el mismo puede remediarse por vía de nulidad reaperturando una etapa precluida, (como por ejemplo para que se evacuen las diligencias que no fueron atendidas o practicadas no obstante ser procedentes por su pertinencia y conducencia) o por vía de convalidación conforme el Art. 130.8 del Código Orgánico de la Función Judicial, más aún cuando debe considerarse también, de un lado, que existen otros derechos-principios que observar, como el de celeridad y tutela judicial efectiva, que exigen un juzgamiento en tiempo razonable, en beneficio tanto del acusado como de la víctima, dado que el sistema procesal es un medio para la realización de la justicia, no un fin en sí mismo, que es precisamente el sustento de la posibilidad de convalidación. Y si bien es cierto que el Art. 424 de la Constitución dice que "Las normas y los actos del poder público deberán mantener conformidad con las disposiciones constitucionales; en caso contrario carecerán de eficacia jurídica", también es cierto que existe diferencia entre ineficacia y nulidad del acto procesal o del proceso, y que tratándose de esto último, su aplicación exige analizar la situación bajo la perspectiva del principio de administración de justicia, de que el sistema procesal es un medio para la realización de la justicia (Art. 169 de la Constitución), lo cual exige una análisis en cada caso en concreto, a la luz de los principios de especificidad, trascendencia, inculpabilidad y convalidación, lo cual pone en claro que las nulidades no operan automáticamente por inobservancia del debido proceso, dado que no se han establecido en beneficio de la ley y de las formas, sino de la realización de la justicia, siendo por este motivo que debe llegarse a la nulidad como último recurso y cuando la violación del debido proceso incide en la decisión de la causa. Esta aclaración porque la Defensa de los recurrentes, sustenta su pedido de nulidad recurriendo también a esta norma; C).- Se ha considerado también que en nuestro sistema procesal la concesión del recurso de apelación de las medidas cautelares, es en efecto devolutivo, siendo este tratamiento especial y excepcional que permite precisamente que dictada la medida se ejecute inmediatamente, no siendo por lo tanto necesario que previamente se confirme su validez y procedencia. Y es en base a todo lo expuesto que esta Sala ha resuelto convalidar los casos en que la prisión preventiva no se encuentre motivada, disponiendo que el Juez cumpla con la garantía de motivación sin anulación del proceso penal. Así tenemos, por citar, los casos penales Nros. 0299-2014 y 0037-2013, en donde no se recurre a la figura de la nulidad procesal por tratarse de vicios de garantía convalidables, por no tratarse de nulidades insanables. Igual consideración ha realizado en materia constitucional, en los casos 799-2010 y 405-2011. Y esta Sala debe respetar su precedente para garantizar a las partes el derecho a la igualdad y seguridad jurídica, en tanto y en cuanto los casos sean similares y no existan motivos objetivos y razonables que justifiquen el cambio de criterio. Por todas estas consideraciones, esta Sala, al reconocer que se ha incurrido en un vicio de garantía que produce nulidad sanable, RESUELVE: aceptar parcialmente el recurso de apelación y disponer que el Juez a cargo del caso motive inmediatamente la decisión de dictar prisión preventiva contra los recurrentes, con base en el material fáctico y jurídico aportado en la audiencia de formulación de cargos, pudiéndolo hacer por escrito.- Hágase saber.

04/09/2015 14:06:00 **ACTA DE AUDIENCIA**

Identificación del órgano jurisdiccional:

Órgano Jurisdiccional:
SALA PENAL, PENAL MILITAR, PENAL POLICIAL Y TRÁNSITO DE LOJA

Jueces:
Dr. Leonardo Bravo González (Ponente), Dr. Wilson Condoy Hurtado, y Dr. Claudio Francisco Segarra Regalado.

Nombre del Secretario:
Dr. Fernando Guerrero Córdova

Identificación del Proceso:

Número de Proceso:
2015-00435

Lugar y Fecha de Realización/Lugar y fecha de reinstalación:
Loja, 02 de septiembre del 2015.

Hora de Inicio: 15h05/ reinstalación:

Presunta Infracción:

Fecha **Actuaciones judiciales**

PARALIZACIÓN DE UN SERVICIO PÚBLICO

Desarrollo de la Audiencia:

Tipo de Audiencia:

Audiencia de Calificación de Flagrancia: ( )
Audiencia de Formulación de Cargos: ( )
Audiencia Preparatoria de Juicio: ( )
Audiencia de Juicio: ( )
Audiencia de Juzgamiento: ( )
Audiencia de Sustitución de Medidas: ( )
Audiencia de Suspensión Condicional: ( )
Audiencia de Acuerdos Reparatorios: ( )
Audiencia de Revocatoria de Suspensión Condicional: ( )
Audiencia de Medida Cautelar de Prisión Preventiva: ( )
Audiencia de Procedimiento Abreviado: ( )
Audiencia de Procedimiento Simplificado: ( )
Audiencia de Legalidad de Detención: ( )
Audiencia de Revisión de Medidas Cautelares: ( )
Audiencia de Apelación de Medidas Cautelares: ( )
Otro: (Especifique)

Audiencia Oral, Reservada y Contradictoria para conocer y resolver el Recurso de Apelación de la Prisión Preventiva, interpuesto por los ciudadanos: Ángel Polivio Medina Quizhpe, Manuel Asunción Zhunaula Sarango, Néstor Oswaldo Macas Minga, César Martín Suquilanda Guamán, Digner Patricio Medina Puglla, Marco Vinicio Andrade Zhingre, Manuel Asunción Tene González, Julio César Lozano Gualán, Servio Amable Angamarca Morocho, Fausto Enrique Lozano Quizhpe, Abel Sarango Cango, Jaime Rodrigo Lozano Gualán, José Lino Lozano Gualán, Ángel Benigno Ortega Cango, María Luisa Lozano Quizhpe, Luz Macrina Tene Guaillas, Carmen Delfina Minga Minga, Tania Mariana Minga Hueledel, Rosa Mercedes Lozano Gualán, Sisa Pakari Contento Contento, Karina Fernanda Montero Paguay, Sisa Carmen Lozano Guamán, María Natividad Medina Lozano, Teresa de Jesús Cango Medina, Laura Albertina Lozano Contento y Carmen Rosaura Medina Cartuche.

Intervinientes en la Audiencia:

Nombre del Fiscal:
Casilla Judicial y correo electrónico:
Dr. Miguel Ángel Condolo
En la casilla No. 274 y correo electrónico condolom@fiscalia.gob.ec

Nombre del Ofendido/ Acusador Particular:
Nombre del Abogado Patrocinador:
Casilla Judicial y correo electrónico:

Procesado/s:
Nombre del Defensor:
Casilla Judicial y correo electrónico:
Ángel Polivio Medina Quizhpe, Manuel Asunción Zhunaula Sarango, Néstor Oswaldo Macas Minga, César Martín Suquilanda Guamán, Digner Patricio Medina Puglla, Marco Vinicio Andrade Zhingre, Manuel Asunción Tene González, Julio César Lozano Gualán, Servio Amable Angamarca Morocho, Fausto Enrique Lozano Quizhpe, Abel Sarango Cango, Jaime Rodrigo Lozano Gualán, José Lino Lozano Gualán, Ánel Benigno Ortega Cango, María Luisa Lozano Quizhpe, Luz Macrina Tene Guaillas, Carmen Delfina Minga Minga, Tania Mariana Minga Hueledel, Rosa Mercedes Lozano Gualán, Sisa Pakari Contento Contento, Karina Fernanda Montero Paguay, Sisa Carmen Lozano Guamán, María Natividad Medina Lozano, Teresa de Jesús Cango Medina, Laura Albertina Lozano Contento y Carmen Rosaura Medina Cartuche.
Dr. Vicente Vivanco Cruz, Dr. Jorge Aguilar Arciniegas, Dr. Luis Guamán Zhunaula, Dr. Luis Cueva y Dra. Ana Lucía Namicela

Fecha	Actuaciones judiciales

Guaya

En las casillas judiciales Nro. 336, 650 y 677 y en los correos electrónicos consultotiojuridico-ng13@hotmail.com; leovivan@outlook.com; aguilarjorge1970@gmail.com; luiswaman@yahoo.es; rikcharido@yahoo.es; y rimapuy2@hotmail.com

Testigos Defensa:
Testigos Fiscalía:
Testigos Acusador Particular:

Peritos:
Traductores o intérpretes:

*Registrar junto al nombre si la intervención ha sido realizada por videoconferencia.

Prueba documental del Procesado:
Prueba documental de Fiscalía:
Prueba documental del Acusador Particular:

Actuaciones:

Actuaciones del Procesado:
Justifica Arraigo Social: ( )
Medidas Sustitutivas: ( )
Solicita Pericia: ( )
Vicios de Procedibilidad: ( )
Vicios de Competencia Territorial: ( )
Existen Vicios Procesales: ( )
Solicita Procedimiento Abreviado: ( )
Solicita Acuerdo Reparatorio: ( )
Otro (Especifique)

El Dr. Vicente Vivanco Cruz, en representación de todos los procesados manifiesta: Que fundamento el recurso de conformidad con el Art. 76, num. 7, lit. l de la Constitución de la República, en concordancia con el Art. 424, Art. 11, num. 3 del mismo cuerpo de leyes, en la audiencia oral que el Juzgador emitió la prisión preventiva; en el primer punto, en el Art. 346 del Código Orgánico Integral Penal, sobre la paralización de un servicio público, habla de una manera muy general, sin especificar el lugar y el tiempo. Con respecto al segundo punto, sobre la prisión preventiva, el Juez a quo manifiesta lo siguiente: Que existen las declaraciones del expediente y además que existe el parte policial informativo, con respecto a las cuestiones de forma; no dice a fojas tanto consta las versiones, ni quien declara, ni que se declara que es lo fundamental, tampoco manifestó a que fojas del proceso consta el parte policial; y, ahora la prueba de fondo, se habla de elementos de convicción y en esta etapa no se necesita pruebas, pero si elementos que nos lleve a comprobar la participación de alguna persona, y en el presente punto, sólo fueron generalidades. Son 26 personas que defendemos y ninguno de ellos hicieron actos relacionados con el delito que se acusa, incluso si actúo en calidad de autor o cómplice, nada de eso manifestó en su fundamentación oral el señor Juez e incluso no se ha mostrado ninguna foto o video como prueba, por lo que el señor Juez no ha motivado de forma precisa, de forma argumentada, de forma concreta y de forma explícita. En el tercer punto sobre los indicios, nos dice el Art. 534, es obligación de la Fiscalía, demostrar que nuestros defendidos podían fugarse o no comparecer al proceso, no existe ningún indicio que haya aportado la Fiscalía, y en el Auto de Prisión Preventiva, tampoco constan estos indicios, y finalmente el Art. 520, num. 4 del Código Orgánico Integral Penal, habla sobre: "Al motivar su decisión la o el juzgador considerara los criterios de necesidad y proporcionalidad de la medida solicitada", en la presente resolución, no existe motivación, se ha omitido esos criterios que debía mencionarlos el Juez, por lo que expresamos que existe falta de motivación, es por eso, que solicitamos se revoque y se declare la nulidad del Auto de Prisión de Preventiva, muchas gracias.

Actuaciones de Fiscalía:

Acusa: ( )

Página 8 de 12

Fecha **Actuaciones judiciales**

Solicita Prisión Preventiva: ( )
Solicita Pericia: ( )
Dictamen Acusatorio: ( )
Dictamen Abstentivo: ( )
Acepta Procedimiento Abreviado: ( )
Solicita Procedimiento Simplificado: ( )
Acepta Acuerdo Reparatorio: ( )
Solicita Medidas Cautelares reales: ( )
Solicita Medidas Cautelares personales: ( )
Otro (Especifique)

El señor Fiscal de Loja, Dr. Miguel Ángel Condolo manifiesta: Me refiero al Art. 654 del Código Orgánico Integral Penal, en cuanto al trámite del recurso de apelación, dice lo siguiente en el numeral 1: "Se interpondrá ante la o el juzgador o tribunal dentro de los tres días de notificado el auto o sentencia", aquí se ha violado el debido proceso, ya que ellos apelaron en la madrugada del 18 de agosto del año en curso, pero si respetamos la norma procesal antes indicada, el recurso tendría que haber sido interpuesto a partir del 19 de agosto del 2015, porque se refiere a los 3 días posteriores a la notificación y no precisamente a la notificación en físico, sino partiendo de la notificación oral, incluso, la notificación de forma física y motivada por parte del Juez, no se lo ha hecho llegar hasta el día de hoy, como constancia de aquello, la Fiscalía el día de hoy, ha solicitado mediante escrito, se digne en notificar a la Fiscalía, de su fundamentación por el cual se dictó la prisión preventiva; y, que hasta el momento, todavía no ha respondido. En cuanto a la exposición que ha hecho el abogado de la defensa, debo manifestar que: El Auto de Prisión Preventiva dictado por el Juez, está debidamente fundamentado por las siguientes razones: Existían los elementos, los hechos fácticos, ocurridos el 17 de agosto del 2015, la Fiscalía en la Audiencia de Flagrancia, ha presentado como elementos de convicción, versiones de los agentes de policía, el reconocimiento del lugar de los hechos, por lo que sí existían elementos de convicción, para que el señor Juez, dicté la prisión preventiva, y ninguno de los abogados justificaron el arraigo social, laboral y familiar de cada uno de los procesados, por lo que el Juez, sí indico todos los elementos de convicción, cumpliendo el Art. 534 del Código Orgánico Integral Penal, los elementos que ahí se exigen como requisitos, por lo que la Fiscalía se encuentra en absoluta seguridad, que se cumplió el debido proceso y la Fiscalía considera y solicita, se ratifique el Auto de Prisión Preventiva, presentado en su momento por el Juez a quo, hasta aquí mi intervención, muchas gracias.

Actuaciones del Acusador Particular:

Solicita conversión de la acción: ( )
Solicita prisión preventiva:
Solicita se condene al pago ( )
de daños y perjuicios:( )
Otro (Especifique)

Extracto de la resolución: (800 caracteres)

Bien, en la delimitación de los temas a debatir de la defensa, como primer punto tenemos sobre la motivación, cuando el Juez dicta la prisión preventiva, ha señalado que no ha fundamentado principalmente sobre los literales 1, 2 y 3 del Art. 534 del Código Orgánico Integral Penal, sobre esto vamos empezar recordando, que es una garantía del debido proceso la motivación de las resoluciones del poder público, previstas en el Art. 76, num. 7, lit l de la Constitución de la República, dice la letra: "Las resoluciones de los poderes públicos deberán ser motivadas. No habrá motivación si en la resolución no se enuncian las normas o principios jurídicos en que se funda y no se explica la pertinencia de su aplicación a los antecedentes de hecho. Los actos administrativos, resoluciones o fallos que no se encuentren debidamente motivados se considerarán nulos. Las servidoras o servidores responsables serán sancionados", desarrollando esta norma, diría yo programática, el Código Orgánico Integral Penal, establece en el Art. 5 algunas garantías y principios rectores del proceso penal, y en el numeral 18, se refiere a la motivación, dice el numeral citado: "Motivación: la o el juzgador fundamentará sus decisiones, en particular, se pronunciará sobre los argumentos y razones relevantes expuestos por los sujetos procesales durante el proceso", en lo relacionado al Auto de Prisión Preventiva, tenemos una norma especial, particular, nos referimos al Art. 540, que dice: "Resolución de prisión preventiva.- La aplicación, revocatoria, sustitución, suspensión o revisión de la prisión preventiva, será adoptada por la o el juzgador en audiencia, oral, pública y contradictoria de manera motivada". La Corte Constitucional ha señalado que una resolución satisface la garantía de la motivación, cuando la misma es razonable, lógica y comprensible; dice que es razonable una resolución, cuando en la misma se citan preceptos y principios constitucionales; dice que una resolución es lógica, cuando existe coherencia entre las premisas y las conclusiones y entre las conclusiones y la resolución; y, una resolución es comprensible, cuando se utiliza un lenguaje que pueda

Página 9 de 12

Fecha	Actuaciones judiciales

Solicita Prisión Preventiva: ( )
Solicita Pericia: ( )
Dictamen Acusatorio: ( )
Dictamen Abstentivo: ( )
Acepta Procedimiento Abreviado: ( )
Solicita Procedimiento Simplificado: ( )
Acepta Acuerdo Reparatorio: ( )
Solicita Medidas Cautelares reales: ( )
Solicita Medidas Cautelares
personales: ( )
Otro (Especifique)

El señor Fiscal de Loja, Dr. Miguel Ángel Condolo manifiesta: Me refiero al Art. 654 del Código Orgánico Integral Penal, en cuanto al trámite del recurso de apelación, dice lo siguiente en el numeral 1: "Se interpondrá ante la o el juzgador o tribunal dentro de los tres días de notificado el auto o sentencia", aquí se ha violado el debido proceso, ya que ellos apelaron en la madrugada del 18 de agosto del año en curso, pero si respetamos la norma procesal antes indicada, el recurso tendría que haber sido interpuesto a partir del 19 de agosto del 2015, porque se refiere a los 3 días posteriores a la notificación y no precisamente a la notificación en físico, sino partiendo de la notificación oral, incluso, la notificación de forma física y motivada por parte del Juez, no se lo ha hecho llegar hasta el día de hoy, como constancia de aquello, la Fiscalía el día de hoy, ha solicitado mediante escrito, se digne en notificar a la Fiscalía, de su fundamentación por el cual se dictó la prisión preventiva; y, que hasta el momento, todavía no ha respondido. En cuanto a la exposición que ha hecho el abogado de la defensa, debo manifestar que: El Auto de Prisión Preventiva dictado por el Juez, está debidamente fundamentado por las siguientes razones: Existían los elementos, los hechos fácticos, ocurridos el 17 de agosto del 2015, la Fiscalía en la Audiencia de Flagrancia, ha presentado como elementos de convicción, versiones de los agentes de policía, el reconocimiento del lugar de los hechos, por lo que sí existían elementos de convicción, para que el señor Juez, dicté la prisión preventiva, y ninguno de los abogados justificaron el arraigo social, laboral y familiar de cada uno de los procesados, por lo que el Juez, sí indico todos los elementos de convicción, cumpliendo el Art. 534 del Código Orgánico Integral Penal, los elementos que ahí se exigen como requisitos, por lo que la Fiscalía se encuentra en absoluta seguridad, que se cumplió el debido proceso y la Fiscalía considera y solicita, se ratifique el Auto de Prisión Preventiva, presentado en su momento por el Juez a quo, hasta aquí mi intervención, muchas gracias.

Actuaciones del Acusador Particular:

Solicita conversión de la acción: ( )
Solicita prisión preventiva:
Solicita se condene al pago ( )
de daños y perjuicios:( )
Otro (Especifique)

Extracto de la resolución: (800 caracteres)

Bien, en la delimitación de los temas a debatir de la defensa, como primer punto tenemos sobre la motivación, cuando el Juez dicta la prisión preventiva, ha señalado que no ha fundamentado principalmente sobre los literales 1, 2 y 3 del Art. 534 del Código Orgánico Integral Penal, sobre esto vamos empezar recordando, que es una garantía del debido proceso la motivación de las resoluciones del poder público, previstas en el Art. 76, num. 7, lit l de la Constitución de la República, dice la letra: "Las resoluciones de los poderes públicos deberán ser motivadas. No habrá motivación si en la resolución no se enuncian las normas o principios jurídicos en que se funda y no se explica la pertinencia de su aplicación a los antecedentes de hecho. Los actos administrativos, resoluciones o fallos que no se encuentren debidamente motivados se considerarán nulos. Las servidoras o servidores responsables serán sancionados", desarrollando esta norma, diría yo programática, el Código Orgánico Integral Penal, establece en el Art. 5 algunas garantías y principios rectores del proceso penal, y en el numeral 18, se refiere a la motivación, dice el numeral citado: "Motivación: la o el juzgador fundamentará sus decisiones, en particular, se pronunciará sobre los argumentos y razones relevantes expuestos por los sujetos procesales durante el proceso", en lo relacionado al Auto de Prisión Preventiva, tenemos una norma especial, particular, nos referimos al Art. 540, que dice: "Resolución de prisión preventiva.- La aplicación, revocatoria, sustitución, suspensión o revisión de la prisión preventiva, será adoptada por la o el juzgador en audiencia, oral, pública y contradictoria de manera motivada". La Corte Constitucional ha señalado que una resolución satisface la garantía de la motivación, cuando la misma es razonable, lógica y comprensible; dice que es razonable una resolución, cuando en la misma se citan preceptos y principios constitucionales; dice que una resolución es lógica, cuando existe coherencia entre las premisas y las conclusiones y entre las conclusiones y la resolución; y, una resolución es comprensible, cuando se utiliza un lenguaje que pueda

Página 9 de 12

Fecha	Actuaciones judiciales

llegar al común de las personas, no solamente a quienes manejan el derecho, Sobre que se debe motivar?, en este caso se debe motivar, sobre todos y cada uno de los requisitos establecidos en el Art. 534 del Código Orgánico Integral Penal, se debe motivar concretamente, sobre que existen elementos de convicción suficientes, sobre la existencia del delito del ejercicio público de la acción, sobre elementos de convicción claros y precisos, que el procesado es autor o cómplice de la infracción, indicios de los cuales se desprende, que las medidas cautelares titulares no privativas de la libertad, son insuficientes y que es necesario la prisión preventiva, para asegurar su presencia en el juicio, para el cumplimiento de la pena. Escuchado el audio, varias veces principalmente por el suscrito Juez Ponente y también por mis compañeros, llegamos a la conclusión que el Juez no ha dado cumplimiento con la garantía de motivación, constitucional y legal, porque si bien se refiere, que se ha receptado las versiones y que existe un parte, la motivación no se agota, en señalar genéricamente que existen versiones y un parte policial, que además es informativo, la motivación requiere, que además de señalar cuales son los elementos de convicción, representados por una versión, por un reconocimiento, se señale que hechos, de eso se trata, que hechos son los que le permiten a él concluir preliminarmente, que en efecto, nos encontramos frente a un delito de acción pública; que hechos objetivos, se pueden encontrar de esas versiones, de esos partes policiales; que las personas que están siendo procesadas, han tenido algún grado de participación en el delito de acción pública, como autores o como cómplices, luego hay que indicar también que indicios, es decir, que hechos, porque los indicios son hechos; que hechos nos llevan a pensar, que es insuficiente una medida alternativa y correlativamente necesaria la prisión preventiva, nada eso en realidad escuchamos, cuando el Juez dicta oralmente la decisión de prisión preventiva. Había dicho en el transcurso de esta audiencia, que nosotros como juzgadores, estamos obligados a garantizar a las personas el derecho a la igualdad, pero no solamente eso, también a la seguridad jurídica y eso significa que nosotros los juzgadores, tenemos que mantener el precedente, es decir, resolver como se lo ha venido haciendo, en casos similares, porque lo contrario sería, dar un trato desigual e inseguridad jurídica, les hago saber esto, porque esta Sala, en casos similares, ha dispuesto que el proceso regrese al inferior, para que motive su resolución, es decir, no ordenamos la revocatoria, porque la revocatoria tiene otros fundamentos, no ordenamos la libertad, porque lo que está fallando es la motivación y esto lo hacemos a partir de la misma Constitución. El sistema procesal, es un medio para la realización de la justicia, no el fin en sí mismo, luego el Código Orgánico Integral Penal, dice que solo se debe declarar la nulidad, cuando vemos que se afecta el derecho de defensa, la doctrina dice por un lado, que la nulidad se debe recurrir solamente en casos extremos, y todo esto se ha recogido en el Código Orgánico de la Función Judicial, cuando dice que se debe recurrir a la anulaciones de los actos procesales o del proceso penal, cuando definitivamente, no hay forma de convalidación y cuando hay un vicio insubsanable, eso lo dice en el Art. 130.8 del Código citado, que señala concretamente: "Es facultad esencial de las juezas y jueces ejercer las atribuciones jurisdiccionales de acuerdo con la Constitución, los instrumentos internacionales de derechos humanos y las leyes; por lo tanto deben: convalidar de oficio o a petición de parte los actos procesales verificados con inobservancia de formalidades no esenciales, si no han viciado al proceso de nulidad insanable ni han provocado indefensión". Consideramos nosotros, como lo hemos hecho en muchos casos anteriores, por citar la última resolución en el juicio Nro. 0299-2014, que el tema de la motivación, es un tema convalidable, en virtud de eso, nosotros hemos venido resolviendo, que en estos casos, el proceso debe regresar al Juzgador, para que cumpla con la garantía de motivación y así lo vamos a resolver en este caso, por lo tanto, en base a las disposiciones constitucionales y legales citadas, considerando que aquí se trata de un vicio de garantía convalidable, no vicio de estructura, lo cual voy a explicar en mi resolución, resolvemos que el proceso regrese inmediatamente al Juzgado de origen, para que así mismo, de la manera más inmediata, motive la decisión, de acuerdo a los parámetros constitucionales y legales, eso significa que aceptamos en parte el recurso de apelación; la resolución debidamente motivada y por escrito se les hará llegar a sus respectivos casilleros judiciales y/o correos electrónicos, con lo cual concluimos la diligencia, buenas tardes.

Razón:

El contenido de la audiencia reposa en el archivo de la Judicatura. La presente acta queda debidamente suscrita conforme lo dispone la Ley, por la/el Secretario/a del/de la Sala de Garantías Penales del Cantón Loja, el mismo que certifica su contenido. Las partes quedan notificadas con las decisiones adoptadas en la presente audiencia sin perjuicio de lo dispuesto en la Ley respecto de su notificación escrita en las casillas judiciales que las partes procesales han señalado para tal efecto.

Hora de Finalización:

16H40

Dr. Fernando Guerrero Córdova
EL SECRETARIO

Página 10 de 12

Fecha	Actuaciones judiciales

03/09/2015 **PROVIDENCIA GENERAL**
15:53:00

En atención al escrito que antecede, presentado por el recurrente Ángel Polivio Medina Quizhpe y otros recurrentes, se dispone tener en cuenta los casilleros judiciales Nro. 336, 650 y 677, así como los correos electrónicos consultoriojuridico-ng13@hotmail.com; leovivan@outlook.com; aguilarjorge1970@gmail.com; luiswaman@yahoo.es; rikcharido@yahoo.es; rimapuy2@hotmail.com, para sus notificaciones en la ciudad de Loja, así como la autorización que les conceden a los Dres. Vicente Vivanco Cruz, Ana Lucia Namicela Guaya, Jorge Aguilar Arciniegas, Luis Guamán Zhunaula y Luis Cueva, para que en sus nombres y representación suscriban en forma conjunta o por separado los escritos que sean necesarios en su defensa. Por última vez se notifica al doctor Freddy Aguilera Ramón, abogado sustituido en la defensa.- Hágase saber.-

03/09/2015 **ESCRITO**
14:43:55

Petición: Señala casillero judicial
FePresentacion, ESCRITO

31/08/2015 **PROVIDENCIA GENERAL**
12:25:00

En atención al escrito que antecede, presentado por el Abogado Vicente Vivanco Cruz, por secretaría confiérase copia de la grabación de la audiencia requerida. Notifíquese.-

28/08/2015 **ESCRITO**
16:28:53

Petición: COPIAS CERTIFICADAS DE GRABACION DE AUDIENCIA
FePresentacion, ESCRITO

28/08/2015 **PROVIDENCIA GENERAL**
15:11:00

En atención a lo solicitado por el Dr. Freddy Aguilera Ramón en el escrito que antecede se dispone: 1) Por intermedio de secretaria, confiérase copias certificadas de los requerido. 2) Previo a atender lo solicitado en lo referente a la copia del audio de la audiencia de flagrancia, se establece que de cumplimiento a lo dispuesto en la resolución Nro. 176-13 del Pleno del Consejo de la Judicatura, en su Art. 3, indicando el uso específico que se dará a la misma. 3) Se llama a intervenir al Dr. Fernando Guerrero Córdova, como Secretario Relator de la Sala, en virtud del Memorando Nro. 769-DP11-UPTHL-2015 de fecha 14 de julio de 2015, suscrito por la Dra. María Lorena Espinosa, Directora Provincial del Consejo de la Judicatura en Loja.- Hágase saber.-

28/08/2015 **ESCRITO**
14:37:29

Petición: COPIAS CERTIFICADAS DE GRABACION DE AUDIENCIA
FePresentacion, ESCRITO

28/08/2015 **PROVIDENCIA GENERAL**
09:20:00

De oficio y en vista de que en la providencia dictada el día 27 de agosto del presente año, por un error involuntario se hacer constar el día martes 02 de septiembre del presente año, en la que se convoca a la audiencia oral pública y contradictoria, a las 15H00, se corrige en el sentido que la mencionada audiencia se va a llevar a cabo el día miércoles 02 de septiembre y no martes como consta en la mencionada providencia.. En todo lo demás, el referido auto se mantiene inalterable. Se llama a intervenir al Dr. Fernando Humberto Guerrero, como Secretario Relator de la Sala, en virtud del Memorando Nro. 769-DP11-UPTHL-2015 de fecha 14 de julio de 2015, suscrito por la doctora Lorena Espinosa, Directora Provincial del Consejo de la Judicatura en Loja .- Hágase saber.-

27/08/2015 **CONVOCATORIA A AUDIENCIA**
15:58:00

Integrado, por sorteo, el Tribunal de la Sala que conocerá y resolverá la impugnación póngase en conocimiento de los sujetos procesales la recepción del proceso en este nivel jurisdiccional. El Tribunal queda conformado por los doctores Leonardo Bravo, ponente, Wilson Condoy Hurtado; y, Francisco Segarra Regalado. Prosiguiendo con el trámite, se convoca a los sujetos procesales para el día martes 02 de septiembre del presente año, a las 15h00, para que tenga lugar la audiencia pública, oral y contradictoria, la misma que se llevará a cabo en la Sala de Audiencias Nro. 41 de esta dependencia, ubicada en el Quinto piso

Página 11 de 12

Fecha **Actuaciones judiciales**

del Edificio Plaza Federal. Por cuanto el doctor Fernando Guerrero Córdova, secretario de la Sala Penal se encuentra haciendo uso de licencia por vacaciones, se llama a intervenir al doctor Gastón André Sarmiento, mediante Acción de personal Nro. 3033-UPTHL-SC, suscrita por la doctora Lorena Espinosa, Directora del Consejo de la Judicatura, de fecha de fecha 12 de agosto de 2015.- Hágase saber.

27/08/2015 **ACTUARIALES**
09:30:00

RAZÓN: Siento como tal, que el día de hoy, se recibió en esta Sala, el expediente No. 11313-2015-00435, remitido de la Unidad Judicial Multicompetente con sede en el Cantón Saraguro, en 48 fojas (01 cuerpo), más 02 cds.- Particular que dejo sentando para los fines legales consiguientes.- Loja, a veinte y seis de agosto de 2015.-

DR. GASTON ANDRÉ SARMIENTO.
SECRETARIO RELATOR ENCARGADO DE LA SALA PENAL DE LOJA

Anexo 8 (Para el caso 5)

REPÚBLICA DEL ECUADOR

www.funcionjudicial.gob.ec

UNIDAD JUDICIAL MULTICOMPETENTE CON SEDE EN EL CANTON SARAGURO PROVINCIA DE LOJA

No. proceso:	11313-2015-00435
No. de Ingreso:	1
Acción/Infracción:	346 PARALIZACIÓN DE UN SERVICIO PÚBLICO
Actor(es)/Ofendido(s):	TORRES SALDAÑA DIEGO JOSE DR. MIGUEL ANGEL CONDOLO POMA, FISCAL
Demandado(s)/Procesado(s):	MACAS AMBULUDI ATAHUALPA YUPANKY LIMA MEDINA JULIO AURELIO CARTUCHE QUIZHPE JOSE MANUEL SARANGO QUIZHPE JULIO AURELIO LOZANO GUALAN JULIO CESAR TENE GONZALEZ MANUEL ASUNCION LOZANO GUALAN JAIME RODRIGO ORTEGA CANGO ANGEL BENIGNO ZHUNAULA SARANGO ASUNCION ANGAMARCA MOROCHO SERVIO AMABLE SUQUILANDA GUAMAN CESAR MARTIN MACAS MINGA NESTOR OSWALDO LOZANO GUALAN JOSE LINO LOZANO QUIZHPE FAUSTO ENRIQUE MEDINA PUGLLA DIGNER PATRICIO SARANGO CANGO ABEL ANDRADE ZHINGRE MARCO VINICIO MEDINA QUIZHPE ANGEL POLIVIO CONTENTO CONTENTO SISA PACARI LOZANO GUAMAN SISA CARMEN CANGO MEDINA TERESA DE JESUS LOZANO GUALAN ROSA MERCEDES MEDINA LOZANO NATIVIDAD MARIA MONTEROS PAGUAY KARINA FERNANDA MINGA GUELEDEL TANIA MARIANA MINGA MINGA CARMEN DELFINA LOZANO QUIZHPE MARIA LUISA MEDINA CARTUCHE CARMEN ROSAURA LOZANO CONTENTO LAURA ALBERTINA TENE GUAILLAS LUZ MACRINA

Fecha	Actuaciones judiciales

09/06/2016 15:08:00 **PROVIDENCIA GENERAL**

Agréguese a expediente el escrito presentado por parte de José Angel Vacacela Quizhpe y Angel Polivio Minga, el mismo que será tomado en cuenta para los fines legales que correspondan, agréguese al expediente el escrito presentado or parte de María del Carmen Salinas, devuelvase el mismo por no corresponder al presente expediente. Agréguese al expediente el escrito presentado por parte de Fausto Enrique Lozano Quizhpe, en atención al mismo se indica que esta autoridad se ha excusado de conocer la presente causa mediante auto de llamamiento a juicio de fecha 24 de mayo de 2016, ordenándose nuevamente que la presente causa sea remitida de manera inmediata al Tribunal Penal de la ciudad de Loja. Notifíquese.

08/06/2016 17:01:28 **Acta Resumen**

RESUELVE DICTAR AUTO DE LLAMAMIENTO A JUICIO EN GRADO DE AUTORES EN CONTRA DE 1.- TERESA DE JESÚS CANGO MEDINA ECUATORIANA DE ESTADO CIVIL CASADA DE OCUPACIÓN ARTESANA DOMICILIADA EN LA COMUNIDAD LAS LAGUNAS CON CÉDULA DE IDENTIDAD 110343886-5, 2.- JOSE LINO LOZANO GUALAN ECUATORIANO DE ESTADO CIVIL UNIÓN LIBRE 23 AÑOS DE EDAD DOMICILIADO EN LA COMUNIDAD LAS LAGUNAS CON CÉDULA DE IDENTIDAD NÚMERO 110534879-9. 3.- JULIO CESAR LOZANO GUALAN ECUATORIANO DE ESTADO UNIÓN LIBRE DE OCUPACIÓN CONDUCTOR DOMICILIADO EN GUNUDEL DEL CANTÓN SARAGURO CON CÉDULA DE IDENTIDAD NÚMERO 110446074-4. 4.- SISA CARMEN LOZANO GUAMAN ECUATORIANA DE ESTADO CIVIL SOLTERA DE OCUPACIÓN ESTUDIANTE DOMICILIADA EN LA COMUNIDAD LAS LAGUNAS CON CÉDULA DE IDENTIDAD NÚMERO 110490252-1, 5.- FAUSTO ENRIQUE LOZANO QUIZHPE ECUATORIANO DE ESTADO CIVIL CASADO DE OCUPACIÓN AGRICULTOR

Página 1 de 85

ɛcha	Actuaciones judiciales

ƆMICILIADA EN GUNUDEL DEL CANTÓN SARAGURO CON CÉDULA DE IDENTIDAD NÚMERO 110383553-2, 6.- CARMI ƆSAURA MEDINA CARTUCHE ECUATORIANA DE ESTADO CIVIL CASADA DE OCUPACIÓN EMPLEADA PRIVAI ƆMICILIADA EN EL SECTOR GULACPAMBA DEL CANTÓN SARAGURO CON CÉDULA DE IDENTIDAD NÚMEF 0420707-9, 7.- NATIVIDAD MARIA MEDINA LOZANO ECUATORIANA DE ESTADO CIVIL SOLTERA DE OCUPACI(ƷRICULTORA DOMICILIADA EN LA COMUNIDAD LAS LAGUNAS CON CÉDULA DE IDENTIDAD NÚMERO 110212452-4, ١NIA MARIANA MINGA GUELEDEL ECUATORIANA DE ESTADO CIVIL SOLERA DE OCUPACIÓN ARTESAI ƆMICILIADA EN EL SECTOR EL CEMENTERIO DE LA PARROQUIA Y CANTÓN SARAGURO CON CÉDULA DE IDENTID, ЈMERO 190044114-6, 9.- ABEL BENIGNO ORTEGA CANGO ECUATORIANO DE ESTADO CIVIL CASADO DE OCUPACI(ƷRICULTOR DOMICILIADO EN LAS CALLES 10 DE MARZO Y LOJA CON CÉDULA DE IDENTIDAD 110250663-9. 10.- AB ١RANGO CANGO ECUATORIANO DE ESTADO CIVIL CASADO DE OCUPACIÓN AGRICULTOR EN LA COMUNIDAD I ƆS RAMOS DE LA PARROQUIA SAN LUCAS CON CÉDULA DE IDENTIDAD NÚMERO 110156931-5. 11.- CESAR MART JQUILANDA GUAMÁN, ECUATORIANO DE ESTADO CIVIL SOLTERO DE OCUPACIÓN EMPLEADO PRIVAI ƆMICILIADO EN EL BARRIO PICHIG DE LA PARROQUIA SAN LUCAS CON CÉDULA DE IDENTIDAD NÚMERO 1056567ᶊ 12.- MANUEL ASUNCIÓN TENE GONZALEZ ECUATORIANO DE ESTADO CIVIL CASADO DE OCUPACIÓN AGRICULT(ƆMICILIADO EN LA COMUNIDAD DE TAMBOPAMBA DEL CANTÓN SARAGURO CON CÉDULA DE IDENTIDAD NÚMEF 0352431-8; DEBIÉNDOSE RATIFICAR LAS MEDIDAS IMPLEMENTADAS EN SU CONTRA, NO EXISTEN ACUERD(ꞮOBATORIOS, SE APRUEBA CADA UNA DE LAS PRUEBAS ANUNCIADAS EN LA PRESENTE AUDIENCIA TANTO P(١RTE DE LA FISCALÍA COMO LA DEFENSA, SE MANTIENEN LAS MEDIDAS CAUTELARES EN CONTRA DE L(ꞮOCESADOS, PÓNGASE EN CONOCIMIENTO EL PRESENTE AUTO DE LLAMAMIENTO A JUICIO A LA SALA DE I ƎNAL DE LOJA, ADJUNTANDO LOS CORRESPONDIENTES ANTICIPOS PROBATORIOS, EXCUSÁNDOME D ƆNOCIMIENTO DE LA PRESENTE CAUSA. CON RESPECTO A LOS DEMÁS PROCESADOS SE DICTA EL AUTO I ƆBRESEIMIENTO A FAVOR DE 1.- MARCO VINICIO ANDRADE ZHINGRE, 2.- SISA PACARI CONTENTO CONTENTO. .IME RODRIGO LOZANO GUALAN. 4.- LOZANO GUALAN ROSA MERCEDES, 5.- NESTOR OSWALDO MACAS MINGA, GNER PATRICIO MEDINA PUGLLA Y 7.- LUZ MACRINA TENE GUAILLAS, SE LEVANTAN TODAS LAS MEDID, PUESTAS EN SU CONTRA, DEBIÉNDOSE REALIZAR LOS OFICIOS QUE CORRESPONDAN, NO SE CALIFICA ƎNUNCIA NI LA ACUSACIÓN PARTICULAR COMO MALICIOSA NI TEMERARIA EN SU CONTRA, DEJANDO A SALVO L(ƎRECHOS QUE LE ASISTAN A SU FAVOR. SE HA CORRIDO TRASLADO A LA FISCALÍA COMO AL ACUSADOR QUIENI ١NIFIESTAN DENTRO DE LA AUDIENCIA QUE NO TIENEN NADA QUE ALEGAR. El contenido de la audiencia reposa er ɔhivo de la Judicatura. La presente acta queda debidamente suscrita conforme lo dispone la Ley, por la/el Secretaria/o del/de ИIDAD JUDICIAL MULTICOMPETENTE CON SEDE EN EL CANTON SARAGURO PROVINCIA DE LOJA,el mismo q rtifica su contenido. Las partes quedan notificadas con las decisiones adoptadas en la presente audiencia sin perjuicio de ɟpuesto en la Ley respecto de su notificación escrita en las casillas judiciales que las partes procesales han señalado para ɛcto.

/06/2016 0:44:13 **ESCRITO**

/05/2016 6:56:21 **ESCRITO**

ᵼ/05/2016 1:08:00 **SOBRESEIMIENTO**

ƧTOS: En la ciudad de Loja a los 20 días del mes de mayo de 2016 comparecen a la celebración de la presente audien ɘparatoria de juzgamiento en contra de los procesados señores MARCO VINICIO ANDRADE ZHINGRE con cédula de identid 0357948-6, TERESA DE JESÚS CANGO MEDINA con cédula de identidad 110343886-5; SISA PACARI CONTEN ƆNTENTO con cédula de identidad número 110577985-2; JAIME RODRIGO LOZANO GUALAN con cédula de identid 0504020-6; JOSE LINO LOZANO GUALAN con cédula de identidad número 110534879-9;JULIO CESAR LOZANO GUAL, n cédula de identidad número 110446074-4, LOZANO GUALAN ROSA MERCEDES con cédula de identidad núme 04925365; SISA CARMEN LOZANO GUAMAN con cédula de identidad número 110490252-1, FAUSTO ENRIQUE LOZAI JIZHPE con cédula de identidad número 110383553-2; NESTOR OSWALDO MACAS MINGA con cédula de identidad núme 00534189, CARMEN ROSAURA MEDINA CARTUCHE con cédula de identidad número 110420707-9, NATIVIDAD MAF ƎDINA LOZANO con cédula de identidad número 110212452-4, DIGNER PATRICIO MEDINA PUGLLA con cédula de identid mero 110415952-8; TANIA MARIANA MINGA GUELEDEL con cédula de identidad número 190044114-6, ANGEL BENIGI ꞮTEGA CANGO con cédula de identidad 110250663-9; ABEL SARANGO CANGO con cédula de identidad número 1101569ᶊ CESAR MARTIN SUQUILANDA GUAMÁN con cédula de identidad número 10565679-5; MANUEL ASUNCIÓN TEI ƆNZALEZ con cédula de identidad número 110352431-8; y LUZ MACRINA TENE GUAILLAS con cédula de identidad núme

Fecha	Actuaciones judiciales

171529195-9.- El señor Agente Fiscalía en ejercicio de sus atribuciones consagradas en el artículo 195 de la Constitución Política del Estado, así como lo dispuesto en el artículo 603 del Código Orgánico Integral Penal, ha formulado cargos en grado de autores por el presunto delito de paralización de un servicio público, acción tipificada y sancionada en el artículo 346 del Código Orgánico Integral Penal que dispone "Paralización de un servicio público.- La persona que impida, entorpezca, o paralice la normal prestación de un servicio público o se resista violentamente al restablecimiento del mismo; o, se tome por fuerza un edificio o instalación pública será sancionada con pena privativa de libertad de uno a tres años" en contra de MARCO VINICIO ANDRADE ZHINGRE con cédula de identidad 110357948-6, ecuatoriano, de estado civil casado, de profesión asistente de oficina jurídica, domiciliado en la Av. Panamericana sector San Vicente, perteneciente a la parroquia y cantón Saraguro; TERESA DE JESÚS CANGO MEDINA ecuatoriana de estado civil casada de ocupación artesana domiciliada en la comunidad las Lagunas con cédula de identidad 110343886-5, ; SISA PACARI CONTENTO CONTENTO ecuatoriana de estado soltera de ocupación estudiante domiciliada en la parroquia San Pablo de Tenta con cédula de identidad número 110577985-2;JAIME RODRIGO LOZANO GUALAN ecuatoriano de estado civil unión libre de ocupación agricultor domiciliado en la comunidad de Gunudel con cédula de identidad 110504020-6; JOSE LINO LOZANO GUALAN ecuatoriano de estado civil unión libre 23 años de edad domiciliado en la comunidad las Lagunas con cédula de identidad número 110534879-9; JULIO CESAR LOZANO GUALAN ecuatoriano de estado unión libre de ocupación conductor domiciliado en Gunudel del Cantón Saraguro con cédula de identidad número 110446074-4, LOZANO GUALAN ROSA MERCEDES Ecuatoriano 28 años de edad casada de profesión quehaceres domésticos domiciliada en la parroquia Tenta con cédula de identidad 1104925365; SISA CARMEN LOZANO GUAMAN ecuatoriana de estado civil soltera de ocupación estudiante domiciliada en la comunidad las Lagunas con cédula de identidad número 110490252-1, FAUSTO ENRIQUE LOZANO QUIZHPE ecuatoriano de estado civil casado de ocupación agricultor domiciliada en Gunudel del cantón Saraguro con cédula de identidad número 110383553-2; NESTOR OSWALDO MACAS MINGA ecuatoriano de estado civil unión libre de ocupación estudiante domiciliada en la comunidad Ñamarin del cantón Saraguro con cédula de identidad número 1900534189, CARMEN ROSAURA MEDINA CARTUCHE ecuatoriana de estado civil casada de ocupación empleada privada domiciliada en el sector Gulacpamba del cantón Saraguro con cédula de identidad número 110420707-9, NATIVIDAD MARIA MEDINA LOZANO ecuatoriana de estado civil soltera de ocupación agricultora domiciliada en la comunidad las Lagunas con cédula de identidad número 110212452-4, DIGNER PATRICIO MEDINA PUGLLA ecuatoriano de estado civil soltero de ocupación empleado público domiciliado en el sector de Ilincho de la parroquia y cantón Saraguro con cédula de identidad número 110415952-8; TANIA MARIANA MINGA GUELEDEL ecuatoriana de estado civil solera de ocupación artesana domiciliada en el sector el cementerio de la parroquia y cantón Saraguro con cédula de identidad número 190044114-6, ANGEL BENIGNO ORTEGA CANGO ecuatoriano de estado civil casado de ocupación agricultor domiciliado en las calles 10 de marzo y Loja con cédula de identidad 110250663-9; ABEL SARANGO CANGO ecuatoriano de estado civil casado de ocupación agricultor en la comunidad de los ramos de la parroquia San Lucas con cédula de identidad número 110156931-5; CESAR MARTIN SUQUILANDA GUAMÁN, ecuatoriano de estado civil soltero de ocupación empleado privado domiciliado en el barrio Pichig de la parroquia San Lucas con cédula de identidad número 10565679-5; MANUEL ASUNCIÓN TENE GONZALEZ ecuatoriano de estado civil casado de ocupación agricultor domiciliado en la comunidad de Tambopamba del cantón Saraguro con cédula de identidad número 110352431-8; y LUZ MACRINA TENE GUAILLAS ecuatoriana de estado civil soltera de ocupación comerciante domiciliada en el sector Ilincho del cantón Saraguro. Estando la presente causa en estado de ser resuelta esta autoridad considera: PRIMERO: Que es competente para conocer y resolver la presente causa en virtud de lo señalado en el artículo 245 del Código Orgánico de la Función Judicial. SEGUNDO: Que dentro de la presente causa no ha existido ninguna circunstancia que vicie o anule el presente proceso declarándose su validez. TERCERO: El día 17 de agosto de 2015 en la vía panamericana en el sector de San Vicente, de la ciudad de Saraguro Provincia de Loja aproximadamente unas 600 personas se encontraban obstaculizando la vía panamericana con palos, piedras, por lo que la policía procedió al diálogo por varias ocasiones, con la finalidad de que se retiren, hecho que resultó en agresiones físicas y enfrentamientos, así como daños al bien público, por lo que se procede a la detención de varios ciudadanos hecho que se corroboran en imágenes de video y de las diligencias efectuadas en las etapas procesales correspondientes. CUARTO: El señor Agente Fiscal considera como elementos de convicción generales los siguientes: De fs. 7 la versión rendida por el Tnte. Crnel. Rodny Chavez Granda quien se refiere a que el día de los hechos procedieron en primer lugar a dialogar con las personas que se encontraban obstaculizando la vía Loja-Cuenca con rocas grandes, árboles, ramas, y luego a desalojarlas del lugar, momentos en los que fue agredido por 3 personas de sexo femenino y 2 de sexo masculino. A fs. 8 la versión del Mayor Manuel Andrés Vallejo Aguirre quien señala los indígenas del cantón Saraguro procedieron a cerrar el paso de circulación vehicular sobre la panamericana en la Vía Saraguro San Lucas, bloqueando la misma con rocas, piedras, palos, neumáticos quemados. Luego ocasionaros daños a la propiedad pública el momento que se intentó su desalojo del lugar. A fs. 9 la versión del Policía Nacional Darío Xavier Calva Castillo quien indica procedieron a dialogar con los manifestantes que se encontraban obstaculizando la vía Loja-Cuenca a la altura del sector San Vicente en el cantón Saraguro, y al proceder al desalojo fueron agredidos. A fs. 10 la versión del Cbos. César Guillermo Granda Paladines quien manifiesta que procedieron a dialogar con los manifestantes que se encontraban obstaculizando la Vía Loja-Cuenca a la altura del sector San Vicente en el cantón Saraguro con rocas grandes, árboles, ramas, palos. De fs. 11 a 14 el informe de reconocimiento del lugar de los hechos Nro. 29-2015-PJL realizado por el Cbop. Luis López Morocho. De fs. 17 a 18 el informe forense de lesiones realizado por la Dra. Katherine Pacheco al señor Darío Xavier Calva Castillo estableciendo que las lesiones son provenientes

Página 3 de 85

Fecha	Actuaciones judiciales

probablemente de objeto corto punzante que le determinan daño, enfermedad o incapacidad de 2 días. De fs. 20 a 21 el informe forense de lesiones realizado por la Dra. Katherine Pacheco al señor Manuel Andrés Vallejo Aguirre estableciendo que las lesiones son provenientes probablemente de objeto corto punzante que le determinan daño, enfermedad o incapacidad de 2 días. De fs. 23 a 24 el informe forense de lesiones realizado por la Dra. Katherine Pacheco al señor Rodny Alexis Chavez Granda estableciendo que las lesiones son provenientes probablemente de objeto corto punzante que le determinan daño, enfermedad o incapacidad de 2 días. A fs. 25 la versión del Policía Manuel Sánchez Pineda quien señala que lograron identificar a las personas que obstaculizaban la vía e incitaban a obstaculizar con sillas, fuego, piedras de gran magnitud. A fs. 26 la versión del Tnte. Dalton Vinicio Celi Alvarado quien indica que las personas que fueron detenidas se las identificó plenamente como las que estaban obstaculizando la vía. A fs. 27 la versión del Policía Luis Gerardo Rivas Vera quien manifiesta que su función consistía en identificar a quienes organizaban y ejecutaban las marchas, en especial quienes estaban tapando las vías públicas. De fs. 28 a 45 el parte de detención y anexos, suscrito por el Mayor de Policía Andrés Vallejo Aguirre que señala: "El día de hoy mientras nos encontrábamos en el cantón Saraguro en el sector San Vicente, se indica que en dicho lugar se encontraban un aproximado de 600 personas de la comunidad Saraguro quienes tenían piedras, lanzas, objetos contundentes, explosivos (cohetes), etc. Los mismos que estaban impidiendo la circulación vehicular de la vía Panamericana Loja- Saraguro,..."; e indica que las personas aprehendidas por encontrarse en delito flagrantes en contra la segundad pública, contra la eficiencia de la Administración Pública, contra el derecho al propiedad son: TENE GUAILLAS LUZ MACRÍNA, LOZANO CONTENTO LAURA ALBERTINA, MEDINA CARTUCHE CARMEN ROSAURA, MINGA MINGA CARMEN DELFINA, MINGA HUELEDEL TANIA MARIANA, MEDINA LOZANO NATIVIDAD MARIA, CANGO MEDINA TERESA DE JESÚS, LOZANO GUAMAN SISA CARMEN, CONTENTO CONTENTO SISA PACARI, ANDRADE ZHINGRE MARCO VINICIO, SARANGO CANGO ABEL, MEDINA PUGLLA DÍGNER PATRICIO, LOZANO QUIZHPE FAUSTO ENRIQUE, LOZANO GUALAN JOSE LINO, MACAS MINGA NESTOR OSWALDO, SUQU1LANDA GUAMÁN CESAR MARTIN, ORTEGA CANGO ANGEL BENIGNO, LOZANO GUALAN JAIME RODRIGO, TEÑE GONZALEZ MANUEL ASUNCION, LOZANO GUALAN JULIO CESAR, LOZANO GUALAN ROSA MERCEDES, ANGEL POLIVIO MEDINA QUIZHPE, ASUNCIÓN ZHUNAULA SARANGO, SERVIO ANGAMARCA AMABLE MOROCHO, KARINA FERNANDA MONTEROS PAGUAY, MARIA LUISA LOZANO QUIZHPE, DELFÍN REINALDO JAPON GUALAN.- 2.1.- A fs. 70 el acta cadena de custodia Nro. 250-2015 suscrito por el Mayor Manuel Andrés Vallejo referente a 11 celulares, 3 explosivos, dos tubos PVC, un cortaúñas, un espejo, una vincha, un micrófono y una piedra. 2.2.- De fs. 153 a 178 constan copias certificadas de las tarjetas índices de los señores TENE GUAILLAS LUZ MACRINA, LOZANO CONTENTO LAURA ALBERTINA, MEDINA CARTUCHE CARMEN ROSAURA, MINGA MINGA CARMEN DELFINA, MINGA HUELEDEL TANIA MARIANA, MEDINA LOZANO NATIVIDAD MARIA, CANGO MEDINA TERESA DE JESÚS, LOZANO GUAMAN SISA CARMEN, CONTENTO CONTENTO SISA PACARI, ANDRADE ZHINGRE MARCO VINICIO, SARANGO CANGO ABEL, MEDINA PUGLLA DIGNER PATRICIO, LOZANO QUIZHPE FAUSTO ENRIQUE, LOZANO GUALAN JOSE LINO, MACAS MINGA NESTOR OSWALDO, SUQUILANDA GUAMÁN CESAR MARTIN, ORTENGA CANGO ANGEL BENIGNO, LOZANO GUALAN JAIME RODRIGO, TEÑE GONZALEZ MANUEL ASUNCION, LOZANO GUALAN JULIO CESAR, LOZANO GUALAN ROSA MERCEDES, ANGEL POLIVIO MEDINA QUIZHPE, ASUNCIÓN ZHUNAULA SARANGO, SERVIO ANGAMARCA AMABLE MOROCHO, KARINA FERNANDA MONTEROS PAGUAY, MARIA LUISA LOZANO QUIZHPE, DELFIN REINALDO JAPON GUALAN. 2.3. A fs. 201 la versión del señor Christian Alexander García Correa quien indica que el día lunes 17 de agosto del año 2015, no participó de ninguna detención". 2.4. A fs. 202 la versión del Teniente Jackson Antonio Maldonado Vélez quien sostiene que al momento de habilitar la circulación vehicular fueron agredidos físicamente. 2.5.- A fs. 204 la versión del señor Franklin Rolando Saavedra Gaona quien indica que llegó un patrullero con una mujer detenida de nombres Carmen Delfína Minga Minga que le trasladaba la compañera Lorena Quille y en el otro vehículo le trajeron detenida a la señora de nombres Laura Albertina Lozano Contento en un patrullero del GOE, estas dos personas se quedaron en el bus, comunicándole que estaban detenidas por haber obstaculizado la vía pública, ya que habían sido las que estaban agrediendo con palo y piedra a los compañeros policías que se encontraban al frente de la manifestación; y agrega: "Además debo aclarar que a las señora Carmen Delfina Minga Minga y Laura Albertina Lozano Contento, que fueron parte de las personas detenidas, ellas estuvieron el día anterior en el sector San Vicente obstaculizando la vía". 2.6.- A fs. 206 la versión del señor Edison Gilberto Encalada Flores quien manifiesta que no participó en ninguna detención. 2.7.- A fs. 207 la versión del Sgos. De policía Marco Geovanny Díaz Quichimbo quien refiere a que el señor Asunción Zhunaula Sarango se encontraba participando en la obstrucción de la vía pública por lo que se procedió a su detención; y al señor Angel Polivio Medina Guizhpe quien identificado como participantes de la obstaculización de la vía pública; y que las personas detenidas participaron el día de los hechos y en el cierre de la vía en días anteriores. 2.8.- A fs. 209 la versión del señor Carlos Vinicio Livisaca Cuenca quien indica que no participó en ninguna detención. 2.9.- De fs. 212 a 245 el informe policial de Audio, Videos y Afines Nro. 205-2015 elaborado por el Sgos. Carlos Ortiz Jiménez perito de criminalística quien concluye que los elementos recibidos del cd marca Matriz serie MFP692SH300609596 no presenta daños en su estructura, contiene grabaciones de regular calidad, corresponde a 15 archivos de video, y que se pudo extraer una secuencia fotográfica conforme a los acápites de video. 4.2.1 hasta 4.2.3. 2.10.- A fs. 247 el cd marca Matriz serie MFP692SFI300609596. 2.11.- De fs. 249 a 277 la pericia de identidad humana Nro. 12-2015 realizada por el Cbop. Marco Miño Chicaiza, perito de criminalística quien establece que se procedió a tomar fotografías de cuerpo entero y de frente a 26 personas detalladas en el pedido fiscal, las fotografías son impresas y anexadas al presente informe. 2.12.- De fs. 279 a 285 el informe de reconocimiento de evidencias practicado por Cbos. Byron Toapanta Zumba, Agente de la PJ de

Página 4 de 85

Fecha	Actuaciones judiciales

Saraguro. 2.13.- A fs. 298 la versión del Cbos. César Guillermo Granda Paladines, quien sostiene que los señores Macas Minga Néstor Oswaldo, Lozano Gualán Jaime Rodrigo, María Fernanda Monteros Paguay fueron detenidos por cuanto se encontraban participando y colaborando en el cierre de la vía pública; y el señor Lozano Gualán José Lino se encontraba lanzando cohetes utilizando un tubo de plástico PVC en contra de los policías. 2.14.- A fs. 300 la versión del señor Rodny Chavez Granda quien indica que no detuvo a ninguna persona. 2.15.- A fs. 301 la versión del Tnte. Dalton Vinicio Celi Alvarado quien manifiesta el 17 de agosto de 2015 llegó al cantón Saraguro, Barrio San Vicente y observaron que un grupo de personas se encontraban obstaculizando la vía pública y armados con piedras, palos, cohetes artesanales, tubos PVC, sillas de madera y que pudo observaría a varias personas que están dentro de hoy detenidas como los señores Andrade Zhingre Marco Vinicio, María Luisa Lozano Quizhpe, Sisa Pacari Contento y Karina Montero "incitaban a que el resto de personas no se retiren del lugar y agredan a los miembros policiales". 2.16.- A fs. 303 la versión de los señores Manuel Andrés Vallejo Aguirre quien señala que procedió a la detención de los señores Lozano Quizhpe Fausto Enrique, Lozano Gualán Julio César, Sarango Cango Abel, Minga Gueledel Tania Mariana, Tene González Manuel Asunción y Ortega Cango Angel Benigno. El señor Ortega Cango se encontraba con un micrófono y llamaba a la gente para que cierren la carretera y no se permita el paso, e incitaba a los ciudadanos para que utilizando a la fuerza eviten que se restablezca el uso norma de la vía. El resto de personas detenidas se encontraban con palos y piedras agrediendo al personal policial. 2.17.- A fs. 305 la versión del señor Dario Xavier Calva Castillo quien refiere que detuvo a las señores Medina Cartuche Carmen Rosaura y Medina Lozano María Natividad se encontraban impidiendo la circulación vehicular. 2.18.- A fs. 306 la versión del Policía Diego Manuel Sánchez Pineda quien sostiene que el señor Cesar Martin Suquilanda Guarnan lanzó una piedra; la señora Rosa Mercedes Gualán quien poseía un palo y agredía al personal de policía, y, la señora Teresa de Jesús Cango Medina se encontraba protestando y lanzando piedras hacia los policías. 2.19.- A fs. 308 la versión del señor Luis Gerardo Rivas Vera quien indica que colaboró en la detención de los señores Suquilanda Guarnan Cesar Martín, Digno Patricio Medina Puglla, Luz marina Tene Guaillas y Sisa Carmen Lozano Guarnan por que se oponían a abrir la vía que estaba obstaculizando en el sector San Vicente.2.20.- A fs. 355 la versión de la señora Rosa Balbina Lozano Quizhpe quien indica que pudo ver que la señorita Sisa Lozano le dijo que se iba al centro de Saraguro a ver unos diseños, porque estaba haciendo la tesis. 2.21.- A fs. 357 la versión de la señora Luisa María Macas Medina quien sostiene que vio a su sobrina Sisa Lozano Guarnan que estaba pasando en la carretera y unos policías la detuvieron. 2.22.- A fs. 361 la certificación emitida por el Director Radio El Buen Pastor mencionando que el señor Amable Angamarca es el corresponsal voluntario y siempre está en todo evento que suscita en Saraguro.2.23.- A fs. 405 la versión de la señora Ana Mercedes Quizhpe Vacacela quien manifiesta que vio que íes cogieron a las señoras Sisa Contento, Karina Montero y Luisa Lozano quienes se encontraba en la casa de Vinicio Andrade. 2.24.- A fs. 407 la versión de la señora María Rosa Clementina Quizhpe quien señala que fe cogieron a la señorita Sisa Contento que se dirigía a la casa de su hija Laura Quizhpe. 2.25.- A fs. 409 la versión de la señora Rosa Angelina Sarango Guaillas quien sostiene que los policías ingresaron al domicilio del señor Manuel Poma y se llevaron al señor Digner Patricio Medina. 2.26.- A fs. 411 la versión de la señora María Juana Chalán Sigcho quien indica que se llevaron a la señora Luz Tene porque la defendía y a su nieto Digner Medina Puglla. 2.27.- A fs. 415 la versión del señor José Manuel Medina Macas quien manifiesta que se llevaron a la señora Luz Tene porque la defendía a su esposa y a su nieto Digner Medina Puglla. 2.28.- De fs. 455 a 464 el informe emitido por el Cbos. De Policía Byron Toapanta Zumba quien determina que se puede verificar en el informe pericial de audio video y afines Nro. 205-2015 a los señores Julio Sarango Quizhpe, Ivan Vacacela, Julio Lima, Atahualpa Macas, Abel Sarango, Cesar Suquilanda Guarnan, Marco Vinicio Andrade Zhingre, Amable Servio Angamarca Morocho, Teresa de Jesús Cango Medina, Luz Tene, María Quizhpe Loaiza, José Cartuche, Delfín Reinaldo Japón Gualán, Digner Medina Puglla. 2.29.- A fs. 491 la versión del señor Luis Antonio Vacacela Medina quien indica que el señor Amable Angamarca es reportero voluntario de la Radio Buen Pastor. 2.30.- De fs. 596 a 598 el informe de reconocimiento del lugar realizado por el Cbos de Policía Byron Toapanta Zuma quien se refiere al lugar de detención del señor Jaime Rodrigo Lozano Gualán. 2.31.- De fs. 600 a 602 el informe de reconocimiento del lugar realizado por el Cbos de Policía Byron Toapanta Zuma quien se refiere al lugar de detención del señor Abel Sarango Cango. 2.32.- De fs. 604 a 607 el informe de reconocimiento del lugar realizado por el Cbos de Policía Byron Toapanta Zuma quien se refiere al lugar de detención del señor Digner Patricio Medina Puglla. 2.33.- De fs. 609 a 611 el informe de reconocimiento del lugar realizado por el Cbos de Policía Byron Toapanta Zuma quien se refiere al lugar de detención de la señora Karina Monteros. 2.34.- De fs. 613 a 616 el informe de reconocimiento del lugar realizado por el Cbos de Policía Byron Toapanta Zuma quien se refiere al lugar de detención del señor adolescente SPZL. 2.35.- De fs. 618 a 621 el informe de reconocimiento del lugar realizado por el Cbos de Policía Byron Toapanta Zuma quien se refiere al lugar de detención del señor Servio Amable Angamarca. 2.36.-De fs. 623 a 625 el informe de reconocimiento del lugar realizado por el Cbos de Policía Byron Toapanta Zuma quien se refiere al lugar de detención del señor Sisa Lozano. 2.37.- De fs. 627 a 629 el informe de reconocimiento del lugar realizado por el Cbos de Policía Byron Toapanta Zuma quien se refiere al lugar de detención del señor Sisa Pacari Contento. 2.38.- De fs. 631 a 633 el informe de reconocimiento del lugar realizado por el Cbos de Policía Byron Toapanta Zuma quien se refiere al lugar de detención de la señora Tania Minga Gueledel. 2.39.-De fs. 600 a 602 el informe de reconocimiento del lugar realizado por el Cabos de Policía Byron Toapanta Zuma quien se refiere al lugar de detención del señor Abel Sarango Cango. 2.40.- A fs. 679 La versión del Gral. Ignacio Elías Benítez Pozo quien sostiene que las vías estaban totalmente bloqueadas con enormes rocas, árboles y otros materiales, por lo que dispuso el retiro de los manifestantes y dio como resultado la aprehensión de 26 ciudadanos. 2.41.- A fs. 680 la versión del Crnel. Fabián López Mora quien indica que procedió a colaborar con

Página 5 de 85

Fecha **Actuaciones judiciales**

el operativo el día de los hechos. 2.42.- De fs. 685 a 696 el informe pericial de reconocimiento del vehículo Nro., 020- 2015 elaborado por El Cbop. Leonardo Salazar Torres quien indica que los vehículos de placas PEA3559, LEA645, poseen roses y hundimiento en su estructura de la carrocería, así como desprendimiento de fibra. 2.43.- De fs. 698 a 700 el reconocimiento de evidencias elaborado por el Cbos. Byron Toapanta sobre una cápsula detonada de gas lacrimógeno color plateado. 2.44.- De fs. 711 a 712 el informe médico Nro.; 229-2015 realizado por el Dr. René Cueva Ludeña al ciudadano Julio César Lozano Gualán quien concluye que las lesiones son provenientes de la acción probable de impactos contusos que le determinan una enfermedad e incapacidad física con daño de 3 días a contarse desde la fecha de su producción. 2.45.- De fs. 713 a 715 el informe médico Nro. 228 -2015 realizado por el Dr. René Cueva Ludeña al ciudadano Néstor Oswaldo Macas Minga quien concluye que las lesiones son provenientes de la acción probable de impactos contusos que le determinan una enfermedad e incapacidad física con daño de 4 a 8 días a contarse desde la fecha de su producción; y es una persona con discapacidad auditiva del 40%. 2.46.- De fs. 764 a 860 el informe pericial de Audio Video y Afines No. 226-2015 realizado por el Cbop. Leonardo Salazar Torres a los celulares que constan como cadena de custodia. 2.47.- De fs. 863 a 871 el informe de reconocimiento del lugar realizado por el Cbos de Policía Byron Toapanta Zuma quien se refiere al lugar de detención de los señores Natividad María Medina Lozano, Néstor Macas, Marco Vinicio Andrade Zhingre, Rosa Mercedes Lozano, Delfín Reinaldo Japón Gualán. 2.48.- De fs. 873 a 878 el informe de reconocimiento del lugar realizado por el Cbos de Policía Byron Toapanta Zuma quien se refiere al lugar de detención de los señores Asunción Zhunaula Sarango, Fausto Enrique Lozano Quizhpe, Carmen Rosaura Medina Cartuche. 2.49.- De fs. 893 a 1002 el Informe pericial de Audio, Video y Afines Nro. 216-2015 realizado por el Sgos. De Policía Manuel Sarango Rivera quien concluye que el disco compacto se encuentra en buen estado, no presenta alteraciones, almacena 22 archivos de audio y video, y las imágenes se encuentran en el informe. 2.50.- De fs. 1034 a 1037 copias de las tarjetas índices de los señores Julio Aurelio Sarango Quizhpe, Julio Aurelio Medina Lima, José Manuel Cartuche Quizhpe, y Atahualpa Yupanky Macas Ambuludi. 2.51.- A fs. 1064 copia notarizada del carné de discapacidad del señor Néstor Oswaldo Macas Minga quien posee 40% de discapacidad auditiva. 2.52.- A fs. 1096 la versión del señor José Efrén Minga Sarango quien señala que: "... el día 17 de agosto de 2015, efectivamente ese día cerramos la vía en el sector de San Vicente,..." 2.53.- A fs. 1099 la versión del señor José Vicente González Minga quien refiere a que el 17 de agosto salió a Saraguro por la vía Ñamarin por los obstáculos en la vía. 2.54.- A fs. 1146 la versión del señor Miguel Antonio Japón Contento quien manifiesta a que se encontraban haciendo uso de su derecho a la resistencia, por lo que se emprendió jornadas de resistencia. 2.55.- De fs. 1362 a 1373 el memorando Nro. 2462-2015-FGE-FPL-UAPI emitido por el Ab. José Iñiguez Guerra, responsable de la Coordinación de la UAPI quien indica que no se pudo realizar el examen médico de las personas Lozano Guamán Sisa Carmen, Lozano Gualán Rosa Mercedes, Medina Cartuche Carmen Rosaura, Lozano Quizhpe María Luisa, Minga Minga Carmen Delfina, Tene Guaillas Luz Macrina, Medina Lozano Natividad María, Monteros Paguay Karina Fernanda, Lozano Contento Laura Albertina, Minga Gueledel Tania Mariana, Cango Medina Teresa de Jesús, Contento Contento Sisa Pacari.- De lo expuesto, para que exista el delito de paralización de un servicio público, la conducta típica y antijurídica del sujeto activo de la infracción debe tener como elementos constitutivos los requisitos señalados en el Art 346 del Código Orgánico Integral Penal, a saber: 1) impedir, entorpecer o paralizar; 2) la normal prestación de un servicio público; y, 3) o se resista violentamente al restablecimiento del mismo. Es por ello que el suscrito por mandato constitucional procederá a analizar si en el desarrollo de la investigación se encontraron indicios suficientes que permitan deducir la tipicidad de la conducta en su vertiente objetiva y subjetiva, es decir, si la conducta denunciada se adecúa a los presupuestos establecidos en la norma penal antes indicada; y por otro lado, si existe indicios sobre la responsabilidad de los procesados. Con respecto a la responsabilidad de los procesados debo señalar lo siguiente: 1. La versión del Teniente Dalton Vinicio Celi Alvarado señala que un grupo de personas se encontraban obstaculizando la vía pública, y que el señor ANDRADE ZHINGRE MARCO VINICIO se encontraba incitando a que el resto de personas que no se retiren del lugar y agredan a los miembros policiales; 2. La versión del Teniente Dalton Vinicio Celi Alvarado señala que un grupo de personas se encontraban obstaculizando la vía pública, y que la señora CONTENTO CONTENSO SISA PACARI se encontraba incitando a las personas luego de que agrediera a las personas; 3. La versión del Policía Diego Manuel Sánchez Pineda quien señala que el señor César Marín Suquilanda Guarnan lanzó una piedra desde el lugar donde se encontraban obstaculizando la vía y se procedió a su detención; 4. La versión del Policía Diego Manuel Sánchez Pineda quien indica que la señora Rosa Mercedes (Lozano) Gualán poseía un palo y agredía al personal policial y fue detenida a unos 40 metros del lugar donde varias personas obstaculizaban la vía pública; 5. La versión del Policía Diego Manuel Sánchez Pineda quien manifiesta que la señora Teresa de Jesús Cango Medina se encontraba en el sector de San Vicente, protestando y lanzando piedras hacia los policías que se encontraban despojando la vía pública; 6, La versión del Cbos. De Policía César Guillermo Granda Paladines quien indica que el señor Macas Minga Néstor Oswaldo se encontraba en el sector San Vicente participando y colaborando en el cierre de la vía pública; 7. La versión del Cbos. De Policía César Guillermo Granda Paladines quien indica que el señor Lozano Gualán Jaime Rodrigo se encontraba en el sector San Vicente participando y colaborando en el cierre de la vía pública; 8. La versión del Cbos. De Policía César Guillermo Granda Paladines quien sostiene que la señora María Fernanda Monteros Paguay se encontraba en el sector San Vicente participando y colaborando en el cierre de la vía pública; 9. Con respecto al señor José Lino Lozano Gualán en la versión del señor Cbos. De Policía César Guillermo Granda Paladines señala que se encontraba utilizando como plataforma un tubo plástico PVC la cual la utilizaba como bazuca para dirigir los cohetes hacia el cuerpo de los policías, por lo que se procedió a la detención, cuando estos hechos corresponden a una forma de impedir que la policía realice su labor, de viabilizar el transporte en el sector por el cierre de la vía; 10. La versión del

Página 6 de 85

Fecha	Actuaciones judiciales

señor capitán Manuel Andrés Vallejo Aguirre refiere a que eM7 de agosto de 2015 el señor Lozano Quizhpe Fausto Enrique se encontraban en la entrada a San Vicente con piedras y palo agrediendo al personal policial que se encontraba en el lugar; 11. La versión del señor capitán Manuel Andrés Vallejo Aguirre refiere a que el 17 de agosto de 2015 el señor Lozano Gualán Julio César se encontraban en la entrada a San Vicente con piedras y palo agrediendo al personal policial que se encontraba en el lugar; 12. La versión del señor capitán Manuel Andrés Vallejo Aguirre refiere a que el 17 de agosto de 2015 el señor Sarango Cango Abel se encontraban en la entrada a San Vicente con piedras y palo agrediendo al personal policial que se encontraba en el lugar; 13. La versión del señor capitán Manuel Andrés Vallejo Aguirre refiere a que eM7 de agosto de 2015 el señor Minga Hueledel Tania Mariana se encontraban en la entrada a San Vicente con piedras y palo agrediendo al personal policial que se encontraba en el lugar; 14. La versión del señor capitán Manuel Andrés Vallejo Aguirre refiere a que el 17 de agosto de 2015 el señor Tene González Manuel Asunción se encontraban en la entrada a San Vicente con piedras y palo agrediendo al personal policial que se encontraba en el lugar; 15. La versión del señor capitán Manuel Andrés Vallejo Aguirre refiere a que el 17 de agosto de 2015 el señor Ortega Cango Angel Benigno se encontraban con un micrófono en la mano y era el que llamaba a la gente con la finalidad de que cierren la carretera y no se permita el paso, y que los ciudadanos utilicen los medios necesarios y todo lo que tengan a su alcance para evitar que se establezca el uso normal de la vía. 16. La versión del señor Luis Gerardo Rivas Vera señala que se lo detuvo al señor Digner Patricio Medina Puglla por cuanto se encontraba agrediendo al personal policial y se oponían a abrir la vía que estaba obstaculizada en el sector San Vicente del cantón Saraguro, 17. La versión del señor Luis Gerardo Rivas Vera señala que se lo detuvo al señor Luz Tene Guaillas por cuanto se encontraba agrediendo al personal policial y se oponían a abrir la vía que estaba obstaculizada en el sector San Vicente del cantón Saraguro; 18. La versión del señor Luis Gerardo Rivas Vera señala que se lo detuvo al señor Sisa Carmen Lozano Guarnan por cuanto se encontraba agrediendo al personal policial y se oponían a abrir la vía que estaba obstaculizada en el sector San Vicente del cantón Saraguro; 19. La versión del señor Daño Xavier Calva castillo quien señala a que aprehendió a la señora Medina Cartuche Carmen Rosaura por cuanto se encontraba lanzando piedras, palos, agua con ají, insultando a los miembros policiales y anteriormente impidiendo la circulación vehicular, mediante baile en la vía principal; 20. La versión del señor Daño Xavier Calva castillo quien señala a que aprehendió a la señora Medina Lozano María Natividad por cuanto se encontraba lanzando piedras, palos, agua con ají, insultando a los miembros policiales y anteriormente impidiendo la circulación vehicular, mediante baile en la vía principal. Con respecto a las señoras LOZANO CONTENO LAURA ALBERTINA y MINGA MINGA CARMEN DELFINA, consta a fs. 204 la versión del señor policía Franklin Rolando Saavedra Gaona quien sostiene que por orden del Mayor Vallejo estaban detenidas por haber obstaculizado la vía pública y haber agredido con palo y piedra a los compañeros, cuando de la versión del Mayor Vallejo no se refiere a mencionadas ciudadanas. CUARTO: De las constancias procesales esta autoridad una vez que ha cotejado los elementos de convicción esgrimidos por la Fiscalía y la defensa de los procesados considera: 1.- Sobre MARCO VINICIO ANDRADE ZHINGRE esta autoridad considera que a fojas 301 que aparentemente mencionado ciudadano estaba incitando a las personas concurrentes a que no se retiren del lugar y agredan a los miembros policiales, versión dada por el Teniente Dalton Vinicio Celi al respecto la versión del procesado manifiesta en lo principal que estaba saliendo al trabajo en eso escucha que gritos y que botan gas por todo lado y su vehículo estaba estacionado a cincuenta metros de la entrada de las lagunas entonces sale a retirar el vehículo, cuando regresó a su domicilio a ponerse una chaqueta lo detienen, al respecto consta a fojas 1060 que el procesado vive en el sector San Vicente, es decir en el lugar donde lo detuvieron, esta autoridad considera que los elementos en la fiscalía funda la acusación deben ser debidamente contrastados con la realidad a fin de llevar al convencimiento a este juzgador sobre que mencionados elementos son suficientes como para que se dicte un auto de llamamiento a juicio, teniendo esto en cuenta y demostrándose dentro del expediente que el procesado vive en el sector de San Vicente lugar donde fue detenido, considero dictar el correspondiente sobreseimiento del procesado. 2.- Sobre TERESA DE JESÚS CANGO MEDINA ecuatoriana de estado civil casada de ocupación artesana domiciliada en la comunidad las Lagunas con cédula de identidad 110343886-5, encontramos a fojas 306 del expediente que a decir de DIEGO MANUEL SANCHEZ PINEDA se encontraba protestando y lanzando piedras, la versión de la procesada indica que salió desde su casa a la Cooperativa las lagunas y que ella ahí se ha quedado parada estando ahí sin motivo alguno le detuvieron le botaron gas le quitaron la ropa perdió su sombrero y prótesis dentales, le subieron al patrullero arrastrándole de los pies. Al respecto la versión del policía Diego Manuel Sánchez Pineda establece actos positivos de la procesada que se puede considerar como un elemento de convicción suficiente sobre la participación de esta en el presunto delito de paralización de servicios públicos, además en la audiencia evacuada no se ha manifestado con pruebas concretas por parte del abogado de la procesada que contradigan esta hipótesis por tanto considera dictar auto de llamamiento a juicio en su contra. 3.- Con respecto a SISA PACARI CONTENTO CONTENTO ecuatoriana de estado soltera de ocupación estudiante domiciliada en la parroquia San Pablo de Tenta con cédula de identidad número 110577985-2; existe 301 del expediente que estaba agrediendo a los policías y que fue detenida esta versión la realiza Dalton Vinicio Celi Alvarado, la procesada por su parte manifiesta a fojas 97 indica en lo principal "Se encontraba caminando al domicilio de su cuñada Laura Quizhpe ubicado junto a la escuela Inti Raymi comunidad las lagunas por cuanto su cuñada se encuentra en estado de gestación caminaba sola por la vía en eso llegaron seis policías mujeres cubiertas el rostro me cogieron y me llevaron y nunca me explicaron porque". Consta a fojas 407 la versión de María Rosa Clementina Quizhpe quien indica "Además debo decir que la señorita Sisa Contento, se encontraba en el lugar porque estaba viniendo a la casa de mi hija Laura María Quizhpe Vacacela". Al respecto si bien la versión del agente de policía y la versión de la procesada y una testigo difieren al respecto, es necesario contrastar las diferentes versiones a fin de determinar si existen elementos de convicción

Página 7 de 85

Fecha	Actuaciones judiciales

suficientes, al respecto si encontramos que un testigo explica el porqué de la presencia de la persona procesada en un lugar concreto y concuerda con la versión de la procesada, podemos inferir que tiene elementos de descargo porque dos testimonios tienen más fuerza que uno solo; al concordar la versión de SISA PACARI CONTENTO CONTENTO con la versión de su testigo, este juzgador considera que el elemento de convicción aportado por la fiscalía es insuficiente ya que se justifica la presencia en el lugar el día y hora señalado por parte de la procesada, por tanto considera dictar el auto de sobreseimiento a favor. 4.- Con respecto a JAIME RODRIGO LOZANO GUALAN ecuatoriano de estado civil unión libre de ocupación agricultor domiciliado en la comunidad de Gunudel con cédula de identidad 110504020-6; a fojas 298, el policía CESAR GUILLERMO GRANDA PALADINES manifiesta que "a eso de las 10h00 de la mañana aproximadamente, se procedió a abrir la vía con bombas de gas, por disposición de mi mayor Andrés Vallejo, se procedió con la detención de MACAS MINGA NESTOR OSWALDO, LOZANO GUALAN JAIME RODRIGO, ellos de encontraban en el sector San Vicente del día Lunes 17 de Agosto del año 2015, desde la 01:00 de la mañana participando y colaborando en el cierre de la vía pública. Al respecto la versión del procesado manifiesta: "cuando llegué al sector de San Vicente Pude ver varios policías y que la gente corría a varios lugares caminé unas dos cuadras en dirección a la comunidad las lagunas y encontré un amigo asfixiándose lo auxilié y lo llevé a la casa de Miguel Zhingre posterior a eso llegaron los policías a la casa y me procedieron a detener. Existe certificado médico a favor del procesado en donde se determina la existencia de lesiones en contra de este, esta autoridad considera que la versión de CESAR GUILLERMO GRANDA PALADINES no es entendible por cuanto no queda claro si es por disposición del Mayor Andres Vallejo se botaron bombas o se procedió con la detención de las personas antes mencionadas, al respecto esta versión bajo ningún modo puede constituir un elemento de convicción suficiente en la forma en que ha sido redactado, por cuanto no queda claro si la versión es referencial o personal, por lo que se dicta el correspondiente auto de sobreseimiento a favor de JAIME RODRIGO LOZANO GUALAN . 5.- Con respecto a JOSE LINO LOZANO GUALAN ecuatoriano de estado civil unión libre 23 años de edad domiciliado en la comunidad las Lagunas con cédula de identidad número 110534879-9; tenemos a fojas 298 del expediente versión de Cesar Guillermo Granda Paladines manifiesta que "en una vivienda al costado izquierdo del parque de la madre se encontraba un ciudadano utilizando un tubo de pvc color blanco de aproximadamente de dos metros utilizado como bazuca para lanzar cohetes hacia el cuerpo de los policías por lo que se procedió a la detención" la versión del procesado en términos generales manifiesta que subió al parque de la madre, estaban botando muchas bombas por eso ingresé al domicilio de Aurelio chalán en eso entran los policías a dicho domicilio y me detuvieron, sufrí agresiones físicas y no me explicaron porque me detuvieron" ambas versiones con respecto al lugar son congruentes sin embargo con respecto al hecho la circunstancia cambia, es de señalar que la versión del agente de policía es directa con respecto a que el procesado estaba utilizando un tubo de pvc para botar bombas en contra de la policía por lo que debe ser considerado como un elemento de convicción a favor de la fiscalía y por tanto dictarse el correspondiente auto de llamamiento a juicio en contra del procesado por su presunta responsabilidad sobre el hecho acusado. 6.- Con respecto a JULIO CESAR LOZANO GUALAN ecuatoriano de estado unión libre de ocupación conductor domiciliado en Gunudel del Cantón Saraguro con cédula de identidad número 110446074-4, tenemos a fojas 303 del expediente la ampliación de la versión realizada por parte del Mayor Manuel Andrés Vallejo Aguirre, quien en lo principal manifiesta que "procedió a la detención de LOS SIGUIENTES CIUDADANOS LOZANO QUIZHPE FAUSTO ENRIQUE, LOZANO GUALÁN JULIO CESAR SARANGO CANGO ABEL MINGA GUELEDEL TANIA MARIANA, TENE GONZALEZ MANUEL ASUNCIÓN Y ORTEGA CANGO ANGEL BENIGNO este último ciudadano era la persona que se encontraba con micrófono...... Debo indicar que el resto de ciudadanos que detallo se encontraban en la entrada de San Vicente con piedras y palos agrediendo al personal policial que nos encontrábamos en el sector y fueron encontrados en los alrededores de San Vicente ya que por el uso del material CM algunas personas se esparcieron, pero estaban cerca del lugar"" al respecto la versión del procesado en lo principal dice "Que recibió una llamada para que entregue gas en la casa del señor Chillogallo, verifiqué que no pude ingresar por el lugar busqué un camino alternativo y me encontré con un grupo de policías los mismos que me procedieron a detener, a agredirme verbal y físicamente me echaron gas y me pusieron en una furgoneta" existe certificado médico a fojas 711 a 712 del expediente que indican que el procesado sufrió lesiones, el abogado del procesado ha indicado que se encuentra a fojas 242 del expediente la versión de un testigo, sin embargo en aquella foja existen fotografías, al respecto la versión del agente de policía señala al procesado como autor del delito, esta autoridad considera dictar el auto de llamamiento a juicio en contra del procesado por cuanto solamente en la audiencia de juicio puede demostrarse que el hecho ocurrió de una forma y no de otra. 7.- Con respecto a LOZANO GUALAN ROSA MERCEDES, ecuatoriano 28 años de edad casada de profesión quehaceres domésticos domiciliada en la parroquia Tenta con cédula de identidad 1104925365; existe a fojas 306 del expediente la versión de Diego Manuel Sánchez Pineda "Se procedió a la detención de la señora ROSA MERCEDES GUALAN la misma que poseía un palo en su mano y agredió al personal. policial, ella fue retenida en la vía panamericana a unos cincuenta metros del lugar donde las demás personas obstaculizaban el tránsito" la versión de la procesada indica, que a las 10h00 llegué a Saraguro y con mi madre y mi hija para hacérmelas atender en la casa de la señora Angelita Chalan ubicada en la comunidad de Ilincho como no había transporte salimos caminando, pasamos por el sector San Vicente y cogimos la vía que conduce a Ilincho en ese momento cerca cayó una bomba corrimos hacia la hostal con mi hija, regresé a verle a mi mamá, porque le dejé a mi hija con dos policías, y en ese momento me detiene un hombre vestido de verde, me lleva hasta San Vicente y me suben al bus. La versión de SEGUNDO FRANCISCO SACA QUIZHPE constante a fojas 577 coincide con la versión de la procesada justificándose de esta forma la presencia de la procesada en el lugar donde fue detenida, por tanto esta autoridad considera que al no existir otro elemento de convicción en contra de la procesada la versión

Página 8 de 85

Fecha	Actuaciones judiciales
	esgrimida por parte de Diego Manuel Sánchez Pineda es insuficiente para dictar un auto de llamamiento a juicio en contra de la procesada por lo que se dicta el respectivo auto de sobreseimiento. 8.- Con respecto a SISA CARMEN LOZANO GUAMAN ecuatoriana de estado civil soltera de ocupación estudiante domiciliada en la comunidad las Lagunas con cédula de identidad número 110490252-1, existe a fojas 308 la versión de LUIS GERARDO RIVAS VERA quien manifiesta en lo principal "Procedí a la detención en el sector San Vicente del cantón Saraguro a eso de las 10h30 a 11h00 aproximadamente a los señores Digno Patricio Medina Puglla, Luz Marina Tene Guaillas y Sisa Carmen Lozano Guamán, de esta última persona incluso tengo fotografías del momento de su detención, en el cual me colabora además el señor Subteniente Jorge Pineda Rivas y el señor Policía Eduardo Jimenez Guzmán. Además debo decir que a estas personas se les procedió a la detención , porque se encontraba agrediendo al personal policial, a los vehículos policiales y además se oponían a abrir la vía que estaba obstaculizada en el sector San Vicente del cantón Saraguro Provincia de Loja", la versión de Sisa Carmen Lozano Guamán dice en lo principal "estuve trabajando en mi casa en ubicado en la comunidad las lagunas, cantón Saraguro haciendo las correcciones para la preparación de m tesis, a eso de las 10h00 a 10h300 aproximadamente escuché que se lanzaban bombas en la casa comenzó a apercibirse a gas lacrimógeno, por esa razón salí de la casa a la vía de la comunidad y pude ver que estaban muchos policías yo estaba parada en la vía, los policías decían cójanles, luego me cogieron de los pies y manos y me llevaron", existe una fotografía sobre la detención de la procesada sin embargo de igual forma a fojas 357 existe la versión de LUISA MARIA MEDINZ MACAS, al respecto mencionada versión solamente da fe sobre la circunstancia de la detención de la procesada, y que trató de defenderla, este testimonio no puede ser considerado por cuanto no justifica de ninguna forma la presencia de la procesada en mencionado lugar, a fojas 355 existe el testimonio de ROSA BALVINA LOZANO QUIZHPE, al respecto esta versión indica que vio a la procesada en la vía pública y que esta decía que ante la pregunta a ¿dónde vas?, esta no responde que salió de la casa por las bombas, más bien indica que "Me dijo al centro de Saraguro porque tenía que hacer unos diseños", de tal forma, que las versiones son incongruentes entre si y considera dictar auto de llamamiento a juicio en contra de la procesada. 9.- Con respecto a FAUSTO ENRIQUE LOZANO QUIZHPE ecuatoriano de estado civil casado de ocupación agricultor domiciliada en Gunudel del cantón Saraguro con cédula de identidad número 110383553-2; existe lo siguiente a fojas 303 versión de MANUEL ANDRES VALLEJO AGUIRRE "a eso de las 09h30 a 10h30 procedí con la detención de los siguientes ciudadanos LOZANO QUIZHPE FAUSTO ENRIQUE, LOZANO GUALAN JULIO CESAR, SARANGO CANGO ABEL, MINGA GUELEDEL TANIA MARIANA , TENE GONZALEZ MANUEL ASUNCIÓN Y ORTEGA CANGO ABEL BENIGNO este último con micrófono en la mano .... Debo indicar que el resto de ciudadanos que detallo se encontraban en la entrada de San Vicente con piedras y palos agrediendo al personal policial que nos encontrábamos en el sector y fueron encontrados en los alrededores de San Vicente ya que por el uso del material CM algunas personas se esparcieron, pero estaban cerca del lugar" A fojas 65 consta la versión del procesado quien manifiesta en lo principal "El día lunes 17 de agosto del año 2015, a las 8h30 aproximadamente salí desde mi domicilio ubicado en Rundel- Gulacpamba, en mi vehículo marca Peugeot Parmer, color gris, con toda mi familia, mis dos hijos Daniel Aymar Lozano Medina de 12 años de edad, Tayel Sariri Lozano Medina de 2 años de edad y mi esposa Carmen Rosaura Median, con destino al cantón Yacuambi, lugar donde tengo un negocio de venta de ropa, como no había paso me estacioné en la entrada de la comunidad las lagunas, de ahí con toda mi familia nos fuimos al lugar donde estaba obstruida la vía , para preguntar si van a dar paso estuve una media hora en el lugar y pude ver que llegaron muchos policías, por lo que me retiré y me fui al lado de la casa del señor Vinicio Andrade, llegaron los policías e inmediatamente comenzaron a lanzar bombas y mis hijos se fueron con mi esposa en el vehículo, más dentro de la comunidad las lagunas, yo me fui al lado de la cooperativa de ahorro y crédito las lagunas en ese momento pude ver que mi esposa había regresado y estaba pidiendo que no le lleven a una anciana, por lo que me fui para ayudarle a mi esposa y antes de llegar la policía la fueron llevando... en ese momento un grupo de militares venían por la carretera que conduce a las lagunas me cogieron del brazo, no me golpearon pero me insultaron , me cogieron entre cuatro me llevaron a un patrullero." La versión de MANUEL ASUNCIÓN GUELEDEL a fojas 558 es referencial, pero da fe que el procesado a eso de las 7h00 fue a traer a su hijos de Gulucpamba, al respecto la versión de ROSA BALVINA LOZANO QUIZHPE fojas 556 indica que no fue un grupo de militares si no de policías los que procedieron con la detención de FAUSTO ENRIQUE LOZANO QUIZHPE, los testimonios no verifican el porqué de la presencia del procesado en el lugar por lo que no pueden ser considerados ya que guarda irrelevancia con respecto al hecho investigado, además el lugar de la detención contante a fojas 876 del expediente no guarda concordancia con la versión del procesado por cuanto nunca manifestó en su versión que fue detenido dentro de un domicilio, por tanto esta autoridad considera dictar auto de llamamiento a juicio correspondiente en contra del procesado. 10.- Sobre NESTOR OSWALDO MACAS MINGA ecuatoriano de estado civil unión libre de ocupación estudiante domiciliada en la comunidad Ñamarin del cantón Saraguro con cédula de identidad número 1900534189, existe lo siguiente a fojas 298 existe la versión de CESAR GUILLERMO GRANDA PALADINEZ quien en lo principal manifiesta: "Varios ciudadanos procedieron a cerrar las vías con palos y piedras , por lo que a eso de las 10h00 de la mañana aproximadamente se procedió a abrir la vía con bombas de gas, por disposición de mi teniente Vallejo, se procedió a la detención de MACAS MINGA NESTOR OSWALDO, LOZANO GUALAN JAIME RODRIGO, ellos se encontraban en el sector San Vicente, cantón Saraguro desde el día lunes 17 de agosto de 2015, desde las 01h00 de la mañana participando y colaborando en el cierre de la vía pública" de la misma forma la versión realizada por el testigo no deja claro si es por la disposición del Teniente Vallejo por lo que se procedió con la detención o si es en cambio porque a él le consta que los ciudadanos antes referidos estaban participando del presunto delito sobre el cual han sido instruidos, por tanto este testimonio de la forma en como ha sido redactado no puede constituir un elemento

Página 9 de 85

Fecha	Actuaciones judiciales

de convicción en contra del procesado por lo que se dicta el auto de sobreseimiento a favor de este. 11.- Con respecto a CARMEN ROSAURA MEDINA CARTUCHE ecuatoriana de estado civil casada de ocupación empleada privada domiciliada en el sector Gulacpamba del cantón Saraguro con cédula de identidad número 110420707-9, existe lo siguiente a fojas 305 de autos hay la versión de DARIO JAVIER CALVA CASTILLO, quien manifiesta " Además debo decir que ese día yo aprendí en el sector de San Vicente , cantón Saraguro a la señora MEDINA CARTUCHE CARMEN ROSAURA y por el parque de la madre a la señora MEDINA LOZANO MARIA NATIVIDAD, estas personas se encontraban lanzando piedras, palos, agua con ají, insultando a los miembros policías, y anteriormente las mismas estaban impidiendo la circulación vehicular, mediante baila en la principal e insultando a todas las personas que trataban de pasar" Consta a fojas 85 del expediente que indica "El día lunes 17 de agosto del año 2015, a eso de las 10h00 am aproximadamente conjuntamente con mi esposo Fausto Enrique Lozano Quizhpe y mis hijos Daniel Aymar Lozano Medina y Tayel Sairi Lozano Medina salimos desde la casa ubicada en el sector de Gulucpamba , cantón Saraguro Provincia de Loja , con destino al cantón Yacuambi, provincia de Zamora Chinchipe en el vehículo marca peugeot Parter pero como conocíamos que estaba bloqueada la vía, fuimos a ver si nos podían dar paso, porque nos enteramos que en la mañana estaban dando paso. Salimos por la carretera Secundaria a la comunidad de las Lagunas para despedirnos de mi suegra Angelita Quizhpe, quien no la encontramos en la casa de ahí cogimos la vía principal que conduce a la comunidad las lagunas y nos fuimos para salir a la av. Panamericana, antes de salir a esta vía principal, se encontraban varias personas en el lugar, por lo que el vehículo lo dejamos estacionado frente a la cooperativa de ahorro y crédito "Las Lagunas", yo salí a ver que estaba pasando y pude ver que muchos policías le estaban arrastrándole a una mujer de tercera edad, a quien conozco se llama Marianita pero no se su apellido, yo me fui a ayudarle, por eso los policías decía cójanle a ella también, refiriéndose a mi persona, e inmediatamente los policías me cogieron" Al respecto si bien no existe la cadena de custodia en la que supuestamente la procesada estaba agrediendo con palos y piedras a los policías, sin embargo el testimonio realizado por parte de DARIO JAVIER CALVA CASTILLO, es indicativo de que la procesada presuntamente ha participado por el delito de paralización de un servicio público, por lo que dicta auto de llamamiento a juicio en contra de la procesada. 12.- Con respecto a NATIVIDAD MARIA MEDINA LOZANO ecuatoriana de estado civil soltera de ocupación agricultora domiciliada en la comunidad las Lagunas con cédula de identidad número 110212452-4, a fojas 305 existe la versión de DARIO JAVIER CALVA CASTILLO, quien manifiesta " Además debo decir que ese día yo aprendí en el sector de San Vicente , cantón Saraguro a la señora MEDINA CARTUCHE CARMEN ROSAURA y por el parque de la madre a la señora MEDINA LOZANO MARIA NATIVIDAD, estas personas se encontraban lanzando piedras, palos, agua con ají, insultando a los miembros policías, y anteriormente las mismas estaban impidiendo la circulación vehicular, mediante baila en la principal e insultando a todas las personas que trataban de pasar", al respecto consta la versión de la procesada quien en lo principal manifiesta "El día lunes 17 de agosto del año 2015, a eso de las 10h30 aproximadamente salí desde mi casa ubicado en la comunidad las lagunas, cantón Saraguro con destino al consultorio del Dr. Julio Guamán, para hacerme atender porque tenía una cita para las 11h30, cuando estaba pasando por la cooperativa de ahorro y crédito las lagunas cayó una bomba de gas a los pocos metros de donde yo estuve, en ese momento me puse un pañuelo en a boca, traté de regresarme porque habían muchas bombas de gas que lanzaban, pero los policías en ese momento me dijeron tú también te vas con nosotros, yo les dije porque me quieren llevar, me dijeron no señora no pasa nada, e inmediatamente dos policías me cogieron y me dieron una patada en el muslo derecho y me llevaron a un patrullero", a fojas 583 consta la versión de SILVIA NARCISA QUIZHPE QUIZHPE que indica en lo principal que a su tía la cogieron y que la golpearon en la espalda. A fojas 724 consta la versión de ROSA ELENA PAQUI ANDRADE quien indica que la procesada fue detenida en el momento que defendía a una señora en la cooperativa las lagunas. Al respecto esta autoridad considera que si bien es cierto que no existe cadena de custodia con respecto al palo que supuestamente tenía la procesada, los testimonios no coadyuvan a deducir la razón por la que la procesada se encontraba en el lugar, el policía DARIO JAVIER CALVA CASTILLO, da fe de que aparentemente la procesada se encontraba paralizando un servicio público por lo que se dicta auto de llamamiento a juicio en su contra. 13.- Con respecto a DIGNER PATRICIO MEDINA PUGLLA ecuatoriano de estado civil soltero de ocupación empleado público domiciliado en el sector de Ilincho de la parroquia y cantón Saraguro con cédula de identidad número 110415952-8; existe lo siguiente: A fojas 308 existe el testimonio de LUIS GERARDO RIVAS VIERA quien indica "Procedí a la detención en el sector San Vicente del cantón Saraguro a eso de las 10h30 a 11h00 aproximadamente a los señores Digner Patricio Medina Puglla, Luz Marina Tene Guaillas y Sisa Carmen Lozano Guamán, de esta última persona incluso tengo fotografías del momento de su detención, en el cual me colabora además el señor Subteniente Jorge Pineda Rivas Jorge Pineda Rivas y el señor Policía Eduardo Jimenez Guzmán. Además debo decir que a estas personas se les procedió a la detención , porque se encontraba agrediendo al personal policial, a los vehículos policiales y además se oponían a abrir la vía que estaba obstaculizada en el sector San Vicente del cantón Saraguro Provincia de Loja" la versión del procesado consta a fojas 67 he indica a eso de las 10h00 de la mañana aproximadamente, desde la casa de mi papá me dirigí caminando hasta la casa de mis abuelos ubicada en la Concha , perteneciente a la comunidad de Ilincho a una distancia de 300 metros de la casa de mi papá, cuando llegaba en el lugar pude ver a varios militares y policías dispersándose por el sector y la gente corría, en eso llegué a la casa de mis abuelos encontré a mi abuela MARIA JUANA CHALAN SIGCHO, también se encontraba mi prima con discapacidad y otros familiares, en eso cayó varias bombas cerca de la casa, lo que hice es decir a mi abuela ingresen a la casa, para evitar el gas efectivamente ingresamos al interior de la casa , patearon la puerta intermedia de la casa lo rompieron, también rompieron las ventanas de la casa , aquí están estos indios hijos de puta , llévenlo, me cogieron del cabello, botaron al piso, en eso mi abuelo JOSE MANUEL MEDINA

Fecha	Actuaciones judiciales

MACAS , trató de defenderme, también lo agredieron físicamente a el" Consta a fojas 411 del expediente la versión de MARIA JUANA CHALAN SIGCHO al respecto da fe de que la detención del procesado se dio de la manera en que indica el señor DIGNER PATRICIO MEDINA PUGLLA, dentro de un domicilio de habitación, de igual forma no existe valoración médica del procesado, tampoco al respecto la versión de la policía no indica que la detención se consumó de esta forma, esta autoridad considera que no existen elementos de convicción suficientes en contra del procesado DIGNER PATRICIO MEDINA PUGLLA, por cuanto si bien el testimonio da fe sobre la detención también da fe sobre el porqué se encontraba en mencionado lugar, por tanto, es imposible que el procesado haya participado en el delito investigado por lo que el dicta sobreseimiento respectivo. 14.- Con respecto a TANIA MARIANA MINGA GUELEDEL ecuatoriana de estado civil soltera de ocupación artesana domiciliada en el sector el cementerio de la parroquia y cantón Saraguro con cédula de identidad número 190044114-6, existe lo siguiente: a fojas 303 del expediente existe la versión de MANUEL ANDRES VALLEJO AGUIRRE quien manifiesta "a eso de las 9h30 a 10h30 procedí con la detención de los siguientes ciudadanos LOZANO QUIZHPE FAUSTO ENRIQUE, LOZANO GUALAN JULIO CESAR, SARANGO CANGO ABEL, MINGA GUELEDEL TANIA MARIANA , TENE GONZALEZ MANUEL ASUNCIÓN Y ORTEGA CANGO ABEL BENIGNO este último con micrófono en la mano .... Debo indicar que el resto de ciudadanos que detallo se encontraban en la entrada de San Vicente con piedras y palos agrediendo al personal policial que nos encontrábamos en el sector y fueron encontrados en los alrededores de San Vicente ya que por el uso del material CM algunas personas se esparcieron, pero estaban cerca del lugar" La versión de la procesada por su parte a fojas 99 de autos indica " El día lunes 17 de agosto del año 2015 , a eso de las 9h30 aproximadamente conjuntamente con la señora Carina Montesinos, salimos con destino a la escuela Inty Raymi, ubicado en la comunidad Las Lagunas, para que me entregue las notas de mi hijo Lenin David Medina Minga, estábamos por ingresar a la vía que conduce a la comunidad "Las Lagunas y vimos que personas corrían y existía mucho gas, también estaban lanzando gas los policías, por lo que yo me dirigí a la vía que conduce a la comunidad de Ilincho, llegué a la casa de la señora Balvina Macas, e inmediatamente lanzaron gas en la casa, por lo que corrí pero un policía me cogió del cabello, y me llevó arrastrándome unos 30 metros, me dio un puñete en la nariz producto del cual me salió sangre y varios toletazos por todo el cuerpo, de ahí llegaron más policías y me llevaron cogiéndole del pie y de la mano, y me pusieron lado de un patrullero" A fojas 500 existe la versión de WAYRA MARIA MOROCHO VACACELA quien difiere del testimonio vertido por la procesado en el sentido de que esta fue perseguida por varios policías, aunque con respecto a las agresiones se ratifica, indica que fue detenida en la comunidad de Ilincho a fojas 504 del expediente existe la versión de MARIA FRANCISCA QUIZHPE MACAS quien en lo principal da fe de la detención de la procesado. Al respecto la versión del policía MANUEL ANDRES VALLEJO AGUIRRE, da fe sobre la detención de la procesada por estar participando en el delito instruido y que "fueron encontrados en los alrededores de San Vicente ya que por el uso del material CM algunas personas se esparcieron, pero estaban cerca del lugar", las versiones de los testigos del procesado ni los documentos constantes dentro del proceso no coadyuvan a deducir que TANIA MARIANA MINGA GUELEDEL, no haya participado en el delito instruido, ni la razón por la que se encontraba en el lugar por lo que se dicta auto de llamamiento a juicio correspondiente. 15.- Con respecto a ABEL BENIGNO ORTEGA CANGO ecuatoriano de estado civil casado de ocupación agricultor domiciliado en las calles 10 de marzo y Loja con cédula de identidad 110250663-9; existe lo siguiente a fojas 303 del expediente existe la versión de MANUEL ANDRES VALLEJO AGUIRRE, quien indica "a eso de las 9h30 a 10h30 procedí con la detención de los siguientes ciudadanos LOZANO QUIZHPE FAUSTO ENRIQUE, LOZANO GUALAN JULIO CESAR, SARANGO CANGO ABEL, MINGA GUELEDEL TANIA MARIANA , TENE GONZALEZ MANUEL ASUNCIÓN Y ORTEGA CANGO ABEL BENIGNO este último que se encontraba con micrófono en la mano y era el que llamaba a la gente con la finalidad de que cierren la carretera, no se permite el paso, y además incitaba a que los ciudadanos utilicen los medios que sean necesarios (la fuerza utilizando piedras, palos) y todo lo que tengan al alcance con la finalidad de evitar que se restablezca el uso normal de la vía, el cual en el momento de su tención se le encontró con un micrófono en su poder" la Versión del procesado a fojas 69 del expediente indica "El día lunes 17 de agosto del año 2015, a eso de las 9h15 aproximadamente salí con destino al sector de Bura, para darle una noticia a mi hermana Zoila Ortega y cuando estaba por el parque de la madre pude ver que había en el sector abundante gas lacrimógeno y estaban lanzando piedras los policías, por tal razón me subí por un desvío que conduce a la casa del señor Marcelo Tene y pude ver que al frente de la casa estaban muchos policías, por lo que ingresé al baño, pocos minutos después llegaron los policías y me sacaron del baño, me llevaron arrastrándome del cabello, me dieron un toletazo en la cabeza, les pregunté porque me detienen, no contestaron" existe un certificado médico del colegio de médicos de Loja constante a fojas 1248 del expediente, consta a fojas 70 del expediente el micrófono con el cual aparentemente se detuvo al procesado, en tal virtud estos elementos de convicción son suficientes para dictar auto de llamamiento a juicio en contra del procesado. 16.- Con respecto a ABEL SARANGO CANGO ecuatoriano de estado civil casado de ocupación agricultor en la comunidad de los ramos de la parroquia San Lucas con cédula de identidad número 110156931-5; existe lo siguiente a fojas 303 existe la versión de MANUEL ANDRES VALLEJO AGUIRRE quien manifiesta "a eso de las 9h30 a 10h30 procedí con la detención de los siguientes ciudadanos LOZANO QUIZHPE FAUSTO ENRIQUE, LOZANO GUALAN JULIO CESAR, SARANGO CANGO ABEL, MINGA GUELEDEL TANIA MARIANA , TENE GONZALEZ MANUEL ASUNCIÓN Y ORTEGA CANGO ABEL BENIGNO este último con micrófono en la mano .... Debo indicar que el resto de ciudadanos que detallo se encontraban en la entrada de San Vicente con piedras y palos agrediendo al personal policial que nos encontrábamos en el sector y fueron encontrados en los alrededores de San Vicente ya que por el uso del material CM algunas personas se esparcieron, pero estaban cerca del lugar" consta la versión del procesado a fojas 68 del expediente quien señala "El día lunes 17 de agosto del año 2015, me fui a la casa de mi primo

Fecha	Actuaciones judiciales

Manuel Sarango, ubicado en el sector San Vicente cantón Saraguro, provincia de Loja, estuve desayunando, eran las 10h00am aproximadamente y referido primo me dijo que estaban lanzando bombas, en eso salí a ver que estaba pasando y en eso me encontraron varios policías y me dijeron que vamos, les dije porque me quieren llevar y me dijeron que tengo que irme, a lo que les dije no tengo porque irme y en ese momento me cogieron los policías de los pies y de los brazos, me patearon me decían que me calle, y me llevaron a la vía panamericana" A fojas 585 del expediente consta la versión de Manuel Sarango Quizhpe quien da fe del último lugar en donde estaba el procesado, esto es en su casa durmiendo a las 10h00, que el procesado se quedó en la casa, él se fue a la casa de su hermano, no indica cómo fue detenido el procesado ni que pasó entre las 10h00 y 10h30, lo que resulta de fundamental importancia, porque le indicaron a eso de las 14h00. Al respecto Si Manuel Andrés Vallejo Aguirre indica en su versión que él personalmente ha procedido con la detención del procesado, debe demostrarse esto en juicio, este elemento de convicción en el que el testigo indica que es de esta manera y no de otra es un elemento de convicción suficiente para llamar al procesado a juicio, por lo que se dicta el auto de llamamiento a juicio correspondiente. 17.- Con respecto a CESAR MARTIN SUQUILANDA GUAMÁN, ecuatoriano de estado civil soltero de ocupación empleado privado domiciliado en el barrio Pichig de la parroquia San Lucas con cédula de identidad número 10565679-5; existe lo siguiente: a fojas 306 del expediente existe la versión de DIEGO MANUEL SANCHEZ PINEDA quien manifiesta "A eso de las 11h00 de la mañana, se procedió a detener al ciudadano SUQUILANDA GUAMAN CESAR MARTIN, de 25 años de edad con cédula Nro. 110565679.5, quien en el momento del disturbio, lanzó una piedra a mis compañeros, por lo que en la vía Panamericana a una distancia de 20 metros desde el lugar donde se encontraban obstaculizando la vía, conjuntamente con el señor policía Luis Rivas Vera, se procedió a la inmediata detención y forcejeo varias personas nos procedieron a golpear con palos con objetivo de retirarnos del lugar, se le rompió al joven la mochila, la chompa y la camiseta, gracias a la colaboración de compañeros policiales, logramos trasladarlo cubriendo con escudos a su persona". A fojas 54 existe la versión del procesado quien manifiesta: "A eso de las 10h30 aproximadamente salí de mi domicilio con el objeto de viajar a la ciudad de Cuenca, desde Pichig, viaje en una camioneta hasta Saraguro, cerca de llegar a Saraguro, el chofer del vehículo dijo que nos dejaba en la entrada a Ilincho, por cuanto más abajo estaba dándose paro, yo bajé de la camioneta desde la entrada a Ilincho, caminé con unas dos personas que no las conozco, hasta el sector de San Vicente, cuando llegamos al lugar pude ver en la vía panamericana había bastantes militares en el sector San Vicente y estos militares estaban formados y todos llevaban en las manos unos palos de eucalipto, yo me quedé en el lugar de curiosidad, por cuanto varias personas indígenas estaban en el lugar y hablaban con un parlante, no pasó dos minutos los militares llegaron al lugar a botar bombas lacrimógenas, una bomba se cayó junto a mis pies, yo comencé a asfixiarme por el gas, yo corrí tras de una casa, en eso vi a un niño de cinco años aproximadamente asfixiándose por el gas, yo grité, dije no boten el gas, nos van a matar, cuando me encontraba en la entrada a las lagunas, llegaron 6 policías me cogieron del cuerpo, con los brazos me presionaron el cuello y solo arrastrando me llevaron a una distancia de 100 metros" Existe la versión de Luis Gerardo Rivas Vera que es coincidente con la versión de Diego Manuel Sánchez Pineda, con respecto a que el colaboró en la detención. A fojas 593 consta la versión de José Abel Tene Tene que indica en lo principal que vio a su vecino que salía de la comunidad de Pichig al cantón Cuenca contra la versión de María Angelita Guamán Lozano a fojas 595 del expediente quien en lo principal indica que vio al procesado a eso de las 11h00, que se puso a conversar pero que no vio la detención. Al respecto esta autoridad considera que la versión de Diego Manuel Sánchez Pineda, señala al procesado como responsable de la infracción que se ha instruido en su contra, esta declaración debe considerarse un elemento de convicción y debe ser demostrado en juicio la infracción por la cual se le ha procesado, por lo que dicta auto de llamamiento a juicio en su contra. 18.- Con respecto a MANUEL ASUNCIÓN TENE GONZALEZ ecuatoriano de estado civil casado de ocupación agricultor domiciliado en la comunidad de Tambopamba del cantón Saraguro con cédula de identidad número 110352431-8 existe lo siguiente a fojas 303 versión de MANUEL ANDRES VALLEJO AGUIRRE "a eso de las 9h30 a 10h30 procedí con la detención de los siguientes ciudadanos LOZANO QUIZHPE FAUSTO ENRIQUE, LOZANO GUALAN JULIO CESAR, SARANGO CANGO ABEL, MINGA GUELEDEL TANIA MARIANA , TENE GONZALEZ MANUEL ASUNCIÓN Y ORTEGA CANGO ABEL BENIGNO este último con micrófono en la mano .... Debo indicar que el resto de ciudadanos que detallo se encontraban en la entrada de San Vicente con piedras y palos agrediendo al personal policial que nos encontrábamos en el sector y fueron encontrados en los alrededores de San Vicente ya que por el uso del material CM algunas personas se esparcieron, pero estaban cerca del lugar" A fojas 58 del expediente la versión del procesado quien indica: "Con fecha lunes 17 de agosto de 2015, nos encontrábamos en una minga en la empresa la quesera, ubicada en la Av. Panamericana, como referencia a pocos metros de la comunidad de Gunudel, a eso de las 10h30, del mismo día me dirigí desde el lugar me dirigí caminando a la comunidad de Ilincho, a la casa del señor Lauro Chalán, para traer una llave, cuando caminaba por el sector San Vicente, comenzó a caer las bombas lacrimógenas, yo lo que hice es caminar más rápido, cogí la vía Ilincho corrí a una distancia de 200 metros en eso me cogió un señor Policía, posterior llegaron más Policías, cogieron de mi cabello largo y me enredaron el cuello me llevaron a la vía panamericana en calidad de detenido." No existe certificado médico del procesado, al respecto de la misma forma al declararse por el testigo MANUEL ANDRES VALLEJO AGUIRRE, que "10h30 procedí con la detención de los siguientes ciudadanos LOZANO QUIZHPE FAUSTO ENRIQUE, LOZANO GUALAN JULIO CESAR, SARANGO CANGO ABEL, MINGA GUELEDEL TANIA MARIANA , TENE GONZALEZ MANUEL ASUNCIÓN Y ORTEGA CANGO ABEL BENIGNO", es menester indicar que el testigo debió detenerlo, por cuanto aparentemente el procesado "se encontraban en la entrada de San Vicente con piedras y palos agrediendo al personal policial que nos encontrábamos en el sector y fueron encontrados en los alrededores de San Vicente ya que por el uso del material CM algunas personas se

Fecha	Actuaciones judiciales

esparcieron, pero estaban cerca del lugar", al respecto este elemento de convicción vertido por parte de la fiscalía es un elemento de convicción suficiente ya que el propio testigo es el que señala al procesado como presunto autor del delito instruido, al respecto si los hechos sucedieron de un modo y no de otro solamente se puede demostrar en la audiencia de juicio respectiva por lo que dicta auto de llamamiento a juicio en su contra. 19.- Con respecto a Tene Guaillas Luz Macrina ecuatoriana de estado civil soltera de ocupación comerciante domiciliada en el sector Ilincho del cantón Saraguro, existe lo siguiente a fojas 308 del expediente existe la declaración de LUIS GERARDO RIVAS VERA quien en lo principal manifiesta " A eso de las 10h30 a 11h00 aproximadamente a los señores Digno Patricio Medina Puglla, Luz Marina Tene Guaillas y Sisa Carmen Lozano Guamán, de esta última persona incluso tengo fotografías del momento de su detención, en el cual me colabora además el señor Subteniente Jorge Pineda Rivas y el señor Policía Eduardo Jimenez Guzmán. Además debo decir que a estas personas se les procedió a la detención porque se encontraban agrediendo al personal policial, a los vehículos policiales, y además se oponían a abrir la vía que estaba obstaculizada en el sector San Vicente, cantón Saraguro Provincia de Loja." Al respecto la única versión que hace referencia a la procesada no indica de forma correcta su nombre, por cuanto su nombre correcto es Tene Guaillas Luz Macrina y no Tene Guaillas Luz Marina, por lo que bajo ningún modo puede constituir elemento de convicción en su contra por cuanto la versión es rendida en contra de otra persona por lo que se dicta su respectivo sobreseimiento. QUINTO: Esta autoridad a cotejado los elementos de convicción establecidos por el señor Agente Fiscal y ha encontrado concordancia de lo manifestado por el mismo, con respecto a las personas en las que se ha concluido dictar auto de llamamiento a juicio, con respecto al expediente de la fiscalía. De igual forma el artículo 313 de la Constitución Política del Estado establece en sus incisos primero y tercero "El Estado se reserva el derecho de administrar, regular, controlar y gestionar los sectores estratégicos, de conformidad con los principios de sostenibilidad ambiental, precaución, prevención y eficiencia. " y "Se consideran sectores estratégicos la energía en todas sus formas, las telecomunicaciones, los recursos naturales no renovables, el transporte y la refinación de hidrocarburos, la biodiversidad y el patrimonio genético, el espectro radioeléctrico, el agua, y los demás que determine la ley." Por su parte el artículo 52 del mismo cuerpo legal establece "Las personas tienen derecho a disponer de bienes y servicios de óptima calidad y a elegirlos con libertad, así como a una información precisa y no engañosa sobre su contenido y características. La ley establecerá los mecanismos de control de calidad y los procedimientos de defensa de las consumidoras y consumidores; y las sanciones por vulneración de estos derechos, la reparación e indemnización por deficiencias, daños o mala calidad de bienes y servicios, y por la interrupción de los servicios públicos que no fuera ocasionada por caso fortuito o fuerza mayor." El numeral 14 del Artículo 66 de la Constitución Política del Estado Establece "14. El derecho a transitar libremente por el territorio nacional y a escoger su residencia, así como a entrar y salir libremente del país, cuyo ejercicio se regulará de acuerdo con la ley. La prohibición de salir del país sólo podrá ser ordenada por juez competente", considerando estos antecedentes la obstaculización de carreteras perjudica tres derechos elementales, la prestación de un servicio público como es el transporte, el derecho a las personas a disponer de servicios públicos de óptima calidad y también el derecho que le asiste a todos los ecuatorianos a transitar libremente dentro del territorio nacional, siendo así encontramos la figura penal de paralización de un servicio público conforme lo estable el artículo 346 del Código Orgánico Integral Penal que dispone "Paralización de un servicio público.- La persona que impida, entorpezca o paralice la normal prestación de un servicio público o se resista violentamente al restablecimiento del mismo; o, se tome por fuerza un edificio o instalación pública, será sancionada con pena privativa de libertad de uno a tres años." Si bien los alegatos realizados por parte de la defensa de los procesados hace referencia a que se estaba ejerciendo el derecho a la resistencia consagrado en el artículo 98 de la Constitución política del estado la misma que dispone " Los individuos y los colectivos podrán ejercer el derecho a la resistencia frente a acciones u omisiones del poder público o de las personas naturales o jurídicas no estatales que vulneren o puedan vulnerar sus derechos constitucionales, y demandar el reconocimiento de nuevos derechos.", este derecho debe realizarse en conformidad con la Ley todo por cuanto la misma constitución establece que ". Todos los principios y los derechos son inalienables, irrenunciables, indivisibles, interdependientes y de igual jerarquía" por tanto no se puede perjudicar otros derechos constitucionales bajo mencionada alegación. En tal virtud hay que considerar que los elementos expuestos por parte del señor Agente Fiscal son conducentes a que las personas mencionadas son partícipes de paralización de un servicio público, acción tipificada y sancionada en el artículo 346 del Código Orgánico Integral Penal, en este sentido hay que tomar en cuenta el grado de participación de los procesados Francisco Carrara refiriéndose a al concurso de sujetos activos dice: " Cuando la participación es concomitante con los actos consumativos, el que realiza es un correo, aunque participe en ella únicamente con la palabra, con la sola presencia, o aún sin hacer nada. La palabra instigadora se constituye solo concurso moral si precede a la consumación del delito, toma de carácter de concurso material cuando es concomitante con los motivos de la consumación, y se compenetra con esta en virtud de la unidad de tiempo.... La mera presencia, aunque es un acto negativo, toma el carácter de correidad cuando reúne las condiciones de ser eficiente y estar dirigida a facilitar la ejecución. En ese caso aún la presencia inactiva es un momento material que se relaciona con la fuerza física del delito. Esto ocurre cuando la presencia inactiva sirve voluntariamente para envalentonar al agente o para intimidar a la víctima.... El correo es imputable del mismo modo que el autor físico del delito, pues es una mera casualidad el que sea la mano del uno y no la mano del otro la que realice el acto que lleva a violar definitivamente la Ley, y por ello dicho acto se considera como realizado por cada uno de los malvados que a sabiendas colaboran personalmente en él. Esa colaboración aunque sea inactiva torna más audaz al ejecutor o priva a la víctima de la posibilidad de la defensa, y ello basta para que se presente la relación de causa y efecto, con respecto al delito a que todos los presentes dirigen actualmente su voluntad.... (Programa de derecho criminal, el delito, tomo 1 proyecto editorial carrara, facultad

Página 13 de 85

Fecha **Actuaciones judiciales**

de jurisprudencia de la UNL. 1990, pág. 207 y s), en ese sentido También debe tenerse en cuenta que nuestro sistema penal, concordante con la doctrina y la jurisprudencia más actuales, no solo contempla la autoría sino también la coautoría con respecto a este punto el tratadista Francisco Muñoz Conde indica "Es la realización conjunta de un delito por varias personas que colaboran consciente y voluntariamente…" Es por esta razón que el presente juzgador basado en los elementos establecidos por parte del señor Agente Fiscal, en ejercicio de sus atribuciones establecidas en la Ley y por los motivos anteriormente mencionados concuerda parcialmente con el dictamen acusatorio del señor Agente Fiscal y RESUELVE DICTAR AUTO DE LLAMAMIENTO A JUICIO en grado de AUTORES en contra de 1.- TERESA DE JESÚS CANGO MEDINA ecuatoriana de estado civil casada de ocupación artesana domiciliada en la comunidad las Lagunas con cédula de identidad 110343886-5, 2.- JOSE LINO LOZANO GUALAN ecuatoriano de estado civil unión libre 23 años de edad domiciliado en la comunidad las Lagunas con cédula de identidad número 110534879-9. 3.- JULIO CESAR LOZANO GUALAN ecuatoriano de estado unión libre de ocupación conductor domiciliado en Gunudel del Cantón Saraguro con cédula de identidad número 110446074-4. 4.- SISA CARMEN LOZANO GUAMAN ecuatoriana de estado civil soltera de ocupación estudiante domiciliada en la comunidad las Lagunas con cédula de identidad número 110490252-1, 5.- FAUSTO ENRIQUE LOZANO QUIZHPE ecuatoriano de estado civil casado de ocupación agricultor domiciliada en Gunudel del cantón Saraguro con cédula de identidad número 110383553-2, 6.- CARMEN ROSAURA MEDINA CARTUCHE ecuatoriana de estado civil casada de ocupación empleada privada domiciliada en el sector Gulacpamba del cantón Saraguro con cédula de identidad número 110420707-9, 7.- NATIVIDAD MARIA MEDINA LOZANO ecuatoriana de estado civil soltera de ocupación agricultora domiciliada en la comunidad las Lagunas con cédula de identidad número 110212452-4, 8.- TANIA MARIANA MINGA GUELEDEL ecuatoriana de estado civil solera de ocupación artesana domiciliada en el sector el cementerio de la parroquia y cantón Saraguro con cédula de identidad número 190044114-6, 9.- ABEL BENIGNO ORTEGA CANGO ecuatoriano de estado civil casado de ocupación agricultor domiciliado en las calles 10 de marzo y Loja con cédula de identidad 110250663-9. 10.- ABEL SARANGO CANGO ecuatoriano de estado civil casado de ocupación agricultor en la comunidad de los ramos de la parroquia San Lucas con cédula de identidad número 110156931-5. 11.- CESAR MARTIN SUQUILANDA GUAMÁN, ecuatoriano de estado civil soltero de ocupación empleado privado domiciliado en el barrio Pichig de la parroquia San Lucas con cédula de identidad número 10565679-5; y 12.- MANUEL ASUNCIÓN TENE GONZALEZ ecuatoriano de estado civil casado de ocupación agricultor domiciliado en la comunidad de Tambopamba del cantón Saraguro con cédula de identidad número 110352431-8; debiéndose ratificar las medidas implementadas en su contra, no existen acuerdos probatorios, se aprueba cada una de las pruebas anunciadas en la presente audiencia tanto por parte de la fiscalía como la defensa, Se mantienen las medidas cautelares en contra de los procesados, Póngase en conocimiento el presente AUTO DE LLAMAMIENTO A JUICIO a la Sala de lo Penal de Loja, adjuntando los correspondientes anticipos probatorios, excusándome del conocimiento de la presente causa. Con respecto a los demás procesados se dicta el AUTO DE SOBRESEIMIENTO a favor de 1.- MARCO VINICIO ANDRADE ZHINGRE, 2.- SISA PACARI CONTENTO CONTENTO. 3.- JAIME RODRIGO LOZANO GUALAN. 4.- LOZANO GUALAN ROSA MERCEDES, 5.- NESTOR OSWALDO MACAS MINGA, 6.- DIGNER PATRICIO MEDINA PUGLLA y 7.- LUZ MACRINA TENE GUAILLAS, se levantan todas las medidas impuestas en su contra, debiéndose realizar los oficios que correspondan, no se califica la denuncia ni la acusación particular como maliciosa ni temeraria en su contra, dejando a salvo los derechos que le asistan a su favor. Se ha corrido traslado a la Fiscalía como al acusador quienes manifiestan dentro de la audiencia que no tienen nada que alegar. NOTIFÍQUESE Y CÚMPLASE.-

23/05/2016 **CONVOCATORIA AUDIENCIA EVALUATORIA Y PREPARATORIA**
15:47:00

En razón de que la presente audiencia se suspendio el día viernes 20 de mayo del 2016, para la deliberación correspondiente de esta aurtoridad para dictar el auto de llamamiento a juicio y sobreseimiento de los procesados, se dispone que la misma se reinstale el día lunes 23 de mayo del 2016 a las 16H00.

19/05/2016 **ESCRITO**
09:10:26

Petición: PROVEER ESCRITO
FePresentacion, ANEXOS, ESCRITO

18/05/2016 **RAZON**
16:29:00

RAZÓN: Siento como tal sr. juez, que el día de hoy se entrega el oficio Nro. 689 2016, dentro del proceso 2015-00435, al Señor Julio Antonio Gualán, quien para constancia de lo actuado firma de manera con el Secretario de Unidad Judicial que certifica. Saraguro, 18 de Mayo del 2016.

Dr. Servio Paúl Velepucha

Página 14 de 85

Fecha **Actuaciones judiciales**

SECRETARIO

18/05/2016 **OFICIO**
16:28:00
UNIDAD JUDICIAL MULTICOMPETENTE DEL CANTÓN SARAGURO.

OF. Nro. 689-2016 JCS.
Saraguro, 18 de Mayo del 2016.

Señor
Julio Antonio Gualan
Ciudad.

De mi consideración.-

Dentro del juicio Penal COIP-Paralización de un Servicio Público, Nro. 2015-00435, que se tramita en esta Judicatura, incoado por Miguel Angel Condolo Poma, Fiscal del Cantón del Saraguro, en contra de Luz Macrina Tene Guaillas y otros, se ha dispuesto lo siguiente:

Ofíciese a usted a fin de poner en su conocimiento que ha sido designado por esta Unidad Judicial como traductor del idioma castellano a Kichua a fin de que comparezca al Auditorio de la Corte Provincial de Justicia de Loja, el día 20 de Mayo del 2016, a las 09h00.- Particular que le comunico para los fines pertinentes.

Por la favorable atención al presente le expreso mi agradecimiento.

Atentamente:

Abg. Alex Damián Torres Robalino
JUEZ DE LA UNIDAD JUDICIAL
MULTICOMPETENTE DE SARAGURO
c/c Archivo
elaborado: mcs

18/05/2016 **RAZON**
16:26:00
RAZÓN: Siento como tal sr. juez, que el día de hoy se entrega el oficio Nro. 688 2016, dentro del proceso 2015-00435, al Señor Luis Humberto Males, quien para constancia de lo actuado firma de manera con el Secretario de Unidad Judicial que certifica. Saraguro, 18 de Mayo del 2016.

Dr. Servio Paúl Velepucha
SECRETARIO

18/05/2016 **OFICIO**
16:20:00
UNIDAD JUDICIAL MULTICOMPETENTE DEL CANTÓN SARAGURO.

OF. Nro. 688-2016 JCS.
Saraguro, 18 de Mayo del 2016.

Señor

Página 15 de 85

Fecha	Actuaciones judiciales

Luis Humberto Males Arias
Ciudad.

De mi consideración.-

Dentro del juicio Penal COIP-Paralización de un Servicio Público, Nro. 2015-00435, que se tramita en esta Judicatura, incoado por Miguel Angel Condolo Poma, Fiscal del Cantón del Saraguro, en contra de Luz Macrina Tene Guaillas y otros, se ha dispuesto lo siguiente:

Ofíciese a usted a fin de poner en su conocimiento que ha sido designado por esta Unidad Judicial como traductor del idioma castellano a Kichua a fin de que comparezca al Auditorio de la Corte Provincial de Justicia de Loja, el día 20 de Mayo del 2016, a las 09h00.- Particular que le comunico para los fines pertinentes.

Por la favorable atención al presente le expreso mi agradecimiento.

Atentamente:

Abg. Alex Damián Torres Robalino
JUEZ DE LA UNIDAD JUDICIAL
MULTICOMPETENTE DE SARAGURO
c/c Archivo
elaborado: mcs

14/04/2016 14:22:00 **OFICIO**

UNIDAD JUDICIAL MULTICOMPETENTE DEL CANTÓN SARAGURO
Oficio Nro. 04-2016 – UJM-S
Saraguro, 14 de abril de 2016.

Doctor.
Servio Patricio González Chamba
FISCAL PROVINCIAL DE LOJA

En atención a lo solicitado por su autoridad mediante oficio Nro. FPL-UGA-2016-000555-O, de fecha 11 de abril del año 2016, me permito indicar lo siguiente:
Que para el día 11 de Mayo del 2016, se encuentra señalada La Audiencia de Evaluación y Preparatoria de Juicio en la causa penal Nro. 11313-2015-00571, y de la misma forma para el día 26 de Mayo del 2016 se encuentra agendada La Audiencia de Juzgamiento en la causa penal Nro. 11313-2013-0297. Por tal motivo con el antecedente expuesto solicito de la manera más comedida se designe a otro fiscal con la finalidad de que se lleven a cabo dichas audiencias y no se retarde la aplicación de la justicia en esta Unidad Judicial puesto que ya han sido diferidas por diferentes motivos en ocasiones anteriores.
Con sentimientos de estima y consideración me suscribo de Usted.

Atentamente.

Ab. Alex Damián Torres Robalino.
JUEZ DE LA UNIDAD JUDICIAL MULTICOMPETENTE
DEL CANTÓN SARAGURO

13/04/2016 14:58:52 **ESCRITO**

Petición: PROVEER ESCRITO
FePresentacion, ESCRITO

Página 16 de 85

Fecha	Actuaciones judiciales

13/04/2016 **ESCRITO**
14:04:40

P e t i c i ó n : P R O V E E R E S C R I T O
FePresentacion, ESCRITO

23/03/2016 **CONVOCATORIA AUDIENCIA EVALUATORIA Y PREPARATORIA**
10:01:00

VISTOS: En consideración al dictamen emitido por el señor Agente Fiscal superior de Loja y a la solicitud que antecede, en virtud de la carga procesal de este despacho, se señala para el día 20 de mayo de 2016 alas 9h00 tenga lugar la Audiencia Evaluatoria y Preparatoria de juicio en contra de ANDRADE ZHINGRE MARCO VINICIO, CANGO MEDINA TERESA DE JESÚS, CONTENTO CONTENTO SISA PACARI, LOZANO GUALAN JAIME RODRIGO, LOZANO GUALAN JOSE LINO, LOZANO GUALAN JULIO CESAR, LOZANO GUALAN ROSA MERCEDES, LOZANO GUAMAN SISA CARMEN, LOZANO QUIZHPE FAUSTO ENRIQUE, MACAS MINGA NESTOR OSWALDO, MEDINA CARTUCHE CARMEN ROSAURA, MEDINA LOZANO NATIVIDAD MARIA, MEDINA PUGLLA DIGNER PATRICIO, MINGA GUELEDEL TANIA MARIANA, ORTEGA CANGO ABEL BENIGNO, SARANGO CANGO ABEL, SUQUILANDA GUAMAN CESAR MARTIN, TENE GONZALEZ MANUEL ASUNCIÓN, TENE GUAILLAS LUZ MACRINA, la misma que tendrá lugar en el auditorio de la Corte Provincial de Justicia de la ciudad de Loja en virtud del espacio reducido de la sala de audiencias de la ciudad de Saraguro, por el presunto delito sancionado y tipificado en el artículo 346 del Código Orgánico Integral Penal que dispone "La persona que impida, entorpezca o paralice la normal prestación de un servicio público o se resista violentamente al restablecimiento del mismo; o, se tome por fuerza un edificio o instalación pública, será sancionada con pena privativa de libertad de uno a tres años.", Póngase en conocimiento de las partes procesales con su asistencia a la presente audiencia debiéndose notificar además a la Defensoría Pública. Cuéntese de igual manera con un traductor a fin de garantizar el principio de contradicción en caso de requerirse. Sobre LOZANO CONTENTO LAURA ALBERTINA Y MINGA MINGA CARMEN DELFINA en virtud de la ratificación del dictamen ABSTENTIVO emitido por el señor Agente Fiscal Superior se dicta su SOBRESEIMIENTO en conformidad a lo dispuesto en el artículo 600 del Código Orgánico Integral Penal, en tal virtud, se levanta cualquier medida cautelar dictada en su contra. Notifíquese

21/03/2016 **RAZON**
16:34:00

UNIDAD JUDICIAL MULTICOMPETENTE DE LOJA CON SEDE EN EL CANTÓN SARAGURO.- RAZÓN Siento como tal señor juez, que el día de hoy, se procede a enviar por correos del Ecuador, el oficio Nro. 2016-0373, dirigido a la Dra. María Cecilia Vivanco, Directora del Consejo de la Judicatura de Loja. Le comunico a su autoridad para los fines legales pertinentes.- Saraguro, 21 de marzo del 2016.- El secretario que certifica.-

Dr. Servio Paúl Velepucha.
SECRETARIO.

21/03/2016 **OFICIO**
15:38:00

UNIDAD JUDICIAL MULTICOMPETENTE DEL CANTÓN SARAGURO.

OF. Nro. 373-2016 JCS.
Saraguro, 21 de Marzo del 2016.

Doctora
María Cecilia Vivanco.
DIRECTORA DEL CONSEJO DE LA JUDICATURA DE LOJA.
Loja.

De mi consideración.-

Dentro del juicio Penal-Paralización de un Servicio Público Nro. 00435-2015, que se tramita en esta Judicatura, en contra de los señores: Marco Vinicio Andrade Zhingre, Teresa de Jesus Cango Medina, Sisa Pacari Contento Contento, Jaime Rodrigo Lozano Gualan, José Lino Lozano Gualan, Julio Cesar Lozano Gualan, Rosa Mercedes Lozano Gualan, Sisa Carmen Lozano Guaman,

Fecha **Actuaciones judiciales**

Fausto Enrique Lozano Quizhpe, Néstor Oswaldo Macas Minga, Carmen Rosaura Medina Cartuche, Natividad María Medina Lozano, Digner Patricio Medina Puglla, Tania Mariana Minga Gueledel, Angel Benigno Ortega Cango, Abel Sarango Cango, Cesar Martin Suquilanda Guaman, Manuel Asunción Tene Gonzalez, Luz Macrina Tene Guaillas se ha dispuesto lo siguiente:

Oficiar a usted a fin de poner en su conocimiento que el día Viernes 20 de Mayo del 2016 a las 09h00, se llevará a efecto la Audiencia Evaluatoria y Preparatoria de Juicio de los procesados antes indicados, por lo que le solicito autorizar que la mencionada diligencia se lleve a efecto en el Auditorio de la Función Judicial de Loja, debido a que el espacio físico de la Sala de Audiencias de esta Unidad Judicial es reducido.- Particular que le comunico para los fines consiguientes.

Por la favorable atención al presente le expreso mi agradecimiento.

Atentamente:

Abg. Alex Damián Torres Robalino
JUEZ DE LA UNIDAD JUDICIAL
MULTICOMPETENTE DE SARAGURO
c/c Archivo
elaborado: mcs

21/03/2016 **ESCRITO**
13:36:59
Petición: PROVEER ESCRITO
FePresentacion, ESCRITO

10/02/2016 **OFICIO**
14:40:00
UNIDAD JUDICIAL MULTICOMPETENTE DEL CANTÓN SARAGURO.
OF. Nro. 0001-2016 JCS.
Saraguro, 10 de febrero de 2016.

Señores
MIEMBROS DEL TRIBUNAL DE GARANTÍAS PENALES DE LOJA.
Ciudad.

De mi consideración.-

Dentro del juicio Penal Nro. 11313-2015-00435, que se tramita en esta Judicatura, por el supuesto cometimiento de delito de paralización de un servicio público tipificado en el Art. 346 del COIP; muy comedidamente expongo ante ustedes lo siguiente:

Por un error incvoluntario no se dio cumplimiento a lo tipificado en el Art. 608 numeral 6 del COIP, y se envío todo el expediente al Tribunal de Garantías Penales, y en vista de que el dictamen abstentivo del señor Agente Fiscal de Loja con sede en este Cantón Saraguro fue revocado por parte del señor Fiscal Provincial de Loja Dr. Servio Patricio González, y dicho proceso tiene que serguir tramitándose en esta Unidad Judicial, solicito a ustedes de la manera más comedida se sirva disponer que por intermedio de Secretaria se devuelvan los nueve cuerpos del expediente correspondiente al presente Juicio

Por la favorable atención al presente le expreso mi agradecimiento.

Atentamente:

Dr. Paúl Velepucha Espinosa
SECRETARIO DE LA UNIDAD JUDICIAL
MULTICOMPETENTE DE SARAGURO

04/02/2016 **PROVIDENCIA GENERAL**
08:20:00
Agréguese al expediente la resolución realizada por parte del señor Fiscal Provincial de Loja Dr. Servio Patricio González,

Fecha	Actuaciones judiciales

pongase en conocimiento de las partes procesales para los fines legales que correspondan. Notifíquese

29/01/2016 ESCRITO
17:14:28
P e t i c i ó n : P R O V E E R E S C R I T O
FePresentacion, ANEXOS, ESCRITO

06/01/2016 RAZON
11:28:00
RAZON.- Siento como tal señor Juez, que dando cumplimiento a lo ordenado por Usted en providencia anterior, procedo a remitir ocho cuerpos del presente Proceso de Acción Penal Pública por el Delito de Paralización de Servicio Público N° 11313-2015-00435. UJ. Saraguro al correspondiente Tribunal Penal, mediante correos del Ecuador.- CERTIFICO.- Saraguro, 6 de Enero del 2016.-

Dr. Paúl Velepucha Espinosa
SECRETARIO.

06/01/2016 RAZON
11:19:00
Razón.- Dr. Servio Paúl Velepucha Espinosa, Secretario de la Unidad Judicial Multicompetente de Saraguro: CERTIFICA: Que las fotocopias que anteceden en ocho fojas útiles son fiel copia de su original que reposan en el Proceso de Acción Penal Pública por el Delito de Paralización de Servicio Público N° 11313-2015- 00435. UJ. Saraguro, 06 de Enero del 2016.- El Secretario.

Dr. Paúl Velepucha Espinosa
SECRETARIO.

RAZON.- Siento como tal señor Juez, que dando cumplimiento a lo ordenado por Usted en providencia anterior, procedo a remitir las copias certificadas del presente Dictmen Abstentivo emitido por el señor Dr. Miguel Ángel Condolo Poma, Fiscal de Loja con sede en el Cantón Saraguro al Fiscal Provincial de Loja, mediante correos del Ecuador.- CERTIFICO.- Saraguro, 6 de Enero del 2016.-

Dr. Paúl Velepucha Espinosa
SECRETARIO.

06/01/2016 PROVIDENCIA GENERAL
11:02:00
VISTOS.- Agréguese al proceso el escrito que antecede y téngase en cuenta el casillero judicial Nro. 582 y los correos electrónicos vjapon2005@yahoo.com y juanignaciocajascano@gmail.com señalado por el abogado del acusador particular para las notificaciones que correspondan en la Ciudad de Loja.- Hágase saber.

05/01/2016 ACTA RESUMEN
16:55:00
Identificación del órgano jurisdiccional:

Órgano Jurisdiccional:

UNIDAD JUDICIALMULTICOMPETENTE DE LOJA CON SEDE EN SARAGURO.

Juez/Jueza/Jueces: AB. ALEX DAMIAN TORRES ROBALINO.

Página 19 de 85

Fecha	**Actuaciones judiciales**

Nombre del Secretario/a: DR. SERVIO PAÚL VELEPUCHA ESPINOSA.

Identificación del Proceso:

Número de Proceso: 2015-0435.

Lugar y Fecha de Realización/Lugar y fecha de reinstalación:

SARAGURO, 26 DE NOVIEMBRE DEL 2015

Hora de Inicio/reinstalación:

11H00/11H10

Presunta Infracción:
PARALIZACION DE SERVICIO PÚBLICO

Desarrollo de la Audiencia:

Tipo de Audiencia:

Audiencia de Calificación de Flagrancia: ( )
Audiencia de Formulación de Cargos: ( )
Audiencia Preparatoria de Juicio: (X)
Audiencia de Juicio: ( )
Audiencia de Juzgamiento: ( )
Audiencia de Sustitución de Medidas: ( )
Audiencia de Suspensión Condicional: ( )
Audiencia de Acuerdos Reparatorios: ( )
Audiencia de Revocatoria de Suspensión Condicional: ( )
Audiencia de Medida Cautelar de Prisión Preventiva: ( )
Audiencia de Procedimiento Abreviado: ( )
Audiencia de Procedimiento Simplificado: ( )
Audiencia de Legalidad de Detención: ( )
Audiencia de Revisión de Medidas Cautelares: ( )
Audiencia de Apelación de Medidas Cautelares: ( )
Otro: (Especifique)

Intervinientes en la Audiencia:

Nombre del Fiscal:
Casilla Judicial y correo electrónico:

Miguel Ángel Condolo Poma
Casilla No. 100
Correo: condolom@fiscalia.gob.ec

Nombre del Ofendido/ Acusador Particular:
Nombre del Abogado Patrocinador:
Casilla Judicial y correo electrónico:

Página 20 de 85

Fecha	Actuaciones judiciales

ESTADO DIRECTOR REGIONAL DE LA PROCURADURIA GENERAL DEL ESTADO

ESTADO DIRECTOR REGIONAL DE LA PROCURADURIA GENERAL DEL ESTADO
DR. JARAMILLO VILLAMAGUA JORGE MAURICIO.
notificaciones_loja@pge.gob.ec

Procesado/s:
Nombre del Defensor:
Casilla Judicial y correo electrónico:
ANGEL POLIVIO MEDINA QUIZHPE
Angel Cartuche

rimapuy2@hotmail.com

ASUNCIÓN ZHUNAULA SARANGO
Ángel Cartuche

rimapuy2@hotmail.com
SERVIO ANGAMARCA AMABLE MOROCHO
Vicente Vivanco
leovivan@outlook.com
KARINA FERNANDA MONTEROS PAGUAY
Luis Guamán
luiswaman@yahoo.es
MARIA LUISA LOZANO QUIZHPE
Ángel Cartuche
rimapuy2@hotmail.com
DELFIN REINALDO JAPON GUALAN
Jorge Sarango Andrade

rikcharido@yahoo.es

JULIO AURELIO SARANGO QUIZHPE
Ángel Cartuche
rimapuy2@hotmail.com
JOSE MANUEL CARTUCHE QUIZHPE
Luis Guamán
luiswaman@yahoo.es
ATAHUALPA YUPANKI MACAS AMBULUDI
Luis Guaman
luiswaman@yahoo.es
JULIO AURELIO LIMA MEDINA
Luis Guaman
luiswaman@yahoo.es

Testigos Defensa:
Testigos Fiscalía:
Testigos Acusador Particular:
1.- DELFIN REINALDO JAPON GUALAN.- MARIA CARMEN ZUÑO LITUMA, CARLOS MAURICIO PUCHAICELA ZHUÑO.

2.- ANGEL POLIVIO MEDINA QUIZHPE .- MARÍA BALBINA ANDRADE VACACELA, ROSA BALBINA QUIZHPE LOZANO.

Página 21 de 85

Fecha	Actuaciones judiciales

3.- ASUNCIÓN ZHUNAULA SARANGO.- MARÍA CARMEN CANGO QUIZHPE, ROSA BALVINA QUIZHPE LOZANO.

4.- SERVIO AMABLE ANGAMARCA MOROCHO.- LUIS ANTONIO VACACELA MEDINA , DANY RODRIGO VERA, FAUSTO VINICIO ROMERO CABRERA, DE LA PROVINCIA JOHANNA ORTIZ VILLAVICENCIO, AL GENERAL IGNACIO BENÍTEZ POZO, AL INTENDENTE DE POLICÍA GALO VINICIO CÁRDENAS CARRIÓN, AL CORONEL JOSÉ NÚÑEZ GAVILANES JEFE DE ESTADO MAYOR, DELEGADO INFANTERÍA, AL POLICÍA EDISON GILBERTO ENCALADA FLORES, SEGUNDO ABEL SARANGO, SALVADOR QUIZHPE, JORGE HERRERA MOROCHO, MIGUEL ANTONIO JAPÓN CONTENTO, JOSÉ LOZANO LOZANO, LUIS ALBERTO MACAS AMBULUDI,

5.- KARINA FERNANDA MONTEROS PAGUAY.- SEGUNDO ABEL, SALVADOR QUIZHPE, JORGE HERRERA MOROCHO, MIGUEL ANTONIO JAPÓN CONTENTO, JOSÉ LOZANO LOZANO, LUIS ALBERTO MACAS AMBULUDI, SALVADOR QUIZHPE, JORGE HERRERA, SEGUNDO ABEL SARANGO, MIGUEL ANTONIO JAPON CONTENTO, JOSÉ PATRICIO LOZANO LOZANO., ROSA VICENTA GUAMAN GUAMAN, IGNACIO BENÍTEZ POZO, CON LA MAGISTER JOHANA VILLAVICENCIO GOBERNADORA DE LOJA, SEÑOR INTENDENTE DE POLICÍA, GALO VÍNICIO CÁRDENAS, EX FEJE, DE INFANTERÍA JOSÉ NÚÑEZ GAVILANES

6.- MARIA LUISA LOZANO QUIZHPE.- ROSA BALVINA QUIZHPE LOZANO, LUZ ANGÉLICA PAQUI QUIZHPE

7.- JULIO AURELIO SARANGO QUIZHPE.- JAIME BENINGO GUAILLAS GUAILLAS, MARCO ANTONIO LAVANDA MOROCHO, ROSA BALVINA QUIZHPE VACACELA

8.- JOSE MANUEL CARTUCHE QUIZHPE.- JULIO ROSALINO GUAMÁN AMBULUDI, LAURA AMALIA GUAMAN AMBULUDI, JOSE MIGUEL GUIALLAS TENE, LUZ BENIGNA MINGA SARANGO, JOSE EFREN MINGA SARANGO, JOSÉ VICENTE GONZÁLEZ MINGA, LUIS ALBERTO MACAS AMBULUDI, SEGUNDO ABEL SARANGO, SALVADOR QUIZHPE, JORGE HERRERA MOROCHO, MIGUEL ANTONIO JAPON CONTENTO, JOSÉ LOZANO LOZANO, IGNACIO BENÍTEZ POZO, CON LA MAGISTER JOHANA VILLAVICENCIO GOBERNADORA DE LOJA, SEÑOR INTENDENTE DE POLICÍA, GALO VÍNICO CÁRDENAS, EX FEJE, DE INFANTERÍA NRO. 7 DE LOJA, JOSÉ NÚÑEZ GAVILANES, LUIS ALBERTO MACAS,

9.- ATHAHUALPA YUPANKI MACAS AMBULUDI.- NUBIA ELIZABETH ZHUNAULA LOZANO, DARWIN MANUEL JAPON CHALAN, JORGE ANTONIO QUIZHPE MACAS, LUIS ALBERTO MACAS AMBULUDI, SEGUNDO ABEL SARANGO, SALVADOR QUIZHPE, JORGE HERRERA MOROCHO, MIGUEL ANTONIO JAPON CONTENTO, JOSÉ LOZANO LOZANO, IGNACIO BENÍTEZ POZO, CON LA MAGISTER JOHANA VILLAVICENCIO GOBERNADORA DE LOJA, SEÑOR INTENDENTE DE POLICÍA, GALO VÍNICO CÁRDENAS, EX FEJE, DE INFANTERÍA NRO. 7 DE LOJA, JOSÉ NÚÑEZ GAVILANES,

10.- JULIO AURELIO LIMA MEDINA.- MARIA BALVINA MACAS AMBULUDI, LUZ BENIGNA NAMICELA CONTENTO, LUIS ALBERTO MACAS AMBULUDI, SEGUNDO ABEL SARANGO, SALVADOR QUIZHPE, JORGE HERRERA MOROCHO, MIGUEL ANTONIO JAPON CONTENTO, JOSÉ LOZANO LOZANO, IGNACIO BENÍTEZ POZO, CON LA MAGISTER JOHANA VILLAVICENCIO GOBERNADORA DE LOJA, SEÑOR INTENDENTE DE POLICÍA, GALO VÍNICO CÁRDENAS, EX FEJE, DE INFANTERÍA NRO. 7 DE LOJA, JOSÉ NÚÑEZ GAVILANES,
ANGEL POLIVIO MEDINA QUIZHPE.- PRUEBA TESTIMONIAL DE LOS POLICÍAS, MARCO DÍAZ QUICHIMBO, CALVA CASTILLO DARÍO JAVIER, CHÁVEZ GRANDA RODNY ALEXIS. DIEGO MANUEL SÁNCHEZ PINEDA, DALTO VINICIO CELI ALVARADO Y LUIS GERARDO RIVAS RIVERA, FRANKLIN ROLANDO ZAAVREDA. LOS TESTIMONIOS DE LOS PERITOS, LUIS LÓPEZ MOROCHO, MANUEL ISAÍAS SARANGO RIVERA, CARLOS JIMÉNEZ ORTIZ Y DRA. KARINA PACHECO VÁSQUEZ, MÉDICO LEGISTA DE LA FISCALÍA DE LOJA.

ASUNCION ZHUNAULA SARANGO.- TESTIMONIAL DE LOS POLICÍAS, MARCO DÍAZ QUICHIMBO, CALVA CASTILLO DARÍO JAVIER, CHÁVEZ GRANDA RODNY ALEXIS. DIEGO MANUEL SÁNCHEZ PINEDA, DALTO VINICIO CELI ALVARADO Y LUIS GERARDO RIVAS RIVERA, FRANKLIN ROLANDO ZAAVREDA, TESTIMONIOS DE LOS PERITOS, LUIS LÓPEZ MOROCHO, MANUEL ISAÍAS SARANGO RIVERA, CARLOS JIMÉNEZ ORTIZ Y DRA. KARINA PACHECO VÁSQUEZ, MÉDICO LEGISTA DE LA FISCALÍA DE LOJA

Fecha	Actuaciones judiciales

SERVIO AMABLE ANGAMARCA MOROCHO- TESTIMONIAL DE LOS POLICÍAS, MARCO DÍAZ QUICHIMBO, CALVA CASTILLO DARÍO JAVIER, CHÁVEZ GRANDA RODNY ALEXIS. DIEGO MANUEL SÁNCHEZ PINEDA, DALTO VINICIO CELI ALVARADO Y LUIS GERARDO RIVAS RIVERA, FRANKLIN ROLANDO ZAAVREDA, TESTIMONIOS DE LOS PERITOS, LUIS LÓPEZ MOROCHO, MANUEL ISAÍAS SARANGO RIVERA, CARLOS JIMÉNEZ ORTIZ Y DRA. KARINA PACHECO VÁSQUEZ, MÉDICO LEGISTA DE LA FISCALÍA DE LOJA

KARIAN FERNANDA MONTEROS PAGUAY.- TESTIMONIAL DE LOS POLICÍAS, MARCO DÍAZ QUICHIMBO, CALVA CASTILLO DARÍO JAVIER, CHÁVEZ GRANDA RODNY ALEXIS. DIEGO MANUEL SÁNCHEZ PINEDA, DALTO VINICIO CELI ALVARADO Y LUIS GERARDO RIVAS RIVERA, FRANKLIN ROLANDO ZAAVREDA, TESTIMONIOS DE LOS PERITOS, LUIS LÓPEZ MOROCHO, MANUEL ISAÍAS SARANGO RIVERA, CARLOS JIMÉNEZ ORTIZ Y DRA. KARINA PACHECO VÁSQUEZ, MÉDICO LEGISTA DE LA FISCALÍA DE LOJA

MARIA LUISA LOZANO QUIZHPE.-TESTIMONIAL DE LOS POLICÍAS, MARCO DÍAZ QUICHIMBO, CALVA CASTILLO DARÍO JAVIER, CHÁVEZ GRANDA RODNY ALEXIS. DIEGO MANUEL SÁNCHEZ PINEDA, DALTO VINICIO CELI ALVARADO Y LUIS GERARDO RIVAS RIVERA, FRANKLIN ROLANDO ZAAVREDA, TESTIMONIOS DE LOS PERITOS, LUIS LÓPEZ MOROCHO, MANUEL ISAÍAS SARANGO RIVERA, CARLOS JIMÉNEZ ORTIZ Y DRA. KARINA PACHECO VÁSQUEZ, MÉDICO LEGISTA DE LA FISCALÍA DE LOJA

DELFIN REINALDO JAPON GUALAN.- - TESTIMONIAL DE LOS POLICÍAS, MARCO DÍAZ QUICHIMBO, CALVA CASTILLO DARÍO JAVIER, CHÁVEZ GRANDA RODNY ALEXIS. DIEGO MANUEL SÁNCHEZ PINEDA, DALTO VINICIO CELI ALVARADO Y LUIS GERARDO RIVAS RIVERA, FRANKLIN ROLANDO ZAAVREDA,TESTIMONIOS DE LOS PERITOS, LUIS LÓPEZ MOROCHO, MANUEL ISAÍAS SARANGO RIVERA, CARLOS JIMÉNEZ ORTIZ Y DRA. KARINA PACHECO VÁSQUEZ, MÉDICO LEGISTA DE LA FISCALÍA DE LOJA

JULIO AURELIO SARANGO QUIZHPE.- - TESTIMONIAL DE LOS POLICÍAS, MARCO DÍAZ QUICHIMBO, CALVA CASTILLO DARÍO JAVIER, CHÁVEZ GRANDA RODNY ALEXIS. DIEGO MANUEL SÁNCHEZ PINEDA, DALTO VINICIO CELI ALVARADO Y LUIS GERARDO RIVAS RIVERA, FRANKLIN ROLANDO ZAAVREDA,TESTIMONIOS DE LOS PERITOS, LUIS LÓPEZ MOROCHO, MANUEL ISAÍAS SARANGO RIVERA, CARLOS JIMÉNEZ ORTIZ Y DRA. KARINA PACHECO VÁSQUEZ, MÉDICO LEGISTA DE LA FISCALÍA DE LOJA

ATAHUALPA YUPANKI MACAS AMBULUDI - TESTIMONIAL DE LOS POLICÍAS, MARCO DÍAZ QUICHIMBO, CALVA CASTILLO DARÍO JAVIER, CHÁVEZ GRANDA RODNY ALEXIS. DIEGO MANUEL SÁNCHEZ PINEDA, DALTO VINICIO CELI ALVARADO Y LUIS GERARDO RIVAS RIVERA, FRANKLIN ROLANDO ZAAVREDA,TESTIMONIOS DE LOS PERITOS, LUIS LÓPEZ MOROCHO, MANUEL ISAÍAS SARANGO RIVERA, CARLOS JIMÉNEZ ORTIZ Y DRA. KARINA PACHECO VÁSQUEZ, MÉDICO LEGISTA DE LA FISCALÍA DE LOJA

JOSE MANUEL CARTUCHE QUIZHPE- TESTIMONIAL DE LOS POLICÍAS, MARCO DÍAZ QUICHIMBO, CALVA CASTILLO DARÍO JAVIER, CHÁVEZ GRANDA RODNY ALEXIS. DIEGO MANUEL SÁNCHEZ PINEDA, DALTO VINICIO CELI ALVARADO Y LUIS GERARDO RIVAS RIVERA, FRANKLIN ROLANDO ZAAVREDA,TESTIMONIOS DE LOS PERITOS, LUIS LÓPEZ MOROCHO, MANUEL ISAÍAS SARANGO RIVERA, CARLOS JIMÉNEZ ORTIZ Y DRA. KARINA PACHECO VÁSQUEZ, MÉDICO LEGISTA DE LA FISCALÍA DE LOJA

JULIO AURELIO LIMA MEDINA- - TESTIMONIAL DE LOS POLICÍAS, MARCO DÍAZ QUICHIMBO, CALVA CASTILLO DARÍO JAVIER, CHÁVEZ GRANDA RODNY ALEXIS. DIEGO MANUEL SÁNCHEZ PINEDA, DALTO VINICIO CELI ALVARADO Y LUIS GERARDO RIVAS RIVERA, FRANKLIN ROLANDO ZAAVREDA,TESTIMONIOS DE LOS PERITOS, LUIS LÓPEZ MOROCHO, MANUEL ISAÍAS SARANGO RIVERA, CARLOS JIMÉNEZ ORTIZ Y DRA. KARINA PACHECO VÁSQUEZ, MÉDICO LEGISTA DE LA FISCALÍA DE LOJA

Fecha **Actuaciones judiciales**

ANGEL POLIVIO MEDINA QUIZHPE.- PRUEBA TESTIMONIAL DE LOS POLICÍAS, MARCO DÍAZ QUICHIMBO, CALVA CASTILLO DARÍO JAVIER, CHÁVEZ GRANDA RODNY ALEXIS. DIEGO MANUEL SÁNCHEZ PINEDA, DALTO VINICIO CELI ALVARADO Y LUIS GERARDO RIVAS RIVERA, FRANKLIN ROLANDO ZAAVREDA. LOS TESTIMONIOS DE LOS PERITOS, LUIS LÓPEZ MOROCHO, MANUEL ISAÍAS SARANGO RIVERA, CARLOS JIMÉNEZ ORTIZ Y DRA. KARINA PACHECO VÁSQUEZ, MÉDICO LEGISTA DE LA FISCALÍA DE LOJA.

ASUNCION ZHUNAULA SARANGO.- TESTIMONIAL DE LOS POLICÍAS, MARCO DÍAZ QUICHIMBO, CALVA CASTILLO DARÍO JAVIER, CHÁVEZ GRANDA RODNY ALEXIS. DIEGO MANUEL SÁNCHEZ PINEDA, DALTO VINICIO CELI ALVARADO Y LUIS GERARDO RIVAS RIVERA, FRANKLIN ROLANDO ZAAVREDA, TESTIMONIOS DE LOS PERITOS, LUIS LÓPEZ MOROCHO, MANUEL ISAÍAS SARANGO RIVERA, CARLOS JIMÉNEZ ORTIZ Y DRA. KARINA PACHECO VÁSQUEZ, MÉDICO LEGISTA DE LA FISCALÍA DE LOJA

SERVIO AMABLE ANGAMARCA MOROCHO- TESTIMONIAL DE LOS POLICÍAS, MARCO DÍAZ QUICHIMBO, CALVA CASTILLO DARÍO JAVIER, CHÁVEZ GRANDA RODNY ALEXIS. DIEGO MANUEL SÁNCHEZ PINEDA, DALTO VINICIO CELI ALVARADO Y LUIS GERARDO RIVAS RIVERA, FRANKLIN ROLANDO ZAAVREDA, TESTIMONIOS DE LOS PERITOS, LUIS LÓPEZ MOROCHO, MANUEL ISAÍAS SARANGO RIVERA, CARLOS JIMÉNEZ ORTIZ Y DRA. KARINA PACHECO VÁSQUEZ, MÉDICO LEGISTA DE LA FISCALÍA DE LOJA

KARINA FERNANDA MONTEROS PAGUAY.- TESTIMONIAL DE LOS POLICÍAS, MARCO DÍAZ QUICHIMBO, CALVA CASTILLO DARÍO JAVIER, CHÁVEZ GRANDA RODNY ALEXIS. DIEGO MANUEL SÁNCHEZ PINEDA, DALTO VINICIO CELI ALVARADO Y LUIS GERARDO RIVAS RIVERA, FRANKLIN ROLANDO ZAAVREDA, TESTIMONIOS DE LOS PERITOS, LUIS LÓPEZ MOROCHO, MANUEL ISAÍAS SARANGO RIVERA, CARLOS JIMÉNEZ ORTIZ Y DRA. KARINA PACHECO VÁSQUEZ, MÉDICO LEGISTA DE LA FISCALÍA DE LOJA

MARIA LUISA LOZANO QUIZHPE.- TESTIMONIAL DE LOS POLICÍAS, MARCO DÍAZ QUICHIMBO, CALVA CASTILLO DARÍO JAVIER, CHÁVEZ GRANDA RODNY ALEXIS. DIEGO MANUEL SÁNCHEZ PINEDA, DALTO VINICIO CELI ALVARADO Y LUIS GERARDO RIVAS RIVERA, FRANKLIN ROLANDO ZAAVREDA, TESTIMONIOS DE LOS PERITOS, LUIS LÓPEZ MOROCHO, MANUEL ISAÍAS SARANGO RIVERA, CARLOS JIMÉNEZ ORTIZ Y DRA. KARINA PACHECO VÁSQUEZ, MÉDICO LEGISTA DE LA FISCALÍA DE LOJA

Peritos:

Traductores o intérpretes:

Fecha	Actuaciones judiciales

*Registrar junto al nombre si la intervención ha sido realizada por videoconferencia.

PRUEBA DOCUMENTAL DEL PROCESADO:
PRUEBA DOCUMENTAL DE FISCALÍA:
PRUEBA DOCUMENTAL DEL ACUSADOR PARTICULAR:
ANGEL POLIVIO MEDINA QUIZHPE.- Prueba documental que en el momento mismo de la audiencia de juzgamiento oral se reproduzca los siguientes documentos que se encuentra en el proceso de los certificados, solicito se sirva tomar como prueba, los certificados de conducta y honorabilidad, certificado de trabajo, que obra en el proceso 1153 a 1159 de la misma manera los antecedentes penales en forma del informe del reconocimiento del lugar videos y fotos que consta a fs. 726 720, recortes de las notas de prensa 728 a 740, que en el momento de la audiencia solicito se me permita contra-examinar a los denunciantes a testigos que llegaren a presentar. Quiero se tome en consideración

ASUNCIÓN ZHUNAULA SARANGO.- De igual forma solicito la exclusión los cortes de las notas de prensa que hace referencia en el anuncio de prueba por la defensa por las razones antes expuestas, las cuales no son confiables, en alguna partes, no es idioma oficial en nuestro país y obviamente no tiene credibilidad la razón que han sido impresos de la página web.

SERVIO AMABLE ANGAMARCA MOROCHO.- Varios recortes de periódico, donde que me permito aclarar en la parte inferior consta el link, de cual a la ley de comercio, está aquí la fuente lo puede corroborar yendo al interior, que son periódicos , dudosa procedencia como la hora, el comercio, la organización YUMA, comisión relatada de la naciones unidas de la ONU, esos son los documentos que me permito presentar, oficios que consta a fs. 1010 y siguientes que están que debidamente esta certificadas por la fiscalía donde hay las fojas de los partes de la policía, información planes de la operativo de la policía nacional. Como prueba documental de la acusación particular, la solicitud de la declinación debidamente certificadas por la organización indígena, videos, enlace ciudadano, páginas 4 a 37, se encuentra debidamente, se corre traslado con el link, de parte de SECOND, en YOUTOBE, día negro, para Saraguro del día 17 de noviembre del 2015. Saraguro flash, y que lo ha presentado
KARINA FERNANDA MONTEROS PAGUAY .- con prueba documental se tome en cuenta los certificados de honorabilidad que presenta mi defendida a fs. 1278, 1279, 1280, como además a fs. 1281, presenta la partida de nacimiento de su hija Sara Herminia. Quien la cual demuestra que mantiene una hija estudiando en la comunidad las lagunas. Además está el certificado, de conferido por el centro educativo, la cual manifiesta que se encuentra estudiando la referida comunidad intercultural Bilinguie, INTIRREIMY, cuyo documento está a fs. 1282, además presenta como prueba documental el contrato de trabajo, que mantiene mi defendida a fs. 1289 hasta 1296, se incluirá también un certificado de honorabilidad presentado de mi defendida a fs. 1287.
MARIA LUISA LOZANO QUIZHPE.- en el momento mismo de la audiencia de juzgamiento y se reproduzcan los documentos que se encuentra en el proceso, los certificados, que se incorporen también como prueba los certificados de conducta y honorabilidad, certifico de trabajo antecedentes penales, informe del reconocimiento del lugar, videos, y fotos que constan a fs. 726 y 727.

DELFIN REINALDO JAPON GUALAN.- los siguientes documentos certificados de conducta y honorabilidad, certifico de trabajo antecedentes penales, certificados concedido por la CONADIS que mi defendido padece de una incapacidad, además señor juez como prueba debo anunciar el informe del reconocimiento del lugar, que consta en el expediente que constan a fs. 870, 871, 872 además de esto señor juez anuncio como prueba videos y fotos que consta 726, 727, además también las notas de prensa que obra desde la foja, 728 a 740 que consta en el expediente

JULIO AURELIO SARANGO QUIZHPE .- Que se incorporare los siguientes documentos certificados de conducta y honorabilidad, certifico de trabajo antecedentes penales, además de esto señor anuncio como prueba videos y fotos que consta 726, 727, además también las notas de prensa que consta en el expediente, adema señor juez en el momento de la audiencia de juzgamiento que me permita contra examinar a los denunciantes y testigos que llegare a presentar la parte del señor fiscal, además señor pese todo en cuanto q presente a favor de mi defendido

JOSE MANUEL CARTUCHE QUIZHPE.- toda la documentación adjuntada pro al justicia indígena en el proceso que sustancia en contra de mi defendió los mismos que se encuentra en el expediente numeral 345, 2015 del juzgado del canon Saraguro

ATHAHUALPA YUPANKI MACAS AMBULUDI.- que se tome en cuenta las pruebas documentales que presentaremos en el día de la audiencia, pruebas constantes a (fs. 398 a 400) constante en la cual se encuentra el documento en la sé que debe recalcar la falta de motivación en relación a la presente prisión preventiva para los acusados, se dignara en tomar en cuenta, la documentación presentad y anunciada la información sumaria, de la notaria primera del cantón Saraguro y de los videos relacionado del día negro del cantón Saraguro.

Página 25 de 85

Fecha	Actuaciones judiciales

JULIO AURELIO LIMA MEDINA.- además deberá tomar en cuenta la documentación presentada por la autoridad por la autoridad natural quienes han presentado la documentación pertinente como prueba de mi defendido. se dignara también tomar recibirlo de las autoridades Ignacio Benítez Pozo, con la magister Johana Ortiz Villavicencio Gobernadora de Loja, señor intendente de policía, galo vínico cárdenas, ex feje, de infantería nro. 7 de Loja, José Núñez Gavilanes. Como prueba también el video viernes negro del cantón Saraguro. Igual como prueba de mi defendido se los se presentará lo constante a fs. 398 a 400, referente al auto que se manifiesta la parte de motivación, de la prisión preventiva documento que los presento, documentación los señores se encuentran vinculados, de las personas que fueron detenidos:
ANGEL POLIVIO MEDINA QUIZHPE.- la tarjeta índice del ciudadano.-reconocimiento de los hechos, informe pericial.- informe médico legal de los policías.- han sido valorados se trata de los Agentes de Policía Calva Castillo Diario Javier De Vallejo Aguirre. De igual forma las pericias, que han sido realizadas, como el informe técnico pericial de audio y video realizado por la unidad de apoyo criminalista de Loja.
Informe del reconocimiento del lugar que lo he manifestado, informe determinado con nombres y apellidos de la paralización de un servicio público legista que ha sido efectuada Cabo Bayron Toapamba Zumba. Informe de pericia, con lo que se obtuvo imágenes del rostro de las personas que consta en el video remitido por el Mags. Marco Antonio Zhigui, en calidad de gerente de la radio frontera y del video también remitido por parte del Coronel De Mauricio Yanez Vega, Comandante nro. 7 de Loja.
ASUNCIÓN ZHUNAULA SARANGO.- la tarjeta índice del ciudadano. Reconocimiento de los hechos, informe pericial.- informe médico legal de los policías.- han sido valorados se trata de los Agentes De Policía Calva Castillo Diario Javier De Vallejo Aguirre. De igual forma las pericias, que han sido realizadas, como el informe técnico pericial de audio y video realizado por la unidad de apoyo criminalista de Loja. Informe del reconocimiento del lugar que lo he manifestado, informe determinado con nombres y apellidos. De paralización de un servicio público legista que ha sido efectuada Cabo Bayron Toapamba Zumba. Informe de pericia, con lo que se obtuvo imágenes del rostro de las personas que consta en el video remitido por el Mags. Marco Antonio Zhigui, en calidad de gerente de la radio frontera y del video también remitido por parte del Coronel De Mauricio Yanez Vega, comandante nro. 7 de Loja, además señor juez se digne tomar los testimonios de los peritos, Luis López Morocho, Manuel Isaías Sarango Rivera, Carlos Jiménez Ortiz Y Dra. Karina Pacheco Vásquez, médico legista de la fiscalía de Loja. Informe de los vehículos

SERVIO AMABLE ANGAMARCA MOROCHO.- la tarjeta índice del ciudadano. Reconocimiento de los hechos, informe pericial.- informe médico legal de los policías.- han sido valorados se trata de los agentes de policía calva castillo diario Javier de vallejo Aguirre. De igual forma las pericias, que han sido realizadas, como el informe técnico pericial de audio y video realizado por la unidad de apoyo criminalista de Loja. Informe del reconocimiento del lugar que lo he manifestado, informe determinado con nombres y apellidos. De paralización de un servicio público legista que ha sido efectuada Cabo Bayron Toapamba Zumba. Informe de pericia, con lo que se obtuvo imágenes del rostro de las personas que consta en el video remitido por el Mags. Marco Antonio Zhigui, en calidad de gerente de la radio frontera y del video también remitido por parte del Coronel De Mauricio Yanez Vega, comandante nro. 7 de loja, además señor juez se digne tomar los testimonios de los peritos, Luis López Morocho, Manuel Isaías Sarango Rivera, Carlos Jiménez Ortiz Y Dra. Karina Pacheco Vásquez, médico legista de la fiscalía de Loja. Informe de los vehículos. en cuanto a los videos de que ha sido remitido por ECUAVISA, video remitido por la frontera sur y el video remitido por el canal uno, que consta en el proceso

KARINA FERNANDA MONTEROS PAGUAY.- la tarjeta índice del ciudadano. Reconocimiento de los hechos, informe pericial.- informe médico legal de los policías.- han sido valorados se trata de los Agentes De Policía Calva Castillo Diario Javier De Vallejo Aguirre. De igual forma las pericias, que han sido realizadas, como el informe técnico pericial de audio y video realizado por la unidad de apoyo criminalista de loja. Informe del reconocimiento del lugar que lo he manifestado, informe determinado con nombres y apellidos. de paralización de un servicio público legista que ha sido efectuada Cabo Bayron Toapamba Zumba. Informe de pericia, con lo que se obtuvo imágenes del rostro de las personas que consta en el video remitido por el Mags. Marco Antonio Zhigui, en calidad de gerente de la radio frontera y del video también remitido por parte Del Coronel De Mauricio Yanez Vega, comandante nro. 7 de Loja, además señor juez se digne tomar los testimonios de los peritos, Luis López Morocho, Manuel Isaías Sarango Rivera, Carlos Jiménez Ortiz Y Dra. Karina Pacheco Vásquez, médico legista de la fiscalía de Loja. Informe de los vehículos. En cuanto a los videos de que ha sido remitido por ecuavisa, ecu 911, video remitido por la frontera sur y el video remitido por el canal uno, que consta en el proceso

MARIA LUISA LOZANO QUIZHPE.- la tarjeta índice del ciudadano. Reconocimiento de los hechos, informe pericial.- informe médico legal de los policías.- han sido valorados se trata de los Agentes De Policía Calva Castillo Diario Javier De Vallejo Aguirre. De igual forma las pericias, que han sido realizadas, como el informe técnico pericial de audio y video realizado por la unidad de apoyo criminalista de loja. Informe del reconocimiento del lugar que lo he manifestado, informe determinado con nombres y

Fecha	Actuaciones judiciales
	apellidos. de paralización de un servicio público legista que ha sido efectuada Cabo Bayron Toapamba Zumba. Informe de pericia, con lo que se obtuvo imágenes del rostro de las personas que consta en el video remitido por el Mags. Marco Antonio Zhigui, en calidad de gerente de la radio frontera y del video también remitido por parte Del Coronel De Mauricio Yanez Vega, comandante nro. 7 de Loja, además señor juez se digne tomar los testimonios de los peritos, Luis López Morocho, Manuel Isaías Sarango Rivera, Carlos Jiménez Ortiz Y Dra. Karina Pacheco Vásquez, médico legista de la fiscalía de Loja. Informe de los vehículos. En cuanto a los videos de que ha sido remitido por ecuavisa, ecu 911, video remitido por la frontera sur y el video remitido por el canal uno, que consta en el proceso
	DELFIN REINALDO JAPON GUALAN.- la tarjeta índice del ciudadano. Reconocimiento de los hechos, informe pericial.- informe médico legal de los policías.- han sido valorados se trata de los Agentes De Policía Calva Castillo Diario Javier De Vallejo Aguirre. De igual forma las pericias, que han sido realizadas, como el informe técnico pericial de audio y video realizado por la unidad de apoyo criminalista de loja. Informe del reconocimiento del lugar que lo he manifestado, informe determinado con nombres y apellidos. de paralización de un servicio público legista que ha sido efectuada Cabo Bayron Toapamba Zumba. Informe de pericia, con lo que se obtuvo imágenes del rostro de las personas que consta en el video remitido por el Mags. Marco Antonio Zhigui, en calidad de gerente de la radio frontera y del video también remitido por parte Del Coronel De Mauricio Yanez Vega, comandante nro. 7 de Loja, además señor juez se digne tomar los testimonios de los peritos, Luis López Morocho, Manuel Isaías Sarango Rivera, Carlos Jiménez Ortiz Y Dra. Karina Pacheco Vásquez, médico legista de la fiscalía de Loja. Informe de los vehículos. En cuanto a los videos de que ha sido remitido por ecuavisa, ecu 911, video remitido por la frontera sur y el video remitido por el canal uno, que consta en el proceso
	JULIO AURELIO SARANGO QUIZHPE.- la tarjeta índice del ciudadano. Reconocimiento de los hechos, informe pericial.- informe médico legal de los policías.- han sido valorados se trata de los Agentes De Policía Calva Castillo Diario Javier De Vallejo Aguirre. De igual forma las pericias, que han sido realizadas, como el informe técnico pericial de audio y video realizado por la unidad de apoyo criminalista de loja. Informe del reconocimiento del lugar que lo he manifestado, informe determinado con nombres y apellidos. de paralización de un servicio público legista que ha sido efectuada Cabo Bayron Toapamba Zumba. Informe de pericia, con lo que se obtuvo imágenes del rostro de las personas que consta en el video remitido por el Mags. Marco Antonio Zhigui, en calidad de gerente de la radio frontera y del video también remitido por parte Del Coronel De Mauricio Yanez Vega, comandante nro. 7 de Loja, además señor juez se digne tomar los testimonios de los peritos, Luis López Morocho, Manuel Isaías Sarango Rivera, Carlos Jiménez Ortiz Y Dra. Karina Pacheco Vásquez, médico legista de la fiscalía de Loja. Informe de los vehículos. En cuanto a los videos de que ha sido remitido por ecuavisa, ecu 911, video remitido por la frontera sur y el video remitido por el canal uno, que consta en el proceso
	JOSE MANUEL CARTUCHE QUIZHPE.- la tarjeta índice del ciudadano. Reconocimiento de los hechos, informe pericial.- informe médico legal de los policías.- han sido valorados se trata de los Agentes De Policía Calva Castillo Diario Javier De Vallejo Aguirre. De igual forma las pericias, que han sido realizadas, como el informe técnico pericial de audio y video realizado por la unidad de apoyo criminalista de loja. Informe del reconocimiento del lugar que lo he manifestado, informe determinado con nombres y apellidos. de paralización de un servicio público legista que ha sido efectuada Cabo Bayron Toapamba Zumba. Informe de pericia, con lo que se obtuvo imágenes del rostro de las personas que consta en el video remitido por el Mags. Marco Antonio Zhigui, en calidad de gerente de la radio frontera y del video también remitido por parte Del Coronel De Mauricio Yanez Vega, comandante nro. 7 de Loja, además señor juez se digne tomar los testimonios de los peritos, Luis López Morocho, Manuel Isaías Sarango Rivera, Carlos Jiménez Ortiz Y Dra. Karina Pacheco Vásquez, médico legista de la fiscalía de Loja. Informe de los vehículos. En cuanto a los videos de que ha sido remitido por ecuavisa, ecu 911, video remitido por la frontera sur y el video remitido por el canal uno, que consta en el proceso
	ATHAHUALPA YUPANKI MACAS AMBULUDI .- la tarjeta índice del ciudadano. Reconocimiento de los hechos, informe pericial.- informe médico legal de los policías.- han sido valorados se trata de los Agentes De Policía Calva Castillo Diario Javier De Vallejo Aguirre. De igual forma las pericias, que han sido realizadas, como el informe técnico pericial de audio y video realizado por la unidad de apoyo criminalista de loja. Informe del reconocimiento del lugar que lo he manifestado, informe determinado con nombres y apellidos. de paralización de un servicio público legista que ha sido efectuada Cabo Bayron Toapamba Zumba. Informe de pericia, con lo que se obtuvo imágenes del rostro de las personas que consta en el video remitido por el Mags. Marco Antonio Zhigui, en calidad de gerente de la radio frontera y del video también remitido por parte Del Coronel De Mauricio Yanez Vega, comandante nro. 7 de Loja, además señor juez se digne tomar los testimonios de los peritos, Luis López Morocho, Manuel Isaías Sarango Rivera, Carlos Jiménez Ortiz Y Dra. Karina Pacheco Vásquez, médico legista de la fiscalía de Loja. Informe de los vehículos. En cuanto a los videos de que ha sido remitido por ecuavisa, ecu 911, video remitido por la frontera sur y el video remitido por el canal uno, que consta en el proceso
	JULIO AURELIO LIMA MEDINA.- la tarjeta índice del ciudadano. Reconocimiento de los hechos, informe pericial.- informe

Página 27 de 85

Fecha	Actuaciones judiciales

médico legal de los policías.- han sido valorados se trata de los Agentes De Policía Calva Castillo Diario Javier De Vallejo Aguirre. De igual forma las pericias, que han sido realizadas, como el informe técnico pericial de audio y video realizado por la unidad de apoyo criminalista de loja. Informe del reconocimiento del lugar que lo he manifestado, informe determinado con nombres y apellidos. de paralización de un servicio público legista que ha sido efectuada Cabo Bayron Toapamba Zumba. Informe de pericia, con lo que se obtuvo imágenes del rostro de las personas que consta en el video remitido por el Mags. Marco Antonio Zhigui, en calidad de gerente de la radio frontera y del video también remitido por parte Del Coronel De Mauricio Yanez Vega, comandante nro. 7 de Loja, además señor juez se digne tomar los testimonios de los peritos, Luis López Morocho, Manuel Isaías Sarango Rivera, Carlos Jiménez Ortiz Y Dra. Karina Pacheco Vásquez, médico legista de la fiscalía de Loja. Informe de los vehículos. En cuanto a los videos de que ha sido remitido por ecuavisa, ecu 911, video remitido por la frontera sur y el video remitido por el canal uno, que consta en el proceso

1ANGEL POLIVIO MEDINA QUIZHPE.- la tarjeta índice del ciudadano.-reconocimiento de los hechos, informe pericial.- informe médico legal de los policías.- han sido valorados se trata de los Agentes de Policía Calva Castillo Diario Javier De Vallejo Aguirre. De igual forma las pericias, que han sido realizadas, como el informe técnico pericial de audio y video realizado por la unidad de apoyo criminalista de Loja.

Informe del reconocimiento del lugar que lo he manifestado, informe determinado con nombres y apellidos de la paralización de un servicio público legista que ha sido efectuada Cabo Bayron Toapamba Zumba. Informe de pericia, con lo que se obtuvo imágenes del rostro de las personas que consta en el video remitido por el Mags. Marco Antonio Zhigui, en calidad de gerente de la radio frontera y del video también remitido por parte del Coronel De Mauricio Yanez Vega, Comandante nro. 7 de Loja.

ASUNCIÓN ZHUNAULA SARANGO.- la tarjeta índice del ciudadano. Reconocimiento de los hechos, informe pericial.- informe médico legal de los policías.- han sido valorados se trata de los Agentes De Policía Calva Castillo Diario Javier De Vallejo Aguirre. De igual forma las pericias, que han sido realizadas, como el informe técnico pericial de audio y video realizado por la unidad de apoyo criminalista de Loja. Informe del reconocimiento del lugar que lo he manifestado, informe determinado con nombres y apellidos. De paralización de un servicio público legista que ha sido efectuada Cabo Bayron Toapamba Zumba. Informe de pericia, con lo que se obtuvo imágenes del rostro de las personas que consta en el video remitido por el Mags. Marco Antonio Zhigui, en calidad de gerente de la radio frontera y del video también remitido por parte del Coronel De Mauricio Yanez Vega, comandante nro. 7 de Loja, además señor juez se digne tomar los testimonios de los peritos, Luis López Morocho, Manuel Isaías Sarango Rivera, Carlos Jiménez Ortiz Y Dra. Karina Pacheco Vásquez, médico legista de la fiscalía de Loja. Informe de los vehículos

SERVIO AMABLE ANGAMARCA MOROCHO.- la tarjeta índice del ciudadano. Reconocimiento de los hechos, informe pericial.- informe médico legal de los policías.- han sido valorados se trata de los agentes de policía calva castillo diario Javier de vallejo Aguirre. De igual forma las pericias, que han sido realizadas, como el informe técnico pericial de audio y video realizado por la unidad de apoyo criminalista de Loja. Informe del reconocimiento del lugar que lo he manifestado, informe determinado con nombres y apellidos. De paralización de un servicio público legista que ha sido efectuada Cabo Bayron Toapamba Zumba. Informe de pericia, con lo que se obtuvo imágenes del rostro de las personas que consta en el video remitido por el Mags. Marco Antonio Zhigui, en calidad de gerente de la radio frontera y del video también remitido por parte del Coronel De Mauricio Yanez Vega, comandante nro. 7 de loja, además señor juez se digne tomar los testimonios de los peritos, Luis López Morocho, Manuel Isaías Sarango Rivera, Carlos Jiménez Ortiz Y Dra. Karina Pacheco Vásquez, médico legista de la fiscalía de Loja. Informe de los vehículos. en cuanto a los videos de que ha sido remitido por ECUAVISA, video remitido por la frontera sur y el video remitido por el canal uno, que consta en el proceso

KARINA FERNANDA MONTEROS PAGUAY.- la tarjeta índice del ciudadano. Reconocimiento de los hechos, informe pericial.- informe médico legal de los policías.- han sido valorados se trata de los Agentes De Policía Calva Castillo Diario Javier De Vallejo Aguirre. De igual forma las pericias, que han sido realizadas, como el informe técnico pericial de audio y video realizado por la unidad de apoyo criminalista de loja. Informe del reconocimiento del lugar que lo he manifestado, informe determinado con nombres y apellidos. de paralización de un servicio público legista que ha sido efectuada Cabo Bayron Toapamba Zumba. Informe de pericia, con lo que se obtuvo imágenes del rostro de las personas que consta en el video remitido por el Mags. Marco Antonio Zhigui, en calidad de gerente de la radio frontera y del video también remitido por parte Del Coronel De Mauricio Yanez Vega, comandante nro. 7 de Loja, además señor juez se digne tomar los testimonios de los peritos, Luis López Morocho, Manuel Isaías Sarango Rivera, Carlos Jiménez Ortiz Y Dra. Karina Pacheco Vásquez, médico legista de la fiscalía de Loja. Informe de los vehículos. En cuanto a los videos de que ha sido remitido por ecuavisa, ecu 911, video remitido por la frontera sur y el video remitido por el canal uno, que consta en el proceso

MARIA LUISA LOZANO QUIZHPE.- la tarjeta índice del ciudadano. Reconocimiento de los hechos, informe pericial.- informe médico legal de los policías.- han sido valorados se trata de los Agentes De Policía Calva Castillo Diario Javier De Vallejo Aguirre.

Fecha	Actuaciones judiciales
	De igual forma las pericias, que han sido realizadas, como el informe técnico pericial de audio y video realizado por la unidad de apoyo criminalista de loja. Informe del reconocimiento del lugar que lo he manifestado, informe determinado con nombres y apellidos. de paralización de un servicio público legista que ha sido efectuada Cabo Bayron Toapamba Zumba. Informe de pericia, con lo que se obtuvo imágenes del rostro de las personas que consta en el video remitido por el Mags. Marco Antonio Zhigui, en calidad de gerente de la radio frontera y del video también remitido por parte Del Coronel De Mauricio Yanez Vega, comandante nro. 7 de Loja, además señor juez se digne tomar los testimonios de los peritos, Luis López Morocho, Manuel Isaías Sarango Rivera, Carlos Jiménez Ortiz Y Dra. Karina Pacheco Vásquez, médico legista de la fiscalía de Loja. Informe de los vehículos. En cuanto a los videos de que ha sido remitido por ecuavisa, ecu 911, video remitido por la frontera sur y el video remitido por el canal uno, que consta en el proceso
	DELFIN REINALDO JAPON GUALAN.- la tarjeta índice del ciudadano. Reconocimiento de los hechos, informe pericial.- informe médico legal de los policías.- han sido valorados se trata de los Agentes De Policía Calva Castillo Diario Javier De Vallejo Aguirre. De igual forma las pericias, que han sido realizadas, como el informe técnico pericial de audio y video realizado por la unidad de apoyo criminalista de loja. Informe del reconocimiento del lugar que lo he manifestado, informe determinado con nombres y apellidos. de paralización de un servicio público legista que ha sido efectuada Cabo Bayron Toapamba Zumba. Informe de pericia, con lo que se obtuvo imágenes del rostro de las personas que consta en el video remitido por el Mags. Marco Antonio Zhigui, en calidad de gerente de la radio frontera y del video también remitido por parte Del Coronel De Mauricio Yanez Vega, comandante nro. 7 de Loja, además señor juez se digne tomar los testimonios de los peritos, Luis López Morocho, Manuel Isaías Sarango Rivera, Carlos Jiménez Ortiz Y Dra. Karina Pacheco Vásquez, médico legista de la fiscalía de Loja. Informe de los vehículos. En cuanto a los videos de que ha sido remitido por ecuavisa, ecu 911, video remitido por la frontera sur y el video remitido por el canal uno, que consta en el proceso
	JULIO AURELIO SARANGO QUIZHPE.- la tarjeta índice del ciudadano. Reconocimiento de los hechos, informe pericial.- informe médico legal de los policías.- han sido valorados se trata de los Agentes De Policía Calva Castillo Diario Javier De Vallejo Aguirre. De igual forma las pericias, que han sido realizadas, como el informe técnico pericial de audio y video realizado por la unidad de apoyo criminalista de loja. Informe del reconocimiento del lugar que lo he manifestado, informe determinado con nombres y apellidos. de paralización de un servicio público legista que ha sido efectuada Cabo Bayron Toapamba Zumba. Informe de pericia, con lo que se obtuvo imágenes del rostro de las personas que consta en el video remitido por el Mags. Marco Antonio Zhigui, en calidad de gerente de la radio frontera y del video también remitido por parte Del Coronel De Mauricio Yanez Vega, comandante nro. 7 de Loja, además señor juez se digne tomar los testimonios de los peritos, Luis López Morocho, Manuel Isaías Sarango Rivera, Carlos Jiménez Ortiz Y Dra. Karina Pacheco Vásquez, médico legista de la fiscalía de Loja. Informe de los vehículos. En cuanto a los videos de que ha sido remitido por ecuavisa, ecu 911, video remitido por la frontera sur y el video remitido por el canal uno, que consta en el proceso
	JOSE MANUEL CARTUCHE QUIZHPE.- la tarjeta índice del ciudadano. Reconocimiento de los hechos, informe pericial.- informe médico legal de los policías.- han sido valorados se trata de los Agentes De Policía Calva Castillo Diario Javier De Vallejo Aguirre. De igual forma las pericias, que han sido realizadas, como el informe técnico pericial de audio y video realizado por la unidad de apoyo criminalista de loja. Informe del reconocimiento del lugar que lo he manifestado, informe determinado con nombres y apellidos. de paralización de un servicio público legista que ha sido efectuada Cabo Bayron Toapamba Zumba. Informe de pericia, con lo que se obtuvo imágenes del rostro de las personas que consta en el video remitido por el Mags. Marco Antonio Zhigui, en calidad de gerente de la radio frontera y del video también remitido por parte Del Coronel De Mauricio Yanez Vega, comandante nro. 7 de Loja, además señor juez se digne tomar los testimonios de los peritos, Luis López Morocho, Manuel Isaías Sarango Rivera, Carlos Jiménez Ortiz Y Dra. Karina Pacheco Vásquez, médico legista de la fiscalía de Loja. Informe de los vehículos. En cuanto a los videos de que ha sido remitido por ecuavisa, ecu 911, video remitido por la frontera sur y el video remitido por el canal uno, que consta en el proceso
	ATHAHUALPA YUPANKI MACAS AMBULUDI .- la tarjeta índice del ciudadano. Reconocimiento de los hechos, informe pericial.- informe médico legal de los policías.- han sido valorados se trata de los Agentes De Policía Calva Castillo Diario Javier De Vallejo Aguirre. De igual forma las pericias, que han sido realizadas, como el informe técnico pericial de audio y video realizado por la unidad de apoyo criminalista de loja. Informe del reconocimiento del lugar que lo he manifestado, informe determinado con nombres y apellidos. de paralización de un servicio público legista que ha sido efectuada Cabo Bayron Toapamba Zumba. Informe de pericia, con lo que se obtuvo imágenes del rostro de las personas que consta en el video remitido por el Mags. Marco Antonio Zhigui, en calidad de gerente de la radio frontera y del video también remitido por parte Del Coronel De Mauricio Yanez Vega, comandante nro. 7 de Loja, además señor juez se digne tomar los testimonios de los peritos, Luis López Morocho, Manuel Isaías Sarango Rivera, Carlos Jiménez Ortiz Y Dra. Karina Pacheco Vásquez, médico legista de la fiscalía de Loja. Informe de

Fecha	Actuaciones judiciales

los vehículos. En cuanto a los videos de que ha sido remitido por ecuavisa, ecu 911, video remitido por la frontera sur y el video remitido por el canal uno, que consta en el proceso

JULIO AURELIO LIMA MEDINA.- la tarjeta índice del ciudadano. Reconocimiento de los hechos, informe pericial.- informe médico legal de los policías.- han sido valorados se trata de los Agentes De Policía Calva Castillo Diario Javier De Vallejo Aguirre. De igual forma las pericias, que han sido realizadas, como el informe técnico pericial de audio y video realizado por la unidad de apoyo criminalista de loja. Informe del reconocimiento del lugar que lo he manifestado, informe determinado con nombres y apellidos. de paralización de un servicio público legista que ha sido efectuada Cabo Bayron Toapamba Zumba. Informe de pericia, con lo que se obtuvo imágenes del rostro de las personas que consta en el video remitido por el Mags. Marco Antonio Zhigui, en calidad de gerente de la radio frontera y del video también remitido por parte Del Coronel De Mauricio Yanez Vega, comandante nro. 7 de Loja, además señor juez se digne tomar los testimonios de los peritos, Luis López Morocho, Manuel Isaías Sarango Rivera, Carlos Jiménez Ortiz Y Dra. Karina Pacheco Vásquez, médico legista de la fiscalía de Loja. Informe de los vehículos. En cuanto a los videos de que ha sido remitido por ecuavisa, ecu 911, video remitido por la frontera sur y el video remitido por el canal uno, que consta en el proceso

PRUEBA DOCUMENTAL DEL PROCESADO:

Actuaciones:

Actuaciones del Procesado:

Justifica Arraigo Social: ( )
Medidas Sustitutivas: (x)
Solicita Pericia: ( )
Vicios de Procedibilidad: ( )
Vicios de Competencia Territorial: ( )
Existen Vicios Procesales: ( )
Solicita Procedimiento Abreviado: ( )
Solicita Acuerdo Reparatorio: ( )
Otro (Especifique)

Con respecto a ANGEL POLIVIO MEDINA QUIZHPE con cédula de identidad número 110223718-5, se sustituye la prisión preventiva dictada por esta autoridad y en su lugar se le impone la obligación de presentarse una vez por semana los días lunes ante el señor Agente Fiscal de Loja con sede en el cantón Saraguro y además la prohibición de salida del país.

ASUNCIÓN ZHUNAULA SARANGO con cédula de identidad número 11015656578-4 quien adjunto 11 fojas se demuestra arraigo laboral, se sustituye la prisión preventiva dictada por esta autoridad y en su lugar se le impone la obligación de presentarse una vez por semana los días lunes ante el señor Agente Fiscal de Loja con sede en el cantón Saraguro y además la prohibición de salida del país.

SERVIO AMABLE ANGAMARCA MOROCHO con cédula de identidad número 110183747-2 quien adjunta 25 fojas demuestra arraigo en razón de su domicilio, familiar y laboral, siendo así se sustituye la prisión preventiva dictada dentro de la presente causa en su contra y en su lugar se le impone la obligación de presentarse los días lunes y viernes ante el señor Agente Fiscal de Loja con sede en el cantón Saraguro y la prohibición de salida del país.

MARÍA LUISA LOZANO QUIZHPE con cédula de identidad número 171445016-8 quien adjuntó 22 fojas útiles ha demostrado arraigo en razón de su familia, su domicilio y trabajo lo que constituye un arraigo social por tanto esta autoridad sustituye la medida de prisión preventiva y en su lugar le impone presentarse ante el señor Agente Fiscal de Loja con sede en el cantón Saraguro los días lunes como la prohibición de salida del país.

KARINA FERNANDA MONTEROS PAGUAY con cédula de identidad número 171754454-6 quien adjunta 21 fojas útiles, se ha demostrado eficazmente arraigo en razón de su familia y su trabajo, sin embargo los arraigos demostrados son de carácter temporal siendo así esta autoridad sustituye la medida de prisión preventiva dictada en su contra y en su lugar dispone que la

Fecha	Actuaciones judiciales

procesada se presente los días lunes, miércoles y viernes ante el señor Agente Fiscal de Loja con sede en Saraguro, de igual manera se le impone la prohibición de salida del país y que lleve consigo un dispositivo de vigilancia electrónico.

Aceptar la petición del señor Agente Fiscal de Loja con sede en el cantón Saraguro sobre la vinculación a la instrucción fiscal de los señores JULIO AURELIO SARANGO QUIZHPE con cédula de identidad número 110429002-6, JULIO AURELIO LIMA MEDINA con cédula de identidad número 110485492-0, JOSÉ MANUEL CARTUCHE QUIZHPE con cédula de identidad número 110165791-8 y ATAHUALPA YUPANKY MACAS AMBULUDI con cédula de identidad número 110429639-5, en el expediente 435-2015 seguido ante esta autoridad por presunto delito sancionado y tipificado en el artículo 346 del COIP esto es "paralización de un servicio público.- la persona que impida, entorpezca o paralice la normal prestación de un servicio público o se resista violentamente al restablecimiento del mismo; o, se tome por fuerza un edificio o instalación pública, será sancionada con pena privativa de libertad de uno a tres años." ordenándoseles que se presenten ante el señor Agente Fiscal de Loja con sede en el cantón Saraguro una vez a la semana los días lunes en horas hábiles desde las 8h00 hasta las 17h00, y estableciéndoseles la prohibición de salida del país, en conformidad a lo dispuesto en los numerales 1 y 2 del artículo 522 del código orgánico integral penal, el mismo que guarda concordancia con el último inciso del artículo 595 del mismo cuerpo legal, no se establece medidas de prohibición de enajenar todo por cuanto aún no se han cuantificado los daños materiales sobre este presunto delito.

En contra del ahora procesado señor DELFIN REINALDO JAPON GUALAN, no se han establecido medidas cautelares por su grado de discapacidad.

Actuaciones de Fiscalía:

Acusa: ( )
Solicita Prisión Preventiva: ( )
Solicita Pericia: ( )
Dictamen Acusatorio: (x)
Dictamen Abstentivo: (x)
Acepta Procedimiento Abreviado: ( )
Solicita Procedimiento Simplificado: ( )
Acepta Acuerdo Reparatorio: ( )
Solicita Medidas Cautelares reales: ( )
Solicita Medidas Cautelares
personales: ( )
Otro (Especifique)

Actuaciones del Acusador Particular:

Solicita conversión de la acción: ( )
Solicita prisión preventiva:
Solicita se condene al pago ( )
de daños y perjuicios:( )
Otro (Especifique)

Solicita se dicte el auto de llamamiento a juicio, en contra de los señores Ángel Polivio Medina Quizhpe, Asunción Zhunaula Sarango, Servio Amable Angamarca Morocho
Karina Fernanda Monteros Paguay, Maria Luisa Lozano Quizhpe

5.- Alegatos

Procesados:
Fiscalía:
Acusador Particular:

Página 31 de 85

Fecha	Actuaciones judiciales

ANGEL POLIVIO MEDINA QUIZHPE.- De los peritos fueron parte de la fuerza pública y los policías. Solicito la exclusión considero que son Juez y parte de este proceso.

ASUNCIÓN ZHUNAULA SARANGO.- De los peritos fueron parte de la fuerza pública y los policías. Solicito la exclusión considero que son Juez y parte de este proceso.

SERVIO AMABLE ANGAMARCA MOROCHO.- En mención de los peritos que anuncie manifestó que son pertinente
En virtud de que son dirigentes del movimiento los indígena y conocidos públicamente
De las acciones que se suscitaron en el día de los hechos que se está denunciando, fueron resultados De una movilización nacional y por eso hay Dirigente indígenas, no solo de Saraguro, los motivos que estuvieron ahí, los antecedentes cual estuvieron ahí. En virtud de eso solicito se apruebe la anunciación de la prueba de los testigos.

KARINA FERNANDA MONTERO PAGUAY.- En relación a la exclusión de la prueba presentada por el señor fiscal, y acusador particular, de igual forma me Dieron a lo expuesto por la defensa Por el Dr. Vicente Vivanco, con adicionando además que se excluya prueba presentada pro al fiscalía respecto de la prueba Del peritaje de los videos tampoco, tampoco hemos sido debidamente notificados para Ejercer el derecho a la defensa. Así mismo pues, En cuanto a la valoración médica, que presenta la fiscalía debo manifestar que se debe excluir, esta prueba documental corresponde únicamente a una prueba médica realizada de una forma unilateral, sin controvertir sobre todo con la prueba de los procesados Que fueron también maltratados, En cuanto a la prueba testimonial , igual solicito púes que sea excluido porque la fiscalía realiza únicamente una investigación de carácter parcializada, Además debe controvertirse esto a la investigación que lleva adelante La justicia indígena en la comunidad indígena del pueblo Saraguro, con esta petición de exclusión de las pruebas, Solicito que se igual manera sea tomada en cuenta.

MARIA LUISA LOZANO QUIZHPE.- Solicita se excluyan los peritos que participaron a más de ellos solicito Se excluya como prueba los daños ocasionados. Informe técnico ocasionado a los Vehículos, no se puede acusar como que ella es culpable de este hecho. También pido, que no se considere el informe médico legal Porque desde ya parece como que ya ella estuviera Causando las lesiones a los policías.

DELFIN REINALDO JAPON GUALAN.- Debo manifestar lo siguiente En cuanto a la exclusión de conformidad art. 454 del COIP, en su numeral 6 y también de conformidad art. 604 numeral 4 literal c, solicito se digne excluir los peritajes realizados en la presenta causa por cuanto, los hechos suscitados de hechos suscitados de destrucción de bienes no se dio en lugar en donde se cometido el delito.

JULIO AURELIO SARANGO QUIZHPE.- Solicita se excluyan los peritos que participaron a más de ellos solicito Se excluya como prueba los daños ocasionados,
Informe técnico ocasionado a los Vehículos, no se puede acusar como que ella es culpable de este hecho.

JOSE MANUEL CARTUCHE QUIZHPE.- Pido se excluya los videos presentados por la fiscalía

ATHAHUALPA YUPANKI MACAS AMBULUDI.- Pido se excluya los videos presentados por la fiscalía.

JULIO AURELIO LIMA MEDINA.- se excluya la prueba de la pericia de audio y video, toda vez que no tiene relación con los hechos.

ANGEL POLIVIO MEDINA QUIZHPE.- Señor juez solicito se excluye como prueba documental los recortes de notas de prensa. Que obra en el expediente la cual no constituye prueba alguna sino es un documento público, una información pública, De medio de comunicación que consta a fs. 726 y 727, 728 a 740. Además quiero agregar que Dicho documento no está en idioma oficial

Fecha **Actuaciones judiciales**

de nuestro país ciertos documentos y recortes de prensa constan en el idioma inglés, lo cual no es el idioma oficial De acuerdo a nuestra constitución

ASUNCION ZHUNAULA SARANGO.- De igual forma solicito la exclusión los cortes de Las notas de prensa que hace referencia en el anuncio de prueba por la defensa por las razones antes expuestas, las cuales no son confiables, En alguna partes, No es idioma oficial en nuestro país y obviamente No tiene credibilidad la razón que han sido impresos de la página web.

SERVIO AMABLE ANGAMARCA MOROCHO- Que todas las pruebas anunciadas deben ser excluidas en razón de que Ya que los recortes que hace referencia nada tienen que ver con los hechos. Ya que
Medios de comunicación, Hayan difundido los hechos ocurridos el día 17 de agosto que es indiscutibles
Peor también Los testimonios que han solicitado el señor Quizhpe por ejemplo, Señor lozano, nada tiene que ver con este asunto ellos no han comparecido dentro del proceso
Investigativo, a fin de demostrar de los hechos del acuso a los señores En este momento se lleva adelante la audiencia. Por lo que ha manifestado la defensa es Improcedente e ilegal

KARINA FERNANDA MONTEROS PAGUAY.- Habiendo escuchado el anuncio de prueba pro el señor Guamán, Me lamenta señor juez, quiero que observe lo que expone el art. 26 del orgánico de la función en cuanto a lo que refiere a los principios De buena fe y Lealtad procesal. En todo caso, él ha hecho una confesión Real aquí que los incitadores los que Impulsaban El señor Luis Macas, Abel Sarango, Miguel Antonio Japón, Patricio Lozano, y otro, ha sido manifestado el propio abogado, considero que ellos nada o tiene nada q ver, por lo que solcito se excluya los testimonio de los antes indicado, de igual forma El documento notariado, de la notaria primera del Cantón Saraguro, en lo que hizo referencia en la manipulación del expediente no sé a qué se refiere, pero también es corroborado con el art. 26 del Código Orgánico de la Función Judicial para que este sujeto a la buena fe y lealtad procesal. Para que este sujeto de buena fe, y lealtad procesal cuando señor Guamán, estaba notificado en su casillero y correo electrónico. Se encontraba realizando una experticia, porque no dice todo completo. con todo respeto fueron legalmente notificados señor Guamán para su información, además considero que el documentos de la notaria, nada tiene que ver con este proceso

DELFIN REINALDO JAPON GUALAN.- Solamente me refiero a los recortes de periódico, por las razones antes expuestas, solicito la exclusión de la misma.

ATAHUALPA YUPANKI MACAS AMBULUDI – Se excluya por ser Improcedente las pruebas anunciadas por la defensa, a favor del señor Atahualpa Macas, en razón de que se ha hecho referencia a los ciudadano Luis macas y otros a quienes anteriormente ya lo He manifestado Aquellas personas, no han rendido ninguna versión en las etapas procesales tanto en la indagación como el instrucción fiscal,
En lo que hace referencia de las notarías como lo explicaba anteriormente De igual forma no tiene pertenencia en este proceso, los documentos que hace referencia La falta de motivación, tampoco es pertinente porque el señor Atahualpa Macas, Nunca fue detenido, no se puede hacer referencia ni anuncio de prueba, de aquel documento que ha hecho referencia el abogado de la defensa porque es Quienes estuvieron con prisión preventiva, el señor macas nunca estuvo en prisión preventiva
En cuanto hace referencia a la señora gobernadora y otros de igual forma se excluya de acuerdo Al art. 208 de la función judicial

1.- ANGEL POLIVIO MEDINA QUIZHPE .- Señor juez allanándome a lo del señor fiscal

Fecha	Actuaciones judiciales

Se tome en consideración que no son noticias de medio de comunicación, Sino más bien se podría evidencias, a paramente son de medios electrónicos de la wathsay,
Sin establecer ni terminar que efectivamente fue un Cual medio de comunicación los publico, Así como son documentos simple, sin que nadie de fe, sí que nadie una autoridad competente de fe de su legalidad y procedencia

2.- ASUNCIÓN ZHUNAULA SARANGO.- De igual manera señor juez, la fundamentación que dicta el señor fiscal
Se le impuso,
La intervención anterior, que se excluya a lo que compete a los cortes de prensa. Sin embargo De las notas de prensa, 728 a 740 a lo que compete A la inclusión del perito señor juez solicito se tome en cuenta lo que 498 numeral 3 del COIP, En concordancia del 5 y 11, del lamentable código en lo que establece cuales son las pericias Y cuáles son las reglas generales

3.- SERVIO AMABLE ANGAMARCA MOROCHO.- En lo compete al anuncio de prueba de Los medios digitales para fines de su resolución dentro de la exclusión. Que se los solicita como parte acusadora en el art. 500 numeral 1 del COIP, que claramente establece, la manera la forma, procedimiento y las formalidades que debe seguir. En lo indica en la exclusión de la pericias de igual manera solicito se tome en consideración que han sido actuadas Conforme a derechos, tal cual como lo establece el art. 498, numeral 3 concordancia con el art. 511 numerales 1 y 2, Del COIP, sin que obra en autos ningún tipo de excusa presentada por parte de los peritos, Por cuanto el 572 numeral 7 y 11, que hace referencia Es intervención y el vínculo presunto de los peritos no existe ningún acto probatorio ni ha probado
Que ha intervenido directamente
Con el coordinador jurídico y el Coronel de policía, director nacional jurídico
Debemos recalcar que lo peritos son personal acreditado Por el consejo de la judicatura, quienes trabajan de una manera Técnica especializada y Profesional por lo tanto su prueba está debidamente actuada conforme Art. 76 numeral 4, de la Constitución Política de la República del Ecuador

4.- KARINA FERNANDA MONTEROS PAGUAY.- Señor juez a lo que competen a la petición exclusión de los testimonio por parte de la fiscalía, igualmente concuerdo. Se tenga en cuenta El art. 501 del COIP, en cuya parte pertinente dice: Al allanarse, y compartir, la prueba anunciada por el doctor que antecedió, Debo indicarles que los testimonios solicitados por parte de la fiscalía. Compete a los servidores policiales, Debo indicarle, Competente a los servidores policiales, Art. 498, numeral 2, así mismo los art. 501, 502, 503, 510 del COIP, donde establece claramente la prueba Testimonial así mismo, testimonio de terceros, y testimonios de la víctima en este caso, los servidores policiales que fueron agredidos. De los cuales se están solicitando intervengan dentro de esta etapa de juicio, en lo que compete a la situación pericial se ha cumplido 498, numeral 3 con concordancia Art. 493 en concordancia con el art., 511 Reglas que Competente a los contenido digitales no prevé no han cumplido con lo previsto con Art. 500 numeral 1, del COIP, Normas que solcito que se tenga en cuenta para resolución señor Juez.

5.- MARIA LUISA LOZANO QUIZHPE.-

Al allanarse, y compartir, la prueba anunciada por el doctor que antecedió, Debo indicarles que los testimonios solicitados por parte de la fiscalía. Compete a los servidores policiales, Debo indicarle, Competente a loso servidores policiales, Art. 498, numeral 2, así mismo los art. 501, 502, 503, 510 del COIP, donde establece claramente la prueba Testimonial así mismo, testimonio de terceros, y testimonios de la víctima en este caso, los servidores policiales que fueron agredidos. De los cuales se están solicitando intervengan dentro de esta etapa de juicio, en lo que compete a la situación pericial se ha cumplido 498, numeral 3 con concordancia Art. 493 en concordancia con el art., 511 Reglas que Competente a los contenido digitales no prevé no han cumplido con lo previsto con Art. 500 numeral 1, del COIP,

7.- JULIO AURELIO SARANGO QUIZHPE.- En lo que compete a lo que se excluya el informe de daños materiales solcito parta fines de resolución señor juez que el fundamento técnico de esta pericia es comprobar lo hechos materiales que el hecho hubiese dejado mediante narración, descriptiva fijación Fotográfica planimetría conforme consta
Art. 511 Del código orgánico integral penal

Página 34 de 85

Fecha	Actuaciones judiciales

7.- JOSE MANUEL CARTUCHE QUIZHPE.-
En cuanto a las testimonios solicitados de la presencia señora gobernadora y las autoridad policiales, se debe tener en cuenta el art. 208 del código orgánico de la función judicial, en razón de que ellos deberán de ser investigados en cualquier proceso, en cualquier etapa procesal, Por los fiscales provinciales eso dice en el art. 208 del COIP.
En cuanto se refiere a los documentos que se ha llevado a efecto de la justicia indígena nada tiene q ver, en este asunto en razón ya que Es una justicia ordinaria, la cual se está llevando a efecto Solicito se excluya dichos documentos
Considero que aquellas pruebas anunciadas No son pertinente en el presente caso señor juez.

9.- JULIO AURELIO LIMA MEDINA.- Se excluya señor juez de acuerdo a la ley a la prueba anunciada, en sentido de que es impertinente declaren que no conocen los señores miguel Japón, Luz contento, Luis Macas, Salvador Quizhpe, Jorge Herrera, Segundo Abel Sarango así como el señor patricio Lozano, de igual forma los documentos hacen referencia, no ha indicado de que documentación se trata pero presumo que es de la justicia indígena. Así como del auto que indica, desde fs., 398, 400 del expediente fiscal, entiendo lo cual hace referencia Sobre la falta de motivación es improcedente el anuncio de las pruebas como anteriormente he manifestado, hace referencia a la prisión preventiva y a la Fundamentación de aquello el acusado señor lima no ha estado con la prisión preventiva, por lo que Aquella prueba debe ser desechada en el anuncio de la misma. En cuanto a los testimonios que hace referencia de los gobernadores de la señora gobernadora Y otras personas, tómese en cuenta del art., 208 para la exclusión de la misma del código orgánico de la función judicial,

Extracto de la resolución: (800 caracteres)

RESUELVE: DICTAR AUTO DE LLAMAMIENTO A JUICIO en grado de AUTORES en contra de ANGEL POLIVIO MEDINA QUIZHPE, portador de la cedula de ciudadanía número 1102237185, ecuatoriano, de estado civil casado, de profesión empleado público, domiciliado en la Av. Panamericana sector San Vicente, perteneciente a la parroquia y cantón Saraguro; ASUNCIÓN ZHUNAULA SARANGO portador de la cédula de ciudadanía número 1101565784, ecuatoriano, de profesión docente, de estado civil casado, domiciliado en la comunidad de Illincho perteneciente a la parroquia y cantón Saraguro SERVIO AMABLE ANGAMARCA MOROCHO portador de la cédula de ciudadanía número 1101837472 ecuatoriano de ocupación agricultor de estado civil casado, domiciliado en el sector carboncillo perteneciente a la parroquia San Antonio de Cumbe del cantón Saraguro provincia de Loja. KARINA FERNANDA MONTEROS PAGUAY portador de la cédula de ciudadanía 1717544546 ecuatoriana, de ocupación técnico organizacional, de estado civil casada, domiciliada en la Av. El Oro, frente al cementerio de esta localidad la misma que pertenece a la parroquia y cantón Saraguro; MARIA LUISA LOZANO QUIZHPE portador de la cédula de ciudadanía número 1714450168, ecuatoriano, estado civil casado, domiciliado en la comunidad Las Lagunas perteneciente a la parroquia y cantón Saraguro; DELFIN REINALDO JAPON GUALAN portador de la cédula de ciudadanía número 1104539976, ecuatoriano, estado civil unión libre, de ocupación agricultor y domiciliado en la comunidad Cañicapac perteneciente a la parroquia San Pablo de Tenta del cantón Saraguro, provincia de Loja. JULIO AURELIO SARANGO QUIZHPE portador de la cédula de ciudadanía número 1104290026, ecuatoriano, estado civil casado, de ocupación comerciante, domiciliado en la calle 18 de Noviembre y Loja del cantón Saraguro. JOSE MANUEL CARTUCHE QUIZHPE portador de la cédula de ciudadanía número 1101367918, ecuatoriano, estado civil casado, de profesión médico veterinario y domiciliado en la comunidad de Ñamarín perteneciente a la parroquia y cantón Saraguro. ATHAHUALPA YUPANKI MACAS AMBULUDI portador de la cédula de ciudadanía número 1104296395, ecuatoriano, estado civil soltero, ocupación empleado público y domiciliado en la comunidad del Ilincho perteneciente a la parroquia y cantón Saraguro. JULIO AURELIO LIMA MEDINA portador de la cédula 1104854920 de estado civil soltero de ocupación estudiante, domiciliado en la comunidad de Gera perteneciente a la parroquia y cantón Saraguro, en tal virtud, no existen acuerdos probatorios, se aprueba cada una de las pruebas anunciadas en la presente audiencia tanto por parte de la fiscalía como la defensa, con salvedad de la lista de testigos presentada por el señor Acusador Particular todo por cuanto el

Página 35 de 85

Fecha **Actuaciones judiciales**

artículo 76 de la Constitución política del estado dispone: Art. 76.- En todo proceso en el que se determinen derechos y obligaciones de cualquier orden, se asegurará el derecho al debido proceso que incluirá las siguientes garantías básicas: 4. Las pruebas obtenidas o actuadas con violación de la Constitución o la ley no tendrán validez alguna y carecerán de eficacia probatoria. 7. El derecho de las personas a la defensa incluirá las siguientes garantías: h) Presentar de forma verbal o escrita las razones o argumentos de los que se crea asistida y replicar los argumentos de las otras partes; presentar pruebas y contradecir las que se presenten en su contra. Y Art. 168 numeral 6. La sustanciación de los procesos en todas las materias, instancias, etapas y diligencias se llevará a cabo mediante el sistema oral, de acuerdo con los principios de concentración, contradicción y dispositivo. La presentación de la lista de testigos sin el anuncio respectivo vulnera mencionados principios. Se mantienen las medidas cautelares en contra de los procesados.

Razón:

El contenido de la audiencia reposa en el archivo digital de la Judicatura. La presente acta queda debidamente suscrita conforme lo dispone la Ley, por la/el Secretario/a del/de la Unidad Judicial Multicompetente con sede en Saraguro, el mismo que certifica su contenido. Las partes quedan notificadas con las decisiones adoptadas en la presente audiencia sin perjuicio de lo dispuesto en la Ley respecto de su notificación escrita en las casillas judiciales que las partes procesales han señalado para tal efecto.

Hora de Finalización:

27/11/2015 a las 17h00

EL SECRETARIO/A

____

16/12/2015 **ESCRITO**
08:20:50

Petición: PROVEER ESCRITO
FePresentacion, ESCRITO

10/12/2015 **AUTO GENERAL**
11:11:00

VISTOS: Agréguese al expediente el escrito preentado por parte de Diego José Torres Saldaña, en lo principal por haber sido presentado oportunamente en conformidad a lo dispuesto en el artículo 600 del Código Orgánico Integral Penal, remítase el dictamen abstentivo realizado por el señor Agente Fiscal de Loja con sede en el cantón Saraguro al señor Agente Fiscal superior a fin de que se pronuncie para que ratifique o revoque en un plazo de treinta días. De igual manera agréguese al expediente el escrito presentado por el Dr. Marcelo Tobar Montenegro y Dr. Carlos Julio Ordoñez Santacruz, en cuenta lo manifestado en todo lo que fuere procedente y legal. Agréguese al expediente el escrito presentado por parte de Marco Vinicio Santacruz, en consideración al mismo no se provee por el momento por cuanto se ordena en esta providencia que se eleva el dictamen abstentivo sobre el resto de procesados al señor Agente Fiscal superior de la ciudad de Loja. Agréguese al expediente el escrito presentado por Karina Fernanda Montero Paguay, en la parte final del auto de llamamiento a juicio se han mantenido las medidas cautelares en contra de los procesados, sin embargo en base al principio de igualdad, se solicita al señor Agente Fiscal de Loja con sede en el cantón Saraguro sobre si la procesada Karina Fernanda Monteros Paguay está cumpliendo las medidas adoptadas contra ella, previo al trámite establecido en el artículo 521 del Código Orgánico Integral Penal. Notifíquese

08/12/2015 **ESCRITO**
15:20:16

Petición: PROVEER ESCRITO
FePresentacion, ESCRITO

04/12/2015 **ESCRITO**
11:00:43

Petición: PROVEER ESCRITO

Página 36 de 85

Fecha **Actuaciones judiciales**

FePresentacion, ESCRITO

03/12/2015 **ESCRITO**
13:50:27

P e t i c i ó n : P R O V E E R E S C R I T O
FePresentacion, ANEXOS, ESCRITO

01/12/2015 **ESCRITO**
15:39:02

P e t i c i ó n : P R O V E E R E S C R I T O
FePresentacion, ESCRITO

01/12/2015 **AUTO GENERAL**
09:46:00

VISTOS: En la ciudad de Loja a los 26 días del mes de noviembre de 2015 comparecen a la celebración de la presente audiencia preparatoria de juzgamiento en contra de los procesados señores ANGEL POLIVIO MEDINA QUIZHPE con cédula de identidad número 110223718-5, 2; ASUNCIÓN ZHUNAULA SARANGO con cédula de identidad número 110156578-4; NESTOR OSWALDO MACAS MINGA con cédula de identidad número 1900534189; CESAR MARTIN SUQUILANDA GUAMÁN con cédula de identidad número 10565679-5; DIGNER PATRICIO MEDINA PUGLLA con cédula de identidad número 110415952-8; MARCO VINICIO ANDRADE ZHINGRE con cédula de identidad 110357948-6, MANUEL ASUNCIÓN TENE GONZALEZ con cédula de identidad número 110352431-8; JULIO CESAR LOZANO GUALAN con cédula de identidad número 110446074-4; SERVIO AMABLE ANGAMARCA MOROCHO con cédula de identidad número 110183747-2; FAUSTO ENRIQUE LOZANO QUIZHPE con cédula de identidad número 110383553-2; ABEL SARANGO CANGO con cédula de identidad número 110156931-5; JAIME RODRIGO LOZANO GUALAN con cédula de identidad 110504020-6; JOSE LINO LOZANO GUALAN con cédula de identidad número 110534879-9; ANGEL BENIGNO ORTEGA CANGO con cédula de identidad 110250663-9;MARÍA LUISA LOZANO QUIZHPE con cédula de identidad número 171445016-8; LUZ MACRINA TENE GUAILLAS con cédula de identidad número 171529195-9; CARMEN DELFINA MINGA MINGA con cédula de identidad número 110396749-1; TANIA MARIANA MINGA GUELEDEL con cédula de identidad número 190044114-6; ROSA MERCEDES LOZANO GUALÁN con cédula de identidad número 110492536-5; SISA PACARI CONTENTO CONTENTO con cédula de identidad número 110577985-2; KARINA FERNANDA MONTEROS PAGUAY con cédula de identidad número 171754454-6; SISA CARMEN LOZANO GUAMAN con cédula de identidad número 110490252-1; NATIVIDAD MARIA MEDINA LOZANO con cédula de identidad número 110212452-4; TERESA DE JESÚS CANGO MEDINA con cédula de identidad 110343886-5; LAURA ALBERTINA LOZANO CONTENTO con cédula de identidad número 110408627-5; CARMEN ROSAURA MEDINA CARTUCHE con cédula de identidad número 110420707-9 y DELFIN REINALDO JAPÓN GUALÁN con cédula de identidad número 110453997-6, Julio Aurelio Sarango Quizhpe con cédula de identidad número 110429002-6, Julio Aurelio Lima Medina con cédula de identidad número 110485492-0, José Manuel Cartuche Quizhpe con cédula de identidad número 110136791-8 y Atahualpa Yupanky Macas Ambuludi con cédula de identidad número 110429639-5. Sin la presencia de todos los procesados pero si de sus abogados patrocinadores conforme consta del cd de grabación de la audiencia. En conformidad con el artículo 600 del Código Orgánico Integral Penal el señor Agente Fiscal ha presentado dictamen abstentivo a favor de los procesados TENE GUAILLAS LUZ MACRINA, LOZANO CONTENTO LAURA ALBERTINA, MADINA CARTUCHE CARMEN ROSAURA, MMINGA MINGA CARMEN DELFINA, MINGA HUELEDEL TANIA MARIANA, MEDINA LOZANO NATIVIDAD MARIA, CANGO MEDINA TERESA DE JESÚS, LOZANO GUAMAN SISA CARMEN, CONTENTO CONTENTO SISA PACARI, ANDRADE ZHINGRE MARCO VINICIO, SARANGO CANGO ABEL, MEDINA PUGLLA DIGNER PATRICIO, LOZANO QUIZHPE FAUSTO ENRIQUE, LOZANO GUALAN JOSE LINO, MACAS MINGA NESTOR OSWALDO, SUQUILANDA GUAMÁN CESAR MARTIN, ORTENGA CANGO ANGEL BENIGNO, LOZANO GUALAN JAIME RODRIGO, TENE GONZALEZ MANUEL ASUNCION, LOZANO GUALAN JULIO CESAR, LOZANO GUALAN ROSA MERCEDES el mismo que se ha corrido traslado al acusador particular y se ha otorgado un término de tres días a partir de la celebración de la presente audiencia para que se pronuncie en conformidad con el artículo 600 del COIP, esto en aplicación a lo dispuesto en la disposición general primera del Código Orgánico Integral Penal en concordancia con lo dispuesto en el Código de Procedimiento Civil. De igual manera el señor Agente Fiscalía en ejercicio de sus atribuciones consagradas en el artículo 195 de la Constitución Política del Estado, así como lo dispuesto en el artículo 603 del Código Orgánico Integral Penal, ha formulado cargos en grado de autores por el presunto delito de paralización de un servicio público, acción tipificada y sancionada en el artículo 346 del Código Orgánico Integral Penal que dispone "Paralización de un servicio público.- La persona que impida, entorpezca, o paralice la normal prestación de un servicio público o se resista violentamente al restablecimiento del mismo; o, se tome por fuerza un edificio o instalación pública será sancionada con pena privativa de libertad de uno a tres años" en contra de en contra de ANGEL POLIVIO MEDINA QUIZHPE, portador de la cedula de ciudadanía número 1102237185, ecuatoriano, de estado civil casado, de profesión empleado público, domiciliado en la Av. Panamericana sector San Vicente, perteneciente a la parroquia y

Fecha	Actuaciones judiciales

cantón Saraguro; ASUNCIÓN ZHUNAULA SARANGO portador de la cédula de ciudadanía número 1101565784, ecuatoriano, de profesión docente, de estado civil casado, domiciliado en la comunidad de Illincho perteneciente a la parroquia y cantón Saraguro SERVIO ANGAMARCA AMABLE MOROCHO portador de la cédula de ciudadanía número 1101837472 ecuatoriano de ocupación agricultor de estado civil casado, domiciliado en el sector carboncillo perteneciente a la parroquia San Antonio de Cumbe del cantón Saraguro provincia de Loja. KARINA FERNANDA MONTEROS PAGUAY portador de la cédula de ciudadanía 1717544546 ecuatoriana, de ocupación técnico organizacional, de estado civil casada, domiciliada en la Av. El Oro, frente al cementerio de esta localidad la misma que pertenece a la parroquia y cantón Saraguro; MARIA LUISA LOZANO QUIZHPE portador de la cédula de ciudadanía número 1714450168, ecuatoriano, estado civil casado, domiciliado en la comunidad Las Lagunas perteneciente a la parroquia y cantón Saraguro; DELFIN REINALDO JAPON GUALAN portador de la cédula de ciudadanía número 1104539976, ecuatoriano, estado civil unión libre, de ocupación agricultor y domiciliado en la comunidad Cañicapac perteneciente a la parroquia San Pablo de Tenta del cantón Saraguro, provincia de Loja. JULIO AURELIO SARANGO QUIZHPE portador de la cédula de ciudadanía número 1104290026, ecuatoriano, estado civil casado, de ocupación comerciante, domiciliado en la calle 18 de Noviembre y Loja del cantón Saraguro. JOSE MANUEL CARTUCHE QUIZHPE portador de la cédula de ciudadanía número 1101367918, ecuatoriano, estado civil casado, de profesión médico veterinario y domiciliado en la comunidad de Ñamarín perteneciente a la parroquia y cantón Saraguro. ATHAHUALPA YUPANKI MACAS AMBULUDI portador de la cédula de ciudadanía número 1104296395, ecuatoriano, estado civil soltero, ocupación empleado público y domiciliado en la comunidad del Ilincho perteneciente a la parroquia y cantón Saraguro. JULIO AURELIO LIMA MEDINA portador de la cédula 1104854920 de estado civil soltero de ocupación estudiante, domiciliado en la comunidad de Gera perteneciente a la parroquia y cantón Saraguro. Estando la presente causa en estado de ser resuelta esta autoridad considera: PRIMERO: Que es competente para conocer y resolver la presente causa en virtud de lo señalado en el artículo 245 del Código Orgánico de la Función Judicial. SEGUNDO: Que dentro de la presente causa no ha existido ninguna circunstancia que vicie o anule el presente proceso declarándose su validez. TERCERO: El día 17 de agosto de 2015 en la vía panamericana en el sector de San Vicente, de la ciudad de Saraguro Provincia de Loja aproximadamente unas 600 personas se encontraban obstaculizando la vía panamericana con palos, piedras, por lo que la policía procedió al diálogo por varias ocasiones, con la finalidad de que se retiren, hecho que resultó en agresiones físicas y enfrentamientos, así como daños al bien público, por lo que se procede a la detención de varios ciudadanos hecho que se corroboran en imágenes de video y de las diligencias efectuadas en las etapas procesales correspondientes. CUARTO: LOS ELEMENTOS EN QUE SE FUNDA EL AUTO DE LLAMAMIENTO A JUICIO. A Fojas 7 consta la versión del señor Teniente Coronel Rodny Alexis Chávez Granda, quien en su versión indica haberse trasladado desde la ciudad de Loja en dirección a Saraguro, sector San Vicente, al mando del General Ignacio Benítez, Comandante de Policía de la Zona 7, ya en el lugar procedieron al diálogo ya que se encontraba obstaculizado el paso con piedras, palos y árboles ubicados en la vía panamericana. Los manifestantes sin acatar dicho pedido se procedió a desalojarlos a lo que los manifestantes responden lanzando piedras contra la fuerza del orden, resultando con lesiones varios agentes, por lo que detienen varias personas. A fojas 8 y 303 consta la versión del Mayor Andrés Manuel Vallejo Aguirre que en su versión indica que mientras se encontraba en esta ciudad de Saraguro el día 17 de Agosto de 2015 a eso de las 01H30 personas indígenas procedieron a cerrar la vía panamericana por lo que se procedió a hablar con ellos sin que medie acuerdo alguno y más bien a eso de las 10h30 fuimos atacados resultando heridos varios miembros de la policía y destruidos bienes de la Policía Nacional; por lo que se procedió a la detención de varias personas. A fojas 9 y 305 consta la versión del Policía Nacional Darío Xavier Calva Castillo, el mismo que indica que el día 17 de Agosto del Año 2015 encontrándonos en el sector San Vicente de la Ciudad de Saraguro procedieron al diálogo con los manifestantes por cuanto la vía se encontraba obstaculizada con piedras palos y árboles y al no existir acuerdo, se procedió al despeje de la misma, por lo que los manifestantes nos agredieron, y se procedió a la detención de varios de ellos. A fojas 10 y 298 del Expediente consta la versión del Cabo Cesar Guillermo Granda Paladines del día 17 de agosto el mismo que indica que el día 17 de agosto del año 2015 se encontraba en el sector San Vicente de la ciudad de Saraguro procediendo a dialogar con los manifestantes por cuanto la vía panamericana se encontraba obstaculizada con piedras palos y árboles, como de manera pacífica no hubo acuerdo procedieron a desalojar a lo que los manifestantes de manera inmediata responden lanzando piedras contra la fuerza del orden por tal razón detienen a Monteros Paguay. A fojas 25 y 306 consta la versión del policía nacional Diego Manuel Sánchez Pineda en su versión indica que el día 17 de agosto del año 2015 al encontrarse en la ciudad de Saraguro sector San Vicente logran identificar a varias personas que obstaculizaban la vía panamericana con piedras palos y árboles e incitaban al mismo, por tal razón haciendo uso de la fuerza progresiva detienen a varias personas. A Fojas 26 y 301 consta la versión del teniente Dalton Vinicio Celi Alvarado encontrándose en la ciudad de Saraguro sector San Vicente procedieron a dialogar con los manifestantes ya que en la Av. Panamericana se encontraba obstaculizada con piedras palos y árboles, al no encontrar de manera pacífica un acuerdo para el despeje de la misma procedieron a desalojar a lo que los manifestantes responden lanzando piedras a los miembros de la fuerza del orden así como agrediéndolos físicamente por tal razón se detienen a María Luisa Lozano Quizhpe y al señor Celio Angamarca, a Fojas 27 y 308 Consta la versión del Policía Nacional Luis Gerardo Rivas Vera el mismo que indica que una vez encontrándose en la ciudad de Saraguro sector San Vicente procedieron al diálogo con los manifestantes porque la vía panamericana se encontraba obstaculizada con piedras palos y árboles y al no mediar acuerdo procedieron al despeje de la misma por lo que los manifestantes responden lanzando piedras contra las fuerzas del orden y agrediéndolos físicamente por tal razón haciendo uso progresivo de la fuerza se detiene a varias personas. A Fojas 204 Consta la versión de

Página 38 de 85

Fecha	Actuaciones judiciales
	Franklin Rolando Saavedra Gaona que el día 17 de Agosto del Año 2015 encontrándose en la ciudad de Saraguro Sector San Vicente a eso de las 8h30 aproximadamente con la finalidad de despejar la vía en actitud pacífica los policías y los manifestantes conversaban para despejar la vía posterior a eso los manifestantes pronunciaron palabras en que no iban a dejar habilitar la vía y gestos obscenos en contra de los miembros policiales, iniciándose el lanzamiento de piedras y palos por lo que se detuvo a varias personas. A fojas 207 el sargento Marcos Geovanny Días Quichimbo rinde su versión y dice que el día 17 de agosto del año 2015 dice haber identificado a los participantes en la obstaculización de la vía señores Asunción Zhunaula Sarango. A Fojas 55 consta la versión de ANGEL POLIVIO MEDINA QUIZHPE quien dice que el día lunes 17 de agosto del año 2015 a las 17h30 aproximadamente se encontraba en su domicilio a pocos pasos de donde se desarrollaba el paro, por lo que llegó gas a su domicilio y para evitar ser asfixiado sale a la vía panamericana y cuando se encontraba en el parque de la madre en compañía de una señora procedieron a bajar más abajo y los policías proceden a detener, a quien si conoce de cara, lo que no concuerda con la versión de Marcos Días Quichimbo. A fojas 56 consta la versión de Asunción Zhunaula Sarango quien dice que el 16 de Agosto del año 2015 bajó a observar un partido de vóley luego de eso regresó con dirección a su domicilio y como la vía se encontraba bloqueada no pudo pasar con su vehículo dejándolo estacionado en dicha vía y procedió a trasladarse caminando para regresar al siguiente día, el día 17 de agosto de 2015 a eso de las 5h40 de la mañana regresó a ver su vehículo a eso de las 10h00 como seguía bloqueada la vía se dirigió caminando al sector San Vicente con dirección a su casa encontrándose a los policías bajando por lo que le causó miedo e ingresó a la casa de Polivio Guamán donde lanzaron gas, luego se dirigió a la comunidad las Lagunas frente a la Cooperativa del mismo nombre y en dicho lugar fue detenido, dicha versión no concuerda con lo expuesto por el policía Marco Días Quichimbo. Sobre SERVIO AMABLE ANGAMARCA MOROCHO consta que el día 17 de agosto del año 2015 a eso de las 7h30 se encontraba en el sector San Vicente con la Finalidad de transmitir información por la radio como colaborador de la emisora el buen pastor en eso los policías lanzaron gas lacrimógeno por lo que hizo retirar del lugar caminando por una vía que conduce a la comunidad de Illincho llegando a la casa de la señora Mariana Sosoranga en lo que lego la policía me detuvo los mismo que guarda relación con las imágenes de los videos remitidos por el Magister Marco Zhigui en calidad de gerente de radio frontera Sur así como el video remitido por el coronel de Policía Mauricio Llanes Vega dicha captura consta a fojas 916 del expediente fiscal, la presente vesión no guarda relación con los hechos ocurridos, ya que en el vidéo de ECUAVISA a fojas 242 imagen 6 de la captura realizada por criminalística cont5a que estaba participando del hecho. KARINA FERNANDA MONTEROS PAGUAY Dice que el día 17 de agosto del año 2015, a eso de las 9h30 salió caminando con dirección a la comunidad Las Lagunas porque sus hijos estudian en dicho lugar a eso de las 10h30 estuvo en la entrada a la comunidad de Las Lagunas sector San Vicente en ese momento comenzaron a lanzar bombas lacrimógenas por lo que empieza a correr por la vía a Las Lagunas cuando ve que se la detiene a la señora Luz Paqui, acercándose a los policías a pedirle que la dejen en ese momento dejan libre a la señor a y proceden a detenerle a ella. Esto es incongruente ya que mencionada señora aparece participando activamente en la obstaculización de la via según consta a fojas 726 y 461 del informe técnico pericial de audio y video. MARIA LUISA LOZANO QUIZHPE en su versión dice el día 17 de agosto del año 2015 a eso de las 10h30 salió desde su domicilio en dirección a la Cooperativa las Lagunas con el fin de retirar un dinero por cuanto una de sus hijas se encontraba delicada de salud, estaciono su vehículo y ve que una bomba cae tras el mismo para evitar la asfixia caminó para acercarse a la policía y en eso la detuvieron esto es incoherente con a fojas 461 y 462 se la ve levantando un palo frente a los policías en actitud aparentemente hostil. DELFIN REINALDO JAPON GUALAN en su versión dice que el día 17 de agosto del año 2015 salió desde su casa ubicado en la comunidad de Cañicapac perteneciente a la parroquia Tenta del cantón Saraguro con destino a la ciudad de Loja con el fin de arreglar sus prótesis ya que dicho ciudadano es una persona discapacitada llegando al sector San Vicente pudo ver que la vía estaba bloqueada y se aprestaba para pasar los obstáculos y tomar un vehículo que lo lleve a su destino en eso los policías lanzan gas lacrimógeno y por su estado de salud no pudo correr y lo que hizo fue lanzarse a un costado de la vía por lo que fue detenido por los policías la presente versión no concuerda por cuanto a fojas 463 del informe técnico pericial se le visibiliza a mencionado ciudadano participando activamente de la paralización. JULIO AURELIO SANRANGO QUIZHPE en sucesión dice que se acoge al derecho constitucional del silencio, a fojas 226 del video del ECU 911 y fojas 226, 233 y 240 se le ve participando activamente de la paralización con su rostro cubierto y en su mano derecha con un objeto contundente. JOSÉ MANUEL CARTUCHE QUIZHPE quien su versión dice que el día 17 de agosto del año 2015 salió desde su domicilio ubicado en la comunidad Ñamarín con dirección a la casa del señor Polivio Japón en la comunidad de Ilincho con el objetivo de atender una mascota por cuanto su profesión es médico veterinario pero al llegar al sector de San Vicente donde se estaba obstaculizando la vía gran cantidad de policías y fuerzas armadas y el paso estuvo bloqueado por lo que se detiene por un tiempo en el lugar para luego regresar por la dirección de la calle Loja y tomar otro camino para llegar a su domicilio llegó a la casa del señor Japón pero no lo encontró en su domicilio y en el lugar escuchó lanzar gas lacrimógeno y por el disturbio de la gente regresó por el sector San Vicente y se dirigió a la comunidad de las Lagunas, Gundel llegando a su domicilio. Consta a fojas 237 y 462 del expediente donde se ve a este ciudadano participando activamente en la manifestación. ATAHUALPA YUPANKY MACAS AMBULUDÍ el mismo que se acoge a su derecho constitucional al silencio. Consta a fojas 234, 241, de la imagen captada por parte de la unidad de apoyo criminalístico de la ciudad de Loja, de fojas 457 y fojas 402 del video remitido por canal uno. JULIO AURELIO LIMA MEDINA dice su versión que el día 17 de agosto del año 2015 a eso de las 10h00 se encontraba en el lugar observando lo que había en ese momento vio que los policías y militares llegaban y empezaron a lanzar bombas lacrimógenas en contra de las personas que estuvieron en la medida de hecho ejerciendo el derecho a la resistencia, además manifiesta que sin mediar motivo

Página 39 de 85

Fecha	Actuaciones judiciales

alguno procedieron a detener a varias personas al ver esto realizó una intervención en los medios de comunicación denunciando lo que ocurría. De acuerdo a fojas 456, 457, 461, 234, 241, y 244 también del video remitido por canal uno constante a fojas 402 ratifica su participación activa en la paralización, en dicho video ratifica radicalizar las medidas de paro nacional indefinido. QUINTO: Esta autoridad a cotejado los elementos de convicción establecidos por el señor Agente Fiscal y ha encontrado concordancia de lo manifestado por el mismo, con respecto al expediente de la fiscalía. De igual forma el artículo 313 de la Constitución Política del Estado establece en sus incisos primero y tercero "El Estado se reserva el derecho de administrar, regular, controlar y gestionar los sectores estratégicos, de conformidad con los principios de sostenibilidad ambiental, precaución, prevención y eficiencia. " y "Se consideran sectores estratégicos la energía en todas sus formas, las telecomunicaciones, los recursos naturales no renovables, el transporte y la refinación de hidrocarburos, la biodiversidad y el patrimonio genético, el espectro radioeléctrico, el agua, y los demás que determine la ley." Por su parte el artículo 52 del mismo cuerpo legal establece "Las personas tienen derecho a disponer de bienes y servicios de óptima calidad y a elegirlos con libertad, así como a una información precisa y no engañosa sobre su contenido y características. La ley establecerá los mecanismos de control de calidad y los procedimientos de defensa de las consumidoras y consumidores; y las sanciones por vulneración de estos derechos, la reparación e indemnización por deficiencias, daños o mala calidad de bienes y servicios, y por la interrupción de los servicios públicos que no fuera ocasionada por caso fortuito o fuerza mayor." El numeral 14 del Artículo 66 de la Constitución Política del Estado Establece "14. El derecho a transitar libremente por el territorio nacional y a escoger su residencia, así como a entrar y salir libremente del país, cuyo ejercicio se regulará de acuerdo con la ley. La prohibición de salir del país sólo podrá ser ordenada por juez competente", considerando estos antecedentes la obstaculización de carreteras perjudica tres derechos elementales, la prestación de un servicio público como es el transporte, el derecho a las personas a disponer de servicios públicos de óptima calidad y también el derecho que le asiste a todos los ecuatorianos a transitar libremente dentro del territorio nacional, siendo así encontramos la figura penal de paralización de un servicio público conforme lo estable el artículo 346 del Código Orgánico Integral Penal que dispone "Paralización de un servicio público.- La persona que impida, entorpezca o paralice la normal prestación de un servicio público o se resista violentamente al restablecimiento del mismo; o, se tome por fuerza un edificio o instalación pública, será sancionada con pena privativa de libertad de uno a tres años." Si bien los alegatos realizados por parte de la defensa de los procesados hace referencia a que se estaba ejerciendo el derecho a la resistencia consagrado en el artículo 98 de la Constitución política del estado la misma que dispone " Los individuos y los colectivos podrán ejercer el derecho a la resistencia frente a acciones u omisiones del poder público o de las personas naturales o jurídicas no estatales que vulneren o puedan vulnerar sus derechos constitucionales, y demandar el reconocimiento de nuevos derechos.", este derecho debe realizarse en conformidad con la Ley todo por cuanto la misma constitución establece que ". Todos los principios y los derechos son inalienables, irrenunciables, indivisibles, interdependientes y de igual jerarquía" por tanto no se puede perjudicar otros derechos constitucionales bajo mencionada alegación. En tal virtud hay que considerar que los elementos expuestos por parte del señor Agente Fiscal son conducentes a que las personas mencionadas son partícipes de paralización de un servicio público, acción tipificada y sancionada en el artículo 346 del Código Orgánico Integral Penal, en este sentido hay que tomar en cuenta el grado de participación de los procesados Francisco Carrara refiriéndose a al concurso de sujetos activos dice: " Cuando la participación es concomitante con los actos consumativos, el que realiza es un correo, aunque participe en ella únicamente con la palabra, con la sola presencia, o aún sin hacer nada. La palabra instigadora se constituye solo concurso moral si precede a la consumación del delito, toma de carácter de concurso material cuando es concomitante con los motivos de la consumación, y se compenetra con esta en virtud de la unidad de tiempo.... La mera presencia, aunque es un acto negativo, toma el carácter de correidad cuando reúne las condiciones de ser eficiente y estar dirigida a facilitar la ejecución. En ese caso aún la presencia inactiva es un momento material que se relaciona con la fuerza física del delito. Esto ocurre cuando la presencia inactiva sirve voluntariamente para envalentonar al agente o para intimidar a la víctima.... El correo es imputable del mismo modo que el autor físico del delito, pues es una mera casualidad el que sea la mano del uno y no la mano del otro la que realice el acto que lleva a violar definitivamente la Ley, y por ello dicho acto se considera como realizado por cada uno de los malvados que a sabiendas colaboran personalmente en él. Esa colaboración aunque sea inactiva torna más audaz al ejecutor o priva a la víctima de la posibilidad de la defensa, y ello basta para que se presente la relación de causa y efecto, con respecto al delito a que todos los presentes dirigen actualmente su voluntad.... (programa de derecho criminal, el delito, tomo 1 proyecto editorial carrara, facultad de jurisprudencia de la UNL. 1990, pag 207 y s), en ese sentido También debe tenerse en cuenta que nuestro sistema penal, concordante con la doctrina y la jurisprudencia más actuales, no solo contempla la autoría sino también la coautoría con respecto a este punto el tratadista Francisco Muñoz Conde indica "Es la realización conjunta de un delito por varias personas que colaboran consciente y voluntariamente..." Es por esta razón que el presente juzgador basado en los elementos establecidos por parte del señor Agente Fiscal, en ejercicio de sus atribuciones establecidas en la Ley como por el artículo 608 del Código Orgánico Integral Penal y por los motivos anteriormente mencionados concuerda con el dictamen acusatorio del señor Agente Fiscal y RESUELVE DICTAR AUTO DE LLAMAMIENTO A JUICIO en grado de AUTORES en contra de ANGEL POLIVIO MEDINA QUIZHPE, portador de la cedula de ciudadanía número 1102237185, ecuatoriano, de estado civil casado, de profesión empleado público, domiciliado en la Av. Panamericana sector San Vicente, perteneciente a la parroquia y cantón Saraguro; ASUNCIÓN ZHUNAULA SARANGO portador de la cédula de ciudadanía número 1101565784, ecuatoriano, de profesión docente, de estado civil casado, domiciliado en la comunidad de Illincho perteneciente a la parroquia y cantón Saraguro SERVIO AMABLE ANGAMARCA MOROCHO

Página 40 de 85

Fecha **Actuaciones judiciales**

portador de la cédula de ciudadanía número 1101837472 ecuatoriano de ocupación agricultor de estado civil casado, domiciliado en el sector carboncillo perteneciente a la parroquia San Antonio de Cumbe del cantón Saraguro provincia de Loja. KARINA FERNANDA MONTEROS PAGUAY portador de la cédula de ciudadanía 1717544546 ecuatoriana, de ocupación técnico organizacional, de estado civil casada, domiciliada en la Av. El Oro, frente al cementerio de esta localidad la misma que pertenece a la parroquia y cantón Saraguro; MARIA LUISA LOZANO QUIZHPE portador de la cédula de ciudadanía número 1714450168, ecuatoriano, estado civil casado, domiciliado en la comunidad Las Lagunas perteneciente a la parroquia y cantón Saraguro; DELFIN REINALDO JAPON GUALAN portador de la cédula de ciudadanía número 1104539976, ecuatoriano, estado civil unión libre, de ocupación agricultor y domiciliado en la comunidad Cañicapac perteneciente a la parroquia San Pablo de Tenta del cantón Saraguro, provincia de Loja. JULIO AURELIO SARANGO QUIZHPE portador de la cédula de ciudadanía número 1104290026, ecuatoriano, estado civil casado, de ocupación comerciante, domiciliado en la calle 18 de Noviembre y Loja del cantón Saraguro. JOSE MANUEL CARTUCHE QUIZHPE portador de la cédula de ciudadanía número 1101367918, ecuatoriano, estado civil casado, de profesión médico veterinario y domiciliado en la comunidad de Ñamarín perteneciente a la parroquia y cantón Saraguro. ATHAHUALPA YUPANKI MACAS AMBULUDI portador de la cédula de ciudadanía número 1104296395, ecuatoriano, estado civil soltero, ocupación empleado público y domiciliado en la comunidad del Ilincho perteneciente a la parroquia y cantón Saraguro. JULIO AURELIO LIMA MEDINA portador de la cédula 1104854920 de estado civil soltero de ocupación estudiante, domiciliado en la comunidad de Gera perteneciente a la parroquia y cantón Saraguro, en tal virtud, no existen acuerdos probatorios, se aprueba cada una de las pruebas anunciadas en la presente audiencia tanto por parte de la fiscalía como la defensa, con salvedad de la lista de testigos presentada por el señor Acusador Particular todo por cuanto el artículo 76 de la Constitución política del estado dispone: Art. 76.- En todo proceso en el que se determinen derechos y obligaciones de cualquier orden, se asegurará el derecho al debido proceso que incluirá las siguientes garantías básicas: 4. Las pruebas obtenidas o actuadas con violación de la Constitución o la ley no tendrán validez alguna y carecerán de eficacia probatoria. 7. El derecho de las personas a la defensa incluirá las siguientes garantías: h) Presentar de forma verbal o escrita las razones o argumentos de los que se crea asistida y replicar los argumentos de las otras partes; presentar pruebas y contradecir las que se presenten en su contra. Y Art. 168 numeral 6. La sustanciación de los procesos en todas las materias, instancias, etapas y diligencias se llevará a cabo mediante el sistema oral, de acuerdo con los principios de concentración, contradicción y dispositivo. La presentación de la lista de testigos sin el anuncio respectivo vulnera mencionados principios. Se mantienen las medidas cautelares en contra de los procesados, Póngase en conocimiento el presente AUTO DE LLAMAMIENTO A JUICIO al Tribunal de lo Penal de Loja, adjuntando los correspondientes anticipos probatorios. Notifíquese y cúmplase.

30/11/2015 **ESCRITO**
12:16:33

P e t i c i ó n : P R O V E E R E S C R I T O
FePresentacion, ANEXOS, ANEXOS, ESCRITO

26/11/2015 **PROVIDENCIA GENERAL**
08:46:00

En consideración a la razón sentada por parte del señor Secretario de esta despacho y por cuanto ha sido notificada la Defensoría Pública para la audiencia de este día 26 de noviembre de 2015 este a lo dispuesto en la providencia que ordena la evacuación de esta audiencia, no se atiende el escrito realizado por Angel Polivio Cango Quizhpe por no ser parte del proceso, tampoco se atiende la solicitud realizada por parte del acusador particular, por tanto deberá realizarse la audiencia el día y hora señalado. Notifíquese

26/11/2015 **RAZON**
08:22:00

RAZON.- Siento como tal que a fojas 734 de fecha 19 de noviembre de 2015 a las 15H40, NOTIFIQUE: mediante correo electrónico, del suscrito secretario encargado al correo electrónico; vguajala@defensoria.gob.ec, de la Dra. Verónica Guajala Defensora Pública del Cantón Saraguro con la providencia de señalamiento de audiencia Evaluatoria y Preparatoria de Juicio, para que asista al Auditorio de la Función Judicial en la ciudad de Loja convocada para las 11h30 del día 26 de Noviembre de 2015.- Saraguro, veinte y seis de noviembre del dos mil quince.- El Secretario

Dr. Paúl Velepucha Espinosa.
SECRETARIO.

26/11/2015 **ESCRITO**
08:00:32

Fecha **Actuaciones judiciales**

P e t i c i ó n : P R O V E E R E S C R I T O
FePresentacion, ESCRITO

25/11/2015 **ESCRITO**
16:46:25
P e t i c i ó n : P R O V E E R E S C R I T O
FePresentacion, ESCRITO

25/11/2015 **PROVIDENCIA GENERAL**
16:35:00
Agréguese al expediente el escrito presentado por parte del Dr. Angel Vicente Cartuche, del Dr. Luis Guamán Zhunaula y del Dr. Jorge Sarango Andrade, previo a proveer lo que fuese legal y procedente el señor actuario de este despacho siente razón sobre si se ha procedido a notificar a la Defensoría Pública, con el requerimiento de su presencia en la Audiencia señalada para el día 26 de noviembre de 2015. Notifíquese.

25/11/2015 **ESCRITO**
16:12:45
P e t i c i ó n : P R O V E E R E S C R I T O
FePresentacion, ESCRITO

25/11/2015 **ESCRITO**
15:41:21
P e t i c i ó n : P R O V E E R E S C R I T O
FePresentacion, ESCRITO

25/11/2015 **PROVIDENCIA GENERAL**
15:24:00
Agréguese al expediente el escrito presentado por parte de Angel Polivio Cango Quizhpe, en conformidad con lo dispuesto en el artículo 103 numeral 14 del Código Orgánico de la Función Judicial notifíquese a todas las partes procesales con el requerimiento de reunión que realiza. En virtud de esta solicitud se fija para el día 30 de noviembre de 2015 a las 15h00 mencionada diligencia, todo por cuanto es indispensable notificar previamente las partes procesales por medio de la secretaría de la judicatura, con una antelación no menor a cuarenta y ocho horas; en aplicación a lo dispuesto en el artículo 140 del mismo cuerpo de leyes. Notifíquese

25/11/2015 **ESCRITO**
15:12:29
P e t i c i ó n : P R O V E E R E S C R I T O
FePresentacion, ESCRITO

25/11/2015 **ESCRITO**
09:48:53
P e t i c i ó n : P R O V E E R E S C R I T O
FePresentacion, ESCRITO

24/11/2015 **PROVIDENCIA GENERAL**
14:32:00
Agréguese a los autos los escritos presentado por Angel Polivio Cango Quizhpe, no se atiende los mismos por improcedente, agréguese a los autos el escrito presentado por parte de Angel Polivio Mediana Quizhpe y otros, en atención al mismo se considera PRIMERO: Esta autoridad no ha declinado la competencia a favor de la justicia indígena, por tanto no es procedente lo solicitado en el numeral primero de su escrito aún mas si el trámite Penal es completamente independiente del trámite declinatorio de competencia, con respecto a este punto la disposición General Segunda del Código Orgánico Integral Penal establece " En referencia a las infracciones cometidas en las comunidades indígenas se deberá proceder conforme a lo dispuesto en la Constitución de la República, en los tratados e instrumentos internacionales ratificados por el Estado, en el Código Orgánico de la Función Judicial y en las leyes respectivas." al respecto el Código Orgánico Integral Penal ni el Código Orgánico de la Función Judicial preveen apelaciones con respecto a declinación de la competencia en materia penal, considerando que las normas procesales penales se basan en el principio de interpretación literal de la ley penal, conforme reza el artículo 13 numeral 2 del

Página 42 de 85

Fecha	Actuaciones judiciales

COIP, quedando a salvo el recurso al que hace referencia la Constitución Política del Estado, por tanto es improcedente la petición determinada en el numeral primero de su escrito. SEGUNDO: Se motiva la resolución en que se llama a audiencia preparatoria de Juicio en el Auditorio de la Función Judicial en la ciudad de Loja por lo siguiente: La sala de audiencia de la Unidad Judicial Multicompetente del cantón Saraguro, no cuenta con espacio físico adecuado para que todos los procesados escuchen la formulación de cargos o en su caso el dictámen de abstensión que puede realizar el señor Agente Fiscal del cantón Saraguro el día y hora señalado para dicha diligencia, en virtud de aquello y en vista que es necesaria la tutela efectiva de los derechos a favor de los procesados y en virtud de que no se vulnere sus derechos conforme lo establece el artículo 76 numeral 7 liteal a), c), g) de la Constitución Política del Estado, estese a lo dispuesto en mencionado decreto. Notifiquese

24/11/2015 ESCRITO
10:22:33
Petición: PROVEER ESCRITO
FePresentacion, ESCRITO

23/11/2015 RAZON
10:37:00
RAZÓN.- Siento como tal señor Juez, que el día de hoy se procede a enviar por correos del Ecuador, el oficio Nro. 1160-2015, a la Dirección Provincial del Consejo de la Judicatura de Loja, de acuerdo a lo dispuesto por su autoridad en auto de fecha 17 de noviembre del 2015. Le comunico para fines legales pertinentes. Saraguro 23 de noviembre del 2015. El Secretario que certifica.

Dr. Servio Paul Velepucha.
SECRETARO.

20/11/2015 ESCRITO
16:52:23
Petición: PROVEER ESCRITO
FePresentacion, ESCRITO

20/11/2015 ESCRITO
16:37:51
Petición: PROVEER ESCRITO
FePresentacion, ESCRITO

20/11/2015 OFICIO
08:51:00
UNIDAD JUDICIAL MULTICOMPETENTE DEL CANTÓN SARAGURO.

OF. Nro. 1160-2015 JCS.
Saraguro, 20 de Noviembre del 2015.

Doctora
María Lorena Espinoza.
DIRECTORA DEL CONSEJO DE LA JUDICATURA DE LOJA.
Loja.

De mi consideración.-

Dentro del juicio Penal-Paralización de un Servicio Público Nro. 00435-2015, que se tramita en esta Judicatura, en contra de los señores: Luz Macrina Tene Guaillas, Laura Albertina Lozano Contento, Carmen Rosaura Medina Cartuche, Maria Luisa Lozano Quizhpe, Carmen Delfina Minga Minga, Tania Mariana Minga Gueledel, Karina Monteros Paguay y otros, se ha dispuesto lo siguiente:

Oficiar a usted a fin de poner en su conocimiento el día Jueves 26 de Noviembre del 2015 a las 11h30, se llevará a efecto la

Página 43 de 85

Fecha	Actuaciones judiciales

Audiencia Evaluatoria y Preparatoria de Juicio de los procesados, diligencia que tendrá lugar en el Auditorio de la Función Judicial de Loja, debido a que el espacio físico de la Sala de Audiencias de esta Unidad Judicial es reducido.- Particular que le comunico para los fines consiguientes.

Por la favorable atención al presente le expreso mi agradecimiento.

Atentamente:

Abg. Alex Damián Torres Robalino
JUEZ DE LA UNIDAD JUDICIAL
MULTICOMPETENTE DE SARAGURO
c/c Archivo
elaborado: mcs

19/11/2015 RAZON
15:40:00

RAZON.- Siento como tal que el día de hoy, diecinueve de noviembre del 2015, a las 15h40, NOTIFIQUE: mediante correo electrónico, del suscrito secretario encargado a los correos electrónicos consultoriojuridico-ng13@hotmail.com;morensanchez_asociados@hotmail.com;leovivan@outlook.com;tgilbert@yahoo.es;notificaciones_loja@pge.gob.ec;vguajala@defensoria.gob.ec, con la providencia de señalamiento de audiencia Evaluatoria y Preparatoria de Juicio, para que asista al Auditorio de la Función Judicial en la ciudad de Loja convocada para las 11h30.- Saraguro, diecinueve de noviembre del dos mil quince.- El Secretario

Dr. Paúl Velepucha Espinosa.
SECRETARIO.

17/11/2015 CONVOCATORIA AUDIENCIA EVALUATORIA Y PREPARATORIA
14:46:00

Agréguese al expediente el escrito presentado por ANGEL POLIVIO CANGO QUIZHPE y CLAUDIA PAULINA CHALAN ZHUNAULA, en lo principal no procede la aclaración solicitada todo por cuanto los conceptos de competencia y jurisdicción a los que se ha hecho referencia se encuentran establecidos en los preceptos Constitucionales y Legales de mencionada resolución, pudiendo en todo caso las partes solicitantes acogerse a los recursos establecidos en la Ley. Siguiendo el trámite de rigor y en atención de la petición realizada por parte del señor Agente Fiscal se señala para el día 26 de noviembre de 2015 a las 11h30, tenga lugar la Audiencia Evaluatoria y Preparatoria de Juicio de los procesados, la misma que se llevará a efecto en el Auditorio de la Función Judicial en la ciudad de Loja, debiendo los procesados ser notificados en la forma en que se indica en el escrito enviado por parte del señor Agente Fiscal, cuéntese además con la Defensoría Pública, y con la abogada de la Procuraduría General del Estado, de igual manera notifíquese a los acusadores particulares en el domicilio que han señalado. Ofíciese a la señora Directora del Consejo de la Judicatura sobre que se llevará a efecto mencionada diligencia el día y hora indicado, el mismo que se realiza de esta forma ya que el espacio físico de la Sala de Audiencias de este cantón Saraguro es insuficiente y podría eventualmente causar indefensión a los sujetos procesales intervinientes. Notifíquese y cúmplase.

12/11/2015 ESCRITO
16:09:45

Petición: PROVEER ESCRITO
FePresentacion, ESCRITO

09/11/2015 ESCRITO
16:50:25

Petición: SOLICITUD DE AUDIENCIA EVALUATORIA Y PREPARATORIA DE JUICIO
FePresentacion, ESCRITO

09/11/2015 AUTO GENERAL
16:34:00

A fojas 655 del expediente comparece el Cabildo de la Comunidad de Chuquidel Ayllullakta "Las Lagunas" quienes en lo principal

Página 44 de 85

Fecha	Actuaciones judiciales
	de su petición indican que se han instalado en Asamblea Judicial Comunitaria para resolver las denuncias presentadas con fecha lunes 7 de septiembre de 2015 por las señoras y señores: SISA CARMEN LOZANO GUAMAN, LUZ MACRINA TENE GUAILLAS, LAURA ALBERTINA LOZANO CONTENTO, CARMEN ROSAURA MEDINA CARTUCHE, MARIA LUISA LOZANO QUIZHPE, CARMEN DELFINA MINGA MINGA, TANIA MARIANA MINGA GUELEDEL, KARINA FERNANDA MONTEROS PAGUAY, NATIVIDAD MARIA MEDINA LOZANO, ROSA MERCEDES LOZANO GUALÁN, TERESA DE JESUS CANGO MEDINA, SISA PACARI CONTENTO CONTENTO, ANGEL POLIVIO MEDINA QUIZHPE, ABEL SARANGO CANGO, DIGNER PATRICIO MEDINA PUGLLA, FAUSTO ENRIQWUE LOZANO QUIZHPE, JOSÉ LINO LOZANO GUALAN, NESTOR OSWALDO MACAS MINGA, CESAR MARTIN SUQUILANDA GUAMÁN, SERVIO AMABLE ANGAMARCA MOROCHO, ASUNCION ZHUNAULA SARANGO, ANGEL BENIGNO ORTEGA CANGO, JAIME RODRIGO LOZANO GUALÁN, MANUEL ASUNCION TENE GONZÁLEZ, JULIO CESAR LOZANO GUALÁN, JOSÉ MANUEL CARTUCHE QUIZHPE, JULIO AURELIO LIMA MEDINA, ATHAUALPA YUPANKY MACAS AMBULUDI, en contra de los señores autoridades Civiles: Señora Magister Johana Ortiz Villavicencio GOBERNADORA DE LA PROVINCIA DE LOJA, Señora Sebastiana Fares JEFA POLÍTICA DEL CANTÓN SARRAGURO, Abogado Edwin Rodrigo morocho Piedra COMISARIO NACIONAL DE POLICIA DEL CANTON SARAGURO, Autoridades de la Fuerza Pública: GENERAL Ignacio Benítez Comandante de Policía de la Zona 7; MAYOR Andrés Vallejo Aguirre CORONEL DE POLICIA DEL ESTADO MAYOR; NBA Juan Jaramillo Parede Jefe de la Subzona 11-Loja; CORONEL DE POLICIA DE ESTADO MAYOR Marcelo tobar Montenegro Jefe de la Subzona del Azuay número 1; CAPITAN Cristian Alexander García Correa; TENIENTE CORONEL Rodny Alexis Chávez Granda Comandante de Policía de la Subzona 11 del cantón y provincia de Loja; SGTOS Marco Geovanny Díaz Quichimbo, Franklin Rolando Saavedra, Edison Gilberto Encalada Flores, TENIENTES: Jackson Antonio Maldonado Velez, Dalton Vinicio Celi Alvarado, CBOS: César Guillermo Granda Paladines, Carlos Vinicio Llivisaca Cuenca, POLICIAS: Luis Rivas Vera, Diego Manuel Sánchez, Darío Xavier Calva Castillo, por las circunstancias fácticas suscitadas el día 17 de agosto de 2015 en las comunidades : CHUKIDEL AYLLULLAKTA Comunidad las Lagunas, Illicho Totoras y Gunudel de la parroquia y cantón Saraguro, provincia de Loja República del Ecuador.... (de la solicitud de declinación existen las declaraciones de los denunciantes donde consta declaraciones sobre detenciones ilegales y arbitrarias a decir de los denunciantes) en consideración a la misma dicha autoridad indígena Resuelve a) La asamblea de justicia indígena analiza la falta de asistencia de los denunciados quienes por respeto a la autoridad Judicial Indígena debían concurrir ante la Asamblea para ejercer su derecho a la defensa y esclarecer la verdad de los hechos, la ausencia también revitaliza y reproduce el estado Colonialista y conlleva a un conflicto entre dos jurisdicciones de administración de justicia, por ello esta Asamblea Juzgadora declara la rebeldía de los denunciados. b) Sobre la situación jurídica de los procesados en la Justicia Ordinaria.- La Asamblea de Justicia Indígena en base a las denuncias realizadas por los reclamantes manifiesta que fueron detenidos ilegalmente y que se encontraban en la cárcel con orden de prisión preventiva, manifiestan que los policías que los detuvieron no les informaron sobre sus derechos al momento de su detención (Art. 533 del COIP), actualmente la jurisdicción Ordinaria procesa a los recurrentes de la Jurisdicción Indígena por el supuesto delito de paralización de un servicio público, (Art. 346 COIP) mediante instrucción Fiscal número 15-2015 de la Fiscalía del cantón Saraguro y Juicio Penal Nro. 00345-2015 del Juzgado Multicompetente del cantón Saraguro; califica la flagrancia (Art. 527 COIP) cuando los hoy procesados en la justicia ordinaria no se encontraban en situación de flagrancia conforme lo demuestran con los testimonios rendidos en la Asamblea Judicial Comunitaria y el Juzgador de la Justicia Ordinaria dicta una resolución de prisión preventiva (Art. 540 COIP) sin motivación alguna, infringiendo el Art. 76 numeral 7 literal i) de la Constitución de la República, recayendo en la nulidad procesal; la Asamblea Judicial Indígena determina que si bien las personas de las comunidades indígenas Saraguros se encontraban en el sitio de San Vicente que intersecta en las comunidades de Illincho, Chukidel Ayllullata y Gunundel, el acto de protesta fue en ejercicio del derecho consagrado en el artículo 98 de la Constitución de la República que habla del derecho a la resistencia frente a acciones u omisiones del poder público que vulneran derechos constitucionales, las comunidades indígenas se encontraban protestando por su situación de vulneración de sus derechos constitucionales por el proyecto de enmiendas a la Constitución de la República analizado por la Comisión Ocasional de Enmiendas Constitucionales de la Asamblea Nacional; por efectos también del decreto 16 que habla del Reglamento para el Funcionamiento del Sistema Unificado de Información de las Organizaciones Sociales y Ciudadanas dictado ´por el Presidente Rafael Correa Delgado el mismo que vulnera los derechos colectivos consagrados en la Constitución de la República inherente a los Pueblos Indígenas, por efecto del cierre de las Guarderías y Escuela Comunitarias. Las manifestaciones de las comunidades indígenas se caracterizan por ser pacíficas, sin generar violencia precisamente para precautelar la integridad física de las personas, los reclamos a los poderes públicos fueron desde el día 13 de agosto de 2015 donde la policía nacional actuó precautelando el orden público lo cual es digno de reconocer, el día 17 de agosto de 2015 hubo circulación vehicular normal, tal es el caso que al momento de la intervención policial esto es a las diez de la mañana no existen vehículos particulares algunos paralizado en el sector de San Vicente del cantón Saraguro conforme se prueba con las versiones testimoniales y los videos del referido día, el acto violento inicial fue generado por uno de los policías que concurrieron al sector de San Vicente del cantón Saraguro y luego la persecución a las personas que se encontraban en ejercicio del derecho constitucional, como también a las personas particulares que se encontraban caminando por el sector San Vicente por ser un día laborable, la fuerza pública justifica los hechos señalando que han hecho uso progresivo de la fuerza, cuya progresividad se extralimitó sobre los derechos de las personas indígenas recayendo en las disposiciones de los artículo 295, 292, 293 y 294 numerales 4 y 6 del Código Orgánico Integral Penal. La Asamblea Judicial Comunitaria o Justicia Indígena en base a las pruebas aportadas por los hechos del 17 de

Página 45 de 85

Fecha	Actuaciones judiciales

Agosto de 2015, estos son informes de comisión de reconocimiento del lugar de los hechos, informe de comprobación de impactos del vehículo – bus de color blanco de la policía nacional que transportó a los detenidos desde el sitio de Cochapamba hasta el cuartel de la Policía Nacional en la ciudad de Loja, informe de recolección de evidencias como: casquillos de bombas lacrimógenas, toletes policiales, destrucción interna de viviendas de los moradores de la comunidad de Illincho, fotografías de heridos videos de violencia policial, certificados médicos y valoración psicológica de los concurrentes, versión de los procesados y declaraciones de testimonios de los moradores comunitarios se acepta la denuncia de los recurrentes por lo que esta autoridad juzgadora resuelve solicitar que se archive el proceso No. 00345- 2015 o en su defecto se decline la competencia ante la Jurisdicción Indígena.... Resuelve que la Fiscalía de Loja con sede en el cantón Saraguro de oficio o a petición de parte investigue en base a las circunstancias fácticas del día 17 de agosto de 2015 los delitos cometidos por los denunciados y ponga en conocimiento del Consejo de Ayllus del cantón Saraguro y la Justicia Ordinaria para su correspondiente juzgamiento" Una vez aceptada a trámite la petición de declinación de la competencia se ha seguido el procedimiento establecido en el artículo 345 del Código Orgánico de la Función Judicial y para resolverla esta autoridad considera: PRIMERO: Que es competente para conocer y resolver el presente trámite en conformidad a lo dispuesto en el artículo 245 del Código Orgánico de la Función Judicial. SEGUNDO: Que dentro del presente trámite no ha existido circunstancia que vicie o anule el procedimiento declarándose su validez. TERCERO: Es necesario en primer lugar determinar con exactitud que mediante la declinatoria, "el demandado y los que puedan ser parte legítima en el juicio promovido podrán denunciar la falta de jurisdicción del tribunal ante el que se ha interpuesto la demanda, por corresponder el conocimiento de ésta a tribunales extranjeros, a órganos de otro orden jurisdiccional o a árbitros." En este sentido el artículo 345 del Código Orgánico de la Función Judicial manifiesta: "Los jueces y juezas que conozcan de la existencia de un proceso sometido al conocimiento de las autoridades indígenas, declinarán su competencia, siempre que exista petición de la autoridad indígena en tal sentido. A tal efecto se abrirá un término probatorio de tres días en el que se demostrará sumariamente la pertinencia de tal invocación, bajo juramento de la autoridad indígena de ser tal. Aceptada la alegación la jueza o el juez ordenará el archivo de la causa y remitirá el proceso a la jurisdicción indígena" el presente proceso es por presunta paralización de un servicio público acción tipificada dentro del artículo 346 del Código Orgánico Integral Penal que dispone "La persona que impida, entorpezca o paralice la normal prestación de un servicio público o se resista violentamente al restablecimiento del mismo; o, se tome por fuerza un edificio o instalación pública, será sancionada con pena privativa de libertad de uno a tres años.", siendo así esta autoridad debe pronunciarse exclusivamente sobre si corresponde o no la declinación de la competencia sobre este preciso caso, sin que se pueda pronunciar sobre el resto de la decisión tomada por la ADMINISTRACIÓN DE JUSTICIA INDÍGENA CHUKIDEL AYLLULLAKTA "COMUNIDAD LAS LAGUNAS", para este efecto es necesario analizar los requisitos formales de la petición y posteriormente delinear su pertinencia en base a los principios Constitucionales, y la Ley. CUARTO: REQUISITOS FORMALES: A fojas 667 y 668 del expediente consta la documentación de la comunidad de Illincho Ayllullakta, a fojas 669 y 670 consta el registro de la comunidad de Ilincho-Totoras. A fojas 673 del expediente consta el acta de elección de cabildo de la Comunidad de Chukidel Ayllullacta (Las Lagunas) para el año 2015, y a fojas 676 consta el reconocimiento de firmas de Claudia Paulina Chalán Zhunaula y de Angel Polivio Cango Quizhpe que según las constancias procesales la primera PUSHAK de la comunidad de ILINCHO AYLLULLACTA y el segundo es PRESIDENTE o KAPAC de la comunidad de CHUKIDEL AYLLULLACTA (LAS LAGUNAS) de este cantón Saraguro, en ese sentido hay que considerar que el cabildo de la Administración de Justicia Indígena CHUKINDEL AYLLULLAKTA en su escrito de declinación dice textualmente "determina que si bien las personas de las Comunidades Indígenas de Saraguros se encontraban en el sitio de San Vicente que intersecta a las comunidades de Illincho, Chukidel Ayllullata y Gunundel el acto de protesta fue ejercido del derecho consagrado en el Art. 98 de la Constitución de la República". Cabe recalcar que Claudia Paulina Chalán Zhunaula es PUSHAK de la comunidad de ILINCHO AYLLULLACTA y Angel Polivio Cango Quizhpe PRESIDENTE o KAPAC de la comunidad de CHUKIDEL AYLLULLACTA (LAS LAGUNAS) respectivamente, han firmado conjuntamente este documento; es decir existen dos representantes de comunidades indígenas diferentes que solicitan conjuntamente la declinación de la competencia. Continuando el análisis, el artículo 76 numeral 3 de la Constitución Política del Estado estable "Nadie podrá ser juzgado ni sancionado por un acto u omisión que, al momento de cometerse, no esté tipificado en la ley como infracción penal, administrativa o de otra naturaleza; ni se le aplicará una sanción no prevista por la Constitución o la ley. Sólo se podrá juzgar a una persona ante un juez o autoridad competente y con observancia del trámite propio de cada procedimiento." En ese sentido existe un conflicto de competencia entre las autoridades indígenas de Illincho, Chukidel Ayllullata y Gunundel, al ser así no es pertinente la aplicación de declinación de competencia todo por cuanto no se puede determinar a ciencia cierta que comunidad es la competente para conocer y resolver este hecho. Este análisis previo es de gran relevancia, por los siguientes razonamientos: 1.- Toda persona tiene derecho a ser juzgado ante su juez competente, en este caso si se solicita una declinación de competencia solo puede ser una la comunidad competente, la razón de este hecho radica en que cada comunidad indígena tiene sus propias tradiciones ancestrales y su derecho propio, en ese sentido cada una de ellas tiene una representación y en el caso de que sea procedente dicha declinación cada una debe responder al control de constitucionalidad, conforme bien lo determina el artículo 171 de la Constitución Política del Estado. 2.- Seguridad jurídica, es necesario determinar que el principio de Seguridad Jurídica establecido en el artículo 82 de la Constitución Política señala "El derecho a la seguridad jurídica se fundamenta en el respeto a la Constitución y en la existencia de normas jurídicas previas, claras, públicas y aplicadas por las autoridades competentes" dentro del presente proceso de declinación no se ha señalado cual de las dos comunidades, la de Chuhukidel Ayllullakta "Comunidad Las

Página 46 de 85

Fecha **Actuaciones judiciales**

Lagunas" o en su caso Illincho Allullakta, es la competente, si no se subsana previamente este procedimiento, no se puede garantizar la seguridad jurídica de los procesados. 3.- En la justicia ordinaria el conflicto de competencia es entendido como "Un conflicto de jurisdicción es aquel que se da, en Derecho, cuando dos o más jueces o tribunales diferentes entienden que tienen jurisdicción para dirimir un mismo asunto." Es necesario entender dicho concepto todo por cuanto "Como un mismo asunto sólo puede ser juzgado una vez, es necesario resolver el conflicto antes de poder resolver el litigio." En ese sentido el principio non bis in ídem prohíbe que un acusado sea enjuiciado dos veces por un mismo delito, si no es resuelto este conflicto previamente, podrían ser juzgados ante dos jueces o tribunales, o en el presente caso ante dos comunidades lo que incurriría en una violación de sus derechos constitucionales y legales además que si se hiciera de esta manera no es posible realizar el control de constitucionalidad. 4.- De las constancias procesales no se puede llegar a la conclusión que la comunidad solicitante sea una sola, conforme consta a fojas 673 y 674 de la comunidad de Chukidel Ayllullakta (Las Lagunas) como las constante en 667 y 668 de la comunidad de Illincho, así como de la petición firmada es de entender que son dos representantes de dos comunidades completamente diferentes las que han solicitado la declinación de competencia, adicionalmente es de resaltar que la parte inicial del oficio en la que se solicita esta declinación hace referencia a más comunidades puesto que textualmente indica "Vistos: Las autoridades de justicia indígena del consejo de Ayllus conformado por las comunidades: Chuquidel Ayllullacta "Las Lagunas", Illincho, Totoras, Gunundel, Matara Gulacpamba", en ese sentido dentro del presente trámite solamente ha firmado Angel Polivio Cango Quizhpe y Claudia Paulina Chalán Zhunaula con sus respectivos secretarios, pero cabe resaltar que cada comunidad tiene competencia con respecto a su circunscripción territorial, en conformidad a los dispuesto en el artículo 60 de la Constitución; y es mediante esta circunscripción territorial por la que pueden ejercer funciones jurisdiccionales, conforme lo señala el artículo 171 de la Constitución. 5.- La Jurisdicción debe ser entendida como "Autoridad o poder para juzgar y aplicar las leyes." En este sentido si bien la Constitución da la facultad a los pueblos y nacionalidades indígenas para juzgar, esta facultad debe aplicarse de forma independiente con respecto a su ámbito territorial y no de manera conjunta como se pretende realizar. 6.- No existe documentación que conste del proceso en la que se permita que dos o más comunidades indígenas puedan en conjunto administrar justicia. Por los antecedentes expuestos esta autoridad RESUELVE: Negar el pedido de declinación de la competencia firmado por Angel Polivio Cango PRESIDENTE de la Comunidad de ChUkidel Ayllullakta (Las Lagunas) y Claudia Paulina Chalán Zhunaula PUSHAK de la comunidad de Ilincho Ayllullakta, en virtud de que no se ha solucionado el conflicto de competencia entre las comunidades indígenas solicitantes debiéndose en todo caso resolver previamente este conflicto, a fin de que se pueda proceder en derecho. Notifíquese.

28/10/2015 **AUTO GENERAL**
15:57:00

VISTOS: Agréguese al expediente los escritos presentados, por el Gobierno Comunitario de Quisquinchir, Organizaciones del Pueblo Kichwa Saraguro, Confederación de Nacionalidades Indígenas, Presidente del Cabildo de la Comunidad de Gera, Comunidades Indígenas del Pueblo Kichwa Saraguro, Cabildo de la Comuna Berbenas, Cabildo de la Comunidad de Cochapamba, no se provee los mismos por cuanto no son sujetos procesales dentro de la presente proceso en conformidad a lo dispuesto en el artículo 439 del Código Orgánico Integral Penal, debiéndose notificar solo por esta vez a los comparecientes, de igual manera en base a lo dispuesto en el artículo 599 numeral 1 y 3 del Código Orgánico Integral Penal, por haber transcurrido completamente el plazo para la instrucción dentro del presente proceso se declara concluida, por tanto póngase en conocimiento de los sujetos procesales correspondientes sobre esta decisión, debiendo el señor Agente Fiscal de Loja con sede en el cantón Saraguro emitir su dictamen en conformidad con la Ley. Notifíquese

27/10/2015 **ESCRITO**
16:31:48

Petición: PROVEER ESCRITO
FePresentacion, ESCRITO

27/10/2015 **ESCRITO**
16:29:18

Petición: PROVEER ESCRITO
FePresentacion, ESCRITO

27/10/2015 **ESCRITO**
16:27:24

Petición: PROVEER ESCRITO
FePresentacion, ESCRITO

27/10/2015 **ESCRITO**

Fecha	Actuaciones judiciales
16:25:46	

P e t i c i ó n : P R O V E E R E S C R I T O
FePresentacion, ESCRITO

27/10/2015 ESCRITO
16:23:29
P e t i c i ó n : P R O V E E R E S C R I T O
FePresentacion, ESCRITO

27/10/2015 ESCRITO
16:21:55
P e t i c i ó n : P R O V E E R E S C R I T O
FePresentacion, ESCRITO

27/10/2015 ESCRITO
16:20:23
P e t i c i ó n : P R O V E E R E S C R I T O
FePresentacion, ESCRITO

27/10/2015 ESCRITO
16:18:32
P e t i c i ó n : P R O V E E R E S C R I T O
FePresentacion, ESCRITO

22/10/2015 PROVIDENCIA GENERAL
15:06:00
Agréguese al expediente los escritos presentados por Angel Polivio Cango Quizhpe y Claudia Paulina Chalan Zhunaula, el escrito presentado por Diego José Torres Saldaña y el escrito presentado por los procesados Angel Polivio Medina Quizhpe y otros, debiéndose correr traslado a todas las partes procesales por el término de tres días, a fin de garantizar el principio de contradicción consagrado en la Constitución Política del Estado, realizado este procedimiento, con o sin el pronunciamiento de los interesados se resolverá el incidente de DECLINACIÓN DE COMPETENCIA. Notifíquese.

20/10/2015 ESCRITO
16:55:32
P e t i c i ó n : P R O V E E R E S C R I T O
FePresentacion, ANEXOS, ANEXOS, ANEXOS, ESCRITO

20/10/2015 ESCRITO
16:44:23
P e t i c i ó n : P R O V E E R E S C R I T O
FePresentacion, ESCRITO

20/10/2015 ACTA RESUMEN
16:35:00
Saraguro, veinte de octubre del año dos mil quince, a las dieciséis horas y veinte minutos.- Ante el señor Juez de la Unidad Judicial Multicompetente de Loja con sede en Saraguro, Ab. Alex Damian Torres Robalino; y el infrascrito secretario Dr. Iván Córdova Paladínez; En lo principal, dando cumplimiento a lo ordenado en decreto inmediato anterior: Comparece la señora Claudia Paulina Chalan Zhunaula, con cédula de ciudadanía Nro. 1104473895; comprobante de votación No. 003 – 0254, y el señor Ángel Polivio Cango Quizhpe, con cedula de ciudadanía Nro. 1103523401, comprobante de votación Nro. 002-0296, con el objeto de reconocer la firma y rubrica puesta al pie del escrito de fojas 663 del proceso. Al efecto juramentados legalmente, advertidos de las penas del perjurio, de la obligación de decir la verdad con claridad y exactitud, con vista y lectura de sus firmas y rúbricas los comparecientes manifiestan que: Las firmas y rúbricas que constan, puestas al pie del presente documento, son propias y como tal las reconocemos como nuestras, son las mismas que usamos en todos nuestros actos tanto públicos como privados, y manifestamos que nos ratificamos en el escrito en todas sus partes.- Para constancia firma con el señor Juez y Secretario que certifica.-

Fecha **Actuaciones judiciales**

Claudia Paulina Chalan Zhunaula
DECLARANTE

Ángel Polivio Cango Quizhpe
DECLARANTE

Ab. Alex Damian Torres Robalino
JUEZ

Dr. Iván Córdova Paladínez
SECRETARIO

20/10/2015 **ESCRITO**
14:41:03
Petición: ESCRITO PRESENTANDO ALEGATOS
FePresentacion, ANEXOS, ESCRITO

15/10/2015 **AUTO GENERAL**
09:46:00
VISTOS: Agréguese al expediente el escrito presentado por Angel Polivio Cango Quizhpe y Claudia Paulina Chalán, miembros del consejo de Ayllus de la Parroquia Saraguro del Cantón Saraguro "Comunidad las Lagunas", en consideración al mismo córrase traslado a las partes procesales la solicitud de DECLINACION DE LA COMPETENCIA, y en conformidad a lo dispuesto en el artículo 345 del Código Orgánico de la Función Judicial, se abre el término probatorio de tres días en el que se demostrará sumariamente la pertinencia mencionada solicitud, dentro del mismo término los representantes que han suscrito el presente documento acudirán a este despacho y realizarán juramento de ser autoridades indígenas. De igual manera dentro de mencionado término legal y en base al principio de contradicción consagrado en la Constitución Política del Estado la Fiscalía como los acusadores particulares y los procesados podrán realizar los alegatos en derecho que crean correspondientes sobre la presente solicitud, no se provee la solicitud de archivo de la causa por ser improcedente. Notifíquese.

12/10/2015 **ESCRITO**
16:54:07
Petición: PROVEER ESCRITO
FePresentacion, ANEXOS, ESCRITO

08/10/2015 **PROVIDENCIA GENERAL**
15:14:00
Agréguese al proceso el escrito que antecede.- En atención al mismo téngase en cuenta la autorización otorgada al Ab. Jorge Sarango y la nueva casilla judicial No. 95 señalada para recibir sus notificaciones, hágase conocer a su anterior abogado patrocinador que ha sido sustituido en esta causa. Notifíquese.

08/10/2015 **ESCRITO**
10:02:07
Petición: Señala casillero judicial
FePresentacion, ESCRITO

06/10/2015 **PROVIDENCIA GENERAL**
10:34:00
Agréguese al expediente los dos escritos presentados por Angel Polivio Macas y otros atento a sus solicitudes confiéranse las copias de rigor y notifíquese como solicitan los comparecientes, de igual manera agréguese al expediente el escrito presentado por parte del señor Agente Fiscal de Loja con sede en el cantón Saraguro atento a su petición se autoriza se tome fotografías a los procesados Julio Aurelio Sarango Quizhpe, Julio Aurelio Lima Medina, José Manuel Cartuche Quizhpe y Atahualpa Yupanky Macas Ambuludi, en conformidad a lo dispuesto en el artículo 444 numeral 14 del Código Orgánico Integral Penal, para lo cual se servirá notificar a los procesados señalando día y hora para la realización de dicha diligencia, la misma que será realizará bajo prevenciones de ley. Notifíquese.

05/10/2015 **OFICIO**

Fecha	Actuaciones judiciales

09:29:22
P e t i c i ó n : P R O V E E R E S C R I T O
FePresentacion, OFICIO

01/10/2015 ESCRITO
12:07:24
P e t i c i ó n : P R O V E E R E S C R I T O
FePresentacion, ESCRITO

01/10/2015 ESCRITO
12:05:24
P e t i c i ó n : P R O V E E R E S C R I T O
FePresentacion, ESCRITO

01/10/2015 PROVIDENCIA GENERAL
11:46:00
En lo principal, atento a la petición que antecede se dispone: Con notificación contraria confiérase las copias necesarias, en la forma solicitada, a costa del peticionario.-NOTIFÍQUESE

30/09/2015 ESCRITO
15:49:51
P e t i c i ó n : P R O V E E R E S C R I T O
FePresentacion, ESCRITO

22/09/2015 PROVIDENCIA GENERAL
15:00:00
Agréguese al expediente el escrito presentado por Atahualpa Yupanky Macas Ambuludi, en cuenta su contenido como la ratificación que realiza a sus abogados patrocinadores. Notifíquese

22/09/2015 PROVIDENCIA GENERAL
14:44:00
Agréguese al expediente el escrito presentado por parte del señor Agente Fiscal de Loja con sede en el cantón Saraguro, en atención a lo solicitado se debe proceder conforme lo establece el artículo 471 del COIP el mismo que establece "Registros relacionados a un hecho constitutivo de infracción.- No requieren autorización judicial las grabaciones de audio, imágenes de video o fotografía relacionadas a un hecho constitutivo de infracción, registradas de modo espontáneo al momento mismo de su ejecución, por los medios de comunicación social, por cámaras de vigilancia o seguridad, por cualquier medio tecnológico, por particulares en lugares públicos y de libre circulación o en los casos en que se divulguen grabaciones de audio o video obtenidas por uno de los intervinientes, en cuyo caso se requerirá la preservación de la integralidad del registro de datos para que la grabación tenga valor probatorio. En estos casos, las grabaciones se pondrán inmediatamente a órdenes de la o el fiscal en soporte original y servirán para incorporar a la investigación e introducirlas al proceso y de ser necesario, la o el fiscal dispondrá la transcripción de la parte pertinente o su reproducción en la audiencia de juicio." por tanto si la Fiscalía requiere un peritaje del video que dice tenerlo en su poder, debe ser realizado poniendo en conocimiento de las partes procesales dicha experticia conforme en base al principio de contradicción, todo esto en el ejercicio de sus atribuciones consagradas en el numeral 12 del artículo 444 del mismo cuerpo legal que dispone "Ordenar el peritaje integral de todos los indicios que hayan sido levantados en la escena del hecho, garantizando la preservación y correcto manejo de las evidencias." Notifíquese.

22/09/2015 PROVIDENCIA GENERAL
13:47:00
Agréguese al expediente el escrito presentado por el señor abogado Jorge Sarango Andrade, en lo principal. Téngase en cuenta lo manifestado por el peticionario, para lo posterior. Notifíquese

22/09/2015 ESCRITO
08:18:58
P e t i c i ó n : L e g i t i m a i n t e r v e n c i ó n
FePresentacion, ESCRITO

Fecha	Actuaciones judiciales

21/09/2015 **ESCRITO**
17:15:26

P e t i c i ó n : P R O V E E R E S C R I T O
FePresentacion, ESCRITO

21/09/2015 **AUTO GENERAL**
16:49:00

VISTOS: Con fecha 21 de septiembre a las 9h30 comparece Julio Aurelio Sarango Quizhpe en compañía de su abogado patrocinador Dr. Angel Cartuche y en representación de los procesados José Manuel Cartuche Quizhpe, Julio Aurelio Lima Medina y Atahualpa Yupanky Macas Ambuludi sus abogados defensores Dr. Luis Guamán Zhunaula y Vicente Vivanco Cruz, a fin de llevar a efecto la audiencia de vinculación a la instrucción fiscal solicitada por el señor Agente Fiscal de Loja con Sede en el cantón Saraguro. Confirmada la presencia de las partes procesales para la evacuación de la presente diligencia y una vez que se ha indicado a las partes procesales que se harán valer sus derechos en conformidad a lo dispuesto en el artículo 76 y 77 de la Constitución Política del Estado, se procede a declarar instalada la presente diligencia dándose la palabra al señor Agente Fiscal de Loja con sede en el cantón Saraguro quien en lo principal formula cargos en contra de los prenombrados en conformidad con lo dispuesto en el artículo 593 del Código Orgánico Integral Penal solicitando además la presentación periódica a la Fiscalía de Julio Aurelio Sarango Quizhpe, José Manuel Cartuche Quizhpe, Julio Aurelio Lima Medina y Atahualpa Yupanky Macas Ambuludi, como la prohibición de ausentarse del país y se imponga además la prohibición de enajenar bienes a cada uno de los procesados. Se corre traslado a la defensa la formulación de cargos realizada por parte de la fiscalía como el expediente sobre el cual basa su vinculación, a continuación se da la palabra a la defensa quien en lo principal manifiesta que no está de acuerdo con la formulación de cargos presentada ni las medidas solicitadas por parte del señor Agente Fiscal. Estando la presente audiencia de vinculación a la etapa de instrucción, en estado de ser resuelta esta autoridad considera: PRIMERO: Que es competente para conocer y resolver sobre la presente solicitud en base a lo dispuesto en el artículo 245 del Código Orgánico de la Función Judicial. SEGUNDO: Que dentro de la presente diligencia no ha existido vicio o circunstancia que anule este procedimiento declarándose su validez. TERCERO: Que en conformidad a lo dispuesto en el artículo 195 y 411 del Código Orgánico Integral Penal a la Fiscalía le corresponde dirigir "de oficio o a petición de parte, la investigación preprocesal y procesal penal;" así como "la titularidad de la acción Penal", considerando este antecedente y por cuanto en el artículo 444 numeral 3 entre otras atribuciones puede la Fiscalía "formular cargos, impulsar y sustentar la acusación de haber mérito o abstenerse del ejercicio público de la acción." y todo por cuanto la formulación de cargos realizada por parte del señor Agente Fiscal reúne los requisitos establecidos en el artículo 595 del COIP conforme consta de la grabación que consta del expediente y que fue analizada por parte de este juzgador en el momento mismo de la diligencia, esta autoridad RESUELVE: Aceptar la petición del señor Agente Fiscal de Loja con sede en el cantón Saraguro sobre la vinculación a la instrucción fiscal de los señores Julio Aurelio Sarango Quizhpe con cédula de identid número 110429002-6, Julio Aurelio Lima Medina con cédula de identidad número 110485492-0, José Manuel Cartuche Quizhpe con cédula de identidad número 110165791-8 y Atahualpa Yupanky Macas Ambuludi con cédula de identidad número 110429639-5, en el expediente 435-2015 seguido ante esta autoridad por presunto delito sancionado y tipificado en el artículo 346 del COIP esto es "Paralización de un servicio público.- La persona que impida, entorpezca o paralice la normal prestación de un servicio público o se resista violentamente al restablecimiento del mismo; o, se tome por fuerza un edificio o instalación pública, será sancionada con pena privativa de libertad de uno a tres años." ordenándoseles que presenten ante el señor Agente Fiscal de Loja con sede en el cantón Saraguro una vez a la semana los días lunes en horas hábiles desde las 8h00 hasta las 17h00, y estableciéndoseles la prohibición de salida del país, en conformidad a lo dispuesto en los numerales 1 y 2 del artículo 522 del Código Orgánico Integral Penal, el mismo que guarda concordancia con el último inciso del artículo 595 del mismo cuerpo legal, no se establece medidas de prohibición de enajenar todo por cuanto aún no se han cuantificado los daños materiales sobre este presunto delito. Notifíquese a las partes procesales sobre la ampliación de la instrucción fiscal dentro del presente procedimiento la cual tendrá un plazo de treinta días improrrogables los mismos que comenzarán a correr a partir del 21 de septiembre de 2015 día en que se evacuó la presente diligencia. Notifíquese y cúmplase.

18/09/2015 **ESCRITO**
17:14:07

P e t i c i ó n : P R O V E E R E S C R I T O
FePresentacion, ESCRITO

18/09/2015 **CITACIÓN: PERSONAL**
13:40:00

En Saraguro, viernes dieciocho de septiembre del dos mil quince, a las trece horas y cuarenta minutos, NOTIFIQUÉ PERSONALMENTE a JOSER MANUEL CARTUCHE QUIZHPE, en el lugar señalado, esto es en: COMUNIDAD DE IÑAMARIN cerciorándome que es la misma persona, ya que así se identificó, le entregué la boleta que contiene copia certificada de la

Página 51 de 85

Fecha **Actuaciones judiciales**

demanda/petición inicial y auto en ella recaído, advirtiéndole la obligación de señalar domicilio jurídico para posteriores notificaciones. Lo certifico.

18/09/2015 **CITACIÓN: PERSONAL**
13:40:00

En Saraguro, viernes dieciocho de septiembre del dos mil quince, a las trece horas y cuarenta minutos, NOTIFIQUÉ PERSONALMENTE a JOSER MANUEL CARTUCHE QUIZHPE, en el lugar señalado, esto es en: COMUNIDAD DE IÑAMARIN cerciorándome que es la misma persona, ya que así se identificó, le entregué la boleta que contiene copia certificada de la demanda/petición inicial y auto en ella recaído, advirtiéndole la obligación de señalar domicilio jurídico para posteriores notificaciones. Lo certifico.

18/09/2015 **CITACIÓN: PERSONAL**
13:20:00

En Saraguro, viernes dieciocho de septiembre del dos mil quince, a las trece horas y veinte minutos, NOTIFIQUÉ PERSONALMENTE a JULIO AURELIO SAANGO QUIZHPE, en el lugar señalado, esto es en: EN LA CALLE EL ORO FRENTE AL PARQUE DE LAS CULTURAS.-SARAGURO cerciorándome que es la misma persona, ya que así se identificó, le entregué la boleta que contiene copia certificada de la demanda/petición inicial y auto en ella recaído, advirtiéndole la obligación de señalar domicilio jurídico para posteriores notificaciones. Lo certifico.

18/09/2015 **CITACIÓN: PERSONAL**
13:20:00

En Saraguro, viernes dieciocho de septiembre del dos mil quince, a las trece horas y veinte minutos, NOTIFIQUÉ PERSONALMENTE a JULIO AURELIO SAANGO QUIZHPE, en el lugar señalado, esto es en: EN LA CALLE EL ORO FRENTE AL PARQUE DE LAS CULTURAS.-SARAGURO cerciorándome que es la misma persona, ya que así se identificó, le entregué la boleta que contiene copia certificada de la demanda/petición inicial y auto en ella recaído, advirtiéndole la obligación de señalar domicilio jurídico para posteriores notificaciones. Lo certifico.

17/09/2015 **CITACIÓN: PERSONAL**
09:30:00

En Saraguro, jueves diecisiete de septiembre del dos mil quince, a las nueve horas y treinta minutos, NOTIFIQUÉ PERSONALMENTE a ATAHUALPA YUPANKY MACAS AMBULUDI, en el lugar señalado, esto es en: EN SU LUGAR DE TRABAJO REGISTRADURIA DE LA PROIEDAD DEL CANTON SARAGURO cerciorándome que es la misma persona, ya que así se identificó, le entregué la boleta que contiene copia certificada de la demanda/petición inicial y auto en ella recaído, advirtiéndole la obligación de señalar domicilio jurídico para posteriores notificaciones. Lo certifico.

17/09/2015 **CITACIÓN: PERSONAL**
09:30:00

En Saraguro, jueves diecisiete de septiembre del dos mil quince, a las nueve horas y treinta minutos, NOTIFIQUÉ PERSONALMENTE a ATAHUALPA YUPANKY MACAS AMBULUDI, en el lugar señalado, esto es en: EN SU LUGAR DE TRABAJO REGISTRADURIA DE LA PROIEDAD DEL CANTON SARAGURO cerciorándome que es la misma persona, ya que así se identificó, le entregué la boleta que contiene copia certificada de la demanda/petición inicial y auto en ella recaído, advirtiéndole la obligación de señalar domicilio jurídico para posteriores notificaciones. Lo certifico.

17/09/2015 **RAZON**
09:21:00

CORTE PROVINCIAL DE JUSTICIA DE LOJA
CITACIONES UJ MULTICOMPETENTE SARAGURO

UNIDAD JUDICIAL MULTICOMPETENTE CON SEDE EN EL CANTON SARAGURO

Causa No: 11313-2015-00435

RAZON: Siento como tal señor Juez, que el día de hoy a las 15h45 procedí a notificarlo de mi celular señor JULIO AURELIO LIMA MEDINA, mediante llamada telefónica al cel. 0989467054, a quien le informe de su comparecencia a la Audiencia señalada

Página 52 de 85

Fecha	Actuaciones judiciales

para el día lunes 21 de septiembre del 2015,a las 09h30,en la Unidad Judicial Multicompetente de Loja con sede en Saraguro, en la calle Monfilio Muñoz y Av. Loja, quien manifestó que estará presente.-Lo que lo informo para los fines de ley.

....

CORDOVA GUTIERREZ PEDRO VICENTE

16/09/2015 OFICIO
14:53:00

UNIDAD JUDICIAL MULTICOMPETENTE DE LOJA CON SEDE EN SARAGURO.

Saraguro, 16 de julio del 2015.

BOLETA DE COMPARENDO NRO. 04

Dentro del proceso de Acción Penal Publica Nro. 2015-00435, PARALIZACIÓN DE UN SERVICIO PÚBLICO, que se tramita en esta Judicatura, se ha dispuesto la comparecencia del señor ATAHUALPA YUPANKY MACAS AMBULUDI, a la Audiencia señalada para el día LUNES 21 DE SEPTIEMBRE DEL 2015, A LAS 09H30, en la Unidad Judicial Multicompetente de Loja con sede en Saraguro, ubicado en las calles Dr. Monfilio Muñoz y Av. Loja.
De no asistir puede ser obligado con la policía de conformidad a lo que dispone el Art. 129 del Código de Procedimiento Penal (están obligados a comparecer personalmente a rendir su testimonio todas las personas que conozcan de la comisión de la infracción. La fiscal o el fiscal, la jueza o juez de garantías penales pueden hacer uso de la fuerza pública para la comparecencia del testigo que no cumpliere esta obligación).
Al señor ATAHUALPA YUPANKY MACAS AMBULUDI se la notificará en su domicilio que lo tiene ubicado en el sector La Concha de la Comunidad de Ilincho, cantón Saraguro, teléfono 0993823999.
Lo que pongo en su conocimiento para los fines de ley.
Atentamente.

Ab. Alex Damian Torres Robalino
JUEZ DE LA UNIDAD JUDICIAL
MULTICOMPETENTE DE SARAGURO

16/09/2015 OFICIO
14:46:00

UNIDAD JUDICIAL MULTICOMPETENTE DE LOJA CON SEDE EN SARAGURO.

Saraguro, 16 de julio del 2015.

BOLETA DE COMPARENDO NRO. 03

Dentro del proceso de Acción Penal Publica Nro. 2015-00435, PARALIZACIÓN DE UN SERVICIO PÚBLICO, que se tramita en esta Judicatura, se ha dispuesto la comparecencia del señor JOSÉ MANUEL CARTUCHE QUIZHPE, a la Audiencia señalada para el día LUNES 21 DE SEPTIEMBRE DEL 2015, A LAS 09H30, en la Unidad Judicial Multicompetente de Loja con sede en Saraguro, ubicado en las calles Dr. Monfilio Muñoz y Av. Loja.
De no asistir puede ser obligado con la policía de conformidad a lo que dispone el Art. 129 del Código de Procedimiento Penal (están obligados a comparecer personalmente a rendir su testimonio todas las personas que conozcan de la comisión de la infracción. La fiscal o el fiscal, la jueza o juez de garantías penales pueden hacer uso de la fuerza pública para la comparecencia del testigo que no cumpliere esta obligación).

Fecha	Actuaciones judiciales

Al señor JOSÉ MANUEL CARTUCHE QUIZHPE se la notificará en su domicilio que lo tiene ubicado en la Comunidad de Iñamarin, cantón Saraguro, teléfono 0992280035.
Lo que pongo en su conocimiento para los fines de ley.
Atentamente.

Ab. Alex Damian Torres Robalino
JUEZ DE LA UNIDAD JUDICIAL
MULTICOMPETENTE DE SARAGURO

16/09/2015 OFICIO
14:39:00
UNIDAD JUDICIAL MULTICOMPETENTE DE LOJA CON SEDE EN SARAGURO.

Saraguro, 16 de julio del 2015.

BOLETA DE COMPARENDO NRO. 02

Dentro del proceso de Acción Penal Publica Nro. 2015-00435, PARALIZACIÓN DE UN SERVICIO PÚBLICO, que se tramita en esta Judicatura, se ha dispuesto la comparecencia del señor JULIO AURELIO LIMA MEDINA, a la Audiencia señalada para el día LUNES 21 DE SEPTIEMBRE DEL 2015, A LAS 09H30, en la Unidad Judicial Multicompetente de Loja con sede en Saraguro, ubicado en las calles Dr. Monfilio Muñoz y Av. Loja.
De no asistir puede ser obligado con la policía de conformidad a lo que dispone el Art. 129 del Código de Procedimiento Penal (están obligados a comparecer personalmente a rendir su testimonio todas las personas que conozcan de la comisión de la infracción. La fiscal o el fiscal, la jueza o juez de garantías penales pueden hacer uso de la fuerza pública para la comparecencia del testigo que no cumpliere esta obligación).
Al señor JULIO AURELIO LIMA MEDINA se la notificará en su domicilio que lo tiene ubicado en la Comunidad de Gera, cantón Saraguro, teléfono 0989467054.
Lo que pongo en su conocimiento para los fines de ley.
Atentamente.

Ab. Alex Damian Torres Robalino
JUEZ DE LA UNIDAD JUDICIAL
MULTICOMPETENTE DE SARAGURO

16/09/2015 OFICIO
14:39:00
UNIDAD JUDICIAL MULTICOMPETENTE DE LOJA CON SEDE EN SARAGURO.

Saraguro, 16 de julio del 2015.

BOLETA DE COMPARENDO NRO. 01

Dentro del proceso de Acción Penal Publica Nro. 2015-00435, PARALIZACIÓN DE UN SERVICIO PÚBLICO, que se tramita en esta Judicatura, se ha dispuesto la comparecencia del señor JULIO AURELIO SARANGO QUIZHPE, a la Audiencia señalada para el día LUNES 21 DE SEPTIEMBRE DEL 2015, A LAS 09H30, en la Unidad Judicial Multicompetente de Loja con sede en Saraguro, ubicado en las calles Dr. Monfilio Muñoz y Av. Loja.
De no asistir puede ser obligado con la policía de conformidad a lo que dispone el Art. 129 del Código de Procedimiento Penal (están obligados a comparecer personalmente a rendir su testimonio todas las personas que conozcan de la comisión de la infracción. La fiscal o el fiscal, la jueza o juez de garantías penales pueden hacer uso de la fuerza pública para la comparecencia del testigo que no cumpliere esta obligación).

Fecha	Actuaciones judiciales

Al señor JOSÉ MANUEL CARTUCHE QUIZHPE se la notificará en su domicilio que lo tiene ubicado en la Comunidad de Iñamarin, cantón Saraguro, teléfono 0992280035.
Lo que pongo en su conocimiento para los fines de ley.
Atentamente.

Ab. Alex Damian Torres Robalino
JUEZ DE LA UNIDAD JUDICIAL
MULTICOMPETENTE DE SARAGURO

16/09/2015 14:39:00 **OFICIO**

UNIDAD JUDICIAL MULTICOMPETENTE DE LOJA CON SEDE EN SARAGURO.

Saraguro, 16 de julio del 2015.

BOLETA DE COMPARENDO NRO. 02

Dentro del proceso de Acción Penal Publica Nro. 2015-00435, PARALIZACIÓN DE UN SERVICIO PÚBLICO, que se tramita en esta Judicatura, se ha dispuesto la comparecencia del señor JULIO AURELIO LIMA MEDINA, a la Audiencia señalada para el día LUNES 21 DE SEPTIEMBRE DEL 2015, A LAS 09H30, en la Unidad Judicial Multicompetente de Loja con sede en Saraguro, ubicado en las calles Dr. Monfilio Muñoz y Av. Loja.
De no asistir puede ser obligado con la policía de conformidad a lo que dispone el Art. 129 del Código de Procedimiento Penal (están obligados a comparecer personalmente a rendir su testimonio todas las personas que conozcan de la comisión de la infracción. La fiscal o el fiscal, la jueza o juez de garantías penales pueden hacer uso de la fuerza pública para la comparecencia del testigo que no cumpliere esta obligación).
Al señor JULIO AURELIO LIMA MEDINA se la notificará en su domicilio que lo tiene ubicado en la Comunidad de Gera, cantón Saraguro, teléfono 0989467054.
Lo que pongo en su conocimiento para los fines de ley.
Atentamente.

Ab. Alex Damian Torres Robalino
JUEZ DE LA UNIDAD JUDICIAL
MULTICOMPETENTE DE SARAGURO

16/09/2015 14:39:00 **OFICIO**

UNIDAD JUDICIAL MULTICOMPETENTE DE LOJA CON SEDE EN SARAGURO.

Saraguro, 16 de julio del 2015.

BOLETA DE COMPARENDO NRO. 01

Dentro del proceso de Acción Penal Publica Nro. 2015-00435, PARALIZACIÓN DE UN SERVICIO PÚBLICO, que se tramita en esta Judicatura, se ha dispuesto la comparecencia del señor JULIO AURELIO SARANGO QUIZHPE, a la Audiencia señalada para el día LUNES 21 DE SEPTIEMBRE DEL 2015, A LAS 09H30, en la Unidad Judicial Multicompetente de Loja con sede en Saraguro, ubicado en las calles Dr. Monfilio Muñoz y Av. Loja.
De no asistir puede ser obligado con la policía de conformidad a lo que dispone el Art. 129 del Código de Procedimiento Penal (están obligados a comparecer personalmente a rendir su testimonio todas las personas que conozcan de la comisión de la infracción. La fiscal o el fiscal, la jueza o juez de garantías penales pueden hacer uso de la fuerza pública para la comparecencia del testigo que no cumpliere esta obligación).

Fecha **Actuaciones judiciales**

Al señor JULIO AURELIO SARANGO QUIZHPE se la notificará en su domicilio que lo tiene ubicado en la calle 18 de Noviembre y calle Loja, cantón Saraguro, teléfono 0979811702.
Lo que pongo en su conocimiento para los fines de ley.
Atentamente.

Ab. Alex Damian Torres Robalino
JUEZ DE LA UNIDAD JUDICIAL
MULTICOMPETENTE DE SARAGURO

16/09/2015 **RAZON**
14:16:00

RAZON. Siento como tal señor Juez, que se procedió a entregar al señor secretario de la Fiscalía de Asuntos Indígenas de Saraguro, los Oficios Nros. 073-2015-UJMCS, 074-2015-UJMCS, 075-2015-UJMCS, 076-2015-UJMCS y 077- 2015-UJMCS, de fecha 16 de septiembre del 2015, correspondientes al proceso Nro. 2015-00435. LO CERTIFICO. Saraguro, 16 de Septiembre del 2015.

Iván Córdova Paladínez
SECRETARIO

16/09/2015 **RAZON**
13:44:00

RAZON: Siento, por tal que las fotocopias que anteceden, son iguales a su original, que constan en el expediente No.11313- 2015 – 00435, 16 de septiembre del 2015.- Certifico.

Iván Córdova Paladínez
SECRETARIO

16/09/2015 **OFICIO**
13:43:00

Saraguro, 16 de Septiembre de 2015

Of. No. 077-2015-UJMCS

Abogado
Miguel Angel Condolo
FISCAL DE ASUNTOS INDIGENAS DEL CANTÓN SARAGURO
Ciudad.-

De mi consideración:

Dentro del Juicio Penal por PARALIZACIÓN DE UN SERVICIO PUBLICO seguido por el ESTADO ECUATORIANO en contra de LOZANO GUALAN JULIO CESAR, TENE GONZALEZ MANUEL ASUNCIÓN, LOZANO GUALAN JAIME RODRIGO, ORTEGA CANGO ABEL BENIGNO, ZHUNAULA SARANGO ASUNCIÓN, ANGAMARCA MOROCHO SERVIO AMABLE, SUQUILANDA GUAMAN CESAR MARTIN, MACAS MINGA NESTOR OSWALDO, LOZANO GUALAN JOSE LINO, LOZANO QUIZHPE FAUSTO ENRIQUE, MEDINA PUGLLA DIGNER PATRICIO, SARANGO CANGO ABEL, ANDRADE ZHINGRE MARCO VINICIO, MEDINA QUIZHPE ANGEL POLIVIO, CONTENTO CONTENTO SISA PACARI, LOZANO GUAMAN SISA CARMEN, CANGO MEDINA TERESA DE JESUS, LOZANO GUALAN ROSA MERCEDES, MEDINA LOZANO NATIVIDAD MARIA, MONTEROS PAGUAY KARINA FERNANDA, MINGA GUELEDEL TANIA MARIANA, MINGA MINGA CARMEN DELFINA, LOZANO QUIZHPE MARIA LUISA, MEDINA CARTUCHE CARMEN ROSAURA, LOZANO CONTENTO LAURA ALBERTINA, y TENE GUAILLAS LUZ MACRINA, signado con el No. 2015-00435, se ha dictado lo siguiente:

"... RESUELVO: Por último con respecto a CESAR MARTIN SUQUILANDA GUAMÁN con cédula de identidad número 10565679-5 quien adjunta 10 fojas útiles, existe plena incongruencia entre los documentos que pretenden demostrar arraigo en razón de su domicilio estableciéndose que es oriundo del cantón Saraguro conforme la certificación del Alcalde del GAD Municipal del cantón

Página 55 de 85

Fecha **Actuaciones judiciales**

Saraguro, otro que dice que es nativo de la comunidad de Ñamarín cantón Saraguro que lo firma el Ing. Angel Floresmilo Pineda Maldonado concejal del mismo GAD Municipal y Manuel Armijos González Vicealcalde del GAD Municipal de Saraguro, otro que indica que es miembro de la Comunidad Pichikra firmado por María Mercedes Guamán, otro que indica que el procesado es oriundo de la parroquia Pichikra sector Akakana firmado por José Patricio Lozano Presidente del GAD Municipal de la Parroquia San Lucas, el procesado ha indicado que está domiciliado en San Lucas, sin embargo, los documentos al ser incongruentes entre sí y al establecerse tres domicilios diferentes y siendo que solamente se ha pretendido demostrar arraigo en razón del domicilio del procesado esta autoridad resuelve. 1.- Negar la sustitución de prisión preventiva solicitada a favor de CESAR MARTIN SUQUILANDA GUAMÁN por cuanto no existen nuevos elementos que garanticen la presencia del procesado en el proceso y el cumplimiento de la pena. 2.- Oficiar con las copias certificadas de las 10 fojas útiles adjuntadas por el procesado al señor Agente Fiscal de Loja con sede en Saraguro a fin de que se investigue el presunto delito de fraude procesal, indicando además que los Alcaldes de los GADS Municipales tienen fuero de Corte según el artículo 208 del Código Orgánico de la Función Judicial.

Lo que oficio a Ud. Agradeciendo su atención y expresándole mis sentimientos de consideración y respeto
Atentamente.
Ab. Alex Damian Torres Robalino
Juez de la Unidad Judicial Multicompetente del Cantón Saraguro

16/09/2015 **OFICIO**
13:42:00

Saraguro, 16 de Septiembre de 2015

Of. No. 075-2015-UJMCS

Abogado
Miguel Angel Condolo
FISCAL DE ASUNTOS INDIGENAS DEL CANTÓN SARAGURO
Ciudad.-

De mi consideración:

Dentro del Juicio Penal por PARALIZACIÓN DE UN SERVICIO PUBLICO seguido por el ESTADO ECUATORIANO en contra de LOZANO GUALAN JULIO CESAR, TENE GONZALEZ MANUEL ASUNCIÓN, LOZANO GUALAN JAIME RODRIGO, ORTEGA CANGO ABEL BENIGNO, ZHUNAULA SARANGO ASUNCIÓN, ANGAMARCA MOROCHO SERVIO AMABLE, SUQUILANDA GUAMAN CESAR MARTIN, MACAS MINGA NESTOR OSWALDO, LOZANO GUALAN JOSE LINO, LOZANO QUIZHPE FAUSTO ENRIQUE, MEDINA PUGLLA DIGNER PATRICIO, SARANGO CANGO ABEL, ANDRADE ZHINGRE MARCO VINICIO, MEDINA QUIZHPE ANGEL POLIVIO, CONTENTO CONTENTO SISA PACARI, LOZANO GUAMAN SISA CARMEN, CANGO MEDINA TERESA DE JESUS, LOZANO GUALAN ROSA MERCEDES, MEDINA LOZANO NATIVIDAD MARIA, MONTEROS PAGUAY KARINA FERNANDA, MINGA GUELEDEL TANIA MARIANA, MINGA MINGA CARMEN DELFINA, LOZANO QUIZHPE MARIA LUISA, MEDINA CARTUCHE CARMEN ROSAURA, LOZANO CONTENTO LAURA ALBERTINA, y TENE GUAILLAS LUZ MACRINA, signado con el No. 2015-00435, se ha dictado lo siguiente:

" ... RESUELVO: Con respecto a JAIME RODRIGO LOZANO GUALAN con cédula de identidad 110504020-6 quien adjuntó 12 fojas útiles con los cuales demuestra arraigo familiar sin embargo constan documentos incongruentes entre si al momento de demostrar su domicilio específicamente el emitido por el Vicealcalde del GAD Municipal de Saraguro Sr. Manuel Armijos González el concejal del mismo GAD Municipal Angel Floresmilo Pineda Maldonado quien indican que el procesado es nativo de la comunidad "Las Lagunas" cuando los otros documentos establecen que es oriundo de la comunidad de Ñamarin, en tales circunstancias esta autoridad resuelve 1.- En base al principio de favorabilidad sustituir la medida de prisión preventiva con la presentación una vez por semana los días lunes ante el señor Agente Fiscal de Loja con sede en Saraguro, como la prohibición de salida del país, por cuanto de lo que se ha demostrado existe arraigo familiar no estando en riesgo la comparecencia del procesado en el proceso ni el cumplimiento de la pena, y se trata de un delito con una pena inferior a cinco años. 2.- Enviar copias debidamente certificadas de las 12 fojas útiles adjuntadas por parte del procesado a fin de que se investigue el presunto delito de fraude procesal......"

Lo que oficio a Ud. Agradeciendo su atención y expresándole mis sentimientos de consideración y respeto

Atentamente.

Ab. Alex Damian Torres Robalino
Juez de la Unidad Judicial Multicompetente del Cantón Saraguro

Página 56 de 85

Fecha	**Actuaciones judiciales**
16/09/2015 13:42:00	**OFICIO**

Saraguro, 16 de Septiembre de 2015

Of. No. 076-2015-UJMCS

Abogado
Miguel Angel Condolo
FISCAL DE ASUNTOS INDIGENAS DEL CANTÓN SARAGURO
Ciudad.-

De mi consideración:

Dentro del Juicio Penal por PARALIZACIÓN DE UN SERVICIO PUBLICO seguido por el ESTADO ECUATORIANO en contra de LOZANO GUALAN JULIO CESAR, TENE GONZALEZ MANUEL ASUNCIÓN, LOZANO GUALAN JAIME RODRIGO, ORTEGA CANGO ABEL BENIGNO, ZHUNAULA SARANGO ASUNCIÓN, ANGAMARCA MOROCHO SERVIO AMABLE, SUQUILANDA GUAMAN CESAR MARTIN, MACAS MINGA NESTOR OSWALDO, LOZANO GUALAN JOSE LINO, LOZANO QUIZHPE FAUSTO ENRIQUE, MEDINA PUGLLA DIGNER PATRICIO, SARANGO CANGO ABEL, ANDRADE ZHINGRE MARCO VINICIO, MEDINA QUIZHPE ANGEL POLIVIO, CONTENTO CONTENTO SISA PACARI, LOZANO GUAMAN SISA CARMEN, CANGO MEDINA TERESA DE JESUS, LOZANO GUALAN ROSA MERCEDES, MEDINA LOZANO NATIVIDAD MARIA, MONTEROS PAGUAY KARINA FERNANDA, MINGA GUELEDEL TANIA MARIANA, MINGA MINGA CARMEN DELFINA, LOZANO QUIZHPE MARIA LUISA, MEDINA CARTUCHE CARMEN ROSAURA, LOZANO CONTENTO LAURA ALBERTINA, y TENE GUAILLAS LUZ MACRINA, signado con el No. 2015-00435, se ha dictado lo siguiente:

"... RESUELVO: Con respecto a ABEL SARANGO CANGO con cédula de identidad número 110156931-5 quien adjuntó 15 fojas útiles se demuestra arraigo en razón de su familia, sin embargo solamente el documento firmado por el Alcalde del cantón Saraguro Segundo Abel Sarango Quizhpe establece que el procesado es oriundo de este cantón Saraguro, cuando los otros establecen que pertenece a la parroquia San Lucas cantón Loja, por tanto esta autoridad resuelve. 1.- En base al principio de favorabilidad sustituir la medida de prisión preventiva con la obligación de presentarse ante el señor Agente Fiscal de Loja con sede en Saraguro dos veces por semana los días lunes y viernes así como la prohibición de salida del país por cuanto de lo que se ha demostrado con estos elementos que no está en riesgo la comparecencia del procesado en el proceso ni el cumplimiento de la pena, y se trata de un delito con una pena inferior a cinco años. 2.- Enviar copias debidamente certificadas de las 15 fojas útiles que ha adjuntado el procesado, al señor Fiscal de Loja con sede en el cantón Saraguro para que este remita a su superior, a fin de que se investigue el presunto delito de fraude procesal presuntamente cometido por el señor Alcalde del cantón Saraguro....."
Lo que oficio a Ud. Agradeciendo su atención y expresándole mis sentimientos de consideración y respeto
Atentamente.
Ab. Alex Damian Torres Robalino
Juez de la Unidad Judicial Multicompetente del Cantón Saraguro

16/09/2015 **OFICIO**
13:41:00
Saraguro, 16 de Septiembre de 2015

Of. No. 074-2015-UJMCS

Abogado
Miguel Angel Condolo
FISCAL DE ASUNTOS INDIGENAS DEL CANTÓN SARAGURO
Ciudad.-

De mi consideración:
Dentro del Juicio Penal por PARALIZACIÓN DE UN SERVICIO PUBLICO seguido por el ESTADO ECUATORIANO en contra de LOZANO GUALAN JULIO CESAR, TENE GONZALEZ MANUEL ASUNCIÓN, LOZANO GUALAN JAIME RODRIGO, ORTEGA CANGO ABEL BENIGNO, ZHUNAULA SARANGO ASUNCIÓN, ANGAMARCA MOROCHO SERVIO AMABLE, SUQUILANDA GUAMAN CESAR MARTIN, MACAS MINGA NESTOR OSWALDO, LOZANO GUALAN JOSE LINO, LOZANO QUIZHPE FAUSTO ENRIQUE, MEDINA PUGLLA DIGNER PATRICIO, SARANGO CANGO ABEL, ANDRADE ZHINGRE MARCO VINICIO, MEDINA QUIZHPE ANGEL POLIVIO, CONTENTO CONTENTO SISA PACARI, LOZANO GUAMAN SISA CARMEN, CANGO MEDINA TERESA DE JESUS, LOZANO GUALAN ROSA MERCEDES, MEDINA LOZANO NATIVIDAD MARIA, MONTEROS PAGUAY

Fecha	Actuaciones judiciales

KARINA FERNANDA, MINGA GUELEDEL TANIA MARIANA, MINGA MINGA CARMEN DELFINA, LOZANO QUIZHPE MARIA LUISA, MEDINA CARTUCHE CARMEN ROSAURA, LOZANO CONTENTO LAURA ALBERTINA, y TENE GUAILLAS LUZ MACRINA, signado con el No. 2015-00435, se ha dictado lo siguiente:

" ... RESUELVO: Con respecto a DIGNER PATRICIO MEDINA PUGLLA con cédula de identidad número 110415952-8 quien adjuntó 10 fojas de igual manera demuestra arraigo en razón de su trabajo, pero de los documentos que acompaña existen incongruencias con respecto al domicilio del procesado siendo así esta autoridad resuelve. 1.- En base al principio de favorabilidad sustituir la medida de prisión preventiva con la presentación del procesado dos veces por semana los días lunes y viernes ante el Señor Agente Fiscal de Loja con sede en el cantón Saraguro como la prohibición de salida del país, todo por cuanto los documentos adjuntos para su defensa fueron elaborados por terceras personas y en caso de duda se debe favorecer al reo, además el nuevo elemento de arraigo en relación a su condición laboral no ponen en riesgo la comparecencia del procesado en el proceso y el cumplimiento de la pena y el delito acusado tiene una pena inferior a cinco años de privación de libertad. 2.- Se enviarán copias debidamente certificadas de las 10 fojas que ha adjuntado el procesado a la Fiscalía de Loja con sede en Saraguro, para que se investigue el presunto cometimiento del delito de fraude procesal. Con respecto a ABEL SARANGO CANGO con cédula de identidad número 110156931-5 quien adjuntó 15 fojas útiles se demuestra arraigo en razón de su familia, sin embargo solamente el documento firmado por el Alcalde del cantón Saraguro Segundo Abel Sarango Quizhpe establece que el procesado es oriundo de este cantón Saraguro, cuando los otros establecen que pertenece a la parroquia San Lucas cantón Loja, por tanto esta autoridad resuelve. 1.- En base al principio de favorabilidad sustituir la medida de prisión preventiva con la obligación de presentarse ante el señor Agente Fiscal de Loja con sede en Saraguro dos veces por semana los días lunes y viernes así como la prohibición de salida del país por cuanto de lo que se ha demostrado con estos elementos que no está en riesgo la comparecencia del procesado en el proceso ni el cumplimiento de la pena, y se trata de un delito con una pena inferior a cinco años. 2.- Enviar copias debidamente certificadas de las 15 fojas útiles que ha adjuntado el procesado, al señor Fiscal de Loja con sede en el cantón Saraguro para que este remita a su superior, a fin de que se investigue el presunto delito de fraude procesal presuntamente cometido por el señor Alcalde del cantón Saraguro......"

Lo que oficio a Ud. Agradeciendo su atención y expresándole mis sentimientos de consideración y respeto

Atentamente.

Ab. Alex Damian Torres Robalino
Juez de la Unidad Judicial Multicompetente del Cantón Saraguro

16/09/2015 13:40:00 **OFICIO**

Saraguro, 16 de Septiembre de 2015

Of. No. 073-2015-UJMCS

Abogado
Miguel Angel Condolo
FISCAL DE ASUNTOS INDIGENAS DEL CANTÓN SARAGURO
Ciudad.-

De mi consideración:

Dentro del Juicio Penal por PARALIZACIÓN DE UN SERVICIO PUBLICO seguido por el ESTADO ECUATORIANO en contra de LOZANO GUALAN JULIO CESAR, TENE GONZALEZ MANUEL ASUNCIÓN, LOZANO GUALAN JAIME RODRIGO, ORTEGA CANGO ABEL BENIGNO, ZHUNAULA SARANGO ASUNCIÓN, ANGAMARCA MOROCHO SERVIO AMABLE, SUQUILANDA GUAMAN CESAR MARTIN, MACAS MINGA NESTOR OSWALDO, LOZANO GUALAN JOSE LINO, LOZANO QUIZHPE FAUSTO ENRIQUE, MEDINA PUGLLA DIGNER PATRICIO, SARANGO CANGO ABEL, ANDRADE ZHINGRE MARCO VINICIO, MEDINA QUIZHPE ANGEL POLIVIO, CONTENTO CONTENTO SISA PACARI, LOZANO GUAMAN SISA CARMEN, CANGO MEDINA TERESA DE JESUS, LOZANO GUALAN ROSA MERCEDES, MEDINA LOZANO NATIVIDAD MARIA, MONTEROS PAGUAY KARINA FERNANDA, MINGA GUELEDEL TANIA MARIANA, MINGA MINGA CARMEN DELFINA, LOZANO QUIZHPE MARIA LUISA, MEDINA CARTUCHE CARMEN ROSAURA, LOZANO CONTENTO LAURA ALBERTINA, y TENE GUAILLAS LUZ MACRINA, signado con el No. 2015-00435, se ha dictado lo siguiente:

" ... RESUELVO: Con respecto a ASUNCIÓN ZHUNAULA SARANGO con cédula de identidad número 11015656578-4 quien adjunto 11 fojas se demuestra arraigo laboral, cuando se adjuntó copias que pretenden demostrar el arraigo en razón del domicilio, esta autoridad ha podido darse cuenta que las certificaciones que adjunta no guardan congruencia las unas de las otras por cuanto en un caso dicen que el procesado está domiciliado en la parroquia Ilincho sector Cocha y en otro tener su domicilio en la comunidad de "Las Lagunas", por lo que se ha cometido el presunto delito de fraude procesal tipificado en el artículo 272 del

Fecha **Actuaciones judiciales**

Código Orgánico Integral Penal por lo que se resuelve 1.- En base al principio de favorabilidad, se sustituye la prisión preventiva dictada por esta autoridad y en su lugar se le impone la obligación de presentarse una vez por semana los días lunes ante el señor Agente Fiscal de Loja con sede en el cantón Saraguro y además la prohibición de salida del país (es de señalar que en el presente caso esta autoridad olvidó determinarle la segunda medida, sin embargo en el momento del análisis estaba prevista la prohibición de salida del país para todos los procesados), por cuanto pese a todo, ha demostrado arraigo laboral y este nuevo elemento garantiza la presencia del procesado en el proceso y el cumplimiento de la pena, además que el delito acusado tiene una pena inferior a cinco años. 2.- Se enviarán copias debidamente certificadas de las 11 fojas que ha adjuntado el procesado a la Fiscalía de Loja con sede en Saraguro, para que se investigue el presunto cometimiento del delito de fraude procesal......"
Lo que oficio a Ud. Agradeciendo su atención y expresándole mis sentimientos de consideración y respeto

Atentamente.

Ab. Alex Damian Torres Robalino
Juez de la Unidad Judicial Multicompetente del Cantón Saraguro

16/09/2015 **CONVOCATORIA AUDIENCIA DE VINCULACION A LA INSTRUC**
11:54:00
Agréguese al expediente la solicitud de vinculación a la instrucción que realiza el señor Agente Fiscal de Loja con sede en el cantón Saraguro en contra de los señores JULIO AURELIO SARANGO QUIZHPE, JULIO AURELIO LIMA MEDINA, JOSÉ MANUEL CARTUCHE QUIZHPE Y ATAHUALPA YUPANKY MACAS AMBULUDI por presunto delito de "paralización de un servicio público"; por haberse presentado antes del vencimiento del plazo de la instrucción fiscal en conformidad a lo dispuesto en el artículo 593 del Código Orgánico Integral Penal se acepta la solicitud planteada, en consecuencia se señala para el día lunes 21 de septiembre de 2015 a las 9h30 minutos se lleve a efecto mencionada audiencia que tendrá lugar en la Unidad Judicial Multicompetente del cantón Saraguro, notifíquese a los procesados sobre su obligación de presentarse a esta audiencia. Se previene a los señores JULIO AURELIO SARANGO QUIZHPE, JULIO AURELIO LIMA MEDINA, JOSÉ MANUEL CARTUCHE QUIZHPE Y ATAHUALPA YUPANKY MACAS AMBULUDI que su comparecencia es de caracter obligatorio bajo prevenciones de ley; de la misma manera se previene que deberán asistir con un abogado patrocinador sin perjuicio de que sea llamado un defensor público para su patrocinio. Notifíquese y cúmplase.

15/09/2015 **ESCRITO**
17:05:54
Petición: SOLICITUD DE VINCULACIÓN A LA INSTRUCCIÓN
FePresentacion, ESCRITO

15/09/2015 **RAZON**
14:22:00
RAZON. Siento como tal señor Juez, que dando cumplimiento al auto que antecede, procedo a citar a los acusados a través del correo electrónico aguilarjorge1970@gamil.com y carlosperezunagua@gmail.com, abogados patrocinadores de LOZANO GUALAN JULIO CESAR, TENE GONZALEZ MANUEL ASUNCIÓN, LOZANO GUALAN JAIME RODRIGO, ORTEGA CANGO ABEL BENIGNO, ZHUNAULA SARANGO ASUNCIÓN, ANGAMARCA MOROCHO SERVIO AMABLE, SUQUILANDA GUAMAN CESAR MARTIN, MACAS MINGA NESTOR OSWALDO, LOZANO GUALAN JOSE LINO, LOZANO QUIZHPE FAUSTO ENRIQUE, MEDINA PUGLLA DIGNER PATRICIO, SARANGO CANGO ABEL, ANDRADE ZHINGRE MARCO VINICIO, MEDINA QUIZHPE ANGEL POLIVIO, CONTENTO CONTENTO SISA PACARI, LOZANO GUAMAN SISA CARMEN, CANGO MEDINA TERESA DE JESUS, LOZANO GUALAN ROSA MERCEDES, MEDINA LOZANO NATIVIDAD MARIA, MONTEROS PAGUAY KARINA FERNANDA, MINGA GUELEDEL TANIA MARIANA, MINGA MINGA CARMEN DELFINA, LOZANO QUIZHPE MARIA LUISA, MEDINA CARTUCHE CARMEN ROSAURA, LOZANO CONTENTO LAURA ALBERTINA, y TENE GUAILLAS LUZ MACRINA, en una sola boleta en conformidad a lo dispuesto en la parte final del Art. 435 del Código Integral Personal. Lo certifico. Saraguro, 15 de Septiembre del 2015.

Iván Córdova Paladínez
SECRETARIO

15/09/2015 **AUTO GENERAL**
11:17:00
VISTOS: Agréguese al expediente la escritura de constitución de hipoteca realizada entre José Miguel Angel Suquilanda Cango y

Página 59 de 85

Fecha	Actuaciones judiciales

María Rosa Asunción Guamán Guaillas, quienes la han suscrito en calidad de garantes de César Martín Suquilanda Guamán a favor del Consejo de la Judicatura representado por la Doctora María Lorena Espinosa Salazar en calidad de Directora Provincial del Consejo de la Judicatura de Loja. En virtud que la caución hipotecaria que antecede fue aprobada para su suscripción mediante audiencia el día miércoles 9 de septiembre de 2015, en conformidad a lo dispuesto en el artículo 538 del Código Orgánico Integral Penal se declara la suspensión de la prisión preventiva a favor de César Martín Suquilanda Guamán, por tanto gírese la correspondiente boleta de excarcelación a favor del procesado, debiéndose enviar atento oficio al Director del Centro de Privación de Libertad de Adultos Mayores en la ciudad de Loja para que proceda con su inmediata libertad. Cúmplase.

15/09/2015 ESCRITO
10:19:15

Petición: ESCRITO SOLICITANDO BOLETA DE EXCARCELACION
FePresentacion, ANEXOS, ESCRITO

15/09/2015 AUTO GENERAL
10:00:00

VISTOS: La acusación particular que antecede propuesta por Diego José Torres Saldaña Coordinador Jurídico del Ministerio del Interior y Fabián Salas Duarte Director Nacional de asesoría Jurídica de la Policía Nacional, en contra de LOZANO GUALAN JULIO CESAR, TENE GONZALEZ MANUEL ASUNCIÓN, LOZANO GUALAN JAIME RODRIGO, ORTEGA CANGO ABEL BENIGNO, ZHUNAULA SARANGO ASUNCIÓN, ANGAMARCA MOROCHO SERVIO AMABLE, SUQUILANDA GUAMAN CESAR MARTIN, MACAS MINGA NESTOR OSWALDO, LOZANO GUALAN JOSE LINO, LOZANO QUIZHPE FAUSTO ENRIQUE, MEDINA PUGLLA DIGNER PATRICIO, SARANGO CANGO ABEL, ANDRADE ZHINGRE MARCO VINICIO, MEDINA QUIZHPE ANGEL POLIVIO, CONTENTO CONTENTO SISA PACARI, LOZANO GUAMAN SISA CARMEN, CANGO MEDINA TERESA DE JESUS, LOZANO GUALAN ROSA MERCEDES, MEDINA LOZANO NATIVIDAD MARIA, MONTEROS PAGUAY KARINA FERNANDA, MINGA GUELEDEL TANIA MARIANA, MINGA MINGA CARMEN DELFINA, LOZANO QUIZHPE MARIA LUISA, MEDINA CARTUCHE CARMEN ROSAURA, LOZANO CONTENTO LAURA ALBERTINA, y TENE GUAILLAS LUZ MACRINA, por reunir los requisitos establecidos en el artículo 434 del Código Orgánico Integral Penal se la califica como clara y completa por lo que es admitida a trámite, por tanto cítese a los acusados en el domicilio judicial señalado mediante una sola boleta, en conformidad a lo dispuesto en la parte final del primer inciso del artículo 435 del Código Orgánico Integral Penal, debiendo hacerse constar en mencionada citación el texto de la acusación y el auto de aceptación a trámite, se previene a los acusados de designar a un defensor público o privado para la defensa de la presente acusación, debiendo además señalar casilla judicial o correo electrónico para futuras notificaciones. Considerando que la Policía Nacional es una entidad estatal que depende del Ministerio del Interior se nombra como procurador común de la acusación a Diego José Torres Saldaña, en conformidad a lo dispuesto en el artículo 436 del Código Orgánico Integral Penal, el mismo que es nombrado de oficio. En cuenta casilla judicial y correo electrónico señalado para futuras notificaciones así como la autorización que realizan a los profesionales del derecho que suscriben. Notifíquese y cúmplase.

14/09/2015 RECONOCIMIENTO DE LA ACUSACIÓN PARTICULAR
11:25:00

Saraguro, catorce de septiembre del año dos mil quince, a las diez horas y cincuenta y seis minutos.- Ante el señor Juez de la Unidad Judicial Multicompetente de Loja con sede en Saraguro, Ab. Alex Damian Torres Robalino; y el infrascrito secretario Dr. Iván Córdova Paladínez; En lo principal, dando cumplimiento a lo ordenado en decreto inmediato anterior: Comparece el señor Dr. Diego Torres Saldaña, con cédula de ciudadanía Nro. 0102649340; comprobante de votación No. 022 – 0049, Dr. Fabián Santiago Salas Duarte, con cédula de ciudadanía Nro. 1707624035 y el Dr. Juan Ignacio Cajas Cano, con cédula de ciudadanía Nro. 1102928932, con el objeto de reconocer la firma y rubrica puesta al pie del escrito de fojas 571 del proceso. Al efecto juramentados legalmente, advertidos de las penas del perjurio, de la obligación de decir la verdad con claridad y exactitud, con vista y lectura de su firma y rúbrica los accionantes manifiestan que: La firma y rúbrica que constan, puesta al pie del presente documento, es mía propia y como tal la reconozco, es la misma que uso en todos mis actos tanto públicos como privados, y manifiesto que me ratifico en la denuncia en todas sus partes.- Para constancia firma con el señor Juez y Secretario que certifica.-

Dr. Diego Torres Saldaña Dr. Fabián Santiago Salas Duarte

Fecha	Actuaciones judiciales

Dr. Juan Ignacio Cajas Cano

Ab. Alex Damian Torres Robalino
JUEZ

Dr. Iván Córdova Paladinez
SECRETARIO

11/09/2015 12:48:00 **PROVIDENCIA GENERAL**

Pendiente de despacho, en conformidad a lo dispuesto en el artículo 433 numeral 2 del Código Orgánico Integral Penal, acudan a este despacho cualquier día y hora hábil a reconocer el contenido de su acusación. Téngase en cuenta la casilla judicial No. 64 que han señalado para sus posteriores notificaciones, así como la autorización concedida a sus señores abogados patrocinadores. Notifíquese

11/09/2015 11:48:00 **PROVIDENCIA GENERAL**

Agreguese al expediente la acusación particular presentada por Diego José Torres Saldaña Coordinador General Jurídico del Ministerio del Interior y Fabián Salas Duarte Director Nacional de Asesoría Jurídica de la Policía Nacional, en conformidad a lo dispuesto en el artículo 433 numeral 2 del Código Orgánico Integral Penal, acudan a este despacho cualquier día y hora hábil a reconocer el contenido de su acusación. Notifíquese

11/09/2015 10:44:40 **ESCRITO**

Petición: REMITE PARTE POLICIAL
FePresentacion, ESCRITO

11/09/2015 10:42:00 **AUTO GENERAL**

VISTOS: Dando cumplimiento con lo dispuesto en el auto resolutivo de la Sala de lo Penal de la Corte de Justicia de Loja sobre la motivación de la prisión preventiva en contra de Angel Polivio Medina Quizhpe, Asunción Zhunaula Sarango, Néstor Oswaldo Macas Minga, Cesar Martín Suquilanda Guamán, Digner Patricio Medina Puglla, Marco Vinicio Andrade Zhingre, Manuel Asunción Tene González, Julio César Lozano Gualán, Servio Amable Angamarca Morocho, Fausto Enrique Lozano Quizhpe, Abel Sarango Cango, Jaime Rodrigo Lozano Gualán, José Lino Lozano Gualán, Angel Benigno Ortega Cando, María Luisa Lozano Quizhpe, Luz Macrina Tene Guaillas, Carmen Delfina Minga Minga, Tania Mariana Minga Gueledel, Rosa Mercedes Lozano Gualán, Sisa Pakari Contento Contento, Karina Fernanda Montero Paguay, Sisa Carmen Lozano Guamán, María Natividad Medina Lozano, Teresa de Jesús Cango Medina, Laura Albertina Lozano Contento y Carmen Rosaura Medina Cartuche, dentro del expediente 435-2015 seguido ante esta autoridad, se establece: El día 17 de agosto de 2015 los señores ANGEL POLIVIO MEDINA QUIZHPE con cédula de identidad número 110223718-5, 2; ASUNCIÓN ZHUNAULA SARANGO con cédula de identidad número 11015656578-4; NESTOR OSWALDO MACAS MINGA con cédula de identidad número 1900534189; CESAR MARTIN SUQUILANDA GUAMÁN con cédula de identidad número 10565679-5; DIGNER PATRICIO MEDINA PUGLLA con cédula de identidad número 110415952-8; MARCO VINICIO ANDRADE ZHINGRE con cédula de identidad 110357948-6, MANUEL ASUNCIÓN TENE GONZALEZ con cédula de identidad número 110352431-8; JULIO CESAR LOZANO GUALAN con cédula de identidad número 110446074-4; SERVIO AMABLE ANGAMARCA MOROCHO con cédula de identidad número 110183747-2; FAUSTO ENRIQUE LOZANO QUIZHPE con cédula de identidad número 110383553-2; ABEL SARANGO CANGO con cédula de identidad número 110156931-5; JAIME RODRIGO LOZANO GUALAN con cédula de identidad 110504020-6; JOSE LINO LOZANO GUALAN con cédula de identidad número 110534879-9; ANGEL BENIGNO ORTEGA CANGO con cédula de identidad 110250663-9;MARÍA LUISA LOZANO QUIZHPE con cédula de identidad número 171445016-8; LUZ MACRINA TENE GUAILLAS con cédula de identidad número 171529195-9; CARMEN DELFINA MINGA MINGA con cédula de identidad número 110396749-1; TANIA MARIANA MINGA GUELEDEL con cédula de identidad número 190044114-6; ROSA MERCEDES LOZANO GUALÁN con cédula de identidad número 110492536-5; SISA PACARI CONTENTO CONTENTO con cédula de identidad número 110577985-2;

Fecha	Actuaciones judiciales

KARINA FERNANDA MONTEROS PAGUAY con cédula de identidad número 171754454-6; SISA CARMEN LOZANO GUAMAN con cédula de identidad número 110490252-1; NATIVIDAD MARIA MEDINA LOZANO con cédula de identidad número 110212452-4; TERESA DE JESÚS CANGO MEDINA con cédula de identidad 110343886-5; LAURA ALBERTINA LOZANO CONTENTO con cédula de identidad número 110408627-5; CARMEN ROSAURA MEDINA CARTUCHE con cédula de identidad número 110420707-9 y DELFIN REINALDO JAPÓN GUALÁN con cédula de identidad número 110453997-6 por parte de la policía nacional y fueron trasladados a la ciudad de Loja a fin de que sean juzgados en situación de flagrancia conforme lo establecido en el artículo 529 del Código Orgánico Integral Penal, instalada que fue la audiencia y luego de hacerles saber a los detenidos que se garantizará sus derechos en conformidad a lo dispuestos en los artículos 76 y 77 de la Constitución Política del Estado tocaba resolver la flagrancia y por tanto la legalidad de la detención de los suscritos, para mencionado efecto se escuchan a los agentes que han intervenido en la detención de los procesados como a los abogados de la defensa, calificada que fue la flagrancia y por tanto la legalidad de la detención de los suscritos, se da la palabra a la señora agente Fiscal de Turno quien ha solicitado se abra la instrucción fiscal por un plazo de 30 días y se ordene la prisión preventiva de ANGEL POLIVIO MEDINA QUIZHPE con cédula de identidad número 110223718-5, 2; ASUNCIÓN ZHUNAULA SARANGO con cédula de identidad número 11015656578-4; NESTOR OSWALDO MACAS MINGA con cédula de identidad número 1900534189; CESAR MARTIN SUQUILANDA GUAMÁN con cédula de identidad número 10565679-5; DIGNER PATRICIO MEDINA PUGLLA con cédula de identidad número 110415952-8; MARCO VINICIO ANDRADE ZHINGRE con cédula de identidad 110357948-6, MANUEL ASUNCIÓN TENE GONZALEZ con cédula de identidad número 110352431-8; JULIO CESAR LOZANO GUALAN con cédula de identidad número 110446074-4; SERVIO AMABLE ANGAMARCA MOROCHO con cédula de identidad número 110183747-2; FAUSTO ENRIQUE LOZANO QUIZHPE con cédula de identidad número 110383553-2; ABEL SARANGO CANGO con cédula de identidad número 110156931-5; JAIME RODRIGO LOZANO GUALAN con cédula de identidad 110504020-6; JOSE LINO LOZANO GUALAN con cédula de identidad número 110534879-9; ANGEL BENIGNO ORTEGA CANGO con cédula de identidad 110250663-9;MARÍA LUISA LOZANO QUIZHPE con cédula de identidad número 171445016-8; LUZ MACRINA TENE GUAILLAS con cédula de identidad número 171529195-9; CARMEN DELFINA MINGA MINGA con cédula de identidad número 110396749-1; TANIA MARIANA MINGA GUELEDEL con cédula de identidad número 190044114-6; ROSA MERCEDES LOZANO GUALÁN con cédula de identidad número 110492536-5; SISA PACARI CONTENTO CONTENTO con cédula de identidad número 110577985-2; KARINA FERNANDA MONTEROS PAGUAY con cédula de identidad número 171754454-6; SISA CARMEN LOZANO GUAMAN con cédula de identidad número 110490252-1; NATIVIDAD MARIA MEDINA LOZANO con cédula de identidad número 110212452-4; TERESA DE JESÚS CANGO MEDINA con cédula de identidad 110343886-5; LAURA ALBERTINA LOZANO CONTENTO con cédula de identidad número 110408627-5; CARMEN ROSAURA MEDINA CARTUCHE con cédula de identidad número 110420707-9 y DELFIN REINALDO JAPÓN GUALÁN con cédula de identidad número 110453997-6, escuchados los abogados de la defensa en lo principal manifiestan que la prisión preventiva solamente procede como medida de carácter excepcional y que se oponen a ella por ya que el delito acusado tiene una pena privativa de libertad de 1 a 3 años, y que legalmente es procedente dar medidas sustitutivas a la prisión preventiva a favor de los prenombrados, Estando el presente trámite en estado de resolver esta autoridad ha considerado: PRIMERO: Que es competente para conocer y resolver la presente causa en conformidad a lo dispuesto en el artículo 245 del Código Orgánico de la Función Judicial. SEGUNDO: Que dentro del presente trámite no ha existido vicio que anule o vicie el procedimiento declarándose su validez, por cuanto se han seguido el procedimiento establecido en el artículo 529 del Código Orgánico Integral Penal. TERCERO: Que dentro del presente trámite se ha solicitado la prisión preventiva en contra de Angel Polivio Medina Quizhpe, Asunción Zhunaula Sarango, Néstor Oswaldo Macas Minga, Cesar Martín Suquilanda Guamán, Digner Patricio Medina Puglla, Marco Vinicio Andrade Zhingre, Manuel Asunción Tene González, Julio César Lozano Gualán, Servio Amable Angamarca Morocho, Fausto Enrique Lozano Quizhpe, Abel Sarango Cango, Jaime Rodrigo Lozano Gualán, José Lino Lozano Gualán, Angel Benigno Ortega Cando, María Luisa Lozano Quizhpe, Luz Macrina Tene Guaillas, Carmen Delfina Minga Minga, Tania Mariana Minga Gueledel, Rosa Mercedes Lozano Gualán, Sisa Pakari Contento Contento, Karina Fernanda Montero Paguay, Sisa Carmen Lozano Guamán, María Natividad Medina Lozano, Teresa de Jesús Cango Medina, Laura Albertina Lozano Contento, Carmen Rosaura Medina Cartuche y Delfín Reinaldo Japón Gualán, en base a los presupuestos establecidos en el artículo 534 del Código Orgánico Integral Penal existiendo oposición por parte de la defensa en el sentido de que al no ser un delito grave no debería establecerse una medida excepcional como lo es la prisión preventiva. CUARTO: Efectivamente la prisión preventiva es una medida de carácter excepcional, la misma que no puede ser aplicada como regla general con las salvedades establecidas en la Ley Penal, al respecto, el artículo 534 del Código Orgánico Integral Penal establece: "Para garantizar la comparecencia de la persona procesada al proceso y el cumplimiento de la pena, la o el fiscal podrá solicitar a la o al juzgador de manera fundamentada, que ordene la prisión preventiva, siempre que concurran los siguientes requisitos: 1. Elementos de convicción suficientes sobre la existencia de un delito de ejercicio público de la acción. 2. Elementos de convicción claros y precisos de que la o el procesado es autor o cómplice de la infracción. 3. Indicios de los cuales se desprenda que las medidas cautelares no privativas de la libertad son insuficientes y que es necesaria la prisión preventiva para asegurar su presencia en el juicio o el cumplimiento de la pena. 4. Que se trate de una infracción sancionada con pena privativa de libertad superior a un año. De ser el caso, la o el juzgador para resolver sobre la prisión preventiva deberá tener en consideración si la o el procesado incumplió una medida alternativa a la prisión preventiva otorgada con anterioridad. Es por tanto menester analizar los elementos de cargo y descargo presentados en la presente

Fecha	Actuaciones judiciales

audiencia para que en su conjunto deducir si es procedente la medida de prisión preventiva solicitada por parte de la Fiscalía a fin de dar cumplimiento a lo dispuesto en el artículo 77 numeral 1 de la Constitución Política del Estado, que en su primera parte establece "La privación de la libertad no será la regla general y se aplicará para garantizar la comparecencia del imputado o acusado al proceso, el derecho de la víctima del delito a una justicia pronta, oportuna y sin dilaciones, y para asegurar el cumplimiento de la pena..." siendo así los elementos presentados por la Fiscalía en esta audiencia consta 1.- Versión del Teniente Coronel Rodny Alexis Chávez Granda fojas 7 del expediente de la Fiscalía, 2.- Versión del Mayor Manuel Andrés Vallejo Aguirre Fojas 8, del expediente de la Fiscalía, 3.- Versión del señor César Guillermo Granda Paladines, fojas 10 del expediente de la Fiscalía, 4.- Informe del reconocimiento del lugar de los hechos fojas 11 a 14 de la Fiscalía. 5.- Examen Médico Legal de Darío Xavier Calva Castillo fojas 17 y 18 del expediente, 6.- Examen Médico Legal de Manuel Andrés Vallejo Aguirre fojas 20 y 21 del expediente. 7.- Examen Médico Legal de Rodney Alexis Chávez Granda fojas 23 y 24 del expediente. 8.- Testimonio del Policía Diego Manuel Sánchez Mejía fojas 25 del expediente. 9.- Testimonio del Teniente Dalton Vinicio Celi Alvarado fojas 26 del expediente y 10.- Parte policial constante a fojas 28 a 36 del expediente de la Fiscalía. Evaluados los indicios con los cuales cuenta la fiscalía para solicitar la prisión preventiva de los ahora procesados esta autoridad puede deducir las siguientes conclusiones 1.- Que el día 17 de agosto de 2015 fueron detenidas en total 27 personas. 2.- Que el motivo principal de las detenciones se debió a una presunta obstaculización de la vía por parte de los detenidos. 3.- Que a decir de la Policía existió resistencia por parte de los manifestantes de dejar libre la vía. 4.- Que a consecuencia de esto los procesados fueron detenidos. 5.- Que existió agentes de Policía heridos. 6.- Que posiblemente existió un riesgo de fuga en el sector de San Lucas cantón Loja. Por su parte en esta etapa procesal la defensa al solicitar que no se imponga las medidas sustitutivas a la prisión preventiva en lo principal indican 1.- Que no se ha formulado cargos individualizando a los detenidos conforme lo establece el artículo 594 del Código Orgánico Integral Penal. 2.- Que la medida de Prisión preventiva es de carácter excepcional y deben reunir los requisitos establecidos en el artículo 534 del Código Orgánico Integral Penal. 3.- Que la Constitución Política del Estado señala la excepcionalidad de la medida de prisión preventiva y que en vista que a los procesados se les ha acusado de un delito que tiene una pena de 1 a 3 años de privación de libertad la medida de prisión preventiva no guarda proporcionalidad con el daño causado. Al respecto este juzgador llega a la conclusión que las objeciones realizadas por parte de la defesa para la no aplicación de la prisión preventiva son objeciones estrictamente de carácter legal, sin que se adjunte documentación con la salvedad de la emitida por parte de Abel Marcelino Arpi Bermeo quien a una foja indica que Karina Fernanda Montero Paguay forma parte de la comisión política de la Asamblea de los Pueblos del Sur, pero que no demuestra propiamente un arraigo de índole social, ya que es de carácter muy general. QUINTO: Doctrinariamente encontramos la necesidad de la utilización de la prisión preventiva como medida de aseguramiento personal en los siguientes argumentos: 1. Su excepcionalidad, de manera que la libertad se siga espetando como principio; 2. Su fundamento únicamente en la probabilidad de autoría y participación o riesgo de fuga o de entorpecimiento en la búsqueda de la verdad; 3. Evitar que la prisión preventiva produzca un mayor daño que al amenaza de la pena por respeto al principio de proporcionalidad; 4. La subsidiariedad, vale decir que se evite en lo posible el encarcelamiento; 5. Su limitación temporal, de manera que enervados los indicios que permitieron fundar una presunción de responsabilidad se disponga de inmediato su revisión y la cancelación de la medida de aseguramiento preventivo. Al analizar el presente caso este juzgador ha puesto especial atención en dos circunstancias particulares esgrimidas por parte de la Fiscalía las mismas que son: 1.- No se puede garantizar la comparecencia de los procesados dentro del proceso todo por cuanto a decir de las versiones rendidas por parte de los agentes de policía existió un riesgo de fuga en el sector denominado San Lucas perteneciente al cantón Loja, además que existen policías lesionados. 2.- No se puede garantizar la presencia de los procesados en el proceso ni el cumplimiento de la pena todo por cuanto los procesados no han demostrado arraigo social que permita establecer que esta medida no es necesaria. Sobre la primera puntualización si dentro del presente expediente de investigación de la Fiscalía se han rendido declaraciones de los agentes de policía Manuel Andrés Vallejo Aguirre, Darío Javier Calva Castillo, Cesar Guillermo Granda Paladinez, Diego Manuel Sánchez Pineda, Dalton Vinicio Celi Alvarado, y Luis Gerardo Rivas Riera, quienes en lo principal son congruentes al determinar que "en el sector San Lucas personas no identificadas con palos y piedras procedieron a intentar arrebatarles a los detenidos", dándose ese antecedente y las particularidades específicas del caso, a partir de las congruentes versiones rendidas, se puede llegar a la conclusión lógica que existe un riesgo de fuga real por parte de los procesados, aunque el delito acusado no sea grave, y es aquella circunstancia la que impulsa a este juzgador determinar si por el contrario la defensa ha demostrado que no está en riesgo la comparecencia de los procesados dentro del proceso y el cumplimiento de la pena por lo que es necesario analizar el segundo punto. Con respecto al segundo punto, naturalmente que si la Fiscalía demuestra circunstancias que pongan en conflicto tanto la comparecencia de los procesados dentro del proceso y el cumplimiento de la pena, la defensa a su vez debe por su parte demostrar que no existe tal conflicto, al efecto no se han adjuntado documentos que demuestren que los procesados tienen algún tipo de arraigo, bajo este antecedente no es posible invalidar el argumento principal de la fiscalía en la que es necesario garantizar la comparecencia de los procesados en el proceso y el cumplimiento de la pena mediante la prisión preventiva, ya que por las circunstancias particulares del caso concreto y respetando el principio de proporcionalidad se vuelve necesario. SEXTO: El artículo 534 determina otros requisitos formales que deben concurrir para la procedencia de la prisión preventiva siendo estos 1. Elementos de convicción suficientes sobre la existencia de un delito de ejercicio público de la acción. 2. Elementos de convicción claros y precisos de que la o el procesado es autor o cómplice de la infracción. 3. Indicios de los cuales se desprenda que las medidas cautelares no privativas de la libertad son

Página 63 de 85

Fecha	Actuaciones judiciales
	insuficientes y que es necesaria la prisión preventiva para asegurar su presencia en el juicio o el cumplimiento de la pena. 4. Que se trate de una infracción sancionada con pena privativa de libertad superior a un año. El primer requisito se encuentra demostrado por los argumentos esgrimidos por la fiscalía ya que de las lecturas de los testimonios realizados por parte de los policías se demuestra que se "estaba tapando u obstaculizando las vías" es necesario considerar que el artículo 314 de la Constitución Política del Estado establece: "El Estado será responsable de la provisión de los servicios públicos de agua potable y de riego, saneamiento, energía eléctrica, telecomunicaciones, vialidad, infraestructuras portuarias y aeroportuarias, y los demás que determine la ley." si el artículo 346 del COIP establece "La persona que impida, entorpezca o paralice la normal prestación de un servicio público o se resista violentamente al restablecimiento del mismo; o, se tome por fuerza un edificio o instalación pública, será sancionada con pena privativa de libertad de uno a tres años." Encontramos una clara concordancia entre lo que considera un servicio público la Constitución Política del Estado y lo que por su parte castiga la Ley Penal. Y siendo palpable que las vías estaban obstaculizadas, existen elementos de convicción suficientes sobre la existencia de un delito de ejercicio público de la acción en este caso el establecido en el artículo 346 del Código Orgánico Integral Penal. El segundo requisito es de que existan elementos de convicción claros y precisos de que la o el procesado es autor o cómplice de la infracción, sobre este requisito nuevamente la Fiscalía hace uso de las versiones dadas por los agentes de policía intervinientes en el proceso, las versiones además deben ser evaluadas en su conjunto es decir no deben existir contradicciones o incongruencias entre ellas a fin de que de aquellas se pueda deducir solo una conclusión lógica clara y precisa sobre que los procesados son cómplices o autores de la infracción, al respecto es necesario remitirse a la lógica de enunciados (parte de la lógica formal) que estudia la validez de los razonamientos teniendo en cuenta únicamente el valor de verdad (verdadero o falso) de cada enunciado tomando los enunciados en bloque sin analizarlos previamente, lo que en buen romance significa que no se puede convalidar dos enunciados contradictorios entre sí como verdaderos o falsos al mismo tiempo, bajo esta premisa es de total importancia determinar incongruencias en las versiones de los policías a fin de determinar si se llega a la convicción de que existen elementos claros y precisos de que los procesados son autores o cómplices de la infracción y por tanto una deducción verdadera sobre este supuesto. De las declaraciones que constan en el expediente de investigación de la fiscalía, es posible llegar a esta conclusión, ya que pese a que las declaraciones son diferentes desde un punto de vista semántico guardan consistencia con respecto al hecho verificándose: 1.- Que se estaba obstaculizando la vía. 2.- Que se procedió a retirar a los manifestantes para que no obstaculicen el tránsito, 3.- Que existió resistencia por parte de los manifestantes. 4.- Que como consecuencia de mencionada resistencia se procedió a detener a los procesados. Siendo así estas versiones ayudan a convencer a este juzgador sobre la existencia de elementos claros y precisos que los procesados son autores o cómplices de la infracción sancionada en el artículo 346 del Código Orgánico Integral Penal, cumpliéndose por tanto el segundo requisito. El Tercer requisito es decir Indicios de los cuales se desprenda que las medidas cautelares no privativas de la libertad son insuficientes y que es necesaria la prisión preventiva para asegurar su presencia en el juicio o el cumplimiento de la pena, tiene estrecha correlación con lo expuesto en el numeral QUINTO de esta resolución, además que de la investigación realizada por parte de la Fiscalía se desprende que posiblemente existió resistencia en el momento de la detención y riesgo de fuga en el sector de San Lucas por parte de los procesados según la lectura de las versiones tomadas por la Fiscalía y el parte Policial elaborado, siendo así, en el actual momento procesal las medidas alternativas a la prisión preventiva son insuficientes y es necesaria la prisión preventiva para asegurar su presencia en el juicio o el cumplimiento de la pena, ya que por otro lado no se ha demostrado algún tipo de arraigo a favor de los procesados que demuestre lo contrario, sin perjuicio que en el futuro puedan existir nuevos elementos con el que se refute tal afirmación. El Cuarto requisito es decir "Que se trate de una infracción sancionada con pena privativa de libertad superior a un año" queda demostrada en el texto del artículo 346 del Código Orgánico Integral Penal. Por tanto esta autoridad RESUELVE: Aceptar el pedido de la Fiscalía de que se decrete la prisión preventiva a ANGEL POLIVIO MEDINA QUIZHPE con cédula de identidad número 110223718-5, 2; ASUNCIÓN ZHUNAULA SARANGO con cédula de identidad número 11015656578-4; NESTOR OSWALDO MACAS MINGA con cédula de identidad número 1900534189; CESAR MARTIN SUQUILANDA GUAMÁN con cédula de identidad número 10565679-5; DIGNER PATRICIO MEDINA PUGLLA con cédula de identidad número 110415952-8; MARCO VINICIO ANDRADE ZHINGRE con cédula de identidad 110357948-6, MANUEL ASUNCIÓN TENE GONZALEZ con cédula de identidad número 110352431-8; JULIO CESAR LOZANO GUALAN con cédula de identidad número 110446074-4; SERVIO AMABLE ANGAMARCA MOROCHO con cédula de identidad número 110183747-2; FAUSTO ENRIQUE LOZANO QUIZHPE con cédula de identidad número 110383553-2; ABEL SARANGO CANGO con cédula de identidad número 110156931-5; JAIME RODRIGO LOZANO GUALAN con cédula de identidad 110504020-6; JOSE LINO LOZANO GUALAN con cédula de identidad número 110534879-9; ANGEL BENIGNO ORTEGA CANGO con cédula de identidad 110250663-9;MARÍA LUISA LOZANO QUIZHPE con cédula de identidad número 171445016-8; LUZ MACRINA TENE GUAILLAS con cédula de identidad número 171529195-9; CARMEN DELFINA MINGA MINGA con cédula de identidad número 110396749-1; TANIA MARIANA MINGA GUELEDEL con cédula de identidad número 190044114-6; ROSA MERCEDES LOZANO GUALÁN con cédula de identidad número 110492536-5; SISA PACARI CONTENTO CONTENTO con cédula de identidad número 110577985-2; KARINA FERNANDA MONTEROS PAGUAY con cédula de identidad número 171754454-6; SISA CARMEN LOZANO GUAMAN con cédula de identidad número 110490252-1; NATIVIDAD MARIA MEDINA LOZANO con cédula de identidad número 110212452-4; TERESA DE JESÚS CANGO MEDINA con cédula de identidad 110343886-5; LAURA ALBERTINA LOZANO CONTENTO con cédula de identidad número 110408627-5; y CARMEN ROSAURA MEDINA CARTUCHE con cédula de identidad número

Página 64 de 85

Fecha **Actuaciones judiciales**

110420707-9 a DELFIN REINALDO JAPÓN GUALÁN con cédula de identidad número 110453997-6 se ha verificado visualmente por parte de este juzgador que es discapacitado por lo que en conformidad a lo dispuesto en el artículo 537 y 549 del Código Orgánico Integral Penal se sustituye la prisión preventiva con la presentación una vez a la semana ante esta autoridad los días viernes en horas hábiles así como la prohibición de enajenar inmuebles. El periodo de instrucción fiscal como la prisión preventiva tendrá una duración de 30 días, ya que se trata de un delito flagrante, en conformidad a lo dispuesto en el artículo 532 numeral 2 del Código Orgánico Integral Penal.

10/09/2015 ESCRITO
11:17:18

P e t i c i ó n : A C U S A C I Ó N P A R T I C U L A R
FePresentacion, ANEXOS, ANEXOS, ANEXOS, ANEXOS, ANEXOS, ESCRITO

10/09/2015 OFICIO
09:07:00

RAZON. Siento como tal, que en esta fecha, procedo a remitir el oficio Nro. 0071-2015-UJMCS, de fecha 10 de septiembre del 2015, a la Dirección Provincial de Migración y Extranjería, a través de Correos del Ecuador. LO CERTIFICO. Saraguro, 10 de septiembre de 2015.

Iván Córdova Paladínez
SECRETARIO

10/09/2015 OFICIO
08:55:00

Of. Nº 0071- 2015-UJMCS
Saraguro, 10 de septiembre del 2015

Señores.
DIRECCIÓN PROVINCIAL DE MIGRACIÓN Y EXTRANJERÍA.
Loja.-

De mi Consideración:

Dentro del proceso PARALIZACIÓN DE UN SERVICIO PÚBLICO seguido por EL ESTADO ECUATORIANO contra de TENE GUAILLAS LUZ MACRINA y otros, signado con el No. 2015-00435; en contestación al Oficio Nro. MDI-PFIUCM-L-2015-1238, de fecha 04 de septiembre de 2015, y recibido en esta Unidad Judicial el 09 de septiembre de 2015, remito a ustedes los datos de filiación de los ciudadanos a quien se solicitó como medida cautelar la prohibición de salida del País.

Lo que oficio a Ud. Agradeciendo su atención y expresándole mis sentimientos de consideración y respeto

De usted muy atentamente,

Ab. Alex Damian Torres Robalino
Juez de la Unidad Judicial Multicompetente del Cantón Saraguro

09/09/2015 OFICIO
14:43:00

Of. Nº 0070- 2015-UJMCS

Página 65 de 85

Fecha	**Actuaciones judiciales**

Saraguro, 09 de septiembre del 2015

Ingeniera.
Vanessa Armijos
DELEGADA DEL REGISTRO CIVIL DEL CANTÓN SARAGURO.
Loja.-

De mi Consideración:

Dentro del proceso PARALIZACIÓN DE UN SERVICIO PÚBLICO seguido por EL ESTADO ECUATORIANO contra de TENE GUAILLAS LUZ MACRINA y otros, signado con el No. 2015-00435, se ha dictado lo siguiente:

"Ofíciese a la DELEGACIÓN DEL REGISTRO CIVIL DEL CANTÓN SARAGURO; para que consigne a esta Judicatura los DATOS DE FILIACIÓN de las siguientes personas TENE GUAILLAS LUZ MACRINA con cedula de ciudadanía N° 1715291959, LOZANO CONTENTO LAURA ALBERTINA con cedula de ciudadanía N° 1104086275, MEDINA CARTUCHE CARMEN ROSAURA con cedula de ciudadanía N° 1104207079, LOZANO QUIZHPE MARIA LUISA con cedula de ciudadanía N° 1714450168, MINGA MINGA CARMEN DELFINA con cedula de ciudadanía N° 1103967491, MINGA GUELEDEL TANIA MARIANA con cedula de ciudadanía N° 1900441146, MONTEROS PAGUAY KARINA FERNANDA con cedula de ciudadanía N° 1717544546, MEDINA LOZANO NATIVIDAD MARIA con cedula de ciudadanía N° 1102124524, LOZANO GUALAN ROSA MERCEDES con cedula de ciudadanía N° 1104925365, CANGO MEDINA TERESA DE JESÚS con cedula de ciudadanía N° 1103438865, LOZANO GUAMÁN SIZA CARMEN con cedula de ciudadanía N° 1104902521, CONTENTO CONTENTO SIZA PACARi con cedula de ciudadanía N° 1105779852, MEDINA QUIZHPE ANGEL POIIVIO con cedula de ciudadanía N° 1102237185, ANDRADE ZHINGRE MARCO VINICIO con cedula de ciudadanía N° 1103579486, SARANGO CANGO ABEL con cedula de ciudadanía N° 1101569315, MEDINA PUGLLA DIGNER PATRICIO con cedula de ciudadanía N° 1104159528, LOZANO QUIZHPE FAUTO ENRIQUE con cedula de ciudadanía N° 1103835532, LOZANO GUALAN JOSE LINO, con cedula de ciudadanía N° 1105348799, MACAS MINGA NESTOR OSWALDO con cedula de ciudadanía N° 1900534189, ANGAMARCA MOROCHO SERVIO AMABLE con cedula de ciudadanía N° 1101837472, ZHUNAULA SARANGO ASUNCION 1101565784, ORTEGA CANGO ANGEL BENIGNO con cedula de ciudadanía N° 1102506639, LOZANO GUALAN JAIME RODRIGO con cedula de ciudadanía N° 1105040206, TENE GONZALEZ MANUEL ASUNCION con cedula de ciudadanía N° 1103524318 Y LOZANO GUALAN JULIO CESAR con cedula de ciudadanía N° 1104460744."

Lo que oficio a Ud. Agradeciendo su atención y expresándole mis sentimientos de consideración y respeto

De usted muy atentamente,

Ab. Alex Damian Torres Robalino
Juez de la Unidad Judicial Multicompetente del Cantón Saraguro

09/09/2015 AUTO GENERAL
14:36:00

Vistos: Comparece a la celebración de la presente audiencia de suspensión de la prisión preventiva el señor CESAR MARTÍN SUQUILANDA GUAMAN el mismo que ha solicitado audiencia por intermedio de sus abogados patrocinadores, para dicho efecto se cuenta de igual forma con la comparecencia del señor agente Fiscal de Loja con sede en el cantón Saraguro y con la señora María Rosa Asunción Guamán Guaillas quien es propietaria del bien inmueble sobre el cual se quiere rendir caución, previo a la instalación de la misma se solicita al señor Agente Fiscal si existe alguna medida de restricción para la evacuación de la misma, indicando que esta debe ser reservada en conformidad a lo dispuesto en el artículo 562 del Código Orgánico Integral Penal, corriendo traslado a la defensa sobre mencionada solicitud, no se opone a la misma, siendo así se solicita que solamente estén presentes las partes procesales que son necesarias para la evacuación de la diligencia, solicitando al señor secretario de este

Página 66 de 85

Fecha	Actuaciones judiciales

despacho indique si estamos en el día y hora señalado para la celebración de la presente diligencia, se confirma la presencia de las partes procesales. A continuación se da la palabra a la defensa quien en lo principal solicita suspensión de la prisión preventiva en base a lo dispuesto en el artículo 538 del COIP que para dicho efecto se rendirá una caución hipotecaria conforme el artículo 543 y siguientes del COIP, en especial el artículo 546 numeral 1 del mismo cuerpo legal. Se da la palabra al señor Agente Fiscal de Loja con sede en el cantón Saraguro quien hace las siguientes observaciones en lo principal: Que en la presente diligencia existe vulneración de trámite por cuanto no se ha indicado por parte de la defensa que la caución hipotecaria la realizará terceras personas y que no se ha motivado la caución como manda el Art. 546 numeral 5 del COIP en la que se debe indicar la situación de garante de los otros comparecientes los señores María Rosa Asunción Guamán Guaillas y José Miguel Ángel Suquilanda Cango; escuchado este argumento del señor Agente Fiscal este juzgador invoca el artículo 169 de la Constitución y el artículo 140 del Código Orgánico de la Función Judicial, subsanando de oficio aquella omisión en la tramitación de la caución en conformidad del principio de tutela efectiva establecido en el artículo 75 de nuestra Constitución, a continuación se da la palabra a la defensa a fin de que indique la situación económica del detenido para que se pueda rendir caución, indicando en lo principal que no debe ser superior a cuatrocientos dólares por cuanto su defendido es de escasos recurso económicos, se da la palabra al señor agente Fiscal quien manifiesta que en lo principal no está de acuerdo con que sea fijada mencionada caución todo por cuanto, si bien es cierto que en el presente expediente han sido varias las personas procesadas, es necesario recalcar que los daños por la paralización de un servicio público son incuantificables, dejando el criterio de fijación a esta autoridad; previo a la resolución y tomando en cuenta los certificados del registro de la propiedad y certificado de avalúos y catastros de la Municipalidad de Loja, es palpable por parte de este juzgador que falta la presencia de José Miguel Ángel Suquilanda Cango quien es copropietario del inmueble sobre el cual se quiere rendir caución de hipoteca, por lo que se pone a conocimiento de las partes que no es posible resolver la caución solicitada por los abogados de César Martín Suquilanda Guamán todo por cuanto es indispensable la comparecencia del copropietario del inmueble el señor José Miguel Ángel Suquilanda Cango ya que es necesaria la aceptación de la caución por parte del copropietario del bien raíz, por tanto las partes procesales de común acuerdo solicitan la suspensión de la presente diligencia en la que no será indispensable la presencia del procesado la misma que se seguirá sustanciando el día miércoles 9 de septiembre de 2015 a las 10h00 en la Unidad Judicial de Saraguro. Reinstalada la presente audiencia ahora si con la presencia del señor José Miguel Ángel Suquilanda Cango quien ha solicitado por intermedio de sus patrocinadores se rinda caución hipotecaria a favor de su hijo y señalando la casilla judicial para posteriores notificaciones, esta autoridad considera PRIMERO: Que es competente para conocer y resolver sobre la presente petición de caución en base a lo dispuesto en el artículo 245 del Código Orgánico de la Función Judicial, SEGUNDO: Que dentro del presente procedimiento no ha existido vicio que anule o vicie el proceso considerando este válido, por cuanto se ha verificado los presupuestos establecidos tanto en el artículo 544 y 545 del COIP. TERCERO: Que se han hecho efectivas las disposiciones de tutela efectiva y se ha garantizado el debido proceso en conformidad a lo dispuesto en el artículo 75 y 169 de la Constitución Política del Estado. CUARTO: Dentro del presente procedimiento se han presentado los certificados del bien inmueble sobre el cual se pretende rendir caución estos son 1.- El Certificado del Registrador de la Propiedad y el certificado de Avalúos y Catastros de la Municipalidad de Loja sobre el bien inmueble en cuestión, lo que guarda concordancia con lo expuesto en el artículo 546 numeral 1 del COIP, de igual manera en conformidad a lo dispuesto en el artículo 546 numeral 5 se ha adjuntado copia notariada de la inscripción en el Registro de la Propiedad del cantón Loja en el cual se hace plena constancia que José Miguel Ángel Suquilanda Cango y María Rosa Asunción Guamán Guaillas son propietarios del bien inmueble con las siguientes características: Es un cuerpo de terreno ubicado en el cantón Loja Parroquia San Lucas provincia de Loja, sector ciudadela bajo las siguientes linderaciones: POR EL NORTE: con Fermín Cango en 28,19m, con ancho de camino en 3.99m y Asunción Tene en 3.00m. POR EL SUR: Con Segundo Antonio Suquilanda Cango en 43.01m. POR EL ESTE: con segundo Antonio Suquilanda en 47.65m, Asunción Tene en 18.70m, Pedro Tene en 38.00m y Carmen Tene en 20.10m POR EL OESTE: Con Máximo Andrade en 29.00m y José María Condolo en 105.71m, cuerpo de terreno con una cabida de 0.4963 hectáreas. QUINTO: En conformidad a lo dispuesto en el artículo 545 del Código Orgánico Integral Penal numeral 3 es necesario que para determinar el monto de la caución se tome en consideración las circunstancias personales de los sujetos procesales, la infracción de que se trate y el daño causado, en consideración a este punto y por cuanto los señores José Miguel Ángel Suquilanda Cango y María Rosa Asunción Guamán Guaillas al dar su testimonio sobre la condición económica de su hijo el procesado CESAR MARTÍN SUQUILANDA GUAMAN indican que son de bajos recursos económicos, hay que de igual manera determinar el monto a fin de que este juzgador quede conforme con el monto de la caución solicitada, para el efecto el numeral 6 del Artículo 70 del Código Orgánico Integral Penal establece "En las infracciones sancionadas con pena privativa de libertad de uno a tres años se aplicará la multa de cuatro a diez salarios básicos unificados del trabajador en general." El artículo 346 del Código Integral Penal establece como delito la paralización de servicios públicos en la que se sanciona con una pena privativa de libertad de 1 a 3 años. Siendo así el valor de la caución debe ser destinada para garantizar la reparación integral conforme se desprende de la lectura del artículo 547 del COIP, además de las multas conforme la lectura del artículo 70 del mismo cuerpo legal, siendo así y en consideración de la situación económica del procesado esta autoridad fija el monto de caución por la cantidad de TRES MIL DÓLARES AMERICANOS (3000.00 USD), indicándoles además pormenorizadamente a los garantes cual es el objeto jurídico de la caución y sus consecuencias legales en caso de ejecución, cantidad que es aceptada por los garantes de la misma. En base a los antecedentes expuestos RESUELVE: Aceptar que se realice la escritura de hipoteca por la cantidad de TRES MIL DÓLARES DE LOS ESTADOS UNIDOS DE

Fecha	Actuaciones judiciales

AMERICA (3000.00 USD) y posterior inscripción en el Registro de la Propiedad a favor del Consejo de la Judicatura, entre los señores José Miguel Ángel Suquilanda Cango y María Rosa Asunción Guamán Guaillas propietarios del bien inmueble a hipotecarse establecido en el numeral CUARTO de esta resolución y la representante legal del Consejo de la Judicatura en Loja, para dicho efecto se oficiará a la Representante Legal del Consejo de la Judicatura de Loja para que se proceda a realizar la hipoteca, y se enviarán copias debidamente certificadas de las piezas procesales correspondientes para el cumplimiento de esta resolución, de igual manera el costo de inscripción de esta escritura en el Registro de la Propiedad será gratuito conforme lo determina el numeral 4 del Artículo 545 del COIP, una vez realizado el trámite agréguese a los autos a fin de se gire la boleta de libertad correspondiente a favor de CESAR MARTÍN SUQUILANDA GUAMAN, se deberá notificar a los garantes en la casilla judicial y correo electrónico de los abogados solicitantes de la caución. Notifíquese.

09/09/2015 **PROVIDENCIA GENERAL**
13:31:00

El Oficio remitido por la Unidad de Servicio de Apoyo Migratorio Loja, agréguese al proceso, en atención al mismo, se dispone oficiar a la Delegación del Registro Civil del cantón Saraguro para que proceda a consignar a esta Judicatura los Datos de Filiación de los procesados. NOTIFÍQUESE

09/09/2015 **ESCRITO**
12:16:28

Petición: PROVEER ESCRITO
FePresentacion, ESCRITO

09/09/2015 **OFICIO**
11:23:00

Saraguro, 09 de Septiembre del 2015
Of. Nro. 069- UJMCS-2015

Doctora
Maria Lorena Espinosa S.
DIRECTORA PROVINCIAL DEL CONSEJO DE LA JUDICATURA DE LOJA
Loja.

Señora Directora.-

Dentro del Juicio Penal seguido por el ESTADO, contra de CESAR MARTÍN SUQUILANDA GUAMÁN, signado con el No. 2015-00435, por PARALIZACIÓN DE UN SERVICO PUBLICO, se ha dictado lo siguiente:
Por cuanto se ha aceptado la caución hipotecaria a favor del detenido Cesar Martín Suquilanda Guamán, por parte de este Juzgador, ofrecida por sus padres en calidad de garantes los señores José Miguel Ángel Suquilanda Cango y Maria Rosa Asunción Guamán Guaillas, se dispone se oficie a la señora Directora Provincial de la Judicatura de Loja, a fin de que proceda a suscribir la respectiva escritura hipotecaria en cualquiera de las notarías del cantón Loja, y posteriormente se proceda a inscribir en el registro de la propiedad del cantón Loja.

Particular que pongo a su conocimiento, para los fines pertinentes.

Ab. Alex Damian Torres Robalino
JUEZ UNIDAD JUDICIAL MULTICOMPETENTE DEL CANTÓN SARAGURO

09/09/2015 **RAZON**
11:22:00

RAZON. Siento como tal señor Juez, que revisado el libro de presentaciones periódicas de la Fiscalía del cantón Saraguro, se observa que el señor DELFIN REINALDO JAPÓN GUALÁN, comparece ante el señor Fiscal para dar cumplimiento a la medida dispuesta por el señor Juez de esta Unidad Judicial, para lo cual se adjunta copia certificada de las constancias de las

Fecha	Actuaciones judiciales

presentaciones. LO CERTIFICO. Saraguro, 09 de Septiembre del 2015.

Iván Córdova Paladínez
SECRETARIO

07/09/2015 PROVIDENCIA GENERAL
17:03:00

Agréguese al expediente el escrito presentado por el Director del Centro de Privación de Libertad de Adultos mayores de la ciudad de Loja, en consideración al mismo se hace saber a las partes procesales que la audiencia en la que se solicitará la caución a favor de César Martín Suquilanda Guamán se realizará el día y hora indicado en la providencia de fecha viernes 4 de septiembre de 2015 a las 15h48 en la sala de audiencias número 21 de la Unidad Judicial Penal de Loja ubicada en el edificio Florida de la ciudad de Loja provincia de Loja, todo con el fin de evitar posibles enfrentamientos y precautelar la seguridad tanto de funcionarios públicos como de las personas que acudan a mencionada diligencia. Notifíquese.

07/09/2015 OFICIO
16:43:51

Petición: CONTESTACION DE OFICIOS
FePresentacion, OFICIO

07/09/2015 PROVIDENCIA GENERAL
10:44:00

Agréguese al expediente el escrito presentado por parte del señor Agente Fiscal de Loja con sede en Saraguro en base al principio de contradicción póngase en conocimiento de las partes el contenido del mismo; en virtud que el artículo 444 numeral 12 establece como atribuciones del Fiscal "Ordenar el peritaje integral de todos los indicios que hayan sido levantados en la escena del hecho, garantizando la preservación y correcto manejo de las evidencias." procédase a realizarse lo solicitado, debiendo notificarse a los procesados sobre la realización de mencionada diligencia. Notifíquese.

04/09/2015 ESCRITO
16:38:38

Petición: PROVEER ESCRITO
FePresentacion, ESCRITO

04/09/2015 PROVIDENCIA GENERAL
16:38:00

En concordancia con la disposición general primera del Código Orgánico Integral Penal, aclarando la providencia en el cual el señor César Martín Suquilanda Guamán solicita caución hipotecaria, se hace saber que esta deberá ser rendida a favor del Consejo de la Judicatura, para lo cual deberán tomar contacto con la representante legal de mencionada institución en la ciudad de Loja para que en el caso de ser aprobada se siga el procedimiento de conformidad con la Ley. Notifíquese.

04/09/2015 OFICIO
15:56:00

Saraguro, 04 de septiembre del 2015
Oficio. No. 068 – UJMCS - 2015

Jefe
UPC Cantón Saraguro.
En su despacho.-

De mi consideración.-

Para su conocimiento y fines legales pertinentes, a continuación me permito transcribir el AUTO dictado dentro de la causa Nro. 2015 – 00435, cuya parte pertinente en lo que a Usted respecta dice:

Fecha	Actuaciones judiciales

UNIDAD JUDICIAL MULTICOMPETENTE CON SEDE EN EL CANTON SARAGURO DE LOJA.- Saraguro, viernes 28 de agosto del 2015, a las 16h24.- Dentro de la tramitación de la causa signada con el Nro. 2015 – 00435, se dispone:

....." se señala para el día martes 8 de septiembre a las 15h00 tenga la lugar la audiencia en la que el procesado rendirá caución bajo presupuestos de los artículos 545 y más pertinentes del Código Orgánico Integral Penal con el fin de supender los efectos de la prisión preventiva, la misma que se llevará a efecto en esta Unidad Judicial de Saraguro, ofíciese al Centro de Detención de Adultos Mayores de la ciudad de Loja el traslado del procesado a esta audiencia, así como al UPC de Policía de este cantón la realización de la misma...." f) Ab. Alex Torres Robalino, Juez de la Unidad Judicial Multicompetente con sede en el cantón Saraguro de Loja.

Con este antecedente mucho agradeceré a usted se sirva atender lo solicitado en proveimiento antes indicado.

Ab. Alex Damian Torres Robalino
Juez de la Unidad Judicial Multicompetente del Cantón Saraguro

04/09/2015 OFICIO
15:54:00

Saraguro, 04 de septiembre del 2015
Oficio. No. 067 – UJMCS - 2015

Doctor
Benjamín Montero
DIRECTOR DEL CENTRO DE DETENCIÓN DE ADULTOS MAYORES DE LA CIUDAD DE LOJA.
En su despacho.-

De mi consideración.-

Para su conocimiento y fines legales pertinentes, a continuación me permito transcribir el AUTO dictado dentro de la causa Nro. 2015 – 00435, cuya parte pertinente en lo que a Usted respecta dice:

UNIDAD JUDICIAL MULTICOMPETENTE CON SEDE EN EL CANTON SARAGURO DE LOJA.- Saraguro, viernes 28 de agosto del 2015, a las 16h24.- Dentro de la tramitación de la causa signada con el Nro. 2015 – 00435, se dispone:

....." se señala para el día martes 8 de septiembre a las 15h00 tenga la lugar la audiencia en la que el procesado rendirá caución bajo presupuestos de los artículos 545 y más pertinentes del Código Orgánico Integral Penal con el fin de supender los efectos de la prisión preventiva, la misma que se llevará a efecto en esta Unidad Judicial de Saraguro, ofíciese al Centro de Detención de Adultos Mayores de la ciudad de Loja el traslado del procesado a esta audiencia, así como al UPC de Policía de este cantón la realización de la misma...." f) Ab. Alex Torres Robalino, Juez de la Unidad Judicial Multicompetente con sede en el cantón Saraguro de Loja.

Con este antecedente mucho agradeceré a usted se sirva atender lo solicitado en proveimiento antes indicado.

Ab. Alex Damian Torres Robalino
Juez de la Unidad Judicial Multicompetente del Cantón Saraguro

04/09/2015 CONVOCATORIA AUDIENCIA DE SUSTITUCION, REVISIÓN, R

Fecha	Actuaciones judiciales

15:18:00

Agréguese al expediente el escrito presentado por César Martín Suquilanda Guamán, en consideración al mismo se señala para el día martes 8 de septiembre a las 15h00 tenga la lugar la audiencia en la que el procesado rendirá caución bajo presupuestos de los artículos 545 y más pertinentes del Código Orgánico Integral Penal con el fin de supender los efectos de la prisión preventiva, la misma que se llevará a efecto en esta Unidad Judicial de Saraguro, ofíciese al Centro de Detención de Adultos Mayores de la ciudad de Loja el traslado del procesado a esta audiencia, así como al UPC de Policía de este cantón la realización de la misma. Notifíquese.

04/09/2015 PROVIDENCIA GENERAL

14:52:00

Agreguese al expediente los escritos presentados por Sisa Pacari Contento Contento, tómese en cuenta los correos electrónicos que señala para futuras notificaciones, como la autorización que realiza a los profesionales del derecho que suscriben, en cuenta la ratificación en la audiencia de sustitución de la prisión preventiva a favor de uno de los patrocinadores, de igual manera confiérase copias certificadas que solicita. Notifíquese

03/09/2015 ESCRITO

15:56:50

Petición: Señala casillero judicial

FePresentacion, ANEXOS, ESCRITO

03/09/2015 ESCRITO

15:42:56

Petición: Legitima intervención

FePresentacion, ESCRITO

03/09/2015 ESCRITO

14:31:06

Petición: CONVOCATORIA A AUDIENCIA

FePresentacion, ESCRITO

03/09/2015 AUTO GENERAL

12:49:00

Vistos: Con fecha lunes 31 de Agosto de 2015 a las 14h30 comparecen a la presente audiencia de sustitución de medidas cautelares Angel Polivio Medina Quizhpe, Asunción Zhunaula Sarango, Néstor Oswaldo Macas Minga, Cesar Martín Suquilanda Guamán, Digner Patricio Medina Puglla, Marco Vinicio Andrade Zhingre, Manuel Asunción Tene González, Julio César Lozano Gualán, Sergio Amable Angamarca Morocho, Fausto Enrique Lozano Quizhpe, Abel Sarango Cango, Jaime Rodrigo Lozano Gualán, José Lino Lozano Gualán, Angel Benigno Ortega Cando, María Luisa Lozano Quizhpe, Luz Macrina Tene Guaillas, Carmen Delfina Minga Minga, Tania Mariana Minga Gueledel, Rosa Mercedes Lozano Gualán, Sisa Pakari Contento Contento, Karina Fernanda Montero Paguay, Sisa Carmen Lozano Guamán, María Natividad Medina Lozano, Teresa de Jesús Cango Medina, Laura Albertina Lozano Contento y Carmen Rosaura Medina Cartuche, en primer lugar se da la palabra al señor agente Fiscal de Loja con sede en el cantón Saraguro a fin de que determine si la audiencia debe realizarse bajo alguna medida de restricción indicando que en conformidad a lo dispuesto en el artículo 562 del Código Orgánico Integral Penal esta audiencia debe ser de carácter reservada por cuanto ellos han sido acusados por el delito tipificado en el artículo 346 del Código Orgánico Integral Penal "Paralización de un servicio público.- La persona que impida, entorpezca o paralice la normal prestación de un servicio público o se resista violentamente al restablecimiento del mismo; o, se tome por fuerza un edificio o instalación pública, será sancionada con pena privativa de libertad de uno a tres años." El mismo que se encuentra en el CAPITULO SEXTO DELITOS CONTRA LA ESTRUCTURA DEL ESTADO CONSTITUCIONAL, por tanto debe realizarse de manera reservada, escuchados los abogados de la defensa, estos consideran que no debe evacuarse la presente diligencia de manera reservada, este juzgador considera que en base a lo dispuesto en el artículo 562 del Código Orgánico Integral Penal, en base al principio de interpretación literal de la Ley Penal es necesario evacuar la presente diligencia en forma reservada por cuanto se trata de un delito que atenta contra la Estructura del Estado Constitucional por lo que solicita que se retire el público presente dentro de esta audiencia. Posteriormente se procede a verificar la presencia de las partes procesales en la presente audiencia como que nos encontramos en el día y hora indicado, se indica a los procesados que se harán efectivas las garantías establecidas en el artículo 76 y 77 de la Constitución Política del Estado y que su situación jurídica será analizada de manera independiente, que se tutelará efectivamente sus derechos en conformidad con la Ley, reservándose esta autoridad el derecho de regular la conducta dentro de la presente diligencia, por tanto se declara instalada la audiencia de Sustitución de la Prisión Preventiva solicitada a esta autoridad en

Página 71 de 85

Fecha	Actuaciones judiciales
	conformidad a lo dispuesto en el artículo 521, y 536 del Código Orgánico Integral Penal, solicitando la presencia de ANGEL POLIVIO MEDINA QUIZHPE con cédula de identidad número 110223718-5 quien adjunta 23 fojas con el cual la defensa demuestra en lo principal que es profesor del Centro Educativo Comunitario Intercultural Bilingüe "Primicias de la Cultura de Quito", que tiene su domicilio en la comunidad "Las Lagunas" del Cantón Saraguro conforme consta en las certificaciones realizadas por parte del Alcalde, Vicealcalde y el concejal Angel Floresmilo Pineda del GAD Municipal de Saraguro, como en la declaración juramentada que presenta, que tiene tres hijos que responden a los nombres de Ranty Tupakik Medina Chalán, Intita Katina Medina Chalán y Sythlalia Yarina Medina Chalán los mismos que son menores de edad, conforme consta las partidas de nacimiento que adjunta, que por tanto debe sustituirse la prisión preventiva por cuanto ha demostrado arraigo de tipo domiciliario, laboral y familiar. Se da la palabra a la Fiscalía la misma que solicita no se levante la prisión preventiva, se solicita la comparecencia de ASUNCIÓN ZHUNAULA SARANGO con cédula de identidad número 11015656578-4 quien adjunta 11 fojas con lo cual la defensa dice que demuestra en lo principal que es profesor "Inti Raimi" conforme el nombramiento y certificación de mencionado centro que se acompaña, de igual manera que se encuentra casado con María Rosa Saca Zhigui conforme la partida de matrimonio que adjunta copias que dicen demostrar el domicilio del procesado en la Comunidad "Las Lagunas" de este cantón Saraguro. Se da la palabra al señor Agente Fiscal quien indica que no deben ser levantada la medida de prisión preventiva por parte de esta autoridad debiendo ratificarse esta medida de prisión preventiva. Se solicita la comparecencia de NESTOR OSWALDO MACAS MINGA con cédula de identidad número 1900534189 quien adjunta 11 fojas con lo que la defensa dice demostrar que vive en el barrio ÑAMARIN del cantón Saraguro, conforme las certificaciones del GAD municipal del cantón Saraguro así como que vive conjuntamente con su padre conforme a la declaración juramentada que de igual forma se adjunta, que además tiene una discapacidad auditiva del 40% o 42% respectivamente según el carnet del CONADIS y del certificado de discapacidad del Ministerio de Salud Pública, se da la palabra a la Fiscalía quien manifiesta que se tome en cuenta la discapacidad que tiene el procesado en conformidad al artículo 537 del Código Orgánico Integral Penal. Se solicita la comparecencia de DIGNER PATRICIO MEDINA PUGLLA con cédula de identidad número 110415952-8 quien adjunta 10 fojas con lo que la defensa dice demostrar que vive en el cantón Saraguro conforme consta de las certificaciones del GAD Municipal de Saraguro, del Gobierno Autónomo Descentralizado de San Pablo de Tenta, de la Comunidad Illincho y de la declaración Juramentada que adjunta, además que trabaja en calidad de Controlador de las Unidades de la Cooperativa de Transporte Unión Yanzatza, se da la palabra a la fiscalía quien solicita que no se levante la medida de prisión preventiva a favor de este procesado. Se solicita la comparecencia de MARCO VINICIO ANDRADE ZHINGRE con cédula de identidad 110357948-6 quien adjunta 13 fojas útiles con lo que la defensa dice demostrar en lo principal que es oriundo de la Comunidad de Saraguro, conforme consta de las certificaciones adjuntas al proceso por parte del GAD Municipal del Cantón Saraguro, que estudia en la Universidad Técnica Particular de Loja conforme la certificación que acompaña, que tiene una hija de nombres Ambar Judith Andrade Maita, que tiene un contrato de arrendamiento, se da la palabra al Fiscal que de igual manera solicita no se sustituya la medida de prisión preventiva. Se solicita la comparecencia de MANUEL ASUNCIÓN TENE GONZALEZ con cédula de identidad número 110352431-8 quien adjunta 15 fojas útiles con lo que la defensa dice demostrar en lo principal que tiene dos hijos que responden a los nombres de Nancy Cecilia Tene Quizphe y Olga Hortencia Tene Quizhpe, menores de edad, conforme consta de las partidas de nacimiento y cédulas de identidad que acompaña, que vive en la comunidad de Tampopamba perteneciente al cantón Saraguro conforme certificados del GAD Municipal, Asociación de Ganaderos Saraguro, Presidente de la Comunidad de Tampopamba y que tiene una casa de habitación en el cantón Saraguro terreno denominado Ticna- Pamba, se da la palabra al señor Agente Fuiscal quien solicita no se sustituya la medida de prisión preventiva a Manuel Asunción Tene González. Se solicita la comparecencia de JULIO CESAR LOZANO GUALAN con cédula de identidad número 110446074-4 quien adjunta 16 fojas en la que la defensa dice demostrar en lo principal que es nativo de la comunidad de Gunudel como que arrienda una casa de habitación en mencionado lugar conforme consta de las certificaciones del GAD Municipal del cantón Saraguro, del Presidente de la Comunidad de Gunundel, y del contrato de arrendamiento que adjunta, de igual manera que es padre de los menores Wamay Sayani Lozano Sosaranga, Kawak Sanyna Lozano Vacancela y WaniAriwaki Lozano Cango conforme consta de las partidas de nacimiento que adjunta, se da la palabra a la Fiscalía quien solicita sea ratificada la prisión preventiva para dicho procesado. Se solicita la comparecencia de SERVIO AMABLE ANGAMARCA MOROCHO con cédula de identidad número 110183747-2 quien adjunta 25 fojas en la que la defensa dice demostrar en lo principal que reside y trabaja en el sector Carboncillo de la Parroquia San Antonio de Cumbe conforme consta de las certificaciones realizadas por María Alexandra Quito Ramón, Fausto Vinicio Romero Cabrera, las certificaciones realizadas por el GAD Municipal del cantón Saraguro, RUC, contrato de Inquilinato, certificación de Dr. Luis Antonio Vacancela Medina de la radio comunitaria BP 92.9 FM, así como que está casado con Hilda Lucía Angamarca y que tiene una afección cardiaca e hipertensión arterial. Se da la palabra a la Fiscalía que manifiesta en lo principal que no se debe sustituir la medida de prisión preventiva contra referido procesado. Se solicita la comparecencia de FAUSTO ENRIQUE LOZANO QUIZHPE con cédula de identidad número 110383553-2 quien adjunta 14 fojas útiles con lo que la defensa dice demostrar que vive en la comunidad de Gulakpamba, del cantón Saraguro provincia de Loja conforme consta de la declaración juramentada de María Angelita Cartuche Ambuludi, como la certificación del presidente del cabildo de mencionada comunidad y las certificaciones del GAD Municipal del cantón Saraguro, además que es padre de Tayel Saryry Lozano Medina, Daniel Aimar Lozano Medina, ambos menores de edad, se da la palabra al señor Agente Fiscal quien manifiesta, en lo principal que no debe sustituirse la medida de prisión preventiva contra referido procesado. Se solicita la comparecencia de ABEL

Página 72 de 85

Fecha	Actuaciones judiciales

SARANGO CANGO con cédula de identidad número 110156931-5 quien adjunta 15 fojas útiles con lo que la defensa dice demostrar en lo principal que está domiciliado en la Comuna Ramos de la parroquia San Lucas conforme consta en la certificación dada por la Tenencia Política de la Parroquia San Lucas, la certificación dada por el Presidente de mencionada comuna, del Gobierno Autónomo descentralizado de mencionada parroquia y de las certificaciones conferidas por el GAD Municipal del cantón Saraguro, además que es casado con Rosa Vicenta Condolo y que tiene un hijo que responde a los nombres de Angel Benjamín Sarango Condolo según la partida que se adjunta, se la la palabra al señor Agente Fiscal que manifiesta en lo principal que no se suspenda la prisión preventiva contra mencionado procesado. Se solicita la comparecencia de JAIME RODRIGO LOZANO GUALAN con cédula de identidad 110504020-6 quien adjunta 12 fojas útiles con lo que la defensa dice demostrar en lo principal que es oriundo del cantón Saraguro conforme consta de las certificaciones presentadas tanto por el GAD Municipal del Cantón Saraguro como las certificaciones de la Comunidad Indígena Ñamarín, además que tiene dos hijos que responden a los nombres de Kaya Karina Lozano Cango, y Nasly Yadira Lozano Cango, ambas menores de edad, se da la palabra a la Fiscalía quien en lo principal solicita se mantenga la prisión preventiva contra referido procesado. Se solicita la comparecencia de JOSE LINO LOZANO GUALAN con cédula de identidad número 110534879-9 quien adjunta 14 fojas útiles con lo cual la defensa dice demostrar en lo principal que vive en la comunidad de Membrillo de la Parroquia San pablo de Tenta, conforme consta de la certificación del Presidente del GAD Parroquial de Tenta, como los certificados del GAD Municipal de Saraguro, de la Asociación Interparroquial de Autoridades Indígenas, de la Presidente de la Comunidad de Membrillo y la declaración juramentada realizada por Manuela Gualán, madre del procesado, de igual manera dice demostrar que tiene una hija que responde a los nombres de Mayuri Seleny Lozano Cango conforme la partida de nacimiento adjunta al proceso, se da la palabra al señor agente Fiscal quien en lo principal manifiesta que se ratifique la medida de prisión preventiva contra referida persona. Se solicita la comparecencia de ANGEL BENIGNO ORTEGA CANGO con cédula de identidad 110250663-9 quien adjunta 16 fojas útiles con lo que la defensa dice demostrar en lo principal que se encuentra casado con María Benigna Quizhpe Lozano, que tiene una hija adolescente que responde a los nombres de Diana Alexandra Ortega Quizhpe conforme fotocopias de la cédula y partida de nacimiento adjuntas, que tiene una patología cardiaca certificación de José María Quizhpe médico de la Clínica Saraguro y del Colegio de Médicos, que además vive en el cantón Saraguro provincia de Loja conforme consta de las certificaciones dadas por el GAD Municipal del cantón Saragurodel Notario Primero del cantón Saraguro Abg. Danni Angamarca, y Angel Gualán Gerente de Telecentro Saraguro y Luis Gualán Japón Gerente de S@raguro.net, como de la declaración juramentada de Darwin Melchor Ortega, también hijo del procesado, se da la palabra al señor Agente Fiscal quien en lo principal indica que no se sustituya la medida de prisión preventiva al procesado. Se solicita la comparecencia de MARÍA LUISA LOZANO QUIZHPE con cédula de identidad número 171445016-8 quien adjunta 22 fojas útiles que a decir de la defensa demuestra que tiene su domicilio en la Comunidad Las Lagunas del cantón Saraguro, conforme consta dela certificación realizada por el Presidente de mencionada comunidad Angel Polivio Cango Quizhpe, la declaración juramentada de Luis Alfonso Vacancela Quizhpe esposo de la procesada, así como los certificados adjuntos del GAD Municipal del cantón Saraguro, que está casada con Luis Alfonso Vacancela Quizhpe, que tiene 4 hijos que responden a los nombres de Sammy Illary Vacancela Lozano, Alex Santiago Vacancela Lozano, Juan Andres Vacancela Lozano, Victor Alfonso Vacancela Lozano todos menores de edad, así como que tiene un contrato con el Centro Educativo Intercultural Bilingüe Inty Raymy, según la certificación del Ministerio de Educación, se da la palabra al señor Agente Fiscal quien en lo principal manifiesta que no se sustituya la prisión preventiva a favor de la procesada. Se solicita la comparecencia de LUZ MACRINA TENE GUAILLAS con cédula de identidad número 171529195-9 quien adjunta 16 fojas útiles que ha decir de la defensa demuestra en lo principal que vive en el cantón Saraguro conforme las certificaciones del GAD Municipal del cantón Saraguro, federación interprovincial de indígenas Saraguro, y de la comunidad de Ilincho del cantón Saraguro, que se desempeña como directora de Yambal en la ciudad de Saraguro conforme la certificación de la Dra. Nancy Castillo Luzón, adjunta además un comprobante electrónico de pago por IVA he impuesto a la renta 2013, un contrato de arrendamiento así como que es madre de Ayrton Joel Sarango Tene y Erick Damián Sarango Tene, ambos menores de edad. Se da la palabra al Señor Agente Fiscal quien en lo principal manifiesta que no se debe sustituir la prisión preventiva a la procesada. Se solicita la comparecencia de CARMEN DELFINA MINGA MINGA con cédula de identidad número 110396749-1 quien adjunta 18 fojas útiles, con lo que la defensa pretende demostrar en lo principal que tiene tres hijos de nombres Deisy Alexandra Lozano Minga, Khathery Danitza Lozano Minga y Davis Jack Lozano Minga, todos menores de edad conforme las copias certificadas de la cédulas y partidas de nacimiento que se adjuntan, que es artesana en el Taller Productivo de la Fundación Warmipak Wasi, según la certificación que se adjunta, que vive en la comunidad de Ilincho cantón Saraguro según los certificados conferidos por el GAD Municipal, la certificaciones realizadas por la Comunidad de Ilincho Ayllullakta y el contrato de arrendamiento adjunto al proceso, se da la palabra al señor Agente Fiscal que en lo principal manifiesta que no está de acuerdo con que se dicte la medida de sustitución a la prisión preventiva contra la procesada. Se solicita la comparecencia de TANIA MARIANA MINGA GUELEDEL con cédula de identidad número 190044114-6 quien adjunta 23 fojas útiles que a decir de la defensa demuestra en lo principal que es Secretaria de la Organización de Segundo Grado Saraguro Llakta Kichwa Ayllukunapak Tandanakuy "Sakiat", que tiene contrato de arrendamiento en la ciudad de Saraguro, que es Tesorera del Consejo de Gobierno de la Comunidad Indígena de Gera, que es madre del menor Lenin David Medina Minga el mismo que estudia en el cantón de Saraguro, Certificación del Sr. Notario primero del cantón Saraguro Abg. Danny Angamarca que certifica que la procesada vive en el cantón al igual que los certificados realizados por el GAD Municipal del cantón Saraguro, adjunta además declaración sumaria de los testigos Julio Aurelio Lima Medina y Rosa

Página 73 de 85

Fecha	Actuaciones judiciales
	Dolores Medina Medina en el sentido de que vive en Saraguro al lado del panteón y que trabaja en la agricultura. Se da la palabra al señor Agente Fiscal quien en lo principal manifiesta que está en desacuerdo sobre que se sustituya la prisión preventiva a la procesada. Se solicita la comparecencia de ROSA MERCEDES LOZANO GUALÁN con cédula de identidad número 110492536-5 quien adjunta 16 fojas útiles que a decir de la defensa demuestra es oriunda de la Comunidad el Membrillo de la parroquia San Pablo de Tenta conforme consta en la certificación emitida por la Asociación Interparroquial de Comunidades Indígenas y Campesinas de Tenta, como de la presidente de la Comunidad el Membrillo María Francisca Chalán, adjunta además certificación del GAD parroquial de San Pablo de Tenta, como certificaciones del GAD Municipal del cantón Saraguro tendientes a demostrar su domicilio, adjunta partidas de nacimiento de Jacqueline Contento Lozano y Chasky Rumi Gualán Lozano, ambos menores de edad con el fin de demostrar que es madre de familia, partida de matrimonio con la que demuestra que está casada con Franco Alonso Contento Japón, así como declaración juramentada de Manuela Gualán, madre de la procesada en la que establece que ella vive a cien metros de su domicilio en la comunidad Membrillo perteneciente a la parroquia San Pablo de Tenta del cantón Saraguro. Se da la Palabra al señor Agente Fiscal quien de igual manera solicita no se sustituya la medida de prisión preventiva a la procesada. Se solicita la comparecencia de SISA PACARI CONTENTO CONTENTO con cédula de identidad número 110577985-2 quien adjunta 20 fojas útiles que a decir de la defensa demuestra que es madre de la menor Halim Gautama Gualán Contento según la copia de la cédula de identidad y partida de nacimiento que se adjunta, que tiene un contrato de trabajo con la empresa de Quesos Saraguro conforme consta del contrato de trabajo que adjunta, que reside en la parroquia San Pablo de Tenta comunidad el Membrillo conforme los certificados del Padre Danilo Benedetti párroco de mencionada parroquia, de la Presidente de la comunidad el Membrillo, del certificado de la Asociación Interparroquial de Comunidades Indígenas y Campesinas de Tenta, de la certificación del GAD parroquial de San Pablo de Tenta, como de las certificaciones del GAD Municipal del cantón Saraguro y de la declaración juramentada de Delia María Contento Japón quien es madre de la procesada que en lo principal manifiesta que su hija y su nieto vive conjuntamente con ella en su casa de habitación. Se da la palabra al señor Agente Fiscal quien en lo principal determina que no está de acuerdo con la sustitución de la prisión preventiva a favor de la procesada. Se solicita la comparecencia de KARINA FERNANDA MONTEROS PAGUAY con cédula de identidad número 171754454-6 quien adjunta 21 fojas útiles que a decir de la defensa demuestran que tiene un contrato de consultoría en el marco de proyecto "Plataforma para el desarrollo rural sostenible: Fortaleciendo alianzas y señalando nuevos caminos para la promoción del desarrollo rural de base ecológica y para enfrentar la crisis socioeconómica y ambiental en América Latina suscrito entre la Cordinadora Ecuatoriana de Agrotecnología CEA y la procesada el mismo que tiene un periodo de duración de 6 meses hasta el 15 de enero de 2016, que es secretaria de la Organización Coordinadora de Organizaciones del Pueblo Kichwa Saraguro CORPUKIS según la certificación de Manuel Asunción Sarango presidente de la CORPUKIS, que tiene un contrato de arrendamiento en el cantón Saraguro, se adjuntan copias de pago de luz e internet, que es madre de familia de la menor Sara Emilia Coello Monteros y que esta estudia en el cantón Saraguro conforme consta de la cédula de identidad, partida de nacimiento y certificado de estudios del Centro Educativo Comunitario Intercultural Bilingüe de Educación Básica "Inti Raymi", certificación que está domiciliada en el cantón Saraguro conforme consta en el certificado otorgado por el señor Notario primero del cantón Saraguro como de las certificaciones realizadas por parte del GAD Municipal del cantón Saraguro. Se da la palabra al Señor Agente Fiscal quien en lo principal señala que no está de acuerdo con que se otorgue la medida sustitutiva a la prisión preventiva de la procesada. Se solicita la comparecencia de SISA CARMEN LOZANO GUAMAN con cédula de identidad número 110490252-1 quien adjunta 16 fojas útiles que a decir de la defensa demuestran que está domiciliada en el cantón Saraguro Provincia de Loja comunidad "las Lagunas" conforme consta de las certificación realizada por el Presidente de la comunidad "las Lagunas" Angel Polivio Cango Quizhpe, así como de las certificaciones realizadas por el GAD Municipal del cantón Saraguro, además que es una estudiante de la Universidad Tecnológica Equinoccial en la facultad de Arquitectura carrera de Diseño de Modas. Se da la palabra a la fiscalía quien en lo principal manifiesta que no está de acuerdo con que se sustituya la prisión preventiva establecida a la procesada. Se solicita la comparecencia de NATIVIDAD MARIA MEDINA LOZANO con cédula de identidad número 110212452-4 quien adjunta 12 fojas útiles que ha decir de la defensa demuestran en lo principal que tiene su domicilio en la comunidad de "Las Lagunas" cantón Saraguro a decir de las certificaciones realizadas por el Presidente de la Comunidad "Las Lagunas" Angel Polivio Cango Quizhpe como de las certificaciones realizadas por parte del GAD Municipal del cantón Saraguro, de igual manera adjunta declaración juramentada de Sara María Medina Lozano con la que se certifica en lo principal que la declarante vive con la procesada en su casa de habitación la misma que se encuentra en la Comunidad "Las Lagunas" cantón Saraguro. Se da la palabra al señor Agente Fiscal que en lo principal señala que no se sustituya la medida de prisión preventiva señalada en contra de la procesada. Se solicita la comparecencia de TERESA DE JESÚS CANGO MEDINA con cédula de identidad 110343886-5 quien adjunta 15 fojas útiles que a decir de la defensa demuestran que tiene su domicilio en la comunidad "Las Lagunas" conforme consta de la certificación del presidente de mencionada comunidad Angel Polivio Cango Quizhpe, así como las certificaciones del GAD Municipal del cantón Saraguro, de la misma forma que ha realizado trabajos de temporada en la Imprenta Papelería Sumak, que hace presta servicios en el comité de crédito y recuperación de cartera de la Cooperativa de Ahorro y Crédito "Las Lagunas" que es madre de Franklin Andrés Paqui Cango y Kowi Pachakutik Paqui Cango ambos mayores de edad, de igual manera adjunta declaración juramentada de Natividad María Medina Lozano quien en lo principal indica que la procesada es su suegra y que vive conjuntamente con ella en su casa de habitación. Se da la palabra al señor Agente Fiscal que en lo principal manifiesta que está en desacuerdo con que se proceda a sustituir la prisión preventiva a la procesada. Se solicita la comparecencia de LAURA

Página 74 de 85

Fecha	Actuaciones judiciales

ALBERTINA LOZANO CONTENTO con cédula de identidad número 110408627-5 quien adjunta 16 fojas útiles que ha decir de la defensa demuestran que vive en el cantón Saraguro en la comunidad de Gunundel Gulakpamba conforme constan de las certificaciones de mencionada comunidad, suscrita por Angel Polivio Cango Presidente del Cabildo de Gunundel las certificaciones del GAD Municipal del cantón Saraguro así como que es madre de Lizbeth Paulina Quizhpe Lozano, Sindi Cristina Quizhpe Lozano, Dalila Janaihty Quizhpe Lozano, y Kamila Alejandra Quizhpe Lozano, todos menores de edad y los dos primeros españoles, conforme las cédulas de identidad certificadas que adjunta, que se encuentra casada con Lauro Vicente Quizhpe Lozano, además adjunta contrato de arrendamiento. Se da la palabra al señor Agente Fiscal que en lo principal manifiesta no estar de acuerdo con que se sustituyan la medida de prisión preventiva a la procesada. Se solicita la comparecencia de CARMEN ROSAURA MEDINA CARTUCHE con cédula de identidad número 110420707-9 quien adjunta 14 fojas útiles que a decir de la defensa prueban que vive en la comunidad de Gunundel Gulacpamba del cantón Saraguro conforme certificación de Angel Polivio Cango Presidente del cabildo de Gunundel y de las certificaciones del GAD Municipal del cantón Saraguro de igual manera adjunta copias debidamente certificadas de las cédulas de identidad y las partidas de nacimiento de Tayel Saryry Lozano Medina, Daniel Aimar Lozano Medina, ambos menores de edad con lo que demuestra que es madre de familia, de igual manera adjunta declaración juramentada de María Angelita Cartuche Ambuludi quien indica en lo principal que la procesada es su hija la misma que vive en su casa de habitación ubicada en Gulagpamba cantón Saraguro conjuntamente con ella en su casa de habitación con su yerno y con sus dos nietos. Se da la palabra a la Fiscalía quien afirma en lo principal estar en desacuerdo con la sustitución de la prisión preventiva a favor de la procesada. Se solicita la comparecencia de CESAR MARTIN SUQUILANDA GUAMÁN con cédula de identidad número 10565679-5 quien adjunta 10 fojas útiles que a decir de la defensa demuestran su domicilio conforme consta de los documentos del GAD Municipal del Cantón Saraguro, la Comuna Pichikra el GAD Parroquial de San Lucas, adjunta certificados de honorabilidad y una copia certificada de pago de energía eléctrica. Se da la palabra al señor Agente Fiscal quien en lo principal manifiesta no estar de acuerdo con que se levante la medida de prisión preventiva a favor del procesado. Una vez argumentadas cada una de las solicitudes de sustitución de prisión preventiva se solicita a las partes procesales que en conformidad al principio de igualdad tendrán el mismo tiempo de hacer su argumentación y alegatos en derecho dándose 25 minutos a cada una de las partes procesales, con respecto a este señalamiento la defensa indica en lo principal: Que el artículo 77 numeral 1 de la Constitución señala "La privación de la libertad no será la regla general y se aplicará para garantizar la comparecencia del imputado o acusado al proceso, el derecho de la víctima del delito a una justicia pronta, oportuna y sin dilaciones, y para asegurar el cumplimiento de la pena; procederá por orden escrita de jueza o juez competente, en los casos, por el tiempo y con las formalidades establecidas en la ley. Se exceptúan los delitos flagrantes, en cuyo caso no podrá mantenerse a la persona detenida sin formula de juicio por más de veinticuatro horas. Las medidas no privativas de libertad se aplicarán de conformidad con los casos, plazos, condiciones y requisitos establecidos en la ley." que el artículo 534 del Código integral Penal señala que la finalidad de la prisión preventiva es para garantizar la comparecencia de la persona procesada al proceso y el cumplimiento de la pena, siendo así en la presente audiencia se ha demostrado que no existe ningún peligro de que los procesados no acudan al proceso, además que el artículo 536 del mismo cuerpo legal establece en su primera parte "La prisión preventiva podrá ser sustituida por las medidas cautelares establecidas en el presente Código. No cabe la sustitución en las infracciones sancionadas con pena privativa de libertad superior a cinco años." Que en el presente proceso se ha dictado una medida de prisión preventiva por el presunto delito de paralización de servicio público acción tipificada en el artículo 346 del Código Orgánico Integral Penal que establece "La persona que impida, entorpezca o paralice la normal prestación de un servicio público o se resista violentamente al restablecimiento del mismo; o, se tome por fuerza un edificio o instalación pública, será sancionada con pena privativa de libertad de uno a tres años." Por tanto al ser la pena inferior a cinco años cabe la sustitución aún más si se ha demostrado un arraigo social, familiar, laboral y domiciliario de los procesados, continua indicando que las Convenciones de Derechos Humanos son establecen a la medida de prisión preventiva como medidas de última ratio, que existen tres procesos en los que se condenó al Estado Ecuatoriano de indemnizar a víctimas de mal uso de la prisión preventiva, que por ser legal la petición y acorde al marco jurídico se debe aceptar la medida de sustitución de la prisión preventiva. A continuación se da la palabra al señor Agente Fiscal de Loja con sede en el cantón Saraguro quien en lo principal manifiesta, que si bien es cierto se han justificado elementos de arraigo no se puede garantizar tano la presencia de los procesados al proceso como el cumplimiento de la pena conforme lo establece el artículo 534 del Código Orgánico Integral Penal, especialmente si se trata de un delito de conmoción social como el de paralización de servicio público que se encuentra en el capítulo sexto DELITOS CONTRA LA ESTRUCTURA DEL ESTADO CONSTITUCIONAL, siendo así se solicita de manera general que se niege la aplicación de medidas sustitutivas a la prisión preventiva a los procesados y que por tanto se ratifique la misma. Estando la presente causa en estado de ser resuelta esta autoridad considera: PRIMERO: Que es competente para conocer y resolver la presente medida de sustitución a la prisión preventiva en base a lo dispuesto en el artículo 245 del Código Orgánico de la Función Judicial. SEGUNDO: Que dentro del presente proceso no ha ocurrido ningún vicio que anule o vicie el proceso declarándose este válido. TERCERO: Que el artículo 169 de la Constitución Política del Estado establece "El sistema procesal es un medio para la realización de la justicia. Las normas procesales consagrarán los principios de simplificación, uniformidad, eficacia, inmediación, celeridad y economía procesal, y harán efectivas las garantías del debido proceso. No se sacrificará la justicia por la sola omisión de formalidades." Así se ha hecho. Efectivamente esta autoridad procedió a dictar la prisión preventiva en contra de los procesados por cuanto en la Audiencia de Flagrancia y Formulación de cargos conforme lo establece en el artículo 529 del Código

Página 75 de 85

Fecha	Actuaciones judiciales

orgánico Integral Penal esta autoridad no contaba con elementos que garanticen la presencia de los procesados y el cumplimiento de la pena conforme lo establece el artículo 534 del mismo cuerpo legal, de igual manera a decir de los policías intervinientes dentro de esa audiencia de flagrancia posiblemente existía un riesgo de fuga de los procesados, y este juzgador al tener que resolver en base a los argumentos emitidos por parte de la fiscalía y la defensa que necesariamente deben constar dentro del proceso decidió en su momento dictar prisión preventiva en contra de los procesados; en ese sentido esta audiencia de sustitución de prisión preventiva ha tenido por objeto identificar nuevos elementos que garanticen la comparecencia de los procesados dentro del proceso en conformidad a lo dispuesto en el artículo 521 del Código Orgánico Integral Penal el mismo que establece "Cuando concurran hechos nuevos que así lo justifiquen o se obtengan evidencias nuevas que acrediten hechos antes no justificados, la o el fiscal, la o el defensor público o privado, de considerarlo pertinente, solicitará a la o al juzgador la sustitución de las medidas cautelares por otras. De igual forma la o el juzgador dictará una medida negada anteriormente. No se requerirá solicitud de la o el fiscal cuando se trate de medidas de protección. Si desaparecen las causas que dan origen a las medidas cautelares o de protección o si se cumple el plazo previsto en la Constitución, la o el juzgador las revocará o suspenderá de oficio o a petición de parte." En los alegatos realizados por parte de la defensa se indica que el artículo 77 numeral 1 de la Constitución Política del Estado establece la prisión preventiva como medida de carácter excepcional, de igual forma que la formalidad in situ de la suspensión es de que se puede dictar en casos que la pena privativa de libertad no exceda los 5 años conforme el artículo 536 del Código Orgánico Integral Penal; en el presente caso la pena privativa de libertad es de 3 años conforme lo establece el artículo 346 del mismo cuerpo legal, por tanto en estricto apego a las disposiciones legales transcritas y al principio de interpretación literal de la Ley Penal que deben guardar concordancia con las disposiciones Constitucionales correspondientes conforme lo establece el artículo 13 numerales 1 y 2 del Código Orgánico Integral Penal la sustitución de la prisión preventiva cabría siembre y cuando existan nuevos elementos que demuestren que no existe peligro tanto para que los procesados acudan al proceso como el cumplimiento de la pena por parte de ellos, en este sentido esta autoridad RESUELVE: Con respecto a ANGEL POLIVIO MEDINA QUIZHPE con cédula de identidad número 110223718-5 quien adjunto 23 fojas, efectivamente se demuestra arraigo en razón de su domicilio, así como laboral por tanto con estos nuevos elementos al no estar en riesgo la comparecencia del procesado dentro del proceso ni tampoco el cumplimiento de la pena en virtud de los documentos que se han adjuntado se sustituye la prisión preventiva dictada por esta autoridad y en su lugar se le impone la obligación de presentarse una vez por semana los días lunes ante el señor Agente Fiscal de Loja con sede en el cantón Saraguro y además la prohibición de salida del país. Con respecto a ASUNCIÓN ZHUNAULA SARANGO con cédula de identidad número 11015656578-4 quien adjunto 11 fojas se demuestra arraigo laboral, cuando se adjuntó copias que pretenden demostrar el arraigo en razón del domicilio, esta autoridad ha podido darse cuenta que las certificaciones que adjunta no guardan congruencia las unas de las otras por cuanto en un caso dicen que el procesado está domiciliado en la parroquia Ilincho sector Cocha y en otro tener su domicilio en la comunidad de "Las Lagunas", por lo que se ha cometido el presunto delito de fraude procesal tipificado en el artículo 272 del Código Orgánico Integral Penal por lo que se resuelve 1.- En base al principio de favorabilidad, se sustituye la prisión preventiva dictada por esta autoridad y en su lugar se le impone la obligación de presentarse una vez por semana los días lunes ante el señor Agente Fiscal de Loja con sede en el cantón Saraguro y además la prohibición de salida del país (es de señalar que en el presente caso esta autoridad olvidó determinarle la segunda medida, sin embargo en el momento del análisis estaba prevista la prohibición de salida del país para todos los procesados), por cuanto pese a todo, ha demostrado arraigo laboral y este nuevo elemento garantiza la presencia del procesado en el proceso y el cumplimiento de la pena, además que el delito acusado tiene una pena inferior a cinco años. 2.- Se enviarán copias debidamente certificadas de las 11 fojas que ha adjuntado el procesado a la Fiscalía de Loja con sede en Saraguro, para que se investigue el presunto cometimiento del delito de fraude procesal. Con respecto a NESTOR OSWALDO MACAS MINGA con cédula de identidad número 1900534189 quien adjuntó 11 fojas efectivamente se demuestra un arraigo en razón de su domicilio, además que el procesado es discapacitado conforme los documentos que acompaña por lo que con estos nuevos elementos no se pone en riesgo la comparecencia del procesado al proceso ni tampoco el cumplimiento de la pena, en tal virtud se sustituye la medida de prisión preventiva dictada por esta autoridad y en su lugar se le impone la obligación de presentarse una vez por semana los días lunes ante el señor Agente Fiscal de Loja con sede en el cantón Saraguro y además la prohibición de salida del país. Con respecto a DIGNER PATRICIO MEDINA PUGLLA con cédula de identidad número 110415952-8 quien adjuntó 10 fojas de igual manera demuestra arraigo en razón de su trabajo, pero de los documentos que acompaña existen incongruencias con respecto al domicilio del procesado siendo así esta autoridad resuelve. 1.- En base al principio de favorabilidad sustituir la medida de prisión preventiva con la presentación del procesado dos veces por semana los días lunes y viernes ante el Señor Agente Fiscal de Loja con sede en el cantón Saraguro como la prohibición de salida del país, todo por cuanto los documentos adjuntos para su defensa fueron elaborados por terceras personas y en caso de duda se debe favorecer al reo, además el nuevo elemento de arraigo en relación a su condición laboral no ponen en riesgo la comparecencia del procesado en el proceso y el cumplimiento de la pena y el delito acusado tiene una pena inferior a cinco años de privación de libertad. 2.- Se enviarán copias debidamente certificadas de las 10 fojas que ha adjuntado el procesado a la Fiscalía de Loja con sede en Saraguro, para que se investigue el presunto cometimiento del delito de fraude procesal. Con respecto a MARCO VINICIO ANDRADE ZHINGRE con cédula de identidad 110357948-6 quien adjunto 13 fojas útiles se demuestra arraigo en razón de su familia, laboral y domiciliario, siendo así se sustituye la prisión preventiva dictada por esta autoridad y en su lugar se le impone la presentación ante el señor Agente Fiscal de Loja con sede en el cantón Saraguro una vez por semana los días lunes así

Fecha	Actuaciones judiciales

como la prohibición de salida del país por cuanto de estos nuevos elementos se deduce que no está en riesgo la comparecencia del procesado en el proceso ni el cumplimiento de la pena. Con respecto a MANUEL ASUNCION TENE GONZALEZ con cédula de identidad número 110352431-8 quien adjuntó 15 fojas útiles se demuestra arraigo en razón de su domicilio como familiar, por tanto se sustituye la medida de prisión preventiva por la de presentarse los días lunes ante el señor Agente Fiscal y la prohibición de salida del país; por cuanto de estos nuevos elementos se deduce que no está en riesgo su comparecencia al proceso ni el cumplimiento de la pena y por cuanto el delito investigado tiene una pena inferior a cinco años. Con respecto a JULIO CESAR LOZANO GUALAN con cédula de identidad número 110446074-4 quien adjuntó 16 fojas útiles ha demostrado arraigo en razón de su familia, laboral y domiciliario siendo en realidad las pruebas aportadas por el procesado un arraigo social pues este último abarca los tres aspectos además del educativo, siendo así se sustituye la medida de prisión preventiva por la de presentarse los días lunes ante el señor Agente Fiscal y la prohibición de salida del país; por cuanto de estos nuevos elementos se deduce que no está en riesgo su comparecencia al proceso ni el cumplimiento de la pena y por cuanto el delito investigado tiene una pena inferior a cinco años. Con respecto a SERVIO AMABLE ANGAMARCA MOROCHO con cédula de identidad número 110183747-2 quien adjunta 25 fojas demuestra arraigo en razón de su domicilio, familiar y laboral, siendo así se sustituye la prisión preventiva dictada dentro de la presente causa en su contra y en su lugar se le impone la obligación de presentarse los días lunes y viernes ante el señor Agente Fiscal de Loja con sede en el cantón Saraguro y la prohibición de salida del país; por cuanto de estos nuevos elementos se deduce que no está en riesgo su comparecencia al proceso ni el cumplimiento de la pena y por cuanto el delito investigado tiene una pena inferior a cinco años. Con respecto a FAUSTO ENRIQUE LOZANO QUIZHPE con cédula de identidad número 110383553-2 quien adjuntó 14 fojas útiles se demuestra arraigo en razón de su domicilio y de su familia siendo estos arraigos sociales, por tanto se sustituye la prisión preventiva dictada dentro de la presente causa en su contra y en su lugar se le impone la obligación de presentarse los días lunes ante el señor Agente Fiscal de Loja con sede en el cantón Saraguro y la prohibición de salida del país; por cuanto de los nuevos elementos aportados por el procesado se deduce que no está en riesgo su comparecencia al proceso ni el cumplimiento de la pena y por cuanto el delito investigado tiene una pena inferior a cinco años. Con respecto a ABEL SARANGO CANGO con cédula de identidad número 110156931-5 quien adjuntó 15 fojas útiles se demuestra arraigo en razón de su familia, sin embargo solamente el documento firmado por el Alcalde del cantón Saraguro Segundo Abel Sarango Quizhpe establece que el procesado es oriundo de este cantón Saraguro, cuando los otros establecen que pertenece a la parroquia San Lucas cantón Loja, por tanto esta autoridad resuelve. 1.- En base al principio de favorabilidad sustituir la medida de prisión preventiva con la obligación de presentarse ante el señor Agente Fiscal de Loja con sede en Saraguro dos veces por semana los días lunes y viernes así como la prohibición de salida del país por cuanto de lo que se ha demostrado con estos elementos que no está en riesgo la comparecencia del procesado en el proceso ni el cumplimiento de la pena, y se trata de un delito con una pena inferior a cinco años. 2.- Enviar copias debidamente certificadas de las 15 fojas útiles que ha adjuntado el procesado, al señor Fiscal de Loja con sede en el cantón Saraguro para que este remita a su superior, a fin de que se investigue el presunto delito de fraude procesal presuntamente cometido por el señor Alcalde del cantón Saraguro. Con respecto a JAIME RODRIGO LOZANO GUALAN con cédula de identidad 110504020-6 quien adjuntó 12 fojas útiles con los cuales demuestra arraigo familiar sin embargo constan documentos incongruentes entre si al momento de demostrar su domicilio específicamente el emitido por el Vicealcalde del GAD Municipal de Saraguro Sr. Manuel Armijos González el concejal del mismo GAD Municipal Angel Floresmilo Pineda Maldonado quien indican que el procesado es nativo de la comunidad "Las Lagunas" cuando los otros documentos establecen que es oriundo de la comunidad de Ñamarin, en tales circunstancias esta autoridad resuelve 1.- En base al principio de favorabilidad sustituir la medida de prisión preventiva con la presentación una vez por semana los días lunes ante el señor Agente Fiscal de Loja con sede en Saraguro, como la prohibición de salida del país, por cuanto de lo que se ha demostrado existe arraigo familiar no estando en riesgo la comparecencia del procesado en el proceso ni el cumplimiento de la pena, y se trata de un delito con una pena inferior a cinco años. 2.- Enviar copias debidamente certificadas de las 12 fojas útiles adjuntadas por parte del procesado a fin de que se investigue el presunto delito de fraude procesal. Con respecto a JOSE LINO LOZANO GUALAN con cédula de identidad número 110534879-9 quien adjuntó 14 fojas útiles demuestra con estos documentos arraigo en razón de su familia y su domicilio por lo que esta autoridad sustituye la medida de prisión preventiva y en su lugar le impone presentarse ante el señor Agente Fiscal de Loja con sede en el cantón Saraguro los días lunes y viernes como la prohibición de salida del país por cuanto de estos nuevos elementos se deduce que no está en riesgo la comparecencia del procesado en el proceso ni el cumplimiento de la pena, y se trata de un delito con una pena inferior a cinco años. Con respecto a ANGEL BENIGNO ORTEGA CANGO con cédula de identidad 110250663-9 quien adjuntó 16 fojas útiles ha demostrado arraigo en razón de su domicilio y familiar por tanto esta autoridad sustituye la medida de prisión preventiva y en su lugar le impone presentarse ante el señor Agente Fiscal de Loja con sede en el cantón Saraguro los días lunes como la prohibición de salida del país por cuanto en base a los nuevos elementos aportados por el procesado se deduce que no está en riesgo la comparecencia del procesado en el proceso ni el cumplimiento de la pena, y se trata de un delito con una pena inferior a cinco años. Con respecto a MARÍA LUISA LOZANO QUIZHPE con cédula de identidad número 171445016-8 quien adjuntó 22 fojas útiles ha demostrado arraigo en razón de su familia, su domicilio y trabajo lo que constituye un arraigo social por tanto esta autoridad sustituye la medida de prisión preventiva y en su lugar le impone presentarse ante el señor Agente Fiscal de Loja con sede en el cantón Saraguro los días lunes como la prohibición de salida del país por cuento de los nuevos elementos aportados se deduce que no está en riesgo la comparecencia del procesado en el proceso ni el cumplimiento de la pena, y se trata de un delito

Página 77 de 85

Fecha	Actuaciones judiciales
	con una pena inferior a cinco años. Con respecto a LUZ MACRINA TENE GUAILLAS con cédula de identidad número 171529195-9 quien adjuntó 16 fojas útiles se ha demostrado arraigo en razón de su familia, su trabajo y su domicilio por tanto se sustituye la medida de prisión preventiva y en su lugar le impone presentarse ante el señor Agente Fiscal de Loja con sede en el cantón Saraguro los días lunes como la prohibición de salida del país por cuanto de estos nuevos elementos se deduce que no está en riesgo la comparecencia del procesado en el proceso ni el cumplimiento de la pena, y se trata de un delito con una pena inferior a cinco años. Con respecto a CARMEN DELFINA MINGA MINGA con cédula de identidad número 110396749-1 quien adjuntó 18 fojas útiles se ha demostrado arraigo en razón de su familia y su domicilio por tanto se resuelve sustituir la medida de prisión preventiva y en su lugar le impone presentarse ante el señor Agente Fiscal de Loja con sede en el cantón Saraguro los días lunes como la prohibición de salida del país por cuanto de estos nuevos elementos se deduce que no está en riesgo la comparecencia del procesado en el proceso ni el cumplimiento de la pena, y se trata de un delito con una pena inferior a cinco años. Con respecto a TANIA MARIANA MINGA GUELEDEL con cédula de identidad número 190044114-6 quien adjuntó 23 fojas útiles se demostró arraigo en razón de su trabajo, de su domicilio y su familia por tanto se resuelve sustituir la medida de prisión preventiva y en su lugar le impone presentarse ante el señor Agente Fiscal de Loja con sede en el cantón Saraguro los días lunes, la prohibición de salida del país por parte de la procesada y que además el uso de un dispositivo de vigilancia electrónico, esto último por cuanto la procesada es oriunda del cantón Yacuambi provincia de Zamora Chinchipe, y porque de los documentos presentados en esta audiencia no está en riesgo la comparecencia de la procesada en el proceso ni el cumplimiento de la pena, y se trata de un delito con una pena inferior a cinco años. Con respecto a ROSA MERCEDES LOZANO GUALÁN con cédula de identidad número 110492536-5 quien adjuntó 16 fojas útiles se ha demostrado arraigo en razón de su familia y en razón de su domicilio, comprobándose eficazmente arraigo social, siendo así esta autoridad sustituye la prisión preventiva dictada en su contra y en su lugar dispone que se presente los días lunes y viernes ante el señor Agente Fiscal de Loja con sede en el cantón Saraguro y además se le impone la prohibición de salida del país porque no está en riesgo la comparecencia de la procesada en el proceso ni el cumplimiento de la pena, y se trata de un delito con una pena inferior a cinco años. Con respecto a SISA PACARI CONTENTO CONTENTO con cédula de identidad número 110577985-2 quien adjuntó 20 fojas útiles efectivamente se demuestra arraigo en razón de su domicilio, de su familia y laboral por lo que se sustituye la medida de prisión preventiva ordenada por esta autoridad y en su lugar se dispone que se presente los días lunes y viernes ante el señor Agente Fiscal de Loja con sede en el cantón Saraguro y además se le impone la prohibición de salida del país porque de estos nuevos elementos aportados por la procesada se deduce que no está en riesgo la comparecencia de la procesada en el proceso ni el cumplimiento de la pena, y se trata de un delito con una pena inferior a cinco años. Con respecto a KARINA FERNANDA MONTEROS PAGUAY con cédula de identidad número 171754454-6 quien adjunta 21 fojas útiles, se ha demostrado eficazmente arraigo en razón de su familia y su trabajo, sin embargo los arraigos demostrados son de carácter temporal siendo así esta autoridad sustituye la medida de prisión preventiva dictada en su contra y en su lugar dispone que la procesada se presente los días lunes, miércoles y viernes ante el señor Agente Fiscal de Loja con sede en Saraguro, de igual manera se le impone la prohibición de salida del país y que lleve consigo un dispositivo de vigilancia electrónico, porque de los nuevos elementos aportados por la procesada se deduce que no está en riesgo la comparecencia de la procesada en el proceso ni el cumplimiento de la pena, y se trata de un delito con una pena inferior a cinco años. Con respecto a SISA CARMEN LOZANO GUAMAN con cédula de identidad número 110490252-1 quien adjunta 16 fojas útiles, demuestra arraigo en razón de su domicilio y en razón de sus estudios siendo así se sustituye la medida de prisión preventiva ordenada por esta autoridad y en su lugar se dispone que se presente los días lunes ante el señor Agente Fiscal de Loja con sede en el cantón Saraguro y además se le impone la prohibición de salida del país porque de los nuevos elementos aportados no está en riesgo la comparecencia de la procesada en el proceso ni el cumplimiento de la pena, y se trata de un delito con una pena inferior a cinco años. Con respecto a NATIVIDAD MARÍA MEDINA LOZANO con cédula de identidad número 110212452-4 quien adjunta 12 fojas útiles se demuestra arraigo en razón de su familia y su domicilio por tanto se sustituye la medida de prisión preventiva ordenada por esta autoridad y en su lugar se dispone que se presente los días lunes ante el señor Agente Fiscal de Loja con sede en el cantón Saraguro y además se le impone la prohibición de salida del país porque de los nuevos elementos aportados no está en riesgo la comparecencia de la procesada en el proceso ni el cumplimiento de la pena, y se trata de un delito con una pena inferior a cinco años. Con respecto a TERESA DE JESÚS CANGO MEDINA con cédula de identidad 110343886-5 quien adjunta 15 fojas útiles, se demuestra arraigo en razón de su domicilio y de su familia por tanto se sustituye la medida de prisión preventiva ordenada por esta autoridad y en su lugar se dispone que se presente los días lunes ante el señor Agente Fiscal de Loja con sede en el cantón Saraguro y además se le impone la prohibición de salida del país porque de los nuevos elementos aportados no está en riesgo la comparecencia de la procesada en el proceso ni el cumplimiento de la pena, y se trata de un delito con una pena inferior a cinco años. Con respecto a LAURA ALBERTINA LOZANO CONTENTO con cédula de identidad número 110408627-5 quien adjunta 16 fojas útiles se ha demostrado arraigo en razón de su familia, sin embargo con respecto a su domicilio se ha adjuntado un contrato de arrendamiento mientras estaba con medida de privación de libertad, por tanto esta autoridad resuelve: 1.- En base al principio de favorabilidad se sustituye la medida de prisión preventiva ordenada por esta autoridad y en su lugar se dispone que se presente los días lunes y viernes ante el señor Agente Fiscal de Loja con sede en el cantón Saraguro y además se le impone la prohibición de salida del país porque de los nuevos elementos aportados entre ella su arraigo familiar se deduce que no está en riesgo la comparecencia de la procesada en el proceso ni el cumplimiento de la pena, y porque se trata de un delito con una pena inferior a cinco años. 2.- Enviar al señor Agente Fiscal de Loja con sede en el

Fecha **Actuaciones judiciales**

cantón Saraguro copias debidamente certificadas de los documentos aparejados en la presente audiencia sobre la procesada a fin de que se investigue el presunto delito de fraude procesal. Con respecto a CARMEN ROSAURA MEDINA CARTUCHE con cédula de identidad número 110420707-9 quien adjuntó 14 fojas útiles se ha demostrado arraigo en razón de su domicilio y su familia por lo que se sustituye la medida de prisión preventiva ordenada por esta autoridad y en su lugar se dispone que se presente los días lunes ante el señor Agente Fiscal de Loja con sede en el cantón Saraguro y además se le impone la prohibición de salida del país porque de los nuevos elementos aportados se deduce que no está en riesgo la comparecencia de la procesada en el proceso ni el cumplimiento de la pena, y se trata de un delito con una pena inferior a cinco años. Por último con respecto a CESAR MARTIN SUQUILANDA GUAMÁN con cédula de identidad número 10565679-5 quien adjunta 10 fojas útiles, existe plena incongruencia entre los documentos que pretenden demostrar arraigo en razón de su domicilio estableciéndose que es oriundo del cantón Saraguro conforme la certificación del Alcalde del GAD Municipal del cantón Saraguro, otro que dice que es nativo de la comunidad de Ñamarín cantón Saraguro que lo firma el Ing. Angel Floresmilo Pineda Maldonado concejal del mismo GAD Municipal y Manuel Armijos González Vicealcalde del GAD Municipal de Saraguro, otro que indica que es miembro de la Comunidad Pichikra firmado por María Mercedes Guamán, otro que indica que el procesado es oriundo de la parroquia Pichikra sector Akakana firmado por José Patricio Lozano Presidente del GAD Municipal de la Parroquia San Lucas, el procesado ha indicado que está domiciliado en San Lucas, sin embargo, los documentos al ser incongruentes entre sí y al establecerse tres domicilios diferentes y siendo que solamente se ha pretendido demostrar arraigo en razón del domicilio del procesado esta autoridad resuelve. 1.- Negar la sustitución de prisión preventiva solicitada a favor de CESAR MARTIN SUQUILANDA GUAMÁN por cuanto no existen nuevos elementos que garanticen la presencia del procesado en el proceso y el cumplimiento de la pena. 2.- Oficiar con las copias certificadas de las 10 fojas útiles adjuntadas por el procesado al señor Agente Fiscal de Loja con sede en Saraguro a fin de que se investigue el presunto delito de fraude procesal, indicando además que los Alcaldes de los GADs Municipales tienen fuero de Corte según el artículo 208 del Código Orgánico de la Función Judicial. CUARTO: Acotaciones importantes.- En la presente audiencia una vez resuelta la medida de sustitución de la prisión preventiva se ha indicado a los procesados que deberán cumplir la orden establecida por parte de este juzgador sin perjuicio que estas medidas sean levantadas por su incumplimiento en conformidad a lo dispuesto en el inciso segundo del artículo 536 del Código Orgánico Integral Penal debiendo para el efecto seguirse el trámite establecido en el artículo 540 del Código Orgánico Integral Penal, de igual manera la presentación ante el señor Agente Fiscal de Loja con sede en el cantón Saraguro se realizará por parte de los procesados los días indicados en la presente resolución entre las 8h00 y las 17h00 debiendo sentarse razón de su comparecencia. Por último, esta autoridad se reserva el derecho de revisar nuevamente los documentos adjuntos al proceso y actuar conforme a derecho en caso de encontrar inconsistencias. Cúmplase.

03/09/2015 **RAZON**
08:38:00

RAZON. Siento como tal, que procedo a remitir el oficio N° 0066 2015 de fecha 02 de septiembre de 2015, a la Dirección Provincial de Migración y Extranjería de Loja, mediante Correos del Ecuador. LO CERTIFICO. Saraguro, 03 de septiembre de 2015.

Iván Córdova Paladínez
SECRETARIO

03/09/2015 **OFICIO A LA ENTIDAD PUBLICA DE CONTROL PARA LA MED**
08:23:00

Of. Nº 0066- 2015-UJMCS
Saraguro, 02 de septiembre del 2015

Señores.
DIRECCIÓN PROVINCIAL DE MIGRACIÓN Y EXTRANJERÍA.
Loja.-

De mi Consideración:

Página 79 de 85

Fecha **Actuaciones judiciales**

Dentro del proceso PARALIZACIÓN DE UN SERVICIO PÚBLICO seguido por EL ESTADO ECUATORIANO contra de TENE GUAILLAS LUZ MACRINA y otros, signado con el No. 2015-00435, se ha dictado lo siguiente:

"Ofíciese a la DIRECCIÓN PROVINCIAL DE MIGRACIÓN Y EXTRANJERÍA; para que se dé cumplimento en Resolución, en la cual dispongo como medida cautelar la PROHIBICIÓN DE SALIDA DEL PAÍS de las siguientes personas TENE GUAILLAS LUZ MACRINA con cedula de ciudadanía N° 1715291959, LOZANO CONTENTO LAURA ALBERTINA con cedula de ciudadanía N° 1104086275, MEDINA CARTUCHE CARMEN ROSAURA con cedula de ciudadanía N° 1104207079, LOZANO QUIZHPE MARIA LUISA con cedula de ciudadanía N° 1714450168, MINGA MINGA CARMEN DELFINA con cedula de ciudadanía N° 1103967491, MINGA GUELEDEL TANIA MARIANA con cedula de ciudadanía N° 1900441146, MONTEROS PAGUAY KARINA FERNANDA con cedula de ciudadanía N° 1717544546, MEDINA LOZANO NATIVIDAD MARIA con cedula de ciudadanía N° 1102124524, LOZANO GUALAN ROSA MERCEDES con cedula de ciudadanía N° 1104925365, CANGO MEDINA TERESA DE JESÚS con cedula de ciudadanía N° 1103438865, LOZANO GUAMÁN SIZA CARMEN con cedula de ciudadanía N° 1104902521, CONTENTO CONTENTO SIZA PACARi con cedula de ciudadanía N° 1105779852, MEDINA QUIZHPE ANGEL POIIVIO con cedula de ciudadanía N° 1102237185, ANDRADE ZHINGRE MARCO VINICIO con cedula de ciudadanía N° 1103579486, SARANGO CANGO ABEL con cedula de ciudadanía N° 1101569315, MEDINA PUGLLA DIGNER PATRICIO con cedula de ciudadanía N° 1104159528, LOZANO QUIZHPE FAUTO ENRIQUE con cedula de ciudadanía N° 1103835532, LOZANO GUALAN JOSE LINO, con cedula de ciudadanía N° 1105348799, MACAS MINGA NESTOR OSWALDO con cedula de ciudadanía N° 1900534189, ANGAMARCA MOROCHO SERVIO AMABLE con cedula de ciudadanía N° 1101837472, ZHUNAULA

SARANGO ASUNCION 1101565784, ORTEGA CANGO ANGEL BENIGNO con cedula de ciudadanía N° 1102506639, LOZANO GUALAN JAIME RODRIGO con cedula de ciudadanía N° 1105040206, TENE GONZALEZ MANUEL ASUNCION con cedula de ciudadanía N° 1103524318 Y LOZANO GUALAN JULIO CESAR con cedula de ciudadanía N° 1104460744."

Lo que oficio a Ud. Agradeciendo su atención y expresándole mis sentimientos de consideración y respeto

De usted muy atentamente,

Ab. Alex Damian Torres Robalino
Juez de la Unidad Judicial Multicompetente del Cantón Saraguro

02/09/2015 **PROVIDENCIA GENERAL**
11:05:00

Agréguese al proceso el escrito que antecede, en atención al mismo, se dispone remitir lo solicitado por el señor Fiscal de Loja con sede en el cantón Saraguro.

02/09/2015 **ESCRITO**
10:45:14

Petición: PROVEER ESCRITO
FePresentacion, ESCRITO

28/08/2015 **OFICIO**
16:47:00

Saraguro, 28 de agosto del 2015
Oficio. No. 062 – UJMCS - 2015

Doctor
Benjamín Montero
DIRECTOR DEL CENTRO DE PRIVACIÓN DE LA LIBERTAD DE ADULTOS MAYORES DE LA CIUDAD DE LOJA.
En su despacho.-

De mi consideración.-

Página 80 de 85

Fecha	Actuaciones judiciales

Para su conocimiento y fines legales pertinentes, a continuación me permito transcribir el AUTO dictado dentro de la causa Nro. 2015 – 00435, cuya parte pertinente en lo que a Usted respecta dice:

UNIDAD JUDICIAL MULTICOMPETENTE CON SEDE EN EL CANTON SARAGURO DE LOJA.- Saraguro, viernes 28 de agosto del 2015, a las 16h24.- Dentro de la tramitación de la causa signada con el Nro. 2015 – 00435, se dispone:

"En providencia de fecha 27 de agosto de 2015 a las 17h06, se estableció que estata autoridad hiba a fijar día y hora para la evacuación de la audiencia de sustitución a la prisión preventiva, una vez que sea remitido el proceso por la Sala de lo Penal de la Corte Provincial de Justicia de Loja; en virtud que el artículo 75 de la Constitución Política del Estado obliga a los juzgadores a la tutela Judicial efectiva de los derechos de las personas, se fija para el día lunes 31 de agosto de 2015 a las 14h30 tenga lugar la audiencia de sustitución de la prisión preventiva de Angel Polivio Medina Quizhpe, Manuel Asunción Zhunaula Sarango, Nestor Oswaldo Macas Minga, Cesar Martín Suquilanda Guamán, Digner Patricio Medina Puglla, Marco Vinicio Andrade Zhingre, Manuel Asunción Tene González, Julio César Lozano Gualán, Sergio Amable Angamarca Morocho, Fausto Enrique Lozano Quizhpe, Abel Sarango Cango, Jaime Rodrigo Lozano Gualán, José Lino Lozano Gualán, Angel Benigno Ortega Cando, María Luisa Lozano Quizhpe, Luz Macrina Tene Guaillas, Carmen Delfina Minga Minga, Tania Mariana Minga Gueledel, Rosa Mercedes Lozano Gualán, Sisa Pakari Contento Contento, Karina Fernanda Montero Paguay, Sisa Carmen Lozano Guamán, María Natividad Medina Lozano, Teresa de Jesús Cango Medina, Laura Albertina Lozano Contento y Carmen Rosaura Medina Cartuche, el mismo que tendrá lugar en el Auditorio de la Corte Provincial de Justicia de Loja, para dicho efecto ofíciese al Comandante de la Policía, al centro de Privación de Libertad de Adultos Mayores de la ciudad de Loja y póngase en conocimiento de las partes para los fines legales que correspondan. Notifíquese." f) Ab. Alex Damian Torres Robalino, Juez de la Unidad Judicial Multicompetente con sede en el cantón Saraguro de Loja.

Con este antecedente mucho agradeceré a usted se sirva atender lo solicitado en proveimiento antes indicado.

Atentamente

Ab. Alex Torres Robalino
JUEZ DE LA UNIDAD JUDICIAL MULTICOMPETENTE CON SEDE EN EL CANTÓN SARAGURO DE LOJA

28/08/2015 OFICIO
16:46:00
Saraguro, 28 de agosto del 2015
Oficio. No. 061 – UJMCS - 2015

Señor
COMANDANTE PROVINCIAL DE LA POLICIA SUBZONA 11 LOJA.
En su despacho.-

De mi consideración.-

Para su conocimiento y fines legales pertinentes, a continuación me permito transcribir el AUTO dictado dentro de la causa Nro. 2015 – 00435, cuya parte pertinente en lo que a Usted respecta dice:

UNIDAD JUDICIAL MULTICOMPETENTE CON SEDE EN EL CANTON SARAGURO DE LOJA.- Saraguro, viernes 28 de agosto del 2015, a las 16h24.- Dentro de la tramitación de la causa signada con el Nro. 2015 – 00435, se dispone:

"En providencia de fecha 27 de agosto de 2015 a las 17h06, se estableció que estata autoridad hiba a fijar día y hora para la

Fecha	Actuaciones judiciales

evacuación de la audiencia de sustitución a la prisión preventiva, una vez que sea remitido el proceso por la Sala de lo Penal de la Corte Provincial de Justicia de Loja; en virtud que el artículo 75 de la Constitución Política del Estado obliga a los juzgadores a la tutela Judicial efectiva de los derechos de las personas, se fija para el día lunes 31 de agosto de 2015 a las 14h30 tenga lugar la audiencia de sustitución de la prisión preventiva de Angel Polivio Medina Quizhpe, Manuel Asunción Zhunaula Sarango, Nestor Oswaldo Macas Minga, Cesar Martín Suquilanda Guamán, Digner Patricio Medina Puglla, Marco Vinicio Andrade Zhingre, Manuel Asunción Tene González, Julio César Lozano Gualán, Sergio Amable Angamarca Morocho, Fausto Enrique Lozano Quizhpe, Abel Sarango Cango, Jaime Rodrigo Lozano Gualán, José Lino Lozano Gualán, Angel Benigno Ortega Cando, María Luisa Lozano Quizhpe, Luz Macrina Tene Guaillas, Carmen Delfina Minga Minga, Tania Mariana Minga Gueledel, Rosa Mercedes Lozano Gualán, Sisa Pakari Contento Contento, Karina Fernanda Montero Paguay, Sisa Carmen Lozano Guamán, María Natividad Medina Lozano, Teresa de Jesús Cango Medina, Laura Albertina Lozano Contento y Carmen Rosaura Medina Cartuche, el mismo que tendrá lugar en el Auditorio de la Corte Provincial de Justicia de Loja, para dicho efecto ofíciese al Comandante de la Policía, al centro de Privación de Libertad de Adultos Mayores de la ciudad de Loja y póngase en conocimiento de las partes para los fines legales que correspondan. Notifíquese." f) Ab. Alex Damian Torres Robalino, Juez de la Unidad Judicial Multicompetente con sede en el cantón Saraguro de Loja.

Con este antecedente mucho agradeceré a usted se sirva atender lo solicitado en proveimiento antes indicado.

Atentamente

Ab. Alex Torres Robalino
JUEZ DE LA UNIDAD JUDICIAL MULTICOMPETENTE CON SEDE EN EL CANTÓN SARAGURO DE LOJA

28/08/2015 16:24:00 **CONVOCATORIA AUDIENCIA DE SUSTITUCION, REVISIÓN, R**

En providencia de fecha 27 de agosto de 2015 a las 17h06, se estableció que estata autoridad hiba a fijar día y hora para la evacuación de la audiencia de sustitución a la prisión preventiva, una vez que sea remitido el proceso por la Sala de lo Penal de la Corte Provincial de Justicia de Loja; en virtud que el artículo 75 de la Constitución Política del Estado obliga a los juzgadores a la tutela Judicial efectiva de los derechos de las personas, se fija para el día lunes 31 de agosto de 2015 a las 14h30 tenga lugar la audiencia de sustitución de la prisión preventiva de Angel Polivio Medina Quizhpe, Manuel Asunción Zhunaula Sarango, Nestor Oswaldo Macas Minga, Cesar Martín Suquilanda Guamán, Digner Patricio Medina Puglla, Marco Vinicio Andrade Zhingre, Manuel Asunción Tene González, Julio César Lozano Gualán, Sergio Amable Angamarca Morocho, Fausto Enrique Lozano Quizhpe, Abel Sarango Cango, Jaime Rodrigo Lozano Gualán, José Lino Lozano Gualán, Angel Benigno Ortega Cando, María Luisa Lozano Quizhpe, Luz Macrina Tene Guaillas, Carmen Delfina Minga Minga, Tania Mariana Minga Gueledel, Rosa Mercedes Lozano Gualán, Sisa Pakari Contento Contento, Karina Fernanda Montero Paguay, Sisa Carmen Lozano Guamán, María Natividad Medina Lozano, Teresa de Jesús Cango Medina, Laura Albertina Lozano Contento y Carmen Rosaura Medina Cartuche, el mismo que tendrá lugar en el Auditorio de la Corte Provincial de Justicia de Loja, para dicho efecto ofíciese al Comandante de la Policía, al centro de Privación de Libertad de Adultos Mayores de la ciudad de Loja y póngase en conocimiento de las partes para los fines legales que correspondan. Notifíquese.

28/08/2015 14:05:00 **PROVIDENCIA GENERAL**

Agreguese al expediente el escrito presentado por el señor Agente Fiscal de Loja con sede en Saraguro, con respecto al mismo el artículo 471 del Código Orgánico Integral Penal establece: "Registros relacionados a un hecho constitutivo de infracción.- No requieren autorización judicial las grabaciones de audio, imágenes de video o fotografía relacionadas a un hecho constitutivo de infracción, registradas de modo espontáneo al momento mismo de su ejecución, por los medios de comunicación social, por cámaras de vigilancia o seguridad, por cualquier medio tecnológico, por particulares en lugares públicos y de libre circulación o en los casos en que se divulguen grabaciones de audio o video obtenidas por uno de los intervinientes, en cuyo caso se requerirá la preservación de la integralidad del registro de datos para que la grabación tenga valor probatorio. En estos casos, las grabaciones se pondrán inmediatamente a órdenes de la o el fiscal en soporte original y servirán para incorporar a la investigación e introducirlas al proceso y de ser necesario, la o el fiscal dispondrá la transcripción de la parte pertinente o su reproducción en la

Página 82 de 85

Fecha **Actuaciones judiciales**

audiencia de juicio." Por lo anteriormente expuesto no es necesario autorizar se concedan las grabaciones antedichas, todo por cuanto es facultad de la Fiscalía solicitarlas en concordancia con lo dispuesto en el numeral 14 del artículo 444 del Código Orgánico Integral Penal.

27/08/2015 **OFICIO**
17:20:04
P e t i c i ó n : P R O V E E R E S C R I T O
FePresentacion, OFICIO

27/08/2015 **PROVIDENCIA GENERAL**
17:06:00
Agreguese al expediente los escritos presentados por Angel Polivio Medina Quizhpe y otros, téngase en cuenta los correos electrónicos y casilla judicial señalada para posteriores notificaciones como la autorización que realizan a los abogados que suscriben, atendiendo lo solicitado en su segundo escrito esta autoridad se pronunciará fijando día y hora para evacuar la audiencia de sustitución de la prisión preventiva una vez que la Sala de lo Penal de la Corte Provincial de Justicia de Loja devuelva el expediente, por cuanto la medida de prisión preventiva fué apelada en la audiencia de flagrancia y formulación de cargos por todos los procesados. Notifíquese.

26/08/2015 **PROVIDENCIA GENERAL**
16:44:00
Agréguese al expediente el escrito presentado en conformidad a lo dispuesto en el artículo 245 del Código Orgánico de la Función Judicial el mismo que guarda concordancia con el artículo 225 numeral 2 del mismo cuerpo legal que establece "Ordenar y practicar los actos probatorios urgentes que requieran autorización" se autoriza la solicitud realizada por parte del señor agente Fiscal de Loja con sede en el cantón Saraguro disponiéndose que se tome fotografías de los procesados para que se pueda realizar la respectiva diligencia de cotejamiento de identidad humana con los videos que la Fiscalía ha solicitado, para el efecto la Fiscalía notificará el día y hora en la que se evacuará mencionada diligencia, debiendo acudir los abogados de los procesados o a su falta un defensor público. Notifíquese.

26/08/2015 **OFICIO**
10:42:50
P e t i c i ó n : P R O V E E R E S C R I T O
FePresentacion, OFICIO

25/08/2015 **ESCRITO**
12:49:48
P e t i c i ó n : S O L I C I T U D D E S U S T I T U C I Ó N D E M E D I D A S C A U T E L A R E S
FePresentacion, ANEXOS, ESCRITO

25/08/2015 **ESCRITO**
12:46:16
P e t i c i ó n : S e ñ a l a c a s i l l e r o j u d i c i a l
FePresentacion, ANEXOS, ESCRITO

20/08/2015 **RAZON**
13:54:00
RAZON. Siento como tal señor Juez, que por haberse concedido el recurso de apelación, y dando cumplimiento a lo ordenado por usted, procedo a remitir el expediente 2015 – 00435 a la Sala Especializada de lo Penal de la Corte Provincial de Justicia de Loja en un cuerpo, 48 fojas. LO CERTIFICO. Saraguro, 20 de agosto de 2015.

Iván Córdova Paladínez
SECRETARIO

20/08/2015 **APELACION DE MEDIDAS CAUTELARES**
11:28:00
En virtud que se ha apelado concesión de la medida de prisión preventiva concedida por parte de este juzgador en contra de los

Página 83 de 85

Fecha	Actuaciones judiciales
17/08/2015 21:47:58	**ACTA DE SORTEO**

Recibida el día de hoy, lunes 17 de agosto de 2015, a las 21:47 la petición de Audiencia de Formulación de Cargos, por el Delito FLAGRANTE de ACCION PENAL PUBLICA, presentado por: VIVIANA ORDOÑEZ MONTAÑO, En contra de: TENE GUAILLAS LUZ MACRINA, LOZANO CONTENTO LAURA ALBERTINA, MEDINA CARTUCHE CARMEN ROSAURA, LOZANO QUIZHPE MARIA LUISA.- Por sorteo correspondió a JUEZ: DR. ALEX DAMIAN TORRES ROBALINO(PONENTE), SECRETARIO: ABOGADO IVAN BOLIVAR CORDOVA PALADINEZ, en (el/la) UNIDAD JUDICIAL MULTICOMPETENTE CON SEDE EN EL CANTON SARAGURO con el número 11313201500435(1) , con Número de Parte Policial 20153212.

Detalle: OFICIO Y PARTE

Al que se adjunta los siguientes documentos:

1) ESCRITO DE INICIO DE LA CAUSA (ORIGINAL)

SARAGURO, lunes 17 de agosto de 2015.

Página 85 de 85

Anexo 9 (Para el caso 6)

313 Fs. 4 cuerpos. 1 cd a fs 70. del 1er cuerpo. 1 cd a fs 267. del 3er cuerpo. 1 cd adherido a la carátula del expediente

CORTE NACIONAL DE JUSTICIA DV.

SALA ESPECIALIZADA DE LO PENAL, PENAL MILITAR, PENAL POLICIAL Y TRÁNSITO

D. P.I.R.

RECURSO Casación.

CORTE NACIONAL DE JUSTICIA
SALA ESPECIALIZADA DE LO PENAL, PENAL MILITAR, PENAL POLICIAL Y TRÁNSITO
JUICIO No. 0094 - 2014

655-2014

JUICIO Nº: RESOLUCIÓN Nº:

PROCESADO: Castro Montalvo David y otros.

AGRAVIADO: Estado Ecuatoriano.

MOTIVO: Rebelión (PPL)

FECHA DE INICIO: 13-Jun-2013

LUGAR ORIGEN: Sala Penal de la C. Prov. de Just. de Pichincha.

FECHA RECEPCIÓN: FECHA RESOLUCIÓN:

FECHA DEVOLUCIÓN:

Juicio No.94-2014

JUEZ PONENTE
Dr. Paúl Íñiguez Ríos

CORTE NACIONAL DE JUSTICIA.- SALA ESPECIALIZADA DE LO PENAL, PENAL MILITAR, PENAL POLICIAL Y TRÁNSITO.-

Quito, 13 de mayo de 2014, las 08H30.

ANTECEDENTES

VISTOS: La presente causa tiene como antecedente el parte policial de 22 de febrero de 2013, en el que se da a conocer que en el sector del Colegio Central Técnico, un grupo de aproximadamente seiscientos estudiantes del Colegio Central Técnico, se encontraban manifestando violentamente contra personal policial, causando además daños a la propiedad pública y privada; de lo cual, fueron detenidos doce personas mayores de edad, que corresponden a los nombres de Jefferson David Cajamarca Pilaquinga, Anderson Javier Zambrano Contento, Carlos Andrés Cantuña Monar, David Efraín Castro Montalvo, Stalin Santiago Aluisa Toaquiza, Luis Antonio Iza Chasipanta, Jhonny Fernando Pilatuña Simbaña, Jhony Ricardo Lema Inga, Cristopher Damián Guasumba Maila, Darío Alexander Pailacho Cuñas, Jonathan Mauricio Tenorio Tonato y Jaime Andrés Pozo Carvajal; y, alrededor de cincuenta y tres menores de edad.

1

El 17 de junio de 2013, a las 08H05, el Juez de la Unidad Judicial de Garantías Penales con Competencia en Delitos Flagrantes del Distrito Metropolitano de Quito, dictó auto de llamamiento a juicio en contra de Jefferson David Cajamarca Pilaquinga, Anderson Javier Zambrano Contento, Carlos Andrés Cantuña Monar, David Efraín Castro Montalvo, Stalin Santiago Aluisa Toaquiza, Luis Antonio Iza Chasipanta, Jhonny Fernando Pilatuña Simbaña, Jhony Ricardo Lema Inga, Cristopher Damián Guasumba Maila, Darío Alexander Pailacho Cuñas, Jonathan Mauricio Tenorio Tonato y Jaime Andrés Pozo Carvajal, por considerarlos autores del delito de rebelión, previsto y sancionado por los artículos 218 y 221 del Código Penal.

Mediante sentencia emitida el 4 de septiembre de 2013, a las 08H48, el Tribunal Noveno de Garantías Penales de Pichincha, declara a Jefferson David Cajamarca Pilaquinga, Anderson Xavier Zambrano Contento, Carlos Andrés Cantuña Monar, David Efraín Castro Montalvo, Stalin Santiago Aluisa Toaquiza, Luis Antonio Iza Chasipanta, Jhonny Fernando Pilatuña Simbaña, Jhony Ricardo Lema Inga, Cristopher Damián Guasumba Maila, Darío Alexander Paillacho Cuñas, Jonathan Mauricio Tenorio Tonato y Jaime Andrés Pozo Carvajal, autores responsables del delito de rebelión tipificado en el artículo 218 del Código Penal y sancionado en el artículo 221 último inciso ibídem, pero al haber justificado su defensa en legal y debida forma las circunstancias atenuantes contenidas en los numerales 6 y 7 del artículo 29 del Código Penal, en aplicación del artículo 73 ibídem, les impone la pena modificada de veintiún días de prisión correccional, misma que de la revisión del expediente se

desprendió que ha sido cumplida por los referidos sentenciados, fallo del cual, los sentenciados interpusieron recurso de apelación.
El 26 de diciembre de 2013, a las 16H29, la Sala Penal de la Corte Provincial de Pichincha, resuelve rechazar el recurso de apelación interpuesto por Jefferson David Cajamarca Pilaquinga, Anderson Xavier Zambrano Contento, Carlos Andrés Cantuña Monar, David Efraín Castro Montalvo, Stalin Santiago Aluisa Toaquiza, Luis Antonio Iza Chasipanta, Jhonny Fernando Pilatuña Simbaña, Jhony Ricardo Lema Inga, Cristopher Damián Guasumba Maila, Darío Alexander Paillacho Cuñas, Jonathan Mauricio Tenorio Tonato y Jaime Andrés Pozo Carvajal, confirmando en todas sus partes la sentencia subida en grado.

Inconformes con tal resolución, los sentenciados David Efraín Castro Montalvo, Jhony Ricardo Lema Inga, Stalin Santiago Aluisa Toaquiza, Luis Antonio Iza Chasipanta, Anderson Javier Zambrano Contento, Jhony Fernando Pilatuña Simbaña, Jaime Andrés Pozo Carvajal y Carlos Andrés Cantuña Monar, interponen recurso de casación, el mismo que previo sorteo de ley, recayó para su conocimiento en este Tribunal de la Sala Especializada de lo Penal, Penal Militar, Penal Policial y Tránsito.-

JURISDICCIÓN Y COMPETENCIA

La Corte Nacional de Justicia, ejerce su jurisdicción a nivel nacional de conformidad con el artículo 182 último inciso de la Constitución de la República del Ecuador y 172 del Código Orgánico de la Función Judicial. La Sala de lo Penal, Penal Militar, Penal Policial y Tránsito de la Corte Nacional de Justicia, tiene competencia para conocer los recursos de casación, revisión y los demás que establezca la ley, en materia penal de conformidad con el artículo 184.1 de la Constitución de la República del Ecuador; así como los artículos 8 y 9 de la Ley Orgánica Reformatoria del Código Orgánico de la Función Judicial, publicado en el Suplemento del Registro Oficial No. 38, de 17 de julio de 2013, que sustituyen a los artículos 183 y 186 de la misma ley y las Resoluciones de la Corte Nacional de Justicia No. 03-2013 y 04-2013, de 22 de julio de 2013; y, está conformado por el doctor Paúl Iñiguez Ríos, Juez Nacional Ponente; y, en virtud a los oficios No. 692-SG-CNJ-IJ y 753- SG-CNJ-IJ, suscritos por el doctor Carlos Ramírez Romero, Presidente de la Corte Nacional de Justicia, por el señor doctor Richard Villagómez Cabezas, Conjuez Nacional, en remplazo de la titular señora doctora Lucy Blacio Pereira, Jueza Nacional y por el señor doctor Alejandro Arteaga García, Conjuez Nacional, en remplazo del titular doctor Johnny Ayluardo Salcedo, Juez Nacional.

VALIDEZ PROCESAL

En la sustanciación del presente recurso de casación, no se advierte vicio u omisión de solemnidad sustancial que pueda afectar la decisión de esta causa, por lo que se declara la validez de lo actuado.

FUNDAMENTACIÓN DEL RECURSO DE CASACIÓN POR PARTE DE LOS SENTENCIADOS

INTERVENCIÓN DE LOS RECURRENTES: En la audiencia oral, reservada y contradictoria, el doctor José Serrano Vásquez, en representación de los sentenciados David Efraín Castro Montalvo, Jhony Ricardo Lema Inga, Stalin Santiago Aluisa Toaquiza, Luis Antonio Iza Chasipanta, Anderson Javier Zambrano Contento, Jhony Fernando Pilatuña Simbaña, Jaime Andrés Pozo Carvajal y Carlos Andrés Cantuña Monar, en lo medular manifestó lo siguiente: *"Que el 4 de septiembre de 2013, el Noveno Tribunal de Garantías Penales de Pichincha, acusó de autores del delito de rebelión a los hoy recurrentes, sin que en esta sentencia se haga una individualización sobre quien cometió el delito y su participación, violando el artículo 218 y 221 Código Penal. Que el 22 de febrero de 2013, se produce una protesta estudiantil del Colegio Central Técnico, donde fiscalía aduce que la referida protesta fue con armas, sin embargo durante la tramitación del proceso cambió su tesis y dice que fue sin armas y sin concierto previo; que violan el derecho de igualdad de los recurrentes, pues dicen que había seiscientas personas más o menos que atentaban contra la seguridad pública, pero de estos seiscientos se logra detener a veinte y siete; que se viola la ley, porque los menores de edad fueron sentenciados por una contravención de primera, segunda y tercera clase, y los mayores de edad por el delito de rebelión; que los menores deben recibir un trato especial, pero no en cuanto a la tipicidad; que los jueces crearon precedentes para que nadie más proteste; que utilizan a la justicia para callar al pueblo; que la Ley establece, en concurrencia de varias contravenciones, se aplicará la más grave; que se acomoda maliciosamente la sentencia manifestando que es un delito de actividad y no de resultados. -refiere el artículo 4 del Código Penal-; Que ese día hubo una desobediencia hacia la autoridad y ocasionaron daños; Que dentro de la audiencia hubo varias contradicciones, pese a que Fiscalía conocía que quienes iniciaron los daños eran otras personas infiltradas, y a pesar de ello no hizo nada; Que se ha violado la ley porque en la sentencia no hay ninguna individualización respecto de los recurrentes en el grado que corresponde, por esa razón se hace imposible individualizar la exposición; que hay una indebida aplicación de la ley, porque debió aplicarse la sanción de una contravención y no de un delito como lo establece el artículo 76.6 de la Constitución de la República; que la ley debe ser justa y necesaria, aplicando una pena, no sobredimensionando los verdaderos hechos; que además Fiscalía ha sido muy variante en sus decisiones, porque el señor doctor Galo Chiriboga, ha manifestado en los medios de comunicación, que no estaba de acuerdo con el dictamen fiscal, por cuanto era desproporcionado. Por lo manifestado, solicita sea aceptado el recurso."*

INTERVENCIÓN DEL SENTENCIADO DAVID CASTRO, quien manifestó.- *"En la audiencia hubo solo un policía que dijo reconocerme, pues dice que me reconoció por el uniforme y mi peinado, pero cuando fiscalía le realizó las preguntas, dice que yo utilizaba una capucha pero a pesar de eso el me reconoció por el peinado. Nunca fui individualizado. Solicito se acepte este recurso de casación."*

CONTESTACIÓN A LA FUNDAMENTACIÓN POR PARTE DEL SEÑOR FISCAL GENERAL DEL ESTADO

El doctor José García Falconí, delegado del señor Fiscal General del Estado, manifestó: *"El Tribual Noveno de Garantías Penales de Pichincha, con fecha 4 de septiembre de 2013, dicta una sentencia debidamente motivada en la que señala, existe con certeza el delito tipificado y sancionado en los artículos 218, 221 inciso final del Código Penal y la responsabilidad de los hoy recurrentes, de esta sentencia interponen recurso de apelación y la Corte Provincial de Justicia de*

Pichincha con fecha 26 de diciembre de 2013, desecha los recurso de apelación interpuestos, y confirma en todas sus partes la sentencia antes mencionada; es decir hay doble conforme, de esta sentencia interponen recurso de casación. La Fiscalía considera que no se ha fundamentado este recurso. En nuestro sistema penal ecuatoriano existen dos recursos extraordinarios en materia penal y son extraordinarios porque contienen una serie de requisitos que no tiene los recursos ordinarios, estos recursos son el de casación y de revisión. El recurso de casación tiene su fundamento en el artículo 349 del Código de Procedimiento Penal. El recurso de casación al ser extraordinario es un análisis jurídico, es un enfrentamiento jurídico entre la sentencia y la ley; que la sentencia que se debe analizar es la de segunda instancia de la Corte Provincial de Justicia de Pichincha, a fin de analizar si en esa sentencia se violó la Ley; y es obligación de la parte recurrente indicar qué ley se violó, especificando el artículo, numeral, literal, letra, y siendo un recurso extraordinario y técnico debe expresar cómo se violó esa ley, por contravención expresa de su texto, por indebida aplicación o por errónea interpretación, pero la parte recurrente no ha especificado aquello. Se ha manifestado que se ha quebrantado la ley de una manera general y eso no es recurso de casación. El segundo inciso del artículo 349 de nuestro ordenamiento jurídico dice: no serán admisibles los pedidos tendientes a volver a valorar la prueba. Se ha manifestado por el recurrente que se ha quebrantado el principio de igualdad porque se ha juzgado a menores y a los mayores de diferente manera, cuando el artículo 175 de la Constitución de la República, es claro, al indicar que es diferente el juzgamiento de los menores de edad; así mismo, artículo 83 de la Constitución de la República, numerales 1, 4, 17, donde se expresa nuestras obligaciones. La Fiscalía considera que en el presente caso no

Juicio No.94-2014

se ha justificado ni fundamentado de manera alguna en esta audiencia el recurso de casación en los términos que exige el artículo 349 Código de Procedimiento Penal, por lo que solicita se deseche el mismo."

EL RECURSO DE CASACIÓN

El jurista Fabio Calderón Botero, considera al recurso de casación como: *"Medio extraordinario de impugnación, de efecto suspensivo, contra sentencias definitivas que acusan errores de juicio o de actividad, para que un tribunal supremo y especializado las anule, a fin de unificar la jurisprudencia, proveer a la realización del derecho objetivo, denunciar el injusto y reparar el agravio inferido"*[1]. Es por ello que el casacionista debe realizar una correcta fundamentación del recurso de casación, para que el Tribunal de casación cuente con los medios suficientes para casar una sentencia en base a las argumentaciones del recurrente, teniendo en especial consideración que el recurso de casación protege normas constitucionales como el principio de legalidad, de defensa y en especial la garantía de la cual gozan las y los ecuatorianos, como es el de poder impugnar los fallos.- Concuerda con este criterio técnico, el tratadista Claus Roxin, que dice *"...la casación es un recurso limitado. Permite únicamente el control in iure. Esto significa que la situación de hecho fijada en la sentencia es tomada como ya establecida y sólo se investiga si el Tribunal inferior ha incurrido en una lesión al Derecho material o formal; así, la casación es, en contraposición a la apelación, que ha sido designada como un auténtico procedimiento en segunda*

[1] CALDERÓN BOTERO, Fabio. "Casación y Revisión en Materia Penal", Editorial Temis, 1973, Bogotá-Colombia, pág.4 y 5

Juicio No.94-2014

instancia.[2]. De lo expuesto se puede determinar que la casación únicamente revisa los errores de derecho en que han incurrido los juzgadores de segunda instancia, al dictar sentencia.

En virtud del principio de taxatividad, solo la ley determina los motivos por los cuales procede o no del recurso de casación, el Tribunal de casación es quien verifica si las argumentaciones expuestas por el recurrente se ajustan en las causales que el artículo 349 del Código de Procedimiento Penal, establece; y, de ser contrario el Tribunal aun cuando la fundamentación sea errónea revisa los errores dentro de la sentencia impugnada cuando ha de verificarse la casación de oficio.

EL DELITO DE REBELIÓN

Una rebelión es una manifestación de rechazo a la autoridad, pudiendo expresarse como una desobediencia civil, al punto que, puede considerarse una insubordinación al gobierno legítimamente establecido.

De acuerdo a nuestro Código Penal, en su Art. 218 del Código Penal, la rebelión "es todo ataque, toda resistencia hecha con violencias o amenazas a los empleados públicos, a los depositarios o agentes de la fuerza pública, a los comisionados para la percepción de los impuestos y contribuciones, a los ejecutores de los decretos y fallos judiciales, a los guardas de las aduanas y oficinas de recaudación y a los agentes de policía, cuando obran en ejecución de las leyes, o de las órdenes o reglamentos de la autoridad pública.

[2] ROXIN, Claus. "Derecho Procesal Penal", Tomo II. Pág. 187. (Editores del Puerto-B.Aires-Argentina-2008). pág. 187.

Juicio No.94-2014

Es, igualmente, rebelión todo ataque, toda resistencia con violencias o amenazas, por los individuos admitidos en los hospicios, no estando privados de conocimiento, o por los presos o detenidos en las cárceles y otros lugares de corrección o represión".

El Diccionario Enciclopédico de Guillermo Cabanellas[3], indica que la rebelión, es desobediencia a la ley, a la autoridad legítima, al orden obligatorio, es indisciplina, insurrección, alzamiento armado.

Doctrinariamente, se conoce a la rebelión como esa expresión de fuerza en contra de un gobierno constituido, clásicamente se evidencia en un solo acto, de horas, en el que alcanza o no su propósito. La rebelión puede ser o no militar, según predominen o no las fuerzas del orden, también puede o no ser violenta, en consecuencia la administración de la pena será distinta según esta circunstancia. Una de sus características es que se produce de forma pública y en abierta hostilidad con el gobierno.

En un Estado de derechos y justicia, el delito de rebelión, atenta a las bases del propio sistema constitucional y ciertamente el más grave de todos, por cuanto supone, como en efecto sucedió, un ataque armado, con levantamiento de ciudadanos perteneciente a la fuerza pública, de forma abierta y violenta, de consecuencias impredecibles.

En definitiva, el delito de rebelión tiene un tipo objetivo, esto es: "la acción consiste en alzarse violenta y públicamente"[4], esto equivale a levantarse, desobedeciendo o resistiendo colectivamente a alguien, en

[3]CABANELLAS Guillermo, Diccionario Enciclopédico de Derecho Usual, 28va edición, Buenos Aires Argentina

[4]MUÑOZ Conde Francisco, Derecho Penal, Tirant Blanch, Valencia- España, 2009

Juicio No.94-2014

este caso, el poder legítimo y constitucionalmente constituido, de modo abierto y alterando la normalidad y tranquilidad de los ciudadanos/as.-

ANÁLISIS DEL TRIBUNAL DE CASACIÓN

PRIMERO: El recurso de casación, como se dejó entrever en líneas anteriores, es un medio de impugnación por medio del cual, por motivos del derecho, específicamente previstos en la ley, la parte afectada reclama la revisión de los errores jurídicos atribuidos a la sentencia de apelación que la perjudica, reclamando la correcta aplicación de la ley sustantiva y adjetiva penal. En el presente caso, los casacionistas, a través de su único defensor técnico, fundamentaron su recurso en tres aspectos básicos. En primer lugar, alegaron que en la sentencia dictada por el Tribunal Noveno de Garantías Penales de Pichincha, existe una falta de individualización de los procesados en el cometimiento del delito de rebelión, por lo que se vulnera lo previsto por los artículos 218 y 221 del Código Penal. En segundo término, que en la sentencia impugnada se "acomoda maliciosamente" al delito de rebelión como un ilícito de actividad y no de resultado. En tercer lugar, que los hechos han sido calificados jurídicamente de dos modos distintos, uno como contravención y otro como delito de acción penal pública, violentándose el principio constitucional del indubio pro reo contemplado en el artículo 76, numeral 5 de la Constitución de la República, así como el derecho de igualdad consagrado en el artículo 11.2 ibídem.-

SEGUNDO: En relación al primer punto controvertido, se advierte que en los Considerandos cuarto y quinto de la sentencia dictada por el Tribunal de Apelación, consta de manera pormenorizada el análisis de la prueba y los elementos constitutivos del tipo penal, con la correspondiente determinación del grado de participación en calidad de autores de cada uno de los recurrentes y la consecuencia jurídica deviene en la pena privativa de libertad que ha sido modulada dentro del rango previsto en el tipo penal, esto es, entre quince días y tres meses de prisión correccional, de lo cual, también se vislumbra que la pena cumple con los principios de legalidad y proporcionalidad contemplados en el artículo 76, numerales 3 y 6 de la Constitución de la Republica, sin que se verifique abuso o exceso en su determinación; de ahí que no se encuentra falta de individualización alguna de los procesados en el cometimiento del delito de rebelión, más aún si se considera que casuísticamente, el tipo penal de rebelión prevé la posibilidad de haber sido cometido por muchas personas, dando como consecuencia pluralidad de sujetos activos en la perpetración del delito, por tanto, resulta lógico colegir que todos los recurrentes cometieron actos conducentes a la realización del tipo penal de rebelión, al resistir con violencia a agentes de la policía, cuando estos últimos obraban en ejecución de órdenes de autoridad pública, conforme consta de las conclusiones realizadas por los Jueces de apelación, quienes han aplicado correctamente las reglas de la sana crítica al valorar el acervo probatorio; y, de esta manera, han determinado que los recurrentes han subsumido su conducta al injusto penal de rebelión, el que ha ocurrido, sin elementos que únicamente condicionan el agravamiento de la pena, pero no desvirtúan la existencia material de la infracción, esto es, el concierto previo y las armas. En tal virtud, no existe transgresión alguna de lo previsto por los artículos 218 y 221 del Código Penal, que precisamente, tipifican y sancionan el tipo penal de rebelión, sin que tampoco se observe arbitrariedad de ninguna naturaleza, en los

Juzgadores de instancia, cuando se especifica que el delito de rebelión es de actividad y no de resultado, característica sine qua non de la rebelión, tal como al respecto concuerda de manera mayoritaria la doctrina, de lo contrario, si fuese considerado como un delito de resultado, se tornaría imposible en la práctica la tutela del bien jurídico protegido, esto es, la vigencia del orden constitucional y el ejercicio pleno de las atribuciones que la Constitución y las Leyes de la República otorgan.-

TERCERO: En cuanto a que los hechos han sido calificados jurídicamente de dos modos distintos, uno como contravención y otro como delito de acción penal pública, violentándose a criterio de los recurrentes, el derecho de igualdad y el principio constitucional del indubio pro reo contemplados en los artículos 11.2 y 76.5 de la Norma Suprema, que dicen: "Art. 11.- 2. Todas las personas son iguales y gozarán de los mismos derechos, deberes y oportunidades"; y, "Art. 76.- (...) 5. En caso de conflicto entre dos leyes de la misma materia que contemplen sanciones diferentes para un mismo hecho, se aplicará la menos rigurosa, aun cuando su promulgación sea posterior a la infracción. En caso de duda sobre una norma que contenga sanciones, se la aplicará en el sentido más favorable la persona infractora"; este Tribunal de Casación advierte que el titular de la acción penal por determinación del artículo 195 de la Constitución de la República, es la Fiscalía, órgano que decide iniciar o no un proceso penal, con la obligación de la carga de la prueba, sin que se haya verificado en esta causa, la disyuntiva de aplicar dos normas penales diversas al caso concreto; así, la imputación se mantuvo incólume por el tipo penal tipificado y sancionado en los artículos 218 y 221 del Código Penal, de tal forma que la Fiscalía cumplió con probar el tipo acusado y la defensa entendió la

Juicio No.94-2014

imputación y se defendió bajo este presupuesto, ejerciendo todos los medios y recursos establecidos en la Constitución, los Tratados Internacionales y las Leyes.- Asimismo, resulta pertinente recordar que los menores de edad, entendido dentro de nuestro ordenamiento jurídico-penal como las personas que no hayan cumplido 18 años de edad, están sujetas al Código de la Niñez y Adolescencia, así lo dispone el artículo 40 del Código Penal; y, debido a este motivo, resulta obvio que las personas menores de edad que estuvieron involucradas en el injusto penal ventilado en la presente causa, tuvieron un tratamiento jurídico distinto al de los mayores de edad; pues además, la tipificación de delitos que prevé el Código Penal, no es la misma de la que establece el Código de la Niñez y Adolescencia; por tales razonamientos, los Jueces de segundo nivel, no vulneraron el derecho de igualdad, así como tampoco el principio del indubio pro reo.-

CUARTO: A manera de corolario, resulta necesario señalar que los casacionistas estuvieron desprovistos de una defensa técnica, la misma que se limitó a atacar la sentencia dictada por el Tribunal A-quo, cuando debió concentrarse en cuestionar la sentencia del Tribunal Ad-quem; así como a fundamentar el recurso de casación de modo generalizado, desconociendo el principio de no debate de instancia, sin precisar la causal, la norma y parte de la sentencia de apelación que contenía el error de derecho; de tal suerte, que la defensa de los recurrentes, confundió este recurso con la tercera instancia, al querer llevar a este Tribunal de casación a una revalorización de la prueba, lo cual se encuentra prohibido de conformidad con el artículo 358 del Código de Procedimiento Penal.- Consecuentemente la deficiente formulación y argumentación de los recurrentes impide a este Tribunal conceder el mismo y en cuanto a

Juicio No.94-2014

la facultad de oficio de casar la sentencia tampoco procede por los razonamientos expuestos.-

RESOLUCIÓN

Por lo expuesto y al tenor de lo establecido en el artículo 358 del Código de Procedimiento Penal, este Tribunal de Casación, de la Sala Especializada de lo Penal, Penal Militar, Penal Policial y Tránsito, de la Corte Nacional de Justicia, por unanimidad, **ADMINISTRANDO JUSTICIA EN NOMBRE DEL PUEBLO SOBERANO DEL ECUADOR, POR AUTORIDAD DE LA CONSTITUCIÓN Y LAS LEYES DE LA REPÚBLICA**, declara improcedentes los recursos de casación interpuestos por los recurrentes David Efraín Castro Montalvo, Jhony Ricardo Lema Inga, Stalin Santiago Aluisa Toaquiza, Luis Antonio Iza Chasipanta, Anderson Javier Zambrano Contento, Jhony Fernando Pilatuña Simbaña, Jaime Andrés Pozo Carvajal y Carlos Andrés Cantuña Monar, por cuanto no se han demostrado ninguno de los presupuestos contenidos en el artículo 349 del Código de Procedimiento Penal. Actúe la doctora Martha Villarroel Villegas, en calidad de Secretaria Relatora (e).- Notifíquese, devuélvase y publíquese.-

Dr. Paúl Íñiguez Ríos
JUEZ NACIONAL PONENTE

Dr. Alejandro Arteaga García
CONJUEZ NACIONAL

Dr. Richard Villagómez Cabezas
CONJUEZ NACIONAL

Juicio No.94-2014

Certifico:

Dra. Martha Villarroel Villegas

SECRETARIA RELATORA (e)

RAZON: Dando cumplimiento a lo dispuesto en el artículo 316 del Código de Procedimiento Penal, y 1 de la Resolución dictada por el Pleno de la Corte Nacional de Justicia, de 5 de octubre de 2011, publicada en el Registro Oficial No. 564 de 26 de octubre de 2011; siento por tal, que la sentencia que antecede no es suscrita por el doctor Richard Villagómez Cabezas, Conjuez Nacional, debido a que el referido Conjuez ha solicitado que se amplíe la licencia otorgada el 23 de abril de 2014, por cuanto se le concedido reposo médico por 30 días a partir del 1 de mayo de 2014; petición que ha sido atendida favorablemente por el Pleno de la Corte Nacional de Justicia, conforme consta en el oficio No. 953-SG-CNJ-13, de 8 de mayo de 2014, cuya copia certificada se agrega al proceso.- Certifico.

Dra. Martha Villarroel Villegas

SECRETARIA RELATORA (e)

Juicio No.94-2014

RAZÓN: En Quito, a los trece días del mes de mayo de dos mil catorce, a partir de las doce horas, notifico con la SENTENCIA que antecede a: FISCALIA GENERAL DEL ESTADO, en la casilla judicial **No. 1207**; PROCURADOR GENERAL DEL ESTADO, en la casilla judicial **No. 1200**; CAJAMARCA PILAQUINGA JEFERSON DAVID, en la casilla judicial **No. 3805** y correo electrónico benajulio64@yahoo.com ; CASTRO MONTALVO DAVID EFRAIN, en la casilla judicial **No. 3639** y correo electrónico betoherdoiza@hotmail.com ; GUASUMBA MAILA CRISTOPHER DAMIAN, en la casilla judicial **No. 6030** y correo electrónico abogadosasociadosgyg@hotmail.com ; PILLAJO CUÑAS DARIO ALEXANDER, en la casilla judicial **No. 3899** y correo electrónico dr.danilolalaleo.cobal@hotmail.com ; POZO CARVAJAL JAIME, en la casilla judicial **No. 2615** y correo electrónico leoncio_juancho@yahoo.com ; ZAMBRANO CONTENTO ANDERSON JAVIER, CASTRO MONTALVO DAVID EFRAIN, en la casilla judicial **No. 4489** y correo electrónico vhlozano@gmail.com ; ZAMBRANO CONTENTO ANDERSON JAVIER, CASTRO MONTALVO DAVID EFRAIN, en la casilla judicial **No. 2280** y correo electrónico armijosabogados_penalistas@hotmail.es ; JHONATHAN MAURICIO TENORIO TONATO, en el correo electrónico jaime.lalaleo14@foroabogados.ec ; DARIO ALEXANDER PAILACHO CUÑAS, en el correo electrónico jaime.lalaleo14@foroabogados.ec ; CENTRO DE REHABILITACION DE VARONES DE QUITO, en la casilla judicial **No. 1080**; ANDRIAN ANDRADE LARA, DIRECTOR ZONAL DE ASESORIA JURIDICA, SUBSECRETARÍA DE EDUCACIÓN DEL DISTRITO METROPOLITANO DE QUITO, en la casilla **No. 2468** y dirección electrónica adrian.andrade@educacion.gob.ec, a DAVID EFRAIN CASTRO MONTALVO, JHONY RICARDO LEMA INGA, STALIN SANTIAGO ALUISA TOAQUIZA, LUIS ANTONIO IZA CHASIPANTA, ANDERSON JAVIER ZAMBRANO CONTENTO, JHONY FERNANDO PILATUÑA SIMBAÑA, JAIME ANDRÉS POZO CARVAJAL y CARLOS ANDRÉS CANTUÑA MONAR en la casilla **No. 3260** y dirección electrónica abogadoecuador@hotmail.com.- Certifico.

Perfil de quienes contribuyeron a la introducción, prólogo y presentación de la investigación

INTRODUCCIÓN. Embajador Armando Valladares es pintor, poeta y escritor. Paso 22 años en las cárceles políticas de Cuba. Recibió el Premio Libertad del Pen Club. Fue adoptado por Amnistía Internacional como preso de conciencia. El entonces presidente francés François Mitterrand pidió a Castro su libertad. Ronald Reagan, después de leer sus memorias de prisión *Contra toda Esperanza* lo nombró Embajador de EEUU ante la Comisión de los Derechos Humanos de la ONU. Logró la condena de Cuba por la violación de estos derechos por lo cual recibió la Medalla Presidencial del Ciudadano, la segunda condecoración más importante que puede recibir un civil en EEUU. También el Superior Award, la más alta distinción que concede el Departamento de Estado a los diplomáticos. Recibió la medalla de la libertad Truman-Reagan dada a víctimas del comunismo. Por su defensa incondicional por la libertad de conciencia, recibió este año la Medalla Canterbury, el honor más alto entregado por el Bucket Fund for Religious Liberty. Además de liderar el Comité de Derechos Humanos del Interamerican Institute for Democracy (IID), ha sido Chairman de Human Rigths Foundation radicada en New York y de la Fundación Valladares que defiende el derecho de los niños. Es autor de *Alma de un Poeta, Desde Mi Silla de Ruedas, El Corazón con que Vivo, Cavernas de Silencio* y el Best Seller *Contra toda esperanza.*

PRÓLOGO: Björn Arp es abogado y doctor en Derecho Internacional (2006). Además, tiene un Master en Protección de los Derechos Humanos (2006). Ha sido Profesor en el Doctorado de Derecho Internacional Público y Relaciones Internacionales de la Universidad de Alcalá (Madrid) entre 2000 y 2010, donde además ha sido Secretario Académico del Master en Protección Internacional de los Derechos Humanos. Es profesor invitado en distintas universidades y centros de investigación para impartir cursos sobre el Derecho Internacional de los Derechos Humanos. Ha sido Investigador Visitante en la Universidad de Harvard (2007), la Universidad de Georgetown (2009) y la American University en Washington, DC (2010-2011). Ha sido titular de un Módulo Jean Monnet de la Comisión Europea sobre el Derecho de la Unión Europea y los Derechos Humanos. Björn Arp ha representado a diversos clientes en procesos internacionales relacionados con la defensa de los derechos humanos. Desde mayo de 2013, es profesor asociado (Adjunct Faculty) del Center on International Commercial Arbitration del American University Washington College of Law.

PRESENTACIÓN: Douglass Cassel es un catedrático, abogado y comentarista especializado en legislación internacional de los derechos humanos, con énfasis en temas de negocios y derechos humanos; sistemas regionales de derechos humanos; y derecho internacional penal y humanitario. Actualmente preside el Directorio del Centro de Estudios de Justicia de las Américas, cargo en el que fue reelecto en tres ocasiones por la Organización de Estados Americanos (OEA). En años anteriores se desempeñó como presidente de la Fundación *Due Process of Law Foundation*, que promueve el respeto por los derechos humanos en Latinoamérica y también como consultor en materia de derechos humanos para las Naciones Unidas, Organización de Estados Americanos; para el Departamento de Estado y Departamento de Justicia de los Estados Unidos; la Fundación Ford; así como numerosas organizaciones no gubernamentales que defienden los derechos humanos. Asimismo, ha dado conferencias por todo el mundo y sus artículos se publican a nivel internacional en inglés y español.

Forum "The Role of the Judiciary in the Violation of Human Rights in Ecuador"

Björn Arp, Beatrice Rangel, Douglass Cassel, Juan Antonio Blanco y Congresista: Ileana Ros-Lehtinen.

Carlos Sánchez Berzaín, Rafael Paredes, Douglass Cassel, Jorge Zavala Egas, Francisco Endara, Beatrice Rangel, Congresista: Ileana Ros-Lehtinen, Björn Arp, Jaime Vintimilla, Daniela Salazar, Fabricio Rubianes Morales, Carlos Manosalvas.

INTERAMERICAN INSTITUTE FOR DEMOCRACY
INTER-AMERICAN BAR ASSOCIATION

Cordially Invite you to the FORUM

"The Role of the Judiciary in the Violation of Human Rights in Ecuador"

September 14th 2016 – 9:30am to 1:30pm
U.S. Congress - Washington DC
Rayburn House Office Building
Room 2255

PROGRAM

9:30am to 10:00am – Registration and Coffee Breakfast

10:00am to 10:15am -- Opening – Beatrice E. Rangel – Director of IID
"Without separation and independence of powers there is no democracy"

10:15am to 10:30am -- Inter-American Bar Association
Prof. Bjorn Arp Ph.D.

10:30am to 10:45am – Keynote Speaker
Douglass Cassel J.D.

11:00am to 11:15am – "The Judiciary as a Tool to Silence Freedom of Expression Online in Ecuador"
Daniela Salazar Marin LL.M.

11:15am to 11:30am – "Judicial Misuse for Political Repression"
Dr. Jaime Vintimilla Saldaña MSt.

11:30am to 11:45am – "Judicial Misuse in the Control of Mass Media"
Dr. Jorge Zavala Egas

11:45am to 12:00pm – "Judicial Misuse for Political Repression"
Carlos Manosalvas Silva Mst.

12:00pm to 12:15pm – "The Relationship Between Government and Civil Society, and the Abuse of Criminal Law in Ecuador"
Rafael Paredes Corral LL.M.

12:15pm to 12:30pm – Closing Remarks/Summary
Juan Antonio Blanco Ph.D.
Douglass Cassel J.D.

12:30pm – Closing Remarks
Congresswoman - Ileana Ros-Lehtinen

Featuring Keynote Speaker - Prof. Douglass Cassel J.D. Professor Cassel is a distinguished and widely published scholar, attorney and commentator specialized in International Human Rights Law, especially regarding to issues of Business and Human Rights, regional Human Rights Systems, International Criminal and Humanitarian Law. He is the President of the Board of the Justice Studies Center of the Americas, to which he has been elected three times by the Organization of American States, and former President of the Due Process of Law Foundation. He has served as a consultant on Human Rights to the United Nations, Organization of American States, United States Department of State and Department of Justice, the Ford Foundation, and numerous non-governmental human rights organizations. He lectures worldwide and his articles are published internationally in both English and Spanish.

Inter-American Bar Association - Prof. Bjorn Arp Ph.D. Dr. Björn Arp is a Fellow at American University Washington College of Law Center on International Commercial Arbitration where he also co-teaches International Commercial Arbitration. He is also editor-in-chief of the Law of the Sea Reports and a partner at Aparicio, Arp & Associates LLC, in Washington, D.C. He taught Public International Law, European Union Law, and Investment Arbitration at the University of Alcalá, Madrid, from 2000 to 2010. In 2007, Arp was a visiting researcher at Harvard Law School. His publications and researches have focused on International Investment Protection and Human Rights.

1. "The Judiciary as a Tool to Silence Freedom of Expression Online in Ecuador" - Daniela Salazar Marín LL.M. Professor Salazar is the Associate Dean of the -Universidad San Francisco de Quito- Law School (Quito) and a former Human Rights Specialist for the Inter-American Commission on Human Rights. She has also written many articles in International Human Rights Law and Immigration Law. Professor Salazar received her LL.B from the University San Francisco Law School (Quito) and her LL.M from Columbia Law School (New York). Among her affiliations, she is also a member of academic area of Legal Science for Casa de la Cultura, Extraterritorial Obligations Consortium (Heidelberg) and member of SELA - Yale University.

2. "Judicial Misuse for Political Repression" - Dr. Jaime Vintimilla MSt. Professor. Vintimilla is a faculty member of San Francisco University Law School, and a professor at the graduate programs in Law at Andean Simon Bolivar University (Quito) and Alcalá de Henares (Spain). He has written more than 25 articles and books about Constitutional and Financial Law, also about arbitration, mediation, history, genealogy and Indian justice.

3. "Judicial Misuse in the Control of Mass Media" Dr. Jorge Zavala Egas.
Professor Zabala, is a faculty member of the graduate program in law at Pontificia Universidad Católica (Guayaquil and Cuenca). He also teaches law at UESS (Universidad de Especialidades Espíritu Santo Santiago de Guayaquil) and San Gregorio University (Portoviejo). He has written many articles, books, and conducted several workshops on Constitutional, Criminal and Procedural Law.

4. "The Judiciary as an Instrument of Censorship". Dr. Fabricio Rubianes Morales MSt. Professor Rubianes is a faculty member of Universidad Central del Ecuador and managing partner at Rubianes and Associates Law Firm (Ecuador). Professor Rubianes received a B.A. in Political and Social Science from Universidad Central del Ecuador and has a Juris Doctor from Universidad Internacional del Ecuador. He also has a Master's degree in Education and is candidate for a Master of Law in Criminal and Procedural Law from Universidad Central del Ecuador. **Carlos Manosalvas MSt.** is an associate in Quevedo & Ponce Law Firm in Ecuador and one of the attorneys that represented Mr. Francisco Endara in his criminal proceedings. Mr. Manosalvas received a Master in International Environmental Law and a Master in International Negotiation and Foreign Commerce.

5. "The Relationship Between Government and Civil Society, and the Abuse of Criminal Law in Ecuador" - Rafael Paredes Corral LL.M. Mr. Paredes is an Ecuadorian Lawyer with a Master of Law (LLM) from University College London. He practices law in Ecuador and can also provide legal advice on legal matters relating to International Law in countries of Latin America. His areas of specialization are Competition Law, Investment and Energy Law, and Human Rights. Rafael works with Human Rights' cases, including crimes against humanity, such as torture, illegal imprisonment and enforced disappearance of persons. As an expert in Trafficking in Persons he provides technical assistance to State Institutions, international organizations and non-governmental organizations on TIP prevention, protection of TIP victims, and sanctions of traffickers. Mr. Paredes received and LL.B. from San Francisco University Law School (Quito) and B.A in Political Science and International Development from Saint Mary's University (Canada)

6. "The Relationship Between Government and Civil Society, and the Abuse of Criminal Law in Ecuador" - Pier Paolo Pigozzi LL.M and S.J.D (Candidate). Professor Pigozzi is a JSD candidate at Notre Dame Law School and a faculty member of San Francisco University Law School (Quito). He was also an adjunct professor of Constitutional Law at the Pontifical Catholic University (Ibarra, 2009-2009), and in recent years he taught International Jurisprudence at Universidad Andina Simon Bolívar (Quito). Moreover he has published many articles and conducted several workshops on International Refugee Law, Human Rights, and Constitutional Law. Before attending Notre Dame University, he was a clerk at the Ecuadorian Constitutional Court (2009), and worked with refugees for four years in different capacities at the Office of the United Nations High Commissioner for Refugees (2008-2009), at the Ecuadorian Ministry of Foreign Affairs (2005-2008). Prof. Pigozzi received his LL.B. from Pontificia Universidad Católica del Ecuador and an LL.M. from Notre Dame University.
Sebastian González is an Ecuadorian Lawyer and expert in Constitutional and Electoral Law. He received his LL.B. from Pontificia Universidad Católica del Ecuador and postgraduate studies from Universidad Externado (Colombia).

With the support of:

www.ingramcontent.com/pod-product-compliance
Lightning Source LLC
Chambersburg PA
CBHW070218190526
45169CB00001B/12